रुद्र रचनावली

खंड-2

शिवप्रसाद मिश्र 'रुद्र' काशिकेय का गद्य साहित्य

रुद्र रचनावली

शिवप्रसाद मिश्र 'रुद्र' काशिकेय की सम्पूर्ण रचनाएँ

खंड-2

सम्पादक

डॉ. मीनाक्षी मिश्र

राधाकृष्ण प्रकाशन

ISBN : 978-81-8361-867-0 (सम्पूर्ण सेट)

रुद्र रचनावली (खंड-2)

© डॉ. मीनाक्षी मिश्र

पहला संस्करण : 2018

मूल्य : ₹4000

(चार खंडों का सम्पूर्ण सेट)

प्रकाशक

राधाकृष्ण प्रकाशन प्राइवेट लिमिटेड

जी-17, जगतपुरी, दिल्ली-110 051

शाखाएँ : अशोक राजपथ, साइंस कॉलेज के सामने, पटना-800 006

पहली मंजिल, दरबारी बिल्डिंग, महात्मा गांधी मार्ग, इलाहाबाद-211 001

36 ए, शेक्सपियर सरणी, कोलकाता-700 017

वेबसाइट : www.radhakrishnaprakashan.com

ई-मेल : info@radhakrishnaprakashan.com

मुद्रक : बी.के. ऑफसेट

नवीन शाहदरा, दिल्ली-110 032

RUDRA RACHANAVALI (Khand-2)

Complete works by Shivprasad Mishra 'Rudra' Kashikey

Edited by Dr. Meenakshi Mishra

पुरोवाक्

शिवप्रसाद मिश्र 'रुद्र' हिन्दी साहित्य के ऐसे प्रबुद्ध प्रतिभाशाली रचनाकार रहे हैं, जिनका सम्पूर्ण साहित्य अपनी नवमूल्यान्वेषी प्रवृत्ति, प्रयोगधर्मिता एवं स्फूर्तमयी कल्पनाशक्ति के कारण सदैव ही आकर्षण का केन्द्र रहा है। गद्य और पद्य दोनों में समान अधिकार रखने वाले रुद्र को सर्वाधिक ख्याति गद्यात्मक क्षेत्र से ही प्राप्त हुई है। एक गद्यकार के रूप में रुद्र जी अपनी उत्कृष्ट भावव्यंजना, विलक्षण शैली एवं मौलिक सर्जनात्मकता के कारण हिन्दी के प्रमुख गद्यकारों में अपना विशिष्ट स्थान रखते हैं। इनके गद्य में काव्यात्मक कल्पना चारुता के साथ ही एक गत्यात्मक शिल्प-सौन्दर्य उपस्थित है, जो उसकी उत्कृष्टता को द्योतित करता है। संस्कृत साहित्य के अनुसार, गद्य श्रव्य काव्य का एक भेद है। आचार्य वामन ने 'गद्यं कवीनां निकषं वदन्ति' कहकर गद्य को कवियों की कसौटी माना है। रुद्र जी सर्वप्रथम कवि रहे हैं, उनका कवि हृदय उनके समूचे साहित्य में प्रतिबिम्बित है। यहाँ तक कि उनकी प्रमुख औपन्यासिक कृति–'बहती गंगा' में भी उनकी रसज्ञता सर्वत्र झलकती सी है और सम्भवतः यही उसकी लोकप्रियता का प्रमुख कारण है।

गद्य के सभी रूपों नाटक, निबन्ध, कहानी, उपन्यास, समीक्षा, संस्मरण, रेखाचित्र एवं व्यंग्य लेख को उन्होंने सफलता के साथ पुष्पित एवं पल्लवित किया। इन सभी में उनका प्रत्युत्पन्नमतित्व, लोकसम्पृक्ति एवं स्थानीय रंगत विद्यमान है।

'रुद्र रचनावली' का द्वितीय खंड 'शिवप्रसाद मिश्र 'रुद्र' काशिकेय का गद्य साहित्य' है। रुद्र जी की रचनाशीलता के विविध आयाम हैं जिन्हें कालक्रमानुसार रचनावली में रखा गया है। गद्यात्मक सर्जना के अन्तर्गत सर्वप्रथम लेखों, नाटकों, संस्मरण एवं रेखाचित्र, समीक्षा, शोधपरक सृजन, निबन्ध एवं शिक्षण शास्त्र पुस्तक को रखा गया है। अन्य गद्यात्मक विधाओं, उपन्यास एवं कहानी को रचनावली के तृतीय खंड–कथा-साहित्य के अन्तर्गत रखा गया है।

लेखों में 'काशी के तीर्थाध्यक्ष', 'लघुता की महत्ता', 'गुंडोत्पत्ति', 'कजली और झूला', 'गंगा लहरी : एक परिचय', 'राम रजाई', 'रस निष्पत्ति का वैज्ञानिक आधार', 'नटराज नगर के नट नाटक और कलाकार', 'ख़ाक भी जिस ज़मीं की पारस है शहर मशहूर वह बनारस है'। इनका प्रकाशन विविध पत्र-पत्रिकाओं–हंस, साप्ताहिक आज, ख़ुदा की राह पर, वासन्ती, प्रसाद, उलूक, नागरी पत्रिका, साप्ताहिक हिन्दुस्तान में हुआ, जिनका काल-क्रमानुसार विवरण रचना के साथ उल्लिखित है।

इन लेखों की विषयवस्तु में वैविध्यता है। 'काशी के तीर्थाध्यक्ष' में काशी नगरी के महात्म्य, तीर्थ पुरोहितों की उत्पत्ति, उनकी महत्ता, विविध क्रिया-कलापों के साथ भंडरों द्वारा यात्रियों के उत्पीड़न एवं अनेक ऐतिहासिक साक्ष्यों का वास्तविक चित्रण किया गया है। 'लघुता की महत्ता' में बड़े पैने ढंग से लघुता की श्रेष्ठता सिद्ध की गई है। 'गुंडोत्पत्ति' अनुसंधनात्मक लेख है जिसमें 'गुंडा' शब्द की व्युत्पत्ति, ऐतिहासिक पृष्ठभूमि एवं क्रिया-कलापों पर प्रकाश डाला गया है। 'कजली और झूला' भारतीय संस्कृति में निहित लोक-गीतों का वैशिष्ट्य एवं झूलनोत्सव की परम्परा का प्रतिपादन करता है। कजली का सम्बन्ध शिव-शक्ति उपासना से है तो झूला का वैष्णव कर्मकांड से। कजली और झूला भारतीय परम्परा के विशिष्ट अंग है। जनमानस इसका उत्सवधर्मिता के रूप में आस्वाद करता है। 'गंगा लहरी : एक परिचय' वैचारिक लेख है जिसमें लेखक की गहन संवेदना अन्तर्निहित है।

रुद्र जी के लेखों की भावभूमि एक ओर वैचारिक धरातल का संस्पर्श करती है तो दूसरी ओर हास्य और व्यंग्य पर अवस्थित लेखों की भी रचना की, जिनमें 'राम रजाई' एवं 'रस निष्पत्ति का वैज्ञानिक आधार' है।

काशी की नाट्य परम्परा पर आधारित 'नटराज नगर के नट नाटक और कलाकार' एक सुदीर्घ लेख है, जिसमें नटराज नगर अर्थात् काशी में नाट्य परम्परा का उद्भव, विकास यहाँ के कुशल नाट्यकर्मी एवं रंगमंच में उनके अवदान का विशद विश्लेषण किया गया है।

'ख़ाक भी जिस ज़मीं की पारस है शहर मशहूर वह बनारस है' में बनारस की विशिष्टता को यहाँ की आध्यात्मिकता, सांस्कृतिक ऊँचाइयों को गौरवशाली परम्परा, उत्सवधर्मिता, ज़िन्दादिली का विवेचन है।

रुद्र जी के लेख वर्णनात्मक, वैचारिक, व्यंग्यात्मक है। स्थानीयता के रंगत को उभारने में वे पूर्णतः सफल हैं। ऐसे इनके लेखों की भाषा, सहज, सरस, संप्रेषणीय खड़ी बोली है, जिनमें कहीं-कहीं उर्दू की रवानगी भी मिलती है। शैली में प्रवाह है, ओजस्विता है।

रुद्र जी का नाट्यकार रूप भी सर्वविदित है, न केवल नाटककार के रूप में बल्कि कुशल अभिनेता के रूप में अनेक नाटकों में अपने अद्भुत अभिनय का परिचय दिया। सन् 1930 में 'गुरु द्रोण' नाटक में भीम का अभिनय किया, सन् 1932 में 'कृष्ण-जन्म' में कंस की भूमिका की। सन् 1933 ई. में प्रसाद जी द्वारा रचित 'चन्द्रगुप्त' नाटक का सर्वप्रथम मंचन काशी में हुआ। जिसमें इन्होंने आंभीक की भूमिका की। सन् 1935 में काशी हिन्दू विश्वविद्यालय के लॉ कॉलेज द्वारा 'फाल ऑफ लखनऊ' नाटक खेला गया, जिसमें रुद्र जी ने वाजिदअली शाह का अभिनय किया। 'शबरी' नाटक में कोलाकी की भूमिका, 'दन्तमुद्रा', 'सेनापति पुष्यमित्र' में खलनायक का अभिनय किया। महामना मालवीय द्वारा स्थापित 'अखिल भारतीय विक्रम परिषद्' द्वारा रुद्र रचित 'पूर्व कालिदास' (महाकवि कालिदास) नाटक का मंचन हुआ। जिसमें स्वयं रुद्र जी ने श्रीधर की भूमिका निभाई। यह नाटक पुनः बम्बई के पृथ्वी थियेटर्स के सहयोग से ओपेरा हाउस में प्रस्तुत

हुआ जिसमें पृथ्वीराज कपूर, रुद्र एवं काशी के अन्य गण्यमान्य साहित्यकार सीताराम चतुर्वेदी, करुणापति त्रिपाठी, बेढब बनारसी ने अपने अभिनय कौशल का सर्वांगणपूर्ण परिचय दिया। नटराज नाट्य संस्था द्वारा 'कोणार्क' तथा 'कौमुदी महोत्सव' नाटक खेला गया, जिसमें रुद्र जी ने 'राजराज चालुक्य' तथा 'अमात्य' का अभिनय किया। नाट्य प्रयोक्ता के रूप में प्रसाद की 'गुंडा' कहानी का बनारसी बोली में नाट्य रूपान्तरण एवं उसका कुशलतापूर्वक मंचन किया।

रुद्र जी रचित अनेक नाटक हैं, संन्यासी शंकर, पूर्व कालिदास (महाकवि कालिदास), दशाश्वमेध, विजयसेना, विष्णुपुर की नूरजहाँ, रक्तरोचना, गुनाहे ग़ालिब, जायसी का स्वप्न, देहि पद पल्लव मुदारम्। इनमें कुछ अपूर्ण, अप्राप्य एवं अप्रकाशित हैं, कारण मंचन करने हेतु ये मूल प्रतियाँ दे देते और स्वयं उसकी कोई प्रति न रखते जिसके कारण आज इनका नाट्य साहित्य विलुप्त है। प्राप्त नाटकों में 'महाकवि कालिदास' एवं 'दशाश्वमेध' है।

'महाकवि कालिदास' (पूर्व कालिदास) का प्रथम प्रकाशन सम्भवतः सन् 1946-47 में हुआ। द्वितीय प्रकाशन सन् 1987 ई. में विश्वविद्यालय प्रकाशन, वाराणसी से हुआ। यह ऐतिहासिक नाटक है, जिसमें कालिदास का जीवन-वृत्तांत एवं सम्पूर्ण विशिष्टताओं को ऐतिहासिक फलक पर उकेरा गया है, अन्य पात्रों में खलनायक, सहनायक, विदूषक एवं नारी पात्रों का चरित्रांकन बड़ी कुशलता के साथ किया गया है। पात्रों के कथन-प्रतिकथन में घात-प्रतिघात्मकता है जो उनके मनोभावों एवं अन्तर्द्वन्द्वों को आलोकित करने में सक्षम है। संयोजन, दृश्य-परिवर्तन, संवाद सभी दृष्टियों से यह नाटक, ऐतिहासिक नाटकों में अपना विशिष्ट स्थान बनाए हुए है।

'दशाश्वमेध' ऐतिहासिक एवं राजनीतिक नाटक है। इसका प्रथम प्रकाशन वर्ष 1950 है। तत्पश्चात् द्वितीय प्रकाशन 1981 (शाम्भवी प्रकाशन) वाराणसी से हुआ है। इसमें विधर्मी, विजातियों के पाद-प्रहार सह रहे आर्यावर्त्त की त्रासद राजनीतक और सामाजिक स्थिति का वर्णन है। क्षत्रिय नेता नवनाग द्वारा आर्यावर्त्त को कुषाणों के आधिपत्य से मुक्त कराकर काशी में दस अश्वमेध यज्ञ करना नाटक की प्रमुख घटना है। नवनाग ऐसा जननायक है जो व्यक्तिगत सुख-दुःख से परे राष्ट्रहित के लिए, मानवता की रक्षा के लिए संकल्पित है। 'दशाश्वमेध' सांस्कृतिक, सामाजिक, राजनैतिक जागरूकता एवं मानवता की प्रतिष्ठा करता है।

संस्मरण एवं रेखाचित्रों के अन्तर्गत 'नवाब सन्दस की कोठी', 'श्री देवकीनन्दन खत्री : व्यक्तित्व एवं कृतित्व', 'मरण और संस्मरण : उग्र', 'पैंतालीस वर्षीय मेरा बेढब सान्निध्य' है इन रचनाओं की विषय-वस्तु व्यक्तिगत सम्बन्धों, संपर्कों और प्रभावपरक प्रतिक्रियाओं से सम्पृक्त है। इसमें आत्मीयता, स्पष्टवादिता, सम्बद्धता, रोचकता एवं यथार्थता के संस्पर्श विद्यमान हैं। रुद्र जी ने इन विधाओं को अपनी ज़िन्दादिली से माँजकर अत्यन्त सजीव बना दिया है। समीक्षात्मक रचना के अन्तर्गत 'आँसू की चार बूँदें', 'विद्यापति और उनकी पदावली', 'ताजमहल राजपूती महल था' है, जिनमें उनकी गहन दृष्टि विद्यमान है।

रुद्र काशिकेय ने अनुसन्धानकर्ता के रूप में अनेक श्लाघनीय कार्य किए हैं, जिन्हें शोधपरक सृजन के अन्तर्गत रखा गया है। ये कार्य हैं–'महाकवि सन्त जयदेव', 'पद्मावती', 'जयदेव के सहयोगी कवि', 'जयदेव के आश्रयदाता 'लक्ष्मणसेन'। निबन्धकर्ता के रूप में भी ये सर्वाधिक प्रखर हैं, उनके निबन्धों की रचना-पद्धति में नितान्त मौलिकता है, 'हिन्दी के कुछ पुराने छंद', 'भारतेन्दु की हिन्दीतर रचनाएँ', 'रत्नाकर जी का उद्धवशतक' उपलब्ध निबन्ध हैं। इनमें हिन्दी छन्दों की प्रकृति, उनके उद्‌भव विकास एवं छन्दों के उचित प्रयोगों का उल्लेख किया गया है। हिन्दी को छन्दों की जो विशाल निधि प्राप्त हुई है। उसका मूल आधार ये संस्कृत को मानते हैं। साथ ही हिन्दी की विशेषता को इंगित करते हुए उसे तर्क से सिद्ध किया है और युक्ति से विश्वसनीय बनाया है।

'भारतेन्दु की हिन्दीतर रचनाएँ' शीर्षक निबन्ध में भारतेन्दु की अजस्त्र प्रतिभा का मूल्यांकन किया गया है। उनका मानना था, भारतेन्दु ने हिन्दी भाषा की रूप प्रतिष्ठा तो की, इसके अतिरिक्त उर्दू, संस्कृत, बाँग्ला, गुजराती, पंजाबी भाषा के विशेषज्ञ थे। रुद्र जी ने न केवल उनकी रचनाओं का अपितु अनेक भाषाओं पर उनकी गहन पैठ एवं उर्दू के अनेक कवियों की रचनाओं का अन्य भाषाओं में भावानुवाद भी प्रस्तुत किया। इस प्रकार भारतेन्दु के पांडित्य का चहुँमुखी मूल्यांकन इस निबन्ध में किया गया है।

'रत्नाकर जी का उद्धवशतक' सुदीर्घ शोधपूर्ण निबन्ध है, इसमें रत्नाकर की कवित्व प्रतिभा और उद्धवशतक की रचनाप्रक्रिया का गम्भीर अध्येता के रूप में विश्लेषण किया गया है। 'शतक' के प्रारम्भिक रचना-विधान से लेकर 'शतक' के पुनर्निर्माण प्रक्रिया का तथा उसकी पदावली में प्रयुक्त अनेक शब्दों की तथ्यपरक व्याख्या भी प्रस्तुत की गई है। इसमें रुद्र जी का अध्ययनशील व्यक्तित्व सर्वत्र दृष्टिगोचर होता है।

रुद्र जी ने आचार्य सीताराम चतुर्वेदी के साथ सम्मिलित रूप से बी.एड. प्रशिक्षित अध्यापकों के लिए शिक्षण शास्त्र पुस्तक के रूप में 'अध्यापन कला' की रचना की। इसका सर्वप्रथम प्रकाशन संवत् 1991 वि., (साहित्य ग्रन्थमाला, काशी) से हुआ। इसमें अध्यापन कौशल विकसित करने के विविध आयाम बताये गए हैं।

इनके साहित्य में परम्परा के प्रति एक सहज सम्मान के साथ ही युगानुरूप आधुनिकता के प्रति एक स्वीकृति दिखती है। साहित्य के प्रायः सभी विधाओं में उनका उत्कृष्ट संवेदनशील सर्जक व्यक्तित्व सदैव सृष्टिरत रहा है। अपनी दृष्टि, अन्तर्वस्तु और अभिनव शिल्प प्रयोगधर्मिता के कारण उनका साहित्य सदैव आकर्षण का केन्द्र रहा है।

रचनावली के प्रकाशन में सहयोग एवं सत्परामर्श देने के लिए मैं श्री भारत यायावर, श्री अशोक महेश्वरी एवं अन्य स्नेहीजन एवं टंकणकर्ता मुश्ताक अहमद जी, लंका, बी.एच.यू., वाराणसी के प्रति विशेष आभार व्यक्त करती हूँ।

–डॉ. मीनाक्षी मिश्र

अनुक्रम

संस्मरण एवं रेखाचित्र

समीक्षा

शोधपरक सृजन

निबन्ध

शिक्षण शास्त्र

ছবি

लेख

काशी के तीर्थाध्यक्ष

अनादि काल से ज्ञान का विस्तार करने के लिए ही तीर्थों की सृष्टि हुई थी। देशाटन का भाव भी इसमें निहित था। सभी तीर्थों का महत्त्व किसी न किसी महापुरुष अथवा देवता के नाम से सम्बद्ध है। इन तीर्थों में काशी से भी कोई प्राचीन तीर्थ है, नहीं कहा जा सकता। इसकी प्राचीनता का प्रमाण यही है कि वैदिक ग्रंथों में भी इसकी चर्चा है। बौद्धकाल के मगध, कोसल आदि जनपदों की तालिका में भी इसका नाम है। अतीत में, जब कि काशी आनन्दवन के नाम से प्रख्यात् थी, इस स्थान पर केवल गृह-त्यागी मुमुक्षु ही निवास करते थे और अपने जीवन के संध्याकाल में शान्तिपूर्वक अनन्त का आलिंगन करने की कामना से भी लोग यहाँ आ जाया करते थे। 'काशीवास' इसी का वर्तमान रूप है। इसी कारण इसे महाश्मशान कहते हैं। 'अविमुक्तक्षेत्र (काशी) का भगवान शंकर कभी त्याग नहीं करते, 'येषांक्वापि गतिर्नास्ति तेषां वाराणसी गतिः', 'काश्यां मरणान्मुक्तिः' इत्यादि वचनों द्वारा काशी का महत्त्व अन्य तीर्थों की अपेक्षा अधिक बढ़ गया और यहाँ आने वाले यात्रियों की संख्या में भी अभिवृद्धि हुई।

इस प्रकार जब तीर्थयात्रियों की संख्या में वृद्धि हुई; तो तीर्थ-पुरोहितों का होना अनिवार्य हो गया। इसमें कोई सन्देह नहीं कि इन तीर्थ-पुरोहितों की सृष्टि आगंतुक जनता के लिए बहुत ही उपयोगी सिद्ध हुई। यात्रियों को तीर्थ में ऐसे स्थानों की तथा ऐसे आदमियों की बड़ी आवश्यकता थी, जहाँ वे बिल्कुल घर की तरह रह सकें तथा जिन पर वे पूर्ण विश्वास कर सकें और धर्म समझकर दान रूप में उन्हें इसका बदला दें। इसीलिए तीर्थ-पुरोहितों की उत्पत्ति हुई और वे भिन्न-भिन्न तीर्थों में भिन्न-भिन्न नामों से पुकारे गए। जिस प्रकार गया के पुरोहित गयावाल, प्रयाग के प्रयागवाल कहे जाते हैं, उसी प्रकार काशी का तीर्थ-पुरोहित-मंडल गंगापुत्र कहलाता है। पहले गंगा की पूजा लेने के कारण ये गंगा-पूज्य कहलाते थे, परन्तु बाद में इस दृष्टि से कि गंगा ही माता के समान इन लोगों का पोषण करती है, ये अपने को गंगापुत्र कहने लगे। किसी समय इन गंगापुत्रों की कौटुम्बिक संख्या एक हज़ार तक पहुँच गई थी, परन्तु इस समय तो अँगुलियों पर गिनी जा सकती है।

मध्यकाल में जब कि रेल आदि का अभाव था, तथा यात्रा भी आपत्ति से खाली नहीं थी, ये पुरोहितगण पचास-पचास, साठ-साठ आदमियों की टोली बनाकर निकलते थे और दूर-दूर से यात्रियों को तीर्थयात्रा कराने ले आते थे। अतः ठगों और डाकुओं से

बचाते हुए यात्रियों को तीर्थ में लाने और ले जाने में कितना श्रम अपेक्षित था, इस समय इसकी कल्पना भी कठिन है।

इस तरह बढ़ते-बढ़ते इनकी पुरोहिती हिन्दुओं तथा हिन्दू-राजा-महाराजाओं तक ही सीमित न रही। इनकी पहुँच दिल्ली के सम्राटों तक हुई। मणिकर्णिका घाट पर एक 'चक्रपुष्करणी' कुंड है। पौराणिक आख्यानों के अनुसार, इसकी उत्पत्ति विष्णु के चक्र द्वारा हुई है। कहा जाता है कि शिव-पार्वती यहाँ एक बार विहार कर रहे थे। उस समय उमा के कानों का कुंडल गिर गया। बहुत खोजने पर भी न मिला। तब विष्णु ने चक्र द्वारा खोद कर कुंडल निकाला और यह कुंड बना। इसी कुंड की पूजा के लिए प्रसिद्ध सम्राट शेरशाह ने मणिकर्णिका के राजभोग के लिए कुछ गाँव दिए थे। सम्राट अकबर, जहाँगीर एवं शाहजहाँ के फ़र्मान एक पुरोहितजी के पास हैं, जिसमें पुरोहितजी के पूर्वजों को तहसील चन्दौली के सब गाँव दिए गए हैं और लिखा है कि इनसे किसी प्रकार का कर इत्यादि न लिया जाए तथा यह भी आदेश है कि वे इसके बदले में सम्राट् एवं साम्राज्य के लिए दुआ करें। इस समय काशी के तीर्थ-पुरोहितगण विद्या, बल, विभव इत्यादि से सब प्रकार सम्पन्न थे।

भारत में अंग्रेजी राज्य की जड़ जम चुकी थी। यहीं से इनकी अवनति का युग प्रारम्भ हुआ। बाहर के दक्षिणी, बंगाली इत्यादि सज्जनों ने--जो यहाँ आकर बस गए थे, पुरोहिती प्रारम्भ कर दी। अपने-अपने देश के यात्रियों को अपने यहाँ ठहराना आरम्भ किया। यात्री भी अपने देश के, अपनी ही भाषा बोलने वाले के यहाँ क्यों न ठहरते? इधर उन ब्राह्मणों ने भी, जिनका कार्य केवल यात्रियों को मन्दिर-दर्शन कराना एवं घुमाना था, पुरोहिती पेशा अख्तियार कर लिया। इधर असली तीर्थ-पुरोहितों में आपस में फूट उनकी सफलता का कारण बन बैठी। इस समय कुछ यात्रावालों ने अपनी शक्ति और वैभव इतना बढ़ा लिया है कि तीर्थ-पुरोहितों की एक बड़ी संख्या उनकी अनुचरी बन अपना पेट पाल रही है। इतना होने पर भी आजकल तीर्थाध्यक्ष तीर्थ-पुरोहित ही हैं। यह दो धक्के ही काशी तीर्थ पुरोहित समाज को नष्ट कर देने के लिए पर्याप्त थे। किन्तु एक चौथे प्रकार के पुरोहितों की उत्पत्ति ने तो उन्हें उनकी दृष्टि ही से गिरा दिया और पुरोहित-मंडल शब्द को भगाने वाला और यात्रियों का सर्वस्व लूट लेने वाला प्रसिद्ध हो गया।

उत्तर भारत में एक 'भंड़ेरिया' नामक समाज है, जिसे भंडर भी कहते हैं। इनके कार्य-कलाप बड़े ही विचित्र तथा शूद्रों से भी गए-बीते हैं। इनके यहाँ यज्ञोपवित इत्यादि का भी कोई नियम नहीं। जब इच्छा हुई दुकान से दो पैसे का जनेऊ लिया और गले में डाल लिया। यहाँ तक कि जाड़े के दिनों में भस्म इत्यादि के अभाव में बीड़ी पीकर उसकी राख मस्तक में लगा लेना भी इनके यहाँ कुछ अनुचित नहीं माना जाता। पहले ये शनैश्चर का दान लेते थे और अब एक प्रकार से तीर्थ पुरोहिती ही कर रहे हैं। यात्रियों के वस्त्र तक उतरवा लेना इनका प्रतिदिन का व्यवसाय है। इन्होंने अपना काम चलाने के लिए बड़े ही अद्‌भुत शब्दों की सृष्टि कर ली है। पान के लिए 'बरँग', शराब के लिए 'लेख' यात्री के लिए 'माँझी', पुलिस के लिए 'खोटर' और चोर के लिए 'रगुल' शब्द इनके

शब्दकोश के नमूने हैं। ये अच्छी तरह जानते हैं कि एक बार जो यात्री इनके पंजे में फँसा, फिर इनके हाथ लगने वाला नहीं। अतः निर्दयतापूर्वक एक बार ही उससे वसूल कर लेने का प्रयत्न करते हैं। मन्दिर का पुजारी, पंडा कहलाता है, तीर्थाध्यक्ष पुरोहित, घाट पर बैठने वाला घाटिया और दर्शन कराने वाला यात्रावाल। यह भेद नवागंतुक यात्री नहीं जानते, सभी को पंडा समझते और कहते हैं। यही कारण है कि इनके द्वारा सताये जाने पर वे बदनाम करते हैं तीर्थ-पुरोहितों को। इस समय भंडरों की बहुत बड़ी संख्या काशी में वर्तमान है और इनका परिवर्तित नाम है–'जोपी पंडा'। ये स्टेशनों तक दौड़ लगाते हैं। अधिकारियों के पूछने पर कहते हैं कि हम यात्रावाल हैं। यद्यपि यात्रावाल बनकर भी इनको स्टेशन तक जाने की कोई आवश्यकता नहीं; क्योंकि यात्रावालों का काम है–पुरोहितों के यहाँ से यात्री ले जाकर दर्शन कराना।

काशी का एक प्रसिद्ध मन्दिर है–काशी करवट। कुछ दिनों पूर्व यह एक अहीर के अधिकार में था; किन्तु इस समय यह श्री किशोरीलाल उपाध्याय (तीर्थ पुरोहित) के मकान में है। फिर भी यहाँ के प्रधान पुजारी भंडर (जोपी पंडा) ही हैं। यहाँ दो खंड का एक प्राचीन तहखाना है। उसमें एक शिवलिंग है। तहखाने का रास्ता बंद रहता है और उसकी ताली चौक थाने में रहती है। केवल प्रति सोमवार ताली दो-तीन घंटे के लिए मिलती है और तब तहखाने की सफाई होती है। कहा जाता है कि पहले यहाँ कोई 'आरा' था। जायसी का 'करवत तपा लेहि होइ चूरू' तथा सुकवि शीतला का 'काशी करवट के आरों पर' यह साबित करता है। प्राचीन काल में काशी-करवट का आरा पर्याप्त प्रसिद्ध था। इस आरे पर मोक्ष के इच्छुक यात्रीगण गिरकर या गिराये जाकर जान देते थे। नहीं कहा जा सकता कि यह तहखाना कितनी निर्मम हत्याओं का, कितने भयंकर रहस्यों का मूक साक्षी है। यहाँ पर कपूर छोड़कर दर्शन किया जाता है, यद्यपि अन्दर बिजली की बत्ती लगी हुई है। भंडर यात्रियों के हृदय में इसकी महिमा की छाप इस प्रकार देते हैं–'जब औरंगज़ेब बादशाह विश्वनाथजी को छूने आया, तो बाबा इसी कुएँ (तहखाने को वे कुआँ कहते हैं) में कूद पड़े। देख न लो, इतना अब खोदा जाए, तो पानी निकल आए। बाँझिन को पूत, कोढ़ी को काया, दरिद्री को धन सब कुछ यहीं मिलता है। अर्थ, धर्म, काम और मोक्ष जो कुछ माँगना हो, कपट छोड़कर माँग लें।' यहाँ पर जिस मंत्र से दान कराया जाता है, ज़रा उसकी भी बानगी लीजिए–'काशी, पाप नासी, बरना, पाप हरना, दादा के नाम, दादी के नाम...रूपया दिया–हे बाबा भोलेनाथ साक्षी रहना।' यद्यपि तीर्थेश महासभा के प्रबन्ध तथा श्री किशोरीलालजी के सुविचार से कुछ सुधार हुआ है, फिर भी अभी जो कुछ है, वह देखने ही की वस्तु है, लिखने की नहीं।

एक ओर अनधिकारियों द्वारा इस प्रकार यात्रियों का धन-धर्म लिया जाता है, दूसरी ओर अधिकारी क्या करते हैं, वह भी देखिए। तीर्थाधिकारी काम सम्हालने के लिए कुछ आदमी रखते हैं, जिन्हें वे 'रोज़गारी' कहते हैं। वे रोज़गारी जिसके यहाँ रहते हैं, उसके यात्रियों को स्टेशन से उसके पास ले आते हैं। उस पुरोहित का यदि वह पुराना यात्री है, तब तो 'रोज़गारी' को केवल उसे उनके यहाँ तक पहुँचा देने का पुरस्कार मात्र प्राप्त

होता है, किन्तु यदि यात्री नया है, तब रोज़गारी महोदय पुरोहित से टिकट खर्च, इक्का भाड़ा और यात्री से प्राप्त धन का आधा ले लेते हैं। अब अवशेष आधी रक़म में पुलिस भी 'हक़' माँगती हैं। यात्री के लिए रोशनी आदि का प्रबन्ध पुरोहितजी को करना पड़ता है। जिस घाटिये के घाट पर वह यात्री नहाता है, उसे भी कुछ देना पड़ता है। इस प्रकार अब जो कुछ बचे, वह पुरोहित जी ले। सम्पन्न श्रीमानों को छोड़कर यात्रियों का साधारणतया दान रुपये-सवा रुपये तक ही होता है। इस प्रकार पुरोहित को तीन रुपये में 6 आने से लेकर दस आने तक प्राप्त होता है। ऐसी दशा में रहने पर भी अविद्या एवं फूट के कारण आपस का कलह बहुत बढ़ गया है जिसके कारण इनके धन, बल और सम्मान तीनों का नाश हुआ और दिन-प्रतिदिन होता जा रहा है। अपने समाज की यह दशा देखकर स्वर्गीय श्री छन्नूलालजी पाठक तथा पंडित महावीरप्रसाद मिश्र आदि के सदुद्योग से तीर्थेश महासभा की स्थापना हुई, किन्तु समाज से पर्याप्त सहयोग एवं सदस्यता न प्राप्त होने के कारण सभा को असमय में ही हाथ-पैर सिकोड़ लेना पड़ा। इनका बल आपस की लड़ाई में और धन अदालतों में नष्ट हो रहा है। इस समय जब कि संसार में सभी जातियाँ, सभी समाज आगे बढ़ रहे हैं, तीर्थपुरोहितगण जहाँ थे, वहाँ से भी पीछे ही खसक रहे हैं।

(सन् 1933-34, 'हंस', काशी अंक)

लघुता की महत्ता

मेरे मुहल्ले में एक ऐसे व्यक्ति रहते हैं, जिनकी गिनती बड़े आदमियों में की जाती है। वे बुद्धिमान हैं, धनी हैं और हैं बड़े तेजस्वी। ऐसे नहीं कि किसी ने बात की और उन्होंने चाँटा जमाया या किसी ने आँख दिखाई और इधर टेकुए की तलाश होने लगी। पर हाँ, साथ ही अपना पल्ला भी नहीं झुकने देते और न किसी से जौ भर भी दबते हैं। विधि-विधान, ऐसे व्यक्ति की मुठभेड़ हुई उस आदमी से जिसे सभ्य जंगली अथवा पुच्छ-विषाणहीन पशु कहा जा सकता है। मुठभेड़ का परिणाम यह हुआ कि जंगलीपन के सामने नागरिकता तरह दे गई। लघु के सामने महान् झुक गया। मैंने लघुता की महत्ता देखी।

एक पागल को लीजिए। मैंने पागलों को देखा है। वे सड़क पर गाली बकते चलते हैं। आप बहुत बड़े विद्वान् हैं, धनवान् हैं, बलवान हैं, नेता हैं। पागल आपको अवश्य गाली देगा। आप भीतर से रोते पर ऊपर से हँसते हुए कहेंगे 'पागल है' और अपनी राह लेंगे। 'डिफ़ामेशन' चलाने की कौन कहे, आप किसी से यह भी न कहेंगे कि उसने मुझे गाली दी।

हृदय की अत्यन्त उदार घड़ियों में जब आप किसी को छोटा- अपने से कहीं छोटा समझकर उस पर विष-वमन करना चाहते हैं, तब उसे और कुछ न कहकर केवल पागल कह देते हैं। तर्क के तार से बँधा हुआ और परम्परा की काल-कोठरी में बन्द आदमी मुक्त साँस लेने वाले पुरुष को 'पागल' कहता है, केवल अपने आपको ज्ञानवान् घोषित करने की महत्त्वाकांक्षा से। 'वह मूर्ख है' कहने में 'मैं बुद्धिमान हूँ' का भी भाव छिपा रहता है। किसी की लघुता निहारने वाले अपनी महानता का आत्मप्रसाद अनुभव करते ही हैं।

लघुता बड़े महत्त्व की वस्तु है। प्रायः महान् लोग भी अपनी महानता को अधिक महत्त्वपूर्ण बनाने के लिए, उसे ज़रा चमकाने के लिए लघुता का आश्रय ग्रहण करते पाये जाते हैं। लघु की महानता क्रोध की जननी है; कभी-कभी ईर्ष्या का कारण भी। उसकी लघुता सदैव परिहास का लक्ष्य है; कभी-कभी करुणा का भी। परन्तु महान् की लघुता (वास्तविक नहीं, आरोपित) हमेशा से प्रशंसा की वस्तु रही है। बड़े लोगों की हार्दिक इच्छा रहती है कि संसार उन्हें नम्र कहें पर समझे कदापि नहीं। जो बड़े लोगों को नम्र कहता है, उससे बड़े लोग बड़े प्रसन्न रहते हैं। नम्रता का व्यवहार भी कर लेते हैं पर जो उन्हें नम्र समझने की भूल कर बैठता है उससे 'समझ लेने' का अवसर बड़े लोग बड़ी स्पृहा के साथ खोजते हैं।

लघुता स्पृहणीय है। इसलिए कि उसे जनसाधारण की मौखिक और हार्दिक सहानुभूति प्राप्त है। सक्रिय सहानुभूति तो बड़ों के भाग्य में भी नहीं। महान् जब सरे बाज़ार लघु की मरम्मत करने लगता है, तो दर्शक चाहे महान् पर हाथ न चलावें पर उसका हाथ थाम लेने का प्रयत्न अवश्य करते हैं। यहीं पर महानता लघुता से दब जाती है।

मैं सामान्य विश्वास के बल पर कह सकता हूँ कि पुरुष महान् है और स्त्री लघु। मैं अपने इस विश्वास का आधार भी बतला दूँ। मैंने देखा है कि जहाँ पुरुष का सिर पटकना, छाती कूटना, रोना और चिल्लाना पाषाणहृदय मनुष्य के मनोरंजन का साधन मात्र रहता है, वहीं स्त्री की आँख का एक बूँद आँसू लोगों का हृदय पिघला देता है, उन्हें बहा ले जाता है। लघुता के बल पर अबला प्रबला है।

अदालतों में जहाँ वादी प्रतिवादी दोनों अपने को सताया हुआ साबित करते हैं, वहाँ लघु बनने की होड़-सी लगी रहती हैं। मजिस्ट्रेट के सामने महान् हाथ जोड़कर, गिड़गिड़ाकर, कसम खाकर कहता है–सरकार मैं बहुत छोटा हूँ, तृण हूँ, पाँव की धूल से भी छोटी यदि कोई वस्तु हो तो वही हूँ। महान् की ओर से किया गया लघु बनने का यह सारा प्रयत्न केवल मुकदमा जीतने के लिए होता है। उसे यह मालूम रहता है कि विजय का कारण लघुता ही है, महानता तो विजय का परिणाम है।

लघुता और महानता में ज़मीन-आसमान का अन्तर है। महान् अपने महत्त्व के उच्च शिखर पर बैठा हुआ लघु की नगण्य कुटिया पर निगाह डालता है। पुनः सोचता है कि हमारे माया-महल में यदि दो खंड बढ़ा दिए जाएँ तो मैं ज़रा और ऊँचा हो जाऊँ। वह यह भूल जाता है कि गिरने की आशंका आसमान में उड़ने वाले को ही है, ज़मीन पर रेंगने वाले को नहीं। और लघु?

लघु अपनी कच्ची झोपड़ी की असहायता और क्षणभंगुरता का अनुभव करता है। उसे यह मालूम है कि किसी समय भी आँधी उसका छप्पर उड़ा ले जा सकती है। किसी समय भी पानी उसे बहा ले जा सकता है। पर इसकी परवाह नहीं। वह दिन भर में वैसी-वैसी तीन झोपड़ियाँ बना सकता है। उपेक्षा में सुख है, आसक्ति में दुःख।

अब भूकम्प हुआ जो अस्वाभाविक नहीं। परिवर्तन हुआ जो अनिवार्य है। महल मिट्टी और धूल का ढेर हो गया। पर झोपड़े के चेहरे पर शिकन नहीं। वह ज्यों का त्यों खड़ा रह गया; केवल यह देखने के लिए कि महानता कितनी लघु है और लघुता कितनी महान्। आँधी में पीपल और कटहल, आम और बरगद जैसे महावृक्ष जब ज़मीन चूमते दिखाई देते हैं, उस समय गेंदा और गुलाब अपनी महत्त्वमयी लघुता की मस्ती में झूमते हुए तमाशा देखते हैं। आँधी उनका क्या बिगाड़ लेगी? वे महान् थोड़े ही हैं कि जहाँ गिरे वहीं रह गए। वे हैं लघु जो बार-बार गिरते हैं, बार-बार उठते हैं। भारत में भरदूल के अंडे की पुरानी कहानी लघुता के समर्थन में एक बार पुनः दुहराई जा सकती है।

एक बात और है। लघु को अपना बड़े से बड़ा काम करने के लिए भी अपनी स्थिति छिपाने की आवश्यकता नहीं। वह जो है वही बना रहकर निर्द्वन्द्व विचरण कर सकता है। पर बेचारे महान् को अपना छोटे से छोटा काम भी लघु बनकर ही निकालना होगा।

जितना छोटा काम होगा, उतना ही छोटा उसे स्वयं होना होगा। पौराणिक कथाओं के अनुसार प्रवंचना जैसे–लघु व्यापार की ओर अग्रसर होने के समय अनन्त विष्णु वामन हो गए थे।

लघु अपने में ही तृप्त रहता है। वह जानता है कि यदि उसकी स्थिति में कोई परिवर्तन हुआ तो वह महान् होगा अन्यथा उसकी लघुता पर तो उसका अनन्य अधिकार है ही। पर महान् के लिए अपनी महानता सूम का धन है। संसार परिवर्तनशील है। यहाँ पर सभी वस्तुओं की एक सीमा होती है। यही समझकर महान् व्याकुल रहता है। वह भी जानता है कि यदि लघुता का अन्त महानता का आरम्भ है तो महानता की सीमा भी घृणित लघुता ही है।

अंग्रेजी कहावत के अनुसार, 'शेर का हिस्सा देय होता है, अर्थात् बलवान् का प्राप्य, जो उसे मिलना ही चाहिए। जिसे वह बलपूर्वक ले सकता है। हिन्दी में छोटों का हक़ सुरक्षित है। 'जौ लरिका कछु अचगरि करही' तो भी बड़ों को क्षमा करना ही होगा। इतना ही नहीं। लघु के अत्याचार से उसे प्रमुदित भी होना होगा।

इस प्रकार आज तक किसी न किसी प्रकार से महानता पर लघुता ही विजय प्राप्त करती आई है। आगामी कल तो निर्बलता ही सबसे बड़ा बल होगा। लघुता ही महानता कही जाएगी। कम से कम समय तो यही कह रहा है।

मैं लघुता के महत्त्व को स्वीकार करता हूँ।

(14 नवम्बर, 1938, साप्ताहिक आज)

गुंडोत्पत्ति

मूलतः गुंडा उस प्राणी को कहते हैं जो निर्भीकतापूर्वक संसार को तृण समझता हुआ उन पुरुषोचित और पुरुषार्थ सापेक्ष कार्यों का सम्पादन करता है, जिन्हें शिक्षित कहलाने वाला सम्प्रदाय छूने का भी साहस नहीं करता। दूसरे शब्दों में, गुंडा वह प्राणी है जो मन में और तथा वचन में और नहीं होता। जो शारीरिक बल को ही पार्थिव विभूति की कुंजी मानता है। जो तन, मन और वचन तीनों में स्वतंत्र होता है।

'गुंडा' शब्द की उत्पत्ति करते समय हिन्दी-शब्दसागर के सम्पादकों ने गुंडा या गुइंडा जैसे किसी विकट धातु की कल्पना करते हुए उसे उक्त धातु से बना हुआ शब्द बतलाया है।

वैसे तो हिन्दी के प्राचीन साहित्य में गुंडा शब्द का प्रयोग प्रायः कहीं नहीं हुआ है। एक पुरानी तुकबन्दी अवश्य सुनने में आई है, जिसमें गुंडों को विपत्ति में डालने के लिए ईश्वर से प्रार्थना की गई है। तुकबन्दी इस प्रकार है :

खुदा करे गुंडे पकड़े जाएँ।
लाला खाँ के खूँटें में जकड़े जाएँ।।

कहने का तात्पर्य यह कि इससे पुरानी किसी साहित्यिक या असाहित्यिक कृति में 'गुंडे' का पता नहीं चलता। परम पुरातन होते हुए भी उसका यह नाम ब्रिटिश शासन की ही देन है। एक छोटा-सा इतिहास सुनिए :

ब्रिटिश हुकूमत ने जब बंगाल में अपनी जड़ जमाई। उस समय भारतीय शासन व्यवस्था में सम्भवतः पहली बार पुलिस का प्रवेश हुआ। इसके पहले पुलिस का काम प्रायः फौजी सिपाही ही किया करते थे। पुलिस विभाग की सृष्टि हो जाने पर भी वह इतनी व्यापक न हो पाई थी कि सभी अपराधियों का ठीक पता लगा पाती। ऐसी अवस्था में पुलिस घोषणा करती है कि अमुक अपराध का पता जो लगा देगा उसे इतना पुरस्कार मिलेगा। फलस्वरूप जनता पुलिस से सहयोग करने लगी। इस प्रकार और सरकारी तौर पर अपराध का पता लगाने वाले गोइंदा कहलाते थे। इसमें कोई सन्देह नहीं कि अंग्रेज गोइन्दा का उच्चारण गोइंडा करते होंगे। क्रमशः गोइंदा गुइंडा हुआ होगा और 'ई' का त्यागकर विशुद्ध गुंडा रह गया होगा। इन गोइंदों में कुछ लोग ऐसे भी होते होंगे, जो अपनी शुद्ध स्वार्थपूर्ति के लिए लोगों को अनायास विपत्ति में डाल देते होंगे। सम्भवतः यहीं से गुंडा शब्द के साथ घृणा, उपेक्षा और समाज-शत्रुता का भाव लगा।

इस स्थल पर यह भी ध्यान में रखना चाहिए कि गुंडा शब्द का प्रचार बंगाल, बिहार और संयुक्त प्रान्त तक ही सीमित है। संयुक्त प्रान्त में बनारस और मिर्ज़ापुर में इस शब्द का काफी व्यवहार होता। पर यदि लखनऊ की ओर देखा जाए तो लोग गुंडे के स्थान पर बाँके का प्रयोग करते हैं। गुंडे का गुन बतलाने के लिए बाँका शब्द गुंडा की अपेक्षा कहीं अधिक सक्षम है। संस्कृत के वक्र शब्द का अर्थ होता है—टेढ़ा। यही वक्र वंक होकर बाँका हो गया है। अतः बाँका या गुंडा शब्द का अर्थ हुआ—टेढ़े स्वभाव का मनुष्य।

वैसे तो सृष्टि के आरम्भ से ही मानव समाज में ऐसे लोगों की कमी नहीं रही है, जो अपने बाहुबल से ही सारी सांसारिक समस्याएँ सुलझाने का दावा रखते रहे हैं। आज भी शारीरिक बल ही बड़ी से बड़ी समस्याओं का अन्तिम निर्णायक प्रमाणित होता है। पर मध्यम काल में तो शारीरिक शक्ति ही सब कुछ थी। सैनिक वृत्ति बड़े सम्मान और संभ्रम की दृष्टि से देखी जाती थी। तनिक भी शारीरिक शक्ति रखने वाले सिपाहगिरी की ओर ही झुकते। यहीं उन्नति का एकमात्र मार्ग था, जो कंटकाकीर्ण होते हुए भी सीधे बहुत दूर तक चला गया था। साधारण सैनिक सम्राट तक हो सकता था। शिवाजी, हैदर अली, नादिरशाह और नेपोलियन का नाम ऐसे लोगों में लिया जा सकता है। क्लाइव जैसे उत्पाती जीवों ने साम्राज्य स्थापित कर दिया है।

कहने का तात्पर्य यह है कि जब ब्रिटिश शासन ने भारतीय सैनिकों को सिपाहगिरी से विमुख होने के लिए एक बार बाध्य किया तो उन सिपाहियों में सद्‌वृत्ति रखने वाले गुंडे हो गए और बुरी मनोवृत्ति वाले डाकू और ठग। यही कारण है कि ब्रिटिश शासन के प्रारम्भिक दिनों में गुंडों की देश में बाढ़ आ गई थी।

इसमें कोई सन्देह नहीं कि सच्चे गुंडे समाज के उपयुक्त सैनिक-रक्षक बन सकते हैं। पर तभी जब उन्हें हम कोरा उपेक्षा का पात्र न बनाकर प्रशंसा का पात्र बनावें।

(1 जनवरी, 1940, खुदा की राह पर)

कजली और झूला

रंगीले बादलों की रसीली चुनरी झमकाकर, काजल के ढोकें जैसे मेघों का आँजन आँखों में चमकाकर, समूचे गगन-मंडल को पानी से भरा हुआ विराट् कमंडल बनाकर, झिल्ली-झनकार में नूपुर-रणन और कांची-क्वणन का भ्रम उत्पन्न करती हुई सावन की सजल सजीली सन्ध्या जब फिसलनमयी धरती पर सौ-सौ बल खाने लगती है, तब उन्मन मनों में भी मदिरता आने लगती है। उच्च अटा पर चढ़कर पावस की अंत्युच्च छटा निहारते हुए नीहारिका-सी आकर्षक प्रवत्स्यत्पतिका कुलांगना के कंठ को फोड़कर गिरि-दरी-विहारिणी कलकल-नादिनी के समान सहज सरस संगीत की धारा प्रवाहित हो उठती है--

'नाही आए घनश्याम घेरि आई बदरी।'

ससुराल की अटारी के वातायन से सजल नेत्रों वाली नववधू ऊपर नभ में छाए हुए सजल मेघों पर एक दृष्टि डालकर फिर पितृगृह से आने वाले पथ पर आँखें अटका देती है। बाल्यावस्था की सारी स्मृति हाहाकारमयी भावनाओं के साथ उसके मुख से निकलते हुए इन शब्दों में मूर्तिमती हो उठती है--

'बाबा के अँगनवाँ मोरवा बोलै रे हरी।'

प्रकृति से पग-पग पर हाथ मिलाकर चलने वाली भारतीय संस्कृति जैसे वसन्त में मादक पवन से मानव-मन को फूल की तरह खिला देती है, उसी प्रकार पावस की मधुर फुहार में उसे हरीभरी लता की तरह लहरा भी देती है। जैसे वसन्त में होली जैसा परिहासमय पर्व परिकल्पित होता है। वैसे ही पावस में कजली और झूले का उल्लासमय त्योहार बहार दिखाता है।

वैसे भी ग्रीष्म-प्रधान भारतीय मैदान की जलती-बलती धरती को वर्षा की बौछार सदैव हृदय-हार के समान प्रिय लगती है, फिर भी उत्तर प्रदेश के दो प्रधान धार्मिक केन्द्रों में--शैवप्रधान काशी और वैष्णवप्रधान ब्रजमंडल में--यह ऋतु विशेष उल्लास की सृष्टि करती है। कजली बनारस और मिर्ज़ापुर की अपनी छटा है तो झूला मथुरा-वृन्दावन की निजी विशेषता। बनारस की कजली और ब्रजमंडल के झूले का तीज पर्व से बड़ा ही घनिष्ठ सम्बन्ध है। यह तीज पर्व उत्तर भारत की महिलाओं का बड़ा ही प्रिय त्योहार है। इस अवसर पर स्त्रियाँ हर-गौरी का व्रत एवं पूजन करती हैं और रात्रिभर जागरण करती हुई गीतवाद्य से पावस की प्रतिमा में प्राण-प्रतिष्ठा कर देती हैं। सावन में इधर सभी स्त्रियों को ससुराल से पिता के घर बुलाये जाने की प्रथा रही है। अमीर खुसरो साक्षी हैं कि

इस अवसर पर ससुराल में रहने वाली बहुएँ बाप के घर जाने के लिए बेचैन हो उठती थीं और अपनी माताओं को स्मरण कर कह उठती थीं–

'अम्मा! मेरे बाबा को भेजी री कि सावन आया!'

अब भी सावन के महीने में ग्रामीण अंचल में रहने वाली बहुओं को ऐसी ही बेचैनी होती है। मलिक मुहम्मद जायसी की यह बात कि–

'रचा सखिन्ह पिउ-संग हिंडोला।
हरियर भूमि कुसुम्भी चोला।'

बात की बात ही है अन्यथा लज्जा के पंजे और संकोच के शिकंजे में कसी हुई बहुओं को ससुराली शिष्टाचार के कारण इतना साहस ही कहाँ कि वे अकेली भी झूले के पास पहुँच सकें, फिर प्रिय के साथ झूला झूलना तो कल्पनातीत ही है। मनबहलाव के लिए एक रसीला गीत ही है–

'झूला पड़ा कदम की डारी
झूलैं कुंज बिहारी ना।
राधा झूलैं स्याम झुलावैं
बारी-बारी ना।।'

यही कारण है कि वे सावन में अपने पितृगृह जाना चाहती हैं और वहाँ के मुक्त एवं संकोचहीन वातावरण में सतरंगी चुनरी पहनकर इश्कपेचाँ की लता बनकर झूले पर लहराना, कजली गाना और 'साँवर-गोरियाँ' की टेक से गगनमंडल तक गुँजाना चाहती हैं।

कजली एक प्रकार के गीत का नाम है। जिसके लिए बनारस के साथ-साथ मिर्ज़ापुर भी सरनाम है। एक ज़माना था जब कि बनारसी कजली की टेक 'साँवर-गोरियाँ' होती थी और मिर्ज़ापुरी कजली की टेक होती थी--'रे हरी' जैसे–

'नागर नैया जाला काले पनियाँ, रे हरी।'

बनारसी कजली की टेक 'साँवर-गोरियाँ' बहुतों के लिए पहेली बन जाती है और लोग समझ नहीं पाते कि जो साँवर (साँवली) है वह गोरियाँ (गोरी) कैसे होगी। ऐसे लोगों को 'मेघदूतम्' में कालिदास का यह श्लोक पढ़ना चाहिए कि--

'तन्वी श्यामा शिखरिदशना पक्वबिम्बाधरोष्ठी'

और तब 'श्यामा' शब्द पर यह टिप्पणी लिखनी चाहिए कि षोड्शवर्षीया तरुणी को 'श्यामा' कहते हैं। वही श्यामा-श्यामल-गोरिया का विशेषण 'साँवर' बनकर इन गीतों में चली आई है। बनारसी कजलियों की 'साँवर-गोरिया' नायिका कोई भी षोड्शवर्षीया गौरांगी हो सकती है।

पावस के पानी में बिजली की कलम डुबोकर जिस समय प्रकृति आकाश के नीले काग़ज़ पर कज्जल-गिरिका चित्र बनाने लगती है, तब मनुष्य की प्रवृत्ति कज्जली पर्व की रचना करती हुई कजली गीत गाने लगती है। नागरिक कुलांगनाएँ अपने घरों में और वारवनिताएँ तो बाज़ारों में कजली गाने की साध पूरी करती हैं, परन्तु देहात की हरियाली के बीच अमराई में पड़े हुए झूले कुछ और ही बहार देते हैं।

झूला पर्व वैष्णव कर्मकांड है और कजली शैव कर्मकांड। वैष्णव उपासना के भी दो मुख्य भेद हैं–बालरूप में उपासना और युगलोपासना। इस उपासना भेद से झूले के भी दो भेद हो गए हैं–1. पालना और 2. हिंडोला। हिंडोला तो छत की कड़ी और वृक्ष की डाली में भी डाला जा सकता है परन्तु पालना तो दो डंडों को दोनों ओर एक पर एक रखकर और बीचोबीच एक डंडा और रखकर उस पर टाँगा जाता है। पालने पर बच्चे झूलते हैं और हिंडोले पर वयस्क। जिन मन्दिरों में गोपाल के बालरूप की उपासना होती है, वहाँ बारह मास पालने पड़े रहते हैं। जैसे–काशी के गोपाल मन्दिर में।

साधारणतया झूलन पर्व तेरह दिनों का होता है, यद्यपि वल्लभ सम्प्रदाय में झूलन एक मास का होता है। वहाँ सावन बदी 1 से ही झूला टँग जाता है और रक्षाबन्धन तक टँगा रहता है। अयोध्या के एकाध मन्दिर में भी झूला एक मास होता है।

ब्रजमंडल में सर्वत्र श्रावण कृष्णा तृतीया से झूलन प्रारम्भ हो जाता है। इस तीज को वहाँ हरियाली तीज और झूलनी तीज भी कहते हैं। इस अवसर पर राधिकाजी को घेवर आदि का विशेष भोग लगाया जाता है, जिसे 'सिंधारा' कहते हैं। वहाँ भी लड़कियाँ तीज पर नैहर बुलाई जाती हैं और झूले पड़ते हैं, जिन पर सर्वप्रथम एक चींटी और एक चींटा रखकर उन्हें झुला लिया जाता है। तब कहीं मनुष्यों के झूला झूलने की बारी आती है।

झूले का यह पर्व इतना मोहक होता है कि जो लोग भारत में रहते हुए भी विदेशी संस्कृति के ही गीत गाते हैं और गुलो-बुलबुल का ही तराना सुनाते हैं, वे भी इस पर्व के आकर्षण से विवश होकर गाने लगते हैं–

बाग़ों में पड़े झूले!
तुम भूल गए हमको, हम तुमको नहीं भूले।
सावन का महीना है!
साजन से जुदा होकर, जीना कोई जीना है।।
सावन का महीना है।।

(1 जनवरी, 1957, वासन्ती)

गंगालहरी : एक परिचय

"गंग गमेप्पिणु जो मुअइ जो सिवतित्थ गमेप्पि।
कीलदि तिदसावास गउ सो जमलोउ जिणेप्पि।।
ब्रासु महारिसि एउ भणइ जइ सुइसत्थु पमाणु।
मायहं चलण नवन्ताहं दिवि गंगा ण्हाणु।।"[1]

पुरानी हिन्दी के उक्त दोहे इस बात के प्रमाण हैं कि हिन्दी काव्यधारा में उसके आरम्भ काल से ही गंगा सम्बन्धी सूक्तियों के बुल्ले उठने लगे थे। ये बुल्ले उत्तरोत्तर बढ़ते गए और अन्त में जहाँ हिन्दी कविता में कृष्ण-काव्य-धारा, राम-काव्य-धारा, प्रेममार्गी-धारा, ज्ञानमार्गी-धारा आदि अनेक धाराएँ प्रवाहित हुईं। वहीं एक गंगा-काव्य-धारा भी प्रवाहित हुई। यह धारा गंगोत्री वाली गंगा की धारा के समान ही परम सूक्ष्म, अत्यन्त निर्मल, अति स्निग्ध, सहज, शीतल और स्वभावतः शान्तिप्रदायिनी सिद्ध हुई!

हिन्दी कविता की उक्त गंगा धारा अतल को तोड़कर निकलने वाली किसी भी नदी के समान प्रारम्भ में केवल बुदबुदमयी थी। वह बुल्लों के रूप में कभी-कभी, जहाँ-तहाँ दिखाई पड़ जाती थी। यही कारण है कि जो हिन्दी कविता के जन्मकाल में हमें कहीं हेमचन्द्र सूरि के संग्रह में गंगा सम्बन्धी कुछ फुटकर दोहे मिल जाते हैं, तो कभी विद्यापति की पदावली में एकाध पद। इस प्रकार ये बुल्ले हमें कभी पश्चिमी भारत के गुजरात प्रदेश में दिखाई पड़े तो कभी पूर्वी भारत के मिथिला प्रदेश की हरी-भरी अमराइयों वाली धरती से भी लोगों ने उसे फूटते देखा। मिथिलावाला बुल्ला बड़ा ही मुखर था, इसलिए लोगों ने उसे सुना भी और इस प्रकार सुना कि उसकी ध्वनि आज भी कानों में गूँजती है। सुनिए—

"बड़ सुख सार पाओल तुअ तीरे।
छोड़इत निकट नयन बह नीरे।।
कर जोरि विनमओं विमल तरंगे।
पुन दरसन होए पुनमति गंगे।।
एक अपराध छेमब मोर जानी।
परसल माय पाय तुअ पानी।।

1. जो शिवतीर्थ (काशी) में जाकर गंगास्नान कर मरते हैं, वे यमलोक को भी जीतकर खेलते-कूदते हुए त्रिदशावास (स्वर्ग) में जाते हैं। महर्षि व्यास यह कहते हैं कि यदि सरस्वती (श्रुति) प्रमाण है, तो माता की चरण-वंदना करने वाले को नित्य गंगास्नान का फल प्राप्त होता है।

कि करब जप-तप जोग घेआने।
जनम कृतारथ एकहि सनाने।।
भनइ विद्यापति समदओं तोही।
अन्त काल जनु बिसरह मोहीं।।''

और जनश्रुति साक्षी है कि गंगा ने भी विद्यापति को उनके अन्तकाल में नहीं भुलाया।

बुद्‌बुदावस्था के बाद उक्त गंगा धारा लघु-लघु तरंगों वाली स्थिति में आई। इसकी यह तरंगावस्था समस्त भक्तिकाल में अन्तःसलिला की भाँति प्रवाहित होती रही। अपने व्यक्तिगत विश्वास के अनुसार विभिन्न धार्मिक साधनाएँ करते हुए भी हिन्दी कवि का मानस जाह्नवी जल के दर्शनमात्र से तरंगायित होता रहा। अपने विशिष्ट इष्ट के ध्यान में रत रहते हुए भी भक्तिकाल का कवि भागीरथी को न भूला। जहाँ ज़रा-सा भी अवसर मिला, उसने अपनी भागीरथीभक्ति की खुलकर अभिव्यक्ति कर दी। गोस्वामी तुलसीदास जी की 'विनयपत्रिका' के गंगा विषयक 17, 18, 19 और 20 संख्यक पद इस संदर्भ में उद्धृत किए जा सकते हैं।

इसी काल के दूसरे प्रमुख कवि अब्दुर्रहीम खानखाना हैं, जिनकी गंगाभक्ति का प्रमाण उनके एकाध दोहे और उससे भी अधिक प्रचलित किंवदंतियों में मिलता है। उनका गंगा विषयक यह दोहा तो बहुत ही प्रसिद्ध है :

'अच्युत-चरण-तरंगिणी सिव-सिर-मालति-माल।
हरि न बनाओ सुरसरी कीजिय इंदव भाल।।'

उनका उक्त दोहा उनकी ही एक संस्कृत उक्ति का अनुवाद कहा जाता है—

'अच्युतचरणतरंगिणी शिवसिरमौलिमालतीमाले।
मम तनुवितरणसमये हरता देया नमे हरिता।।'

और उक्त श्लोक भी उनके संस्कृत गंगाष्टक का प्रथम छंद कहा जाता है। कहा जाता है कि रहीम ने संस्कृत में गंगाष्टक की रचना की थी। जिसका एक सशक्त छंद यह भी है :

'त्वत्तटरचितकुटीकः कोटि-नटी-लम्पटोऽपि पटुरेव।
पातक-पोतक-डाकिनि मंदाकिनि हे नमस्तुभ्यं।।'[1]

यदि सचमुच उक्त रचना रहीम की ही है, तो इस संदेह के लिए काफी गुंजाइश है कि 'पातक-पोतक-डाकिनि मंदाकिनि' वाक्यांश के लिये गोस्वामी तुलसीदास जी रहीम के ऋणी हैं, जिसका उपयोग उन्होंने निम्नलिखित अर्धाली में किया है :

'सुरसरि धार नाउँ मन्दाकिनि।
जो सब पातक-पोतक-डाकिनि।।'

तुलसी और रहीम के बाद तीसरे भक्त कवि रसखान हैं, जो राधा माधव के गुणगायक थे और प्रेमदेव की छवि पर सर्वस्व लुटाकर 'मियाँ रसखान' बने थे। फिर भी गंगा ने उनके हृदय को तरंगित किया। क्षण भर के लिए 'कुंज कुटी तट राधा पाय पलोटत'

1. यदि करोड़ों वेश्याओं के साथ विलासकुशल लंपट भी तुम्हारे तट पर कुटी बनाकर रहे, तो उसके पातकरूपी बच्चों को तुम डाकिनी के समान चबा जाती हो। हे मंदाकिनी, तुम्हें प्रणाम करता हूँ।

ब्रह्म की ओर से आँखें मोड़कर वे ब्रह्मद्रव की ओर आकृष्ट होने के लिए विवश हुए थे और अपनी विवशता का प्रमाण निम्नलिखित सवैया के रूप में सदा के लिए छोड़ गए—

'वैदकी औषधि खाय नहीं न करै कछु संज़म री सुन मोसें।
तेरोई पानी पियै 'रसखानि' सजीवन जानि लहै सुख तोसें।
एरी सुधामयी भागीरथी सब पथ्य कुपथ्य बनै तुव पोसें।
आक धतूर चबात फिरैं बिख खात फिरैं सिव तेरे भरोसें।।'

उत्तर रीतिकाल में आकर गंगाकाव्य की उक्त धारा तरंगावस्था से भी निकलकर लहरीली स्थिति में पहुँच गई। उसे इस लहरीली स्थिति में लाने का श्रेय पद्माकर को है।

रीतिकाल में शृंगाररस के सर्वमान्य आलम्बन राधाकृष्ण थे। अतः उनके कारण यदि किसी नदी को संसर्गज मान्यता प्राप्त हो सकती थी तो यमुना को ही। कृष्ण की सारी रसीली लीलाएँ यमुनातट पर ही तो हुई थीं। ऐसी स्थिति में पद्माकर द्वारा गंगालहरी की रचना एक विचित्र बात कही जाएगी। उनकी गंगालहरी के अनुकरण पर ग्वाल कवि ने 'यमुनालहरी' की रचना की थी, परन्तु था यह कर्त्तव्य पद्माकर का ही। फिर भी पद्माकर ने यमुनालहरी न लिखकर गंगालहरी लिखी। इसके स्पष्टतः दो तात्कालिक कारण प्रतीत होते हैं।

पद्माकर के जीवनकाल में पंडितराज जगन्नाथ की 'गंगालहरी' बहुत प्रसिद्ध हो चुकी थी। उस गंगालहरी के साथ एक कथा भी जुड़ी हुई थी कि यवनीसंसर्ग के कारण पंडितराज जातिबहिष्कृत थे। कहते हैं, अपनी पवित्रता का प्रमाण प्रस्तुत करने के लिए ही उन्होंने संस्कृत में गंगालहरी की रचना की थी।

उधर पद्माकर के सम्बन्ध में भी कहा जाता है कि किसी स्वर्णकार सुंदरी से अवैध सम्बन्ध के पाप से उन्हें कुष्ठरोग हो गया था। जिससे मुक्ति पाने के लिए उन्होंने कानपुर में गंगातट पर निवास किया था और उसी अवसर पर गंगालहरी की रचना भी की थी। पद्माकर को 'गंगालहरी' नाम पंडितराज से ही प्राप्त हुआ था। निःसंदेह इस रचना के मूल में 'पद्माकर' की यही भावना काम कर रही थी कि गंगा पाप-ताप-नाशिनी हैं। अतः उनके स्तवन से मेरी व्याधि नष्ट हो जाएगी। पंडितराज के समक्ष भी गंगा का यही महत्त्व था। साथ ही, उनके सामने आदिकवि वाल्मीकि से लेकर कालिदास और शंकराचार्य जैसे समर्थ शब्दशिल्पियों की गगा विषयक सशक्त रचनाओं का वृहद् भडार भी था, परन्तु जैसा कहा जा चुका है, हिन्दी में गंगाकाव्य को लहरोंवाली स्थिति में पहुँचाने का श्रेय पद्माकर को ही है। इस काल में हिन्दी में गंगा को लेकर एक व्यवस्थित काव्य की ही रचना नहीं हुई, अपितु रीवाँ के एक पंडित ने संस्कृत में पहली बार गंगा को लेकर एक नाटक की भी रचना की। वह नाटक अप्रकाशित है। यह रचना बहुत ही ललित है, जिसका प्रमाण इस एक ही छंद से मिल जाता है :

'ब्रह्माद्याः किल यत्र संस्तुतिपरा दीपौ दितारात्रिपौ
त्रैलोक्यं कमनीयनाट्यभवनं गंधर्वकाः गायकाः।
देवो दंडधरो विदूषकवरः सभ्याः समस्तर्षयः
प्रोद्यत सूत्रधरेण वामनपदा गंगा नटी नाट्यते।।'

गंगाकाव्य की उक्त लहरीली स्थिति के पोषण में काशी के कवियों का योग कुछ कम नहीं रहा है। इस प्रसंग में भारतेन्दु हरिश्चन्द्र के पिता गिरिधरदास के 'गंगाशतक' की यह रचना द्रष्टव्य है :

'जम की सब त्रास बिनास करी मुखते निज नाम उचारन में।
सब पाप प्रतापहिं दूर दस्यो तुम आपन आप निहारन में।
अहो गंग अनंग के सत्रु करे बहु नेक जलै मुख डारन में।
'गिरिधारनजू' कितने बिरचे गिरिधारन धारन धारन में।।'

स्वयं भारतेन्दु ने अपने हरिश्चन्द्र नाटक में गंगा का जैसा वर्णन किया है, वैसा जोरदार वर्णन वे चन्द्रावली नाटिका में यमुना का न कर सके। कोई भी पारखी दोनों वर्णनों को पढ़कर तुरन्त कह देगा कि जहाँ गंगावर्णन में भारतेन्दु के हृदय का उल्लास छलका पड़ रहा है, वहीं यमुनावर्णन में कवि रस्मअदायगी-सा करता दिखाई पड़ता है।

रीतिकालीन पिछले खेवे के एक समर्थ कवि 'सेवक' काशी में ही रहते थे। दशाश्वमेध घाट के पास उनका मकान था। उन्होंने अपने मकान के दरवाज़े पर खड़िया से लिख रखा था–

'भागीरथी हम दोस भरे पै भरोस यहै कि परोस तिहारे।'

वर्तमान काल में गंगाकाव्य की लहरीली स्थिति उस समय अपनी चरम सीमा पर पहुँच गई। जब 'रत्नाकर' ने गंगावतरण काव्य की रचना की। गंगा सम्बन्धी हिन्दी कविता में 'पद्माकर' की गंगालहरी और 'रत्नाकर' का गंगावतरण सदैव सर्वोच्च स्थान के अधिकारी रहेंगे।

इसी काल में व्यावसायिक रंगमंचों ने भी गंगा सम्बन्धी नाटकों का अभिनय आरम्भ कर दिया था। अहमदाबाद के सूरविजय नाटक-समाज ने गंगावतरण नाटक का सन् 1921 में काशी में बड़ा ही सफल अभिनय प्रस्तुत किया था। पारसी नाटक कंपनियों के प्रसिद्ध नाटककार पंडित नारायणप्रसाद 'बेताब' ने जब प्रास-पुंज नामक पुस्तक की रचना की तो इस नियम का उदाहरण प्रस्तुत करने के लिए कि यदि तुक के दोष का पद्य में ही उल्लेख कर दिया जाए तो फिर वह दोष नहीं रह जाता। निम्नलिखित दो पंक्तियाँ लिखी थीं :

'तपोधन तापसों की कुदरती जागीर थी गंगा।
'गुलूके साथ' थी यूँ मौजजन भागीरथी गंगा।।'

रीतिकाल में भक्तिकालीन अष्टछाप के भक्त कवियों के उपास्य राधाकृष्ण दरबारी कामकौतुक के क्रीडनक बन गए। सखी संप्रदाय वालो ने मर्यादापुरुषोत्तम श्रीराम को 'झाऊ की झाड़ियों' में विलास-लीला-रत चित्रित कर दिया, परन्तु गंगा को लेकर इस प्रकार का मज़ाक़ करने का दुःसाहस कोई न कर सका। सम्भवतः गंगा के साथ ऐसा मज़ाक़ साधारण जनता सहन भी नहीं कर सकती थी क्योंकि गंगा खास उसकी अपनी चीज़ थी। गंगा वह प्रत्यक्ष देवी थी, जिसके 'दरस परस मज्जन अरु पाना' से उत्तर भारतीय जनता चौखूँट परितृप्ति प्राप्त क़रती थी। गंगा ने धराधाम में अवतीर्ण होकर उत्तर प्रदेश और बिहार को मरुभूमि बनने से बाल-बाल बचा लिया था। भूगोल में रुचि रखने वाले

भली भाँति जानते हैं कि उत्तर प्रदेश और बिहार उसी भौगोलिक रेखा पर स्थित हैं, जिस पर विश्व के बड़े-बड़े रेगिस्तान हैं, परन्तु यह गंगा की ही अमोघ कृपा थी कि 'चरते जहाँ जिराफ़ हंस उस थल पर आए।' यहाँ यह भी न भूलना चाहिए कि उत्तर प्रदेश और बिहार प्रमुख हिन्दीभाषी भारतीय भूखंड हैं। अतः इन प्रदेशों का साधारणजन गंगा की उक्त कृपा को भूल ही नहीं सकता था। विदेशी और विजातीय शासन की छत्रछाया में प्रतिदिन होली और हर रात दीवाली मनाने वाला सामंती समाज कभी-कभी अपनी रंगरेलियों की आग में आहुति देने के लिए कृषकों के मुँह का ग्रास छीन लेता था अथवा अपने युद्धोन्माद में जब कभी उसकी हरी-भरी लहलहाती खेती को घोड़ों की टाप से रौंदवाकर उसे अन्न से वंचित कर देता था। उस समय भी गंगा कम से कम उसकी प्यास तो बुझा ही देती थी। ऐसी स्थिति में यह मान लेना अनुचित न होगा कि साधारण जनता को रीतिकालीन रसीली कविता से पेट की जलन के कारण भले ही रस न मिलता रहा हो, गंगा सम्बन्धी कविताएँ उसे अवश्य शान्ति प्रदान करती थी। उसके हृदय को स्पर्श करती थीं। साधारणतम व्यक्ति गंगाकाव्य में सच्चे रस का आस्वादन करता था, आज भी करता है। तभी तो मुसलमान होते हुए भी 'नई मसजिद' न बनाकर 'नया शिवाला' की रचना करने वाले और शतद्रु तथा वितस्ता का पानी पीकर जीते हुए भी दजला और फरात की मटियाली लहरों में ऊभचुभ करने वाले अल्लामा इक़बाल को भी यह कहना ही पड़ा कि—

'ऐ आबरौद गंगा! वह दिन है याद मुझको
उतरा तेरे किनारे जब कारवाँ हमारा।'

इस तथ्य का अनुभव न करने के कारण कि इस्लाम का बेड़ा गंगा के दहाने में आकर सचमुच किनारा पा गया, मौलाना हाली ने भ्रमवश यह समझ लिया—इस्लामी बेड़ा गंगा के दहाने में आकर डूब गया। अतः विपरीत लक्षण से गंगा का महत्त्व सकारते हुए मौलाना ने लिखा कि इस्लाम का जो बेड़ा :

'न जेहूँ में अटका, न सेहूँ में भटका।
वो डूबा दहाने में गंगा के आकर।।'

विपरीत रूप में ही नहीं, सीधे-सीधे भी मौलाना को गंगा का महत्त्व मंजूर था। तभी नवयुवकों को उद्बोधित करते हुए उन्होंने कहा था कि :

'खेतों में दे लो पानी, यह बह रही है गंगा;
कुछ कर लो नौजवानो! उठती जवानियाँ हैं।।'

संक्षेप में, हिन्दी में गंगा सम्बन्धी काव्य का जो विवरण प्रस्तुत किया गया है। उससे हिन्दी में गंगाकाव्य का महत्त्व सिद्ध हो जाता है। यह भी बताया जा चुका है कि हिन्दी-गंगाकाव्य में 'पद्माकर' की गंगालहरी का स्थान विशिष्ट है।

(1 जून, 1963, प्रसाद पत्रिका)

राम रजाई

बुद्धू साव यद्यपि जन्मजात बुद्धू नहीं थे, फिर भी जन्म लेने से लेकर मरने तक बेचारे दूसरों द्वारा बुद्धू ही बनाए जाते रहे। मसलन, जन्म लेने के बाद उन्होंने स्वयं अपना नाम बुद्धू नहीं रखा था, बल्कि उनके माता-पिता सुद्धू साव ने पुत्र का नाम अपने नाम के वजन और जोड़ पर रखने के लिए उनका नाम बुद्धू रख दिया। इस प्रकार जन्म लेने के बाद वे बुद्धू बने। इसमें चिन्ता की कोई विशेष बात न होने पर भी उनका बुद्धू बनकर मरना अवश्य ही विशेष चिन्तनीय कहा जाएगा। यद्यपि घटनाओं का बढ़ते जाना ही जीवन है, तथापि कुछ हालत में मृत्यु ही जीवन की सबसे बड़ी घटना मानी जा सकती है। अतः बुद्धू साव के जीवन की उक्त सबसे बड़ी घटना इस प्रकार घटी कि...

उस साल माघ के महीने में वसन्त ही नहीं आया, बल्कि रामायण की कथा कहने वाले एक बुद्धूबसन्त व्यास भी रमतेरामवाली मुद्रा धारण किए उस गाँव में पहुँच गए। यों व्यास जी क्या आए, उनके रूप में बुद्धू साव की खास मौत ही आ गई और जैसे काल के लिए कहा जाता है कि 'आपु न आवै ताहि पै ताहि तहाँ ले जाई।' वैसे ही व्यास जी की कथा के आयोजन में बुद्धूराव ने ही सबसे पहले सबसे अधिक चन्दा भी दिया। बेचारे क्या जानते थे कि यह चन्दा उनके प्राण पखेरू के लिए फन्दा हो जाएगा।

कहावत है कि कंगाली में आटा गीला। सो, एक तो माघ का महीना ऊपर से शुरू हो गई रिम-झिम-रिमझिम। बिल्कुल वैसे ही, जैसे कोढ़ में खाज। उस पर आफत की मार यह कि व्यास जी ने उस दिन या उस रात जो कथा उठाई, वह भी राम रजाई पर। व्यास जी अठिला-मठिला कर कहने लगे...

...सो भइया राजा दशरथ के घर में जो है सो एक रजाई रही। सो, वह रजाई ऐसी रही कि वह जिसके पास रहे, वही सब में खासुलखास रहे। इसलिए कि उस रजाई के लिए राज परिवार में फूट न पैदा हो जाए। बुद्धिमान रघुवंशियों ने वह रजाई अपने कुलगुरु वसिष्ठ जी के पास सहेज कर रख दी कि जब कोई और चाहे जो भी माँगे, आप यह रजाई उसे कदापि मत देना। परन्तु बुढ़ौती से राजा दशरथ का मन उस रजाई पर चल गया। सो वे एक दिन विनीत भाव से गुरु वसिष्ठ के यहाँ पहुँचे और उनकी बहुत आवभगत की। जब मुनि राजा की विनती पर प्रसन्न हो उठे, तब दशरथ ने उनसे अपनी अभिलाषा कह सुनाई :

अब अभिलाषु एक मन मोरे,
पूजहिं नाथ अनुग्रह तोरे।

मुनि प्रसन्न लखि सहज सनेहू,
कहेउ नरेस रजाइ सुदेहू।।

सो आखिरकार राजा ने मुँह खोलकर रजाई माँग ही ली। मुनि प्रसन्न तो थे ही, सो उन्होंने राजा दशरथ को रजाई दे दी। रजाई पाते ही 'मुदित महीपति मन्दिर आए।' और सबको रजाई मिलने का समाचार सुनाने के लिए–'सेवक सचिव सुमंत्र बोलाये।' इधर रामजी के युवराज्याभिषेक की बात भी चल रही थी! सो, रानी कैकेयी ने सोचा कि राजा अपने बड़े बेटे राम को बहुत मानते हैं, सो कहीं राज के साथ ही उन्हें रजाई भी न दे दें। सो, उसने राजा से राम को वन भेजने के लिए कहा कि न रहेगा बाँस, न बजेगी बाँसुरी। राजा बड़े दुःखी भये और महल के बाहर न निकले। इधर मंत्रियों को संदेह हुआ कि हो न हो, रजाई के कारण कोई गड़बड़ी हो गई है। सो, उन सबने मिलकर सुमंत्र से कहा–

पहिले पहर भूप नित जागा
आजु हमहिं बड़ अचरज लागा।
जाहु सुमंत्र जगावहु जाई
कीजिए काज रजाई सु पाई।

मंत्रियों ने सोचा कि राजा न आए न सही, रजाई ही आ जाए तो राजकाज तो होने लगे। राजा की हालत देखते ही सुमंत्र सब समझ गए और दौड़े हुए रामजी के पास जाकर उनसे राजा की रजाई वाली बात कही–

निरखि बदनु कहि भूप रजाई।
रघुकुल दीपहिं चलेहू लेवाई।।

सो, राम जी जब पिता के पास पहुँचे तो उन्हें वनवास की आज्ञा सुनाई गई। तब रामजी ने कहा कि वनवास कोई बड़ी बात नहीं है। वन में रहकर जल्दी ही चला आऊँगा, लेकिन शर्त यह है कि वह रजाई मुझे दी जाए–

आयसु पाइ जनमु फल भाई।
ऐहउँ वेगिहिं होइ रजाई।।

अगर रजाई हमारे पास हो तो हम बहुत जल्दी चले आवेंगे। मगर राजा को रजाई तो प्राण से बढ़कर प्यारी थी। इसलिए रामजी की ऐसी बात सुनकर–

'भूप सोक बस उतरु न दीन्हा।'

और तब

'अस कहि राम गवन तब कीन्हा।'

रामजी के जाते ही दशरथ बेहोश हो गए। जब उन्हें होश आया, तब रामजी वन चले गए थे। सो राजा ने सुमंत्र से कहा कि झगड़े की जड़ इस रजाई को तुम तुरन्त राम के पास ले जाओ। तब सुमंत्र जी–

पाइ रजाई सुनाइ सिरु
रथु अति वेगि बनाई।

गयउ जहाँ बाहेर नगर
सीय सहित दोउ भाई।।

सो वहाँ सुमंत्र ने राजा की दी हुई रजाई रामजी को दे दी। रामजी रजाई लेकर आगे बढ़े तो निषादराज गुह मिला। उसने रामजी की बड़ी सहायता की, लेकिन जब रामजी उसे लौटने को विवश करने लगे, तो उसने उनसे वही रजाई माँगी। उसने कहा कि मैं सब प्रकार से आप की सेवा करूँगा, लेकिन रजाई मुझे दे दीजिए।

जेहिं वन जाइ रहब रघुराई
परन कुटी से करब सुहाई।
तब मोहि कहँ जसि देब रजाई
सोइ करिहऊ रघुवीर दोहाई।

लेकिन रामजी ने उसे रजाई न दी, बल्कि उसे भी अपने साथ ही ले लिया। इधर राजा दशरथ ने प्राण त्याग दिए। तब भरतजी ननिहाल से अयोध्या आए और गुरु वसिष्ठ समझाने लगे कि राजा ने तुम्हें ही राजपद दिया है–

'राजहिं राजपदु तुम्ह कहुँ दीना।'

लेकिन रजाई बिना तो काम नहीं चलने को, अतः तुम राजा की रजाई प्राप्त करने का डौल लगाओ–

'करहु सीस धरि भूप रजाई।'

क्योंकि इसी में–

'इह तुम्ह कहँ सब भाँति भलाई।'

यह सुनकर भरतजी सबको लेकर चित्रकूट की ओर चले, जहाँ रामजी ने अपना आश्रम बनाया था। लोगों ने भरतजी को रोका और कहा कि आप चुपचाप अपना राजतिलक क्यों नहीं करवाते। चित्रकूट जाकर क्या कीजिएगा? लेकिन भरतजी ने कहा, राजतिलक में क्या धरा है, सबसे अच्छी चीज़ तो राजा की रजाई है।

तुम सब कहहु कढ़ावन टीका।
राय रजाई सु सब कहँ नीका।।

सो, भरत जी दिन दूनी, रात चौगुनी मंजिलें पार करते हुए चित्रकूट पहुँचे। बड़ी पंचायत हुई, लेकिन अन्त में रामजी को रजाई देनी ही पड़ी और 'भरत चले लेइ राम रजाई।'

व्यासजी कथा कह ही रहे थे कि श्रोताओं में एक आदमी फुक्का फाड़कर रो उठा। लोगों ने देखा बुद्धूसाव रो रहे हैं। लोग उन्हें समझाने लगे। मगर बुद्धूसाव यही कहते जा रहे थे कि 'भाई-भाई, न भाई-न-भाई। हाय, हाय, रामजी के पास एक ही रजाई थी, सो वह भी माघ के इस जाड़े-पाले में भरतजी ने ले ली। हू...हू...हू...'

सावजी को रोते-रोते बुखार चढ़ आया। वह बुखार निमोनिया में बदल गया और सावजी 'चले भरत लेइ राम रजाई' का पाठ करते-करते रामधाम चले गए।

(1 अप्रैल, 1964, उलूक)

रस-निष्पत्ति का वैज्ञानिक आधार

आचार्य रामचन्द्र शुक्ल के पश्चात् उनके रस को चाटने वाले अधिक साहित्यकार उत्पन्न हुए। काशी में ऐसे रसिक साहित्यकार रसाल चूस-चूस कर रसालिया बनते रहे हैं। रस के सम्बन्ध में अत्यन्त प्राचीन काल से ही साहित्य में विचार हुआ है। जिसकी मुख्य समस्या थी कि रस चूसा जाए, चाटा जाए या पिया जाए। यही नहीं, वह रस किस प्रकार शब्द की धमनियों में इंजेक्ट किया जाए कि पाठक की इंद्रियों में घुसकर उसे रससिक्त कर दे।

शुक्लजी ने जो विचार किया, सो ठीक ही था! उनके प्रिय शिष्य छमाही प्रसाद आचार्य ने भी रस किस प्रकार व्यक्ति पर प्रभाव डालता है, इसकी जाँच के लिए मुर्दे की खोपड़ी और गुर्दे की भी जाँच की और उन्होंने वैज्ञानिक दृष्टि से अध्ययन करने के लिए नगर के लाजिस्ट पैथा डॉ. भानुशंकर चिपोता से भी सहायता ली और रसिक पाठकों के मूत्र और टट्टी, खखार की जाँच कराई। जिससे यह पता चल सके कि किसी कृति का क्या प्रभाव पाठक पर पड़ता है। इसके लिए एक वैज्ञानिक प्रयोग किया गया, उन्होंने दस पशुओं (पालतू सिंहों) जिन्हें सुविधा के लिए व, ना, शि, के, त्रि, का, वि, आदि नाम दिया गया, चुना।

फिर उन्हें 'साँड़लट्ठ की आत्मकथा' नामक स्वरचित पुस्तक पढ़ने को दी। जैसे ही पुस्तक समाप्त हुई, उन्होंने नली में उनका मूत्र, कफ आदि एकत्रित किया और विश्लेषण के लिए डॉक्टरों को दिया।

इस प्रकार उन्होंने जो निष्कर्ष प्राप्त किए, वे आचार्य शुक्ल द्वारा दिए गए सिद्धान्तों से भिन्न थे।

इन नये निष्कर्षों के आधार पर इन पशुओं तथा छमाही प्रसाद ने यह सिद्धान्त निकाला कि अभी तक जो कुछ रस के नाम पर शुक्लजी ने दिया, वह सब धोखा है। असली रस-सिद्धान्त तो मेरे पास है।

यह बात गजनाथ को कैसे बर्दाश्त होती, क्योंकि वे आचार्य शुक्ल के रस का नित्य पान करते थे और उन्हें उसका स्वाद स्मरण था। उन्होंने छमाही प्रसाद के निष्कर्षों की वैधता को चुनौती दी, पर वैज्ञानिक आधार पर नहीं, वरन् मनोवैज्ञानिक आधार पर।

उन्होंने बजाए पालतू सिंहों के पाँच गदहों पर इसका प्रयोग किया। उन गदहों के सामने कुछ रोटी के टुकड़े और स्वार्थ की तरकारी रख दी गई और तब उन्हें 'स्वार्थसिद्धि'

उपन्यास पढ़ने को दिया गया। इस प्रयोग से यह निकालने की चेष्टा की गई कि भोजन और साहित्यिक कृति इनमें से कौन रस-निष्पत्ति अधिक उत्पन्न करता है।

देखा गया कि गदहे पहले तो रोटी और तरकारी चट कर गए और जब उन्हें पुस्तक दी गई तो गजनाथ के मुँह पर लात मारकर वे लाल घाट के तबेले में भाग गए।

इस असफलता के कारण अभी गजनाथ डॉक्टर रस पर कोई सिद्धान्त दे भी न पाये कि छमाही प्रसाद के एक पालतू जानवर सिंह भी रस सिद्धान्त के अपभ्रष्ट पक्ष को लेकर आ डटे। उन्होंने गजनाथ प्रसाद को आड़े हाथों लिया। जानवर सिंह ने स्त्रियों में रस निष्पत्ति पर अधिक गम्भीर अध्ययन किया और इसके लिए वे निरन्तर मासिक परीक्षण करते रहे।

पर रस सागर में वे हाथ ही मारते रह गए। इधर लालघाट तबेले में पहुँच कर गदहों ने इस पर विचार प्रारम्भ किया।

धुआँकश गदहा इनमें सबसे अधिक चतुर था। उसे प्रयोग आदि का तो कोई ज्ञान न था। वह कुत्तों को सामने रखकर उनके वाह्य आचरण का अध्ययन करता था। कुछ कुत्ते तो भाग गए, पर दो-एक उसके साथ ही रह गए। साथ ही कुछ तगड़े कुत्ते और भी भरती हुए पर वह अध्ययन अधूरा ही रह गया और रस-निष्पत्ति पर अध्ययन के लिए जो गधी जुटाई गई थी, उस गधी की साहित्यिक धारा या संप्रदाय का दुःखद अन्त हो गया।

शुक्लजी के खास चेले जो समझने-बूझने वाले थे, वे पूरब चले गए। अतः विचार का यह क्षेत्र अधूरा ही रह गया है। आजकल जो रस चाटा जा रहा है, वह चीनी का नहीं, चोटे का है। इसलिए इन विद्वानों को चोटहोवाद के अन्तर्गत रखा जाता है, इनमें आते हैं—झोलानाथ हल्लाप्रिय आदि।

काशी के बाहर जो लोग रस निकलवा कर चाट रहे हैं। उनमें दिल्ली के डॉ. भगेन्द्र का रस चीखने के लिए स्त्रीनारायण पंचवेदी, कच्चन आदि ने अपना जुटाव किया था, पर विमोचन के बाद ही मुँह बिचका लिया।

(1 जुलाई 1964, तरंग)

नटराज नगर के नट नाटक और कलाकार

भगवान् सदाशिव नटराज हैं और वाराणसी है नटराजनगर। इसलिए यह शुद्ध संयोग ही नहीं है, जो सर्वप्रथम काशी में ही रंगमंच की स्थापना का स्तुत्य प्रयत्न किया गया।

काशी में कोई मेघा भगत थे, जो रामलीला कराते थे और उसे ही आधार बनाकर गोस्वामी तुलसीदासजी ने रामलीला को विशद रूप प्रदान किया और साथ ही कृष्णलीला के अभिनय की भी व्यवस्था की, परन्तु उनके द्वारा संस्थापित काशी का रंगमंच मुक्ताकाशी ही रहा।

तुलसीदास जी के दो सौ वर्षों बाद हिन्दी नाटकों और नाटककारों की परम्परा का अखंड सूत्रपात हुआ बाबू गोपालचन्द्र द्वारा। तब से लेकर अब तक काशी ने कम से कम पचास सफल नाटककार और उतने ही कुशल अभिनेता कलाकार भी उत्पन्न किए, जैसे सर्वश्री गोपालचन्द्र, हरिश्चन्द्र, शीतला प्रसाद, अंबिकादत्त व्यास, राधाकृष्णदास, रामकृष्ण वर्मा, हरिऔध जी, गोपालराम गहमरी, लाला भगवानदीन, 'रौनक' बनारसी, अंबिका प्रसाद 'वासिल', विनायकप्रसाद 'तालिब', गोस्वामी किशोरीलाल, हरिकृष्ण। 'जौहर', श्रीकृष्ण 'हसरत', हरशंकर उपाध्याय, दुर्गाप्रसाद गुप्त, आगा हश्र, जयशंकर 'प्रसाद', ज्वालाराम नागर 'विलक्षण', गोविन्द शास्त्री दुगवेकर, सीताराम चतुर्वेदी, कृष्णदेवप्रसाद गौड़, पांडेय बेचन शर्मा 'उग्र', वेणीराम त्रिपाठी श्रीमाली, शिवरामदास गुप्त, आनन्द प्रसाद कपूर, कुंजीलाल जैन, परिपूर्णानन्द वर्मा, सर्वदानन्द, सुधाकर पांडे, वीरेंद्रनाथदास, कमलनाथ अग्रवाल, रघुनन्दन शुक्ल 'अटल', राजकुमार, कमलिनी मेहता, रत्नशंकर, भानुशंकर मेहता, हरिदास माणिक, शंभुनाथ सिंह, शिवप्रसाद सिंह, काशीनाथ सिंह, कुंवरजी अग्रवाल, सिद्धनाथ सिंह और कुछ अंशों में डॉ. सम्पूर्णानन्द जी और राधेश्याम कथावाचक भी। कथावाचक जी स्थानीय हरिश्चन्द्र स्कूल के छात्र थे। काशी नरेश महाराज प्रभुनारायण सिंह भी संस्कृत के नाटककार थे। इस सूची में निश्चय ही कुछ नाम छूट गए होंगे, जिसका खेद है। गोपालचन्द्र उपनाम गिरिधरदास, भारतेन्दु हरिश्चन्द्र के पिता थे। उन्होंने 40 ग्रन्थों की रचना की थी, जिनमें एक नाटक भी था—नहुष। भारतेन्दु ने इसे ही हिन्दी का पहला नाटक बताया है। हिन्दी के द्वितीय, साथ ही अद्वितीय नाटककार थे स्वयं भारतेन्दु। उन्होंने जिस परिस्थिति में हिन्दी का नाट्य भंडार भरने का संकल्प किया, वह सर्वविदित है।

सन् 1868 ई. में जिस समय भारतेन्दु कुल 18 साल के तरुण थे, उन्होंने श्री ऐश्वर्यनारायण सिंह के सहयोग से पंडित शीतलाप्रसाद के 'जानकी मंगल' नाटक का

अभिनय कराया था। ये वही शीतलाप्रसाद जी हैं, जिन्होंने भारतेन्दु की प्रशंसा करते हुए लिखा था–

श्रूयते ये हरिश्चन्द्रे जगदाह्लादिनो गुणाः
दृश्यन्ते ते हरिश्चन्द्रे चन्द्रवत् प्रियदर्शने।।

और इसका अनुवाद अपने सत्य हरिश्चन्द्र नाटक में भारतेन्दु ने स्वयं यों किया था :

जो गुन नृप हरिचन्द्र मैं जग हित सुनियत कान।
सो सब कवि हरिचन्द मैं लखहु प्रतच्छ सुजान।।

उनके असमय ही अस्त हो जाने से नाट्य साहित्य की बड़ी क्षति हुई, परन्तु जो दीपक वे लेस गए, उससे अनेक छोटे-बड़े दीप जले। इसमें संदेह नहीं कि काशी अपनी उस दीपावली पर गर्व कर सकती है।

भारतेन्दु के साहित्यिक जीवन के दो पहलू थे–एक रूप था दान-मान से साहित्यकारों को प्रोत्साहन देने वाला और दूसरा साहित्यस्त्रष्टा का। उनके पहले रूप का भार सम्हाला गोपाल मन्दिर के गोस्वामी जीवनलाल जी महाराज ने। उन्होंने भारतेन्दु के आश्रित साहित्यकारों को अपने जीवनभर आश्रय प्रदान किया और उन्हें बराबर प्रोत्साहित किया, परन्तु साहित्य रचना का कार्य किया उनके फुफेरे भाई-राधाकृष्णदास जी ने। उन्होंने पहले तो भारतेन्दु के अधूरे नाटक 'सती प्रताप' को पूरा किया और तत्पश्चात् 'महाराणा प्रताप' नाटक की रचना की। किसी समय काशी में इस नाटक की धूम थी। यहीं यह भी उल्लेख है कि भारतेन्दु के दो भतीजों कृष्णचन्द्र जी और ब्रजचन्द्र जी ने अपने पितृतुल्य पितृव्य के चरण चिह्नों पर चलते हुए एक ग़ैर-पेशेवर नाटक मंडली की स्थापना काशी में की थी–भारतेन्दु नागरी नाटकमंडली। सर्वप्रथम इसी मंडली ने राणाप्रताप नाटक का अभिनय किया, जिसमें पंडित धर्मदत्त वेदशास्त्री प्रताप की और पंडित गोविन्द शास्त्री अकबर की भूमिका में उतरते थे।

धर्मदत्तजी बड़े ही लम्बे-तड़ंगे और डील-डौल में राणा प्रताप जैसे ही पुरुष थे। भूषा और भाषण में वे महामना मालवीय जी महाराज का बड़ा ही सफल अनुकरण करते थे। वाणी भी बड़ी ही बुलंद पाई थी। जीवन के संध्याकाल में ये संन्यासी हो गए थे।

श्री गोविन्द शास्त्री दुगवेकर गठीले बदन के रोबीले नेत्रों वाले मध्यम कद के प्रभावशाली पुरुष थे। वे अकबर की भूमिका में बड़ा ही प्राणवंत अभिनय करते थे। शास्त्री जी नाटककार भी थे। उनके 'सुभद्राहरण' और 'हर हर महादेव' नामक दो नाटक किसी समय काशी में बड़े ही लोकप्रिय थे। इसी सुभद्राहरण नाटक में, जिसका प्रथम अभिनय सम्भवतः ठठेरी बाज़ार की शेरवाली कोठी में हुआ था, पहली बार काशी के पुराने रईसों के तरुण वंशधरों ने रंगमंच पर उतरने का सत्साहस दिखाया था। नाटक की नायिका सुभद्रा का अभिनय डॉ. राय गोविन्दचन्द्र जी ने किया था।

सुभद्राहरण के सम्बन्ध में एक बात और याद आती है। वाइसराय चेम्सफोर्ड के साथ ही कुख्यात तत्कालीन भारतसचिव मांटेग्यू जब काशी आए तो उन्होंने हिन्दी नाटक देखने की इच्छा प्रकट की। जहाँ तक स्मरण आता है, आतिथेय राजा मोतीचन्द्र ने अपने

मोतीझील वाले भवन में अतिथि की इच्छापूर्ति के लिए भारतेन्दु नाटक मंडली को आमंत्रित किया। चुने हुए सामाजिकों की उपस्थिति में सुभद्राहरण का अभिनय हुआ। चूँकि दर्शक अंग्रेज थे, इसलिए नाटक के अंग्रेजी अनुवाद की टंकित प्रति उन लोगों को दे दी गई थी। नाटक सफल रहा और मांटेग्यू ने उसकी बड़ी प्रशंसा की।

शास्त्री जी के दूसरे नाटक 'हर हर महादेव' का अभिनय देखने का सौभाग्य मुझे भी प्राप्त हुआ था। यद्यपि उम्र बहुत ही कम थी अर्थात् कुल सात वर्ष की। फिर भी उस नाटक के कुछ दृश्य आज भी स्मृति की आँखों पर चढ़े रहते हैं। यह अभिनय भारतेन्दु के रामकटोरा वाले बाग में हुआ था।

भारतेन्दु की प्रेरणा से काशी के बाबू रामकृष्ण वर्मा ने 'भारत जीवन' नामक एक साप्ताहिक पत्र निकाला। वे बलवीर उपनाम से कविता भी करते थे। इनका 'भारत जीवन प्रेस' था और 'भारत जीवन प्रकाशन' भी, जिसके माध्यम से वर्मा जी ने सैकड़ों दुर्लभ हिन्दी ग्रन्थ प्रकाशित किए। स्वयं भी अनुवाद कार्य किया। उनकी अनुवादित रचनाओं में माइकेल मधुसूदन दत्त के बाँग्ला नाटक भी हैं। अंबिकादत्त व्यास, किशोरीलाल गोस्वामी, 'रौनक' बनारसी और विनायकप्रसाद 'तालिब' भी भारतेन्दु युग के ही नाटककार हैं। 'रौनक' बनारसी का 'इन्साफ़ महमूद शाह' नामक नाटक बंबई से गुजराती भाषा में प्रकाशित हुआ था। मुंशी विनायक प्रसाद भी पारसी रंगमंच से सम्बद्ध थे। उनका देहान्त काशी में सन् 1914 में हुआ। सुना है कि वे रिश्ते में महामनीषी डॉ. सम्पूर्णानन्द जी के मामा थे।[1]

पंडित अंबिकादत्त व्यास व्याख्यान वाचस्पति, शास्त्रार्थ महारथी, कथाकार और सुकवि होने के साथ ही नाटककार भी थे।

पंडित किशोरीलाल गोस्वामी प्रचंड प्रतिभाशाली व्यक्ति थे, परन्तु उसी अनुपात में उनमें गम्भीरता का अभाव था। उन्होंने साठ से अधिक पुस्तकें लिखीं–गद्य, पद्य, नाटक, उपन्यास, कहानियाँ आदि।

बाबू रामकृष्ण वर्मा का 'भारत जीवन कार्यालय' बनारसी तरुण साहित्यकारों की पाठशाला था। श्री रामचन्द्र वर्मा उसी स्कूल के स्नातक और श्री हरिकृष्ण 'जौहर' भी उसी अखाड़े के पट्ठे थे। आगे चलकर उनका पेशा ही नाटककार का हो गया। वे कलकत्ते की प्रसिद्ध कोरिंथियन थियेट्रियकल कम्पनी के वेतनभोगी नाटककार हो गए थे। उस कम्पनी के मंच पर इनके दो नाटक 'पति भक्ति' और 'कन्या विक्रय' बहुत ही सफल हुए थे। रंगमंचीय जीवन से अवकाश ग्रहण करने के बाद वे काशी लौट आए थे। महमूरगंज में रहकर रेनाल्ड्स के उपन्यासों का अनुवाद करते हुए उन्होंने जीवन के अन्तिम दिन बिताये।

---

1. लेखक को यहाँ भ्रम हो गया है। डॉ. सम्पूर्णानन्द जी के मामा नाटककार अवश्य थे और विक्टोरिया कम्पनी से सम्बद्ध भी थोड़े दिनों रहे, किन्तु उनका नाम था मुंशी अंबिकाप्रसाद 'वासिल'। वह काशी के रामापुरा मुहल्ले में रहते थे। उनका देहान्त सन् चालीस के लगभग हुआ था। –नागरी पत्रिका के सम्पादक

उक्त जौहर जी के सगे अनुज थे—श्रीकृष्ण 'हसरत'। ये अनेक पारसी कम्पनियों से सम्बद्ध रहे। इनका 'भक्त कबीर' नामक नाटक उस समय बहुत प्रसिद्ध हुआ था। सूरविजय नाटक मंडली के 'काशी विश्वनाथ' नाटक में मैंने इन्हें राजा दिवोदास के उपदेशक ब्राह्मण वेशधारी विष्णु का अभिनय करते देखा था। इनका स्वभाव थोड़ा उग्र था। सन् 1926 की बात है। कोरिंथियन कम्पनी काशी में नाट्यप्रदर्शन कर रही थी, जिनमें जौहर जी के भी नाटक थे। उग्रजी ने 'आज' और 'भारत जीवन' में उनकी धारावाहिक आलोचना आरम्भ की। उससे कुढ़कर जौहरजी ने तो इतना ही कहा कि मैंने आज तक जितना लिखा है, यदि वह सब स्याही एकत्र कर दी जाए तो उग्रजी उसमें डूब जाएँगे, परन्तु हसरत जी विशुद्ध गाली-गलौज पर उतर आए। उग्र मंडल से जूझने के लिए उन्होंने 'प्रचंड' नामक एक पत्र भी निकाला। उस समय उग्र मंडल में रघुनन्दन शुक्ल 'अटल', दुर्गाप्रसाद गुप्त, विनोदशंकर व्यास और सबका पिछलग्गू मैं भी था। एक दिन अटलजी के आवास पर मंडल के सदस्यों ने मिल-जुलकर एक किंभूत किमाकार रचना प्रस्तुत की, जिसका प्रकाशन होते ही हसरत जी का 'प्रचंड' खंड-खंड होकर खरमंडलित हो गया। वह मनोरंजक रचना निम्नलिखित है—

अड्डब् बड्ड उड्ड्ड रटि पग्गत ब्रंडी ब्रंड।
अक्क बक्क झक्कत झड़त पघट्यो पुट्ट प्रचंड।
चंड चंड करि खंड खंड भुरकस्स कबिट धरि।
पग्गग्गति गड़गब्ध रह्यो हँसिरट्ट उमँग भरि।
खड्ड खड्ड घहराइ दूर होइ है घमड्डब।
गब्बर गबब बिहाइ दूर करु रे नव अड्डब।।

पंडित हरशंकर उपाध्याय ने डील-डौल ऐसा विशाल पाया था कि उन्हें दूर पर आते देखकर मुँह से अनायास निकल पड़े कि 'की मैनाक कि खगपति होई'। बड़े ही हँसोड़, बड़े ही ज़िन्दादिल व्यक्ति थे। अधिक ऊँची शिक्षा तो नहीं पाई थी, परन्तु प्रतिभा सहज थी। वे अहमदाबाद की सुप्रसिद्ध नाटक कम्पनी सूरविजय समाज के वेतनभोगी नाटककार थे। उसके मंच पर उपाध्यायजी के दो नाटकों को बेहद सफलता मिली थी। जिनके नाम हैं—'काशी दर्शन' और 'काशी विश्वनाथ'। 'काशी दर्शन' नाटक में अपनी समकालिक काशी का सटीक चित्र प्रस्तुत करते हुए भंडरों से लेकर भंड रईसों तक का उन्होंने पर्दाफाश किया था। उसी कम्पनी के महाभारत नाटक में उपाध्याय जी भीम की भूमिका ग्रहण करते थे। उनका यह अभिनय बड़ा ही प्रभावशाली होता था। उस समय इनका नाम प्रायः प्रसाद जी के साथ ही लिया जाता था। इस प्रसंग में एक व्यंग्य याद आता है, जो स्थानीय 'सूर्य' के किसी होलिकांक में प्रकाशित हुआ था। उसका अक्षरशः उद्धरण निम्नलिखित है—

'काशी में दो नाटककार हैं—श्री जयशंकर 'प्रसाद' और श्री हरशंकर प्रसाद। एक विनोदप्रिय हैं और दूसरे को शौके सागर है।' यहाँ यह बता देना आवश्यक है कि विनोदशंकर व्यास जयशंकर जी के शिष्य थे और सागरचन्द नाम के एक तरुण हरशंकर जी के।

उपाध्याय जी ने कुछ राष्ट्रीय नाटक भी लिखे थे, जिसमें उन्होंने बहुत अधिक साहस से काम लेते हुए महात्मा गांधी के जेल-जीवन के एक दृश्य का भी विधान किया था और ऐसी चतुराई से किया था कि सरकार उस पर कोई कानूनी प्रतिबन्ध न लगा सकी, जब कि ऐसे ही एक दूसरे नाटक में वह व्याघात उपस्थित कर चुकी थी। यही वह समय था, जिस समय किन्हीं कारणों से हरिऔधजी के अनुज और हिन्दू स्कूल के तत्कालीन प्रिंसिपल गुरुसेवक जी सहसा काशी में अपनी लोकप्रियता खो बैठे थे। 'उग्र' जी यदि एक ओर 'हा गुरुसेवक की करनी कछु भाखै बनै न बनै बिनु भाखे' का नारा लगाते थे, तो उपाध्याय जी भी अपने नाटकों गें बेढंगा सिंध उपाध्याय नामक पात्र प्रस्तुत कर उनका मज़ाक़ उड़ाते थे।

बाबू दुर्गाप्रसाद प्रसाद जी के नजदीकी रिश्ते में फुफुरे या ममेरे भाई लगते थे। प्रसादजी प्रायः उनके नाटकों का संशोधन भी किया करते थे। भरी जवानी में ही उनका यक्ष्मा से देहान्त हुआ परन्तु जीवन के अन्तिम दिनों में इन्होंने बड़ी ख्याति अर्जित की थी। गुजराती, मराठी और अंग्रेजी पत्रों ने एक स्वर से दुर्गाप्रसाद जी को हिन्दी का महान् नाटककार स्वीकार किया और उनकी तुलना गोल्डस्मिथ ही नहीं, शेक्सपियर तक से की। वे बंबई की इंपीरियल नाटक कम्पनी से सम्बद्ध थे और उनका 'वीर हम्मीर' नाटक उस कम्पनी का प्रसिद्ध नाटक था।

दुर्गाप्रसाद जी अभिनेता भी जबर्दस्त थे। महाभारत के सुप्रसिद्ध तरुण योद्धा अभिमन्यु का सफल अभिनय करने में सर्वप्रथम दुर्गाप्रसाद ने ही काशी में ख्याति प्राप्त की और उनके पश्चात् स्व. लक्ष्मीचन्द्र चौधरी और अन्त में रसराज नागर ने भी। वैसे नायक की अपेक्षा प्रतिनायक अथवा खलनायक की भूमिका इनके अधिक अनुकूल पड़ती थी।

आगा हश्र 'बनारसी' होते हुए भी आबाई निस्बत की वजह से अपने को 'काश्मीरी' लिखते थे। इनका सम्बन्ध अनेक व्यावसायिक नाटक मंडलियों से था। इनके हिन्दी नाटकों में भक्त सूरदास, सीता वनवास, मधुर मुरली आदि प्रसिद्ध रहे हैं। एक बार 'नल दमयन्ती' फिल्म में मैंने इन्हें अभिनय भी करते देखा था। इनका देहान्त लाहौर में हुआ।

स्वनामधन्य जयशंकर 'प्रसाद' जी का परिचय देना सूर्य को दीपक दिखाने के समान हास्यास्पद है। यह उल्लेख निश्चय ही आवश्यक है कि बहुत दिनों तक हिन्दी जगत् में यह बेहूदा प्रचार जारी रहा कि प्रसाद जी के नाटक अनभिनेय होते हैं। उक्त बेहूदा प्रचार के सक्रिय खंडन के लिये काशी के 'रत्नाकर रसिक मंडल' ने 13-14 दिसम्बर सन् 33 की रात बुलानाला के रंगमंच पर बड़ी तैयारी के साथ प्रसादजी का चन्द्रगुप्त नाटक प्रस्तुत किया। उसमें काशी की सभी ग़ैर-पेशेवर नाट्यमंडलियों के श्रेष्ठ कलाकारों ने योग दिया था। नागरी नाटक मंडली के श्री बनारसीदास 'नन्द', भारतीय रिजर्व बैंक के वर्तमान गवर्नर श्री लक्ष्मीकांत झा 'सिंहरण', भारतेन्दु नाटक मंडली के नटराज केशवराज टंडन और बल्लीबाबू 'चाणक्य' और 'दांड्यायन', आचार्य सीताराम चतुर्वेदी 'राक्षस',

चन्द्रेश्वर दीक्षित 'पर्वतेश्वर' और सर्वदानन्द ने 'शकटार' का बड़ा ही मोहक और सफल अभिनय किया था। डॉ. वीरेन्द्रनाथ दास और पंडित कांतानाथ पांडे ने अद्भुत हास्यरसात्मक अभिनय प्रस्तुत किया था।

पंडित ज्वालाराम नागर 'विलक्षण' सचमुच एक विलक्षण ही पुरुष थे। वे अच्छे नाटककार थे। उन्होंने अनेक नाटकों की रचना की थी, जिसमें 'गुरुद्रोण' और 'रिपुदमन' की अच्छी ख्याति रही। वे भारतेन्दु नाटक मंडली के नाटककार थे। उनके नाटक उसी के रंगमंच पर अभिनीत होते थे। उनके 'गुरुद्रोण' का अभिनय सन् 1932 की जनवरी में स्थानीय क्वींस कॉलेज के छात्रों ने किया था, जिसमें 'विलक्षण' जी के पुत्र रसराज नागर और हास्यरस के प्रसिद्ध कवि पंडित कांतानाथ पांडेय चोंच भी थे। विलक्षण जी के ही शिष्य श्री बेणीराम त्रिपाठी श्रीमाली थे, जो गुरु के निधन के बाद से अपने को नारायणप्रसाद 'बेताब' का शिष्य बताने लगे थे। वे साधारण कोटि के नाटककार थे।

सुप्रसिद्ध साहित्यकार पांडेय बेचन शर्मा 'उग्र' ने भी उसी 'समय महात्मा ईसा' नामक नाटक की रचना की थी। उग्र जी लाला भगवानदीन के शिष्यों में सर्वाधिक प्रतिभासम्पन्न थे। अभिनेता भी थे और नाट्यालोचक भी। द्विजेंद्रलाल राय के चन्द्रगुप्त नाटक में 'छाया' की भूमिका में उतरते थे और 'आज' तथा 'भारतजीवन' में काशी में पारसी नाटक कम्पनियों द्वारा अभिनीत नाटकों की खबर लेते थे।

रघुनन्दन शुक्ल 'अटल' के नाटकों में 'नलदमयन्ती' और 'सती अनुसूया' अच्छे रहे। शिवरामदास गुप्त पारसी रंगमंच के नाटकों को नागरी का जामा पहनाकर उपन्यास बहार ऑफिस से उनका प्रकाशन करते थे।

जैन नाटक मंडली के प्राण बाबू कुंजीलाल जैन थे। अद्भुत कामेडियन थे। उनका नाटक 'धर्मविजय' बहुत सफल हुआ। उस नाटक में उनका पुराणिक जी का हास्य अभिनय मुझे अब तक नहीं भूला है।

स्व. आनन्दप्रसाद कपूर नागरी नाटक मंडली से संबद्ध थे। शेक्सपियर के किंग लियर को उन्होंने नागरी का जामा पहनाया था और उसमें स्वयं खिताबी राजा बहादुर का अभिनय किया था। आगे चलकर वे बंबई के फिल्मी क्षेत्र में चले गए।

पंडित सुधाकर पांडेय ने भी अनेक विषयों पर लिखने के साथ ही 'अवशेष' नामक एक अच्छे नाटक की रचना की है।

श्री परिपूर्णानन्द वर्मा ने सन् 57 के भारतीय स्वातंत्र्य युद्ध और भारतीय इतिहास को आधार बनाकर अनेक्र नाटक लिखे। इनका इतना ही परिचय पर्याप्त है कि ये महामनीषी डॉ. सम्पूर्णानन्द और हिन्दी के सर्वश्रेष्ठ हास्यरस के लेखक स्वर्गीय अन्नपूर्णानन्द जी के अनुज है।

जिन दिनों श्रद्धेय सम्पूर्णानन्द जी इन्दौर के डैली कॉलेज में प्राध्यापक थे, उन्होंने 'सतीदाह' नामक एक नाटक की रचना की थी और उसे उन्होंने अपने तत्कालीन सहयोगियों को, जिनमें श्री बनारसीदास चतुर्वेदी भी थे, सुनाया था। परन्तु चूँकि नाटक उनका क्षेत्र

नहीं था इसलिए उन्होंने उसका प्रकाशन नहीं किया। पांडुलिपि यों ही पड़ी रही। आगे चलकर श्री परिपूर्णानन्द ने उसमें काँट-छाँट और कुछ परिवर्तन कर 'शिव-पार्वती' नाम से, लेखक की जगह अपना नाम देकर प्रकाशित कराया। इस प्रकार अभ्यास हो जाने पर उन्होंने 'नाना फड़नवीस', 'वाजिदअली शाह' आदि अनेक नाटकों की रचना की। सम्पूर्णानन्द जी के सुपुत्र सर्वदानन्द जी भी उच्च कोटि के नट, कुशल नाटककार और सफल नाट्यप्रयोक्ता हैं। देश के विभिन्न प्रदेशों में उन्होंने अपनी इस विलक्षण प्रतिभा का प्रदर्शन किया है। अनेक एकांकियों के अतिरिक्त इनके 'चेतसिंह', 'सिराजुद्दौला' और 'भूमिजा' नामक नाटक रंगमंच पर बहुत सफल हुए हैं, जिनमें स्वयं इन्होंने चेतसिंह, सिराजुद्दौला और राम का स्मरणीय अभिनय किया है।

प्रसादजी के पुत्र रत्नशंकर जी ने भी 'कुणिक' नामक सफल नाटक की रचना कर पिता के चरणचिह्नों पर चलने का प्रयत्न किया था। हरिऔध जी, लाला भगवानदीन, गोपालराम गहमरी और प्रेमचन्द जी ने भी दो-दो, एक-एक नाटक लिखे, परन्तु वस्तुतः ये लोग नाटककार थे नहीं।

संप्रति काशी में डॉ. शंभुनाथ सिंह, डॉ. शिवप्रसाद सिंह, डॉ. काशीनाथ सिंह और एडवोकेट सिद्धनाथ सिंह ने भी नाटक लिखे हैं। डॉ. शिवप्रसाद सिंह के दो नाटक 'अश्मक के फूल' और 'घाटियाँ गूजती हैं' इस बात के प्रमाण हैं कि डॉक्टर साहब किसी दिन श्रेष्ठ नाटककार बनेंगे। अंग्रेजी के 'एनसर्ड' नाटकों की कोटि का डॉ. काशीनाथ सिंह का 'घोआस' नामक नाटक अभी-अभी प्रकाशित हुआ है। डॉ. शंभुनाथ सिंह का काश्मीरयुद्ध की पृष्ठभूमि पर लिखित नाटक अच्छा है।

श्री राजकुमार, डॉ. कमलिनी मेहता, डॉ. भानुशंकर मेहता और स्वर्गीय श्री कृष्णदेव प्रसाद गौड़ ने भी कुछ एकांकी नाटक लिखे हैं, जिनमें से अधिकांश का अभिनय भी हुआ।

इस दिशा में आचार्य सीताराम जी चतुर्वेदी ने काशी में जितने नाट्ययोग किए, उतना कोई अन्य अकेला व्यक्ति नहीं कर सका। उनके सिर पर महामना मालवीय जी महाराज का वरदहस्त रहा। महामना स्वयं भारतीय संस्कृति के उपासक और उन्नायक होने के कारण हिन्दी रंगमंच के विकास के लिए भी चिन्तित रहते थे। उन्होंने विक्रम की द्विसहस्राब्दि के अवसर पर अखिल भारतीय विक्रम परिषद् की स्थापना की थी, जिसके बहुविध उद्देश्यों में एक हिन्दी नाटकों का प्रस्तुतिकरण था। आचार्य सीताराम जी के उद्योग और उन्हीं के निर्देशन में मेरा लिखा हुआ 'पूर्व कालिदास' नाटक 'चित्रा' के रंगमंच पर प्रस्तुत किया गया।

इस नाटक में पहली बार प्रतिष्ठित परिवारों की शिक्षित महिलाएँ रंगमंच पर उतरीं, जिनमें रायबहादुर, स्व. पंडित जगन्नाथ प्रसाद मेहता की सुपुत्री डॉ. कमलिनी मेहता, काशी के तत्कालीन सिविल सर्जन कर्नल वैद्य की पुत्री विमला, टीचर्स ट्रेनिंग कॉलेज के तत्कालीन प्रिंसिपल श्री हरिकृष्णदास मलकानी की पुत्रियों–पुष्पा, चन्द्रा, इन्द्रा आदि के नाम उल्लेख्य हैं। इसी के बाद से काशी में नारी भूमिका में नारियों के ही अभिनय

की परम्परा चल पड़ी। आचार्य चतुर्वेदी जी ने दर्जनाधिक नाटकों की रचना की है और 'वक्स रंगमंच', 'त्रिपरिमाणीय रंगमंच', 'मुक्ताकाशी रंगमंच' आदि पर विविध प्रयोग किए हैं। परिषद् के अभिनेताओं में स्व. इन्द्रशंकर मिश्र, बेधड़क बनारसी, वाराणसेय संस्कृत विद्यालय के प्रशिक्षण विभाग के अध्यक्ष आचार्य करुणापति त्रिपाठी, स्वयं आचार्य चतुर्वेदी के पुत्र श्री धर्मशील चतुर्वेदी एडवोकेट आदि के साथ मुझे भी सम्मिलित रहने का सौभाग्य प्राप्त रहा।

काशी ने उच्चकोटि के अभिनेता भी उत्पन्न किए हैं, जिनमें पं. संकटाप्रसाद मिश्र और पंडित कन्हैयालाल मिश्र ने बंबई के फिल्मी क्षेत्र में पर्याप्त ख्याति अर्जित की। बहुतों के नाम का तो उल्लेख हो चुका है। फिर भी कुछ व्यक्ति और भी ऐसे हैं, जिन्होंने समय-समय पर नगर में अपने अभिनय की धाक जमा दी। वे हैं–स्व. पं. निष्कामेश्वर मिश्र, स्व. वीरेंद्रनाथ दास, स्व. चन्द्रेश्वर दीक्षित, स्व. महेंद्रपाल मेढ़, श्री वेनीप्रसाद, श्री वीरेश्वर बनर्जी, पं. बदरीलाल गोस्वामी तथा स्व. हरिदास माणिक। माणिक जी नागरी नाटक मंडली में भारतेन्दु के 'हरिश्चन्द्र' नाटक में शैव्या का अभिनय करते थे और दर्शकों को बेहद रुला देते थे। सर्वश्री केशवराम टंडन, वीरेंद्रनाथदास उर्फ़ वीरे बाबू, वीरेश्वर बनर्जी, गोस्वामी बदरीलाला, महेंद्रलाल मेढ़ आदि भारतेन्दु नाटक मंडली से सम्बद्ध थे। टंडनजी, बीरे बाबू और गोस्वामी जी के अभिनय की अन्तःप्रादेशिक ख्याति थी। द्विजेंद्रलाल राय के 'शाहजहाँ' नाटक में शाहजहाँ की भूमिका में टंडनजी और जहाँनारा की भूमिका में गोस्वामी जी कमाल करते थे।

बीरे बाबू और वीरेश्वर बनर्जी कुशल कामेडियन थे परन्तु बीरे बाबू ने प्रसादजी के 'स्कंदगुप्त' में की भूमिका का निर्वाह कर सिद्ध कर दिया था कि वे गम्भीर अभिनय भी कर सकते हैं।

पंडित निष्कामेश्वर मिश्र पहले हरिश्चन्द्र हाईस्कूल और बाद में हिन्दू स्कूल के अध्यापक थे। नागरी द्रुत लिपि की निष्काम पद्धति के भी वे आविष्कारक थे। देशसेवक के रूप में उनके चार शिष्य बहुत प्रसिद्ध हुए, जिनके नाम हैं–स्व. लालबहादुर शास्त्री, स्व. ब्रिगेडियर उस्मान, श्री त्रिभुवननारायण सिंह और स्व. अलगूराय शास्त्री। लालबहादुर जी भारत के प्रधानमंत्री तक हुए। ब्रिगेडियर उस्मान काश्मीर युद्ध के विख्यात शहीद हैं। त्रिभुवननारायण जी भारत सरकार के भूतपूर्व भारी उद्योग मंत्री रहे और अलगूराय जी उत्तर प्रदेश के विख्यात् कांग्रेस नेता।

पंडित निष्कामेश्वर जी ने जीवन में केवल एक बार शाहजहाँ का अभिनय किया था, परन्तु जिन लोगों ने उनका वह अभिनय देखा, वे उसे जीवनभर न भूल सके।

गुरु के प्रभाव में आकर 'न सौ सोनार की, न एक लोहार की' नामक प्रहसन में स्व. लालबहादुर जी ने लोहार का और श्री त्रिभुवननारायण सिंह ने सोनार का अभिनय किया था।

हिन्दू विश्वविद्यालय के इतिहास विभाग के रीडर प्रो. त्रिलोचन पंत और राजनीति विज्ञान विभाग के रीडर प्रो. द्वारकानाथ बोहरा भी बड़ा ओजस्वी अभिनय करते थे।

स्व. महेंद्रलाल मेढ ने तो एक बार आलमगीर का ऐसा अभिनय किया कि अन्त तक नाटक देखने के बावजूद उनके पिता तक उन्हें न पहचान सके।

वेणीप्रसाद जी हरिश्चन्द्र डिग्री कॉलेज के अवकाशप्राप्त प्रिंसिपल हैं। अत्यन्त वृद्ध हो गए हैं। वे अपनी तरुणावस्था से ही भारतेन्दु नाटक मंडली और भारतेन्दु परिवार से सम्बद्ध रहे हैं। अभी कुछ दिनों पूर्व तक वे अभिनय करते रहे।

इस समय भी 'ललित', 'श्री नाट्यम्' आदि संस्थाओं के माध्यम से सर्वश्री प्रभातकुमार, अवधेशनारायण, शिवकुमार वैद्य, कुँवरजी अग्रवाल, बलदेवराज गुलशन आदि अपनी अभिनय कला का प्रदर्शन करते रहते हैं।[1]

(मार्च-अप्रैल, 1968, नागरी पत्रिका)

---

1. लेख के लेखक श्री शिवप्रसाद मिश्र 'रुद्र' (रुद्र काशिकेय) स्वयं सफल नाटककार और नट हैं। मुझे 'प्रसाद' जी के नाटक 'चन्द्रगुप्त' में इनके साथ अभिनय करने का सौभाग्य मिला है। इनके लिखे नाटक हैं–संन्यासी शंकर, विजयसेना, पूर्व कालिदास और दशाश्वमेध। एकांकी भी अनेक हैं। मंच पर भी यह बहुत बार उतर चुके हैं। 'गुरुद्रोण' में भीम, 'चन्द्रगुप्त' में आंभीक, 'कृष्ण जन्म' में कंस, 'लखनऊ का पतन' में वाजिदअली शाह आदि की भूमिकाओं में यह अत्यन्त सफल रहे हैं। (नागरी पत्रिका के सम्पादक)

ख़ाक भी जिस ज़मीं की पारस है, शहर मशहूर वह बनारस है

वाराणसी के छावनी स्टेशन से लखनऊ की ओर जाने वाली गाड़ी ने इधर पटरी पर रेंगना शुरू किया, उधर एक कृशकाय बनारसी-पंजाबी नहीं, सरदार जी लपककर चलती गाड़ी के एक भूतपूर्व डेवढ़े दरजे में धँस पड़े। पहले से ही डिब्बे में बैठे यात्रियों ने उनकी ओर देखकर उनके इस प्रकार प्रवेश का मौन विरोध किया और एक ही नज़र में सब का जायजा लेते हुए सरदार जी सीट पर बैठ गए। कोई कुछ कहे, इसके पहले ही उन्होंने इत्मीनान के साथ सबसे पहले अपनी पगड़ी उतारी और उसे बड़े ही एहतियात से एक ओर रख दिया। अचकन के बन्द खोले और उसे भी टाँगा। कमीज की बारी आई और वह भी बातमीज उतारकर तहिया दी गई। अब क्रमशः जूते, मोजे, पाजामा और गंजी उनके शरीर से इस प्रकार अलग होने लगे, जैसे पतझर में वृक्षों से सूखे पत्ते अलग हो जाते हैं। वस्त्र के नाम पर जब कच्छामात्र उनके बदन पर रह गया। तब सहयात्रियों के चेहरों पर इस आशंका की छाया एकदम उभर आई कि कहीं वह उसे भी न उतार दें, परन्तु जब वैसी कोई दुर्घटना नहीं हुई। तब एक सहयात्री ने यह पूछने का साहस किया कि "क्या आप बनारस के रहने वाले हैं?" सरदार जी ने हुंकार भरी और बदले में स्वयं ही प्रश्न किया-"आप ने कैसे जाना?"

उतारे हुए वस्त्रों की ओर प्रश्नकर्त्ता ने उँगली से इशारा कर दिया। सरदार जी खिलखिला कर हँस पड़े। बोले-"जी हाँ! मैं दिगम्बर के ही नगर का पुश्तैनी निवासी हूँ।" और फिर सरदार जी कोई ऐरे-ग़ैरे पंचकल्यानी नहीं थे, थे वह एक उच्चतर माध्यमिक विद्यालय के वाइस प्रिंसिपल और गुरुविद्रोह के इस युग में भी अपने छात्रों में अतिशय लोकप्रिय। उनका आचरण औरों के लिए अनोखा होता हुआ भी हू-ब-हू वैसा ही था, जैसा आज भी बनारस के पचहत्तर प्रतिशत मूल निवासियों का है। सभ्यता का उपलक्षण होते हुए भी वस्त्र-सम्भार ही तो कृत्रिम ही और वाराणसी इस कृत्रिमता से बचने का प्रयत्न बराबर करती रही है। नग्नतावाद ने यूरोप में तो इसी शताब्दी में सिर उठाया हैं, परन्तु वाराणसी में कम से कम यह भर्तृहरि के समय से ही प्रचलित है, क्योंकि उन्होंने अपने एक शतक में इसका उल्लेख किया

है। कुश्ती के अखाड़ों, गंगापार और 'बहरी ओर' अब भी सुबह-शाम 'बिसटी' धारी बनारसवासियों का दर्शन दुर्लभ नहीं और 'बिसटी' कहते हैं हाथ भर लम्बे और बित्ता भर चौड़े वस्त्र-खंड को।

एक खुशनुमा शहर

वाराणसी में 'बहरी ओर' का शौक पुराना है। कामायनीकार प्रसादजी से सुना था कि उनके बचपन में शौचालय का नहीं, बहरी ओर का ही महत्त्व था। घरों में संडास अवश्य होते थे, परन्तु केवल अतिशय अशक्तों के लिए, शेष सभी बहरी ओर जाते थे और घर से निकलकर किसी ओर भी दस मिनट तक लगातार चले जाने के बाद बहरी ओर मिल जाता था, अर्थात् कभी कुल सवा लाख की आबादी वाला छोटा-सा एक खुशनुमा शहर था बनारस, तीन ओर से खुली बयार, चौथी ओर गंगा की निर्मल धार। नगर के बीच वन-उपवन और उद्यानों की शोभा, बहरी ओर हर तरफ कोई कुआँ, कुएँ से संलग्न महावीर जी का मन्दिर और मन्दिर से संलग्न अखाड़ा। निपटने, नहाने और व्यायाम के साथ ही शुद्ध स्वास्थ्यवर्द्धक वायु का सेवन सभी को सुलभ था। तत्पश्चात् कुल दो पैसे में दूध-जलेबी का जलपान। सन् 1895 ई. तक वाराणसी में चाट की केवल एक दुकान थी, जो शाम को कुल दो घंटे के लिए खुलती थी।

वाराणसी विश्व की प्राचीनतम नगरियों में से एक है और है शायद उनमें भी सबसे ज़्यादा पुरानी, क्योंकि इसकी जन्मतिथि ईसा से 3225 वर्ष पूर्व बताई जाती है। उधर गंगा भी 2775 ई.पू. से ही इस नगरी का चरण धोती आ रही हैं।

रग-रग में तमाशबीनी

वाराणसी की वृत्ति सन्तोषी और स्वभाव शानदार रहा है। जिस समय रुपये में केवल चौसठ ही पैसे होते थे, उस समय बनारसी तमाशबीन कुल साढ़े तीन पैसों में प्रतिदिन महीने भर रामनगर की रामलीला देखता था। एक पैसे का साबुन साफा-पानी के लिए, एक पैसे में गान बीड़ी, अधेले का तेल और एक पैसे की रेवड़ी। वाराणसीवासी के रग-रग में तमाशबीनी समाई हुई थी। पूरे सावन दुर्गा जी और सारनाथ का मेला हर हफ़्ते सोमवार-मंगलवार को; भादों झूला और हिण्डोला; आश्विन में मुहल्ले-मुहल्ले रामलीला और उसकी अंगभूत नक्कटैया, जिसमें काली और नवदुर्गा के साथ ही दसवीं दुर्गा झाँसी की रानी लक्ष्मीबाई की सवारी का प्रदर्शन भी अनिवार्य और वह भी केवल इसलिए कि रानी लक्ष्मीबाई वाराणसी की बेटी थी। कार्तिक भर दीपावली पंचगंगा घाट पर स्नान, 'औरा तरे' अर्थात् आँवलें के बाग में 'पिकनिक' अगहन-पूष-माघ में बुलबुल-बटेर-तीतर और मेढ़े की लड़ाई। साथ ही फाल्गुन में होली, चैत्र में बुढ़वा मंगल और गुलाबबाड़ी। फिर बरना पियाला का मेला अर्थात् वारुणी-पान का पर्व और जेठ में कुछ नहीं, तो गाजीमियाँ का मेला। फाल्गुन में तो नित्य सायंकाल

मीरघाट पर जमकर लाठी चलती थी, लोग संघातिक रूप से घायल होते थे, परन्तु न तो कोई पुलिस में रिपोर्ट ही करता था और न पुलिस ही उनकी मित्रतापूर्ण लठैती में हस्तक्षेप करती थी।

भारतेन्दु हरिश्चन्द्र ने 'देखी तुमरी कासी' कहते हुए बनारसवासियों को महा आलसी, बेफिकर और अविश्वासी बताया है, जो काफी दूर तक सही है। धनी वर्ग आलसी रहा है, मध्यम वर्ग बेफिकरा और निम्न वर्ग वस्तुतः अविश्वासी ही। यह शिव की नगरी कही जाती है और शिव के वाहन नन्दी बताये जाते हैं। जिनका खास खाद्य है—घास-पात। बनारस के पुराने ढंग के निवासी सम्भवतः नन्दी के ही अवतार हैं। उन्हें भरपेट भोजन भले ही न मिले, भांग अवश्य चाहिए और भांग एक प्रकार की घास ही तो है। फिर उसके साथ ही पान का पत्ता।

भारत का गुटका संस्करण

समूचे भारत का समन्वित लघु रूप वाराणसी है। नगर का एक-एक भाग भारत के एक-एक प्रदेश का प्रतिनिधित्व करता है। बंगालीटोला यदि बंगाल के किसी समृद्ध कस्बे की याद दिलाता है, तो हनुमानघाट मद्रास के किसी अंचल का स्मरण कराता है। लाहौरी टोले में यदि ठेठ पंजाब का दर्शन मिलता है, तो दुर्गाघाट की ओर महाराष्ट्र का। दुधविनायक पर यदि पर्वतीय है, तो ठीक बगल में ही गुजराती। अलईपुरा और मदनपुरा अगर खालिस मुस्लिम बस्तियाँ हैं, तो पक्के महाल में राजस्थानियों की भी संख्या कम नहीं। पुनः काशी के समस्त घाट भूतपूर्व देशी नरेशों की अभूतपूर्व उदारता के परिणाम हैं। अस्सी-वरुणा के बीच बिखरे हुए ये घाट मालवीय सेतु बनने के पहले नगर को किसी विशाल किले का रूप प्रदान किया करते थे। काशी में यह कथा काफी प्रचलित है कि वारेन हेंस्टिंग्ज की सेनाएँ जब बनारस पर चढ़ाई करने के लिए आईं। तब उसे राजघाट से लेकर अस्सी तक पत्थर की एक अभेद्य दीवार-सी दिखाई पड़ी। सेना की हिम्मत छूट गई, परन्तु वाराणसी के विभीषणों ने शत्रु को सही सूचना दे दी।

बावन घाट के बावन किस्से

अब घाटों पर 'फ्लैश लाइट' जगमगाती है, परन्तु उन दिनों माधवराव का धरहरा दो ऊँचे मीनारों-सा जान पड़ता था। जिस पर चढ़कर मीलों तक चारों ओर यातायात पर निगाह रखी जा सकती थी। अब वे धरहरे धराशायी हो चुके हैं। पहले काशी में 51 घाट थे, अब भारत के प्रथम राष्ट्रपति डॉ. राजेन्द्र प्रसाद के नाम पर राजेन्द्र घाट का निर्माण हो जाने से उन की संख्या 52 हो गई है।

इन घाटों में प्रत्येक के साथ कोई न कोई अद्भुत कहानी जुड़ी हुई है, जिस पर सहसा विश्वास नहीं होता। नमूने के तौर पर सिन्धया घाट के निर्माण की कहानी कही जा सकती है। जो काफी रोचक है। कहते हैं कि सन् 1830 ई. में जब बायजाबाई शिन्दे ने इस घाट का निर्माण शुरू कराया, तब खुदाई में एक समाधि मिली। जब वह

खोली गई तब उसमें एक समाधिस्थ योगी दिखाई पड़े। आँख खोलते ही योगी की दृष्टि एक कोढ़ी पर पड़ी। यह देखते ही योगी ने प्रश्न किया कि क्या गंगाजी सूख गईं। नकारात्मक उत्तर मिलने पर उस ने पुनः कहा कि, अगर गंगा है, तो इसे कुष्ठ क्यों है? उसे तो गंगाजल के स्पर्शमात्र से दूर हो जाना चाहिए था। योगी के सामने गंगाजल लाया गया, जिसे देखते ही उसने कहा कि अब कलियुग आ गया। गंगा के पानी का रंग बदल गया है और उसने अपने कमंडल से पानी उड़ेल कर दिखाया जो दूध की तरह निर्मल और सफ़ेद था। घाट का निर्माण न करने और समाधि को बन्द करने का आदेश देकर योगी पुनः समाधिस्थ हो गया। फिर भी घाट बना, परन्तु टेढ़ा हो गया। उसे सुधारने के सभी प्रयत्न निष्फल हुए। बर्ड एंड कम्पनी ने समूचा वैज्ञानिक कौशल प्रकट कर इस घाट का कुछ ही वर्षों पहले निर्माण किया है, परन्तु उस के टेढ़ेपन की परम्परा अब भी कायम है। वास्तविकता कुछ भी हो, भोलेनाथ की भोली नगरी इस कथा पर सर्वात्मना विश्वास करती है।

जितने कंकर उतने शंकर

वाराणसी में प्रायः यह कहावत कही-सुनी जाती है कि 'काशी के कंकर शिवशंकर के समान है।' वास्तव में कुछ दिनों पहले तक यह कहावत सोलह आने सत्य थी। प्रायः प्रत्येक घर में शिवालय था या यों कहें कि काशी के अधिकांश शिवालय अब नागरिकों के घर बन गए हैं। वैसे भी आज के वाराणसी नगर में पुरानी से पुरानी इमारत भी पाँच सौ वर्षों से ज़्यादा पुरानी नहीं है। वर्तमान नगर ही कुल पाँच सौ बरस पुराना है। अतः वाराणसी में गाहड़वाल युग के अर्थात् एक हज़ार बरस पुराने केवल दो मन्दिर हैं–एक तो पंचकोशी के प्रथम पड़ाव कर्दमेश्वर का मन्दिर और दूसरा काशी हिन्दू विश्वविद्यालय की पश्चिमी चहारदीवारी के बाहर एक छोटा-सा मन्दिर। नगर के पुराने मकान प्रायः मठ ही रहे हैं। आज भी यदि उनकी चूने की सफ़ेदी मिटा दी जाए तो दीवारों का गेरुआ रंग साफ नज़र आए।

शास्त्रार्थ का रोग

वाराणसीवासियों की एक पुरानी विशेषता यह रही है कि वे बड़ी-बड़ी बातों पर उपेक्षा से मुस्कुरा देते हैं और छोटी-छोटी बातों पर लड़ मरते हैं। सामान्य बातों पर साधारण व्यक्ति भी, सर्वथा निरक्षर जन भी, डटकर शास्त्रार्थ करते हैं, तब यहाँ के पंडितों का क्या कहना, जिनका कि पेशा ही शास्त्रार्थ करना रहा है। शास्त्रार्थ का यह रोग किस सीमा तक सांघातिक हो उठा था, वह इस सत्य घटना से स्वतः प्रमाणित है। बात पिछली शताब्दी के अन्तिम दशक की है। किसी संस्कृत छात्रावास की तिमंजिली छत से गिरकर एक विद्यार्थी मर गया। उस समय छात्रावास में दो विद्यार्थी और भी उपस्थित थे। वे दौड़कर गली में आए, अपने साथी को खून में लथपथ दम तोड़ते देखा, परन्तु दोनों में से एक

ने भी न तो किसी डॉक्टर को ही बुलाने की आवश्यकता महसूस की और न पुलिस को ही खबर दी। उल्टे दोनों शास्त्रार्थ में उलझ गए। एक कहता था कि यह काशी में मरा, इसलिए इसकी मुक्ति हो गई। दूसरे ने कहा कि इस की अकाल मृत्यु है, यह प्रेत हो गया। मौखिक शास्त्रार्थ क्रमशः हाथापाई में बदल गया और फिर पास ही लकड़ी की अड़ार से एक-एक चैला लेकर दोनों ने एक-दूसरे के सिर पर प्रहार किया। खोपड़ी खुल गई। रक्त की धारा फूट पड़ी। पुलिस आई। लाश पीछे उठाई गई, वे दोनों विद्यार्थी पहले हवालात में भेजे गए।

डंडे के बल पर शास्त्रार्थ की एक दूसरी घटना यह है कि सन् 1916 के आसपास गोदौलिया की चौमुहानी पर एक ईसाई-प्रचारक धर्म-प्रचार कर रहा था और ऐसे प्रचार में अपने पक्ष की प्रशंसा कम और विपक्ष की निन्दा ज़्यादा की जाती है। फलतः उक्त प्रचारक हिन्दू देवमंडल की आलोचना कर रहा था। उस के व्यंग्य-बाण के प्रमुख लक्ष्य हरि-हर थे। गंगास्नान कर लौटती हुई जनता उस का भाषण उपेक्षा से सुन रही थी कि एक विद्यार्थी ने गंगाजल से भरा मिर्ज़ापुरी लोटा उसके सिर पर दे मारा। सिर खुल गया। विद्यार्थी पकड़कर आनरेरी मजिस्ट्रेट की अदालत में पेश किया गया। प्रश्न हुआ कि इतने हिन्दू वहाँ मौजूद थे, तुम्हीं ने मारपीट क्यों की? उसने जवाब दिया कि यह विष्णु और शिव की निन्दा कर रहा था, जिसे सुनने से पाप लगता है। पुनः पूछा गया कि औरों को पाप नहीं लगा, तुम्हें ही क्यों लगा? विद्यार्थी ने चट तुलसी बाबा की यह चौपाई पढ़ दी–'हरिहर निन्दा सुनै जो काना, पाप होइ गो-घात समाना।' विद्यार्थी एकाक्ष था। अदालत हँसते-हँसते लोट-पोट हो गई।

बाज़ियों का नगर बनारस

बनारस बाज़ियों का नगर रहा है। पतंगबाजी, तीतरबाजी, बटेरबाजी, गहरेबाजी आदि न जाने कितनी बाज़ियाँ यहाँ लगती रही हैं। कुछ तो अब भी लगती है। इन शौकों में सबसे जबर्दस्त शौक चिड़िया पालने का रहा है। हिन्दी के सुप्रसिद्ध कवि जयशंकर 'प्रसाद' के मामा थे–जगन्नाथ साहु। प्रसाद जी जितने ही गोरे थे, उनके मामा उतने ही काले। प्रसादजी जितने ही सुगढ़ थे, मामाजी उतने ही स्थूल और अनगढ़। लेकिन थे चिड़ियों का मेला लगाने के शौकीन। यद्यपि यह शौक बनारस के अमीर-ग़रीब सभी को था, फिर भी जगन्नाथ साहु ने इसे बड़ा ही कलात्मक रूप दे दिया था।

अध्यात्म, कला और विद्या का केन्द्र

आध्यात्मिकता के अखाड़े, कला के केन्द्र और विद्यापीठ के रूप में इस नगर की ऐतिहासिक प्रसिद्धि रही है। जगद्गुरु शंकराचार्य काशी में ही एक चांडाल से आध्यात्मिक शास्त्रार्थ में पराजित हुए थे। भगवान बुद्ध ने बोधिवृक्ष के तले बुद्धत्व प्राप्ति के बाद यही घोषणा की थी कि 'वाराणसीम् गमिष्यामि गत्वा वै काशिकापुरीम्। धर्मचक्र प्रवर्तिष्ये',

अर्थात् काशी जनपद में जाकर मैं वाराणसी जाऊँगा। वहाँ धर्म-चक्र का प्रवर्तन करूँगा। जैसा कि मंजुश्री मूलकल्प से विदित है, प्रथम शैव तुर्क तोरमाण ने काशी में ही गंगा-लाभ किया था। जनेऊ के समय अब भी विद्या-लाभ के लिए काशी जाने का अभिनय किया ही जाता है।

वाराणसी महापुरुषों की क्रीड़ा-भूमि रही है। इसने दो-दो तीर्थंकरों को जन्म दिया है। बुद्ध ने सारनाथ को पवित्र किया था और सारनाथ का सिंहस्तम्भ ही आज भारत का राज-चिह्न है। दक्षिण भारत में भक्ति-आन्दोलन छिड़ा तो बनारस के स्वामी रामानन्द ने उसे वहाँ से लाकर यहाँ प्रचारित किया। उनके शिष्य कहे जाने वाले कबीर की उलटबाँसी से कौन परिचित नहीं। उत्तर भारत को रामभक्ति से आप्लावित कर देने वाले तुलसीदास की यह साधनास्थली रही है। महाप्रभु गौरांग और श्रीमद् वल्लभाचार्य ने यहाँ धर्म-प्रचार किया। सिख-गुरुओं ने भी कभी इसकी उपेक्षा न की।

बनारस की बोली उल्लेखनीय है। बिल्कुल अपढ़ भी ऐसी बोली बोलते हैं, जिसमें व्यंग्य का बड़ा ही तीखा मसाला रहता है। एक सज्जन किसी ठेठ बनारसी से उलझ गए थे। उन्होंने उससे बड़ी शान से कहा–'तुम मुझे समझते क्या हो। मैं तुम्हारे जैसों को खड़े-खड़े खरीद सकता हूँ।' उक्त बनारसी ने बड़े ही भोलेपन के साथ मुसकुराते हुए जवाब दिया–'बाबू साहब, यह भी क्या कहने की बात है। अरे, आपके पुरखों ने तो इसी काशी में राजा हरिश्चन्द्र तक को खरीद लिया था, हमारी औकात ही क्या?' बाबू साहब कट-से गए। 'गुरु' यहाँ किसी के लिए भी साधारण सम्बोधन है। यहाँ तक अगर जूता टालने की बात होगी तो भी यही कहा जाएगा कि गुरु, तनी पनहियाँ टार दिह (गुरु, ज़रा जूते खिसका दो)।

असूर्यम्पश्या गलियाँ

परन्तु ये पुराने बनारस की बातें हैं, जिसकी गलियाँ असूर्यम्पश्या रहती थीं–टेढ़ी-मेढ़ी और संकरी। जिनमें साँड़ लड़ाये जाते थे। गुड़ का लोभ दिखाकर दो साँड़ आमने-सामने खड़े कर दिए जाते और फिर 'डुर्र छै' के नारे पर दोनों प्राणपण से लड़ने लगते थे। जहाँ के झक्कड़ साव रास्ता चलते लोगों का पान की पीक से अभिषेक कर देते थे और जब वह गालियाँ देने लगता था, तब खूब खुश होकर उसे नये वस्त्र पहनाते और पान खाने के लिए दो-चार रुपये और दे देते थे। वह वाराणसी 1948 के बाद से बड़ी ही तेजी के साथ बदली है। नई-नई भव्य बस्तियाँ बस गई हैं, सबेरे से लेकर रात तक रेडियों और लाउडस्पीकर एक क्षण के लिए भी शान्ति से रहने नहीं देते। अब नगर में ऐसी अगणित संस्थाएँ हैं, जो अपने को अखिल भारतीय कहती हैं। घर-घर जनसेवक पैदा हो गए हैं परन्तु सेवा की भावना विनष्ट हो चुकी है। प्रत्येक गली में कोई न कोई नेता अवश्य रहता है, जो अपने से बड़े नेता का दलालमात्र होता है। जो काशीवासी कभी बड़े ही गर्व से कहता था कि 'आसी ना तिहारे ये निवासी कल्पतरु के', वही अब मंत्रियों

की चाटुकारी करता फिरता है। ऐसी मूर्तियों का दर्शन होने पर अनायास मुँह से निकल पड़ता है कि–

वे सूरतें इलाही किस देस बसतियाँ हैं
अब जिन के देखने को आँखें तरसतियाँ हैं।

कान अब भी सुबह भैरवी की ठुमरी सुनना चाहते हैं, शाम श्यामकल्यान की तान में विभोर होना चाहते हैं, परन्तु सुनाई देती हैं, प्रातःकाल नीलकंठ महादेव पर मुर्गे की बाँग–कुकड़ू-कूँ।

(14 जून, 1970, साप्ताहिक हिन्दुस्तान)

नाटक

महाकवि कालिदास

कथावस्तु

दो सहस्र वर्ष हुए, शकों ने उत्तरी भारत में पूरे पंजाब और वर्तमान सिन्ध तथा गुजरात-काठियावाड़ प्रदेशों पर अधिकार कर लिया और वे बीच-बीच में आस-पास के राज्यों में लूट-मार भी करते रहते थे। एक बार उन्होंने मालव की जन-सीमा पर बसे हुए दशपुर के गुरुकुल को जलाकर उजाड़ डाला। गुरुकुल में एक प्रतिभा-सम्पन्न नवयुवक भी शिक्षा दिया करता था। शकों के अत्याचार से पीड़ित होकर वह अपने मित्र देवभट्ट के यहाँ पहुँचा। उसने कुछ संबल देकर उस युवा पंडित को उज्जयिनी भेज दिया। शकों के अत्याचार से इस युवक के मस्तिष्क पर ऐसा बुरा प्रभाव पड़ा कि वह कभी-कभी विक्षिप्त हो जाया करता था और दशपुर-गुरुकुल के ध्वंस की बातें कह-कहकर चिल्ला उठता था। वह उज्जयिनी के राजपथ में, गलियों में, उद्यानों में और महाकालेश्वर के मंडप में कभी रोता हुआ, कभी हँसता हुआ, कभी गाता और नृत्य करता हुआ घूमता-फिरता था। सब उसे पागल समझते थे और कुछ लोग तो उससे बहुत चिढ़ते थे। इनमें मालवा के स्वर्गीय सेनापति का पुत्र विलासी तथा मद्यप विचित्रशक्ति भी था। एक दिन यह युवा पंडित महाकालेश्वर के मंडप में नृत्य करके पुष्प-वर्षा कर रहा था। इतने में विचित्रशक्ति भी वहाँ पहुँचा। कुछ फूल उसे भी लगे और वह इस अर्द्धविक्षिप्त पंडित से उलझ गया। यह बात मन्दिर के अधिष्ठाता आचार्य श्रुतधि को अच्छी न लगी और उन्होंने दोनों को छुड़ा दिया। वह विक्षिप्त ब्राह्मण चला गया।

इसी बीच मालवा के महामात्य की सुप्रसिद्ध पंडिता कन्या विद्योत्तमा आई और विचित्रशक्ति उससे भी लड़ गया। आचार्य श्रुतधि ने विचित्रशक्ति को वहाँ से निकल जाने की आज्ञा दी। वह निकल तो गया, पर जाते-जाते यह प्रतिज्ञा करता गया कि मैं विद्योत्तमा से बदला लूँगा। ज्यों ही विद्योत्तमा महाकालेश्वर का पूजन करके उठी त्यों ही उसके बालसहचर तथा स्वर्गीय मंत्री महीधर के पुत्र श्रीधर दिखाई पड़े। उनमें कुछ व्यंग्यपूर्ण बातें होने लगीं। श्रीधर ने बड़े सुन्दर ढंग से अपना प्रेम प्रकट किया। किन्तु विद्योत्तमा ने बड़ी चतुराई से उसके प्रस्ताव को अस्वीकृत कर दिया। श्रीधर ने इसे बहुत अपमानजनक समझा और यह प्रतिज्ञा की कि मैं इस अपमान का बदला लूँगा। एक तीर से आहत दो पक्षियों की भाँति विचित्रशक्ति और श्रीधर यह षड्यंत्र

करने लगे कि विद्योत्तमा का विवाह किसी मूर्ख से करा दिया जाए। राज-विदूषक मंकण को भी इन लोगों ने स्वर्णमुद्रा का प्रलोभन देकर षड्यंत्र में सम्मिलित कर लिया। विद्योत्तमा की बढ़ती हुई प्रतिष्ठा से ईर्ष्या करके राजकुमारी चन्द्रलेखा भी इसमें सहयोग देने लगी। संयोग से महामात्य ने भी इन्हीं लोगों पर विश्वास करके इन्हें ही विद्योत्तमा के योग्य वर ढूँढ़ने का कार्य सौंप दिया। इस षड्यंत्रकारियों में श्रीधर ही ऐसा था जो इसमें सम्मिलित होने पर भी सच्चे मन से इसमें सहयोग नहीं दे रहा था।

ये लोग किसी मूर्ख की खोज में एक दिन जंगल में पहुँचे तो देखते क्या हैं कि वही अर्धविक्षिप्त नवयुवक वृक्ष की जिस डाल पर बैठा है उसी को काट रहा है। मंकण, श्रीधर और विचित्रशक्ति उसे ही ले आए और कुचक्र रचकर विद्योत्तमा से उसका मौन शास्त्रार्थ कराने का आयोजन कर डाला। संकेतों के विचित्र-विचित्र अर्थ लगाकर मंकण ने विद्योत्तमा को परास्त कर दिया। इसी उल्लास में विचित्रशक्ति ने यह सब रहस्य लिखकर राजकुमारी चन्द्रलेखा के पास जो पत्र भेजा उसे इन्द्रलेखा ने भूल से विदुषी विद्योत्तमा को दे दिया। विचित्रशक्ति ने उस पत्र के लिए विद्योत्तमा के यहाँ चोरी कराने का निश्चय किया, किन्तु हस्तिनापुर की राजकुमारी वासन्ती को यह सब पता चल गया और वह जाकर विदुषी विद्योत्तमा को सावधान कर आई।

राजकुमारी वासन्ती के कहने पर विदुषी विद्योत्तमा ने परीक्षा ली तो वह नवयुवक सचमुच मूर्ख निकला। इस पर विद्योत्तमा ने क्रुद्ध होकर पहले तो उसका सिर काट लेना चाहा, किन्तु फिर राजकुमारी वासन्ती के समझाने पर उसे धक्के देकर घर से निकाल दिया।

उधर शक गुप्तचर डिंडिक अपने परिचारक के हाथ शकराज महाक्षत्रप जिहोनिस के पास उज्जयिनी के समाचार भेजता है। वह पत्र मंकण के हाथ लग जाता है। परन्तु मंकण के हाथ से वह पत्र छीनकर डिंडिक उसे बाँध ले जाता है।

मंकण को ले जाकर डिंडिक ने महाकालेश्वर के मन्दिर में ज्यों ही उसका वध करना चाहा त्यों ही सम्राट् विक्रमादित्य और महामात्य सहसा आ पहुँचे। मंकण की प्राण-रक्षा हो गई और डिंडिक बन्दी बना लिया गया।

उसी समय आधी रात को वह अर्द्धविक्षिप्त युवक महाकालेश्वर मन्दिर में आकर आत्महत्या करने को उद्यत हो गया, किन्तु आचार्य श्रुतधि ने उसे रोका और उसे एक मंत्र जपने का आदेश किया। मंत्र का जप करते-करते चंडी की मूर्ति से सरस्वती ने प्रकट होकर वरदान दिया कि जाओ, संसार में कोई भी तुम्हारे समान विद्वान् और कवि न होगा। यही कालिदास थे।

कालिदास पूर्ण पंडित बनकर विद्योत्तमा के पास पहुँचे और दोनों का मधुर मिलन हुआ। विचित्रशक्ति का भंडा फूट गया, क्योंकि श्रीधर ने तो विद्योत्तमा से क्षमा माँग

ली और मंकण ने भी इनका साथ छोड़ दिया। विचित्रशक्ति का न्याय करने का भार भी विद्योत्तमा को ही दिया गया किन्तु आर्य नारी के समान उसने क्षमा कर दिया। विचित्रशक्ति इस क्षमा की ज्वाला सहन न कर सका और स्वयं आत्म-निर्वासन का दंड लेकर चला गया और सम्राट् विक्रमादित्य ने महाकवि कालिदास को अपना प्रमुख रत्न बना लिया।

पात्र-परिचय

पुरुष

1. महाकवि कालिदास–सम्राट् विक्रमादित्य की राजसभा के प्रमुख रत्न और भारतीय संस्कृति के प्रमुख कवि।
2. सम्राट् विक्रमादित्य–शकारि, मालव-गणतंत्र के सम्राट् और शकविजय के उपलक्ष्य में विक्रम-संवत् के प्रवर्तक।
3. महामति–सम्राट् विक्रमादित्य के महामात्य।
4. आचार्य श्रुतधि राजगुरु और महाकालेश्वर के अधिष्ठाता।
5. मंकण–सम्राट् के वयस्य और राजविदूषक।
6. विचित्रशक्ति–सेनापति का पुत्र।
7. श्रीधर–भूतपूर्व महामात्य का पुत्र और सेनानायक।
8. डिण्डिक–शक महाक्षत्रप जिहोनिस का गुप्तचर।
9. कुब्जक–अन्तःपुर का कुबड़ा परिचारक।
10. वामन–अन्तःपुर का बौना परिचारक।
11. भारवाही 1 } शकों के गुप्तचर।
12. भारवाही 2 }
13. पुजारी–महाकालेश्वर मन्दिर का पुजारी।
    बैताल, प्रेत तथा आठ शिवयोगी।

नारी

विदुषी विद्योत्तमा–	महामात्य की कन्या और महाकवि कालिदास की पत्नी।
राजकुमारी चन्द्रलेखा–	सम्राट् विक्रमादित्य की पुत्रियाँ।
राजकुमारी इन्द्रलेखा–	
राजकुमारी वासन्ती–	हस्तिनापुर की राजकुमारी तथा चन्द्रलेखा की सखी

महाकवि कालिदास
प्रथम अंक

प्रथम दृश्य

समय : प्रातःकाल
स्थान : महाकालेश्वर के मन्दिर का मंडप।

(बड़े-बड़े अलंकृत खम्भों पर दीप जल रहे हैं। चारों ओर कालागुरु का धुआँ। मुक्ता-रत्नों से खचित तोरण और झालरें। शृंगी-नाद, शंख-ध्वनि, डमरू-डिम-डिम और भेरीरव के बीच शंकर के सामने कालिदास और शिवयोगियों का नृत्य-गान। योगियों के हाथ में त्रिशूल, डमरू और खप्पर जिससे अग्नि की लपटें निकल रही हैं।)

प्रार्थना

निनादय नवीनामयेवाणि! वीणाम् ।
मृदु गाय गीतिम् ललितनातिलीनाम् ।।
मधुरमंजरीपिंजरीभूतमालाः।
वसन्ते लसन्तीह सरसा रसालाः।।
कलापाकलितकोकिलाकाकलीनाम् ।
वहति मन्द-मन्द सनीरे समीरे।।
कलिन्दात्मजायास्सवानीरतीरे।
नतां प्रेक्ष्य पंक्तिम्मृदुलमाधवीनाम्।।
ललितपल्लवे पादपे पुष्पपुंजे।
मलयमारुतोच्चुम्बिते मंजुकुंजे।।
स्वनन्तीन्ततिम्प्रेक्ष्य मलिनामलीनाम्।
लतानां नितान्तं सुमं शान्तिशीलम्।।

चलेदुच्छलेत्कान्तसलिलं सलीलम्।
तवाकर्ण्यं वाणीमदीनां नदीनाम्।।
विना त्वां वृथा श्रीनिधिश्श्रीर्निधीनाम्।
वसन्तो हसन्मोहिनीं मोहिनीनाम्।।
कथय को विलम्बोऽम्ब! वरवादिनीनाम्।

सब : हर हर महादेव! महाकालेश्वर की जय!!

(सब झुककर प्रणाम करते हैं और उसी समय कालिदास अपने हाथ के फूल इधर-उधर फेंकते हुए एक ओर से आते हैं। दूसरी ओर से हाथ में फूल की पिटारी लिए विचित्रशक्ति का प्रवेश। कुछ फूल विचित्रशक्ति को लगते हैं।)

विचित्रशक्ति : *(क्रोध से)* तुम फिर यहाँ उत्पाद करने आ गए?

कालिदास : *(हँसकर)* हः हः हः हः...

विचित्रशक्ति : *(कालिदास का हाथ पकड़कर)* क्या अट्टहास करते हो उन्मत्त ब्राह्मण?

कालिदास : *(झटके से हाथ छुड़ाकर)* छोड़ो, कौन है उन्मत्त? तुम या मैं? हः हः हः, तुम्हारे पास दर्पण है। अपना मुख तो देखो। हः हः हः, क्या रूप है, क्या शोभा है, क्या कान्ति है! तुम्हारे मुख से मदिरा की गन्ध आ रही है। छिः।

विचित्रशक्ति : क्या अनर्गल बकते हो ब्राह्मण? जानते हो, मैं सेनापति का पुत्र हूँ।

कालिदास : *(ध्यान से नीचे-ऊपर देखकर)* ऐं सेनापति का!

विचित्रशक्ति : क्या नीचे-ऊपर देखते हो?

कालिदास : क्या तुम्हीं शकारि महाराज विक्रमादित्य के सेनापति के पुत्र हो? तुम्हारी आकृति तो व्याघ्र के समान है।

विचित्रशक्ति : क्या कहा? व्याघ्र के समान! ब्राह्मण! नहीं जानता कि सिंह का शावक सिंह ही होता है।

कालिदास : हाँ, सिंह का शावक सिंह ही होता है; किन्तु मनुष्य का बच्चा मनुष्य नहीं, प्रायः पशु होता है। और कभी-कभी तो पशु से भी अधिक बर्बर, भयानक और हिंसक, जैसे तुम! *(विचित्रशक्ति झपटकर कालिदास को पकड़ लेता है, कालिदास छुड़ाने का प्रयत्न करता है।)*

विचित्रशक्ति : तुम मुझे पशु बना रहे हो? ऐं!

कालिदास : छोड़ो, छोड़ो! तुम्हें तो ईश्वर ने बनाया है। बने हुए को मैं क्या बना सकता हूँ। छोड़ो, मुझे छोड़ो।

(श्रुतधि का प्रवेश)

श्रुतधि : क्या करते हो विचित्रशक्ति? *(कालिदास से)* क्या हुआ आर्य! *(दोनों को छुड़ा देता है)*

कालिदास : देखिए, यह युवक कई बार मुझे पीड़ित कर चुका है और आज मदिरा से उन्मत्त होकर मन्दिर की मर्यादा भंग कर रहा है।

विचित्रशक्ति : *(श्रुतधि से)* आप किसकी बात सुन रहे हैं? यह विक्षिप्त उन्मादी ब्राह्मण उज्जयिनी का अभिशाप है। अभी-अभी यह मुझे बर्बर और अनार्य कहता था।

श्रुतधि : मैंने स्वयं अपनी आँखों से सब कुछ देखा है। *(कालिदास से)* आर्य! आप शान्ति से चले जाइए। ऐसे पुरुषों के मुँह नहीं लगना चाहिए। *(कालिदास विचित्रशक्ति की ओर मुँह बनाता चला जाता है)* और विचित्रशक्ति! मन्दिर की शान्ति और मर्यादा भंग करके इस प्रकार अनार्यों के समान आचरण करना तुम्हें शोभा नहीं देता। अभी यहाँ से चले जाओ। स्वस्थ होकर पूजा करने आना।

विचित्रशक्ति : मैं बिना पूजा किए नहीं जाऊँगा।

श्रुतधि : तो मैं भी मद्यप को मन्दिर में नहीं प्रविष्ट होने दूँगा।

(बहुत से लोग जुट जाते हैं। एक ओर से विद्योत्तमा का प्रवेश)

विद्योत्तमा : *(अभिवादन करके)* क्या हुआ आर्य?

श्रुतधि : *(आशीर्वाद-मुद्रा)* कुछ नहीं देवि! एक ब्राह्मण यहाँ नृत्य कर रहे थे...

विद्योत्तमा : *(बीच में रोककर)* क्या वे ही जो अभी यहाँ से गए हैं?

श्रुतधि : हाँ।

विद्योत्तमा : क्या वे यहाँ नित्य आते हैं?

श्रुतधि : नहीं। यों ही कभी-कभी आ जाते हैं। किसी से कुछ कहते-सुनते नही। चुपचाप कभी देवप्रतिमा पर फूल चढ़ाकर और कभी नृत्य करके लौट जाते हैं। जान पड़ता है कुछ विक्षिप्त हैं।

विद्योत्तमा : तो अभी यहाँ कैसा कोलाहल हो रहा था?

श्रुतधि : मालव-सेनापति के पुत्र विचित्रशक्ति को जानती हो न!

विद्योत्तमा : भली भाँति जानती हूँ, आर्य!

श्रुतधि : इन्होंने उस ब्राह्मण को दुर्वचन भी कहे और हाथ पकड़ कर उन्हें मारने को भी उद्यत हो गए थे।

विद्योत्तमा : इनको देखकर ही मैं कुछ-कुछ समझ गई थी।

विचित्रशक्ति : *(चौंककर)* क्या समझ गई थी?

विद्योत्तमा : यही कि अशिष्टता और उपद्रव विचित्रशक्ति का साथ कभी नहीं छोड़ सकते।

विचित्रशक्ति : क्या कहा विद्योत्तमा?

विद्योत्तमा : सँभलकर बोलो, विचित्रशक्ति! मुझे आर्ये कहकर संबोधन करो।

विचित्रशक्ति : मैं देख रहा हूँ कि उज्जयिनी में तुम महाकालेश्वर के शिखर के समान उन्नत होती चली जा रही हो, किन्तु तुम्हारा यह उन्नत अभिमान एक दिन मेरे क्रोध के भू-चाल से ध्वस्त होकर धराशायी हो जाएगा। और उस दिन उस भग्नावशेष पर मैं ऐसा भयंकर अट्टहास करूँगा कि तुम्हारे गौरव की गिरी हुई भीतें भी काँप उठेंगी।

विद्योत्तमा : मैं उन क्षुद्र पदार्थों से निर्मित नहीं हूँ जो भूकम्प के धक्कों से चूर्ण हो जाऊँ। मैं हिमाचल की वह महाशिला हूँ जिसके आगे झंझा, प्रलय और वज्र सिर झुकाकर चलते हैं। तुम तुच्छ! तुम मेरा क्या कर सकते हो?

विचित्रशक्ति : मैं, मैं तुम्हें दासी बनाकर रोमकपुरी में बिकने के लिए भेज सकता हूँ।

श्रुतधि : चुप रहो विचित्रशक्ति। मैं देख रहा हूँ कि तुम आर्य शिष्टाचार का भी उल्लंघन कर रहे हो। मैं इसी समय आज्ञा देता हूँ कि तुम मन्दिर से निकल जाओ।

विचित्रशक्ति : कौन मुझे मन्दिर से निकालेगा?

श्रुतधि : मैं, महाकालेश्वर का अधिष्ठाता श्रुतधि!

विचित्रशक्ति : अच्छा, तो मैं जाता हूँ और महाकालेश्वर के अधिष्ठाता को भी यह चेतावनी दे जाता हूँ कि उनकी शक्ति की मैं परीक्षा करूँगा।

श्रुतधि : अच्छा कर लेना, पर अभी निकलो यहाँ से।

सब : निकल जाओ, निकल जाओ।

विचित्रशक्ति : *(सब की ओर देखकर)* जाता हूँ, अभी जाता हूँ। *(विद्योत्तमा से)* और तुम्हारा यह गर्व, यह अभिमान भी विचूर्ण कर डालूँगा देवि!

विद्योत्तमा : अच्छी बात है, कर लेना।

(विचित्रशक्ति का वेग से प्रस्थान)

(सब भीड़ छँट जाती है। श्रुतधि भीतर जाते हैं। विद्योत्तमा पूजा करके आती है और दाईं ओर घूमती है। सामने से श्रीधर का प्रवेश।)

विद्योत्तमा : आर्य श्रीधर!

श्रीधर : कौन विद्या! क्षमा कीजिएगा, आर्ये! नमस्कार, क्या अभी तक आप मुझे पहचानती हैं?

विद्योत्तमा : जान पड़ता है, आजकल व्यंग्य बोलने का अधिक अभ्यास कर रहे हो। मैंने कब तुम्हें नहीं पहचाना?

श्रीधर : पहचाना ही कब? यदि पहचाना भी तो उसका प्रमाण आपने कब दिया?

विद्योत्तमा : इधर आपसे भेंट ही कहाँ हुई है?

श्रीधर : भेंट कैसे हो सकती थी? आप ठहरीं पंडिता, कवि, विदुषी और शास्त्रज्ञा। आपसे भेंट करने के लिए मैं उतना पांडित्य कहाँ से लाता? मैंने तो विद्या-प्राप्ति की आशा ही छोड़ दी है।

विद्योत्तमा : क्यों?

श्रीधर : तो क्या मैं आशा करूँ?

विद्योत्तमा : क्यों, लगन और अभ्यास से विद्या किसको नहीं प्राप्त हो सकती?

श्रीधर : लगन और अभ्यास बहुत दिनों से कर रहा हूँ देवि! पर जिस विद्या के लिए मैं अभ्यास कर रहा हूँ, वह इस दास पर प्रसन्न ही नहीं होती।

विद्योत्तमा : क्यों? प्रसन्न क्यों नहीं होती?

श्रीधर : यह मैं क्या जानूँ? पर इतना अवश्य जानता हूँ कि मैं तुम्हारा बालसखा हूँ। शैशव की चंचल और स्फूर्तिमयी घड़ियाँ हमने एक साथ बाल क्रीड़ाओं में बिताई हैं। शिप्रा के तट पर, महाकाल-वन में और इसी मन्दिर के प्रांगण में उड़े हुए हमारे स्नेह-लहरियों के छींटे यौवन का ताप पाकर भी अब तक सूखे नहीं हैं।

विद्योत्तमा : भावुक मत बनो श्रीधर! उस समय की प्रत्येक घटना भावी जीवन-यात्रा में उत्साह और उल्लास भरा करती है। उन्हें मैं कैसे भूल सकती हूँ?

श्रीधर : *(उत्साहित होकर)* ठीक है! ठीक है! और तुम्हें यह भी तो स्मरण होगा कि शिप्रा-तट पर हम लोगों ने एक साथ बालू के कितने भवन उठाये थे।

विद्योत्तमा : *(व्यंग्य से)* पर वे सभी ढह गए। यही कहते थे न।

श्रीधर : हाँ, वे सभी ढह गए।

विद्योत्तमा : *(व्यंग्य से)* वे बालू के बने थे न! इसीलिए। बालू की भीत बैठने के लिए ही खड़ी होती है।

श्रीधर : मेरे दुर्भाग्य पर यह कठोर व्यंग्य?

विद्योत्तमा : यह कठोर व्यंग्य नहीं, यही कठोर तथ्य है जो सत्य होने के कारण तुम्हें बड़ा कटु लग रहा है।

श्रीधर : तुम मुझ पर अपने पांडित्य का आतंक जमाना चाहती हो विद्या?

विद्योत्तमा : यही सही। जिसके पास जो होता है, वह उसी का प्रदर्शन करता है। तुम्हारे पास है अज्ञान और आवेश से भरा हुआ उन्माद। तुम उनका प्रदर्शन कर रहे हो, और मेरे पास है विद्या, मैं उसका प्रदर्शन कर रही हूँ।

श्रीधर : तुम्हें केवल अपने पांडित्य का ही नहीं, रूप का भी गर्व है।

विद्योत्तमा : तो तुम्हें क्यों ईर्ष्या होती है? बालसखा होने के नाते तो तुम्हें इससे प्रसन्न होना चाहिए।

श्रीधर : तो क्या मेरी इच्छाएँ तुम्हारे अभिमान के महानद में बह जाएँगी?

विद्योत्तमा : महानद के प्रखर-प्रवाह में पड़ी हुई वस्तु कब तक ठहरी रहेगी श्रीधर?

श्रीधर : तब तुम्हारे गर्व का यह महानद भी सूख जाएगा विद्या! और तब यही विद्या पराजित और प्रताड़ित होकर मेरे ही आश्रय की भिक्षा माँगेगी।

विद्योत्तमा : धमकी देते हो, पुरुष होकर, नारी को! छिः, छोड़ दो मेरा मार्ग। तुम मनुष्य नहीं, पशु हो।

(वेग से चलने को उद्यत)

श्रीधर : पशुपति! तुम साक्षी हो। यदि इस पांडित्य-गर्विता नारी का अभिमान मैंने चूर्ण न किया तो मैं श्रीधर नहीं।

विद्योत्तमा : मेरा अभिमान चूर्ण करोगे? तुम! कापुरुष!

(श्रीधर उलटकर विद्योत्तमा को देखता है।)

(दोनों दो ओर से परस्पर घूरते हुए चले जाते हैं।)

द्वितीय दृश्य

समय : प्रातःकाल

स्थान : राज-पथ।

(दो भारवाहक बाँस में बड़ी-बड़ी पिटारियाँ लटकाकर प्रवेश करते हैं।)

पहला भारवाहक : क्यों रे, नगरसेठ का घर अभी कितनी दूर है?

दूसरा : अभी से क्यों प्राण छोड़ रहा है। अभी तो कम-से-कम आधा कोस होगा।

पहला : पर तू तो कहता था कि वह दुर्ग के पास ही है। दुर्ग तो वह दिखाई पड़ रहा है।

दूसरा : चल, चल। दुर्ग का कँगूरा देखकर समझता है कि दुर्ग पर पहुँच गए।

पहला : तब भैया, मेरे पैर तो पत्थर हो गए हैं, मैं तो अब हिलूँगा नहीं।

दूसरा : तो तू चाहता क्या है?

पहला : चाहता क्या है? अँधेरे मुँह वहाँ से हाँक दिया। यह भी नहीं पूछा कि मुँह में अन्न की कनी पड़ी है या नहीं—फिर पूछता है चाहता क्या है?

दूसरा : तो चल, वह क्या दिखाई देती है शौण्डिक दर्दुरक की पानशाला। वहाँ नीरा मिलेगी।

पहला : नीरा!

दूसरा : हाँ, हाँ, नीरा! और मोदक भी मिलेगा।

पहला : सच, मोदक! तब तो चल भैया। और यह पेटिका?

दूसरा : इसे छोड़ दे यहीं।

पहला : कोई ले-देकर नौ-दो-ग्यारह हो जाए तो?

दूसरा : महाराज विक्रम की राजधानी में यह महाकाल का मन्दिर है। कौन हमारी पिटारी छूकर काल को न्योता देगा?

पहला : तो चल! *(पिटारी छोड़कर दोनों जाते हैं।)*

(अत्यन्त सुसज्जित वेश में मंकण का प्रयोग)

मंकण : मार्ग छोड़ दो। हट जाओ। उज्जयिनी के महाराज आ रहे हैं।

(विचित्रशक्ति का प्रवेश)

विचित्रशक्ति : *(बिना देखे)* महाराज की जय हो!

मंकण : *(दोनों हाथ उठाकर)* बच्छ चिरंजीव।

विचित्रशक्ति : *(मंकण को पहचानकर और उसका हाथ पकड़कर)* क्यों रे कुम्भीरक, पाटच्चर! यह क्या रूपक बनाया है?

मंकण : अरे! तुम हो विचित्रशक्ति। छोड़ो भाई मेरा हाथ। यह कोमल मणि-बंध तुम्हारे लोहे के भुजदंड से पीड़ित होने के लिए ब्रह्मा ने नहीं बनाया है। *(हाथ छुड़ाकर)* कहो, तुम ताड़ के फल के समान यहाँ कहाँ से आ टपके?

विचित्रशक्ति : मैं अपने घर से चला आ रहा हूँ।

मंकण : तब तुम्हारा मुख सूखे आम के समान क्यों हो रहा है?

विचित्रशक्ति : आज इस मन्दिर के अधिष्ठाता श्रुतधि ने और महामात्य की पुत्री उस राजपंडिता विद्योत्तमा ने मेरा बड़ा अपमान किया है। मैं श्रुतधि से अभी समझूँगा। मैं यहाँ से घर तो चला गया, परन्तु जानते हो, अपमान की ज्वाला स्वयं ही अपने अपमान की ज्वाला होती है।

मंकण : अभी से जलना क्यों प्रारम्भ कर दिया? विधाता ने उसके लिए अन्त में एक दिन तो निश्चित कर ही दिया है। फिर इतनी शीघ्रता क्यों?

विचित्रशक्ति : मंकण! तुम विशुद्ध मंकण हो। मान और अपमान का रहस्य नहीं जानते।

मंकण : मैं, और रहस्य न जानूँ? किस गृही के यहाँ कितनी पत्तलें फेंकी गईं; किसके यहाँ कितने पुरवे खरीदे गए, मैं सब जानता हूँ। नगर के किस व्यक्ति का रहस्य मुझसे छिपा है? परन्तु तुमने मुझे अनभिज्ञ कहकर मेरा बड़ा अपमान किया है। मैं सब समझता हूँ। ठहरो! मुझे तनिक क्रोध की मुद्रा साध लेने दो। *(क्रोध का नाट्य करता है।)*

विचित्रशक्ति : यह कैसी वानरी-वृत्ति!

मंकण : *(क्रोध की मुद्रा में)* यह वानरी-वृत्ति नहीं। वैश्वानरी वृत्ति है। इसमें तुम्हें जलना ही पड़ेगा। अब सचमुच मुझे क्रोध आ रहा है। देखो तो मेरे नथुने फूल गए हैं, मेरी भृकुटियाँ तन गई हैं या नहीं।

विचित्रशक्ति : मंकण, मेरा स्वभाव तुम जानते हो। कहता हूँ सीधे बातचीत करो।

मंकण : देखो, पूर्व दिशा में पौ फट रही है। उधर महाकाल वन में कौए काँव-काँव कर रहे हैं। इस समय मैं क्रोध की मुद्रा में हूँ। तुम चुपचाप सिर झुकाओ, मैं उस पर प्रहार करूँगा। उज्जयिनी में यह बात कोई नहीं जानेगा।

विचित्रशक्ति : नहीं मानता तो ले *(मुक्का तानता है)*।

मंकण : हैं, हैं, हैं, हैं, क्या करते हो? वीर होकर युद्ध करते हो। *(अड़ंगी देता है। विचित्र गिर पड़ता है। मंकण झपटकर पिटारी में छिप जाता है। विचित्र उठता है।)*

विचित्रशक्ति : *(उठते हुए)* आज तुझे छोड़ूँगा नहीं। तू सबका अपमान करता है। किधर गया? हैं! निकल गया? इधर ही गया होगा!

(विचित्र का प्रस्थान। मंकण उचककर झाँकता है, किन्तु डिंडिक को आते देखकर फिर छिप जाता है। डिंडिक का भारवाहकों के साथ प्रवेश। प्रातःकाल का पूर्ण प्रकाश श्वेत आलोक से प्रकट है।)

डिंडिक : तुम दोनों बड़े मूर्ख हो। तुमसे कहा था कि नगरसेठ के धन का ब्योरा लेकर मुझे सूचना दो और तुम लोग सबेरे-सबेरे जा रहे थे पानशाला!

पहला भारवाही : इसी समय शुद्ध नीरा उतारी जाती है, स्वामी!

(मंकण उचककर झाँकता है—)

डिंडिक : तो देवपुत्र के पास यही सूचना भेज दूँ?

दूसरा भारवाही : स्वामी! इस बार क्षमा कर दीजिए।

डिंडिक : आगे से सावधान रहना! और तुम *(पहले भारवाहक से)* अभी जाओ और यह पत्र देवपुत्र की सेवा में पहुँचाकर तत्काल आओ। *(पत्र देता है)* सावधानी से रखना।

पहला भारवाही : स्वामी! इसे मैं अपने उत्तरीय में लपेटकर कटि में बाँध लेता हूँ।

डिंडिक : नहीं, यदि नगर-रक्षकों को सन्देह हो गया और उन्होंने परीक्षण किया तो तुम बाँध लिए जाओगे।

पहला भारवाही : तो जैसी आज्ञा हो!

डिंडिक : इसे किसी ऐसे स्थान में रख लो, जहाँ किसी को संदेह न हो। उत्तरीय में लपेटकर पेटिका में ही क्यों नहीं डाल लेते?

पहला भारवाही : जैसी आज्ञा *(वैसा ही करता है।भीतर मंकण पत्र ले लेता है।)*

डिंडिक : सावधान रहना! *(जाता है)*

दूसरा भारवाही : अच्छा। चल, बोझ उठा।

(विचित्रशक्ति का प्रवेश)

विचित्रशक्ति : क्यों रे! यह पेटिका क्या भाव बेचते हो?

पहला भारवाही : दो द्राम की प्रभु!

विचित्रशक्ति : दो द्राम! इतना अधिक मूल्य?

दूसरा भारवाही : तो स्वामी। एक ही दे दीजिए।

विचित्रशक्ति : अच्छा चलो, इसे मेरे साथ ले चलो।

(भारवाहक उठाता है, पेटिका उलट जाती है, मंकण गिर पड़ता है।)

मंकण : हाय! हाय! मार डाला! मार डाला! प्राण ही ले लिए।

विचित्रशक्ति : कौन? मंकण!

मंकण : तुम्हें ब्रह्म-हत्या लगेगी। ब्रह्महत्या। हाय रे! प्रतिशोध ले ही लिया। अरे मेरे भगवान्!

विचित्रशक्ति : क्या हुआ? कहाँ चोट लगी?

मंकण : आँखों में मिर्च झोंककर पूछते हो, आँसू कहाँ से आए? मेरे सिर पर प्रहार करके पूछते हो चोट कहाँ लगी? अरे मेरी माता! अरे मेरे दादा! दुहाई है महाराज विक्रमादित्य की।

विचित्रशक्ति : अच्छा मित्र, चुप रहो। जाने दो। मैं क्षमा माँगता हूँ।

मंकण : अच्छा जाओ, क्षमा किया। पर इन दासी-पुत्रों को तो दंड दिए बिना मैं न मानूँगा।

पहला भारवाही : क्षमा कीजिए देव!

मंकण : *(सोचकर)* अच्छा जाओ क्षमा किया। अपनी पेटिका लेकर इसी समय यहाँ से चल दो।

दूसरा भारवाही : जो आज्ञा। *(जाते हैं)*

मंकण : देखा, हम कैसा न्याय करते हैं। सबको क्षमा कर दिया। अरे! *(सामने देखकर)* वह कौन? आर्य श्रीधर! सुनो, सुनो!

(श्रीधर का प्रवेश)

श्रीधर : इस समय मुझसे कुछ न बोलो। जाने दो।

मंकण : क्या कहीं तुम्हारा भी अपमान हुआ है?

श्रीधर : तुम मेरी व्यथा नहीं समझ सकते।

मंकण : ठीक है। तुम दोनों गले मिलकर समवेत स्वर में रोदन करो। मैं ताल देता चलता हूँ। *(बढ़ता है, विचित्रशक्ति रोकता है।)*

विचित्रशक्ति : सुनो तो! सुनो तो!

मंकण : क्या सुनूँ? ये महाशय मुँह लटकाकर करुण-रस का अभिनय करते आ रहे थे। *(श्रीधर से)* मुझ जैसे अभिनय कला के आचार्य के रहते तुम्हें निराश नहीं होना चाहिए। देखो करुण-रस का अभिनय यों करना चाहिए। *(अभिनय करते हुए)* हे प्रिये! तुम कहाँ हो?

श्रीधर : तुम मूर्ख हो। मैं तुमसे कह चुका हूँ कि मेरा चित्त परम उद्विग्न है। मुझे अभिनय-कला नहीं सीखनी है।

मंकण : कैसे नहीं सीखोगे भाई? बड़ी अर्थकरी विद्या है।

विचित्रशक्ति : क्या हुआ श्रीधर, कुछ बताओ भी तो।

श्रीधर : तुम मेरे रोग को नहीं समझ रहे हो।

मंकण : कोई रोग है? तब मैं तुम्हारी चिकित्सा कर सकता हूँ। देखूँ तो। *(नाड़ी देखकर)* यह कहना कठिन है कि तुम्हारा शरीर रहेगा या नहीं। फिर शरीर तो क्षणभंगुर है ही। रहा रहा न रहा न रहा।।

(श्रीधर हाथ छुड़ा लेता है)

श्रीधर : मैं तुम्हारे हाथ जोड़ता हूँ मंकण! मुझे क्षमा करो। आज मेरा बड़ा अपमान हुआ है, वह भी एक स्त्री के द्वारा। उसने मुझे पशु कह दिया। ओह! असह्य है!

विचित्रशक्ति : किसने, किसने भाई?

मंकण : कह तो रहे हैं, एक स्त्री ने। इससे बढ़कर सुख की बात और क्या हो सकती है? अपमान करने का अधिकार केवल स्त्री को ही है। पुरुष क्या अपमान करेगा? वह अधिक-से-अधिक कहेगा—तुम मूर्ख हो, निकल जाओ। किन्तु स्त्री, वह इतने से सन्तुष्ट नहीं होती। वह कान पकड़ती है और बड़े हाव-भाव

के साथ उठाती-बैठाती है। भगवद्गीता में इस प्रकार के अपमान को सात्त्विक अपमान कहा है। तुम्हें अपमानित होने की कला भी नहीं आती। धिक्कार है, डूब मरने की बात है।

श्रीधर : तुम मेरे हृदय में उठे हुए भयंकर झंझावात को नहीं समझ सकते मंकण।

विचित्रशक्ति : अरे, क्या हुआ? कुछ कहो भी तो।

श्रीधर : विद्योत्तमा ने मेरा अपमान किया है।

मंकण : ऐं विद्योत्तमा ने! आज क्या वे सभी का अपमान करती जा रही हैं?

विचित्रशक्ति : मेरा भी अपमान उसने किया है। मैं उसका ऐसा भयंकर प्रतिशोध लूँगा, ऐसा भयंकर कि उसे देखकर आकाश भी आँखें मूँद लेगा।

मंकण : मित्र, आकाश की आँखें तुमने कहाँ से देख लीं? ऐसी अनर्गल बातें तो यूनान के कवि किया करते हैं। जान पड़ता है हमारे देश में भी यह रोग समुद्र पार से आ पहुँचा है।

विचित्रशक्ति : चुप रहो मंकण।

मंकण : चुप हूँ भाई! द्वाभ्यां तृतीयो न भवामि। मैं दाल-भात में मूसलचन्द नहीं बनना चाहता।

विचित्रशक्ति : बोलो श्रीधर, तुमने क्या निश्चय किया है?

श्रीधर : आत्महत्या।

मंकण : बहुत अच्छा, न शरीर रहेगा, न चिन्ता होगी।

विचित्रशक्ति : *(आवेश में)* कायर! निर्बल, हीनात्मा! तुम आत्महत्या करोगे? जिस जिह्वा से ये शब्द निकलते हैं, वह गल कर गिरी नहीं। अपने अपमान के कलंक का डिमडिम घोष करने के लिए अब तुम गले में फंदा डालकर पेड़ से झूलोगे। वृक्ष से टूटी हुई निरवलम्ब जड़ शाखा के समान शिप्रा की प्रचंड धारा में आत्मसमर्पण करोगे, कापुरुष!

श्रीधर : और मैं कर ही क्या सकता हूँ?

मंकण : क्यों, तुम वीणा बजाकर विहाग गा सकते हो!

विचित्रशक्ति : चुप रहो मंकण। यह हँसी का अवसर नहीं है। रोने का है। देख रहे हो, सम्राट् विक्रम के स्वर्गीय अमात्य महीधर का पुत्र आज मालव के शौर्य में कलंक लगाकर आत्महत्या करने जा रहा है। यह पुरुष है और इसे आर्य नारी ने जन्म दिया है।

श्रीधर : विचित्र! मैं मनुष्य हूँ, पिशाच नहीं। उज्जयिनी में सब जानते हैं कि जब श्रीधर के धनुष की डोरी विद्युत्-गति से बाण उगलने लगती है, उस समय शत्रु डर से पीठ दिखाकर भाग खड़े होते हैं।

किन्तु, एक अबला को पराजित और अपमानित करने के लिए उसके विरुद्ध षड्यंत्र करना मैं नीचता और कायरता समझता हूँ।

विचित्रशक्ति : किस अबला के विरुद्ध—जिसकी विद्या के आतंक से आज मालव की जनता त्रस्त है, जिसने आज सम्पूर्ण मालवमंडल के युवकों को मूर्ख सिद्ध करने का व्रत ले लिया है, और जिसका दम्भ आज बृहस्पति को भी ललकार कर चुनौती दे रहा है। तुम उसे साधारण अबला समझते हो?

श्रीधर : मुझे अधिक उत्तेजित न करो विचित्रशक्ति! पहले मैंने भी प्रतिशोध की प्रतिज्ञा की थी, पर अब मैंने विचार छोड़ दिया है।

मंकण : ऐसा विचार छोड़ ही देना चाहिए। अहिंसा-व्रत से देश को बड़ा लाभ हुआ है। भाई, लात खाते जाओ और 'बुद्धं शरणं गच्छामि' कहते हाथ जोड़ते जाओ। यही तो वीरों का लक्षण है।

श्रीधर : बड़ा कठोर व्यंग्य करना जानते हो, मंकण! तुम केवल विदूषक ही नहीं हो।

मंकण : हाँ, मैं विदूषक ही नहीं, मनुष्य भी हूँ।

विचित्र : तो क्या मंकण, तुम भी सहायता करोगे?

मंकण : *(सिर खुजलाकर)* कैसी सहायता?

विचित्रशक्ति : इस अपमान के प्रतिशोध में।

मंकण : अच्छा तो थोड़ी देर खड़े रहो। मैं भी अपना अपमान कराकर आता हूँ, तब हम तीनों एक साथ षड्यंत्र कर सकेंगे।

(गमनोद्यत)

विचित्रशक्ति : *(रोककर)* तुम मूर्ख हो। चलो उधर। मैं तुम्हें उपाय बताता हूँ। पर ठहरो, महामात्य इधर आ रहे हैं।

(महामात्य का प्रवेश। सब अभिवादन करते हैं)

महामति : चिरंजीवी हो, कहाँ से आ रहे हो?

श्रीधर : महाकालेश्वर के मन्दिर से। क्या आर्य राजद्वार की ओर जा रहे हैं?

महामति : मैं अभी महाकालेश्वर के दर्शन को जा रहा हूँ। क्या विद्या दिखाई पड़ी थी?

श्रीधर : हाँ आर्य। वे तो घर लौट चुकी हैं।

महामति : वत्स! मुझे विद्या के विवाह की बड़ी चिन्ता है। अब तुम्हीं कोई योग्य पंडित उसके लिए ढूँढो। तुम उसके बालसखा हो और यह काम तुम अधिक योग्यता से कर सकते हो।

मंकण : इस प्रकार का कार्य ये अभी चाहते भी थे।

महामति : कौन? *(विचित्रशक्ति मंकण की ओर आँख तरेरता है।)*

मंकण : यह श्रीधर और विचित्रशक्ति। अर्थात् ये आपकी सेवा करने के बड़े उत्सुक थे। हें हें हें हें।

महामति : हाँ, मुझे श्रीधर पर बड़ा गर्व है।

मंकण : अवश्य होना चाहिए। ऐसा योग्य व्यक्ति बड़े भाग्य से मिलता है।

महामति : अच्छा, तो मैं जाता हूँ। ध्यान रखना।

श्रीधर और विचित्रशक्ति : जो आज्ञा। *(महामात्य का प्रस्थान)*

मंकण : लो भाई, इसे कहते हैं, बिल्ली के भाग्य से छींका टूटना। तुम अभी विचार कर रहे थे, उपाय स्वयं हाथ आ गया।

विचित्रशक्ति : उपाय क्या? तुमने सब चौपट कर दिया था।

मंकण : क्यों न करता! मैं राजभक्त प्रजा हूँ और देवी विद्योत्तमा राजपंडिता। उनके विरुद्ध कार्य करना राजद्रोह समझता हूँ।

विचित्रशक्ति : *(स्वगत)* यह तो बड़ा बुरा हुआ। *(प्रकट)* अच्छा मंकण, देखो, यदि तुम हमारे मित्र बने रहोगे तो तुम्हें हम एक सहस्र स्वर्णमुद्रा देंगे और नित्य तुम्हें स्वादिष्ट भोजन भी कराएँगे।

मंकण : हाँ, तब तो भाई, मंकण तुम्हारे सेवकों का सेवक है। पर भाई, एक बात है। मुझे अभी इस संसार में बहुत दिनों तक जीना है। इसलिए कहीं ऐसा काम न करना कि स्वर्ण-मुद्रा के बदले मुझे शूली पर लटकना पड़े।

विचित्रशक्ति : नहीं, उसका भय न करो।

मंकण : तो कहो, क्या करना होगा?

विचित्रशक्ति : *(श्रीधर तथा मंकण से)* सुनो *(कान में कुछ कहता है)*

श्रीधर : यह नीचता? न, मैं यह काम न करूँगा। मैं वीर होकर कपट-युद्ध करना नहीं जानता। मैं बाणों और प्राणों से खेल सकता हूँ, कपट से नहीं।

विचित्रशक्ति : फिर वही बेसुरा राग! तुम्हें मान से अधिक प्राण का मोह है। तो जाओ नरक में।

(गमनोद्यत)

श्रीधर : ठहरो विचित्रशक्ति! *(विचित्रशक्ति लौटता है)*

विचित्रशक्ति : क्या है?

श्रीधर : *(कुछ सोचकर)* चलो, मैं उद्यत हूँ।

(तीन घंटे बजते हैं।)

विचित्रशक्ति : चलो मंकण, तीन घड़ी भर दिन चढ़ आया।

मंकण : आप लोग चलिए। मैं तो अभी राजद्वार जाता हूँ। समय पर मिलूँगा। *(श्रीधर तथा विचित्रशक्ति का प्रस्थान)* यह कदली के साथ बेर का अच्छा सम्बन्ध हुआ है। चल मेरे मंत्र-तंत्र...बं बं बं-

(प्रस्थान)

तृतीय दृश्य

समय : दिन का तीसरा प्रहर!

स्थान : अन्तःपुर।

(कक्ष में शय्या। एक तकिया सिरहाने और एक पैताने रखी है। शय्या के सिरहाने पर देवमूर्ति है। शय्या के पास चौकी पर घिसा हुआ चन्दन, पुष्प-स्तबक, माला, गंध-द्रव्य और ताम्बूल यथास्थान रखे हुए हैं। शय्या के नीचे पान थूकने का पात्र है। दीवार पर एक ओर वीणा टँगी है, दूसरी खूँटी पर चित्रफलक लटक रहा है, तीसरी खूँटी से वर्णपात्र और तूलिका बँधी है। कक्ष के मध्य में गोल आकार का बिछौना बिछा हुआ है, जिस पर चौपड़ की बिसात बिछी है। उद्यान की ओर खिड़कियों में शुक, सारिका, श्यामा आदि पक्षियों के पिंजरे टँगे हुए हैं। शय्या के आगे आसनों की व्यवस्था है। कुब्जक सारिका के पिंजरे के पास खड़ा हुआ कुछ गुनगुना रहा है।)

(एक ओर से कुब्जक और दूसरी ओर से वामन का प्रवेश)

वामन : अरे ओ कुब्जक! बड़ी राजकुमारीजी यहाँ चित्र बनाने आ रही हैं, तुझे बुलाया है, चल।

कुब्जक : हम नहीं जाएंगे।

वामन : क्या कहा, नहीं जाएँगे? नहीं जाएगा? *(उसके सिर पर चपत जमाता है)*

कुब्जक : हाँ, नहीं जाएँगे, नहीं जाएँगे। *(मारने का संकेत करता है)* तुझे मारूँगा।

वामन : नहीं चलेगा तो और जमाऊँगा।

कुब्जक : आ जा तो *(कहकर दोनों लड़ते हैं)*

चन्द्रलेखा : *(भीतर से)* कुब्जक!

वामन : लो, देवी आ गईं, अब क्या होगा?

कुब्जक : अरे! अब क्या होगा? *(रोता है)*

चन्द्रलेखा : *(प्रवेश कर)* कुब्जक! रोता क्यों है?

कुब्जक : *(रोनी आकृति से)* मुझे वामन ने चपत लगा दिया है।

चन्द्रलेखा : क्यों रे वामन!

वामन : नहीं देवि, देखिए कहाँ तो मेरे छोटे-छोटे हाथ और कहाँ इस कुब्जक की ऊँची खोपड़ी। मैं तो मंचिका पर चढ़कर भी वहाँ तक नहीं पहुँच सकता।

कुब्जक : *(यह दिखलाता है कि उचककर चपत लगाई है)* इसने ऐसे लगाई है।

चन्द्रलेखा : क्यों रे वामन!

वामन : नहीं देवि! यह मुझे मारने दौड़ा था। मैं अपनी रक्षा के लिए इस मंचिका का फेरा लगा रहा था।

चन्द्रलेखा : *(कुब्जक से)* जा। चित्रफलक उठाकर ला। *(जाता है) (वामन से)* जा, वर्णपात्र और तूलिका ला। *(जाता है।)*

(दोनों लाकर रख देते है।)

चन्द्रलेखा : अब तुम दोनों दो कोनों में भीत की ओर मुँह करके खड़े हो जाओ *(दोनों एक-दूसरे की ओर देखते हुए दो कोनों में खड़े हो जाते हैं। राजकुमारी चित्र बनाती है और गाती है।)*

गीत

फूलों में वह रंग भरा है।
जो चटकीला और खरा है।
उस रंग से रंग आज रंगीली
नीली-नीली पीली-पीली
हरियाली की चादर ओढ़े
हरी-हरी धवल धरा है।। फूलों में0।।
रंग वही है आज पवन में
रंग वही वन में उपवन में।
रंग वही निर्झर के स्वर में
और गगन में भी निखरा है।। फूलों में0।।

(इन्द्रलेखा का प्रवेश)

इन्द्रलेखा : आर्ये! आज मैं कितने पारिजात एकत्र करके लाई हूँ।

(मुट्ठी भरकर चित्रपट पर बिखेर देती है।)

चन्द्रलेखा : अरे, यह क्या किया तूने? सब चित्र नष्ट कर दिया। इतने फूल आज कहाँ से ले आई है?

इन्द्रलेखा : इसी पार्श्ववर्ती उपवन से। अभी मैं उधर ही गई थी। वहीं से लाई हूँ। आर्ये! आज यहाँ एक बड़ी घटना हो गई है।

चन्द्रलेखा : क्या?

इन्द्रलेखा : वह हैं न, दुबले-से, साँवले-से–

चन्द्रलेखा : दुबले-से, साँवले-से तो न जाने कितने लोग हैं?

इन्द्रलेखा : अरे वही, जिनका विचित्र नाम है।

चन्द्रलेखा : हाँ-हाँ, मैं जानती हूँ। सेनापति के पुत्र! विचित्रशक्ति! तो क्या हुआ?

इन्द्रलेखा : उन्होंने आज आर्या विद्योत्तमा को बड़े अपशब्द कहे हैं।

चन्द्रलेखा : तुझसे किसने कहा?

इन्द्रलेखा : वहाँ तो बड़ा कोलाहल मचा हुआ था, सभी कह रहे थे। और हाँ, श्रीधरजी से भी उनकी लड़ाई हो गई है।

चन्द्रलेखा : तू कहाँ से ये सब समाचार लाई है?

इन्द्रलेखा : यहीं, महाकालेश्वर के उपवन से। एक ओर फूल चुन रही थी, दूसरी ओर समाचार देख-सुन रही थी।

चन्द्रलेखा : अच्छा, तो पिताजी से कहकर तेरा नाम भी चरों में लिखा देती हूँ। *(खट-खट की ध्वनि होती है।)*

चन्द्रलेखा : *(कुब्जक और वामन से)* देखो तो कौन है? *(दोनों दौड़कर जाते हैं और झट से आ जाते हैं।)*

चन्द्रलेखा : कौन है?

कुब्जक : वे हैं।

चन्द्रलेखा : वे कौन?

कुब्जक : *(वामन को प्रेरित करके)* बताओ, तुम बताओ।

वामन : देवि, वह जो वैसे हैं, कुछ-कुछ वैसा रंग है और वैसे बाल हैं, वहाँ के–

इन्द्रलेखा : आर्ये! ये दोनों मूर्ख हैं। मैं देखकर आती हूँ। *(जाती है)*

चन्द्रलेखा : तुम दोनों बड़े मूर्ख हो।

वामन : देवि! मैं तो छोटा हूँ। बड़ा यही है।

चन्द्रलेखा : अच्छा, भागो यहाँ से। *(दोनों बाईं ओर जाते हैं।) (उधर से इन्द्रलेखा आती है तो उधर से दौड़कर दूसरी ओर से निकल जाते हैं।)*

(इन्द्रलेखा का प्रवेश)

इन्द्रलेखा : आर्ये! गुरुदेव पधारे हैं।

(श्रुतधि का प्रवेश)

चन्द्रलेखा : *(अभिवादन करके)* भगवन्! अभिनन्दन करती हूँ।

श्रुतधि : सावित्री भव।

चन्द्रलेखा : भगवन्, आसन पवित्र कीजिए।

श्रुतधि : *(बैठकर)* आयुष्मति। मैं महाराज से भेंट करना चाहता हूँ।

चन्द्रलेखा : भगवन्! आज आप उदास क्यों हैं? यदि अनुचित न समझें तो मुझे भी अपना विश्वास-पात्र बना लें।

श्रुतधि : आज विचित्रशक्ति ने इस देवमन्दिर में पहुँचकर बड़ा उत्पात किया है। यदि राजकुल के लोग ऐसा व्यवहार करेंगे तो समाज की मर्यादा कैसे जीवित रहेगी?

चन्द्रलेखा : मैं सुन चुकी हूँ देव! मैं अभी पिताजी को सूचना भेजती हूँ। वे संध्या करके महामात्य से परामर्श करने बैठे होंगे। *(ताली बजाकर)* वामन!

(वामन का प्रवेश)

चन्द्रलेखा : वामन, देखो! महाराज से कहना कि आचार्य दर्शन देना चाहते हैं, बस इतना ही। और इन्द्रा! तुम भी जाओ, माताजी प्रतीक्षा करती होंगी। *(इन्द्रा का प्रस्थान)*

(वामन जाकर लौट आता है।)

वामन : देवि! महामात्य के साथ देव इधर ही आ रहे हैं।

(महाराज विक्रम का प्रवेश। साथ में महामति भी)

विक्रम : अभिवादन करता हूँ आचार्य!

श्रुतधि : जय हो, आयुष्मन्! आसन ग्रहण कीजिए। *(बैठते हैं)* कहिए, राज्य में सब कुशल तो है?

विक्रम : आप जैसे सिद्ध महात्मा जहाँ हों, वहाँ सब कुशल ही कुशल है। आज्ञा कीजिए।

श्रुतधि : आज मैं एक अभियोग उपस्थित करना चाहता हूँ।

विक्रम : किसके विरुद्ध भगवन्? विक्रमादित्य के राजशील को तोड़ने का किसने साहस किया है? कौन ऐसा उद्धत पुरुष है, जो मेरी करवाल पर आरूढ़ होकर यमपुर की यात्रा करना चाहता है?

श्रुतधि : वह दुःसाहसी मालवा के सेनापति का पुत्र है।

विक्रम : कौन? विचित्रशक्ति?

श्रुतधि : हाँ, वही।

विक्रम : मैं कई बार स्वयं उसकी अपस्तुति सुन चुका हूँ। क्या घटना हुई देव?

श्रुतधि : उसने एक ब्राह्मण को इस मन्दिर में लांछित किया और आर्या विद्योत्तमा को भी दुर्वचन कहे।

महामति : विद्योत्तमा को?

श्रुतधि : हाँ। क्या आपसे उन्होंने कुछ नहीं कहा?

महामति : नहीं। मैं महाकालेश्वर से लौटकर घर गया तो देखा वह नीचे मुख किए बैठी है। मैंने यह नहीं समझा था कि वह अपमानित होकर लौटी है।

विक्रम : भद्र! क्या पहले भी कुछ वाद-विवाद हुआ है?

महामति : नहीं देव! अभी यहीं मुझसे श्रीधर और विचित्रशक्ति से भेंट हुई थी। किन्तु उनके व्यवहार से यह नहीं जान पड़ता था कि कोई ऐसी घटना हुई है। मुझे आश्चर्य है देव!

चन्द्रलेखा : यदि मुझे आज्ञा हो तो मैं भी कुछ कहूँ।

श्रुतधि : अवश्य!

चन्द्रलेखा : आर्या विद्योत्तमा के व्यवहार में आजकल रुक्षता आ गई है। सम्भवतः उन्होंने भी कुछ कटु बात कह दी हो।

महामति : हो सकता है, हो सकता है। किन्तु इधर तो कोई ऐसी घटना नहीं हुई।

श्रुतधि : जाने दीजिए इन बातों को। आप स्वयं उन्हें समझा दीजिएगा।

महामति : हाँ, यदि देव की आज्ञा हो तो मैं विचित्रशक्ति को स्वयं समझा दूँगा।

विक्रम : हाँ भद्र, यही महामात्य के योग्य है।

श्रुतधि : तब मेरा अभियोग समाप्त हो जाता है।

(विद्योत्तमा का प्रवेश)

विद्योत्तमा : पर मेरा अभियोग नहीं समाप्त हुआ देव!

विक्रम : आओ देवि! आपका क्या अभियोग है?

विद्योत्तमा : सम्राट् के राज्य में दो युवक मुझे चुनौती दे गए हैं।

विक्रम : उसकी चिन्ता न करो देवि! विक्रम की करवाल के रहते कोई आपका बाल भी बाँका नहीं कर सकता। वे कौन युवक हैं देवि?

विद्योत्तमा : विचित्रशक्ति और श्रीधर।

विक्रम : क्या श्रीधर भी?

विद्योत्तमा : हाँ देव!

विक्रम : *(महामात्य से)* भद्र! श्रीधर को क्या हो गया है?

महामति : आवेश में कुछ बक गया होगा! मैं उसे समझा दूँगा देव!

विक्रम : हाँ, श्रीधर को समझा देना कि यदि इस प्रकार का आचरण पुनः किया तो मालवा में उसे स्थान न मिलेगा।

महामति : मैं समझा दूँगा देव!

वामन : *(प्रवेश करके)* जय हो देव! काशी से कुछ विद्वान् आए हैं। देव का दर्शन करना चाहते हैं।

विक्रम : उन्हें आदर के साथ सभाभवन में ले चलो। मैं आता हूँ। *(वामन का प्रस्थान। विद्योत्तमा से)* देवि! विक्रमादित्य व्यवहार में जितना कोमल है, उतना ही दंड देने में कठोर है। विक्रम का राजदंड भेद नहीं करता। आपको सन्तोष है न?

विद्योत्तमा : सम्राट् कहें और सन्तोष न हो।

(सब खड़े हो जाते हैं।)

महामति : इधर से देव!

(चन्द्रलेखा और विद्योत्तमा के अतिरिक्त सबका प्रस्थान)

चन्द्रलेखा : ठहरो आर्ये! *(विद्योत्तमा बैठती है।)*

विद्योत्तमा : कहिए।

चन्द्रलेखा : क्या यह घटना इतनी भयंकर थी कि उसे पिताजी तक लाना आवश्यक हो गया था?

विद्योत्तमा : हाँ चन्द्रलेखा।

चन्द्रलेखा : पर आपने क्या कुछ भी नहीं कहा था?

विद्योत्तमा : क्यों नहीं कहा था? मैं वह नारी नहीं हूँ, जो चुप होकर अपमान को पी जाती। मैंने भी उसकी भरपूर भर्त्सना की है।

चन्द्रलेखा : तब यह कहिए कि आपका भी दोष कम नहीं है।

विद्योत्तमा : मेरा?

चन्द्रलेखा : हाँ, आपका। और फिर भी आप अभियोग लेकर उपस्थित हुई हैं, क्योंकि आप नारी हैं। अपने नारीत्व का अनुचित लाभ उठाकर राजमत को अपने पक्ष में जीतने के लिए ही आपने यह अभियोग खड़ा किया है। यह आपकी विजय नहीं, पराजय है।

विद्योत्तमा : तो क्या आप श्रीधर और विचित्रशक्ति का पक्ष लेकर मुझसे शास्त्रार्थ करना चाहती हैं?

चन्द्रलेखा : मैं शास्त्रार्थ को अत्यन्त तुच्छ कार्य, केवल अभिमान-प्रदर्शन समझती हूँ।

विद्योत्तमा : मैं अभिमान-प्रदर्शन के लिए शास्त्रार्थ नहीं करती। मैं अपने जीवन का संगी ढूँढने के लिए उचित-अनुचित की परीक्षा कर रही हूँ। अपने कलात्मक जीवन के लिए मैं जिस साथी को खोज रही हूँ, वह साधना और तपस्या से ही मिल सकता है।

चन्द्रलेखा : (ताने से) देखना विनायक की खोज में कहीं वानर न मिल जाए।
विद्योत्तमा : निश्चिन्त रहो। हंसिनी कौवे के पीछे नहीं जाएगी।
चन्द्रलेखा : *(खड़ी होकर)* यह गर्व तुम्हें कहाँ ले जाएगा विद्या?
विद्योत्तमा : *(खड़ी होकर)* जहाँ तुम्हारा गर्व तुम्हें ले जाएगा चन्द्रा।
चन्द्रलेखा : जान पड़ता है, तुम्हें अपने पांडित्य का अभिमान हो गया है।
विद्योत्तमा : और तुम्हें भी अपने ऐश्वर्य का दम्भ हो गया है। पर मेरा गर्व स्थायी वस्तु पर है और तुम्हारा क्षणिक वस्तु पर। राजकुमारी! लक्ष्मी के सामने सरस्वती मस्तक न झुकाएगी, समझी?

(दोनों परस्पर घूरकर देखती हुई चली जाती हैं।)

चतुर्थ दृश्य

समय : मध्याह्न
स्थान : श्रीधर के घर का बाहरी भाग।

(मंकण का प्रवेश)

मंकण : *(चिल्लाकर)* अरे भाई श्रीधर! हे श्रीधर! श्रीधर!!
श्रीधर : *(नेपथ्य से)* आता हूँ। *(आकर)* ओ हो, आप थे?
मंकण : मैं था नहीं, हूँ। शुद्ध वर्तमान में उपस्थित हूँ। आज तो तुमने मुझे बड़े चक्कर में डाल दिया। ऐसा जान पड़ रहा है, जैसे तुम्हारे सिर का साढ़े-साती शनिश्चर मेरे पैरों पर आ गया है।
श्रीधर : इस समय कहाँ से आ रहे हो?
मंकण : अरे, एक बड़ा दिव्य संवाद लेकर आ रहा हूँ।
श्रीधर : क्या? क्या?
मंकण : यही कि विद्योत्तमा और राजकुमारी में अभी-अभी बड़ा कलह हो गया है। जान पड़ता है तुम्हारे ग्रह प्रबल होते जा रहे हैं।
श्रीधर : अब क्या करना होगा?
मंकण : तुम मुझे अब यह बताओ कि विद्योत्तमा के शत्रु और कौन-कौन हैं?
श्रीधर : एक तो मैं।
मंकण : और दूसरा मैं।
श्रीधर : तीसरा?
मंकण : तीसरा विचित्रशक्ति।
श्रीधर : और कोई?
मंकण : और सबसे बढ़कर कुमारी चन्द्रलेखा।

श्रीधर : स्त्रियों का मुझे विश्वास नहीं।

मंकण : क्या कहा? अरे! स्त्रियों में ईर्ष्या की बड़ी प्रबल ज्वाला सुलगती रहती है। और अब तो प्रत्यक्ष झगड़ा भी हो चुका है। लो, विचित्रशक्ति भी आ पहुँचे।

श्रीधर : आओ मित्र *(विचित्रशक्ति का प्रवेश)*

विचित्रशक्ति : आ गया। कहो, क्या निश्चय हुआ?

मंकण : *(विचित्र से)* हम लोगों ने यह सोचा है कि तुम्हारे और श्रीधर के अपमान का बदला विद्योत्तमा से एक साथ ले लिया जाए और दो बाणों से एक पक्षी मारा जाए।

श्रीधर : तुम मूर्ख हो, यह उल्टी उक्ति है।

मंकण : तो इससे क्या? आजकल के कितने ही कवि और विद्वान ऐसी उल्टी-सीधी बातें कहते और लिखते हैं कि वे स्वयं उसका अर्थ नहीं जानते। फिर मैं तो भाषा-शास्त्र का पंडित एवं कलाविद् दोनों एक साथ हूँ। जो कहूँ वही ठीक है।

विचित्रशक्ति : *(उछलकर)* अच्छा! सुनो। व्यर्थ समय नष्ट न करो। मैंने तुमसे जो कहा था, वही करना होगा। मैंने अभी राजकुमारी चन्द्रलेखा को भी एक पत्र में यही लिखकर भेजा है।

श्रीधर : पत्र लिखकर भेजा है? तुमने तो सब नष्ट कर डाला।

विचित्रशक्ति : क्यों?

श्रीधर : लिखकर क्यों दे दिया विचित्र! यदि कहीं वह पत्र पकड़ा गया तो?

विचित्रशक्ति : वह मैंने इन्द्रलेखा को दिया है। वह अवश्य राजकुमारी को दे आई होगी?

श्रीधर : क्या अनर्थ किया तुमने?

मंकण : *(श्रीधर तथा विचित्र से)* अरे चुप! विद्योत्तमा के पिता और तुम्हारे अभिभावक महामात्य आ रहे हैं।

(महामति का प्रवेश। सब प्रणाम करते हैं)

महामति : श्रीधर! आज तुमने यहाँ क्या उपद्रव किया?

मंकण : हाँ आर्य! मैं भी इनसे यही कह रहा था कि तुमको इस प्रकार अनार्यों के समान आचरण नहीं करना चाहिए था। शिव! शिव!!

महामति : चुप रहो मंकण। उत्तर दो श्रीधर!

श्रीधर : मेरा उसमें कोई दोष नहीं था आर्य! कलह का प्रारम्भ मैंने नहीं किया था। मैंने केवल अपने आत्मगौरव की रक्षा मात्र की थी।

महामति : तुम कहते हो तुम्हारा दोष नहीं था। आज उज्जयिनी का प्रत्येक मुख तुम्हारी अपस्तुति कर रहा है। आज मैं राजद्वार से अभी

लौटा हूँ, चोरों की भाँति, हत्यारों की भाँति—राजमार्ग में सभी उँगलियों का लक्ष्य मैं था, क्योंकि मैं तुम्हारा अभिभावक हूँ और तुम मेरे मित्र स्वर्गीय अमात्य महीधर के पुत्र हो।

विचित्रशक्ति : आर्य ने केवल एक पक्ष की बात सुनी है।

महामति : तुम भी बोलते हो विचित्र! लज्जा नहीं आती? महासेनापति विक्रमशक्ति के कीर्ति-चन्द्र पर तुम राहु बनकर छाये हुए हो और तुम मुझे अपना पक्ष समझाने चले हो। मुझे बालक समझ लिया है। आचार्य श्रुतधि से तुम्हारी सब कथा सुन चुका हूँ।

विचित्रशक्ति : कौन, श्रुतधि, महाकालेश्वर का अधिष्ठाता! वह दस्यु!

महामति : क्या बकते हो वाचाल युवक! राजमंत्री के सम्मुख राजगुरु के लिए दुर्वचन। जानते हो इसका दंड?

विचित्रशक्ति : *(घबराकर)* पर उन्होंने एक ही पक्ष कहा है। यही मैं कहना चाहता था।

महामति : उद्दंड युवक! न तो तुम्हें अपनी वाणी पर शासन है और न अपने कार्यों पर। और श्रीधर! यदि तुम मालव राज्य के भावी अमात्य होना चाहते हो तो तुम्हें अपना व्यवहार संयत रखना चाहिए।

श्रीधर : मुझे अपने व्यवहार पर खेद है आर्य!

महामति : जाओ, अब तुम्हारा यही कर्तव्य है कि अपनी अशिष्टता का प्रायश्चित्त करो। *(प्रस्थान)*

मंकण : और मैं इस नाटक का पटाक्षेप करूँ।

(श्रीधर सोचता हुआ खड़ा रहता है।)

विचित्रशक्ति : क्यों?

मंकण : क्योंकि नाटक का उपसंहार हो गया है। अब तुम दोनों आर्या विद्योत्तमा के आगे हाथ जोड़कर दैन्य मुद्रा से कहना—त्वमेव माता च पिता त्वमेव (सस्वर लय से गाता है) और मैं ऊपर से फूलों की वर्षा करता चलूँगा।

विचित्रशक्ति : यह नहीं होगा। जो हम लोगों ने निश्चय किया है, हम उस पर दृढ़ हैं। क्यों श्रीधर?

श्रीधर : मैं अपनी प्रतिज्ञा पर नहीं ठहर सकूँगा। मुझे क्षमा करो विचित्र! मैं अभी विद्योत्तमा के पास जाकर क्षमा माँगूँगा। मैंने प्रतिशोध का विचार छोड़ दिया है।

मंकण : तुम बड़े योग्य पुत्र हो श्रीधर।

विचित्रशक्ति : *(श्रीधर से)* मैं पहले ही डर रहा था कि तुम इस धारा में न टिक सकोगे। अच्छी बात है। जाओ श्रीधर, हाथ जोड़कर उसके पैरों पर अपना सिर रखकर क्षमा माँगना और जब अपने

अभिमान के आवेश में वह तुम्हारी अवज्ञा करे तब तुम उसके पादत्राण सिर पर रखकर एक नन्दिग्राम बनाकर उनकी प्रतिष्ठा करना। सारा संसार तुम्हारी वीरता का यश गाएगा।

मंकण : और यह मंकण, रामायण के समान श्रीधरायण लिखेगा। कैसा अच्छा काव्य होगा वह। उसके कुछ छंद सुनोगे–

श्रीधर : क्या कह रहे हो मंकण?

विचित्रशक्ति : मंकण ठीक कह रहा है।

श्रीधर : पर मेरे लिए और मार्ग ही कौन-सा शेष है?

विचित्रशक्ति : *(व्यंग्य से)* कोई नहीं। केवल यही कि अपमानित जीवन लेकर चिरकाल तक मालव राज्य का मंत्रित्व करो और जब मालवा का इतिहास लिखा जाए तो उसमें तुम्हारे नाम के साथ जो विशेषण लगे हों, उन्हें देखकर तुम्हारी सन्तति आत्मग्लानि से काँप उठे। तुम्हारा नाम लेना भी लोग अपशकुन समझने लगें। समझे?

श्रीधर : तुम मुझे किधर ले जाना चाहते हो विचित्र?

विचित्रशक्ति : जिधर विजय है, सम्मान है, आत्मगौरव है। इस अपमान के नरक से खींचकर तुम्हें बाहर निकालना चाहता हूँ। चलोगे?

श्रीधर : तो चल प्रतिहिंसे। पिता की आज्ञा, स्नेह की पुकार, कुल की परिपाटी, शिक्षा का शील, सबको अपने पैरों से रौंदती हुई चल! ले चल विषधर के कालकूट में, महाविनाश की लीलाभूमि में और बना दे हम सबको प्रेत, राक्षस, पिशाच और दानव। चलो विचित्रशक्ति, आज मैं अपने भीतर की देव-प्रतिमा को विसर्जित कर रहा हूँ। अब प्रतिहिंसा ही मेरी देवी हो। चलो।

(तीनों का प्रस्थान)

पंचम दृश्य

समय : अपराह्न

स्थान : वन

(लता-वीरुध-पूरित सघन कानन में विशाल वटवृक्ष। एक ओर स्वच्छ ह्रद। क्लान्त, विक्षिप्त कालिदास का प्रवेश।)

कालिदास : तुम्हीं विद्युत् हो। हाँ, तुम्हीं हो। पहले तो तुम पावस में ही चमकती थी। तुम्हारी चमक देखकर गवाक्षों के नीचे सोए हुए पारावत पंख फड़फड़ाकर उठ बैठते थे। हःहःहःहः। तुम्हीं अपने को उज्जयिनी में चमकने वाली समझती हो? अंधकार का उत्तरीय ओढ़े हुए

यहाँ की अभिसारिकाएँ भी कभी-कभी विद्युत् बनकर चमक जाती हैं। हा-हा-हा-हा- कौन हँसा? ऐं! मैं, मैं, नहीं। तुम कौन हो? क्या कहते हो? कोई नहीं। तुम हो, मान जाओ। तुम हो, हो, हो। *(हर्ष से)* अरे तुम कौन हो? दशपुर गुरुकुल के आचार्य। ऐं! कौन? ये कौन? शिव! शिव! सैनिक! यह कैसा भयानक कोलाहल। होः होः होः होः। वह वज्र गिरा मेरे सिर पर! ओः अंधकार! घोर अंधकार! नारकीय अंधकार!! वह महाकालेश्वर का मन्दिर। महाकाल नाच रहे थे। फिर वही विद्युत् का प्रकाश।

(गिर पड़ता है।)

(चांडाल के वेश में डिंडिक का प्रवेश)

चांडाल : इस वृक्ष के नीचे कौन है? *(कालिदास चुप रहता है)*

चांडाल : अरे बोलता है या तेरा सिर उतार लूँ।

कालिदास : ऐं, ऐं, मैं! *(धीरे से उठकर भागना चाहता है, चांडाल पकड़ लेता है)*

चांडाल : क्यों, किधर भाग रहे थे?

कालिदास : किधर? ऐं, उधर–वह जिधर विद्युत् का प्रकाश है।

चांडाल : क्यों आए हो?

कालिदास : मुझे छोड़ दो बाबा–देखो, वह है विद्युत् का प्रकाश। मैं उधर जा रहा हूँ। छोड़ो-छोड़ो। *(झटका देता है।)*

चांडाल : *(कसकर पकड़ता है)* देखो, मैं इस वन का राजा हूँ। तुम यहाँ मेरी आज्ञा के बिना क्यों आए? तुम्हें इसका कर देना पड़ेगा।

कालिदास : मेरे पास कपर्दक तक नहीं है।

चांडाल : तब तुम मेरी सेवा करो।

कालिदास : सेवा! ऐं सेवा! हः हः हः...!

चांडाल : हँसो मत। यह कुल्हाड़ी लो *(कुल्हाड़ी देकर)* इस वृक्ष पर चढ़ जाओ और जब तक मैं लौटूँ तब तक एक बोझ लकड़ी काटकर रखो।

(चांडाल जाता है। कालिदास नेपथ्य में जाकर वृक्ष पर चढ़ जाते हैं। एक पतली शाखा पर बैठकर उसे काटना प्रारम्भ कर देते हैं। मंकण, विचित्रशक्ति तथा श्रीधर का प्रवेश)

मंकण : अरे, अब कहाँ तक चलोगे? थोड़ी देर बैठ जाओ।

श्रीधर : अभी से थक गए? अभी तो घर से निकलकर महाकालेश्वर का दर्शन करेंगे।

मंकण : अरे! हम तुम लोगों के समान कोई ग्रामीण नहीं हैं कि लाठी-झोला उठाया और माप डाले दस योजन। हम पाटलिपुत्र के

निवासी हैं। जहाँ दस पग चलते हैं, हाँफने लगते हैं। यह घृत और मधु से पला हुआ शरीर इसलिए नहीं है कि तेली के बैल के समान कोल्हू में दिन भर जुता रहे। *(बैठकर)* बैठो, बैठो।

(श्रीधर और विचित्र बैठते हैं।)

विचित्रशक्ति : बड़ी प्यास लगी है मित्र मंकण!

मंकण : यहाँ भी यही दशा है। प्यास के मारे महानद के समान विशाल शरीर सूखकर नाला बन गया है।

विचित्रशक्ति : तो कुछ प्रबन्ध करो मंकण!

मंकण : भाई, यहाँ तो पैर पराजित हुए पड़े हैं। किसके पैरों पर जाएँ?

श्रीधर : मेरी भी तो यही दशा है। तब कौन जाएगा?

मंकण : अच्छा, सब चुप बैठो। जो पहले बोले, वही जाए।

विचित्रशक्ति : बहुत अच्छा। *(सब चुप हो जाते हैं। लकड़ी काटने की ध्वनि आती है।)*

मंकण : ऐं, यह क्या?

विचित्रशक्ति : बस, तुम्हीं पानी लाओ।

मंकण : अरे भाई, वह सब तो परिहास मात्र था।

श्रीधर : नहीं, अब तुम हारे। तुम्हें जाना ही होगा। उठो।

मंकण : अच्छा भाई, हमीं जाते हैं। *(लोटा-डोर लेकर उठता है)* पर, देखो भाई, बैठे रहना, जाना मत। मैं वैसे तो डरता नहीं हूँ और तुम लोग जानते ही हो कि मैं भूत, प्रेत, पिशाच सबको पछाड़ सकता हूँ। पर व्यर्थ की ठाँय-ठाँय मोल लेना कुछ मेरी प्रकृति के विरुद्ध है। हँः हँः हँः हँः।

श्रीधर : अच्छा जाओ, हम बैठे रहेंगे। निकट ही तो नदी है।

(मंकण भीतर जाता है। पेड़ पर लकड़ी काटने की ध्वनि)

कालिदास : *(ऊपर से)* अरे, कौन है?

मंकण : *(प्रवेश कर)* अरे, भूत! दौड़ौ, दौड़ो! पकड़ लिया दुष्ट ने। बचाओ-बचाओ *(श्रीधर और विचित्र उसकी ओर बढ़ते हैं)*

श्रीधर और विचित्रशक्ति : क्या हुआ, क्या हुआ?

मंकण : *(हाँफते हुए)* ठहरो, मुझे मूर्छा आ रही है। ओः ओः।

(श्रीधर तथा विचित्र उत्तरीय से पंखा करते हैं। धीरे-धीरे मंकण स्वस्थ होता है।)

श्रीधर : क्या हुआ था?

मंकण : हुआ क्या था? तुम लोगों ने आज मेरे प्राण ही ले लिये थे। एक बड़ा-सा प्रेत ऊपर वृक्ष पर बैठा हुआ एक शाखा काट रहा है।

विचित्रशक्ति : वह प्रेत नहीं होगा।

मंकण : कैसे नहीं होगा? मैंने स्वयं अपने नेत्र-गोलकों से उसे देखा है।

श्रीधर : कौन-से वृक्ष पर?

मंकण : वही-वही, उस पर।

विचित्रशक्ति : चलो, देखें तो।

मंकण : अब स्वयं जाकर देखो। यहाँ तो अभी यमराज के घर से जीवित लौट आए हैं। अब फिर वहाँ की यात्रा करने की इच्छा नहीं है।

विचित्रशक्ति : अच्छा, तो तुम बैठो, हम दोनों जाते हैं।

मंकण : तब मैं भी चल सकता हूँ। तुम डर जाओगे तो तुम्हारी रक्षा कौन करेगा?

श्रीधर : नहीं, हम नहीं डरेंगे।

मंकण : कैसे नहीं डरोगे? जब मेरे जैसे वीर साहस छोड़कर भागे हैं तब तुम कहाँ ठहरोगे?

विचित्रशक्ति : अच्छा, आगे-आगे चलो।

मंकण : अहँ, आगे-आगे तुम चलो। मैं मार्ग बताता हूँ न! डरे क्या जा रहे हो?

(मंकण दोनों को पकड़े हुए चलता है। दोनों ऊपर देखते हैं)

श्रीधर : *(मंकण से)* धत् तेरे की! इसे प्रेत कहते हो? यह तो कोई नागरिक जान पड़ता है।

मंकण : *(आगे बढ़कर)* वह तो था ही। मैं तो केवल तुम्हारी परीक्षा ले रहा था।

श्रीधर : *(विचित्र से)* पर मित्र! हम लोगों का कष्ट सार्थक हो गया।

विचित्रशक्ति : कैसे?

श्रीधर : ऊपर देखो। वह महापुरुष जिस शाखा पर बैठे हैं, उसी को काट रहे हैं।

विचित्रशक्ति : अरे, इनसे बढ़कर उपयुक्त पात्र हमें दूसरा न मिलेगा। अरे, यह तो वही उन्मत्त ब्राह्मण है। यह भी क्या अनुचित है?

श्रीधर : ठीक तो है।

मंकण : क्यों भैया, तनिक नीचे आओगे?

कालिदास : क्यों?

श्रीधर : तुम्हें दक्षिणा देंगे।

विचित्रशक्ति : तुम्हें भोजन कराएँगे।

मंकण : और तुम्हें उज्जयिनी का राज-पंडित बनाएँगे।

कालिदास : ऐं, ऐसी बात! *(गाता हुआ डाल पर नाचने लगता है।)*

मंकण : अरे, वहाँ पर मत नाचो भाई। नीचे आओ।

कालिदास : आ रहा हूँ। *(कुल्हाड़ी चलाने लगता है)*

मंकण : मैं तुम्हें यहाँ बुला रहा हूँ और तुम वहाँ बैठे कुल्हाड़ी चला रहे हो।

कालिदास : तुम्हारे पास ही आ रहा हूँ। जब यह शाखा गिरेगी तब इसी शाखारूपी सिंहासन पर बैठा हुआ मैं झट से नीचे आ जाऊँगा।

श्रीधर : अरे! क्या करता है? क्या करता है? *(कड़ककर डाल टूटती है। कालिदास नीचे गिरता है और सब उसे सँभालते हैं।)*

(पटाक्षेप)

प्रथम अंक समाप्त

द्वितीय अंक

प्रथम दृश्य

समय : प्रातः काल।

स्थान : महामति के प्रासाद का राजमार्ग से सटा हुआ अंश। आगे गली। ऊपर प्रकोष्ठ। नीचे सभा-मंडप। एक ओर श्रीधर के घर का द्वार।

(कालिदास सुसज्जित रूप में प्रवेश करते हैं।)

कालिदास : मैं इन्द्र हूँ, वरुण हूँ, कुबेर हूँ, अश्विनीकुमार हूँ। साक्षात् विष्णु, हाँ विष्णु। पर मेरे दो हाथ कहाँ गए? कौन ले गया? ऐं! ऐं!

श्रीधर : *(झपट कर प्रवेश करते हुए)* तुम इधर निकल आए? मैंने तुमसे कह दिया था कि तुम प्रकोष्ठ में बैठे रहो।

कालिदास : कब तक बैठा रहूँ? क्यों बैठा रहूँ? नहीं बैठूँगा। मैं क्षीरसागर में शयन करूँगा, बैठूँगा नहीं।

श्रीधर : अरे भाई, थोड़ी देर और बैठो।

कालिदास : क्यों बैठें? जानते हो, मैं पंडित हूँ, कवि हूँ। मैं बैठ नहीं सकता।

श्रीधर : अरे भाई, तुम अभी बैठो, हम लोग जब राजसभा में चलेंगे, तब तुम भी चलना।

कालिदास : हम नहीं चलेंगे, नहीं चलेंगे, क्यों चलें? लो अपनी माला *(माला तोड़कर फेंकता है)* लो, नहीं चलेंगे। *(वेग से भीतर चला जाता है।)*

(विचित्रशक्ति का प्रवेश)

विचित्रशक्ति : यह क्या हो रहा है?

श्रीधर : हो क्या रहा है? तीन दिनों से इसने घर में उपद्रव मचा रखा है। रात-दिन कुछ न कुछ बकता रहता है। कभी-कभी तो वह सज्ञानों के समान बोलता है, किन्तु बहुधा विक्षिप्तों के समान ही आचरण करता है।

विचित्रशक्ति : अच्छा।

श्रीधर : हाँ भाई, मुझे तो यही भय है कि कहीं राजसभा में पहुँचकर भी असम्बद्ध न बकने लगे। मुझे तो अब भय लगने लगा है।

विचित्रशक्ति : जान पड़ता है अभी तुम पक्के नहीं हो पाए हो। इतनी-सी बात में भीरुता दिखलाने लगे।

श्रीधर : यह भीरुता की बात नहीं है। यदि यह षड्यंत्र फूट गया तो हम-तुम दोनों शूली पर दिखाई देंगे। महाराज विक्रमादित्य क्षमा नहीं करेंगे।

(मंकण का प्रवेश)

मंकण : *(प्रवेश कर)* नहीं होगा।

विचित्रशक्ति : क्या? क्या?

मंकण : वही, शास्त्रार्थ।

श्रीधर : क्या शास्त्रार्थ नहीं होगा?

मंकण : हाँ, मौखिक शास्त्रार्थ नहीं होगा। मैं सब ठीक कर आया हूँ।

विचित्रशक्ति : क्या ठीक कर आए हो?

मंकण : यही कि शास्त्रार्थ संकेत से होगा और मैंने राजकुमारी चन्द्रलेखा के कहने से यह भी प्रबन्ध कर दिया है कि आचार्य श्रुतधि को भी सूचना न मिले।

श्रीधर : यह तो तुमने बहुत बड़ा काम किया मंकण, किंतु यह मूर्ख बोल उठा तो...

मंकण : बोलने वाले को मैं कैसे रोक सकता हूँ?

विचित्रशक्ति : अच्छा, मैं अभी उपाय करता हूँ। बुलाओ उसे।

(श्रीधर भीतर जाकर कालिदास को लेकर आता है।)

विचित्रशक्ति : प्रणाम आचार्य! आप तो हमारे देश के रत्न हैं।

कालिदास : हाँ, मैं। क्या कहा, क्या हूँ, रत्न, पत्थर? तुम हो तुम, मैं राजपंडित हूँ, हूँ न?

विचित्रशक्ति : वाह, क्या विद्वत्ता है, क्या पांडित्य है। आपके समान पंडित अब इस संसार में नहीं है। कुछ श्लोक तो सुनाइए।

कालिदास : मैं कोई चारण हूँ, विट हूँ, विदूषक हूँ कि जो तुम कहो, वही करता चलूँ? मैं अब एक शब्द नहीं बोलूँगा।

मंकण : यह आप क्या कहते हैं? सभा में चलकर तो आप अपने सुन्दर मधुर श्लोक सुनाइएगा ही।

कालिदास : मैं तुम्हारे महाराज का राजपंडित नहीं हूँ कि वानर के समान उनके संकेत पर नाचने लगूँ? मैंने कह दिया, मैं कुछ नहीं कहूँगा, कुछ नहीं कहूँगा?

मंकण : अच्छा, आप राजसभा में तो चलिए।

कालिदास : राजसभा में क्यों जाएँ, नहीं जाएँगे, जाओ। *(गमनोद्यत)*

विचित्रशक्ति : *(मंकण से)* क्या करते हो मंकण? *(कालिदास से)* नहीं, आप मत जाइए। वहाँ जाना ही नहीं चाहिए। कभी मत जाइएगा।

कालिदास : तुम हमें रोकने वाले कौन हो? हम अवश्य जाएँगे। हम अपने पैरों पर जाएँगे। रथ पर जाएँगे। गजारूढ़ होकर जाएँगे, जैसे होगा, वैसे जाएँगे।

विचित्रशक्ति : और वहाँ जब सम्राट् श्लोक कहने की आज्ञा देंगे, तब?

कालिदास : हमने कह दिया, हम कुछ नहीं बोलेंगे। सम्राट् नहीं, स्वयं महाकालेश्वर भी आकर कहें तब भी हम नहीं बोलेंगे। समझे! हम महापंडित एक अक्षर न बोलेंगे। हूँ।

विचित्रशक्ति : *(मंकण से)* इससे कहो कि हम जा रहे हैं, तब यह तुम्हारे पीछे-पीछे चला जाएगा। फिर वहाँ सब सँभाल लेना।

मंकण : यह चला भर चले, फिर तो मैं सँभाल लूँगा।

विचित्रशक्ति : तो कहो इससे।

मंकण : *(कालिदास से)* हम तो जा रहे हैं।

कालिदास : तो हम भी चल रहे हैं।

मंकण : कहाँ?

कालिदास : जहाँ हमारा मन होगा। *(आगे-आगे कालिदास और पीछे मंकण का प्रस्थान)*

मंकण : *(श्रीधर तथा विचित्र से)* चले आओ।

विचित्रशक्ति : तुम चलो *(मंकण का प्रस्थान)*

श्रीधर : *(विचित्र से)* भाई वाह। तुम भी एक ही गुणी हो। इस जंगली मदमत्त हाथी को वश में करना तुम्हारा ही काम है।

विचित्रशक्ति : तुम राजसभा में जाओ। और इनसे पहले ही पहुँच जाओ जिसमें संदेह न हो।

श्रीधर : अच्छी बात है। मैं गन्धवीथिका से होकर इन लोगों से पहले ही राजसभा में पहुँच जाता हूँ। और तुम?

विचित्रशक्ति : मैं दूर से इस नाटक का संचालन करूँगा। यदि मैं भी पहुँच जाऊँगा तो इस षड्यंत्र की छिपी हुई ज्वाला जाग उठेगी और फिर वहाँ उसकी लपट से कोई भी नहीं बच पाएगा। समझे। सावधान रहना। *(प्रस्थान)*

(श्रीधर चिन्तित मुद्रा में खड़ा रह जाता है।)

द्वितीय दृश्य

समय : दिन का तीसरा प्रहर
स्थान : राजसभा

(यथायोग्य बनावट और सजावट। महामात्य खड़े हैं। श्रीधर प्रवेश करके अभिवादन करता है। अमात्य आशीर्वाद देते हैं।)

महामति : श्रीधर! जिन विद्वान् पंडित को तुम खोजकर लाए हो उनका विस्तार से परिचय नहीं दिया।

श्रीधर : *(चौंककर)* मैंने स्वयं उन्हें देखा है आर्य! आर्यों के समान भव्य आकृति, सुडौल गठा हुआ शरीर, विशाल मस्तक और पांडित्य का अपार तेज। आज तक मैंने ऐसा तेजस्वी पंडित कहीं देखा ही नहीं।

महामति : अच्छा! परन्तु विद्या के आगे उनका पांडित्य स्थिर रह सकेगा या नहीं, इसमें मुझे सन्देह है।

श्रीधर : परन्तु आर्य! मुझे तो न जाने क्यों यह आत्म-प्रेरणा हो रही है कि देवी विद्योत्तमा को अवश्य सन्तोष होगा।

महामति : देखो क्या होता है? *(मंकण का प्रवेश। पीछे कालिदास। पहले कालिदास राज-सिंहासन की ओर चलते हैं परन्तु मंकण रोक देता है, तब वे पीठासन पर बैठ जाते हैं।)*

महामति : क्या ये ही वे विद्वान् हैं?

श्रीधर : हाँ आर्य, ये ही हैं। *(विद्योत्तमा का प्रवेश)*

विद्योत्तमा : *(महामति से)* प्रणाम पिताजी।

महामति : वत्से! तुम्हारा मंगल हो! उस आसन पर बैठो।

(विद्योत्तमा बैठती है।)

नेपथ्य से : श्री महाराजाधिराज शकारि विक्रमादित्य पधारते हैं। आप लोग सावधान हो जाएँ।

(महामात्य और श्रीधर आगे बढ़कर स्वागत करते हैं।)

(चन्द्रलेखा के साथ महाराज विक्रम का प्रवेश)

मंकण, श्रीधर, महामति : सम्राट् की जय हो! *(सब प्रणाम करते हैं।)*

(महाराज विक्रम और चन्द्रलेखा दोनों बैठते हैं।)

विद्योत्तमा : मेरा भी प्रणाम स्वीकार हो देव!

विक्रम : आपकी विजय हो।

चन्द्रलेखा : पिताजी! आप विजय का आशीर्वाद देकर क्या उन्हें चिरकुमारी रखना चाहते हैं?

विद्योत्तमा : राजकुमारी! विजय शब्द का बड़ा व्यापक अर्थ होता है।

(चन्द्रलेखा खीझकर उधर देखती रह जाती है।)

विक्रम : *(महामति से)* क्या आचार्य श्रुतधि सभा को पवित्र न करेंगे?

चन्द्रलेखा : पिताजी! उन्होंने मेरे पास सन्देश भेजा है कि वे आज न आ सकेंगे।

विक्रम : क्यों?

चन्द्रलेखा : क्योंकि वे अस्वस्थ हैं।

विक्रम : *(महामति से)* तब शास्त्रार्थ में मध्यस्थता कौन करेगा?

महामति : सम्राट् तो हैं ही। आचार्य श्रुतधि को आपकी मध्यस्थता से परम सन्तोष होगा देव!

विक्रम : *(मंकण से)* वयस्य, क्या ये ही वे पंडित हैं?

मंकण : हाँ देव! ये ही सर्व-विद्यापति, शास्त्रचक्षु, आचार्य महापंडित, परम तपस्वी, ज्योतिर्निधि महोदय हैं।

विक्रम : आचार्य के दर्शन करके बड़ी प्रसन्नता हुई। कहिये, आपको कोई कष्ट तो नहीं हुआ है?

(कालिदास देखकर चुप रह जाते हैं और मुँह बनाते हैं।)

मंकण : देव! इन्होंने अभी तक एक वर्ष के लिए मौन-व्रत ले रखा है। कल यह व्रत टूटेगा। इसलिए ये संकेत से या लिखित रूप में ही शास्त्रार्थ करना चाहते हैं।

महामति : देव! लिखित शास्त्रार्थ में तो बहुत विलम्ब हो जाएगा। आज्ञा हो तो संकेत से ही शास्त्रार्थ की व्यवस्था हो।

विक्रम : जब कल ही मौन-व्रत भंग होने वाला है तो शास्त्रार्थ भी कल हो सकता है। एक दिन के लिए सभा विसर्जित की जा सकती है।

श्रीधर : *(मंकण से)* अरे! यह तो बना-बनाया प्रासाद ढहा जा रहा है।

मंकण : *(श्रीधर से धीरे से)* ठहरो, चुप रहो *(विक्रम से)* देव! कल तो देवोत्थानी एकादशी है और पारण है परसों, और फिर एक मास तक समाधि भी लगाएँगे। अतः अब तो फिर एक मास ठहरना पड़ेगा। हाँ, यदि आर्या विद्योत्तमा को स्वीकार हो तो आज भी संकेत से शास्त्रार्थ हो सकता है।

चन्द्रलेखा : *(विक्रम से व्यंग्य से)* देव! यह शास्त्रार्थ एक मास के लिए टाल ही दीजिए, तब तक आर्या विद्योत्तमा को अध्ययन के लिए और अवसर मिल जाएगा।

विद्योत्तमा : देव! मैं शास्त्रार्थ के लिए प्रस्तुत हूँ। यदि मैं आज प्रस्तुत नहीं होती हूँ तो उज्जयिनी की लोक-गोष्ठियाँ मुझे पराजित कहकर मेरा उपहास करेंगी। देव! शास्त्रार्थ की आज्ञा हो।

विक्रम : तो अमात्य, शास्त्रार्थ की व्यवस्था करो।

महामति : जैसी आज्ञा देव! आर्य मंकण! आचार्य से पूर्व पक्ष स्थापन करने के लिए कहो।

मंकण : आचार्य ने निश्चय किया है कि वे विदुषी विद्योत्तमा के ही प्रश्नों का उत्तर देंगे। इसलिए देवी विद्योत्तमा ही प्रश्न करें।

विद्योत्तमा : अच्छी बात है। मैं ही प्रश्न करती हूँ। *(एक उँगली उठाती है। कालिदास दो उँगलियाँ उठाते हैं)*

विक्रम : आपका क्या प्रश्न था देवि?

विद्योत्तमा : मैंने कहा था कि ब्रह्म एक ही है।

मंकण : अहा हा! आचार्य ने कैसा सटीक उत्तर दिया। विश्व में एकमात्र ब्रह्म की ही सत्ता नहीं है। ब्रह्म और माया दोनों की सत्ता है।

विक्रम : क्या यह उत्तर आपको मान्य है?

विद्योत्तमा : हाँ देव, मान्य है। मैं दूसरा प्रश्न करती हूँ। *(तीन उँगलियाँ दिखाती है। कालिदास चार उँगलियाँ दिखाते हैं।)*

विक्रम : आपका क्या प्रश्न था?

विद्योत्तमा : मैंने कहा था कि ब्रह्म और माया के संयोग से तीन शक्तियाँ उत्पन्न होती हैं।

मंकण : धन्य है! आचार्य ने कितनी चतुरता से उत्तर दिया है। वे कहते हैं कि दिशाएँ चार हैं और प्रत्येक दिशा की एक-एक विशिष्ट शक्ति है। इस प्रकार चार शक्तियाँ हुईं।

विक्रम : *(विद्योत्तमा से)* क्या आप इस उत्तर से सन्तुष्ट हैं देवि?

विद्योत्तमा : हाँ देव, मैं सन्तुष्ट हूँ। मैं तीसरा प्रश्न करती हूँ। *(पंजा दिखाती है। कालिदास मुक्का तानते हैं।)*

विक्रम : आपने क्या प्रश्न किया था देवि?

विद्योत्तमा : मैंने कहा था कि सृष्टि में तो पाँच तत्त्व प्रधान हैं।

मंकण : धन्य है, धन्य है। क्या सुन्दर उत्तर दिया है आचार्य ने। वे कहते हैं कि पाँचों तत्त्व अलग-अलग किस काम के? वे जब एक में मिलकर काम करते हैं और उनका पंचीकरण होता है, तभी तो सृष्टि होती है।

विक्रम : देवि! क्या यह उत्तर आपको स्वीकार है?

विद्योत्तमा : हाँ देव!

श्रीधर, मंकण : जय हो आचार्य की।

श्रीधर : अद्‌भुत पांडित्य है।

मंकण : अपूर्व विद्वत्ता है। ऐसा पंडित कहाँ मिलता है?

महामति : धन्य है! धन्य है!

विक्रम : क्या आप सन्तुष्ट हैं देवि?

विद्योत्तमा : हाँ देव! मैं पूर्णतः सन्तुष्ट हूँ।

चन्द्रलेखा : क्यों सखि! क्या आपके प्रश्नों की पिटारी शून्य हो गई?

विद्योत्तमा : हाँ सखि! मैंने समझ लिया कि आज मेरा पराजय-पर्व है। मुझे हर्ष है कि मैं वास्तविक विद्वान् से पराजित हुई और मुझे पराजित करने वाले स्वयं पराजित हो गए। और यह भी मुझे हर्ष है कि विनायक की खोज में मुझे वानर नहीं, विनायक ही मिल गए।

चन्द्रलेखा : *(व्यंग्य से)* बधाई है, इस विनायक के लिए।

विद्योत्तमा : धन्यवाद।

विक्रम : विदुषी विद्योत्तमे! साम्राज्य को आप पर अभिमान है। पराजित होकर भी आप विजयी हैं।

विद्योत्तमा : देव की कृपा है।

विक्रम : *(मंत्री से)* आपको भी बधाई। यह माला लीजिए, आचार्य के कंठ में डाल दीजिए और यह दूसरी आर्या विद्योत्तमा के लिये है। *(महामात्य माला लेकर दोनों के गले में डालते हैं।)* आज सभा विसर्जित हुई।

सब : महाराज विक्रम की जय! विदुषी विद्योत्तमा की जय!! आचार्य ज्योतिर्निधि की जय!!! *(कहते हुए सब जाते हैं।)*

तृतीय दृश्य

समय : दिन का तीसरा प्रहर।
स्थान : राजभवन का अलिन्द।

(एक ओर इन्द्रलेखा का नाचते हुए प्रवेश और नृत्य हो चुकने पर विचित्रशक्ति का प्रवेश)

विचित्रशक्ति : यह क्या हो रहा है राजकुमारी?
इन्द्रलेखा : कहिए, आप यहाँ किसको खोज रहे हैं? सभा समाप्त हो चुकी।
विचित्रशक्ति : किसी को भी नहीं। यों ही चला आया था।
इन्द्रलेखा : फिर भी।
विचित्रशक्ति : बड़ी राजकुमारी जी कहाँ है?
इन्द्रलेखा : हस्तिनापुर की राजकुमारी वासन्ती कल द्वारिका से लौटी हैं। सम्भवतः उन्हीं के पास गई होंगी। परन्तु नहीं, वे तो यहाँ आ रही हैं। *(चन्द्रलेखा का प्रवेश)* आर्ये! इन्होंने ही उस दिन आर्या विद्योत्तमा को दुर्वचन कहे थे।
विचित्रशक्ति : अभिवादन करता हूँ राजकुमारी।
चन्द्रलेखा : आइये नायक! आप आज राजसभा में नहीं आए।
विचित्रशक्ति : मैं वहाँ पहुँचकर आपका पक्ष निर्बल नहीं करना चाहता था। मैं नहीं चाहता था कि जिस महा अंधकार की हम लोगों ने सृष्टि की है, उसमें किसी भी रंध्र से प्रकाश पहुँच जाए। हाँ, मैंने जो पत्र आपके लिए भेजा था, वह मिला?
चन्द्रलेखा : कैसा पत्र?
विचित्रशक्ति : मैं एक पत्र इन्द्रलेखा को दे गया था?
चन्द्रलेखा : क्यों इन्द्रलेखा?
इन्द्रलेखा : वह तो मैंने आर्या विद्योत्तमा को दे दिया था।
चन्द्रलेखा : *(डपटकर)* क्यों दिया उनको?
इन्द्रलेखा : *(डरकर)* मुझसे इन्होंने कहा था कि उन्हें दे देना। नाम तो बताया नहीं था।
चन्द्रलेखा : तू किसी काम की नहीं है, चली जा यहाँ से।

(इन्द्रलेखा धीरे-धीरे चली जाती है)

(विचित्र से) उसमें क्या लिखा था?
विचित्रशक्ति : वही विद्योत्तमा के लिए मूर्ख ढूँढकर लाने की बात।
चन्द्रलेखा : ओह, तभी आज विद्योत्तमा ने राजसभा में व्यंग्य किया था कि मुझे पराजित करने वाले स्वयं पराजित हो गए। अब क्या होगा?

विचित्रशक्ति : होगा क्या? बल से, छल से, किसी तरह भी हो, विद्योत्तमा के पास से वह भयंकर पत्र निकालना ही होगा।

चन्द्रलेखा : तो क्या करोगे?

विचित्रशक्ति : चोरी कराऊँगा।

चन्द्रलेखा : चोरी?

विचित्रशक्ति : हाँ, यह भी एक कला है। आज रात को विद्योत्तमा के आवास से किसी भी प्रकार उस पत्र को निकलवा लूँगा, क्योंकि वैवाहिक समारोह के कारण वहाँ सभी असावधान रहेंगे।

चन्द्रलेखा : तो शीघ्र जाओ। जान पड़ता है तुम अपने कुचक्र में मेरा भी सर्वनाश करना चाहते हो।

विचित्रशक्ति : यह नहीं होगा देवि! यदि आपके मान पर आँच आएगी तो सारा दोष मैं अपने ऊपर ले लूँगा। देवि! मैं कायर नहीं हूँ। *(प्रस्थान)*

(विचित्रशक्ति जाता है। चन्द्रलेखा घूमकर वासन्ती को देखती है।)

(घबराकर) वासन्ती! यहाँ तुम कबसे खड़ी हो?

वासन्ती : जब से आपकी और नायक की मंत्रणा प्रारम्भ हुई।

चन्द्रलेखा : तो क्या तुमने सब सुन लिया? तुम्हें किसी की गुप्त मंत्रणा सुनने का क्या अधिकार है?

वासन्ती : तुम्हीं बताओ बहन, तुम्हें ही क्या अधिकार है कि तुम उस स्त्री का सर्वनाश करो—जिसका एकमात्र अपराध यही है कि वह तुमसे विद्या और बुद्धि दोनों में बड़ी है। जानती हो, आज आर्या विद्योत्तमा का यश केवल मालवा तक परिमित नहीं है, उन पर आज सारे भारत को गर्व है।

चन्द्रलेखा : वासन्ती! मैं राजकुमारी हूँ। मेरे मार्ग में जो पड़ेगा उसे मैं भरपूर कुचलकर नष्ट कर दूँगी, वह चाहे कोई भी क्यों न हो। विद्योत्तमा की यह बढ़ती हुई प्रतिष्ठा मेरे हृदय में शूल के समान पीड़ा देती रहती है।

वासन्ती : यह बात महाराज विक्रम की पुत्री, मालव देश की राजकुमारी कह रही है? बड़ा आश्चर्य है!

चन्द्रलेखा : इसमें आश्चर्य की क्या बात है?

वासन्ती : यही कि हमारे हस्तिनापुर की अनार्य जातियाँ भी ऐसी बात अपनी जिह्वा पर नहीं ला सकतीं। तुममें राजकुमारी का दम्भ है, दम्भ के बल पर विद्या को पराजित न कर सकोगी चन्द्रा।

चन्द्रलेखा : मुझमें दम्भ नहीं है।

वासन्ती : दम्भ न होता तो तुम विक्रम की पुत्री, इस षड्यंत्र में न पड़ती। जिसके दुश्चरित्र की दुर्गन्ध उज्जयिनी में महामारी के समान

फैली हुई है, उसी विचित्रशक्ति से तुम मंत्रणा लेती हो और राजकुमारी होकर तुम चोरी के काम में सहायक बन रही हो। आज यदि चन्द्रगुप्त मौर्य का शासन होता!

चन्द्रलेखा : तो क्या होता?

वासन्ती : इस ढीठ नायक के हाथ काट लिए जाते और तुम्हारे लिए भी कुछ ऐसा ही दंड-विधान होता। यदि महाराज विक्रमादित्य को भी इसकी सूचना मिल जाए तो–

चन्द्रलेखा : तो क्या तुम उन्हें सूचना दोगी, मेरी प्यारी सखी! क्या सचमुच तुमने यही ठान लिया है?

वासन्ती : चाहती तो यही थी कि एक बार कह डालूँ, किन्तु अब न कहूँगी। पर हाँ, मैं आर्या विद्योत्तमा की रक्षा अवश्य करूँगी। *(गमनोद्यत)* और, और मैं आज ही हस्तिनापुर लौट जाऊँगी। *(गमनोद्यत)*

चन्द्रलेखा : सुनो, सुनो वासन्ती! *(वासन्ती का हाथ पकड़कर)* तुम क्या करने जा रही हो?

वासन्ती : वही, जो इस समय मेरा कर्तव्य है।

चन्द्रलेखा : क्या?

वासन्ती : तुम्हारी और आर्या विद्योत्तमा की रक्षा। मुझे रोको मत। हो सके तो तुम भी चलो बहन।

चन्द्रलेखा : मैं! मुझे मत ले चलो। देखो बहन, मेरी लज्जा तुम्हारे ही हाथ में है।

वासन्ती : वचन देती हूँ। तुम पर तनिक भी आँच न आएगी। जाने दो।

(प्रस्थान)

(इन्द्रलेखा का प्रवेश)

इन्द्रलेखा : आर्ये! आचार्य श्रुतधि आ रहे हैं।

चन्द्रलेखा : आने दो *(इन्द्रलेखा का प्रस्थान और आचार्य श्रुतधि के साथ प्रवेश)* प्रणाम आचार्य!

श्रुतधि : चिरंजीवी हो। मैं यही जानने आया था कि राजसभा में विद्योत्तमा से किसका शास्त्रार्थ हुआ था?

चन्द्रलेखा : कोई बड़े प्रसिद्ध विद्वान् थे।

श्रुतधि : पर मुझे तो सूचना भी न मिली।

चन्द्रलेखा : *(घबराकर)* सूचना! हाँ, वह गई...जाने वाली तो थी, हाँ गई भी थी।

श्रुतधि : पर मुझे नहीं मिली।

चन्द्रलेखा : किसी ने मार्ग में कह दिया कि आचार्य अस्वस्थ हैं, इसी से लौट आया। *(बात बदलकर)* आप अभी किधर जा रहे हैं?

श्रुतधि : मैं आर्या विद्योत्तमा को और महामात्य महामति को बधाई देने आया था, और उन विद्वान् पंडित के भी दर्शन करूँगा।
चन्द्रलेखा : तो आप कल आइएगा। आज तो यहाँ भीड़ है।
श्रुतधि : अच्छा, तो मैं मन्दिर ही जाता हूँ।
चन्द्रलेखा : प्रणाम आचार्य।
श्रुतधि : सावित्री भव। *(प्रस्थान)*

(इन्द्रलेखा का प्रवेश)

इन्द्रलेखा : आर्ये! देवी वासन्ती अभी रथ पर चढ़कर कहीं गई हैं।
चन्द्रलेखा : कब?
इन्द्रलेखा : अभी।

(चन्द्रलेखा और इन्द्रलेखा का वेग से प्रस्थान)

चतुर्थ दृश्य

स्थान : मार्ग

(दो भारवाहियों का प्रवेश)

पहला भारवाही : तो अब क्या होगा?
दूसरा भारवाही : होगा तेरा सिर।
पहला भारवाही : भाई, मेरा ही सिर सही, पर अब डिंडिक से क्या कहोगे?
दूसरा भारवाही : मैं क्या कहूँगा? तुम्हीं कहना। पत्र खोया तूने, मैं क्या कहूँ?
पहला भारवाही : मैंने तो उन्हीं के कहने से वह पत्र पेटिका में डाल दिया था।
दूसरा भारवाही : लो, वे आ रहे हैं।

(डिंडिक का प्रवेश)

डिंडिक : क्यों, तुम वह पत्र दे आए?

(दोनों चुप रह जाते हैं)

डिंडिक : बोलते क्यों नहीं?
पहला भारवाही : देव, बड़ा अपराध हुआ?
डिंडिक : क्या हुआ?
पहला भारवाही : देव!
डिंडिक : देव क्या?

दूसरा भारवाही : देव! इसने वह पत्र खो दिया है।

डिंडिक : अरे! कहाँ खो दिया दुष्ट? अब तुझे अवश्य ही सूली दी जाएगी।

पहला भारवाही : देव! मेरा अपराध कुछ नहीं था।

डिंडिक : तो क्या मेरा अपराध था? कहाँ रखा था वह पत्र?

पहला भारवाही : आपकी आज्ञा से मैंने इसी पेटिका में वह पत्र रख दिया था।

डिंडिक : तो ढूँढों पेटिका में।

दूसरा भारवाही : बहुत ढूँढो है देव! कहीं मिलता ही नहीं।

(फिर ढूँढते हैं। उसमें से फटे कपड़े निकाल-निकाल कर डालते हैं।)

पहला भारवाही : कहीं नहीं है।

डिंडिक : क्या कहीं तुम्हारी पेटिका गिर गई थी?

पहला भारवाही : *(दूसरे से)* हाँ रे, वहाँ गिरी थी न?

दूसरा भारवाही : अरे हाँ।

डिंडिक : कहाँ गिरी थी?

पहला भारवाही : वह चौराहे पर, जहाँ दुर्ग के लिए राजपथ जाता है।

डिंडिक : तो जाओ, वहाँ जाकर ढूँढो।

पहला भारवाही : अब वहाँ कहाँ होगी देव! किसी ने उठा ली होगी।

डिंडिक : जाकर खोजो, नहीं तो साँटों से मार-मारकर खाल खींच लूँगा।

(मंकण का प्रवेश)

मंकण : तुम क्यों इन लोगों को मारने की धमकी देते हो? जानते हो, यह उज्जयिनी का राजपथ है, महाराज विक्रमादित्य यहाँ के राजा हैं और मैं यहाँ का विदूषकराज श्री श्री एक लक्ष आठ आचार्य मंकण हूँ। यदि चाहूँ तो तुम्हारे सब रहस्य का भंडा फोड़ दूँ।

डिंडिक : आर्य! मेरा तो कोई रहस्य नहीं है।

मंकण : कोई रहस्य नहीं है? तुमने इन दो भारवाहियों के हाथ महाक्षत्रपों के पास क्या संदेशा भेजा था?

डिंडिक : *(घबराकर)* मैंने?

मंकण : हाँ, तुमने! तुमने!

डिंडिक : मैंने कोई संदेश नहीं भेजा था।

मंकण : नहीं भेजा था? तो यह क्या है?

(पत्र निकालकर दिखाता है)

पहला भारवाही : यही है।

डिंडिक : *(इधर-उधर देखकर झट से मंकण के हाथ से छीनता है।)*

मंकण : अरे बचाओ, बचाओ!

डिंडिक : *(भारवाहियों से)* इसे बाँध लो और इसी पेटिका में डालकर ले जाओ। *(दोनों मंकण को बाँधते हैं। पहले भारवाहक से)* देखो! तुम जाकर विद्योत्तमा के घर परिचारक का काम करो। और *(दूसरे से)* तुम मुझसे महाकालवन में संध्या तक मिलना। *(दोनों का प्रस्थान)*

(दूसरी ओर से विचित्रशक्ति का प्रवेश)

विचित्रशक्ति : कौन डिंडिक?

डिंडिक : हाँ देव! मैं हूँ! आज्ञा हो।

विचित्रशक्ति : क्या किया तुमने?

डिंडिक : मैंने मंकण को बाँध लिया है और अपने एक चर को विद्योत्तमा के घर सेवक बनाकर भेज दिया है।

विचित्रशक्ति : ठीक किया। अब और भी काम है।

डिंडिक : आज्ञा हो। मैं सब कुछ कर सकता हूँ।

विचित्रशक्ति : तो सुनो। *(एक ओर ले जाकर कान में कुछ कहता है)*

(वामन और कुब्जक का प्रवेश)

वामन : अरे, वही तो है।

कुब्जक : हाँ! हाँ!!

वामन : तो तू चल आगे।

कुब्जक : नहीं, तू चल।

वामन : तू चल।

(कुब्जक आगे और वामन पीछे-पीछे आगे बढ़ते हैं।)

वामन : देव!

विचित्रशक्ति : *(घूमकर)* क्या है?

वामन : देवी ने सन्देश दिया है कि लौट आओ।

विचित्रशक्ति : ऐं, क्या कहा?

वामन : यही कि लौट आओ।

विचित्रशक्ति : अच्छा, राजकुमारी से कहना कि मैं काम करके ही लौटूँगा। समझे? *(सोचकर)* जाओ।

(वामन का प्रस्थान)

डिंडिक : क्यों आर्य! क्या सोचने लगे?

विचित्रशक्ति : कुछ नहीं।

डिंडिक : फिर भी किस समाचार ने आपको चिन्ता में डाल दिया है?

विचित्रशक्ति : स्त्री का विश्वास नहीं किया जा सकता। विश्वासघातिनी!

डिंडिक : तो मेरे लिए क्या आज्ञा है?

विचित्रशक्ति : वही! सावधान रहना। यदि तुमने धोखा दिया तो समझ लेना कि तुम श्वानों के भोजन बनोगे।

डिंडिक : भूल नहीं होगी देव!

विचित्रशक्ति : जाओ।

(दोनों का दो ओर प्रस्थान)

स्त्री! कितनी भयंकर समस्या है! ठीक कहा था आर्य चाणक्य ने कि स्त्री का विश्वास नहीं करना चाहिए। वह पुरुष के समान आग में नहीं कूद सकती, आग की लपट देखकर ही काँप उठती है, साहस की छाया से भी वह भयभीत हो जाती है। कायर! अबला!

(प्रस्थान)

पंचम दृश्य

समय : रात्रि का दूसरा प्रहर।
स्थान : विद्योत्तमा का घर।

(मंत्री महामति के आवास की चित्रशाला। चित्रशाला स्वच्छ प्रकाशधारा में स्नान कर रही है। विद्योत्तमा वीणा बजा रही है और गा रही है।)

(परिचारक का प्रवेश)

परिचारक : देवि! हस्तिनापुर की राजकुमारी वासन्ती आपसे भेंट करने आ रही हैं।

विद्योत्तमा : देवी वासन्ती! वे क्यों आई हैं?

परिचारक : यह तो मैं नहीं जानता।

विद्योत्तमा : अच्छा, आदर से बुला लाओ।

(परिचारक का प्रस्थान, महामति का प्रवेश)

महामति : विद्या।

विद्योत्तमा : हाँ पिताजी।

महामति : वत्से, मैं तो विवाह के लग्नादि के विषय में पूछने जा रहा हूँ। पुरोहितगण आ गए हैं। अतः तुम देवी वासन्ती के सत्कार का सब प्रबन्ध ठीक कर लेना। *(प्रस्थान)*

विद्योत्तमा : अच्छा।

(वासन्ती का प्रवेश)

वासन्ती : मैं अभिवादन करती हूँ।

विद्योत्तमा : आर्ये! स्वागत है, पधारिए।

वासन्ती : मैं बैठने नहीं आई हूँ। मैं आपको सावधान करने आई हूँ कि आप यह विवाह न कीजिएगा।

विद्योत्तमा : यह आप क्या कह रही हैं देवि?

वासन्ती : मैं सत्य कह रही हूँ। आप जिस कुचक्र में बलपूर्वक खींचकर लाई गई हैं, उसे आप नही समझ रही हैं। आइए, एकान्त में चलिए, मैं आपको समझाती हूँ।

विद्योत्तमा : तो ऊपर चलिए।

(विद्योत्तमा के साथ वासन्ती का ऊपर प्रस्थान)

(दूसरी ओर से परिचारक के साथ कालिदास का प्रवेश)

परिचारक : प्रभु! इस पर्यंक पर शयन कीजिए।

(कालिदास चुपचाप चित्रावलोकन प्रारम्भ करते हैं। गोचारण का दृश्य उनके मन को मोह लेता है।)

कालिदास : *(परिचारक से)* बड़ा अच्छा घर है तुम्हारा।

परिचारक : मेरा नहीं है प्रभु!

कालिदास : ऐं! तुम्हारा नहीं है?

परिचारक : नहीं प्रभु! यह आर्या विद्योत्तमा का अलिन्द है।

कालिदास : ऐं, किसका? विद्योत्तमा का! कौन हैं वे?

परिचारक : वे महामात्य की कन्या हैं।

कालिदास : महामात्य की! तब मुझे यहाँ क्यों लाए? अच्छा, तुम जाओ।

परिचारक : प्रभु! पर्यंक पर शयन करके भी उस दृश्य का आनन्द ले सकेंगे।
(कालिदास पृथ्वी पर लेटते हैं।)

परिचारक : यह क्या करते हैं देव?

कालिदास : नहीं-नहीं, यहीं ठीक है, तुम जाओ।

परिचारक : नहीं-नहीं उठिए। आप पर्यंक पर शयन कीजिए।

कालिदास : नहीं-नहीं, यहीं अच्छा है।

परिचारक : प्रभु पर्यंक पर ही विराजें।

(कालिदास पुनः आगे बढ़कर रुकते हैं, तब परिचारक उनको पलंग पर ही बैठा देता है। कालिदास उसकी ओर बड़ी क्रुद्ध दृष्टि से देखते हैं। फलतः परिचारक चला जाता है। कालिदास उठकर अनेक प्रकार से कक्ष तथा शय्या की परीक्षा करके लेटते ही सो जाते हैं। आलोक धूमिल हो जाता है। द्वितीय भारवाहक का प्रवेश। परिचारक भी उसकी सहायता करता है और सामने की एक मंजूषा से पत्र निकालकर दोनों चल देते हैं।)

भीतर : 'चोर-चोर, पकड़ लो, पकड़ लिया, ले चलो कारागृह में' का हल्ला। *(महामात्य का प्रवेश)*

महामात्य : विद्योत्तमा!

विद्योत्तमा : *(ऊपर से)* हाँ पिताजी! क्या कोलाहल था?

(वासन्ती के साथ विद्योत्तमा नीचे उतरती है।)

महामात्य : तुम्हारे कक्ष में चोरी हुई है और तुम्हारा परिचारक शकों का गुप्तचर निकला। मैं दोनों को कारागृह भेजने की व्यवस्था कर रहा हूँ। यह लो पत्र। *(पत्र देकर प्रस्थान)*

वासन्ती : *(पत्र देखकर)* यही वह पत्र है जिसके विषय में मैं कह रही थी।

विद्योत्तमा : मैं आपकी ऋणी हूँ देवि! अपरिचित होने पर भी आपने इस समय मेरी रक्षा कर ली। यह पत्र यद्यपि मुझे पहले मिल चुका था, पर मैंने समझा था कि मैंने सबको पराजित कर दिया। मैं आपका आभार मानती हूँ।

वासन्ती : इसमें आभार की कौन-सी बात है? मैंने तो केवल अपने कर्त्तव्य का पालन किया है। क्या आप यह पत्र मुझे दे सकेंगी?

विद्योत्तमा : आप क्या करेंगी देवि?

वासन्ती : मैं इसका दुरुपयोग नहीं करूँगी आर्ये! विश्वास कीजिए।

विद्योत्तमा : जैसी आपकी इच्छा। लीजिए। *(पत्र देती है। वासन्ती ले लेती है।)*

वासन्ती : किन्तु आप मेरी ही बात को प्रमाण न मानें। स्वयं भी चलकर परीक्षा कर लें।

(दोनों आगे बढ़ती हैं।)

वासन्ती : अभी तो यह ब्राह्मण घोर निद्रा में सो रहा है। अभी इसे न जगाओ।

विद्योत्तमा : नहीं, मैं अभी जगाती हूँ।

(विद्योत्तमा पहले ताली बजाती है, फिर पानी डालकर जगाती है। कालिदास चौंकते हैं और बैठ जाते हैं। इतने में ऊँट बोलता है। कालिदास 'उट्र, उट्र' कहकर चिल्लाते हैं)

विद्योत्तमा : *(वासन्ती से)* मुझे विश्वास हो गया। जो उष्ट्र शब्द का शुद्ध उच्चारण नहीं कर सकता, वह और क्या जानता होगा? *(क्रोध से)* क्यों रे ब्राह्मण! तू यहाँ कैसे आया?

कालिदास : *(विद्योत्तमा से)* कौन? तुम। तुम फिर मेरी आँख फोड़ना चाहती हो? लो, मैं जाता हूँ। मैं यहाँ स्वयं अपनी इच्छा से, मन से कभी नहीं आया। मैं इस पर सोता भी नहीं था। उसने, आपके सेवक ने मुझसे कहा था। क्षमा कीजिए, क्षमा कीजिए। मैं जा रहा हूँ।

विद्योत्तमा : *(क्रोध से)* क्या बक रहा है? यहाँ क्यों आया?

कालिदास : मैं स्वयं नहीं आया। वह, वह, वह मुझे लाया था। मैं अभी चला जा रहा हूँ।

विद्योत्तमा : नहीं, तू जाने नहीं पाएगा। आज इसी खड्ग से तेरा शिरच्छेद करूँगी। *(तलवार उठाती है)*

कालिदास : देवि! मुझे क्षमा करो। मैं अभी चला जाता हूँ। मेरे प्राण न लेना।

विद्योत्तमा : नहीं, मैं तेरा वध करूँगी।

(वध को उद्यत, वासन्ती हाथ रोक लेती है)

वासन्ती : क्या कर रही हो आर्ये! ब्राह्मण पर शस्त्र चलाती हो? इतनी विदुषी होकर?

विद्योत्तमा : छोड़ दो इस समय मुझे। मैं इस समय सब ज्ञान भूल गई हूँ। मेरा विवेक नष्ट हो गया है। मैं इसका वध करके ही छोड़ूँगी।

कालिदास : *(डरकर)* हैं...हैं। क्षमा करो देवि! पैरों पड़ता हूँ। क्षमा करो, अब यहाँ नहीं आऊँगा। कान पकड़ता हूँ, मारो मत।

विद्योत्तमा : *(आगे बढ़कर कालिदास से)* निकल अभी यहाँ से मूर्ख! निकल।

कालिदास : अभी जाता हूँ।

विद्योत्तमा : मैं कहती हूँ निकल यहाँ से मूर्ख!

(कालिदास को धक्का देकर नीचे ढकेल देती है।)

(भीतर से महामति का प्रवेश)

महामति : विवाह का लग्न ठीक हो गया विद्या।

विद्योत्तमा : *(रोनी आकृति से क्रोध में)* नहीं होगा यह विवाह। जाने दीजिए, नहीं होगा। *(गिर पड़ती है, वासन्ती सँभालती है।)*

महामात्य : ऐं! यह क्या?

(यवनिका पतन)

तृतीय अंक

प्रथम दृश्य

समय : सायंकाल
स्थान : कालिका कुंज

(राजोद्यान का कालिका कुंज नाम से प्रसिद्ध एक भाग, जिसमें सामने ही कालीजी की विकट मूर्ति है। दाहिनी ओर श्रीधर के घर का द्वार और बायीं ओर विद्योत्तमा के घर का द्वार खुलता है। सूर्य अस्ताचल की ओर जा तेजी से जा रहा है। इन्द्रलेखा माला गूँथती हुई राजोद्यान से कालिका कुंज में प्रवेश करती है।)

इन्द्रलेखा : अरे वामन! ओ वामन! वामन!!

वामन : *(प्रवेश करके)* हाँ देवि!

इन्द्रलेखा : कहाँ चला गया था?

वामन : गया था बाहर तक। बड़े भयानक समाचार मिल रहे हैं।

चन्द्रलेखा : *(प्रवेश करके)* क्या हुआ?

वामन : देवि! अभी समाचार मिला है कि कल रात शक लोग आर्य मंकण को पकड़कर ले गए हैं।

चन्द्रलेखा : कहाँ?

वामन : यह तो मैं नहीं जानता। और शकों के दो गुप्तचर आर्या विद्योत्तमा के घर चोरी करते हुए पकड़े गए हैं। उनके पास से एक पत्र भी मिला है।

चन्द्रलेखा : ऐं! पत्र?

वामन : हाँ, देवि!

चन्द्रलेखा : उस पत्र में क्या था? किसने लिखा था?

(वासन्ती का प्रवेश)

वासन्ती : उसकी चिन्ता न करो चन्द्रलेखा। *(वामन तथा इन्द्रलेखा से)* तुम लोग जाओ। *(इन्द्रलेखा और वामन का प्रस्थान)* यह रहा

वह पत्र। आर्या विद्योत्तमा से मैंने उसे ले लिया है। अब तुम अपने को मुक्त समझो।

चन्द्रलेखा : क्या मैं स्वप्न देख रही हूँ?

वासन्ती : नहीं, इससे बढ़कर सत्य और प्रत्यक्ष कोई बात नहीं हो सकती।

चन्द्रलेखा : तुमने मेरी रक्षा कर ली वासन्ती। *(घुटने टेककर)* तुम मेरी सच्ची सखी हो। इस उपकार के लिए मैं आजीवन तुम्हारी ऋणी रहूँगी।

वासन्ती : यह क्या कहती हो चन्द्रलेखा? मैंने तो केवल अपने कर्त्तव्य का ही निर्वाह किया है। यही क्या कम प्रसन्नता है कि तुम आज मेरी वैसी ही प्यारी भोली चन्द्रलेखा हो। परन्तु सावधान हो जाओ। महाराज इधर ही आ रहे हैं।

(विक्रम का प्रवेश)

विक्रम : कहो वासन्ती! तुम्हें कोई कष्ट तो नहीं है?

वासन्ती : कष्ट कैसा देव? मैं तो यही समझ रही हूँ कि मैं अपने घर हस्तिनापुर में ही हूँ।

विक्रम : मुझे अभी समाचार मिला था कि तुम आज देश जाने का विचार कर रही हो।

चन्द्रलेखा : वाह, अभी ये कैसे जा सकती हैं? मैं इन्हें न जाने दूँगी।

वासन्ती : इतना स्नेह पाकर कौन जाएगा देव? मैं नहीं जाऊँगी।

(वामन का प्रवेश)

वामन : महामात्य देव का दर्शन करना चाहते हैं। क्या आज्ञा होती है?

विक्रम : यहीं बुला लो। *(महामात्य का प्रवेश)*

महामात्य : महाराज की जय हो।

विक्रम : आओ भद्र, क्या समाचार है?

महामात्य : देव! समाचार अच्छे नहीं हैं।

विक्रम : कुछ भयंकर समाचार लाए हो?

महामात्य : देव के लिए कुछ भी भयंकर नहीं है। जिनकी कृपाण के प्रकाश मात्र से शत्रु अपने शस्त्र रखकर आत्मसमर्पण कर देते हैं, उनके लिए कोई समाचार भयंकर नहीं हो सकता।

विक्रम : फिर भी क्या है?

महामात्य : देव! राजविदूषक मंकण को शकों के गुप्तचर पकड़ ले गए हैं।

विक्रम : एं! वयस्य मंकण को! शकों का फिर अत्याचार! यह सब क्या हो रहा है महामात्य? सिंह के जागते हुए भी ये विदेशी शृगाल अपना सिर उठा रहे हैं?

महामात्य : देव, मैंने सीमान्त बाँध दिए हैं और गुप्तचरों को सावधान कर दिया है।

विक्रम : इतना ही नहीं। चरों को यह आज्ञा दो कि जिस समय मंकण का समाचार मिले, तत्काल मुझे सूचना दें।

महामात्य : जो आज्ञा। और देव! दो शक गुप्तचर आज मेरे वासस्थान पर चोरी करते हुए बन्दी किए गए हैं।

विक्रम : *(महामात्य से)* क्या कुछ अधिक धन उठा ले गए?

महामात्य : सम्राट् के राज्य में किसकी शक्ति है कि किसी का धन उठा ले?

विक्रम : तो वह तस्कर क्या करने गया था वहाँ? *(चन्द्रलेखा घबराती है। महामति की ओर देखती है। वासन्ती संकेत करती है।)*

महामात्य : देव! वह केवल घर में पैठा ही था कि सेवकों ने उसे बन्दी कर लिया।

विक्रम : अच्छा किया। तो आर्या विद्योत्तमा के विवाह का कौन-सा लग्न स्थिर किया?

(महामात्य चुप रह जाते हैं)

विक्रम : क्यों? चुप क्यों हो गए?

महामात्य : विवाह न हो सकेगा देव!

विक्रम : *(उत्सुकता से)* क्यों?

महामात्य : देव! वह ब्राह्मण पंडित नहीं था, परम मूर्ख था और उन्मादी भी था।

विक्रम : *(आश्चर्य से)* मूर्ख और उन्मादी!

वासन्ती : हाँ देव! मैंने स्वयं उसे देखा था।

विक्रम : तुम कब गईं?

वासन्ती : कल संध्या को मैं वहाँ गई थी और मैंने ही आर्या विद्योत्तमा को सावधान कर दिया था।

विक्रम : *(महामात्य से)* यह सब क्या षड्यंत्र हो रहा है महामात्य? देख रहा हूँ, चारों ओर एक जाल बुना जा रहा है और उसमें हमारे राज्य के प्रतिष्ठित व्यक्ति एक-एक करके फँसाए जा रहे हैं। अभी अमात्य-परिषद् के सदस्यों को बुलाओ। मैं मंत्रणा करूँगा। *(प्रस्थान)*

(पीछे-पीछे महामात्य का भी प्रस्थान)

चन्द्रलेखा : *(वासन्ती से)* अब क्या होगा बहन?

वासन्ती : चिन्ता न करो। मैं तुम्हारी रक्षा करूँगी। तुम एक काम कर सकोगी।

चन्द्रलेखा : तुम्हारे कहने से मैं क्या नहीं कर सकती? मैं अग्नि में कूद सकती हूँ, भयंकर सर्प के मुँह में हाथ डाल सकती हूँ। कहो बहन!

वासन्ती : तुम मेरे साथ देवी विद्योत्तमा के पास चल सकती हो?

चन्द्रलेखा : उनके पास! ना, मुझे बड़ा भय लगता है।

वासन्ती : तुम चलो मेरे साथ। भय की कोई बात नहीं है।

चन्द्रलेखा : कब चलोगी?

वासन्ती : अभी।

चन्द्रलेखा : तो चलो।

(दोनों का प्रस्थान)

(इसी बीच सूर्य अस्त हो चुका है। अँधेरी रात घनी हो गई है।)

द्वितीय दृश्य

समय : अर्द्धरात्रि।

स्थान : महाकालेश्वर का मन्दिर।

(घोर नीरवता। भयंकर भव्यता। मंकण को खींचते हुए डिंडिक का प्रवेश)

मंकण : मुझे यहाँ क्यों लाए हो भाई?

डिंडिक : यह मूर्ति देखते हो! यह करवाल देखते हो?

मंकण : बड़ी अच्छी मूर्ति है भाई! और तुम्हारी करवाल भी सुन्दर है। मेरे पास घर पर इससे भी सुन्दर करवाल है। मैं तुम्हें दे सकता हूँ।

डिंडिक : जानते हो, मैं तुम्हें यहाँ क्यों लाया हूँ?

मंकण : कुछ भोजन कराने के लिए लाए होंगे।

डिंडिक : नहीं, तुम्हें बलि देने के लिए लाया हूँ।

मंकण : नहीं भाई, तुम ऐसा नहीं कर सकते। मुझ ब्राह्मण को मारकर तुम्हें क्या मिलेगा?

डिंडिक : हम ब्राह्मण और शूद्र सबको एक समझते हैं।

मंकण : हाँ, भाई! तुम विदेशी लोग प्राण लेने के समय सबको एक समझते हो, कोई भेद नहीं करते। किन्तु जब स्वार्थ होता है तब तुम लोग गधे को भी अपना पिता बना सकते हो।

डिंडिक : अच्छा, सावधान! *(अपनी करवाल सँभालता है। मंकण भाग खड़ा होता है। डिंडिक दौड़कर पकड़ लेता है।)* कहाँ भागकर जाते थे?

मंकण : भागता नहीं था, केवल देखता था कि अभी पैर खुले हैं या नहीं।

डिंडिक : बात बनाता है? विदूषक है न?

मंकण : नहीं भाई, अब विदूषक कहाँ? अब तो मैं बलिदान का बकरा हूँ। मैं हाथ जोड़ता हूँ भाई! मैं तुम्हारे पिता, पितामह सबके गुण गाऊँगा। दया करके मेरे प्राण छोड़ दो।

डिंडिक : खड़े हो जाओ, मैं बिना प्राण लिए न छोड़ूँगा।

मंकण : भाई, मैं प्रार्थना करता हूँ। तुम बड़े वीर हो। तुम दीन-दुर्बल पर शस्त्र नहीं उठाते हो। तुम किसी देवता को नहीं मानते, तुम मनुष्य नहीं पिशाच...।

(दो घंटे बजते हैं)

डिंडिक : बस, अब समय नहीं है। सावधान हो जाओ।

मंकण : दया करो भाई!

डिंडिक : अपनी बकवाद बन्द करो! अपने इष्टदेव का ध्यान कर लो।

(खड्ग उठाता है। मंकण काँपता है)

डिंडिक : काँपते क्यों हो?

मंकण : कुछ नहीं, जाड़े के दिन हैं न। ठंडी वायु चल रही है। बड़ी शीत है। इसीलिए काँप रहा हूँ।

डिंडिक : बस, अब जिसे स्मरण करना हो कर लो।

मंकण : हे उज्जयिनी के नट, विट, धूर्तो! आज मेरे न रहने पर तुम्हारा संसार अन्धकारमय हो जाएगा। कौन तुम्हारी प्रशंसा करके तुम्हारा उत्साह बढ़ाएगा? मेरे दिवंगत हो जाने पर कौन तुम्हारी कला का पारखी रह जाएगा? उज्जयिनी के नागरिकों! उद्यानों की पान-गोष्ठियाँ, इस मंकण के अभाव में अब तुम्हें फीकी लगेंगी। तुम्हारे विनोद के लिए अब मेष-कुक्कुट-लावक कौन लड़ाएगा? कौन नाटक और आख्यायिका सुनाकर तुम्हारा मनोरंजन करेगा? अरे नागरिकों! आज तुम घोर निद्रा में लीन हो और तुम्हारा मित्र बलिदान किया जा रहा है। हे विक्रम! आपके रहते ही आपका विदूषक आपकी सभा शून्य करके यम की सभा में जा रहा है।

डिंडिक : बस, सावधान!

(मंकण काँपता है। डिंडिक कृपाण खींचता है तथा महामात्य का प्रवेश। विक्रम पीछे से डिंडिक की कृपाण पकड़ लेते हैं।)

मंकण : *(देखकर)* सम्राट् विक्रमादित्य की जय।

(कृपाण छोड़कर डिंडिक भागता है।)

विक्रम : ठहरो! ठहरो!

(मंकण तथा महामात्य से) बंदी करो इसे।

(सब निकल जाते हैं)

(समय आधी रात का है)

कालिदास : *(प्रवेश करके)* घर-घर, गली-गली प्रताड़ित श्वान के समान घूम रहा हूँ। मेरा सारा जीवन ही एक बवंडर हो गया है जिसमें मैं सूखे पत्ते के समान चक्कर लगा रहा हूँ। दशपुर! हाँ, दशपुर ही तो मेरी जन्म-भूमि थी। कौन था मैं? स्मरण नहीं हो रहा है। क्या करता था? ऐं!! और आज निर्वासित होकर घूम रहा हूँ। तुमने निर्वासित किया था? तुमने! ऐं! तुमने! हाँ, हाँ, तुम्हीं ने। क्योंकि वह घर तुम्हारा था। अब मैं तुम्हारे घर में नहीं हूँ। समझी। अब मैं हूँ महाकालेश्वर के स्वराज्य मन्दिर में। अब यहाँ से मुझे निकालोगी? निकालो तो! महाकाल भी सो रहे हैं! परन्तु मुझे कौन निकालेगा? सभी तो सो रहे हैं। ऐं! अच्छा सोओ। *(महाकाल की ओर जाता है। गर्भद्वार बन्द पाकर, जगमोहन के दाहिनी ओर मयूरासीन स्वामी कार्तिकेय की ओर जाता है।)* महाकाल सोए हैं, कुमार जागते होंगे। देवताओं के सेनापति! मेरी स्मृति मुझे लौटा दो। लौटा दो। लौटाओगे? ऐं, नहीं! अच्छा जाने दो। *(आगे बढ़कर चंडी की मूर्ति के सामने आता है)* माता! माता! तुम भी सुप्त हो। *(खड्ग देखकर)* ऐसे ही खड्ग से वह मुझे मारना चाहती थी। *(खड्ग हाथ में लेकर)* बड़ा अच्छा खड्ग है। बस, इसी से अपना सिर काटकर तुम्हारे चरणों में चढ़ाता हूँ। *(अपने कंठ पर रखना चाहता है। आचार्य श्रुतधि प्रवेश करते हैं। कालिदास का उठा हुआ हाथ थाम लेते हैं)*

श्रुतधि : यह क्या कर रहे हो? आत्महत्या!

कालिदास : ऐं! तुम कौन? हट जाओ, हट जाओ। मैं आज भाग्य से युद्ध करूँगा। जानते हो मुझे? उसने कहा था, निकल जाओ और मैं चला आ रहा हूँ। इस अँधेरी रात में कहाँ जाऊँगा?

श्रुतधि : वत्स! तुम्हें कहीं जाने की आवश्यकता नहीं, यहीं रहो।

कालिदास : ऐं! यहीं रहूँ। पर उसने तो मुझे निकाल दिया है।

श्रुतधि : किसने?

कालिदास : उसी ने! वह स्त्री थी, स्त्री, वह करवाल लेकर झपटी थी, पर-पर-

श्रुतधि : कौन थी वह? क्या नाम था उसका?

कालिदास : *(भूलने का नाट्य करता हुआ)* वही, वही, क्या नाम था उसका? हाँ, विद्योत्तमा। यही नाम है, यही है।

श्रुतधि : तो क्या तुम्हीं ने उसे शास्त्रार्थ में पराजित किया?

कालिदास : ऐं! शास्त्रार्थ में मैंने नहीं।

श्रुतधि : हाँ, तुमने शास्त्रार्थ किया था, संकेत से।

कालिदास : मैंने? न।

श्रुतधि : राजसभा में कोई स्त्री तुम्हारे सम्मुख बैठी थी?

कालिदास : वही, वही थी। उसने उसने एक उँगली उठाई, मेरी आँख फोड़ने के लिए, मैंने दो उठा दी। मैंने कहा, मैं दोनों आँखें फोड़ दूँगा। फिर तीन उँगलियाँ उठाकर उसने कहा कि मैं तुमसे तीन गुना बड़ी हूँ। मैंने कहा, मैं चार गुना हूँ। फिर उसने चपेटा उठाया, मैंने उसे मुक्का दिखाया। मैंने क्या बुरा किया? इसी पर वह करवाल लेकर दौड़ी। वह! वह! मैं इसी करवाल से...

श्रुतधि : सुनो! मैं तुम्हारी सब कथा समझ गया हूँ। तुम चिन्ता न करो। मैं तुम्हें एक मंत्र देता हूँ। इसे केवल ग्यारह सौ बार जप लो तो तुम्हारी खोई हुई स्मृति लौट आएगी और मेरी भविष्यवाणी है कि तुम अद्वितीय महापंडित होगे। समझे!

कालिदास : मैं? तो दीजिए।

श्रुतधि : चलो उस आसन पर। *(आसन पर बैठाते हैं।)*

(कालिदास के कान में मंत्र देते हैं।)

डरना मत, स्थिर बैठे रहना *(श्रुतधि का प्रस्थान। कालिदास चंडी की मूर्ति के आगे मंत्र जपता है। उसे प्रतीत होता है कि प्रेत-मूर्तियाँ चारों ओर नाच रही हैं। कहीं अग्नि-शिखा भी दिखाई देती है। श्वान, शृंगाल आदि के भीषण कर्कश शब्द सुनाई पड़ते हैं। कालिदास के सिर पर भुजंग लटकते दिखाई पड़ते हैं। परन्तु कालिदास आसन पर स्थिर होकर मंत्र जपते रहते हैं। धीरे-धीरे भयंकरता दूर हो जाती है। सहसा चंडी की मूर्ति बनकर प्रत्यक्ष वरदहस्त दिखाई देती है। पुष्प-वर्षा होती है। वाद्य बजने लगते हैं। कालिदास सिर घुमाते हैं।)*

कालिदास : महाकाली की जय! महालक्ष्मी की जय! महासरस्वती की जय! श्रुतिधर कालिदास का हाथ पकड़कर ले जाते हैं। धीरे-धीरे प्रभात का प्रकाश फैल जाता है।

तृतीय दृश्य

समय : श्रीधर का घर।

(घबराये हुए विचित्रशक्ति का प्रवेश)

विचित्रशक्ति : श्रीधर! श्रीधर!

श्रीधर : *(अपने घर से निकल)* तुम इस समय कहाँ से आ रहे हो?

विचित्रशक्ति : पूछते हो कहाँ से आ रहा हूँ? विश्वासघाती!

श्रीधर : कौन है विश्वासघाती?

विचित्रशक्ति : तुम! और कौन? तुमने महामात्य के कहने से विद्योत्तमा से जाकर क्षमा की भिक्षा माँगी है। बस, इतना ही शेष रह गया है कि तुम मुझे नगर में घुमाओ और शूली दे दो।

श्रीधर : क्या कह रहे हो विचित्रशक्ति?

विचित्रशक्ति : यही कि तुमने पुरुष होकर प्रतिज्ञा की थी और नारी के वचनों के समान तुमने उसे तोड़ दिया।

श्रीधर : मुझे अपनी प्रतिज्ञा स्मरण है। मैं अपनी प्रतिज्ञा अपने बाहुबल पर पालन करना चाहता था, विदेशियों के साथ मिलकर अपने देशवासियों का नाश करने के लिए नहीं।

विचित्रशक्ति : सुनो श्रीधर! मैं शत्रु का नाश करना चाहता हूँ, चाहे वह विदेशी की सहायता तुमने से हो, चाहे स्वदेशियों की!

श्रीधर : व्यक्तिगत बैर की तृप्ति के लिए मैं विदेशियों की करवाल का अवलम्ब नहीं लेना चाहता।

विचित्रशक्ति : तुम अपनी कायरता पर तर्क का आवरण डालने की चेष्टा कर रहे हो।

श्रीधर : देखो विचित्रशक्ति! मैं ऐसा कोई काम नहीं करना चाहता जिसमें मालवा की हानि हो। मैं मातृभूमि की छाती में शूल बेधकर उसके रक्त से अपना पोषण नहीं करना चाहता। मैं प्राण दे दूँगा पर अपने देश के साथ विश्वासघात न कर सकूँगा।

विचित्रशक्ति : अच्छा किया, जो तुमने इतना शीघ्र अपना परिचय दे दिया। मैं तो स्वप्न देख रहा था कि एक दिन मालवा के दो भागों में एक का मैं और दूसरे के तुम शासक बनोगे, पर तुमने तो अपना भविष्य स्वयं अपने हाथों से नष्ट कर डाला।

श्रीधर : देशद्रोही! यह तुम्हारा स्वप्न था! तुम इस अखंड देश के खंड-खंड करके अपनी राज्य-लिप्सा मिटाना चाहते थे! इतने सुन्दर देश को दो भागों में विभक्त करना चाहते थे! अधम! नीच! पापी! तुम्हें नरक में भी स्थान नहीं मिलेगा। सँभल जाओ विचित्रशक्ति, अब भी समय है।

विचित्रशक्ति : तुम षड्यंत्र से मुक्त होना चाहते हो, तो तुम मुक्त हो। मेरा प्रतिशोध पूरा हो गया है।

श्रीधर : जानते हो वह रहस्य आर्या विद्योत्तमा को ज्ञात हो गया है और उन्होंने उस मूर्ख को घर से बाहर निकाल दिया है।

विचित्रशक्ति : ऐं, निकाल दिया! तो विवाह नहीं हुआ?

श्रीधर : नहीं।

विचित्रशक्ति : तो तुम यह कहो कि तुमने मेरे सर्वनाश का यज्ञ पूरा कर लिया है, केवल पूर्णाहुति की देर है। मैं अभी जाता हूँ राजकुमारी चन्द्रलेखा के पास।

(वामन का प्रवेश)

वामन : *(विचित्र से)* आर्य! देवी चन्द्रलेखा ने यह पत्र दिया है। *(पत्र देता है)।*

विचित्रशक्ति : (पत्र पढ़ता है) 'आप आज से राजप्रासाद में न आइएगा और मेरी सम्मति है कि आप आर्या विद्योत्तमा से क्षमा माँग लीजिए, अन्यथा राजदंड आपको न छोड़ेगा।'

(पत्र मोड़कर फेंक देता है।)

हूँ, स्त्री है न! *(वामन से)* जाओ। *(श्रीधर से)* तुम्हारी और राजकुमारी की भी इसमें अभिसंधि है।

(मंकण का प्रवेश)

मंकण : और मेरी भी अभिसंधि समझो।

विचित्रशक्ति : मंकण!

मंकण : हाँ।

विचित्रशक्ति : तो क्या तुम भी साथ नहीं दोगे?

मंकण : जिसके साथी मनुष्यों की बलि देते हों और जो लोग देश-द्रोह करते हों, उनसे मैं कोई सम्पर्क नहीं रखना चाहता।

(अपना गला टटोलता है)

श्रीधर : यह क्या करते हो?

मंकण : देख रहा हूँ, धड़ पर सिर है या नहीं। अभी-अभी यहीं कुल 6 घंटे पहले इनके एक मित्र ने एक मंकण के दो करने का निश्चय कर लिया था। *(विचित्र से)* जाओ भाई, जाओ, दूसरा घर देखो। *(श्रीधर हँस पड़ता है)*

विचित्रशक्ति : तुम भी हँसते हो?

मंकण : भाई, तुम्हारा रूप ही ऐसा है। ये क्या करें?

विचित्रशक्ति : अच्छा, तो जाता हूँ। और यह कहे जाता हूँ कि मैं जब तक प्रतिशोध न लूँगा तब तक चैन न लूँगा।

मंकण : भाई, शिखा भी खोल लो। आर्य चाणक्य ने शिखा खोलकर प्रतिज्ञा की थी।

विचित्रशक्ति : सँभलकर बातें करो।

(अमात्य का प्रवेश)

महामति : विचित्रशक्ति! सम्राट् विक्रमादित्य की आज्ञा से तुम बन्दी हो?

विचित्रशक्ति : मैं?

महामति : हाँ, तुम! तुम पर देवी विद्योत्तमा के विरुद्ध षड्यंत्र करने का अभियोग है। सम्राट् की यह आज्ञा है कि तुम्हारे अभियोग का निर्णय स्वयं विद्योत्तमा ही करे। सम्राट् भी वहीं उपस्थित रहेंगे।

विचित्रशक्ति : मेरी हत्या कर डालिए। मैं मृत्यु से नहीं डरता। पर मुझे यह दंड न दीजिए।

महामति : चलो श्रीधर! ले चलो।

श्रीधर : जो आज्ञा।

(श्रीधर पकड़कर ले चलता है।)

चतुर्थ दृश्य

समय : विद्योत्तमा का घर। बाहरी भाग। ऊपर प्रकोष्ठ।

(कालिदास का प्रवेश)

कालिदास : यही तो वह स्थान है!

(कालिदास द्वार खटखटाते हैं।)

विद्योत्तमा : *(भीतर से)* कौन?

कालिदास : देवि! अनावृतं कपाटं द्वारं देहि।

विद्योत्तमा : *(द्वार से झाँककर)* अस्ति क्वचिद् वाग्विशेषः।

(द्वार खोलकर आती है।)

कालिदास : अवश्यमेव!

विद्योत्तमा : क्यों, वह पहले का धुआँ कहाँ उड़ गया?

कालिदास : देवि! जब तक ज्योति दबी हुई थी, तभी तक धुआँ था। अब ज्योति प्रकट हो गई तब धुआँ कहाँ देवि?

विद्योत्तमा : पर यह कैसे विश्वास हो कि प्रभात हो गया?

कालिदास : देवि! अरुणचूड़ की ध्वनि से ही प्रभात नहीं होता। जब आकाश हँस देता है, उषा सुन्दरी पूर्व के द्वार से झाँकने लगती है और सोया हुआ जगत् चेतन होकर जाग उठता है, तभी प्रभात हो जाता है।

विद्योत्तमा : किन्तु जगत् के चेतन होने का प्रमाण?

कालिदास : उसका प्रमाण है स्वप्न-जगत् का अन्त और जाग्रत-जगत् के व्यापार।

विद्योत्तमा : जाग्रत-जगत् के कौन-से व्यापार दिखाई दे रहे हैं?

कालिदास : देखती नहीं हो! भगवान् भास्कर अपने सुनहले करों से कमल को गुदगुदाकर जगा रहे हैं, भौंरा पद्मिनी के पास पहुँचकर उसको मधुर संगीत सुना रहा है और मलय का पवन घूम-घूम कर कलियों को झुला रहा है।

विद्योत्तमा : तो क्या मैं स्वप्न देख रही हूँ?

कालिदास : नहीं देवि! स्वप्न समाप्त हो गया है। आज मैं जाग गया हूँ। अब तुम भी जाग जाओ।

विद्योत्तमा : *(घुटने के बल बैठकर)* आर्य! मुझे क्षमा करो। मुझसे बड़ा अपराध हुआ है।

(घुटने टेकती है। वामन का प्रवेश)

वामन : देवि! देवी वासन्ती और राजकुमारी आर्या के दर्शन करना चाहती हैं। आज्ञा हो।

विद्योत्तमा : *(कालिदास से)* अच्छे मुहूर्त्त पर राजकुमारी आई है। *(वामन से)* जाओ, आदर से लिवा लाओ।

(वामन का प्रस्थान)

कालिदास : क्या मुझे भी यहाँ कोई अभिनय करना होगा?

विद्योत्तमा : नहीं, कुछ नहीं। केवल थोड़ी देर के लिए मूक अभिनय।

कालिदास : अच्छा देवि! जो आज्ञा होगी वही करूँगा।

(वासन्ती और चन्द्रलेखा का प्रवेश)

विद्योत्तमा : स्वागत, देवी वासन्ती! स्वागत राजकुमारी!

चन्द्रलेखा : *(प्रवेश करके तथा घुटने टेककर)* मैं क्षमा माँगती हूँ बहन, मैंने बड़ा अपराध किया है।

विद्योत्तमा : उठो, उठो। यह क्या बालपन करती हो। *(उठाती हुई)* तुम्हारा कुछ भी तो अपराध नहीं है।

चन्द्रलेखा : मैं तब तक न उठूँगी, जब तक तुम मुझे क्षमा न कर दोगी।

वासन्ती : क्षमा कर दो आर्ये!

विद्योत्तमा : कोई अपराध हो तो क्षमा करूँ। उठो, उठो। *(उठाती है)*

चन्द्रलेखा : मैंने आपका बड़ा अपकार किया है। क्या सचमुच क्षमा न करोगी?

विद्योत्तमा : तुम जिसे अपकार समझ रही हो, वह तुम्हारा उपकार ही है बहन! *(कालिदास की ओर दिखाकर)* इन्हें पहचानती हो?

चन्द्रलेखा : *(देखकर मुँह छिपा लेती है)*

वासन्ती : ऐं, ये तो वे ही ब्राह्मण हैं, जिन्हें आपने कल अपने घर से...?

विद्योत्तमा : *(बात काटकर)* हाँ, वे ही हैं! देवी वासन्ती! मैं इन्हें पहचानने में भूल कर रही थी।

वासन्ती : क्यों भूल? कैसी?

विद्योत्तमा : यही कि इनके विषय में जैसा हम लोगों ने सुना था, वह सब भ्रम था।

चन्द्रलेखा : ऐं, भ्रम!

वासन्ती : क्या सच?

विद्योत्तमा : हाँ देवि! ये तो वास्तव में बड़े विचक्षण कवि और पंडित हैं।

चन्द्रलेखा : कवि और पंडित। क्या व्यंग्य कर रही हो विद्या?

विद्योत्तमा : नहीं, मैं सत्य कह रही हूँ।

वासन्ती : आपने तो बड़े आश्चर्य में डाल दिया! आर्य, प्रणाम।

चन्द्रलेखा : मैं भी अभिवादन करती हूँ।

कालिदास : स्वस्तिमती भव!

वासन्ती : *(कालिदास से)* आप उस दिन क्यों छिपे हुए थे?

कालिदास : सूर्य सदा प्रकाश नहीं देता देवि! रात्रि को उसका छिपना स्वाभाविक भी है और आवश्यक भी।

चन्द्रलेखा : पद्मिनी को हँसते हुए देखकर ही मैं समझ रही थी कि सूर्य कहीं निकला है।

कालिदास : किन्तु पद्मिनी को अभी तक विश्वास नहीं है कि सूर्योदय हो गया है।

वासन्ती : *(विद्योत्तमा से)* क्यों आर्ये?

विद्योत्तमा : यह तो कवि की निरंकुशता का एक प्रमाण दे रहे हैं।

कालिदास : *(वासन्ती से)* देवि! क्या आपने कहीं सुना है कि पद्मिनी ने धक्के देकर सूर्य को अस्ताचल से नीचे ढकेल दिया हो।

चन्द्रलेखा : आर्य! मैंने सुना है।

वासन्ती : और आर्य! मैंने तो देखा है।

(विद्योत्तमा सकुचा जाती है।)

कालिदास : फिर, आर्या ने कवियों को ही निरंकुश क्यों कहा?

(वामन का प्रवेश)

वामन : देवि! शकारि महाराज विक्रमादित्य पधारते हैं।

विद्योत्तमा : सम्राट्?

वामन : हाँ देवि!

विद्योत्तमा : आदरपूर्वक लिवा लाओ। *(वामन का प्रस्थान)*

चन्द्रलेखा : यह भी अच्छा ही हुआ।

(महाराज विक्रम का श्रुतधि तथा इन्द्रलेखा के साथ एक ओर से प्रवेश)

विद्योत्तमा तथा
कालिदास : महाराज की जय हो।
विद्योत्तमा : *(विक्रम और श्रुतधि से)* आसन पवित्र कीजिए।

(विक्रम और श्रुतधि बैठते हैं।)

चन्द्रलेखा : पिताजी, आपको एक शुभ सूचना देने को मेरी जिह्वा व्याकुल हो रही है।
विक्रम : क्या?
चन्द्रलेखा : *(कालिदास की ओर इंगित कर)* आप इन्हें जानते हैं?
विक्रम : ये वे ही पंडित हैं न, जिन्हें आर्या विद्योत्तमा ने घर से...।
चन्द्रलेखा : हाँ पिताजी! देवी विद्योत्तमा ने बड़ी भूल की थी।
श्रुतधि : सम्राट्, आपके सामने जो आचार्य खड़े हैं, ये परम यशस्वी कविकुल-चूड़ामणि कालिदास हैं। इनके समान कवि न तो इस समय है, न अब इस युग में दूसरा होगा ही।
विक्रम : *(खड़े होकर)* आर्य, मैं प्रणाम करता हूँ।
कालिदास : स्वस्ति भवते। आसन ग्रहण कीजिए देव!
विक्रम : देवि विद्योत्तमा! मैं आपको बधाई देता हूँ।
विद्योत्तमा : यह सब देव की कृपा है। देव ने इस समय कैसे कष्ट किया?
विक्रम : आज आपको न्याय करना होगा।
विद्योत्तमा : किसका देव?
विक्रम : अभी बताता हूँ। *(ताली बजाते हैं।)*

(महामात्य के साथ बन्दी डिंडिक और विचित्रशक्ति का प्रवेश—पीछे-पीछे मंकण और श्रीधर)

महामात्य : देव की जय हो। सब अपराधी उपस्थित हैं।
विक्रम : *(विद्योत्तमा से)* आर्ये! इन्हीं का अभियोग आपके सम्मुख है, आप निर्णय कीजिए।
विद्योत्तमा : देव! यह क्या कर रहे हैं?
विक्रम : देवि! यह भी विक्रम की न्याय-पद्धति का एक अंश है। महामात्य! अभियोग उपस्थित करो।
महामति : देव! पहले शक गुप्तचर का निर्णय हो जाए।
विक्रम : अच्छी बात है।

महामति : देव, यही डिंडिक नाम का दस्यु है जिसने उज्जयिनी की सीमा पर अराजकता फैला रखी है। यह शकराज का गुप्तचर है। यहाँ के समाचार महाक्षत्रप के पास भेजा करता था और कल देव के सम्मुख ही आर्य मंकण का वध करने को उद्यत था।

मंकण : वध नहीं देव, वह मेरी बलि देना चाहता था। *(डिंडिक से)* क्यों रे दस्यु?

विक्रम : *(डिंडिक से)* तुम जानते हो, गुप्तचरों के लिए क्या दंड है?

डिंडिक : भली भाँति जानता हूँ, देव! मृत्युदंड।

विक्रम : परन्तु मैं मृत्युदंड नहीं दूँगा। मैं तुम्हें मुक्त करता हूँ। जाओ, जाकर अपने स्वामी से कह देना कि जब उन्हें मेरी शक्ति की परीक्षा लेनी हो तब इधर चले आयें। और यह भी कह देना कि उन्हें सिन्धु के पार खदेड़ने के लिए मैं अपनी विजयवाहिनी लेकर शीघ्र आ रहा हूँ। समझे! चार प्रहर के भीतर मेरी सीमा से बाहर हो जाओ। *(डिंडिक का प्रस्थान)*

महामति : देव, नायक विचित्रशक्ति का अपराध गुरुतर है। इन्होंने विद्योत्तमा के विरुद्ध यह षड्यंत्र किया था कि उनका विवाह मूर्ख से हो।

विक्रम : उत्तर दो, विचित्रशक्ति!

विचित्रशक्ति : इस षड्यंत्र में जितने लोग सम्मिलित थे, उन सभी पर अभियोग उपस्थित हो तो मैं उत्तर दूँ।

विक्रम : वे कौन-कौन हैं? *(चन्द्रलेखा घबराती है)*

(वासन्ती विद्योत्तमा को उसकाती है)

विद्योत्तमा : ठहरिये देव! इस अभियोग का तो मूल ही नहीं है, क्योंकि षड्यंत्र चाहे कुछ भी रहा हो, पर उसका परिणाम तो मधुर ही हुआ है।

विक्रम : यह तो आपने एक समस्या उत्पन्न कर दी।

श्रुतधि : इसका समाधान मैं करता हूँ। जिन्हें ये लोग मूर्ख समझकर लाए थे, वे तो वास्तव में कविकुलगुरु कालिदास निकले।

विक्रम : तो देवि! विचित्रशक्ति के लिए क्या आज्ञा होती है?

विद्योत्तमा : इन्हें मुक्त कर दीजिए, देव!

विचित्रशक्ति : क्या मुक्ति?

विद्योत्तमा : हाँ विचित्रशक्ति, यह नारी का न्याय है। इसमें पुरुष की प्रतिहिंसा नहीं, नारी की उदार क्षमा है।

चन्द्रलेखा तथा वासन्ती : आर्या विद्योत्तमा की जय!

विक्रम : विचित्रशक्ति! तुम्हें देवि विद्योत्तमा मुक्त करती हैं।

(बन्धन खोल दिए जाते हैं)

विचित्रशक्ति : देव, यह बड़ा कठोर दंड है। मैं इसे सहन न कर सकूँगा। मैं नारी के हाथ से मुक्ति नहीं चाहता, मुझे मृत्युदंड दीजिए।

विक्रम : तुम्हारा न्याय हो चुका।

विचित्रशक्ति : तो देव, मैं नारी की क्षमा लेकर आजीवन आत्मग्लानि की अग्नि में तिल-तिल करके नहीं जलना चाहता। मैं आत्मनिर्वासन का दंड ले लेता हूँ। आज से देव मुझे निर्वासित समझें।

(प्रस्थान)

विक्रम : बड़ा उद्धत युवक है।

विद्योत्तमा : मैं इसके साहस की प्रशंसा करती हूँ।

विक्रम : किन्तु, मैं आपके न्याय की प्रशंसा करता हूँ, जिसकी क्षमा का तेज भी अपराधी नहीं सहन कर सकता।

विद्योत्तमा : यह देव का ही प्रसाद है।

विक्रम : अच्छा, यह नीरसता यहीं छोड़ दी जाए। आचार्य कविकुलगुरु! क्या आपके काव्य का रस हम लोगों को नहीं मिलेगा?

मंकण : क्या देव! मुझसे कह रहे हैं? मैं अभी सुनाता हूँ।

विक्रम : तुमसे नहीं, कविकुलगुरु कालिदास से।

कालिदास : जैसी देव की इच्छा, मैं भारत के दिव्य प्रहरी हिमालय का ही वर्णन करता हूँ।

अस्त्युत्तरस्यां दिशि देवतात्मा हिमालयो नाम नगाधिराजः।
पूर्वापरौ तोयनिधीवगाह्य स्थितः पृथिव्या इव मानदंडः।।
अनन्तरत्नप्रभवस्य यस्य हिमं न सौभाग्यविलोपि जातम्।
एको हि दोषो गुणसन्निपाते निमज्जतीन्दोः किरणेष्विवांकः।।

(विक्रम अपनी माला उतार कर कालिदास को पहनाते हैं।)

विक्रम : आज से आप हमारी सभा के प्रमुख रत्न हुए।

सब : महाकवि कालिदास की जय!

(यवनिका-पतन)

दशाश्वमेध

दशाश्वमेध

(ऐतिहासिक एवं राजनीतिक एकांकी)

दशाश्वमेधाऽवभृथस्नानाम् भारशिवानाम्

ईसा की प्रथम शताब्दी में भारत के बहुत बड़े भाग पर अन्तिम कुषाण सम्राट वासुदेव का शासन था। जैसा कि उसके नाम से प्रकट है वासुदेव ने तुरुष्क होते हुए भी वैष्णव धर्म ग्रहण कर लिया था तथापि उसकी शासन-नीति और अधिकांश कर्मचारी विदेशी ही थे। क्रूर कर्मा कुषाणों की आपाधापी से हिन्दुओं की राजतंत्रीय और गणतंत्रीय व्यवस्था छिन्न-भिन्न हो गई थी। अभिजातवंशियों का दमन कर हिन्दू समाज के निम्नस्तरीय सदस्यों को सिर चढ़ाना कुषाण शासन-नीति का अंग था। उन्होंने हिन्दुओं का एक भी मन्दिर खड़ा न रहने दिया। भारतीय बौद्ध संघ भी अपने स्वभावानुसार विदेशियों से हाथ मिलाकर देशहित पर निरन्तर आघात करता रहता था। उधर मूर्धाभिषिक्त न होने के कारण भी हिन्दू जनता कुषाणों को सच्चे अर्थ में नरेश न मानती थी। हिन्दुओं की परम्परागत भावना यह थी कि आर्यावर्त पर हिन्दुओं का ही राज्य रहना चाहिए। परन्तु उसे अपने ही घर में पग-पग पर विदेशियों का पादप्रहार सहन करना पड़ता था। राष्ट्रीय संकट की उस गम्भीर घड़ी में क्षत्रियों की नाग शाखा अपने अज्ञातवास की बाँबी से बाहर निकली। उसके नेता नवनाग को भारतियों ने अपना नेता चुना। नवनाग ने भी आर्यावर्त को संकट से मुक्त करने विषयक शिव का भार अपने सिर पर लिया। वे भारतीय इतिहास में भारशिव कहलाए। उन्होंने गंगा के मैदानों में सफल तांडव कर भारत की दशों दिशाओं को मलेच्छ मुक्त कर काशी में दस अश्वमेध यज्ञ किए। यही ऐतिहासिक प्रस्तुत घटना नाटक की कथावस्तु का आधार है।

–'रुद्र' काशिकेय

11 जुलाई, 1950

पात्र-परिचय

पुरुष

नवनाग	:	नागनेता। भारत का सम्राट।
जलौक	:	काश्मीर नरेश।
लल्ल	:	वाराणसी का कुषाण क्षत्रप।
कर्कोक वर्मन	:	एक सेनापति।
वसुनन्दी	:	नवनाग का सम्बन्धी।
मद्रक मिलिन्द	:	मद्रक गण का प्रतिनिधि।
शक्तिशिव	:	कुषाण गुप्तचरों का नेता और लल्ल का मंत्री।
वज्रपाणि	:	नवनाग का गुप्तचर।
बिल्लड़ चिंकुण	:	वाराणसी निवासी दो मित्र।
		सैनिक, भारवाहक, नागरिक, छात्र आदि।

नारी

ईशानी	:	नवनाग की पुत्री।
इरा	:	वसुनन्दी की बेटी।
यूका	:	लल्ल की बहिन।

प्रथम अंक

प्रथम दृश्य

(वाराणसी में गंगातट पर नागग्राम में वहाँ के नाग निवासियों ने अश्वत्थ (पीपल) के तले एक शिवलिंग स्थापित कर रखा है। कुषाण शासकों ने देश के सभी हिन्दू-मन्दिर ध्वस्त कर डाले हैं। अतः नागों को प्रत्यक्ष मन्दिर बनाने का साहस नहीं है। बार-बार के विनाश से क्षयिष्णु नागजाति ने नदी-नालों से परिवेष्ठित उक्त ग्राम को अपने आवास का गुप्त केन्द्र बना लिया है।)

श्रावण मास है और नागपंचमी तिथि। शिवलिंग के ऊपर पाषाण-निर्मित नागराज ने अपने विशाल फणों से छाया कर रखी है। शृंगभेरी-डमरू आदि वाद्य बज रहे हैं। नागनृत्य चल रहा है। सभी उत्साह और आनन्द में मग्न हैं, शिवस्तुति के साथ पटोत्तोलन।)

शिव स्तुति

सुरासुरादि सेवितं, भस्म-मौलि-चुम्बितं।
गिरीन्द्र-कन्यका-कनीनिका प्रभा समन्वितम्।।
विभूति भूति चर्चितम् सकच्छपी गिरार्चितम्।
त्रिलोकनाथ शंकरस्य कामदं पदं भजे ।।
सदैव शम्प्रदायकम् निसर्ग मोक्ष दायकम्।
नगागि शैलजाप्रियं शिन त्रिलोक नायकम्।।

नेपथ्य में रक्षा करो, रक्षा करो का चीत्कार। एक नाग-बाला घबराई हुई अस्त-व्यस्त मुद्रा में भागती आती है और शिवलिंग के पीछे आ छिपती है। नृत्य, वाद्य सब बन्द हो जाता है।

नागबाला : रक्षा करो, रक्षा करो! भगवान मेरी रक्षा करो!!

दो चार व्यक्ति *(आगे बढ़कर)* क्या हुआ इरा, हुआ क्या?

इरा : *(सिर घुमाकर कुछ देखती है और पुनः चिल्ला उठती है)* बचाओ, बचाओ।

वनस्पर लल्ल : *(झपटे हुए आकर)* कौन बचाएगा तुझे? चल इधर।

(बढ़ते हुए नागरिक कुषाण क्षत्रप के हाथ में और बगल में लटकता तूर्य देखकर पीछे हट जाते हैं। वनस्पर इरा के समीप जा उसे तलवार से धमकाता है।)

बोल, उठती है अथवा तलवार गले के पार उतार दूँ।

(हतप्रभ हो जाने से इरा उत्तर नहीं दे पाती और भय से आँखें बन्द कर बैठ जाती है।)

लल्ल ध्यान से उसकी ओर देखता है। मद्रक मिलिन्द आगे बढ़ता है।

मद्रक मिलिन्द : क्या मैं पूछ सकता हूँ कि फूल कतरने के लिए आपको कृपाण निकालने की आवश्यकता क्यों पड़ी?

लल्ल : *(भृकुटी टेढ़ी कर)* तू भी कोई विषैला नाग ही जान पड़ता है। तभी तो मुझसे प्रश्न करने की धृष्टता दिखा रहा है। इससे तेरा सम्बन्ध?

मद्रक मिलिन्द : मेरा! यह मेरे पड़ोसी की पुत्री है और...

लल्ल : *(बात काट कर)* ओह, तो यह क्यों नहीं कहता कि यह नवनाग की बेटी है। जब इसे मेरे साथ जाना ही है तो यह स्वेच्छा से क्यों नहीं चलती?

कर्कोटवर्मन : *(आगे बढ़कर)* इसे आपके साथ जाना ही क्यों...?

लल्ल : *(चिढ़कर)* वाराणसी के क्षत्रप से क्यों का प्रश्न नहीं किया जाता, समझे।

कर्कोटवर्मन : क्षत्रप! यह अन्याय है।

मद्रक मिलिन्द : यह अत्याचार है।

लल्ल : अन्याय और अत्याचार नहीं, यह हमारा अधिकार है। सृष्टिकर्ता ने साहानुसाहि देव पुत्र और हम जैसे उनके सेवकों को तुम लोगों पर शासन करने के लिए ही रचा है।

(इरा धीरे-धीरे आँखें खोल देती है। उसकी दृष्टि में भय भरा है। उसकी ओर देखकर) देख, तेरे इस अभिनय का मुझ पर कोई प्रभाव नहीं पड़ सकता। एक बार फिर

कहता हूँ। उठ, नहीं तो (तलवार उठाता है। इरा भय से चिल्लाकर उठकर खड़ी हो जाती है।)

इरा : *(अत्यन्त विह्वल होकर)* मुझे मारो मत, मैं चलती हूँ। *(आगे-आगे इरा और उसके पीछे लल्ल चलते हैं। उपस्थित जन मंडली अधीर हो उठती है। सहसा काश्मीरक जलौक आकर रोकता है।)*

जलौक : *(आवेश में)* इतने पुरुषों के समक्ष एक पामर नारी का अपहरण। किए ले जा रहा है और सब खड़े मुँह देख रहे हैं, छिः।

(झपटकर लल्ल की कलाई पकड़ जोरदार झटका देता है। लल्ल की तलवार छूट जाती है।

नराधम! बोल ककड़ी के समान तेरा हाथ तोड़ दूँ।

लल्ल : *(क्षण भर क्रोधपूर्ण नेत्रों से जलौक को देखता है, पुनः कुछ सोचकर जोर से हँस पड़ता है)* हः हः हः हः, तुम वीर हो। मैं तो यही परीक्षा ले रहा था कि इतने पुरुषों में कोई वास्तविक पुरुष भी है या नहीं?

(जलौक लल्ल का हाथ छोड़ देता है।)

मैं जा रहा हूँ। मैं वाराणसी का क्षत्रप वनस्पर लल्ल हूँ। मुझसे प्रासाद में भेंट करना। तुम्हें पुरस्कृत करूँगा।

(उपस्थित जन-मंडली जलौक को साधुवाद देने लगती है। जलौक का ध्यान उधर ही आकर्षित हो जाता है। लल्ल झुककर भूमि पर पड़ी अपनी तलवार उठा लेता है और सहसा घूमकर पीछे से जलौक पर कृपाण चलाता है। चोट सिर पर पड़ती है। जलौक चकराकर गिर जाता है।)

लल्ल : *(हाथ में रक्तरंजित खड्ग लिए हुए)* सावधान! जो आगे बढ़ेगा, उसकी यही गति होगी *(इरा से)* चल शीघ्रता कर वेग से और वेग से।

(दोनों चले जाते हैं। उपस्थित जन मंडली किंकर्तव्यविमूढ़ सी रह जाती है। सबकी मुख मुद्रा पर आतंक छाया रहता है। दस-पाँच काश्मीरी उत्पीड़ित सिर पर गठरी-मोटरी-पिटारी रखे थके-माँदे शिथिल से आते हैं।)

एक काश्मीरी : *(जलौक को पहचान कर)* अरे यह क्या? काश्मीर नरेश की यह दशा?

मद्रक मिलिन्द : क्या कहा? यह काश्मीर नरेश हैं?

दूसरा काश्मीरी : हाँ, यही काश्मीर नरेश महाराज जलौक हैं, म्लेच्छ महिदल गुनाह के अत्याचारों से पीड़ित होकर हमें अपने नरेश के साथ भूलोक का स्वर्ग-अपना देश छोड़कर यहाँ आना पड़ा है।

पहला काश्मीरी : परन्तु दुर्भाग्य ने यहाँ भी पीछा न छोड़ा।

(आगत काश्मीरी, कर्कोट, मिलिन्द आदि जलौक की परिचर्या करने लगते हैं। दूर से आवाज़ आती है– 'इरा', 'इरा'...(वृद्ध वसुनन्दी का प्रवेश)

वसुनन्दी : इरा, इरा! क्या इरा यहाँ आई थी? क्यों तुम सब मौन क्यों हो, उत्तर क्यों नहीं देते।

मद्रक मिलिन्द : भाई वसु! इरा तो *(आगे कुछ कहने में असमर्थ होकर मुँह फेर लेता है)*

वसुनन्दी : बोलो, बोलो, क्या हुआ? इरा को क्या हुआ? तुम इतने कातर क्यों हो रहे हो?

कर्कोटवर्मन : धीरज से काम लो वसु! इरा को...

(कुछ झिझकता है)

वसुनन्दी : भाई हाथ जोड़ता हूँ। शीघ्र बताओ, इरा को क्या हुआ?

मद्रक मिलिन्द : *(एक-एक शब्द पर रुकता हुआ)* उसे...नराधम...लल्ल... हर ले गया।

वसुनन्दी : *(अत्यन्त विह्वल होकर)* हर ले गया? ऐं हर ले गया। *(वृद्ध वसुनन्दी के पैर डगमगा जाते हैं। वह सिर पर हाथ देकर चिल्लाकर 'इरा' कहते हुए धम्म से बैठ जाता है। दो-चार जन उसे सम्हालने के लिए आगे बढ़ते हैं।)*

एक काश्मीरी : इतना दुःख न करो बन्धु! पहला धक्का ऐसे ही वेग से लगता है। फिर सहते-सहते सब ठीक हो जाता है। आन पर प्राण देने वाला मनुष्य निर्लज्जता की ढाल से अपनी रक्षा करने लगता है।

(वसुनन्दी काठ बना रहता है)

दूसरा काश्मीरी : मुझे देखो आर्य! वितस्ता के तट पर मेरे शैशव की क्रीड़ाभूमि थी। मेरे यौवन के उल्लास और प्रौढ़ावस्था के वात्सल्य की

सुन्दर मनोरम स्मृतियों की केसर क्यारी के तिनकों से रचा छोटा-सा नीड़ था। पत्नी थी, पुत्री थी। आज तो कोई नहीं है। फिर भी मैं हूँ। मुझे देखो।

वसुनन्दी : *(आँखें तरेरते हुए)* तुम अकेले हो?

जलौक : *(उठकर बैठता हुआ)* नहीं। उसके साथ उसका हृदय भी प्रतिशोध की भावना के अंगारे से दप्-दप्।

ईशानी : *(प्रवेश कर और चारों ओर देखकर)* वसु तात! इरा घर भी नहीं, यहाँ भी नहीं। कहाँ गई है?

वसुनन्दी : *(आग-पानी भरी आँखें ईशानी की ओर उठाकर)* यह इन लोगों से पूछो ईशानी। इन लोगों से। इनकी आँखों के आगे से मेरा रत्न, मेरी बच्ची को वह उठा ले गया है।

(ईशानी प्रश्नसूचक दृष्टि से समवेत जन-मंडली की ओर देखती है।)

मद्रक मिलिन्द : सचमुच हमारी असहायता से लाभ उठाकर वनस्पर लल्ल उसे हर ले गया।

ईशानी : *(आश्चर्य से)* इतने लोगों के सामने से।

कर्कोटवर्मन : हम संख्या में अधिक होते हुए भी निशस्त्र थे। उसके पास शस्त्र रहने के साथ ही कटि में लटकता तूर्य सूचित करता था कि उसके साथी कहीं आस ही पास हैं।

ईशानी : *(व्यंग्य से)* आप तो विचारशील जान पड़ते हैं।

कर्कोटवर्मन : *(जलकर जलौक की ओर दिखाकर)* विचारशीलता का यही परिणाम होता न?

ईशानी : यह जानकर तो सन्तोष हुआ कि यहाँ सभी आपके जैसे विचारशील न थे।

कर्कोटवर्मन : सोच-समझ कर बोलो, ईशानी।

मद्रक मिलिन्द : व्रत के कारण आज हमने शस्त्र त्याग कर रखा था। हमारी असहायता का यही मुख्य कारण था।

वसुनन्दी : *(विक्षिप्तों के समान)* इरा, इरा! मेरी नयन तारा!

ईशानी : धैर्य धरो तात! ये अपने प्रदेश की स्वतंत्रता खोकर उसे खोजने नागग्राम में आए हैं। इनसे इससे अधिक आशा ही क्या हो सकती थी। आज देश में अशिव का तांडव हो रहा है और शिव के ये उपासक शिव पर अपनी उपासना का भार चढ़ा रहे हैं। शिव का भार स्वयं वहन नहीं करते।

वसुनन्दी : यदि ये सब मिलकर एक बार उस पर टूट पड़ते तो यही न होता कि दो-चार मारे जाते। और तब...।

ईशानी : और तब जो कुछ होता उससे पृथ्वी पर पाप का भार कुछ हल्का हो जाता। वह दो हाथ ऊपर उठ आती।

कर्कोटवर्मन : *(दम्भ से)* शिव का भार क्या है ईशानी? मुझे बताओ, मैं वहन करूँगा।

ईशानी : यह उसी को बताऊँगी, जिसमें उसे वहन करने की शक्ति हो।

मद्रक मिलिन्द : बता दो ईशानी! हम सहर्ष वहन करेंगे। अब यह राष्ट्रीय अपमान नहीं सहा जाता!

ईशानी : तो सुनो! *(देश से सारे अभाव अभियोग का चिह्न तक मिटाकर शाश्वत सुख और समृद्धि की स्थापना करना ही शिव का भार वहन करना है।)* पवित्र भारत भूमि की दशों दिशाओं को पाप और प्रतारण से मुक्त करना ही शिव का भार वहन करना है। बोलो, करोगे?

मद्रक मिलिन्द : यह हम जैसे सर्व साधनहीनों से कैसे सम्भव होगा? *(कर्कोट चुप रहता है।)*

ईशानी : तुम्हारे आग्रह का तूफान शान्त क्यों हो गया कोट? बोलते क्यों नहीं?

कर्कोटवर्मन : विचार कर रहा हूँ।

ईशानी : तुम विचार करो! *(औरों से)* बोलिए। इतने लोगों में से शिव का भार उठाने के लिए कौन प्रस्तुत है?

(ईरा को लेकर नवनाग का प्रवेश)

नवनाग : पुत्री! शिव का भार मैं उठाता हूँ। आज से नवनाग भार शिव होता है।

ईशानी : पिता जी आप!

नवनाग : हाँ बेटी मैं! वसु! इरा को घर ले जाओ, सान्त्वना दो। यह बहुत डर गई है।

वसुनन्दी : *(चौंककर)* कहाँ है मेरी इरा! आ बेटी! भाई नवनाग! इसे तुमने कैसे बचाया?

नवनाग : यह सुनकर क्या करोगे! गंगा तट पर मैं विचार-मग्न हो कर विचरण कर रहा था। सहसा एक दारुण हाहाकर, एक गम्भीर निःश्वास, एक मर्मन्दुद क्रन्दन ध्वनि मेरे कान में आई। मैंने इरा की वाणी पहचानी। मैं दौड़ा और लल्ल के चंगुल से इसे छुड़ा कर यहाँ ले आया? अब इसे ले जाओ, विश्राम कराओ।

वसुनन्दी : भाई नवनाग! भगवान तुम्हारा भला करे। मैं तुम्हारा चिर ऋणी रहूँगा।

नवनाग : व्यर्थ मत बको वसु! जाओ। अपनों की रक्षा हम न करेंगे तो कौन करेगा? *(इरा को लेकर वसु जाता है।)*

जलौक : साधु, साधु! मैं यही सुनने की आशा लेकर सुदूर काश्मीर से काशी आया था। वहाँ केसर और कस्तूरी के सौरभ को दबाकर आपके यश की सुरभि ने घर-घर घोषणा कर रखी है कि समूचे भारत के पीड़ित परन्तु स्वाभिमानी जनों को आपने कुषाण क्षत्रप की नाक के नीचे नागग्राम में आश्रय दे रखा है। भूमि में गड़ी निधि के रक्षक नाग के समान आप स्वातंत्र्य बीज की रक्षा कर रहे हैं।

(नवनाग परिचय के लिए प्रश्नसूचक दृष्टि से जलौक को देखता है।)

मद्रक मिलिन्द : ये काश्मीर नरेश जलौक हैं।

ईशानी : इस वीर ने इरा की रक्षा के असफल प्रयत्न कर अपना रक्त बहाया है, पिताजी!

जलौक : उसी रक्त से भारत के सम्राट रूप में मैं आपका वरण करूँगा। *(अपने ही रक्त में अँगूठा डुबोकर नवनाग के मस्तक पर टीका लगाता है।)*

नवनाग : यह क्या करते हो, काश्मीर पति! नवनाग राजसी वैभव का त्याग कर चुका है। और यह भी विश्व विदित है कि नाग केंचुल का त्याग कर उसे फिर ग्रहण नहीं करता।

मद्रक मिलिन्द : काश्मीर नरेश ने सर्वथा उचित कार्य किया है। यहाँ मालव, यौधेय, जार्तिक आदि सभी गणों के प्रतिनिधि उपस्थित हैं। उन सबकी ओर से मैं आपकी अधीनता ग्रहण करता हूँ।

(वेदी पर से झारी उठाकर नवनाग पर जल छिड़कता है। उपस्थित जन चिल्ला उटते हैं– 'महाराज नवनाग की जय' पुनः वाद्य बजने लगते हैं। दौड़ता हुआ वसुनन्दी आता है।)

वसुनन्दी : नवनाग, नवनाग! पिशाच लल्ल मुझसे इरा को छीन कर पुनः लिए जा रहा है।

(सब स्तब्ध से खड़े रह जाते हैं। नवनाग बढ़ना चाहता है। सब उसे रोक लेते हैं।)

(यवनिका)

द्वितीय दृश्य

(वाराणसी नगर की एक सूनी गली। नगर का प्रसिद्ध आवारा और धूर्त युवक बिल्लड़ एक मजदूर के सिर पर मोदकों से भरी टोकरी उठाये प्रवेश करता है।)

भारवाहक : 'बस पहुँच गए, बस पहुँच गए' कहते-कहते आप दो कोस दौड़ा लाये, अभी और कितनी दूर जाना है?

बिल्लड़ : अब कहीं नहीं जाना है। टोकरी यहीं उतार कर रख दे और देख, वह जो सामने विशाल भवन दिखाई दे रहा है न– वह जिसके ऊपर स्वर्ण कलश है...।

भारवाहक : वही न जिस पर लाल पताका फहरा रही है।

बिल्लड़ : बस, बस वही। वहीं भीतर जाकर देखना। गृहस्वामी खड़ा या बैठा मिलेगा। उससे कहना कि आपके परमपूज्य गुरुजी! भिखारियों को खिलाने के लिए मोदक लेकर आ गए। आप दाम दे दीजिए।

भारवाहक : *(सन्देहपूर्वक)* उन्होंने न दिया तो?

बिल्लड़ : *(बिगड़ कर)* देंगे कैसे नहीं? न दें तो उन्हें यहाँ बुला लाना!

भारवाहक : जैसा कहिए। *(अनिच्छापूर्वक जाने लगता है।)*

बिल्लड़ : *(भारवाहक को पुकारते हुए)* अरे सुन, सुन! एक आवश्यक बात तो तुझे बताई ही नहीं। *(भारवाहक लौट आता है।)* गृहस्वामी को तू पहचानेगा कैसे? बता तो। बिना समझे बूझे दुलत्ती झाड़ता चला जा रहा है। *(भारवाहक उत्तर न दे पाने के कारण लजाकर सिर नीचा कर लेता है।)* लजाता क्यों है? सुन, वह कुछ-कुछ कालापन लिए हुए गोरे-गोरे हैं। इसी से उनके शरीर का चमड़ा धारीदार जान पड़ता है। समझा?

भारवाहक : *(कुछ भी न समझते हुए)* जी!

बिल्लड़ : जी नहीं! एक बात और भी ध्यान से देख लेना। उनकी आँखें भूरी-भूरी और बड़ी चमकदार हैं। उनसे हरा-हरा प्रकाश निकलता रहता है। *(भारवाहक कुछ भी समझ न पाकर मुँह बाये खड़ा रह जाता है)* अब खड़ा-खड़ा मुँह क्या निहार रहा है? दौड़ जा! *(भारवाहक जाता है। उसका पीछा फिरते ही बिल्लड़ टोकरी का ढक्कन उलट देता है, वह उसमें से एक मोदक उठाता है। त्यों ही भारवाहक लौट आता है।)*

भारवाहक : स्वामी!

(बिल्लड़ चौंकता है और झेंप कर खड़ा हो जाता है।)

मैं चोर नहीं हूँ। आप गिनकर देख लीजिए। मोदक पूरे हैं!

बिल्लड़ : वही तो मैं देख रहा था। तू लौट क्यों आया?

भारवाहक : *(सिर खुजलाते हुए)* भूल गया स्वामी। *(सोचते हुए)* जाते-जाते कोई बात ध्यान में आई थी। हाँ-हाँ ध्यान आ गया। गृहपति का नाम क्या है स्वामी!

बिल्लड़ : उनका नाम है माजीर स्वामी! जा-जा, अच्छा, एक बात और सुनता जा।

भारवाहक : कहिए प्रभु!

बिल्लड़ : *(प्रतिकूल दिशा में गली में अपने घर की ओर उँगली दिखाते हुए)* देख, उस घर में ब्रह्म-पिशाच रहता है।

भारवाहक : ऐं? बरम पिचास!

बिल्लड़ : हाँ, उस ओर भूलकर भी न देखना। नहीं तो घर के बाहर वह जो इमली का पेड़ है न, उसी की पत्तियों पर चढ़कर वह डंड लगाने लगेगा। वह वह ढेला फेंकेगा कि तेरी खोपड़ी चकनाचूर हो जाएगी।

भारवाहक : मैं भूलकर भी उधर न देखूँगा! जय बरम बाबा!!

(भूमि पर सिर नवाकर दोनों कान पकड़ता है।)

छमा करो बाबा!

बिल्लड़ : यह तो तू ही 303 बैठक झोरने लगा रे। जा, अपना काम देख। *(भारवाहक जाता है। कुछ देर तक उसकी ओर देखने के बाद बिल्लड़ जल्दी-जल्दी टोकरी में रखे मोदक अपने उत्तरीय में बाँध लेता है और इमली के पेड़ वाले मकान की ओर जो वास्तव में उसी का है, चला जाता है। उसके जाते ही भिक्खु वज्रपाणि भारवाहक का कान यदि अभिनेता को आपत्ति हो तो हाथ पकड़े प्रवेश करता है।)*

वज्रपाणि : बोल, बोल, मेरा पूज्य गुरु बनने वाला परम नीच कहाँ है?

भारवाहक : *(इधर-उधर देखकर)* अभी तो यहीं थे। देखिए, टोकरी अब भी धरी है।

वज्रपाणि : टोकरी तो धरी है, परन्तु उसमें कुछ है भी?

भारवाहक : जी हाँ, गोदक!

वज्रपाणि : *(टोकरी उलट कर)* तेरा सिर!

भारवाहक : *(टोकरी खाली देख सिर पीटते हुए)* अरे मेरे दादा, रे दादा! मैं तो लुट गया रे।

वज्रपाणि : *(भारवाहक को धौल जमाकर)* क्यों रे, मुझे ही ठगने चला था? ठहर जा, अभी तेरा अंजर-पंजर ढीला किए देता हूँ।

भारवाहक : *(पैर पकड़ते हुए)* सचमुच मुझे किसी ने ठग लिया स्वामी! मैं उस तस्कर को बिना पकड़े न छोड़ूँगा।
(भारवाहक बिल्लड़ के घर की ओर देखता है उधर से एक ढेला आकर भारवाहक के पैर के पास गिरता है। भारवाहक उछलकर दो कदम पीछे हट जाता है।) मैं सब समझ गया! यह बरम बाबा की माया है। छमा करो बाबा! अब मैं यहाँ न ठहरूँगा।

(कान पर हाथ रखे शीघ्रतापूर्वक भाग जाता है।)

वज्रपाणि : *(हँसकर और बिल्लड़ के घर की ओर देखकर)* तुम ब्रह्म पिशाच हो तो मैं ब्रह्म राक्षस हूँ। भली भाँति समझ लो, तुम डाल-डाल तो मैं पात-पात! और यदि तुम टेढ़े हो तो हम तुम्हारे डेढ़े। चलो, बाहर आओ।

(अर्गला मोचन की ध्वनि आती है। लड्डू खाकर उत्तरीय से मुँह पोंछते हुए बिल्लड़ का प्रवेश)

बिल्लड़ : नमो अर्ह तो सम्मा सम्बुद्धस्स! भिक्षा चाहिए।

(वज्रपाणि उपेक्षा से सिर हिला देता है और बिल्लड़ के मुँह में लगे रह गए मोदक के कणों को ध्यान से देखता है। बिल्लड़ भी अपनी भूल समझ जाता है और जल्दी-जल्दी उत्तरीय से सारा चेहरा पोंछने लगता है। उसी समय उत्तरीय में कहीं फँसा रह गया मोदक का एक टुकड़ा भूमि पर गिर पड़ता है। बिल्लड़ झेंप कर खड़ा रह जाता है। वज्रपाणि ठठाकर हँस पड़ता है।)

वज्रपाणि : तुम एक कण छिपाने जा रहे थे और उधर समूचा ढोका गिर पड़ा! हा, हा, हा, हा, तुम्हीं ने न उस भारवाहक का मस्तक मुंडन किया है।

बिल्लड़ : किस भारवाहक का?

वज्रपाणि : *(हँसते हुए)* अब भी बन रहा है? समझ में आ गया न कि परम पूज्य गुरु कौन है और कौन है उसका चेला?

(वज्रपाणि हँसते हुए चला जाता है। बिल्लड़ हतप्रभ-सा खड़ा रहता है। तनछिन मन मलीन चिंकुण का प्रवेश।)

चिंकुण : *(बिल्लड़ की ठुड्डी छू कर)* भाई बिल्लड़! शीघ्र कुछ चारा-पानी जुटाओ, नहीं तो तन पिंजर से प्राण पखेरू उड़ा चाहता है।

बिल्लड़ : *(मुँह बनाकर)* पहले आए होते तो कुछ डौल लग भी जाता! *(उसकी ओर ध्यान से देखकर)* तुम्हारी यह दशा कैसे हुई?

चिंकुण : क्या बताऊँ भाई! रात द्यूत-क्रीड़ा में सब कुछ हार गया। लुटा-पिटा प्रातः जब घर गया तो लोगों ने मुझे अर्ध चन्द्र दे निकाल बाहर कर दिया। अब तुम्हारा ही भरोसा है बन्धु!

बिल्लड़ : देखो चिंकुण! तुम मेरे पुराने मित्र हो। मेरी स्थिति तुमसे छिपी नहीं है। मुझे स्वतः अपने बुद्धि बल से दोनों बेर भोजन संग्रह करना पड़ता है। सामने मेरी झोपड़ी है। उसे मैं तुम्हारे साथ बाँट लेने के लिए प्रस्तुत हूँ।

चिंकुण : यह तुम्हारा अनुग्रह है। परन्तु मेरे वस्त्रादि और उदर-पोषण का क्या प्रबन्ध होगा। कोई युक्ति निकालो बन्धु! बुद्धि में लोग तुम्हें दूसरा बृहस्पति कहते हैं।

बिल्लड़ : सहसा कुछ सूझ नहीं रहा है। क्या करूँ? *(कुछ सोचकर)* अच्छा, एक काम कर सकेगा?

चिंकुण : क्या?

बिल्लड़ : उच्च स्वर से गला फाड़-फाड़ कर रो सकोगे?

चिंकुण : विपत्ति तो मुझ पर ऐसी ही पड़ी है कि मेरा रोम-रोम रो रहा है। परन्तु मित्र, चिल्ला-चिल्लाकर तो स्त्रियाँ रोती हैं।

बिल्लड़ : वाह! उपयुक्त अवसर स्मरण कराया। स्त्रियाँ रोते-रोते कुछ कहती भी तो जाती हैं, कभी सुना है?

चिंकुण : हाँ, किन्तु...

बिल्लड़ : किन्तु, परन्तु नहीं, उन्हीं की तरह रोते हुए मेरी गुणावली गा सकोगे?

चिंकुण : किन्तु क्यों?

बिल्लड़ : यों कि मैं उत्तरीय ओढ़कर पड़ा रहता हूँ। तुम बैठकर उच्च स्वर से क्रन्दन करो। जब लोग इधर आ निकलें तो उनसे कहो कि बैठे-बैठे मेरे बन्धु की धुकधुकी बन्द हो गई। मैं अकिंचन इन्हें कैसे ठिकाने लगाऊँ।

चिंकुण : यह बात है! तब लेट जाओ बन्धु! और मेरी भी कला देखो।

(बिल्लड़ उत्तरीय ओढ़कर पड़ रहता है। चिंकुण छाती पीट-पीटकर चिल्लाने लगता है।)

आहा हा हा! ओ हो हो हो! अरे मेरे बन्धु! तुम बैठे-बैठे कहाँ चले गए। मैं तुम्हें कब से बुला रहा हूँ बन्धु! एक बार तो बोल दो! तुम तो भेड़ की तरह भोले, ऊँट की तरह परिश्रमी और गधे की तरह शान्त थे। तुम पर भी दैव को दया न आई! ओ हो हो हो!

(चिंकुण सिर पर हाथ दे मारता है। दो चार व्यक्ति आते हैं। कुछ पैसे फेंकते हुए चले जाते हैं। चिंकुण पैसे बटोरता जाता है और चिल्लाता जाता है। मद्रक मिलिन्द के साथ ईशानी का प्रवेश।)

ईशानी : इनको क्या हुआ था भाई?

चिंकुण : इन्हें भोजन की व्याधि थी। आज किसी मोदक विक्रेता ने मोदक के साथ इन्हें विष दे दिया। खाते ही...हाय हाय कैसे कहूँ?

मद्रक मिलिन्द : धैर्य धरो।

चिंकुण : कैसे धीरज धरूँ! गति के लिए भी तो मेरे पास कौड़ी नहीं।

ईशानी : घबराओ नहीं, मैं सब व्यवस्था किए देती हूँ। *(मिलिन्द से)* आर्य! इस अंचल में तो इरा का पता लगा नहीं। अब उस अंचल में आप टोह लगाइए। तब तक मैं एक भारवाहक तथा अन्य वस्तुओं का प्रबन्ध करती हूँ। *(चिंकुण से)* मेरे साथ आओ।

(मिलिन्द, ईशानी और चिंकुण तीनों जाते हैं। उनके जाते ही बिल्लड़ उठ बैठता है। दौड़कर घर के भीतर जाता है। वहाँ से थोड़ी-सी पुआल और टाट का बना एक पुतला लिए हुए आता है। पुतले में जहाँ कमी है, वहाँ पुआल ठूँस देता है। उसे एक वस्त्र में लपेटकर

उस पर अपना उत्तरीय डाल देता है और छिप जाता है। उसी भारवाहक को लिए ईशानी और चिंकुण प्रवेश करते हैं। चिंकुण के हाथ में एक हरा बाँस है।)

ईशानी : तुम दोनों मिलकर इसे ले जाओ और संस्कार करो।

चिंकुण : देखिए! रात समीप है। मैं स्वभाव से ही कुछ भीरु हूँ। मुझे न भेजिए! क्षमा कीजिए!

ईशानी : तुम इतने भीरु हो कि अपने बन्धु की गति भी न करोगे? *(डाँटकर)* जाओ!

चिंकुण : *(घबराकर)* अच्छा, अच्छा जाता हूँ।

(भारवाहक और चिंकुण बाँस में पुतला बाँधकर उसे उठा लेते हैं)

चिंकुण : *(चलते-चलते)* ओरे मेरे मित्र! तू बड़ा पापी था रे। जीते भी कष्ट दिया, मरने पर भी दे रहा है।

(ईशानी मुस्कराती हुई पीछे-पीछे जाती है।)

पटोत्तोलन

तृतीय दृश्य

(पावस की रात। कभी-कभी चन्द्रमा बादलों के घेरे से बाहर निकलता है और पुनः मेघपटल में छिप जाता है। रह-रहकर बिजली भी चमक उठती है। शिव-भक्त नागों का जातीय चत्वर श्मशान के पार्श्व में ही है। शक्ति-शिव विकट भैरव वेश में हाथ में जलता हुआ खप्पर लिए सावधानी से प्रवेश करता है। वृक्ष के कोटर से सिर निकाल कर ईशानी शक्ति शिव के क्रिया-कलाप का निरीक्षण करती है। शक्ति-शिव के क्रिया-कलाप का निरीक्षण करती है। शक्ति-शिव वेदी पर खप्पर रख शिवलिंग के समीप दंडवत करता है। तदनन्तर वह पद्मासन लगाकर ध्यान मुद्रा में बैठ जाता है। ईशानी कोटर में से धीरे-धीरे निकलती है। वायु का तीखा झटका लगता है और खप्पर

की आग बुझ जाती है। ईशानी की आहट पाकर शक्ति-शिव आँख खोल देता है, परन्तु खप्पर की आग का प्रकाश बुझ जाने से ईशानी उसका आँख खोलना नहीं देख पाती। वह श्रद्धावनत मुद्रा से उसके समक्ष जा हाथ जोड़ खड़ी हो जाती है। क्षण भर में शक्तिशिव आँखें खोल देता है।)

शक्तिशिव : कौन? इस समय यहाँ कैसे आई?

ईशानी : मैंने सुना था कि कोई महात्मा अर्द्धरात्रि में यहाँ नित्य आकर उपासना करते हैं। वे त्रिकालज्ञ हैं। सम्भवतः आप वही हैं। मैं बहुत मानसिक कष्ट में पड़कर आपके पास आई हूँ।

शक्तिशिव : मेरे प्रथम प्रश्न का उत्तर दो!

ईशानी : मेरा नाम ईशानी है और आवास नागग्राम।

शक्तिशिव : पितृकुल?

ईशानी : नागकुल है।

शक्तिशिव : पति का वंश?

ईशानी : कुमारी हूँ।

शक्तिशिव : हूँ। पिता का नाम?

ईशानी : मैं गुरुजन का नाम नहीं लेती। *(दूर वज्रपाणि के अट्टहास की ध्वनि सुन पड़ती है।)* दोनों ही चौंक पड़ते हैं।

शक्तिशिव : *(ईशानी को ध्यान से देखकर)* कोई तुम्हारे साथ आया है?

ईशानी : नहीं मैं अकेली हूँ।

शक्तिशिव : स्वार्थ क्या है?

ईशानी : मेरी सखी को वनस्पर लल्ल हर ले गया है। उस विषय से मैं बहुत चिन्तित हूँ।

शक्तिशिव : *(ध्यान का अभिनय कर)* वह तो विकट यंत्रणा में है।

ईशानी : *(दुःखी होकर)* उस पर इतना अत्याचार क्यों हो रहा है?

शक्तिशिव : *(घूरते हुए)* जिस कार्य के लिए उसका हरण हुआ है।

ईशानी : उसका हरण क्यों हुआ?

शक्तिशिव : नागनेता नवनाग की गतिविधि की शोध के लिए।

ईशानी : वह तो उनके विषय में कुछ नहीं जानती।

शक्तिशिव : नवनाग की पुत्री अपने पिता के विषय में न जानेगी तो कौन जानेगा?

ईशानी : *(हैरान-सी होकर)* इरा तो उनकी पुत्री नहीं! उनकी पुत्री तो... *(मैं हूँ, कहते-कहते रुक जाती है।)*

शक्तिशिव : *(डाँटते हुए)* तू है! क्यों? त्रिकालज्ञ से छिपा रही थी! *(ईशानी चुप रहती है। अट्टहास की ध्वनि और भी समीप सुन पड़ती है।)*

शक्तिशिव : कल तुम नगर के समीप मत्स्योदरी तीर्थ पर जाना। वहाँ तुझे अपनी सखी के उद्धार का मार्ग ज्ञात हो जाएगा।

ईशानी : मैं आर्य मिलिन्द के साथ आज भी वहीं गई थी, परन्तु असफल रही।

शक्तिशिव : कल अकेली जाना। सफल होगी। जा! *(ईशानी नमस्कार कर चली जाती है। अट्टहास की ध्वनि समीपतम हो जाती है।)*

शक्तिशिव : *(उठता हुआ)* लल्ल से भूल हुई। रहस्य तो इसे ज्ञात है।

(उठकर त्रिशूल उठा लेता है और उस आगन्तुक की प्रतीक्षा करता है, जिसकी पगध्वनि समीप आती जाती है। हँसते हुए वज्रपाणि आता है, दोनों एक-दूसरे को क्षण भर ध्यान से देखते हैं।)

शक्तिशिव : श्रवण! अर्धरात्रि के समय श्मशान में तुम कैसे?

वज्रपाणि : *(मुस्कराते हुए)* आप ही की ख्याति सुनकर आया हूँ, महायोगिन!

शक्तिशिव : अभिप्राय?

वज्रपाणि : *(हँसकर)* सिद्धि की दीक्षा लेना।

शक्तिशिव : क्या अपना पंथ छोड़ मेरा शिष्य होना स्वीकार करोगे?

वज्रपाणि : *(अट्टहास कर)* हाँ गुरुदेव!

(किसी के आने की आहट लगती है। दोनों चुप होकर प्रतीक्षा करते हैं।)

शक्तिशिव : यह कैसी आहट है?

वज्रपाणि : शव-वहनकारी जान पड़ते हैं।

शक्तिशिव : मेरा शिष्य बनने के पूर्व तुम्हें परीक्षा देनी होगी। इन लोगों से शव छीन लेना होगा। तुम्हारी आकृति तो विकट है ही। उसे तनिक और भी भयंकर बना लो।

(वज्रपाणि हँसकर मुँह टेढ़ा कर लेता है। शक्तिशिव त्रिशूल उठा भैरवमुद्रा में खड़ा हो जाता है। चिंकुण और भारवाहक बिल्लड़ का कृत्रिम शव लेकर प्रवेश करते हैं। सहसा बिजली चमकती है। विद्युत् प्रकाश में दो भीषण मूर्तियों के दर्शन से चिंकुण और भारवहक का साहस छूट जाता है। त्यों ही वज्रपाणि भीषण अट्टहास

करता है। वे दोनों 'अरे बाप रे!' कहकर शव फेंक देते हैं और भाग निकलते हैं।)

शक्तिशिव : जाओ, शव को नदी में स्नान करा लाओ।

(वज्रपाणि शव के पास जाकर उसका वस्त्र खोल देता है। पुआल भरा पुतला देख वह जोर से हँस पड़ता है।)

शक्तिशिव : क्या हुआ?

वज्रपाणि : यह तो पुआल का पुतला है, गुरुदेव हः हः हः हः

शक्तिशिव : तुम डरे तो नहीं?

वज्रपाणि : पुआल के पुतले से? हः हः हः हः

शक्तिशिव : मेरा चमत्कार देखा न! अब कल इसी समय यहाँ आना, तुम्हें दीक्षा दूँगा।

वज्रपाणि : अवश्य आऊँगा। *(शक्तिशिव जाता है। वज्रपाणि उसे नमस्कार करता है।)* मनुष्य का शव पुआल का पुतला हो गया। यह चमत्कार है? न। शव-वहनकारियों को पकड़ना चाहिए।

(जाता है, थोड़ी देर निस्तब्धता छाई रहती है। रह-रह कर बिजली चमक उठती है। चत्वर का एक पत्थर खिसक जाता है। उसमें से नवनाग बाहर निकलता है। वह तूर्य नाद करता है। तूर्य नाद द्वारा ही चतुर्दिक से उसे उत्तर मिलता है। जलौक, मिलिन्द, कर्कोट आदि विभिन्न दिशाओं से प्रवेश करते हैं और नवनाग को नमस्कार कर खड़े हो जाते हैं।)

नवनाग : कहिए, कार्यक्रम के सम्बन्ध में आप लोगों ने कुछ विचार किया?

जलौक : हमने तो अपने को आपका अनुचर मान लिया है। जो आदेश होगा, उसका पालन करेंगे।

नवनाग : मैंने निश्चय किया है कि कल वाराणसी नगर पर आक्रमण कर उसे हस्तगत कर लिया जाए और तत्पश्चात् तत्काल ही विभिन्न प्रदेशों की कुषाण राजधानियों पर भी धावा कर दिया जाए।

मद्रक मिलिन्द : अत्यन्त सुन्दर नीति है। इससे शत्रु के हाथ-पाँव फूल जाएँगे।

कर्कोटवर्मन : यह तो ठीक है, परन्तु क्या इतने शीघ्र आक्रमण करना उचित होगा?

नवनाग : आक्रमण का यही उपयुक्त अवसर है। मुझे चरों से आज ही विदित हुआ है कि मथुरा में कुषाण सम्राट् वासुदेव की

मृत्यु हो गई। महाक्षत्रप महिदल जुनाह पंचनद और काश्मीर प्रदेश में आग और तलवार लिए विचरण कर रहा है। यदि इस समय वनस्पर लल्ल पर विजय प्राप्त हो जाए तो चम्पा से लेकर मथुरा तक की भूमि अनायास ही पाप-मुक्त हो जाएगी।

मद्रक मिलिन्द : जो आज्ञा हो, हम तत्पर हैं।

नवनाग : वीरों! स्मरण रहे। हमने शिव का भार उठाया है। देश में अक्षय कल्याण की स्थापना के लिए गंगा का विस्तृत मैदान हमें तांडव नृत्य के लिए आमंत्रित कर रहा है। हमें एक हाथ में ध्वंस और दूसरे में निर्माण लेकर सफल तांडव करना होगा। इसमें ईर्ष्या, द्वेष, मोह और लोभ के लिए स्थान नहीं। स्मरण रहेगा?

(अट्टहास की ध्वनि आती है। सब चकित होकर देखते हैं)

नवनाग : *(मुस्कराते हुए उच्च स्वर से)* चले आओ! *(भिक्षु वज्रपाणि आता है)* कहो।

वज्रपाणि : शक्ति सन्देहास्पद है।

नवनाग : पूर्ण विश्वसनीय समाचार लाओ।

वज्रपाणि : जो आज्ञा। *(जाना चाहता है। सहसा ईशानी की पुकार)* सुनाई पड़ती है–'दौड़ो-दौड़ो'। सब तलवारें सैंतकर एकदम उस ओर घूम जाते हैं, जिधर से ध्वनि आ रही है।

(यवनिका)

चतुर्थ दृश्य

समय : पूर्व वर्णित गली।

समय : प्रभात।

(शक्तिशिव गली में आकर बिल्लड़ के द्वार पर पुकारता है)

शक्तिशिव : बिल्लड़, ओ बिल्लड़!
नेपथ्य से उत्तर–कौन बिल्लड़ को पुकार रहा है? कल रात उनका काशीवास हो गया। *(द्वार खुलने की खड़खड़ाहट होती है और चिंकुण बाहर आता है।)*

चिंकुण : कहो क्या कहते हो?

शक्तिशिव : *(चिंकुण को ध्यान से देखकर और पहिचान कर)* तुम्हीं हो न जो रात को श्मशान में पुआल का शव फेंक कर भागे थे?

चिंकुण : *(शक्तिशिव को पहचान कर)* अरे बाप रे! यह तो वही रात वाला बैताल है। *(भाग चलता है, शक्तिशिव उसे दौड़ाकर पकड़ता है)* क्षमा करो, प्रभु! मैंने तुम्हारा क्या बिगाड़ा है?

शक्तिशिव : तब बता, बिल्लड़ कहाँ है?

चिंकुण : *(घिघिया कर)* मैंने तो पहले ही बताया, उसी का शव लेकर मैं जा रहा था।

शक्तिशिव : *(भृकुटि टेढ़ी कर)* उसी का शव लेकर गया था।

चिंकुण : देखिए, आप पुनः रुष्ट हुए जा रहे हैं। अच्छा उसका नहीं मैं अपना ही शव लिए जा रहा था। बस, अब आप प्रसन्न हो जाइए। मुझे छोड़ दीजिए।

शक्तिशिव : मिथ्यावादी, तेरे नाक, कान, काटकर तब तुझे छोड़ूँगा।

(चिंकुण अनुनय-विनय करता है। शक्तिशिव उसे एक हाथ से पकड़ दूसरे हाथ से छुरी निकालता है।)

बिल्लड़ : हाँ, हाँ, यह क्या करते हो योगिन्! यह तो मेरा मित्र है। शक्तिशिव उसे छोड़ देता है। वह दौड़कर बिल्लड़ से लिपट जाता है।

चिंकुण : देखो भाई! यह मुझे मिथ्यावादी बनाकर मेरे कान कतरने जा रहा था।

शक्तिशिव : मिथ्यावादी तो तू है ही। तू ही न कहता था कि...।

बिल्लड़ : *(चिंकुण को टरकाने के लिए)* चिंकुण ने ठीक ही कहा है। मैं बिल्लड़ नहीं, उसका प्रेत हूँ।

(भयभीत चिंकुण कूदकर बिल्लड़ से अलग हो जाता है।)

चिंकुण : दैया रे दैया, बिल्लड़ तो प्रेत हो गया। ले बाबा, तू अपना घर सम्भाल। मैं न रहूँगा।

(चिंकुण भाग जाता है। बिल्लड़ और शक्तिशिव दोनों हँस पड़ते हैं।)

बिल्लड़ : अच्छा हुआ, चला गया! कहिए आप कैसे आए?

शक्तिशिव : क्षत्रप से भारी भूल हुई बिल्लड़! वह जिसे हर ले गए हैं वह न तो नवनाग की पुत्री है और न उसे नव का रहस्य ही ज्ञात है।

बिल्लड़ : तब?

शक्तिशिव : तब क्या, इसकी सूचना क्षत्रप को देनी चाहिए। मैंने रात ईशानी को पकड़ने का प्रयत्न किया था, परन्तु वह चिल्लाने लगी और मुझे पलायन करना पड़ा। यही कल्याण हुआ कि उसने मुझे पहचाना नहीं।

बिल्लड़ : अच्छी बात है! मुझे क्या करना होगा?

शक्तिशिव : मैंने उसकी सखी का पता देने का प्रलोभन देकर उसे यहाँ बुलाया है। वह आती ही होगी। तुम उससे मिलकर कहो कि इरा क्षत्रप के प्रासाद से भाग निकली है और इसी पत्तन में एक स्थान पर छिपी हुई है। बस इतना सुनते ही वह तुम्हारे साथ लगी चली जाएगी। समझ गए न?

बिल्लड़ : भली भाँति!

शक्तिशिव : यह समझ लो कि यदि सफल हो गए तो क्षत्रप की प्रसन्नता और उनसे मिलने वाले पुरस्कार की सीमा न रह जाएगी। सावधानी से उसकी प्रतीक्षा करो। मैं जाता हूँ।

बिल्लड़ : चलो चतुष्पथ तक मैं भी तुम्हारे साथ चलता हूँ।

शक्तिशिव : नहीं। ईशानी इरा के उद्धार के लिए आतुर है। वह आती ही होगी। तुम प्रतीक्षा करो।

(शक्तिशिव चला जाता है। बिल्लड़ दो चार पग इधर-उधर घूम कर बैठ जाता है। सामने से ईशानी आती है।)

बिल्लड़ : देवि! मैं परदेसी हूँ। क्या आप नागग्राम का मार्ग बता सकती हैं?

ईशानी : *(रुककर)* नागग्राम! हाँ, मार्ग बता सकती हूँ। वहाँ किसके पास जाना है?

बिल्लड़ : नागग्राम में एक ईशानी देवी रहती हैं। उन्हीं के पास उनकी एक सखी का सन्देश पहुँचाना है।

ईशानी : ईशानी के पास? उसकी सखी का सन्देश!

बिल्लड़ : आप आश्चर्य में क्यों पड़ गईं देवि?

ईशानी : यों ही *(कुछ सोचकर)* उसकी सखी का नाम क्या है?

बिल्लड़ : ईशानी देवी के अतिरिक्त अन्य किसी को नाम बताने का निषेध है।

ईशानी : *(और भी विचार कर)* नागग्राम की ईशानी मैं ही हूँ।

बिल्लड़ : *(हर्ष से)* आप ही हैं! चलिए मेरा श्रम सार्थक हुआ। आपकी सखी इरा देवी क्षत्रप के प्रासाद से मेरी सहायता द्वारा मुक्त हो गई हैं और इसी पत्तन में एक स्थान पर छिपी

हुई हैं। उन्होंने कहा है कि आप कुछ सैनिकों को भेज दें, वह चली आवें।

ईशानी : सैनिक क्या होंगे? मैं ही चलती हूँ। चलो शीघ्र चलो।

बिल्लढ़ : आप अकेली चलकर क्या करेंगी? कुछ सैनिक ले लीजिए। कहीं कोई दुर्घटना हो जाए तो।

ईशानी : ठीक कहते हो! तुम यहीं ठहरो, नगर में भी मेरे कुछ सैनिक रहते हैं। मैं उन्हें अभी बुला लाती हूँ। ठहरो! *(चलने को उद्यत होती है। सहसा शक्तिशिव के साथ कई सैनिकों का प्रवेश।)*

शक्तिशिव : सावधान! सहायता के लिए चिल्लाई तो त्रिशूल कलेजे के पार हो जाएगा।

ईशानी : प्रवंचक तपस्वी! मुझे रात ही तुझ पर सन्देह हो गया था।

शक्तिशिव : वार्ता न कर! आगे बढ़! और बिल्लड़! तू इसे कहाँ जाने दे रहा था?

बिल्लड़ : मैं तो यह प्रयत्न कर रहा था कि इसी के साथ इसके कुछ सहायक भी फँस जाएँ।

शक्तिशिव : ओह, यह बात थी! तब बढ़ और इसे बाँध ले!

ईशानी : सावधान! मुझे स्पर्श न करना, मैं स्वयं चलती हूँ। खेद है कि माता सीता की भाँति मैं भी इस प्रवंचक के तपस्वी रूप से ठगी गई।

शक्तिशिव : परन्तु यहाँ कोई जटायु नहीं जो तेरे सहायकों को तेरा पता बतलाएगा।

ईशानी : अच्छा स्मरण कराया। जटायु ने ही सीता का पता नहीं बताया था।

(नागग्राम की ओर मुँह कर और भूमि पर बैठ सिर झुकाती है। सबकी आँख बचाकर अपनी मुद्रिका भूमि पर डाल देती है। पुनः उठ खड़ी होती है।)

(सब उसे घेर कर ले जाते हैं। नवनाग, जलौक आदि नाग नेताओं का प्रवेश।)

नवनाग : कश्मीरेन्दु! ईशानी को अब इधर-उधर खोजना व्यर्थ है। अवश्य ही मेरी गतिविधि जानने के लिए शत्रुओं ने उसे भी पकड़ लिया।

जलौक : फिर भी खोजने का प्रयत्न तो करना ही चाहिए!

नवनाग : ईशानी की खोज की अपेक्षा कहीं अधिक महत्त्वपूर्ण कार्य हमारे समक्ष है, जलौक! समय नष्ट न करो। कार्यक्रम के अनुसार ही चलो।

वसुनन्दी : और मेरी पुत्री इरा! उसका क्या होगा? हे भगवान! *(बुड्ढा गिरकर कराह उठता है।)* अरे यह क्या धँसा रे! *(मुद्रिका उठाकर)* अरे, अरे यह तो ईशानी की मुद्रिका है। *(सब साश्चर्य देखते हैं)।*

मद्रक मिलिन्द : हटो, हटो तो वसुनन्दी। यहाँ रक्त से कुछ लिखा भी है।

जलौक : *(आतुरता से झुककर पढ़ता है)* लल्ल! यहाँ तो 'लल्ल' लिखा है। निःसन्देह ईशानी लल्ल के फन्दे में फँस गई।

नवनाग : *(मुस्कराते हुए गम्भीरतापूर्वक)* मैंने क्या कहा था कश्मीरेन्दु!

जलौक : आप ही का कथन सत्य है। अब विलम्ब न कीजिए। क्या मैं अकेले ही लल्ल के प्रासाद पर आक्रमण कर दूँ? *(तलवार खींचकर आगे झपटता है)*

नवनाग : ठहरो, ठहरो हम भी चलते हैं! तूर्यनाद करो, सबको सावधान कर दो। *(सब तूर्यनाद करते हुए आगे बढ़ते हैं। बहुत-से लोगों के चलने की आवाज़। सबका प्रस्थान।)*

(पटोत्तोलन)

पंचम दृश्य

(क्षत्रप लल्ल के प्रासाद का प्रमोद उद्यान। एक ओर दुर्ग के ऊँचे कंगूरे पर पताका फहरा रही है। उद्यान में एक ऊँचे गोल चबूतरे पर आसन्दिका रखी है, जिस पर लल्ल बैठा है। सामने सुन्दर-सी चौकी पर पानासब प्रस्तुत है। छत्र चँवर के टीम टाम का अभाव नहीं है। सामने इरा एक वृक्ष से बँधी विवश खड़ी है। लल्ल की बहिन यूका चमड़े की चाबुक फटकारती हुई उसके समीप ही मंच पर आसीन है। पास ही एक दास बैठा अंगीठी में लोहे के चिमटे लाल कर रहा है।)

लल्ल : अब भी बता दे! नवनाग का गुप्त आवास कहाँ है?

इरा : *(पीड़ा से विकृत स्वर में)* नवनाग का गुप्त आवास सभी पीड़ितों के हृदय में है।

यूका : यह ऐसे न बताएगी भाई! इसके शरीर पर गैंडे का चर्म है, जिस पर कशाघात का कोई प्रभाव नहीं पड़ता। *(दास की ओर घूमकर)* क्यों रे, चिमटे लाल हो गए?

दास : आग ही हो गए हैं।

लल्ल : निकाल कर इसकी हथेली पर रख दें। *(इरा से)* बोल, अब भी बताएगी कि नहीं।

इरा : *(दृढ़ विवशता के साथ भयभीत होकर)* नहीं बताऊँगी।

(इरा भयभीत होकर संज्ञा शून्य हो जाती है। उसका सिर एक ओर ढुलक जाता है।)

लल्ल : *(दास से)* इसकी आँखें फोड़ दे।

यूका : यह तो अचेत हो गई है।

लल्ल : *(विद्रूप से)* नवनाग की बेटी और हृदय की इतनी दुर्बल!

(शक्तिशिव और बिल्लड़ ईशानी को लेकर आते हैं।)

शक्तिशिव : वह नवनाग की पुत्री नहीं स्वामी! यह है।

यूका : यह है! तब यह कौन है, जिसे भाई लल्ल लाये हैं?

शक्तिशिव : वह नागग्राम निवासी वसुनन्दी की पुत्री है।

लल्ल : *(हँसकर)* यह तो मुझसे भारी भूल हुई। भूल पर भूल। *(इरा को दिखा कर)* जान पड़ता है, इसे वास्तव में नवनाग का रहस्य ज्ञात नहीं! *(ईशानी से)* क्यों जी तुम्हारा क्या नाम है? *(ईशानी चुप रहती है)* डरो नहीं अपने पिता का गुप्त आवास बता दो। तुम दोनों को तत्काल बन्धन-मुक्त कर दूँगा।

ईशानी : यही बुद्धि लेकर मेरे पिता का पता लगाने चले हो क्षत्रप? कुषाण साम्राज्य की सारी शक्ति मिलकर भी जिसका पता नहीं लगा पा रही है, उसका गुप्त आवास मुझ जैसी निर्बुद्धि नारी को कैसे ज्ञात हो सकता है?

यूका : तुम नवनाग की पुत्री हो। यह कैसे हो सकता है कि बेटी को अपने बाप की गतिविधि का पता न हो।

ईशानी : जिसके ऊपर शिव का भार होता है, उन्हें अपनी बहिन-बेटियों को लेकर राजनीतिक-लीला करने का अवकाश कहाँ?

यूका : मुझ पर व्यंग्य करती है? ठहर तो जा! *(चाबुक उठाती है)*

ईशानी : *(चाबुक छीन कर दूर फेंक देती है)* सावधान! अपने आचरण से समूची नारी जाति को कलंकित न करो, कुषाण कुमारी।

लल्ल : *(बिगड़कर)* तुम सीधे से न बताओगी?

ईशानी : जब ज्ञात ही नहीं तब बताने का क्या प्रश्न?

लल्ल : अभी ज्ञात हो जाता है। इन तप्त शलाकाओं को देखती हो न! हाथ पर स्पर्श कराते ही सब स्मरण आ जाएगा। बोलो, बताती हो!

ईशानी : मुझे ज्ञात नहीं।

यूका : *(दास से)* देखता क्या है? उठा शलाका और फोड़ दे इसकी आँख।

इरा : *(चेत में आकर)* नहीं, नहीं, मैं बताती हूँ।

ईशानी : सावधान इरा! *(नेपथ्य में तुमुलरव, दो-चार नगर रक्षक 'त्राहिमाम् त्राहिमाम्' पुकारते आते हैं।)*

पहला नगर रक्षक : रक्षा करो प्रभु! नागों ने नगर में विद्रोह कर दिया। हम लोगों को मार-पीट कर भगा दिया।

दूसरा नगर रक्षक : विद्रोही प्रासाद की ही ओर बढ़े आ रहे हैं। पराजित नगर रक्षिणी उन्हें रोकने में असमर्थ है।

लल्ल : *(एकदम घबराकर)* सेनानायक कहाँ हैं?

पहला नगर रक्षक : उञ्झट की द्यूतशाला में रात बिताकर वह प्रातः घर लौटे और मदपान के अवसाद में शिथिल पड़े हैं।

लल्ल : दुर्गरक्षिणी सेना नायक कहाँ हैं?

दूसरा नगर रक्षक : उन्हें गणिका पल्ली में विद्रोहियों ने मार डाला।

यूका : अपनी व्यवस्था देख ली न! इसी दिन के लिए मैं सावधान किया करती थी।

लल्ल : उपदेश न दो यूका! मैं स्वयं जाता हूँ। *(सैनिकों से)* सेना सन्नद्ध करो।

एक सैनिक : *(दौड़ते हुए आकर)* दुर्ग की सेना भागी जा रही है देव! तोरण पर युद्ध हो रहा है। मुख्य द्वार टूटा चाहता है।

लल्ल : *(घबराकर)* तो क्या करूँ?

यूका : भागो।

(यूका इरा का बन्धन खोलने लगती है। कड़ाके की ध्वनि के साथ द्वार टूटने का शब्द सुन पड़ता है। मारो, भागो, काटो की आवाज़ के साथ बहुत-से लोगों के दौड़ने की ध्वनि। प्रासाद में एक ओर आग की लपटें दीख पड़ती हैं।)

शक्तिशिव : शत्रु सिर पर आ पहुँचा स्वामी! शीघ्र भागिए!

लल्ल : तुम ठीक कहते हो! मैं अभी व्यवस्था करता हूँ। *(गोल चबूतरे के एक स्थान पर ठोकर मारता है, चबूतरे के मध्य में एक पल्ला हट जाता है। गुप्त द्वार प्रकट होता है।)* उतरो, उतरो, सभी लोग इस गुप्त द्वार से निकल चलो। बन्दिनियों को आगे ले चलो। चलो शीघ्रता करो।

(बिल्लड़ एक ओर छिप रहता है। शेष सभी बन्दिनियों को आगे कर भूगर्भ में उतर पड़ते हैं। भीतर से पटिया आकर पुनः अपने स्थान पर बैठ जाती है। नवनाग, जलौक आदि रक्तरंजित वेश में तलवारें खींचे प्रवेश करते हैं।)

नवनाग : कहाँ है लल्ल?

(बिल्लड़ गुप्त स्थान से निकल कर चबूतरे की ओर उँगली उठाता है। सभी चबूतरे पर पैर पटकते हैं।)

(यवनिका)

प्रथम अंक समाप्त

द्वितीय अंक

प्रथम दृश्य

(साकल में रणभूमि से तीन योजन दूर नवनाग का स्कंधावार। मृग-चर्म से सजे पटमंडप में मृगचर्म के ही आस्तरण पर नवनाग बैठा है। अर्द्धरात्रि का समय दीवारों पर विविध प्रकार के शस्त्र टँगे हैं। मृत्प्रदीप के प्रकाश में नवनाग ताड़ पत्रों पर कुछ लिख पढ़ रहा है! बाहर अर्द्धरात्रि का सूचक वाद्य बजता है। पटमंडप के बाहर किसी के हँसने की ध्वनि।)

नवनाग : चले आओ *(वज्रपाणि का प्रवेश)* अर्द्धरात्रि में आए। कहो क्या संवाद है?

वज्रपाणि : संवाद शुभ नहीं है स्वामी!

नवनाग : *(हँसकर)* हम अशिव पर ही तो शिव की स्थापना करने निकले हैं। कोई चिन्ता नहीं। कह चलो।

वज्रपाणि : कर्कोट वर्मन से शत्रु की कुछ गुप्त वार्ता चल रही है।

नवनाग : हूँ! और कुछ? रणभूमि की क्या व्यवस्था है?

वज्रपाणि : वहाँ की दशा तो और भी विचित्र है। काश्मीर नरेश जलौक को मैंने शत्रु के गुप्तचर से एकान्त में बहुत घुलमिल कर वार्ता करते देखा है।

नवनाग : इसमें जलौक का उद्‌देश्य अपनी अभीष्ट सिद्धि भी तो हो सकता है।

वज्रपाणि : मालवक, भुंजवान् और यौधेयक प्रवीर में भी परस्पर द्वेष है।

(ताली बजने की आवाज़)

नवनाग : तुम इधर से चले जाओ। कौन है? आओ।

(वज्रपाणि जाता है। वीरसेन का दूत आता है।)

दूत : जय हो! सेनापति वीरसेन ने प्रणामानन्तर निवेदन किया है कि दो वर्ष प्रयत्न के पश्चात् पद्मावती तक का प्रदेश पाप-मुक्त हो गया। अब क्या आज्ञा है?

नवनाग : शुभ संवाद है दूत! सेनापति को मेरी बधाई देना। मैं मद्रक मिलिन्द को अपना प्रतिनिधि नियुक्त कर तुम्हारे साथ भेज देता हूँ। वह मथुरा मंडल के राजसिंहासन पर सेनापति वीरसेन का अभिषेक कर देंगे। अब तुम जाओ, विश्राम करो। *(दूत जाना ही चाहता है कि वसुनन्दी आता है।)*

वसुनन्दी : *(दूत को देखकर)* राजा! आधी रात को भी तुम्हें विश्राम नहीं। सोचा था इस समय तुम एकान्त में मिलोगे और मैं अपनी बात कह सकूँगा।

(दूत एकान्त शब्द सुनते ही प्रणाम कर चला जाता है।)

नवनाग : *(रूखे स्वर में)* वसु मैंने तुम्हें बार-बार वारण किया परन्तु तुम अकारण ही एक साधारण मनुष्य को राजा, महाराजा कहते रहते हो। बताओ तो, आधी रात को भी तुम्हें नींद नहीं आती?

वसुनन्दी : तुम्हीं कहो राजा...ओह फिर मुँह से निकल पड़ा। *(नवनाग मुस्कराता है)* अच्छा तुम्हीं कहो, ईशानी के शत्रु के हाथ पड़ जाने के बाद से क्या तुम्हें नींद आई है। मैं नींद की बात कह रहा हूँ, नींद की।

नवनाग : भाई वसु! राष्ट्रनीति जिसे वरण करती है, उसे उसके बाल-बच्चों से विमुख कर देती है और तुमने नींद की बात पूछी

है। सच तो यह है कि जिस दिन माथे में कुछ बुद्धि आई उसी दिन आँखों की नींद उड़ गई।

वसुनन्दी : तो अर्थ यह कि तुम्हें नींद आ जाती है। बड़े भाग्यवान हो भाई, मेरी तो, जिस दिन से इरा गई, यह दशा है कि बैठे-बैठे झीमने लगता हूँ। बन्द होते ही आँखें खुल भी जाती हैं। देखता हूँ सामने इरा खड़ी है। यातना से शरीर कृष और मुख पीला पड़ गया है। उसका कुसुम कलेवर लौह शृंखलाओं में जकड़ा हुआ है। वह सहायता के लिए पुकारती है। मैं कानों से स्पष्ट सुनता हूँ और अपने को असहाय पाकर निराशा से रो देता हूँ। *(गला भर आता है, आँखें पनिया जाती हैं।)*

नवनाग : धैर्य धरो वसु!

वसुनन्दी : दो बरस से यही तो सुनता आ रहा हूँ। कब तक धैर्य धरूँ। बताओ, मेरी इरा को कब ले आओगे?

नवनाग : इतना ही कह सकता हूँ, वसु, सब की अपहृता पुत्रियों को लौटा लाने के बाद ही मैं ईशानी को लाऊँगा।

वसुनन्दी : हाँ, शीघ्रता करो। नहीं तो मैं क्या करूँगा, जानते हो?

नवनाग : क्या?

वज्रपाणि : *(सहसा आकर)* विद्रोह! विद्रोह!

नवनाग : *(क्षण भर रुककर)* इस समय तुम जाओ, वसु!

वसुनन्दी : जाता हूँ, मेरी बात स्मरण रखना। इरा, इरा *(जाता है।)*

नवनाग : कर्कोट ने विद्रोह कर दिया?

वज्रपाणि : अपनी सेना लिए स्कन्धावार त्याग कर वह भागा जा रहा है।

नवनाग : हूँ! *(बाहर ताली बजती है)* कौन है? चले आओ!

दूत : *(प्रवेश कर)* जय हो देव! रणभूमि की स्थिति अत्यन्त चिन्ताजनक है। मालवक, भुंजवान् और यौधेयक प्रवीर में आज प्रकाश्य युद्ध हो गया। दोनों अपनी-अपनी सेना लेकर रणभूमि से हट गए हैं। काश्मीर नरेश की स्थिति चिन्ताजनक हो गई है।

नवनाग : हूँ! *(चुपचाप उठकर दीवार पर से अस्त्र-शस्त्र उठाकर धारण करते हुए और वज्रपाणि को दो मुद्रांकित पत्र देकर।)* वज्रपाणि! ये मुद्रांकित पत्र ले जाओ। इनमें से एक मद्रक मिलिन्द को दे दो। उनसे कहो कि वह भी विद्रोही बनने का अभिनय कर अपनी सेना सहित कर्कोट से मिल जाएँ और आवश्यकतानुसार उपयोगी कार्य करते रहें। दूसरा पत्र वाकाटक विंध्यशक्ति को देकर उनसे कहो कि वह कर्कोट का दमन

करें, उसे मारें नहीं और मिलिन्द से भी व्यवस्था समझ लें। जाओ मेरी सेना सन्नद्ध करने के लिए तूर्यनाद कराओ।

वज्रपाणि : जो आज्ञा! *(जाता है।)*

नवनाग : *(दूत से)* तुम मेरे साथ चलो। *(शिरस्त्राण उठाकर सिर पर धारण करता है। नेपथ्य में तूर्यनाद और चहल-पहल की ध्वनि)*

(यवनिका)

द्वितीय दृश्य

(रणक्षेत्र के समीप ही एक निर्जन प्रदेश। लल्ल और शक्तिशिव बातें करते आते हैं।)

लल्ल : *(प्रशंसासूचक मुद्रा से)* वाह तुम्हारा मूल्य तो तुम्हारे बराबर सोना तौलकर भी नहीं चुकाया जा सकता।

शक्तिशिव : सब आपकी कृपा है प्रभु! अब तक कर्कोट निश्चय ही विद्रोह की घोषणा कर चुका होगा। मैंने उसके मन में यह बात भली भाँति बैठा दी है कि नवनाग तुम्हें अपने सभी सेनापतियों से हीन समझता है और तुम्हारी उपेक्षा करता है।

लल्ल : *(मुग्ध-सा होकर)* बुद्धि में तुम्हारी समता करने वाला विश्व में कोई नहीं!

शक्तिशिव : *(आवेश में)* अपने को सर्वोच्च समझने वाले ये द्विज बुद्धिहीन कहकर हमसे घृणा करते थे। इसी से मैं बौद्ध हुआ। मैं भी इन्हें दिखा दूँगा कि द्विजेता बुद्धि वैभव में किसी द्विज से घट कर नहीं। मैं भी नये विधान बनाऊँगा; नई व्यवस्थाएं चलाऊंगा।

लल्ल : तुम सब कर सकते हो। प्रवीर और भुंजवान् जैसे गणतंत्रियों में विग्रह करा उन्हें रण से विमुख कर देना साधारण काम नहीं।

शक्तिशिव : तथागत की कृपा बनी रही तो एक दंड के भीतर ही काश्मीरक जलौक को बाँधकर आपके चरणों में डाल दूँगा। अब आप दुर्ग में जाइए। वह मुझसे मिलने आता ही होगा।

लल्ल : अच्छा! इस पर भी हाथ फेर दिया, वाह!

शिवशक्ति : शीघ्रता कीजिए प्रभु! वह आ ही रहा है। *(एक ओर से लल्ल जाता है। दूसरी ओर से जलौक आता है।)* आपने बड़ी प्रतीक्षा कराई।

जलौक : जानते ही हो, युद्ध की व्यवस्था कोई साधारण काम नहीं। तुम्हारे दूत ने मुझसे कहा कि तुम कोई महत्त्वपूर्ण सूचना देना चाहते हो।

शक्तिशिव : यही बात है स्वामी! ईशानी के उद्धार का आज ही उपयुक्त अवसर है। कुषाणों का आज वार्षिक उत्सव है। वे आज सभी मदिरा पीकर प्रमत्त रहेंगे। संयोग से बन्दीगृह पर भी आज मेरा ही पहरा है।

जलौक : परन्तु दुर्ग के प्रहरियों की आँख बचाकर मैं दुर्ग में प्रवेश कैसे कर पाऊँगा?

शक्तिशिव : अत्यन्त सरलता से देव! अर्द्धरात्रि का सूचक तूर्यनाद होते ही दुर्ग के दक्षिण और परिखा में आप कूद पड़िए। तैरकर उसे सीध में पार कीजिए। उस तट पर आते ही आप अपने को पाषाण प्राचीर के तले पाएँगे। मैं ऊपर से डोरी लटकाये रखूँगा।

जलौक : कहते तो तुम ठीक हो। परन्तु शत्रु के घर में इस प्रकार प्रवेश समीचीन नहीं जान पड़ता।

शक्तिशिव : क्या प्रभु भयभीत हो रहे हैं?

जलौक : *(भृकुटि टेढ़ी कर)* क्या कहा?

शक्तिशिव : *(भयभीत होने का अभिनय कर दो पग पीछे हट जाता है)* मुँह से कुछ अनुचित निकल गया हो तो क्षमा कीजिए, देव! यह काम ही ऐसा है कि बड़े-बड़े साहसियों के छक्के छूट जाएँ!

जलौक : मेरा साहस तो तुम तब देखोगे जब मैं अपने बाहुबल से दुर्ग में प्रवेश करूँगा। *(घूमकर वापस जाना चाहता है।)*

शक्तिशिव : *(लम्बी साँस खींचकर)* देखता हूँ ईशानी के भाग्य में अपमृत्यु ही लिखी है।

जलौक : *(जाते-जाते खटके की तरह घूमकर)* क्या?

शक्तिशिव : यही कि परसों सूर्योदय के पूर्व ही ईशानी दुर्ग के कंगूरे से गिराकर मार डाली जाएगी।

(जलौक क्षण भर सिर झुकाए मौन खड़ा रहता है और बिना उत्तर दिए ही चुपचाप धीरे-धीरे चला जाता है।)

शक्तिशिव : *(अपने हाथ पर हाथ मारकर)* यह आएगा और अवश्य आएगा। चलूँ, तनिक कर्कोट को भी नचा आऊँ।

(यवनिका)

तृतीय दृश्य

(विद्रोही कर्कोट के स्कन्धावार के सामने का मैदान, रात घनी हो गई है। कर्कोट जो निद्रावस्था में चलने की व्याधि से पीड़ित है, आँखें बन्द किए आता है।)

कर्कोटवर्मन : यह पाखंड है! घोर पाखंड! एक ओर यदि तुम्हें कोई राजा कह देता है तो तुम्हारी भौं पर बल पड़ जाता है। दूसरी ओर तुम साम्राज्य का विस्तार करते नहीं अघाते। *(नेपथ्य में घोड़े के टाप की ध्वनि)* एक ओर तुम गणतंत्रों के समर्थक बनते हो, उन्हें संघ के अन्तर्गत स्वतंत्रता प्रदान करते हो। दूसरी ओर नये-नये राजकुलों की स्थापना करते चलते हो। *(घोड़े के हींसने और उस पर से किसी के भूमि पर कूदने की आवाज़)* पाखंड! चींटी बचाकर चलने का उपदेश देने वाला दस-दस अश्वमेधों से भी नहीं अघाता!

(नेपथ्य में दो व्यक्तियों की वार्ता का स्वर)

प्रश्न : कौन है?

उत्तर : मित्र।

प्रश्न : कहाँ जा रहे हो?

उत्तर : कर्कोट वर्मा से भेंट करने।

प्रश्न : जानते हो, रात्रि के समय सेना निवास में प्रवेश का नियम नहीं।

उत्तर : मेरे पास कर्कोट का मुद्रांकित अनुमति-पत्र है।

प्रश्न : देखूं *(दो क्षण ठहरकर) (जाओ। कर्कोट की स्वगत वार्ता अग्रसर होती है।)*

पुरस्कार! पुरस्कार के भी पात्र होते हैं। अकिंचन गौड़ वीरसेन को तुमने मथुरा-कुषाण राजधानी प्रदान कर दी। पंचनदीयजार्तिक श्री गुप्त को तुमने गंगा-यमुना के संगम पर स्थित प्राचीन नगर पवित्र प्रतिष्ठान दे दिया। जब कि वीरसेन वैश्य है और श्री गुप्त जाट। और गेरे लिए केवल मीठे वचन, क्यों?

शक्तिशिव : *(प्रवेश कर)* क्योंकि आप क्षत्रिय हैं, क्योंकि आपने राजकुल में जन्म लिया है।

कर्कोटवर्मन : *(आँखें खोलकर)* ऐं! मैं यहाँ कहाँ! मैं तो शिविर में सो रहा था।

शक्तिशिव : अच्छा ही हुआ, आप सोये-सोये यहाँ चले आए। गुप्त वार्ता के लिए शिविर की अपेक्षा यह स्थान अधिक उपयुक्त है।

कर्कोटवर्मन : कहो क्या संवाद है?

शक्तिशिव : क्षत्रप ने कहा है कि अब दो ही एक दिन में मैं इस योग्य हो जा सकूँगा कि शत्रु अधिकृत अपनी पुरानी राजधानियों पर आक्रमण कर सकूँ। आपने नवनाग का साथ छोड़ दिया, इसकी सूचना पाकर क्षत्रप ने दासतामुक्त होने के उपलक्ष्य में आपको बधाई दी है।

कर्कोटवर्मन : मेरे सन्देश का क्षत्रप ने क्या उत्तर दिया?

शक्तिशिव : वह तो मैंने पहले ही निवेदन किया। देशद्रोह करके भी राजभक्ति के पुरस्कार में उन्होंने पूर्वी साम्राज्य आपको ही देना निश्चित किया है। तब तक आगे बढ़कर आप वहाँ अव्यवस्था फैलाइए।

कर्कोटवर्मन : ऐसा ही करूँगा। क्षत्रप से यह भी कह देना कि मद्रक मिलिंद ने भी नवनाग का साथ छोड़ दिया है और मुझसे मिल गया है। अब मेरी शक्ति और भी बढ़ गई।

शक्तिशिव : इस प्रकार सहसा मिलने वालों से सावधान रहना चाहिए।

कर्कोटवर्मन : चिन्ता न करो। वह मेरा मित्र है। हाँ यह भी कह देना कि वाकाटक ब्राह्मण विन्ध्यशक्ति को नवनाग ने मेरे विरुद्ध भेजा है।

शक्तिशिव : कह दूँगा। आप निश्चिन्त रहें। जाता हूँ।

कर्कोटवर्मन : जाओ *(शक्तिशिव जाता है)* देखूँ, नवनाग अब तुम क्या करते हो?

एक सैनिक : *(भागते हुए आकर)* आक्रमण! आक्रमण! विन्ध्यशक्ति ने आक्रमण कर दिया।

(नेपथ्य में उल्काओं का प्रकाश, हाथियों की चिंग्घाड़, घोड़ों की हिनहिनाहट, सैनिकों के दौड़ने, भागने, लड़ने की आवाज़)

कर्कोटवर्मन : तुच्छ ब्राह्मण का यह दुस्साहस। कुशा कमंडल छोड़कर उसने ढाल-तलवार ग्रहण की है। देख लूँगा *(सैनिक से)* मेरा रणगज ले आओ। जाओ, जाओ, जाओ! *(सैनिक शीघ्रतापूर्वक जाता*

है। कर्कोट अपने सैनिकों को उत्साहित करता है) वीरों, डटे रहो। मैं अभी आया। लोलुप नवनाग को उसकी तृष्णा का दंड दो। तलवारों से ऐसी आग बरसाओ कि शत्रु पानी-पानी हो जाए।

दूसरा सैनिक : *(प्रवेश कर)* हमारी सेना दबी जा रही है। विन्ध्यशक्ति घेरा छोटा करता आ रहा है। अन्धकार में शत्रु मित्र की पहचान नहीं हो पा रही है।

कर्कोटवर्मन : सेना के उभय पार्श्व में उल्काधारियों की पंक्ति खड़ी कर दो। मेरा हाथी शीघ्र लाओ *(सैनिक जाता है। पहले वाला सैनिक आता है)* मद्रक की सेना क्या कर रही है?

सैनिक : हमारी सेना के भागने का भी मार्ग अवरुद्ध कर विन्ध्यशक्ति के समक्ष घुटने टेक रही है।

कर्कोटवर्मन : यह प्रवंचना!

सैनिक : उसका अनुकरण कर हमारी सेना भी हथियार डाले दे रही है।

कर्कोटवर्मन : *(विक्षिप्त की भाँति)* मेरा हाथी लाओ।

सैनिक : आपके हाथी को आते और आपको उस पर आसीन न देख आपके निष्ठावान् सैनिकों का भी मनोबल टूट गया है।

कर्कोटवर्मन : मैं यों ही चलता हूँ।

वज्रपाणि : *(प्रवेश कर)* अब आपको उधर कष्ट उठाने की आवश्यकता नहीं। इधर सेनापति विन्ध्यशक्ति आपकी प्रतीक्षा कर रहे हैं। चलिए!

कर्कोटवर्मन : मैं चलूँ?

वज्रपाणि : निश्चय! आपकी सेना पराजित हो गई। चारों ओर दृष्टि घुमाकर देख लीजिए। आप सर्वथा घिर गए है। अब दुराग्रह बेकार है।

(कर्कोट क्रोध में आकर तलवार खींचने के लिए कटिबन्ध पर हाथ डालता है। हाथ कृपाणशून्य कटिबन्ध पर पड़ता है। वह विवश खड़ा रह जाता है।)

वज्रपाणि : अब प्रयत्न व्यर्थ है, चलिए।

कर्कोटवर्मन : चलो!

(आगे-आगे सिर झुकाये कर्कोट और पीछे-पीछे हँसते हुए वज्रपाणि का प्रस्थान।)

(पटोत्तोलन)

चतुर्थ दृश्य

(साकल दुर्ग का सर्वोच्च खंड। एक कोने में गुम्बज के ऊपर कुषाणों की राजपताका फहरा रही है। पार्श्व में सींकचेदार बन्दीगृह। बन्दीगृह के ठीक पार्श्व में एक खिड़की। खिड़की खुली हुई है। ऊपर से लटकी हुई रस्सी खुली खिड़की से दिखाई पड़ रही है। उसी से छन-छन कर ज्योत्स्ना का प्रकाश। चारों ओर निःस्तब्धता छाई हुई है। बन्दीगृह के चबूतरे पर ईशानी और इरा बैठी हैं।)

इरा : जीजी, दो वर्ष से ऊपर हो गए! न शरीर ही बन्धन से मुक्त हो पा रहा है, न प्राण ही!

ईशानी : जी छोटा न कर इरा! साहस बाँध! आशा रख!

इरा : बाँधने और रखने के लिए भी मनोबल की आवश्यकता पड़ती है। मेरा मनोबल टूट गया है, जीजी।

ईशानी : तू आज इतना घबरा कैसे गई, इरा।

इरा : सहने की भी तो सीमा होती है, जीजी!

ईशानी : अच्छा, अच्छा, अधिक न घबरा। तेरा जी बहलाने का उपाय करती हूँ। तुझे कुणाल का गीत बहुत अच्छा लगता था न! वही तुझे सुनाती हूँ।

इरा : तुम गाओगी जीजी! इतनी विपत्ति में भी तुमसे गाते बनेगा?

ईशानी : तू बड़ी भोली है इरा! संगीत द्वारा तो प्रकृति तक अपने को अभिव्यक्त करती है। पवन की सनसनाहट, वृक्षान्तराल का मर्मर स्वर, सरिताओं का कल-कल नाद, यह सब प्रकृति के गीत हैं।

इरा : और घायल योद्धा का आर्तनाद, वाणविद्ध हाथी की कातर पुकार, हिचकियों के झूले में झूलने वाले प्राणी के कंठ की घरघराहट, यह क्या है?

ईशानी : यह भी संगीत ही है, इरा! भयानक, घृणित, उल्लंग फिर भी गीत है। अच्छा सुन।

गीत

अन्धकार से नयन गए, घर जब आलोक न भाया
भर सनेह मिट्टी का दीपक, तुमने व्यर्थ जलाया।
छाई है आलोक सलिल पर तम की काई जैसे
घिरे सघन घन सरसिज बन पर डाल चिरन्तन छाया।
अपनेपन के सूनेपन में है जगजीवन खोया

मानस निधि का आह पता तब कैसे जाए लगाया?
निर्जनता का सब सुख लूँगा, किन्तु न देख सकूँगा
किसने किस सूनी कुटिया में जाकर दीप जलाया।
अन्धकार से नयन गए...

(नेपथ्य में किसी भारी वस्तु के गिरने का धमाका। किसी हाथी की वेदनापूर्ण चिग्घाड़। ईशानी चौंककर चुप हो जाती है। इरा घबराकर खड़ी हो जाती है। एक ओर से यूका, दूसरी ओर से लल्ल झपटे हुए आते हैं।

यूका : यह कैसी ध्वनि थी भाई!

लल्ल : वही सुनकर तो मेरी भी नींद टूट गई। ठहरो, अभी पता लगाता हूँ। *(लल्ल गुंबज पर चढ़ जाता है। यूका बन्दीगृह के सींकचों और सिकड़ी की मजबूती की परीक्षा करती है। लल्ल नीचे झाँकता है)* वहाँ कौन है?
(दो-चार व्यक्ति नेपथ्य से एक साथ) हम हैं, प्रभु!

लल्ल : यह ध्वनि कैसी थी?

नेपथ्य से : युद्धभूमि में जाने के लिए गज सेना पहाड़ी पार कर रही थी, उसी में का एक हाथी फिसलकर खड्ड में जा पड़ा। उसी के गिरने का धमाका और आर्तनाद था।

लल्ल : सुना यूका! हाथी गिरा है। उसी का आर्तनाद था। मुझे पता ही नहीं था कि हाथी का आर्तनाद इतना कर्ण मधुर होता है। ऐं! नीचे सुनते हो। और भी हाथी खड्ड में गिराओ। शीघ्रता करो।

यूका : यह क्या करते हो भाई!

लल्ल : सुनो तो *(हाथी के गिरने का धमाका)* कितना श्रुति मधुर है। वाह! *(ताली बजाकर हँस पड़ता है। दूसरा धमाका)* वाह! कितना श्रुति मधुर है।

यूका : यह क्या करते हो भाई! गज सेना का विनाश हो जाएगा।

लल्ल : हो जाने दो, दूसरी गज सेना प्रस्तुत हो जाएगी। *(नीचे देखकर)* हाँ गिराते चलो। *(पुनः धमाके की ध्वनि)*

यूका : मैं गज सेना का नाश न होने दूँगी *(दौड़कर गुंबज की सीढ़ियाँ चढ़ती है।)*

लल्ल : *(यूका को आगे न बढ़ने देने के लिए सीढ़ी पर पैर अड़ा कर)* और गिराओ, और गिराओ। हाँ गिराते चलो। *(निरन्तर धमाके की ध्वनि और आर्तनाद)*

यूका : मुझे आने दो!

लल्ल : नहीं, चुपचाप सुनो! कितनी अच्छी ध्वनि है। ये मूर्ख आर्य अश्वमेध करते हैं। इन्हें ज्ञात ही नहीं कि गजमेध में कितना आनन्द है?

शक्तिशिव : *(दौड़ते हुए प्रवेश)* यह क्या कर रहे हैं स्वामी! यह धूम-धड़ाका बन्द कराइये। अन्यथा मेरे किए-धरे पर पानी फिर जाएगा।

लल्ल : क्या?

शक्तिशिव : जी हाँ, जलौक हाथ में आकर भी निकल जाएगा।

लल्ल : कैसे?

शक्तिशिव : अर्धरात्रि का तूर्यनाद होते ही वह आएगा। सर्वत्र शान्ति करा दीजिए। नीचे से सबको हटा दीजिए।

यूका : देख ली न तुमने अपनी मूर्खता।

लल्ल : अच्छा, अच्छा। ऐ! अब यह सब बन्द करो। सब लोग वहाँ से हटकर दूसरी ओर चले जाओ। *(सहसा शान्ति हो जाती है)* अब?

(लल्ल और यूका जिधर से आए हैं उधर ही चले जाते हैं। शक्तिशिव ताली बजाता है। एक सैनिक आता है। तूर्यनाद होता है। शक्तिशिव एक रस्सी लेकर फन्दा बनाता है। उसे खिड़की के ठीक नीचे रख देता है। रस्सी का एक सिरा स्वयं लेकर वह एक कोने में छिप जाता है। एक सैनिक दूसरा सिरा पकड़ दूसरे को नीचे। सहसा रस्सी हिलती है। उस पर पहले जलौक का हाथ दिखाई देता है। तत्पश्चात् सिर और तब सारा शरीर। रस्सी थामे हुए खिड़की की चौखट पर पैर रखकर नीचे उतर पड़ता है। उसके उतरते ही सैनिक और शक्तिशिव पूरे बल से रस्सी खींचते हैं। जलौक का पैर फन्दे में फँस जाता है और वह लड़खड़ा कर मुँह के बल गिर पड़ता है। शक्तिशिव दौड़कर उसकी पीठ पर सवार हो जाता है और हाथ पीछे की ओर खींचकर बाँध देता है।)

शक्तिशिव : यह मारा! कहो वीरवर! बुद्धिमान होकर भी फन्दे में कैसे फँस गए? जैसे काल आने पर गीदड़ बस्ती की ओर जाता है, वैसे ही तुम अपने आप यहाँ चले आए। *(जलौक मौन रहता है)* बोलते क्यों नहीं, लाज लगती है। अच्छी बात है, अब तुम ऐसे ही पड़े रहो। *(सैनिक से)* तुम जाओ, स्वामी

को सूचना दो, मैं यूका देवी को समाचार देता हूँ। *(दोनों दो ओर जाते हैं)।*

ईशानी : काश्मीरेन्द्र! आपसे यह प्रमाद कैसे सम्भव हुआ?

जलौक : *(पड़े ही पड़े)* देवि! कुछ ऐसी भी परिस्थितियाँ होती हैं, जिनमें सामने संकट देखकर भी अग्रसर होने के लिए मनुष्य को विवश होना पड़ता है।

ईशानी : ऐसी कौन-सी परिस्थिति आ पड़ी थी?

जलौक : *(कठिनाई से बैठकर)* मैंने सुना था कि आज कंगूरे से गिराकर आपकी हत्या की जाएगी।

ईशानी : और आपने विश्वास कर लिया।

जलौक : अशुभ समाचार चुम्बक की तरह विश्वास को आकर्षित करता है।

इरा : इस संकट से उद्धार का मार्ग निकालो जीजी।

ईशानी : सोच रही हूँ। *(जलौक से)* क्या खिसककर आप इस जंगले तक आ सकते हैं?

जलौक : क्यों?

ईशानी : अपने सिर से ऋण का भार उतारूँगी।

जलौक : *(खिसकते हुए)* मैंने तात्पर्य नहीं समझा देवि!

ईशानी : आपने मेरे उद्धार के प्रयत्न में अपने प्राण संकट में डाल दिए। मैं भी आपको बन्धनमुक्त करने का प्रयत्न करना चाहती हूँ।

जलौक : कैसे?

ईशानी : इस जंगले में से आप अपना हाथ दीजिए।

(जलौक जंगले की ओर पीठ फेरकर अपने बँधे हुए हाथ भीतर डाल देता है। ईशानी दाँतों से उसका बन्धन खोल देती है। हाथ का बन्धन खुलने पर जलौक अपने पैरों का बन्धन भी खोल देता है। सारी शक्ति लगाकर वह जंगला भी तोड़ देता है। ईशानी और इरा बाहर आती हैं। वह उन्हें भी बन्धन मुक्त करता है। ईशानी और इरा हँसने लगती हैं।)

जलौक : अभी मत हँसिये, पहले शत्रु के दुर्ग से बाहर निकल चलिए। *(तीनों खिड़की के पास जाते हैं)* पहले आप दोनों उतर जाइए।

ईशानी : नहीं, पहले आप उतरिए।

जलौक : यह शिष्टाचार का अवसर नहीं है। शत्रु किसी भी क्षण आ सकता है। यह मेरी प्रार्थना है। उतरिए! *(ईशानी एक बार*

जलौक का मुँह देखकर रस्सी पकड़ लेती है और धीरे-धीरे उतरना आरम्भ करती है।) ठीक है! *(इरा से)* अब आप उतरिए।

इरा : मेरी भी प्रार्थना है। अब आप उतर जाइए।

जलौक : यह हो नहीं सकता, इरा!

इरा : मैं कहती हूँ, यही होगा। शीघ्रता कीजिए, नहीं तो मैं कूद पड़ूँगी।

जलौक : हठ न करो, इरा!

इरा : शीघ्रता कीजिए, नहीं तो मैं कूदी!

जलौक : ठहरो, उतरता हूँ। *(विवश होकर उतरने लगता है, इरा खिड़की में खड़ी नीचे झाँकती है। एक ओर से लल्ल और शक्तिशिव आते हैं और दूसरी ओर से यूका और एक सैनिक)*

शक्तिशिव : अरे! पंछी तो उड़ गए।

यूका : *(इरा को देखकर)* अभी हमारी मैना तो यहीं है।

(सब चकपका कर एक-दूसरे की ओर देखते रहते हैं। यूका झपटकर खिड़की के पास पहुँचती है। इरा का हाथ खींचकर उसे एक ओर झपट देती है। नीचे ताकती है और फिर जल्दी से कमर में खोंसी छुरी निकाल कर रस्सी काट देती है। नेपथ्य में धमाके की ध्वनि।)

लल्ल : यह ध्वनि तो हाथियों के गिरने के धमाके से भी अच्छी है। *(इरा को दिखाकर)* इसे भी खिड़की से नीचे फेंक दो। हाः हाः हाः हाः। फेंको, फेंको, फेंको।

(कई सैनिकों के साथ नवनाग का प्रवेश)

नवनाग : सावधान! *(नवनाग को सामने देखकर सभी घबरा जाते हैं।)*

लल्ल : *(यूका का हाथ पकड़कर)* भागो, भागो।

(शक्तिशिव, लल्ल और यूका तीनों भागते हैं। नवनाग का एक सैनिक गुम्बज पर चढ़कर वहाँ लगी कुषाण पताका उतार फेंकता है और उसके स्थान पर नवनाग की पताका फहरा देता है। वसुनन्दी का प्रवेश)

वसुनन्दी : इरा, इरा! मेरी बेटी इरा।

इरा : *(बाप को देखकर)* बाबा, बाबा! *(दौड़कर पैरों पर गिर जाती है। वसुनन्दी भावावेश में काँपने लगता है। मन्द-मन्द मुस्कराते हुए नवनाग पिता-पुत्री का मिलन देखता है।)*

तृतीय अंक

प्रथम दृश्य

(वाराणसी में बिल्लड़ की पान्थशाला। उसी से संलग्न द्यूतशाला भी है जिसका संचालन चिंकुण करता है। बिल्लड़ पैरों में घुँघरू बाँधे, सिर पर मोरपंख खोंसे, मुख से मुरली लगाये, विकट त्रिभंगी मुद्रा में नाचते हुए प्रवेश करता है। पीछे पीछे चिंकुण ताल देता आता है।)

वज्रपाणि : *(एक अन्ध प्राय वृद्ध के वेश में प्रवेश करता है।)* तीन दिनों का भूखा हूँ बाबा, एक मुट्ठी चना दे दो।

(बिल्लड़ और चिंकुण उसकी बात अनसुनी कर नाचते और ताल देते रहते हैं।)

पैरों पड़ता हूँ बाबा, दया करो।

(बिल्लड़ गोलाई में नाचते हुए आकर वज्रपाणि को अड़ंगी मारता है। वज्रपाणि चिल्ला-चिल्ला कर रोने लगता है।)

बिल्लड़ : चुप-चुप एक तो बेताल के समान आकर मेरे नृत्य का ताल चौपट कर दिया, उस पर बेसुरा राग अलाप रहा है। असुर कहीं का।

वज्रपाणि : तुमने धर्मशास्त्र नहीं पढ़ा है। उसमें लिखा है कि मनुष्य को पहचान कर ही उसके साथ व्यवहार करना चाहिए।

(बिल्लड़ चौंक कर ध्यान से वज्रपाणि का मुख निहारने लगता है।)

वज्रपाणि : पंडितों ने यह भी कहा है कि आकृति के अतिरिक्त वाणी, नेत्र और गतिविधि से भी मनुष्य की पहचान होती है।

बिल्लड़ : *(नमस्कार कर)* आपने यह भी तो सुना होगा कि दिन भर का भूला यदि सायंकाल भी घर लौट आए तो वह भूला नहीं कहाता।

वज्रपाणि : परन्तु मैं तो तुमसे यह कहने आया था कि प्रायः खुली दिखाई पड़ने वाली आँखें वास्तव में बन्द होती हैं। राख के नीचे प्रायः आग दबी रहती है।

बिल्लड़ : फूँक-फूँक कर पाँव न रखने वाले ही उस आग से धोखा खा सकते हैं।

वज्रपाणि : इतनी चतुरता रखने वाले अपने हित की बात एकान्त में सुनते हैं।

बिल्लड़ : आप वृद्ध हैं। थक गए हैं। भीतर बैठकर थोड़ा विश्राम कर लीजिए।

(वज्रपाणि का हाथ थामकर बिल्लड़ उसे भीतर ले जाता है। कन्धे पर कन्था डाले फटे हाल शक्तिशिव का प्रवेश।)

शक्तिशिव : क्या पान्थशाला में टिकने के लिए मुझे भी स्थान मिलेगा?

चिंकुण : *(उसे नीचे से ऊपर तक देखकर)* तुम्हारे जैसे कंगालों के लिए इस पान्थशाला में स्थान नहीं है।

शक्तिशिव : मैं भिक्षुक हूँ। दिन भर में जो भिक्षा पाऊँगा, उसका चतुर्थांश सायंकाल तुम्हें दे दिया करूँगा। मुझे एक कोने में पड़े रहने दो।

चिंकुण : क्या करूँ? मैं अपने स्वभाव की कोमलता से विवश हूँ। किसी का कष्ट मुझसे देखा नहीं जाता। परन्तु देखो, सावधान! इस लेन-देन की बात मेरे साझीदार से न कहना। नहीं तो तुम्हारी भिक्षा का तीन भाग वह स्वयं ले लेगा और एक भाग तुम्हें देगा।

शक्तिशिव : तुम्हारे साझीदार का नाम क्या है? बता दो, सावधान रहूँगा।

चिंकुण : उसे हम लोग बिल्लड़ पुकारते हैं।

शक्तिशिव : *(चौंककर)* बिल्लड़! तब तो एक काम करो, मुझे कोई ऐसा स्थान बता दो, जहाँ बिल्लड़ से मेरा सामना ही न पड़े।

चिंकुण : देखो, वह उस कोने में सीढ़ी के नीचे छोटी-सी कोठरी है। उसमें चातुर्मास के लिए ईंधन भरा जाता है। इस समय वह खाली है। उसी में तुम रेंग जाओ।

शक्तिशिव : तुमने बड़ी कृपा की। चलकर कोठरी मुझे दिखा दो। *(चिंकुण के साथ कोठरी की ओर चला जाता है। उसके जाते ही बिल्लड़ और वज्रपाणि आते हैं।)*

वज्रपाणि : पहचान लिया न! वही है?

बिल्लड़ : उसने वेश भी अधिक नहीं बदला है। पर यह वाराणसी आया क्यों?

वज्रपाणि : प्रतीत होता है कि सीमान्त प्रदेशों में सतर्कता रखने पर भी लल्ल किसी प्रकार बाहर निकल गया। कहीं ठिकाना न पाकर यह यहाँ आया है।

बिल्लड़ : परन्तु आपने इसे सहसा पहचान कैसे लिया?

वज्रपाणि : मैं आज यह वेश बनाकर नित्य की भाँति चतुष्पथ पर बैठा था। यह भी भिक्षा माँगते हुए उधर ही आ निकला। इसे देखते ही मैंने पहचान लिया। जानते हो उसकी कन्था में स्वर्ण मुद्राएँ भी हैं।

बिल्लड़ : आपने कैसे जाना?

वज्रपाणि : कर्तरी प्रयोग से! सन्देहवश पीछे से एक स्थान पर इसकी कन्था काट दी। देखो *(स्वर्ण मुद्रा दिखाकर)* यह स्वर्ण मुद्रा उरागें से निकली। मैंने कन्था पर हाथ फेर कर देख लिया है। उसमें सहस्र स्वर्ण मुद्राओं से कम नहीं हैं।

बिल्लड़ : तब?

वज्रपाणि : तब क्या। उसका कन्था अपने अधिकार में करना होगा और उसे बन्दी बनाकर महाराज के समक्ष उपस्थित करना पड़ेगा।

बिल्लड़ : तब चलिए। प्रकाश्यरूप से उसे पकड़ कर बन्दी बना लें।

वज्रपाणि : न, जनता में आतंक फैल जाएगा। लोग समझेंगे कि शत्रु के गुप्तचर नगर में हैं और वे घबरा जाएँगे। तुम अपने साथी को पुलिस बुलाने के लिए भेज दो। शेष व्यवस्था मैं कर लूँगा।

बिल्लड़ : अच्छी बात है। चिंकुण, चिंकुण।

चिंकुण : *(आकर)* क्या है। मैं तनिक हटा और लगे तुम हल्ला करने।

बिल्लड़ : देखो, तुम दौड़े हुए नगरपाल के पास चले जाओ। उनसे कहो कि पान्थशाला में आज दस्युओं का आक्रमण होने की सम्भावना...आप पुलिस भेज दीजिए।

चिंकुण : अरे, ऐसी बात है। मैं अभी जाता हूँ।

वज्रपाणि : बिल्लड़! तुम इधर चलो। *(दोनों भीतर जाते हैं। रोमक व्यापारी के वेश में लल्ल और यूका का प्रवेश)*

लल्ल : *(चिंकुण से)* भाई, हम रोमक देश निवासी परदेशी व्यापारी हैं। क्या हमें पान्थशाला में आश्रय मिल सकेगा?

चिंकुण : पान्थशाला तो आप ही लोगों की है, प्रभु! देखिए यह कक्ष! *(पर्दा खींच देता है, अत्यन्त सुन्दर कलापूर्ण कक्ष)* इसमें राजा-महाराजा ठहरा करते हैं, स्वामी! इसी में आप विश्राम कीजिए। मैं आवश्यक कार्य से जा रहा हूँ। अभी लौटकर आपकी सेवा करूँगा।

लल्ल : अच्छी बात है। शीघ्र लौटना।

चिंकुण : अभी आया। *(दौड़कर भाग जाता है।)*

लल्ल : तुम्हारी सम्मति तो बड़ी ही लाभप्रद सिद्ध हुई बहिन!

यूका : *(हँसकर)* मैंने तो तुमसे कह ही दिया था भाई! सीमान्त मार्गों पर नवनाग के गुप्तचर गिद्ध दृष्टि लगाये बैठे होंगे। यदि हम लोग उधर जाते तो अवश्य पकड़ लिए जाते।

लल्ल : अब क्या करना होगा। जहाँ सूर्य की भाँति तपकर राज्य किया, वहाँ चोरों की भाँति रहना पड़ेगा।

यूका : दुःखी क्यों होते हो भाई! हम यहाँ रहकर विद्रोह करा सकेंगे, अव्यवस्था फैला सकेंगे और सीमान्त बन्धन शिथिल होने पर सुविधापूर्वक बाहर जाकर पारसीक साहानुसाहि की अधीनता स्वीकार कर उससे सहायता ले सकेंगे।

लल्ल : जो उचित समझो, करो। मैं तो तुम्हारी और शक्तिशिव की ही सम्मति से चलता हूँ। शक्तिशिव अभी नहीं आया।

शक्तिशिव : *(प्रवेश कर)* मैं आ गया हूँ स्वामी! हमें यह पान्थशाला छोड़कर दूसरा स्थान ढूँढना होगा।

यूका : क्यों?

शक्तिशिव : इस पान्थशाला का स्वामी बिल्लड़ है।

लल्ल : बिल्लड़! नवनाग का गुप्तचर! वह प्रवंचक।

यूका : मैं भी उसे जानती हूँ। हमें यह स्थान शीघ्र छोड़ देना चाहिए।

लल्ल : तब तुम जाओ! शक्तिशिव! कोई दूसरा स्थान ढूँढो, तब तक हम लोग विश्राम करते हैं।

शक्तिशिव : जैसी आज्ञा! *(यूका और लल्ल जाकर परदा खींच देते हैं। शक्तिशिव खड़ा-खड़ा कुछ सोचता है और फिर चल पड़ता है, वज्रपाणि झपटा हुआ आता है।)*

वज्रपाणि : अरे भाई, सुनो तो। तनिक ठहर जाओ।

शक्तिशिव : *(घूमकर)* क्या है?

वज्रपाणि : तुम्हारी पीठ मुझे कुछ पहिचानी-सी लग रही है। तनिक ठहरो, ध्यान से देख लूँ।

शक्तिशिव : विक्षिप्त है क्या?

वज्रपाणि : हाँ भैया, विक्षिप्त हूँ! भाई के वियोग में मेरी यह दशा हो गई है। रोते-रोते आँखें पथरा गईं। ज्योति चली गई। भैया तनिक मुँह तो ऊपर उठाओ। तुम्हारी नाक तो देखूँ। उस पर दाँत काटने का चिह्न है न! *(नाक देखकर)* है! है! अरे मेरै भैया तू कहाँ

चला गया था रे, तेरे वियोग में बप्पा विरागी होकर चले गए। अम्वा कुएँ में कूद पड़ी।

शक्तिशिव : तू यह सब क्या बक रहा है। मैं तेरा भाई नहीं हूँ। कोई और होगा।

वज्रपाणि : अरे बाप! तेरा क्रोध अब भी शान्त नहीं हुआ। मैं तेरे हाथ जोड़ता हूँ। मुझे क्षमा कर दे। *(पान्थशाला में ठहरे दो-चार अन्य यात्री भी आ जाते हैं)*

एक यात्री : क्या है! बात क्या है?

वज्रपाणि : बात तो कुछ नहीं है। यह मेरा छोटा भाई है। रूठकर घर से निकल आया है।

दूसरा यात्री : बड़ा भाई मना रहा है। पैरों गिर रहा है। तुम्हें लज्जा नहीं आती।

शक्तिशिव : यह मेरा भाई नहीं है। कोई धूर्त है।

वज्रपाणि : तू मुझे धूर्त कह, नीच कह, पातकी कह। जो जी में आवे सो कह! परन्तु यह मत कह कि मैं तेरा भाई नहीं। तेरे मुँह से यह सुनकर मेरी छाती फट जाती है रे!

(पर्दा हटाकर लल्ल और यूका भी यह दृश्य देखते हैं।)

शक्तिशिव : हटता है...या दंड प्रयोग करूँ।

वज्रपाणि : यदि मुझे मारने से तेरी छाती ठंडी हो तो वही कर। यही मेरा प्रायश्चित्त होगा। मैं तो बार-बार अपना अपराध स्वीकार करता हूँ। यह मेरी भूल थी जो मैंने तुझ पर जूता चलाया। यह मेरा अपराध था जो मैंने अपने दाँतों से तेरी नाक काटने का प्रयत्न किया। मुझे क्षमा कर। चल!

एक यात्री : तुम बड़े नीच हो जी! बड़ा भाई इतना गिड़गिड़ा रहा है और तुम सुनते ही नही।

शक्तिशिव : *(निरुपाय होकर वज्र से)* अच्छा तू चल, मैं एक आवश्यक कार्य निबटा कर अभी आया।

वज्रपाणि : *(प्रसन्न होकर)* आएगा न! मुझे विश्वास नहीं होता। *(जल्दी से उसके कन्धे पर का कन्था खींच लेता है)* अच्छा तो तेरा कन्था, मैं लिये चलता हूँ। घर आने पर तुझे दे दूँगा।

शक्तिशिव : अरे! मेरा कन्था कहाँ लिए जा रहा है! सुन, सुन।

(कन्था छीनने का प्रयास करता है)

वज्रपाणि : *(और दूर जाकर)* नहीं, नहीं यही ठीक रहेगा। *(कन्था लिए हुए भागता है।)*

शक्तिशिव : मेरा कन्था दिए जा, नहीं ठीक न होगा *(वज्रपाणि भागता जाता है। शक्तिशिव उसका पीछा करने के लिए लपकता है, बिल्लड़ आकर उसे पकड़ लेता है।)*

बिल्लड़ : पुलिस, पुलिस! यह चोर पान्थशाला का शुल्क बिना चुकाये ही भागा जा रहा है।

(चिंकुण के साथ दो राजपुरुष आकर शक्तिशिव को पकड़ लेते हैं। शक्तिशिव की यह दशा देखकर लल्ल और यूका सबकी आँख बचाकर खिड़की की राह से भाग जाते हैं।)

(यवनिका)

संस्मरण एवं रेखाचित्र

नवाब सन्दस की कोठी

रेडियों पर आयोजित कवि-सम्मेलन में योग देने के लिये जब लखनऊ पहुँचा, तो नगर का रंग बदरंग देखकर जीको ऐसा गहरा धक्का लगा जैसे किसी ने बिना फलका बाण खींच मारा हो। बपचन से ही लखनवी नवाबों की रँगरेलियाँ, लखनऊ वालों की बजअदारी (शालीनता) नफ़ामत (कोमलता) और शौकीनियों (विलासों) की जो रसीली कहानियाँ कानों में गूँजी थीं, उन्होंने लखनऊ का जो चटकीला चकमक चित्र मेरे मानस-पटल पर चपाचप चिपका दिया था। उसे दौड़ती हुई मोटरों से उड़नेवाली धूल और उनकी कनफोड़ पों-पों ने धूमिल करके ऐसा उधेड़ फेंका कि चारों ओर आँखें फाड़-फाड़कर देखने पर भी वह नवाबों वाला लखनऊ तो क्या उसकी कहीं छाँह तक न दिखाई दी।

रेडियो पर कवि-सम्मेलन का कार्यक्रम रात साढ़े आठ बजे से आरम्भ होने वाला था, इसलिए यही निश्चय किया कि घंटे-दो-घंटे नगर घूमकर और गोमती के गर्वीले तट पर कुछ देर टहल-घूमकर संध्या बिता ली जाए। सम्भवतः यह विचार विचार ही रह जाता, परन्तु उसी समय घंटी टनटनाते हुए एक सजीला रिक्शा सामने आ ही तो निकला। जैसे नाई को देखकर दाढ़ी खुजलाने लगती है, वैसे ही रिक्शे को देखकर घुमास के लिये जी खुजलाने लगा। मैं उस नरयान पर आरूढ़ हो गया।

घूमते-घूमते रिक्शा गोमती के तट की हरी समस्थली पर पहुँच गया। क्या निराला सन्नाटा था वहाँ! जहाँ तक दृष्टि जाती थी, कहीं बस्ती का नाम नहीं। इतने में सहसा सामने वाले टीले से आँखें जा टकराई और टीले पर किसी भव्य भवन के करुण ध्वंसावशेष की गंध आई।

पूछने पर रिक्शे वाले ने केवल यही बताया–'यह नवाब सन्दस की कोठी है।'

मैंने इतिहास बहुत पढ़ा था। पर लखनऊ के नवाबों में नवाब सन्दस का नाम तो आज तक न सुना।

मैंने एक बार उस खंडहर से पुनः अपनी दृष्टि उलझाकर कहा–"कोठी नहीं, इस खंडहर के बारे में पूछ रहा हूँ।"

"जी हाँ, उसी के बारे में बता रहा हूँ। उसे ही नवाब सन्दस की कोठी कहते हैं।" रिक्शेवाले ने जैसे मेरी अज्ञानता पर तरस खाते हुए कहा।

इस उत्तर ने एक नया प्रश्न खड़ा कर दिया–"नवाब सन्दस कौन थे?"

"यह तो मैं नहीं जानता। अलबत कोठी में एक बूढ़े शाह साहब काम करते हैं। उनसे दरियाफ़्त कीजिए, तो शायद कुछ राज बता सकें।" रिक्शेवाले की बात समाप्त भी न हो पाई थी कि मैंने अपने को उस टीले पर चढ़ते पाया।

टीला क्या खंडहर ही था। कहीं टूटी हुई महराबें पड़ी हैं। कहीं लुढ़के हुए पत्थर के बड़े-बड़े नक़्क़ाशीदार खम्भे लेटे हैं, जैसे सभी चिल्ला-चिल्लाकर कह रहे हों–

खँडहर बता रहे हैं इमारत अज़ीम थी।

लम्बी-लम्बी दालानें मलबे का ढेर बनी पड़ी थीं, जिस पर कहीं हरी और कहीं सूखी घास झलक रही थी। समूचे खंडहर में केवल एक कोठरी अब भी बच रही थी, पर वह भी ऐसी टूटी-फूटी जैसे रणभूमि में बिखरे हुए शवों के बीच कोई लहूलुहान योद्धा डटा खड़ा हो।

उस कोठरी के द्वार पर पहुँचकर बाहर ही खड़े-खड़े मैं भीतर की आहट लेने लगा। कोठरी के एकान्त-निवासी को भी सम्भवतः मेरी आहट लग गई थी, क्योंकि भीतर से अत्यन्त दुर्बल और धीमा स्वर सुनाई पड़ा–'अरे ईदू! करीमा! मुन्ने! मदारी! अब सबके सब एक साथ मर गए क्या? कोई इत्तला भी देने वाला नहीं कि बाहर कोई आया है। चले आइए साहब! अन्दर तशरीफ ले आइए। मेरे नौकर-चाकर शायद चंडूखाने की तरफ निकल गए है।'

भीतर गया तो देखा कि एक ऊँचे पलंग पर, पलंग इसलिए कि उसकी बनावट पलंग जैसी थी। हड्डियों का एक ढाँचा पड़ा हुआ है, लम्बी दाढ़ी, घनी मूँछें, पर दोनों के बाल रूई के गोले के समान उजले, चिट्टे, झुर्रियों से भरे हुए गाल पर किसी ने इस्तरी करके चुन्नटें डाल दी हो। भीतर प्रवेश करते ही बूढ़े ने अपनी झुकी हुई पलकें उठाकर देखने का बहुत प्रयत्न किया, किन्तु निराश होकर अपनी उठी हुई गर्दन तकिए पर पटक दी और काँपते हुए स्वर में कहा–'क्यों साहब! वह कहावत सुनी है न? 'सौ गुलाम घर सूना।' बस यही नक्शा हमारी कोठी का है। खानेवाले हज़ार, मगर काम के वक़्त सब गायब। मगर कोई हर्ज नहीं। बन्दा तो है। आपने ग़रीबखाने में क़दम रेजा फ़रमाकर निहायत मशकूर किया। बूढ़े ने मुँह के आगे हाथ रखकर खाँसने का उपक्रम किया और इसी बहाने थोड़ा दम लेकर वह पुनः बोलने लगा–'माफ़ कीजिएगा। जईफ़ीसे लाचार हूँ। कोने में शमादान होगा, ज़रा रौशन कर लीजिए और आराम से बैठ जाइए, फिर गुफ़्तगू हो।'

मैंने जेब से दियासलाई की डिबिया निकाली और सलाई जलाई। कोने में शमादान तो नहीं, हाँ मिट्टी का एक दीपक अवश्य था। जिसमें थोड़ा-सा तेल और एक अधजली बत्ती पड़ी थी। बत्ती उकसाकर मैं दीवा जगाने ही ही वाला था कि हवा का एक झोंका आया और सलाई बुझ गई। अँधेरे में बूढ़े की खोखली हँसी के साथ उसके फूटे गले की गुनगुनाहट सुन पड़ी–

शबे बिसाल है गुल कर दो इन चिराग़ों को।
खुशी के वजन में क्या काम जलने वालों का।।

मैंने दूसरी सलाई जलाकर दीपक जगाया और उस धुँधले प्रकाश में भी इतना देख और समझ लिया कि बूढ़े की देह भले ही बूढ़ी हो गई हो, पर मन अभी बड़ा रंगीन है। दीपक के प्रकाश में कोठरी की दयनीय दशा और भी करुण हो उठी। धरती पर एक पुराने बोरे का फटा टुकड़ा बिछा है। कोने में मिट्टी की एक जालीदार सुराही रक्खी है, जिस पर पिछले चालीस बरस से बे-रोक-टोक हरी काई और मिट्टी जमती चली आ रही है। उसके फूटे मुँह के पास आले पर एक मिट्टी का प्याला औंधा रक्खा है। जो अवस्था में सुराही से कम पुराना नहीं है और जो बता रहा है कि सुराही में पानी भी नहीं है–

वक़्ते तंगदस्ती आशना बेगाना मींगरदद।
सुराही चूँ शबद खाली, जुदा पैमाना मींगरदद।।

(दरिद्रता के दिनों में अपने भी पराये हो गए। सुराही जहाँ रीती हुई कि उस पर ढका हुआ कटोरा (प्याला) भी अलग उतार धरा।)

बैठने के लिए वहाँ कोई आसन न देखकर ज्यों ही मैंने उस बोरे के टुकड़े पर दृष्टि डाली, त्यों ही वह बूढ़ा फिर गुनगुना उठा–

है खबर गर्म उनके आने की।
आज ही घर में बोरिया न हुआ।

मैं उसके मुख की ओर एकटक देखता हुआ उसी बोरे के टुकड़े पर बैठ गया। दीपक की टिमटिमाती हुई लौ वाली उस घिनौनी कोठरी में कुछ देर तक चुपचाप एक-दूसरे को देखते बैठे ही थे कि सहसा जैसे बूढ़े को स्मरण आया कि मैं उससे मिलने आया हूँ। उसने बड़ी कठिनाई से करवट बदली और मेरी ओर घूमकर कहा–'जनाब को बड़ी तक़लीफ हुई। इस ग़रीबख़ाने पर तशरीफ़आवरी की मेहरबानी के लिए हजारहा शुक्रिया। ओह! कितने अरसे बाद आप से मुलाकात हो रही है। सच मानिएगा, इतनी मुद्दत के बाद आपका नियाज़ हासिल करके दिल को बड़ी राहत मिली।'

बूढ़ा बोलता जा रहा था– 'देखिए जनाब! आपको निहायत जिगरी दोस्त समझकर खुलासा बताये देता हूँ कि मेरे ख़ादिम चंडूखाने नहीं गए हैं। मैंने उन्हें आगा ताहिर के यहाँ भेजा है। क्यों भेजा है, यह ज़रा राज़ की बात है। कसम है नूर की जो किसी से ज़िक्र भी करें।' और जैसे अपने निषेधात्मक वाक्य पर बल देने के लिए बूढ़े ने अपनी नाक पर एक उँगली रक्खी। मैंने स्वीकारात्मक ढंग से सिर हिलाया और बूढ़े ने अपनी राज़ की बात प्रकट करनी प्रारम्भ कर दी–

'आग़ा ताहिर को तो आप जानते ही होंगे? उनके पास बटेरों की एक नायाब जोड़ी है। बटेर की जोड़ी क्या, बस यही समझिये कि याजूज़ माजूज़ की जोड़ी है। मजाल क्या कि कोई दूसरा बटेर पाली पर चढ़ तो ले। सामने बटेर देखा नहीं कि शेर हो कर गर्दन दबोच लो। मैंने आग़ा ताहिर के पास बारहा पैग़ाम भिजवाया कि मियाँ मेरा पूरा फ़ीलख़ाना ले लो और बदले में मुझे वो बटेरों की जोड़ी दे दो। मगर क्या दिमाग है उसका कि उसने एक नहीं मानी। मैं मन मसोसकर रह गया। एक दिन मेरी कोठी के मैदान में नन्हें मिर्ज़ा के बटेरों से आगा ताहिर के बटेरों की पाली बदी गई। अब आपसे क्या अर्ज़ करूँ।

वह पाली भी क़ाबिलेदीद थी। देखा तो एक ही दफ़ा मगर क्या नायाब कि देखने की तमन्ना क़यामत तक के लिये बनी रह गई।'

बूढ़ा अपनी बके जा रहा था; मैं सोचने लगा कि यहाँ किस पागलख़ाने में आ फँसा हूँ। इसने मुझसे यह तक नहीं पूछा कि यहाँ क्यों आए हो, किन्तु बूढ़ा कहता जा रहा था–'तो जनाब! ज्यों ही दोनों बटेरों के सामने मादिल लाई गई कि एक ने पर फुलाए, दूसरे ने गर्दन उठाई। एक ने हाँक जो लगाई कि कोठी का कँगूरा हिल उठा। दूसरे ने वह कड़ककर चीख दी कि सारी कोठी काँप उठी। बस, लहमे भर में दोनों एक-दूसरे पर झपट ही तो पड़े और वह गुत्थमगुत्था हुआ कि डैने उठा-उठाकर, चोटी खड़ी कर-करके, चोंचे बढ़ा-बढ़ाकर दोनों ऐसे लड़े, ऐसे लड़े कि देखने वाले समझे अब क़यामत आई, तब क़यामत आई। आगा ताहिर वाला बटेर ठुनकने (चोंच से चोट करने) और मरोड़ करने (चोटी से पकड़कर मरोड़ने) लगा। वल्लाह! उसके सूफ़ीपन (पकड़कर न छोड़ने की कला) का क्या कहना! उसने अपने दुश्मन को दबाकर तब तक उसकी चोटी न छोड़ी, जब तक वह कोफ्ती (मृत) होकर न गिर पड़ा।'

बूढ़ा फिर कहने लगा–'मैंने उस वक़्त भी आगा ताहिर से कहा कि भाई मेरी कोठी ले लो। रियासत ले लो, महज़ अपना बटेर दे दो। मगर खुदा समझे उस ज़ालिम मरदूद से, उसने मेरी एक न सुनी। इसलिए आज लाचार होकर मैंने फ़ौजदारी के लिये हुक्म दे दिया है। क्या कहूँ, चार कम सौ बरस की सिन हुई वरना मैं भी अपने लाव-लश्कर के साथ कूच कर देता। मगर अब तो मेरी फौज़ बटेर लिए लौट रही होगी। ज़री आ जाए तो ऐसा जश्न करूँ, ऐसा जश्न करूँ कि लोगों की आँखें खुल जाएँ। एक बार लोग कह दें कि हाँ, सन् दस फिर आ गया।'

बूढ़े ने लम्बी साँस ली। उसकी ऊल-जलूल बातें सुनते-सुनते मैं घबरा तो उठा था, किन्तु कौतूहलवश पूछ ही बैठा–'क्यों जनाब! सन् 1910 ई. में क्या हुआ था?'

''अमाँ, इतनी जल्दी भूल गए! सन् 1910 ई. की 3 जनवरी को मैं ख़ैरगंज का नवाब बनाया गया और नवाब बनते ही जानते हो मैंने क्या किया? डोर के बदले सोने और चाँदी के तारों से पतंगबाज़ी की। एक-एक बाज़ी जीतने पर लाख-लाख जवाहरात लुटाए। महीनों महफिलें चलाईं। चूने और कत्थे के बदले पान में मोती और मूँगे का कुश्ता डाला। केवड़े और गुलाबजल के फ़व्वारों में दोपहरियाँ बिताईं। रात को दिन कर देने वाले आतिशबाज़ों को जागीरें बाँटीं। आधे-आधे तोले की गाख़गली जूतियाँ सोने के तारों के बूटे बनवाकर पैरों में डालीं। जाफ़रान और मुश्क की चटनियाँ बनवाईं। ख़स और गुलाब के इत्र के हौज़ भरवाकर उनमें ग़ुस्ल किया। फ़ारस से वह गद्देदार क़ालीन मँगवा-मँगवाकर महफ़िलों में बिछवा दिए कि पैर रखते ही इन्सान हाथभर उसमें समा जाए। गर्मी में सन्तरे के शर्बत के प्याऊ लगवाए, हज़ार-हज़ार गवैये और पहलवान अपने दरबार में पाले, बनारस के सैकड़ों नौबतदार अपने नौबतख़ाने में ला बसाए, हज़ारहा घोड़े और फ़ीटनें अस्तबल में ला रक्खीं। मेढ़ों की टक्करें कराई, बुलबुलें लड़वाईं, मुर्गों की पालियाँ बदीं, हाथियों की कतारें सजाईं, सोने के ताज़िए

उठवाये और...और... न जाने क्या-क्या अरमान थे, सब पूरा करता, मगर...मगर... उसी साल 30 दिसम्बर को सरकारी फ़रमान आया कि आपकी सब जायदाद कुर्क हो गई, अब आप खैरगंज के नवाब नहीं रहे। मैंने जवाब दिया–"कौन बेहूदा कहता है कि मैं नवाब नहीं रहा। मैं तो क़यामत तक नवाब रहूँगा। बस, इतना कहकर जो मैं उठा तो इस कोठी में आकर साँस ली।"

इसी समय कोठरी के बाहर किसी की पदध्वनि सुनाई पड़ी। नवाब खैरगंज बोल उठे–"शायद मेरे सिपाही फ़तहयाब होकर लौट आए हैं।"

मैंने देखा कि रिक्शेवाला प्रतीक्षा करते-करते ऊबकर मुझे बुलाने चला आया है। कलाई पर बँधी घड़ी पर दृष्टि डाली तो देखा कि छोटी सुई आठ पर पहुँच चुकी है। उठते-उठते मैंने नवाब खैरगंज से पूछा, "ये नवाब सन्दस कौन थे?"

बूढ़े ने बड़े ही आश्चर्य के साथ मेरी ओर देखकर कहा–"म्याँ! साारी दास्तान सुना गए, मगर यही न समझ पाये कि नवाब सन्दस कौन थे? अमाँ! मैं सन् दस (सन् 1910) में ख़ैरगंज का नवाब था न!"

कुतूहल, आश्चर्य, प्रशंसा और करुणा के सम्मिलित भावों से उस वृद्ध की ओर देखता हुआ मैं क्षण भर तक खड़ा रह गया। हवा का दूसरा झोंका आया। दीपक झिलमिलाकर बुझ गया। मैं भी रिक्शे पर बैठकर चल दिया।

(1 मई, 1955, वासन्ती)

श्री देवकीनन्दन खत्री व्यक्तित्व और कृतित्व

प्रायः पैंतीस साल पहले की एक संध्या का सदुपयोग करते हुए काशी में कमच्छा के पास पेटी गिर के कुएँ पर ठेठ बनारसियों की एक मंडली मस्तीपानी के आयोजन में व्यस्त थी। उन दिनों काशी से 'भूत' नामक एक पत्र प्रकाशित होता था, जिसमें तरुण 'उग्र' की तेजस्वी लेखनी जहाँ एक ओर बसन्ती फूल बरसाती थी, वहीं दूसरी ओर हसन्ती की तरह आग भी उगलती थी। उसी आग की चिनगारी से झुलसे हुए जलेतन कुछ जन 'उग्र' के सम्बन्ध में कुछ जली-कटी सुनाते हुए मस्ती के उन आयोजन में मस्ती ला रहे थे। उनमें से एक ने कुछ उग्रता दिखाते हुए जब उग्र को 'चौरंग' कर देने का प्रस्ताव किया तो एक बुजुर्ग किस्म के आदमी ने उसे समझाया कि बेकार बात न करो। कवियों और पंडितों से बैर बिसाहना बुद्धिमानी नहीं। बड़े-बूढ़े इन तेरह से तरह देने के लिए कह गए हैं–

'साईं' बैर न कीजिए,
गुरु, पंडित, कवि, यार।
बेटा, बनिता, पौरिया...

उपदेष्टा को कुंडलिया-पाठ के बीच ही रोकते हुए उस बिगड़े दिल ने कहा–"हथवै तोड़ देब तब ऊ लिखी काहे से?"

"तुम्हीं कहीं के बारहाँ हों!" बुजुर्ग ने काशी के एक जाबिर मठाधीश का हवाला देते हुए कहा–"देवकीनन्दन खत्री ने गोसाईं जी को 'चन्द्रकान्ता' में तिलस्मी दारोगा बनाकर उनकी कितनी 'लिहाड़ी' ली, लेकिन बाबा जी ने तो उन पर गोली नहीं चलवाई। देखते हो सामने वाला तिवारी जी का बगीचा! इसी में बैठकर देवकीनन्दन प्रायः 'चन्द्रकान्ता' लिखा करते थे।" उसने हाथ उठाकर सामने वाले बाग की ओर इशारा किया।

वह बाग काशी के सुप्रसिद्ध विद्वान् रईस पंडित नारायणपति तिवारी का था। श्री देवकीनन्दन खत्री उनके घनिष्ठ मित्र थे। अब वह बाग नहीं रह गया है। उक्त तिवारी जी के सुपुत्र उत्तर प्रदेश के भूतपूर्व गृहमंत्री पंडित कमलापति त्रिपाठी ने उसे आधुनिक गृह का रूप दे दिया है। परन्तु सन् 1888 से सन् 1913 के बीच उसी बाग में काशी के न जाने कितने तिरछेवाँ के भूतनाथ, बदरीनाथ, तेजसिंह आदि के रूप में चित्रित किए गए और न जाने कौन-कौन-सी वेश्याएँ, नागर, बेगम, नीरतन और जमालो बनाकर

चन्द्रकान्ता सन्तति में अमर कर दी गईं। विलासिनी मायारानी के रूप में यदि दकन की एक बीबीजी घसीटी गईं, तो नौगढ़ के राजा सुरेन्द्रसिंह और उनके पुत्र वीरेन्द्र सिंह की आकृति प्रकृति के चित्रण के लिये तत्कालीन काशीनरेश ईश्वरीप्रसाद नारायण सिंह और उनके कुमार प्रभुनारायण सिंह का उपयोग श्री देवकीनन्दन ने 'मॉडल' के रूप में किया।

'उजड़े नगर में जैसे जले हैं चिराग एक'

सन् 1885 ई. में भारतेन्दु के अस्त होने पर काशी की साहित्यिक गतिविधि तो अस्त-व्यस्त हुई ही, भारत में भी कोई ऐसा न रहा जो डटकर हिन्दी का व्यापक प्रचार और प्रसार करता। आचार्य रामचन्द्र शुक्ल के शब्दों में, 'भारतेन्दु के सहयोगी अपने ढर्रे पर कुछ न कुछ लिखते तो जा रहे थे, पर उनमें वह तत्परता और वह उत्साह नहीं रह गया था।' सचमुच उस समय हिन्दी मूर्च्छित हो गई थी और उसी बेहोशी के आलम में कुछ बरबराती जा रही थी। फलतः भारतेन्दु के देहावसान के तीन वर्ष बाद सन् 1888 ई. में श्री देवकीनन्दन मैदान में आए। उन्होंने बेहोश हिन्दी को 'लखलखा' सुंघाकर होश में लाने का प्रयत्न आरम्भ कर दिया। सम्भवतः उनके संवदेनशील कानों ने हिन्दी की यह बरबराहट सुन ली थी--

'कुछ कह दो झूठ-सच कि तवक्को बँधी रहे,
टूटे न आसरा दिले उम्मीदवार का।'

और उन्होंने कुछ ऐसा 'झूठ-सच' कहा कि आचार्य शुक्लजी के अनुसार, इनके ऐयारी उपन्यासों की चर्चा चारों ओर इतनी फैली कि जो लोग हिन्दी की किताबें नहीं पढ़ते थे, वे भी इन नामों से परिचित हो गए। जितने पाठक उन्होंने उत्पन्न किए, उतने और किसी ग्रन्थकार ने नहीं। चन्द्रकान्ता पढ़ने के लिए ही न जाने कितने उर्दू जीवी लोगों ने हिन्दी सीखी। इस प्रकार श्री देवकीनन्दन ने हिन्दी के उजड़े हुए नगर को एकमात्र प्रकाश स्तम्भ बनकर आलोकित किया।

'ऐयार की अदा से यह भी तिलिस्म टूटा'

कभी सर विलियम जोन्स ने तीन चीज़ों के आविष्कार का श्रेय भारत को दिया था और कहा था कि साहित्य में कथा, गणित-विज्ञान में दशमलव और खेलकूद के क्षेत्र में शतरंज हिन्दुओं की देन है। वास्तव में प्राचीन भारत का कथा-साहित्य परम समृद्ध है, जिसने अरबी में 'कलेलादमना' और 'अलिफ़लैला' जैसी कथाओं की रचना के लिए कभी प्रेरणा और सामग्री दी थी। संस्कृत में कथासरित्सागर, कादम्बरी, दशकुमारचरित और उदय सुन्दरी कथा तक यह परम्परा निर्बाध चलती भी रही परन्तु हिन्दी की परम शैशवावस्था में ही हिन्दुस्तान के परतंत्र हो जाने के कारण उसमें कथा-साहित्य का विकास न हो पाया था। सौभाग्य से देश के नये विदेशी शासकों को कहानी सुनने का शौक था। उनके यहाँ किस्सागो रहते थे, जिनकी कहानियों में जिन्नों और परियों का प्रमुख स्थान था। उनसे मनुष्यों का निर्बाध हेलमेल चलता था। शायद पहली बार परी और इंसान का मेल पंडित दयाशंकर 'नसीम' को खटका और उन्होंने अपने 'गुलजारे नसीम' की रचना पुरानी पद्धति पर करते हुए भी लिखा कि--

'इंसां का परी से सामना क्या?
मुट्ठी में हवा का थामना क्या?'

परियों और जिन्नात के कारबार में तिलस्म और ऐयार का प्रसार स्वाभाविक ही था। फलतः अकबरी दरबार के एक रत्न फैजी ने अपने स्वामी के मनोरंजन के लिए दास्तान अमीर हजमा व तिलिस्मे होशरुवा की रचना फ़ारसी में की, जिसमें देव, परी और जिन्न के साथ ही उमर नामक एक ऐयार को ऐयारी के कारनामे और तिलिस्मी तमाशे भी दिखाये गए। 'तिलिस्म' और 'ऐयार' दोनों ही अरबी भाषा के शब्द हैं और कोष के अनुसार एक का अर्थ जादू और दूसरे का मक्कार, ठग या चालबाज होता है। श्री देवकीनन्दन ने इन दो विदेशी शब्दों को हिन्दी का घरेलू शब्द बना दिया।

फैजी का तिलिस्मे होशरुवा उर्दू में अनुवादित होकर बहुत लोकप्रिय हो गया था। उधर श्री देवकीनन्दन की शिक्षा उर्दू, फ़ारसी से ही प्रारम्भ हुई थी। अतः विश्वास किया जा सकता है कि अपने समकालीन उर्दूदाँ व्यक्तियों की तरह उन्होंने भी उक्त ग्रन्थ अवश्य पढ़ा होगा और अपने ऐयारी व तिलिस्मी उपन्यासों के लिए प्रेरणा वहीं से प्राप्त की होगी। परन्तु तिलिस्मी होशरुवा से प्रेरणा ग्रहण करते हुए भी उन्होंने उस पद्धति में महत्त्वपूर्ण सुधार किया, अर्थात् अपने उपन्यासों में उन्होंने परियों और जिन्नों के साथ ही जादूतत्त्व का भी सर्वथा बहिष्कार कर दिया। उन्नीसवीं शताब्दी के वैज्ञानिक आविष्कारों ने उन्हें यह देखने के लिये दृष्टि प्रदान कर दी थी कि मंत्रतंत्र के बिना भी यंत्र चमत्कार दिखाने में स्वतंत्र हैं और गैस तथा बिजली कल्पनातीत दृश्य दिखाने की क्षमता रखते हैं। इसी ज्ञान का यह परिणाम था कि उनके ऐयारी व तिलिस्मी उपन्यासों में ऐसे शस्त्रों का प्रयोग कराया गया है। जिनके स्पर्शमात्र से शरीर में 'करेंट' दौड़कर मनुष्य को बेहोश कर देता है। ऐसे गोले छुड़वाए गए हैं, जिनका धुआँ लगने पर आँखों से पानी गिरने लगता है, वे कड़वा जाती हैं और उनमें सूजन भी आ जाती है। स्पष्टतः यह वही वस्तु है, जिसे आज हम 'अश्रुगैस' कहते हैं। एक स्थान पर शीशे की दीवार के पीछे रखी हुई सचल प्रतिमाओं द्वारा महाभारत के युद्ध का फिल्मी तमाशा भी दिखाया गया है। अपनी इन कल्पनाओं के समर्थन में श्री देवकीनन्दन ने 'सन्तति' के अन्त में कुछ नये-पुराने मशीनी चमत्कारों के उद्धरण भी प्रस्तुत किए हैं। अतः कहने का तात्पर्य इतना ही कि उनके तिलिस्मी ऐयारी-उपन्यासों में दिखाया गया एक भी व्यापार ऐसा नहीं है, जिसे वैज्ञानिक दृष्टि से संभावना की कोटि में न रखा जा सके। यहाँ तक कि ऐयारों द्वारा किसी का भी रूप ग्रहण किया जाना भी सर्वथा असम्भव नहीं है। सन् 1930 या 31 में किन्हीं राजकुमार या राजकुमार रिबार नामक एक सज्जन ने काशी हिन्दू विश्वविद्यालय में रूप-परिवर्तन का अद्भुत प्रदर्शन किया था। वे कभी दुबले-पतले महामना मालवीय जी बन कर प्रकट होते थे, तो दस ही मिनट बाद स्थूलकाया श्रीमती सरोजिनी नायडू का रूप धर लेते थे। प्राणायाम द्वारा स्नायुमंडल और शरीरस्थ वायु के नियंत्रण के बल पर वे अपने किसी भी अंग का संकोच या विस्तार कर सकते थे। उस समय उनके रूप-परिवर्तन के चित्रों के साथ वह सारा विवरण प्रयाग के अँगरेजी दैनिक 'लीडर' में प्रकाशित हुआ था और उसकी फाइलों में अब भी देखा जा सकता है। अतः यह मानना चाहिए कि खत्री जी के ऐयारी-तिलिस्मी उपन्यास कल्पना की कोरी उड़ान न होकर हिन्दी के वैज्ञानिक उपन्यासों की दिशा में प्रथम

महत्त्वपूर्ण मौलिक प्रयत्न है। अलिफ़लैला के समय से चले आते हुए जादुई तिलिस्म को तोड़कर उन्होंने बुद्धिसंगत आधार पर अपने तिलिस्म की रचना की है।

'न तेरी-सी रंगत न तेरी-सी बू है।'

स्वर्गीय खत्री जी ने हिन्दी भाषी जनता को तिलिस्मी और ऐयारी उपन्यासों का ऐसा चस्का लगा दिया था कि उनकी रचनाएँ पढ़ने के बाद लोगों ने 'उसी किस्म की चीज़ों की तलाश शुरू कर दी।' फलतः सूर्यकान्ता, कृष्णकान्ता, स्वर्णकान्ता, प्रेमकान्ता आदि न जाने कितनी कान्ताएँ पुस्तकों की दुकानों पर बिकने लगीं। इनके लेखकों में कुछ तो ऐसे भी थे, जिनकी बुद्धि परम सुकुमार और विद्या भी वाजिब ही वाजिब थी। ऐसे लोग, खत्री जी की रचना की नक़ल करने के साथ ही उनके उपन्यासों की घटनाओं और पात्रों के नामों पर भी डाका डालते थे। उन बेचारों की दृष्टि में बे-पैर की उड़ान ही कला का चरम कमाल था। उन्होंने फ़ारसी और उर्दू की तिलिस्मी कथाओं के 'जादूमंतर' के साथ ही उनके सभी दुर्गुणों को पुनः ग्रहण कर लिया। खत्री जी के तिलिस्मी रास्ते के जितने पथिक हुए, उनमें श्री हरिकृष्ण जौहर को आचार्य शुक्ल जी ने 'विशेष उल्लेख योग्य' बताया है। सम्भवतः श्री निहालचन्द वर्मा की कृति उनकी नज़रों से नहीं गुज़री थी अन्यथा जौहरी जी के साथ ही वे वर्मा जी का भी नामोल्लेख अवश्य करते, क्योंकि श्री देवकीनन्दन का अनुकरण करने वालों में सफलता इन्हीं दोनों को मिली थी। अन्य के सम्बन्ध में तो वही कहा जा सकता है, जो ग़ज़लगो शायरों के लिए कभी जौक ने कहा था–

'न हुआ पर न हुआ 'मीर' का अंदाज़ नसीब, 'जौक' यारों ने बहुत जोर ग़ज़ल में मारा।'

'कुछ बात थी इसके भी सिवा और'

श्री देवकीनन्दन खत्री की गणना हिन्दी के मौलिक उपन्यासकारों में की जाती है। उन्होंने कुल नौ उपन्यास लिखे, जैसे–(1) चन्द्रकान्ता, (2) चन्द्रकान्ता सन्तति, (3) भूतनाथ, (4) वीरेन्द्रवीर या कटोरा भर खून, (5) नरेन्द्र मोहिनी, (6) कुसुम कुमारी, (7) काजल की कोठरी, (8) गुप्त गोदना, और (9) सौदागर। इनमें से केवल प्रारम्भिक तीन उपन्यासों में तिलिस्म और ऐयारी की गुलकारी की गई है तथा इनकी रचना क्रमशः सन् 1888-1892, 1894-1904 और 1907-1913 के बीच हुई थी। वीरेन्द्रवीर और नरेन्द्र मोहिनी घटना प्रधान है। काजल की कोठरी सामाजिक और कुसुम कुमारी अर्द्ध सामाजिक कृतियाँ हैं। गुप्त गोदना शाहजहाँ के राज्यकाल की पृष्ठभूमि में रचित अर्ध ऐतिहासिक उपन्यास है।

खत्री जी का साहित्यिक जीवन कुल पचीस वर्ष का था। फलतः उनकी भूतनाथ, गुप्त गोदना और सौदागर नामक रचनाएँ अपूर्ण रह गई थीं। उनके पुत्र श्री दुर्गाप्रसाद खत्री ने 'भूतनाथ' को योग्यतापूर्वक पूरा किया। गुप्त गोदना की पूर्ति का प्रयत्न श्री किशोरी लाल गोस्वामी के मँजे हुए हाथों से हुआ। सौदागर उपन्यास के कुल दो ही फर्मे छपे थे, जिनकी ओर किसी ने ध्यान ही न दिया और इसी अपेक्षा के कारण वे सदा के लिए नष्ट हो गए।

खत्री जी ने 'उपन्यास लहरी', 'सुदर्शन' और 'साहित्य सुधा' नामक तीन पत्रों का प्रकाशन भी किया था। 'चन्द्रकान्ता सन्तति' और 'भूतनाथ' का धारावाहिक प्रकाशन पहले उपन्यास लहरी में ही आरम्भ हुआ था। श्री माधवप्रसाद मिश्र के सम्पादकत्व में उन्होंने सुदर्शन का प्रकाशन किया था। कार्यकारिणी के सदस्य और प्रधानमंत्री के रूप में उन्होंने नागरी प्रचारिणी सभा, काशी की सेवा उस समय की, जिस समय सभा का प्रारम्भिक निर्माण युग था और आराम से पदोपभोग न करके उसमें सक्रियता से खटना पड़ता था।

'बेखुदी परदादार ग़फ़लत है'

वर्ग साहित्य से लेकर अपवर्ग और स्वर्ग साहित्य तक साहित्य के जितने रूप सम्भव है, वे प्रायः समाज के एक सीमित वर्ग को ही प्रभावित कर पाते हैं। वह जन-साहित्य जो विद्युत प्रवाह की भाँति समाज के प्रत्येक स्तर को भेदते हुए जन-जन के मन को स्पंदित कर देता है, सदैव एक ऐतिहासिक घटना होता है। ऐसे साहित्य के स्रष्टा भी कभी ही कभी अवतार लेते हैं। श्री खत्री जी की गणना भी उन्हीं बिरले साहित्यकारों में की जानी चाहिए, क्योंकि तत्कालीन साहित्यिक, सामाजिक और अर्धतांत्रिक परिस्थितियों ने उन्हें यह सौभाग्य प्रदान कर दिया है।

सन् 1857 के रक्त विप्लव की समाप्ति के बाद देश एक प्रकार के निषेधात्मक और प्रतिक्रियात्मक सन्तोष की स्थिति से गुज़र रहा था। आबादी के प्रत्येक वर्ग को किसी न किसी प्रकार की राहत का अनुभव हो रहा था। अनिश्चिंतता की स्थिति और आए दिन की आपसी कलह से छुटकारा पाकर सामंती वर्ग सुखी ही नहीं था, बल्कि निःशंक आराम भोग की सुविधा पाकर परम प्रसन्न भी हो रहा था। व्यापार में शताब्दियों बाद सुरक्षा पाकर व्यापारी वर्ग सन्तुष्ट था। कानून की दृष्टि में समानता के सिद्धांत के कारण सदियों से सामाजिक और धार्मिक अत्याचारों की चक्की में पिसते लोगों ने कुछ अंशों में स्वस्ति की साँस ली थी। नित्य के युद्धाक्रमणों द्वारा खेतों में मनुष्यकृत अन्न की बरबादी बन्द हो जाने और व्यापार के विस्तार के कारण जन-साधारण को केवल पेट भरने के लिए कोई विशेष चिन्ता न करनी पड़ती थी। इस प्रकार सामंती वसन्त की अलस दोपहरी में समय मंथर गति से कच्छप चाल चल रहा था। भारी भरकम कहानियाँ पढ़ने के लिए समय की कमी न थी।

सिपाही पेशा कम हो जाने से उधर शिक्षा और साक्षरता दोनों में कुछ वृद्धि हुई थी। इसके फलस्वरूप ऐसे साहित्य की स्वाभाविक माँग थी, जो मनोरंजन के साथ समय काटने में सहायक हो। शिक्षितों की उक्त माँग की पूर्ति भारतेन्दु हरिश्चन्द्र और उनसे प्रभावित लोगों ने की, परन्तु उनके साहित्य का जनसाधारण कहे जाने वाले उन टुटपूँजिये दुकानदारों, किसानों और दिन भर कुआँ खोदकर रात को पानी पीने वालों के लिए कोई उपयोग न था, जो केवल साक्षर हो पाये थे। श्री देवकीनन्दन खत्री ने अपने कथा साहित्य द्वारा विशेषतः इन्हीं लोगों की आवश्यकता पूर्ण की। ऐसे लोगों की बौद्धिक और भाषागत क्षमता के अनुरूप ही ऐसी भाषा में जिसे आदर्श हिन्दुस्तानी कहा जा सकता है। उन्होंने लुभावने साहित्य की सृष्टि की।

परियों की कहानी ही संसार के सभी देशों में आदि और अकृत्रिम मनोरंजन कहानी रही है। उसके पात्र-पात्री साधारण नर-नारी के दैनिक परिचय के बाहर होते रहे। उनका घटना-विन्यास सांसारिक अभिज्ञता से थोड़ा परे रहता रहा। अज्ञात अस्वाभाविक रहस्य से परिवेष्ठित रहने के कारण वे पाठकों के मन में अनिर्वचनीय मोह विस्तार करने में समर्थ थीं। इस कारण उनका प्रभाव सार्वजनीन और देशकाल निरपेक्ष होता रहा। आज वैसी कहानियाँ शायद नहीं लिखी जा सकतीं, क्योंकि वैसी कथाओं की रचना के लिए जो रहस्यमय परिवेश और कल्पनाप्रवण मनोभाव चाहिए, वे वर्तमान काल में सम्भव ही नहीं है। अपरिचय का जो दूरत्व और कौतुहल पाठक की कल्पना को उद्दीप्त और मोहाविष्ट करता है, उसका अस्तित्व आज के भूगोल और इतिहास के व्याख्यात विज्ञानविश्लेषित युग में नहीं रह गया है। स्पुतनिक युग के बच्चों के लिए अब चन्दा 'मामा' नहीं रह गया और न तरुणों के लिए 'मामा' रह गया। पिछली शताब्दी का अंतिम चरण इसी नये और उसी पुराने युग का संधिस्थल था और उस समय उसी समय के अनुकूल नये और पुराने कथा साहित्य का समन्वित रूप लेकर देवकीनन्दन प्रकट हुए। उनके ऐयारों की रूग कथाएँ पुराने युग की प्रतीक हैं और उनकी तिलिस्मी मशीनें नये युग की। वे स्वयं सामंती वर्ग में उत्पन्न हुए थे, परन्तु उनकी आकांक्षाएँ आने वाले युग के मेल में थीं। उनके पूर्वज लाला नवनिद्धिराय मुग़लों के शासनकाल में मुलतान के राज्यपाल थे। उनकी आठवीं पीढ़ी में उत्पन्न लाला राघोमल लाहौर में बस गए। रणजीतसिंह के पुत्र शेरसिंह के राज्यकाल में जो अराजकता की स्थिति लाहौर में व्याप्त हुई, उससे सन्तप्त होकर राघोमल के दो पौत्र लाला नन्दलाल और लाला ईश्वरदास काशी चले गए। श्री देवकीनन्दन खत्री इन्हीं लाला ईश्वरदास के पुत्र थे। इनका जन्म पूसार (मुजफ्फरपुर) में संवत् 1918 वि0 (सन् 1861) आषाढ़ कृष्ण सप्तमी शनिवार के दिन अपने ननिहाल में हुआ था और इनकी मृत्यु काशी में 1 अगस्त, सन् 1913 ई. को हुई। ननिहाल में ही उर्दू, फ़ारसी से इनकी शिक्षा का बिस्मिल्लाह हुआ। गया जी में भी आप की एक कोठी थी। वहाँ रहते हुए केवल पतंग उड़ाने में ही आपने पाँच हज़ार रुपये उड़ा डाले। आगे चलकर आपने बनारस राज्य के चकिया और नौगढ़ जंगलों का ठेका लिया। इन जंगलों में आप प्रकृति के साहचर्य में आए। आपकी रचनाओं में जंगल की दृश्यावली का सटीक वर्णन उसी जंगल-भ्रमण का परिणाम है। उनके तिलस्मी उपन्यास के नायक सामंती वर्ग के प्रतिनिधि हैं। परन्तु उनके ऐयार कहीं माली बनते हैं, तो कहीं धोबी। मजदूरों और दर्बानों का रूप भरना उनका दैनिक व्यवसाय है। यही कारण है कि कोठी के पाँचवें कोठे पर मसहरी में लेटे हुए बड़े आदमी जिस समय चमकीले लैम्प के प्रकाश में 'चन्द्रकान्ता' पढ़ते थे, ठीक उसी समय उसी इमारत की निम्नतम मंजिल की सीड़भरी कोठरी में कंबल पर पड़े हुए उनके दरबान भी ढिबरी के बदबूदार धुएँ के धूमिल आलोक में चन्द्रकान्ता का पाठ करते थे।

(जुलाई, 1961, त्रिपथगा)

मरण और संस्मरण

गत फाल्गुन शुक्ल द्वादशी के प्रातःकाल ही 'आज' के मुखपृष्ठ पर उग्रजी के स्वर्गवास का दुःखद समाचार पढ़ा और सोचने लगा कि क्या हिन्दी के अन्य सेवकों की भाँति अब उग्र भी मृत होते ही लोगों को विस्मृत हो जाएँगे। आत्मा की अमरता में अटल विश्वास, लोक से अधिक परलोक में आस्था और नियति के अनवरत नृत्य में गहरी निष्ठा ने हमें देवताओं की दिव्य कोटि में भले ही डाल दिया हो, पूरा-पूरा मनुष्य तो नहीं ही रहने दिया है। मृत को तत्काल ही विस्मृत करने में हम परम पटु हो गए हैं। हम साहित्यिक चर्चा से अधिक साहित्य चर्चा केवल इसलिए करते हैं, क्योंकि उससे हमारे दम्भ का दानव परितृप्त होता है। हमारी दृष्टि में मरण के साथ संस्मरण का कोई सम्बन्ध नहीं रह गया है। अभी-अभी हमने 'प्रसाद' के प्रति यही रुख दिखाया है, 'निराला' को भी भुलाया है, उग्र को भी हम भुलाएँगे ही। परन्तु संप्रति उनकी संस्मृति का सन्तर्पण लोक-रीति से भी आवश्यक है और शास्त्रीय विधि-विधान से भी।

एक अविस्मरणीय कवि-सम्मेलन

उग्र को प्रथम सार्वजनिक ख्याति एक कवि-सम्मेलन से मिली थी। उस समय उग्र स्थानीय हिन्दू स्कूल में छात्र थे और पंडित गुरुसेवक जी उपाध्याय थे उस स्कूल के प्रधानाध्यापक, परन्तु सत्य यही है कि उपाध्यायजी अध्यापक ही न थे; वे थे एक अवकाशप्राप्त प्रवीण राजपत्रित प्रशासनिक अधिकारी। अतः यह स्वाभाविक ही था कि उनमें अध्यापक सुलभ करुणा, सहानुभूति और अपने छात्रों के प्रति वात्सल्य भाव का अभाव हो। असहयोगी छात्रों को वे बेंत भी लगाते थे। फलतः उग्र के सिर पर लम्बे केश देखकर उन्हें क्लेश हुआ और उसका परिणाम हुआ 'गुरु'–'सेवक' में 'क्लेश' अर्थात् संघर्ष।

तरुण उग्र को अपने केश बहुत प्रिय थे। एक बार जेल-यात्रा से लौटकर उन्होंने मुझे बताया था कि जेल के नियमानुसार जेलर उनका बाल कटवाने जा रहा था, परन्तु यह कहने पर कि ये बाल मनौती के कारण बढ़ाये गए हैं और उन्हें कटवाना महारानी विक्टोरिया की घोषणा के विरुद्ध धर्म में सरकारी हस्तक्षेप है, उसने उनके केश सही सलामत रहने दिए। परन्तु उग्र ने जेलर से जो बहाना बनाया था, वह शायद बाल्यावस्था होने के कारण उस समय उन्हें न सूझा, अतः गुरुसेवक जी ने उनके बाल कटवा दिए–विद्यार्थी के सिर पर लम्बे बालों को विलासिता का फरहारा समझकर उग्र जी ने स्कूल छोड़ दिया।

उन दिनों श्री सी.के. देसाई नामक एक आई.सी.एस. सज्जन बनारस के ज्वायण्ट मजिस्ट्रेट थे। वे कैंब्रिज में श्री श्रीप्रकाश जी के सहपाठी रह चुके थे। असहयोग आन्दोलन आरम्भ ही होने वाला था और उस आन्दोलन में शामिल होने के पहले श्रीप्रकाश जी अपने उस सहपाठी के साथ किसी सार्वजनिक समारोह का आयोजन करना चाहते थे। वह समारोह औद्योगिक प्रदर्शनी के रूप में कार्यान्वित हुआ। जिसमें वाराणसी के सभी उद्योगों अर्थात् मुर्गी-पालन, वस्त्र, बर्तन आदि के प्रदर्शन की व्यवस्था थी और तद्रंगभूत पंडित किशोरीलाल गोस्वामी की अध्यक्षता में कवि-सम्मेलन का भी आयोजन किया गया था। समस्या थी–'भाखे बनै न बनै बिन भाखे।'

जलियावाला हत्याकांड हो चुका था। समूचा देश अतिशय विक्षुब्ध था। अतः जहाँ लाला भगवानदीन ने अपनी पूर्ति में प्रदर्शनी का वर्णन यह कहकर किया कि 'देखे कहूँ मुरगा-मुरगी, करघा, कपरा, खपरा', वहीं कुछ कवियों ने उक्त हत्याकांड पर अपनी पूर्तियों में रोष भी प्रकट किया। गोस्वामी किशोरीलाल जी राजनीति से बहुत घबड़ाते थे। फिर यह मजिस्ट्रेट द्वारा आयोजित समारोह था, अतः उन्होंने ऐसी कविताओं का पाठ रोकना चाहा। भारी बमचख मचा। स्व. प्रसाद जी राय कृष्णदास जी के साथ आयोजन का मज़ा लेने के लिए सबसे पीछे बैठे थे। इसी सम्मेलन में अपने गुरु गम्भीर सार्वजनिक जीवन प्रसाद जी प्रथम और अंतिम बार रामनगरी, रामलीला के नेमियों की भाँति दोनों हाथ उठाकर 'चुप रहो, चुप रहो' का नारा मुक्त कंठ से लगाते देखे सुने गए थे। इसी समय अध्यक्ष ने सम्मेलन समाप्ति की घोषणा की, जिससे बहुत से लोग अपनी पूर्तियाँ नहीं पढ़ सकें, परन्तु उग्र को अपनी पूर्ति सुनाने का अवसर मिल गया। उन्होंने अपने केश-कर्तन का प्रतिशोध गुरुसेवक जी के नाग पर कैंची चलाकर यों लिखा–

'सेवक छात्र, पिता गुरु है, कलि-
में यह नीति गई धरि ताखे।
सेवक को गुरु माने नहीं, गुरु को-
लखि रोवक हूँ गन गाखे।
आप अनीति सदैव करै गुरु,
सेवक बेतन मारि के राखे।
हा, गुरु-सेवक की करनी अब
भाखे बनै न बनै बिन भाखे।'

रातोरात उग्र नगरभर में विख्यात हो गए। उनकी यह पूर्ति बहुत दिनों तक लोककंठ में गूँजती रही।

ऊटपटांग के 'अष्टावक्र'

इसके बाद से ही उग्र की ख्याति दिन दूनी रात चौगुनी बढ़ती गई। उनकी शोखी और बेसाख्तगी से गुरु गम्भीर मुद्राधारी भारी भरकम महज्जन सज्जन घबराने लगे। उग्र

प्रत्येक प्रकार के पाखंड पर प्रहार करने के लिए कमर कसे खड़े थे–फिर वह पाखंड राजनीतिक हो या सामाजिक, धार्मिक हो या साहित्यिक। उसी समय उग्र ने दैनिक 'आज' के शनिवारी अंक में 'ऊटपटाँग' शीर्षक व्यंग्य-विनोद का एक अत्यन्त मनोरंजक स्तंभ चालू किया और उसमें वे 'अष्टावक्र' नाम से लिखने लगे। वे टिप्पणियाँ यद्यपि सामयिक प्रसंगों पर ही लिखी गई थीं, तथापि उनमें मनोरंजन के स्थायी तत्त्व भी हैं। एक ही उदाहरण पर्याप्त होगा।

उन दिनों काशी से 'मौजी' नामक हास्यरस का पत्र प्रकाशित होता था, जिसके सम्पादक थे–श्री महादेवसिंह शर्मा। एक दिन 'ऊटपटाँग' स्तंभ में उग्र ने लिखा कि 'मौजी' के मुखपृष्ठ पर कुरसी पर बैठे हुए एक विकटानन उलूकनेत्र व्यक्ति का चित्र प्रत्येक अंक में प्रकाशित होता है और उसके नीचे लिखा रहता है–सम्पादक, महादेवसिंह शर्मा।

'भूत' और 'मौजी'

'मौजी' के जवाब में उग्र जी ने काशी से ही 'भूत' नामक हास्यरस का एक पत्र निकाला, जिसके प्रकाशन में सर्वश्री अन्नपूर्णानन्दजी, कृष्णदेवप्रसाद गौड़ और बालचन्द नामक एक सज्जन का भी सहयोग था। 'भूत' हास्यरस का अभूतपूर्व पत्र था। वह जब तक चला उसमें श्री जी.पी. श्रीवास्तव का 'चड्ढा गुलखैरू' नाटक, अन्नपूर्णानन्द जी की कहानी 'ब्राह्मण भोजन' और उग्र की कविताएँ और टिप्पणियाँ उसकी धारावाहिक आकर्षक सामग्री बनी रहीं। साहित्य-रसिक 'भूत' और 'मौजी' के घात-प्रतिघात की बड़ी ही आतुरता से प्रतीक्षा करते थे। वे घात-प्रतिघात बड़े ही दिलचस्प होते थे। इसका एक उदाहरण यह है। 'मौजी' में श्री महादेवसिंह ने लिखा कि काशी से 'भूत' निकला है। यदि 'भूत' के 'भ' की कटी हुई शिरोरेखा सट जाए तो 'म' हो जाएगा और तब 'भूत' के दूसरे ही अंक में उग्र जी का उत्तर प्रकाशित हुआ कि 'काशी से 'मौजी' निकलता है। यदि मौजी के 'म' की शिरोरेखा काट दी जाए तो 'भ' हो जाएगा और 'मौजी' की जगह लोग पढ़ेंगे 'भौजी'।

'पंडाजी सबका भला करें'

'भूत' के चलते उग्र पर एक संकट भी आया था। उसमें एक बार उनकी एक व्यंग्य रचना प्रकाशित हुई, जिसकी आरम्भिक पंक्तियाँ थीं–

'पंडा जी सबका भला करें
बैठक में पंखा झला करें।

उग्र की उक्त रचना पर काशी के कुछ तीर्थोपजीवी यत्परोनास्ति नाराज हुए, उग्र को हाथ-पैर तोड़ने की धमकी दी जाने लगी। मामला शान्त करने के लिये पंचायत-सी हुई, जिसमें निर्णय हुआ कि यह कलम की लड़ाई है। अतः कलम का जवाब कलम से ही दिया जाए। उग्र-विरोधियों के पास भला कौन-सी कलम थी, जिससे वे जवाब देते। उन लोगों ने किसी से एक तुकबंदी लिखवाकर 'सूर्य' में

प्रकाशित करवा दी। वह तुकबंदी कितनी रद्दी थी, इसका नमूना उसकी इन पंक्तियों से मिल जाएगा। जैसे–

'नौसिखुए नइ नइ कला करैं,
सम्पादक बनकर छला करैं।
बुद्धी जिनका भगवान दीन,
गुरु निन्दा कर बनते 'प्रवीन'। आदि।

शत्रु, सुहृद और श्रद्धेय

उग्र की हिजो 'सूर्य' में प्रकाशित हुई और 'सूर्य' सम्पादक पहले से ही उग्र के वाक्‌बाणों के लक्ष थे। वे अपने पत्र को 'लिबरल' कहते थे और असहयोग के विरोधी थे। उग्र ने उन्हें 'हैं ही जी' कहना और लिखना आरम्भ किया। उस समय के 'भारतजीवन' की फाइलों में 'हैं हैं जी' पर उग्र के प्रहार देखे जा सकते हैं। 'सूर्य' सम्पादक के प्रति उग्र के आक्रोश की पूर्णाहुति उनके 'चार बेचारे' में 'बेचारा सम्पादक' लिखकर ही हुई।

काशी के पुरजन में उग्र के अनेक परिजन थे; सुहृद भी अनेक थे। हिन्दूविश्वविद्यालय में राजनीति के प्राध्यापक श्री द्वारकानाथ बोहरा, नाटककार दुर्गाप्रसाद और रघुनन्दन प्रसाद शुक्ल तो उनके मित्र थे ही, उत्तर प्रदेशीय कांग्रेसपति पंडित कमलापति त्रिपाठी उनके सहपाठी थे। विनोदशंकर व्यास के साथ उनका एक आत्मा दो शरीर का सम्बन्ध था। औरंगाबाद में पंडित काशीपति त्रिपाठी के यहाँ रहने से उनका परिचय डॉ. जगन्नाथ शर्मा से भी हुआ। उसी मंडल के एक सदस्य श्री दुर्गादत्त त्रिपाठी के शब्दों में, यह मंडली कभी-कभी चाँदनी रात में नौका-विहार के लिए निकल पड़ती थी, जिसमें शर्मा जी 'चैत' की निंदिया जिया अलसाने हो रामा' की धुन छेड़ देते और विनोद जी तुमुल अट्टहास में उनकी लिहाड़ी लेते मज़ाक़ उड़ाते। वास्तव में शर्मा जी चैती, कजली, लावनी आदि लोकधुनों के मर्मज्ञ हैं। उनके प्रोफेसर हो जाने से भले ही किसी को कोई लोकोत्तर लाभ न हुआ हो, परन्तु लोकधुनों की तो निस्संदेह अपरिमित क्षति हुई है। उनकी प्रारम्भिक राष्ट्रीय कजलियों में जैसी मौलिकता देखी गई, वैसी शोध प्रबन्धों में भी कम ही दिखाई देती है। परन्तु उग्र और विनोद तो सभी की लिहाड़ी लेते थे, सबका मज़ाक़ उड़ाते थे। लेकिन, इसका यह अर्थ नहीं कि उनकी श्रद्धा किसी पर थी ही नहीं। उग्र जी महात्मा गांधी के भारी भक्त थे। उन्होंने डॉ. सम्पूर्णानन्दजी, 'आज' के जन्मदाता श्री शिवप्रसाद गुप्त, सम्पादकाचार्य पराड़करजी, लाला भगवानदीन और जयशंकर 'प्रसाद' को सदैव श्रद्धासमन्वित दृष्टि से ही देखा। प्रसादजी का उल्लेख करते समय वे कभी-कभी श्री मैथिलीशरण के सम्बन्ध में अक्खड़ शब्दावली का भी प्रयोग कर जाते थे।

सन् 1923 की बात है। मैथिलीशरण जी काशी आए थे और रायकृष्णदास जी के रामघाटवाले भवन में अतिथि थे। एक दिन उग्र जी उनसे मिलने गए। मैथिलीशरण

जी तरुण उग्र से बहुत प्रभावित हुए। उन्होंने उग्र को यह उपदेश भी दिया कि 'बहुत तेजी से मत चलना' और उग्र के जाने के बाद रायसाहब से भी कहा कि–'इस आदमी में बीज तो है, यदि ठोकर न खा गया तो महावृक्ष होगा।' परन्तु उग्र राष्ट्रकवि के साहित्य से कभी प्रभावित न हुए। प्रसाद जी के कैलासवास के पश्चात् जब उग्र काशी आए तो उनकी मुलाकात एक दिन बल्लीबाबू की साड़ियों की दुकान पर श्री रायकृष्णदास से हो गई। खूब खुलकर बातें हुईं। श्रद्धा-विगलित स्वर में प्रसाद जी की प्रशंसा करते हुए उग्र ने अन्त में, यह जानते हुए भी कि मैथिलीशरण जी भी रायसाहब के वैसे ही प्रिय बंधु हैं, जैसे प्रसाद जी थे, राय साहब के सामने ही उनके विरुद्ध मत प्रकट करने में तनिक भी संकोच न किया।

इसी प्रकार गोस्वामी तुलसीदास जी भी सदैव उग्र के श्रद्धेय बने रहे। जीवन के पूर्वार्द्ध में उग्र 'आतिश' लखनवी से प्रभावित रहे और उत्तरार्द्ध में 'ग़ालिब' देहलवी से। उग्र के पूर्वार्द्ध जीवन की सर्वश्रेष्ठ रचना 'चन्द हसीनों के खुतूत' हैं, जिसका नामकरण उग्र ने–'आतिश' के इस शे'र के आधार पर किया था–

'चन्द तसवीरे बुतां चन्द हसीनों के खुतूत
बाद मरने के मेरे घर से ये सामां निकले।'

उन दिनों वे अपनी कहानियों में भी आतिश के अशआर उद्धृत करते थे, जैसे–

'अबकी जुनूं में फासला शायद न कुछ रहे
दामन के ताक और गरेबां के चाक में।'

उनके उत्तरार्द्ध जीवन की सर्वश्रेष्ठ कृति उनकी आत्मकथा 'अपनी ख़बर' है, जिसका नामकरण उन्होंने ग़ालिब के एक शे'र में प्रयुक्त शब्दों के आधार पर किया। जैसे–

'किस बेखुदी में भूल गया राहे कूए यार
जाता वर्गना एक दिन अपनी खबर को मैं।'

उग्र की प्रतिभा

उग्र उद्भट प्रतिभा के धनी थे। सम्भवतः सन् 1924 की गर्मियों के दिन थे। गोविन्दपुरा के नुक्कड़ पर शर्बत की एक दुकान है, जहाँ उस दिन संयोगवश हिन्दी के साहित्यकार काफी संख्या में एकत्र हो गए। उनमें प्रसादजी, निरालाजी और उग्रजी भी थे। उन दिनों निराला जी के मुक्त छन्दों की धूम मची हुई थी और उन्हें उसका गर्व भी था। मुक्त छन्दों की चर्चा चली तो निराला जी के मुँह से निकल गया कि यह नाल मेरे सिवा और कौन पहलवान उठा सकता है। प्रसाद जी तो ऐसी चुनौतियाँ बड़े ही मौन भाव से ग्रहण करते थे। इस अवसर पर भी उन्होंने यही किया, कहा कुछ नहीं, परन्तु बाद में 'शेरसिंह का शस्त्र समर्पण' 'पेशोला की प्रतिध्वनि' और 'प्रलय की छाया' लिखकर उन्होंने अपने ढंग से निराला जी को जवाब दिया, परन्तु निराला जी के अत्यन्त प्रगाढ़ बंधु होते हुए भी उग्र उनसे उलझ गए, बोले कि यदि मैं लघुशंका कर दूँ, तो उसकी धार से मुक्त

छन्द बन जाएगा और उसी समय उन्होंने काग़ज़-पेंसिल लेकर देखते-देखते मुक्त छन्द में 'स्वर्ण मृग' शीर्षक लम्बी रचना प्रस्तुत कर दी।

'तुझे हम वली समझते'

उग्रजी अतिशय प्रतिभासम्पन्न थे। उनका हृदय बड़ा ही निर्मल था, उनकी लेखनी बड़ी ही सशक्त थी। वे हिन्दी के एक शैलीकार थे। महाकवि ग़ालिब की भाँति ही वे भाग्यहीन थे, उन्हीं की भाँति वे भाग्यशाली थे और उन्हीं की भाँति थे वे भयंकर मदपायी। उनका स्वभाव औलिया सन्तों जैसा था, जिनके मन में कोई दुराव नहीं, कोई छिपाव नहीं। उग्र का जीवनदर्शन, उस दर्शन की अभिव्यक्ति और उस अभिव्यक्ति की शक्ति देखकर उग्र को भी हम सन्त कह सकते थे, परन्तु ग़ालिब के ही शब्दों में, कहना पड़ता है–

'ये मसायले तसब्बुफ़
ये तेरा बयान ग़ालिब।
तुझे हम वली समझते
जो न बादाख़्वार होता।'

काश उग्र 'बादाख़्वार' न होते।

(उग्र : स्मृति अंक से)

पैंतालीस वर्षीय मेरा बेढब सान्निध्य

सर्वत्र जीवन का शोक ही मनाया जा रहा है और यह शोक मना रहे हैं वे ही लोग, जिनकी मृत्यु ध्रुव है। साथ ही यह प्रश्न भी उठता है कि जब शाश्वत मरण निश्चित ही है, तो अनिश्चित जीवन का अल्पस्थायी आनन्द भी भींगे वस्त्र की भाँति पूरा पूरा क्यों न निचोड़ लिया जाए? मरने वाले, जीवन का शोक ही क्यों मनाते रहें, कारण कि जीवित रहते भी मनहूस बने रहना ज़िन्दगी का नहीं, मौत का ही विलक्षण लक्षण है। ज़िन्दगी का चिह्न है ज़िन्दादिली–

'ज़िन्दगी ज़िन्दादिली का नाम है,
मुर्दा दिल क्या ख़ाक जिया करते हैं।।'

और इसी ज़िन्दादिली के सप्राण और स्पंदनशील तंतुओं से बेढब जी के व्यक्तित्व का निर्माण हुआ था। आज वह अस्तित्व नहीं है। दूसरे शब्दों में, वह दिल नहीं है, जिससे ज़िन्दगी का अहसास सम्भव था।

बेढब जी की ज़िन्दादिली संक्रमक थी। उनके सम्पर्क में जो भी आता था, उसमें भी उनकी वह ज़िन्दादिली संक्रमित हो जाती थी। यह कथन औपचारिकता या शिष्टाचारसंमत रस्मअदायगी मात्र नहीं है, मेरे इस दावे को अनुभव का 45 वर्षीय संबल प्राप्त है।

पैंतालीस वर्ष पूर्व अर्थात् सन् 1923 ई. का बनारस, वह बनारस था जिसमें रस बना था, छना था और उसके कन-कन में सना था। उस समय बनारस की सरेशाम ही सूनी-सूनी-सी सड़कों पर अलमस्त बनारसी जवान नहीं, साक्षात् सिंहों के लेहँड़े नगर के पौरुष के अप्रतिम प्रतीक बने घूमा और झूमा करते थे; 'पतरी कमर बल खाय' छाप, शारीरिक व्याधियों से भरे और मानसिक ग्रंथियों से जकड़े, अज्ञानता से अकड़े, गले में ट्रांजिस्टर लटकाये हुए, बजनियाँ टाइप जनाने तरुण नहीं। उन दिनों बिजली की आँखफोड़ चकाचौंधकारिणी रोगी रोशनी नहीं थी, साधारणतया तरावटबख्श रेंड़ी के तेल के दीपक जलते थे अथवा मिट्टी के तेल की कुप्पियाँ। बड़े आदमी मोमी शमादान जलाते थे, परन्तु सन् 1928 में जब उक्त स्थिति के अन्त का आरम्भ हुआ तो बेढब जी ने अपने सहज लहजे में शेष संसार को इस दुर्घटना की सूचना यों दी थी–

बत्तियाँ बिजली की सड़कों पर बनारस के लगीं
रात में वाकिंग का वो पिछला मज़ा जाता रहा।

बारह बेढब रूप

ऐसे बेढब को समझने के लिए उन्हें बारह बेढब रूप से देखने की आवश्यकता है। वे उपनाम से ही बेढब न थे, बल्कि वे बेढब मनुष्य, बेढब पुत्र, बेढब पिता, बेढब पति, बेढब विद्यार्थी, बेढब अध्यापक, बेढब शिक्षाशास्त्री, बेढब नागरिक, बेढब साहित्यकार, बेढब अभिनेता, बेढब पत्रकार और बेढब साथी।

वस्तुतः वे एक बेढब इंसान थे, भीतर से जितने ही सहृदय, बाहर से उतने ही तुनुकमिजाज। तबीयत के ख़िलाफ़ कहीं कोई भी बात हुई नहीं कि उनकी त्योरी बल खा जाती थी, स्वर रूक्ष हो जाता था और वाणी वक्र। ऐसे अवसरों पर वह साहब शब्द का ताबड़तोड़ प्रयोग करते थे। जैसे–साहब आप अपने को समझते क्या हैं, यह तो नहीं हो सकता साहब आदि। वे उस किस्म के आदमी थे, जिसे अंग्रजी में अपराइट कहा जाता है। उनके 'हाँ' का अर्थ निश्चय ही 'हाँ' और उनके 'ना' का 'ना' ही होता था। वे समय के पाबंद और वैधानिक व्यवस्थाओं में गहरी आस्था रखते थे। व्यक्तित्व तो आकर्षक था ही, वाणी में भी रस था। शिष्टाचार की पूर्वी अर्थात् एशियाई और पश्चिमी अर्थात् यूरोपीय पद्धतियों में वे निष्णात थे। उनकी वेशभूषा में छैलेपन की गंध तक न थी, परन्तु उससे उनकी सुरुचि और नफ़ासप्रियता का पूरा-पूरा विज्ञापन होता था। सचमुच वे खुशपोशाक थे, खुशखुराक थे और खुशमिजाज़ तो थे ही।

अब यह देखना चाहिए कि यह बेढब मनुष्य अपने माता-पिता के पुत्र रूप में कैसा था। परन्तु इसकी सटीक खबर देने वाला सम्भवतः आज कोई भी न मिलेगा। फिर उनके पुत्र रूप की जो झलकियाँ मुझे मिलती हैं, उससे मेरी धारणा रही है कि बेढब जी सपूत थे। उनके पिता मुंशी जगदेवप्रसाद नगरपालिका के एक ईमानदार कर्मचारी और साथ ही एक जागरूक नागरिक थे। उनका असमय ही निधन हुआ था।

चूँकि उस समय बेढब जी प्रायः अबोध बालक ही थे। अतः पिता के प्रति उनका क्या आचरण था, यह तो नहीं कहा जा सकता, परन्तु माता के प्रति उनकी अगाध भक्ति की एक झलक मुझे अवश्य मिली थी। बेढब जी ने अपने आत्मपरिचय में भी अपनी माता का अत्यधिक आदर और श्रद्धा के साथ उल्लेख किया है।

पिता का रूप

पिता का रूप पाकर भी बेढब जी, पुत्रसुख से वंचित रहे। उनकी उक्त अहक दो पुत्रियों और एक भागिनेय से पूरी हुई। अपने अपत्यस्नेह की निर्मल धारा से उन्होंने इन्हीं तीनों का अभिषेक किया था। पुत्रियों को हर उच्च शिक्षा दिलाई, नया भवन बनवाया तो अपने नाम के साथ ही पुत्रियों के नाम का भी पाषाणपट्ट लगवाया। उनके लिए योग्य और उपयुक्त वर खोजकर उन्हें सौभाग्यवती बनाया। इस प्रकार सन्तान के प्रति पिता के जितने कर्त्तव्य हो सकते हैं, उन सबका उन्होंने निष्ठापूर्वक पालन किया।

पति रूप में

बेढब जी का सिद्धान्त अपनी पत्नी के प्रति कुछ-कुछ यही था कि–

'मुझे तमाम ज़माने की आरजू क्यों हो
बहुत है मेरे लिए एक आरजू तेरी।'

पत्नी के प्रति इतना प्रेम रहते हुए भी आजकल के अधकचरे वृद्धनुमा नौजवानों जैसा आचरण, जो अपने दैनंदिन जीवन में जीवनसंगिनी को साथ लिये दिए सड़कों पर बेकार घूमा और जलपानगृहों की रकाबियाँ चूमा करते हैं, अंग्रेजी की उच्च शिक्षा प्राप्त बेढब जी वैसा आचरण कभी न कर सके। सुधारवादी होते हुए भी वे इस विषय में पुरातन मर्यादावादी थे।

बेढब विद्यार्थी

बेढब विद्यार्थी थे बेढब जी। पिता की असामयिक मृत्यु के बाद ननिहाल जाकर उन्हें विवशतः परोपजीवी बनना पड़ा था, परन्तु उनकी ग़ैरत ने उस स्थिति को बर्दाश्त न किया।

उस समय के इंट्रेन्स अथवा एफ.ए. तक की संस्थागत शिक्षा प्राप्त कर लेने के बाद ही उन्होंने काशी के दयानन्द ऐंग्लो वैदिक स्कूल में अध्यापन आरम्भ कर दिया। अध्यापन कार्य करते हुए उन्होंने एम.ए. तक परीक्षाएँ व्यक्तिगत परीक्षार्थी के रूप में उत्तीर्ण की। उनका यह क्रम सन् 1935 तक चला, जब कि उन्होंने अंग्रेजी साहित्य में एम.ए. होने के बावजूद राजनीति शास्त्र में आगरा विश्वविद्यालय से दूसरी बार एम.ए. किया। उनकी विद्याभिरुचि इतनी बढ़ी चढ़ी थी कि जब लाला भगवानदीन ने कम्पनी बाग में बैठकर सम्मेलन की परीक्षाओं के लिए साहित्य के अध्यापन का कार्य आरम्भ किया, तो प्रारम्भ में पांडेय बेचन शर्मा 'उग्र', पंडित विश्वनाथप्रसाद मिश्र, प्रोफेसर मोहनवल्लभ पंत के साथ ही बेढब जी ने भी उनका शिष्यत्व ग्रहण किया और शनैः-शनैः वे हिन्दी साहित्य के भी असाधारण विद्वान् हो गए।

बेढब अध्यापक

यदि किसी को कहा जा सकता है, तो वह बेढब जी थे। उठती तरुणाई में ही वे अध्यापक बने थे। दयानन्द विद्यालय ने उनके साथ ही उन्नति की अर्थात् वह पहले हाईस्कूल, तत्पश्चात् इंटर कॉलेज और उसके बाद डिग्री कॉलेज हो गया। बेढब जी ने भी उसके इंटर कॉलेज के प्रिंसिपल रूप में अवकाश ग्रहण किया। उनके व्यंग्य और परिहास से कक्षा खिलखिलाती थी, हँसते-हँसते लोटपोट हो जाती थी, मगर बेढब जी की मुखमुद्रा गम्भीर बनी रहती थी। शिक्षा को भी मनोरंजक बना देना साधारण अध्यापक के बूते की बात नहीं हुआ करती, परन्तु बेढब जी में उक्त क्षमता जन्मजात थी।

बेढब शिक्षाशास्त्री

प्रिंसिपल कृष्णदेवप्रसाद गौड़ अनेक सरकारी शिक्षा आयोगों के सदस्य रहे। नरेंद्रदेव समिति के भी वे सदस्य थे, परन्तु स्वतंत्रचेता शिक्षाशास्त्री होने के कारण उन्होंने आचार्य नरेंद्रदेव

पर श्रद्धा रखते हुए भी उनका विरोध करने में तनिक भी संकोच न किया। वे विद्यार्थियों को कभी यह उपदेश नहीं देते थे कि सिगरेट पीना बुरा है, बल्कि कहते थे कि ज़िन्दगी में बड़े कष्ट हैं। ऐसी ज़िन्दगी से शीघ्र छुटकारा पाने के लिए सिगरेट पीना चाहिए। उन्होंने अपने विद्यालय की दीवारों पर इसी आशय के वाक्य लिखवा दिए थे।

बेढब नागरिक

तो वाराणसी का प्रत्येक नागरिक होता है या यों कहें कि उस समय होता था, जिस समय बेढब जी मनुष्य हुए थे। उनकी नागरिकता इतनी जागरूक थी कि राजनीति के सिवा अन्य सभी प्रकार के नागरिक आयोजनों में वे सोत्साह योग देते थे, फिर वह आयोजन चाहे सामाजिक हो, चाहे सांस्कृतिक, शिक्षात्मक हो, चाहे ललित कला सम्बन्धी। उनके जैसा जागरूक नागरिक सहसा नहीं दिखाई देता।

बेढब साहित्यकार

बेढब साहित्यकार के रूप में यदि गौड़ जी ने प्रतिष्ठा प्राप्त की, तो इसमें कोई आश्चर्य नहीं। उन्होंने अपने लिए हिन्दी साहित्य में उपेक्षित हास्यरस के क्षेत्र को चुन लिया था। यदि भूलता नहीं हूँ, तो शायद सन् 23 में मैंने 'आज' में बेढबजी की पहली कहानी पढ़ी थी। उन दिनों 'आज' में उग्र जी की कहानियों ने धूम मचा रखी थी। फलतः उग्र और बेढब को हिन्दी जगत् ने पारस्परिक प्रतिद्वन्द्वी बना दिया और वे दोनों एक दूसरे पर छींटाकशी भी करने लगे। उन दोनों का साहित्यिक संघर्ष सन् 37-38 तक चला। जबकि बेढब जी 'तरंग' और उग्र जी 'खुदा की राह पर' के माध्यम से अंतिम बार जोर-शोर से लड़े। तत्पश्चात् दोनों में जो सौमनस्य स्थापित हुआ, वह अन्त तक बना रहा।

बेढब जी उग्र जी के समान जन्मजात सहज साहित्यकार न थे। फलतः उन्हें अपनी विद्या, बुद्धि और उत्कट अभ्यास के बल पर उक्त दुर्लभ पद प्राप्त करना पड़ा। उन दिनों बेढब जी दिन स्कूल में, संध्या कारमाइकेल पुस्तकालय में और रात का कुछ न कुछ समय लिखने में अवश्य बिताते थे। उनकी गद्यपद्यात्मक सृष्टि कम नहीं हैं, फिर भी उनकी सर्वश्रेष्ठ कृति 'लफटंट पिगसन की डायरी' ही है, जिसका धारावाहिक प्रकाशन सम्पादकाचार्य स्व. पराड़कर जी द्वारा सम्पादित 'संसार' में हुआ था और उक्त कृति की हास्यरसात्मकता ने डॉ. भगवानदास जैसे गम्भीर दार्शनिक को भी मोहित कर लिया था।

बेढब अभिनेता

बेढब अभिनेता भी अच्छे थे। मेरे ही आग्रह अथवा दुराग्रह पर वे रंगमंच पर उतरे थे। प्रायः एक दर्जन नाटकों में उन्होंने अभिनय किया था। उक्त सभी नाटकों में वाराणसी से बम्बई तक बेढब जी के साथ अभिनय करने का अवसर मुझे भी मिला था। उनके अभिनय की बेढबता को प्रमाणित करने के लिए दो घटनाओं का उद्धरण पर्याप्त होगा। वैसे तो वे बड़े ढब के अभिनेता थे, परन्तु कभी-कभी यदि नाराज होते थे, तो बेढब अभिनेता

बन जाते थे। एक बार आचार्य सीताराम चतुर्वेदी लिखित और उन्हीं के द्वारा निर्देशित 'शबरी' नाटक में वे महामुनि मतंग की भूमिका का निर्वाह कर रहे थे। कहीं ठीक समय पर रंगमंच पर उपस्थित होने में विलम्ब न हो जाए, अतः मेरी जबर्दस्ती पर अपनी इच्छा के विरुद्ध वे विंग में खड़े हो गए और चश्मा लगाकर अपना पार्ट पढ़ने लगे। अपनी बारी आते ही ज्यों ही वे मंच पर चले कि मैंने कहा 'मास्टर साहब, चश्मा उतार दीजिए' परन्तु बेढब जी ने यह कहते हुए कि हटो जी, चश्माधारी मतंगमुनि के रूप में दर्शकों को अपना दर्शन कराया। दर्शकों ने बड़े उत्साह से करतल ध्वनि की और उन लोगों को यह मानना ही पड़ा कि बेढब जी सर्वत्र बेढब ही हैं।

दूसरी घटना काशी नागरी प्रचारिणी सभा की है। भारतेन्दु शती महोत्सव के अवसर पर एक नाटक का आयोजन किया गया था। उस समय बेढब जी ही सभा के प्रधानमंत्री थे। नाटक आरम्भ होने ही वाला था। प्रथम दृश्य के अभिनेता मंच पर उपस्थित हो गए थे कि किसी बात पर बेढब जी बिगड़ गए और अपनी नक़ली दाढ़ी उतारते हुए कहा कि जाइए साहब, मैं नाटक-वाटक नहीं करता। संयोग की बात कि उसी समय पर्दा उठा। दर्शकों ने बेढब जी को हाथ में दाढ़ी लिये उसे झुलाते देखा। खैर, नाटक तो स्थगित हो गया, परन्तु दर्शक उसी किंभूत किमाकार दृश्य से ही सन्तुष्ट और प्रसन्न हो गए।

बेढब पत्रकार

बेढब पत्रकार थे बेढब जी। उनके जीवन में शिक्षण, साहित्य-सर्जन और पत्रकारिता की त्रिवेणी जैसी प्रवाहित हुई, वैसी अन्यत्र दुर्लभ ही है। उन्होंने 'आज' में कहानी और व्यंग्यात्मक छींटें से पत्रकारिता में प्रवेश किया। स्थानीय साप्ताहिक 'भारत जीवन' के सम्पादन में भी वे नियमित योग देते थे। मित्रों के सहयोग से पहले तो 'भूत' निकाला और फिर 'खुदा की राह पर', 'तरंग', 'अंकुश', 'बेढब' आदि अनेक पत्र। संसार के सम्पादक मंडल के भी वे सदस्य थे। बेढब जी पूँजीपति न थे। अतः उनके द्वारा निकाले गए पत्र अर्थाभाव में असमय ही कालकवलित हो गए। उनकी बेढब पत्रकारिता का प्रमाण यह है कि यद्यपि उनकी किसी भी रचना पर कभी कोई मुकदमा नहीं चला, तथापि सम्पादक होने के कारण दूसरों के लेख पर उन्हें दो बार अभियुक्त बनना पड़ा था।

बेढब साथी

बेढब साथी के रूप में अनेक यात्राओं में मैंने बेढब जी को देखा। उनके साथ रास्ता बड़े ही मनोरंजक रूप में कट जाता था। फिर वह चाहे बनारस से इलाहाबाद तक का हो, चाहे बंबई तक का। सन् 1932 में इलाहाबाद में रसिकमंडल द्वारा एक विराट कवि-सम्मेलन का आयोजन हुआ था। बेढब जी के साथ यही मेरी पहली साहित्यिक यात्रा थी। जब गाड़ी जंघई स्टेशन पर पहुँची तो वहाँ के मशहूर लड्डू चखने को मिले और रेलगाड़ी में बैठे-बैठे ही बेढब जी ने लिखा—

'अपनी ब्यूटी के नशे में वे बहुत मग़रूर हैं,
यह समझते हैं गोया जन्नत की कोई हूर हैं।

जर्द चेहरा है अज़ब 'बेढब' मुहासों से भरा
हम तो कहते हैं कि वे जँघई के मोतीचूर हैं।।'

वहाँ कवि-सम्मेलन में जब बेढब जी ने उक्त चौपदा पढ़ा, तो स्व. पुरुषोत्तमदास टंडन लोट-पोट हो गए।

एक बार लखनऊ रेडियो पर हास्यरस का कवि-सम्मेलन हुआ। सबेरे हम काशीवासी बेढब जी, चोंच जी, भैया जी बनारसी और मैं घर वापस आने के लिए लखनऊ स्टेशन पर गाड़ी में सवार हुए तो उस डिब्बे में हमीं लोगों का एकाधिपत्य हो गया। परन्तु एक सज्जन एक हाथ से एक आँख दबाये हाँफते-हाँफते उसी डिब्बे में धँस पड़े। बेढब जी ने सहानुभूति दिखाते हुए पूछा-आपकी आँख में क्या हुआ है? उन्होंने उत्तर दिया कि परसों सीतापुर से आ रहा था कि कोयले का कन आँख में पड़ गया। उसी से अब तक बेचैन हूँ। वह कन निकलता नहीं। बेढब जी ने बड़ी गम्भीरता से कहा–ऐसी क्या बात! अब तो ऐसी-ऐसी मशीनें बन गई हैं कि आँख का तिनका क्या, समूची आँख ही निकाल लें। मगर हिन्दुस्तान में अभी चार ही आई हैं–एक कलकत्ते में, दूसरी मद्रास में, तीसरी बंबई में और चौथी इसी लखनऊ स्टेशन के बाहर है, वो वो बिल्डिंग देखते हैं न? उक्त सज्जन ने कहा 'हाँ'। बेढब जी बोले-जी हाँ, बस मशीन के सामने आँख कर दीजिए। वह निकाल लेगी, कुल दो मिनट की तो बात है, तकलीफ़ क्यों सहते हैं? उक्त सज्जन यह कहते हुए कि निकलवाकर अभी आता हूँ, गाड़ी से उतरे और कुछ ही दूर गए थे कि गाड़ी ने सीटी दे दी। डिब्बे पर बनारस तक केवल हमीं लोग काबिज रहे।

उसी समय एक लँगड़े और अधेड़ ईसाई सज्जन किसी ऐंग्लो इंडियन तरुणी के स्वागतार्थ स्टेशन पर आए थे और उसे अपने साथ लेकर प्लेटफॉर्म के बाहर जा रहे थे कि हमारी गाड़ी छूटी और उस जोड़े पर बेढब जी की निगाह पड़ी। उनके मुँह से तुरन्त यह मिसरा निकला-ये लँगड़ा सफ़ेदा लिए जा रहा है।

बताने की आवश्यकता नहीं कि लँगड़ा बनारस का और सफ़ेदा लखनऊ का मशहूर आम है। बेढब जी के उस मिसरए तरह पर गिरह लगाते हुए हँसी-खुशी हम सब वाराणसी आ गए।

बंबई की बात है। श्री कन्हैयालाल मुंशी के प्रोत्साहन, आचार्य सीताराम चतुर्वेदी के निर्देशन और नटराज पृथ्वीराज कपूर के निरीक्षण में मेरा एक नाटक पृथ्वी थिएटर्स के मंच पर तीन दिन अभिनीत किया गया था। उससे छुट्टी पाकर शाम की गाड़ी पर घर आने के लिए हम सब सवार हुए–बेढब जी, आचार्य करुणापति त्रिपाठी, डॉ. मुकुंददेव शर्मा आदि। यहाँ भी डिब्बा खाली मिला। प्रसन्नता हुई कि रात भर आराम से सोते चलेंगे। बेढब जी ने अंग्रेजी का 'आर' अक्षर एक काग़ज़ पर लिखकर उसे डोरे से बाँधकर डिब्बे के बाहर लटका दिया। अब जो भी आता, उसे बेढब जी उस पुरजे की ओर इशारा करके कह देते कि डिब्बा रिजर्व है। वह 'आर' देखकर हट जाता। परन्तु मार्ग में एक स्टेशन पर आधी रात के करीब एक आदमी हमारे डिब्बे में आकर बैठ ही गया। मैंने उसे टहलाने की कोशिश की, परन्तु वह अड़ियल सिद्ध हुआ। बेढब जी लेटे तो थे,

परन्तु उस समय भी जाग रहे थे। फलतः बोले--'खुशी से बैठिए साहब, मगर इस डिब्बे में महाराज दरभंगा का खजाना जा रहा है। अगर कुछ हुआ तो उसके ज़िम्मेदार आप भी होंगे।' यह सुनते ही वह बेचारा घबराया; बोला तो कुछ नहीं, परन्तु दूसरा स्टेशन आते ही चुपके से उतर गया।

जब गाड़ी इलाहाबाद पहुँची तो ट्रेन बदलनी पड़ी। अब जो डिब्बा मिला, वह कसा हुआ था। हम सब भी किसी तरह उसी में धँसे और दबक-सिमटकर बैठ रहे। देखा कि एक मुसलमान सज्जन अपनी लच्छेदार बातों से समूचे डिब्बे पर छाए हुए हैं। बातचीत के सिलसिले में अपने चकित श्रोताओं को उन्होंने सहसा यह विस्मयकारिणी सूचना दी कि उनके दादा जान ने कभी एक मन वजन का आलू उगाया था। बेढब जी के सामने कोई ऐसी बे-पर की उड़ाये और भर पेट जवाब न पाये, यह असम्भव था। फलतः बेढब जी ने अपनी सहज गम्भीरता के साथ कहा–जनाब अपने दादा जान के वक़्त की बात कह रहे हैं। मैं तो अभी मद्रास से एक प्रदर्शनी देखकर चला आ रहा हूँ। वहाँ, साहब, एक ऐसा टमाटर लाया गया था, जो वजन में सात टन का था। कहने की आवश्यकता नहीं कि उक्त मियाँ साहब बनारस कैंट तक मौन ही बने रहे।

ऐसे साथी थे बेढब जी-अतिशय सरस और सुघर। फलतः ऐसे सुघर साथी के बिछुड़ने से कष्ट होना स्वाभाविक है। कवि बुद्धिसेन ने कहा है–

'बिछुरे दरद न होत खर, सूकर, कूकरन को
हंस, मयूर, कपोत सुघर जनन बिछुरन कठिन।'

कभी-कभी मुझे एक आह भरकर कहना ही पड़ता है–

'वे सूरतें इलाही किस देस बसतियाँ हैं।
अब जिनके देखने को आँखें तरसतियाँ हैं।'

(सन् 1969, नागरी पत्रिका)

समीक्षा

आँसू की चार बूँदें

मुख कमल समीप सजे थे,
दो किसलय दल पुरइन के,
जल बिन्दु सदृश ठहरे कब
इन कानों में दुख किनके।
है किस अनंग के धनु की
यह शिथिल शिंजिनी दुहरी,
अलबेली बाहुलता या
तन छबि-सरकी है लहरी।

चंचला स्नान कर आवे
चन्द्रिका पर्व में जैसी,
उस पावन तन की शोभा
आलोक मधुर है वैसी।
गौरव था नीचे आए
प्रियतम मिलने को मेरे,
मैं इठला उठा अकिंचन
देखे ज्यों स्वप्न सबेरे।

आँसू के कवि ने अपने काव्य में हिन्दी की पुरानी काव्य-परम्परा का निर्वाह करते हुए नखशिख-वर्णन भी किया है। यह भी उल्लेख्य है कि प्रस्तुत कवि का नखशिख-वर्णन प्राचीन कवियों के ऐसे वर्णनों से कहीं अधिक चमत्कारपूर्ण और निखरा हुआ है। उदाहरण के लिए, प्रस्तुत पदों को ही लीजिए। यह नायिका के कानों का वर्णन है। नायिका रूपसी हैं और सम्भवतः इसी कारण कठोर-हृदया भी। इधर यह भी स्मरण रखना चाहिए कि 'आँसू' (काव्य भी) की कहानी हुस्न व इश्क, सुन्दरता और प्रेम की कहानी है। कहना तो यों चाहिए कि 'आँसू' काव्य का नायक प्रेम है और नायिका सुन्दरता। सदा से प्रेम सुन्दरता की ओर आकृष्ट होता आ रहा है और वह सच्चे प्रेम की उपेक्षा करती रही है, जिस पर प्रेम सदैव चकपकाता रहा है और बार-बार एक ही प्रश्न करके ईश्वर को भी थकाता रहा है कि--

हम हैं मुश्ताक और वो बेज़ार,
या इलाही! ये माज़रा क्या है?

प्रेम का ऐसा उद्भ्रान्त प्रश्न करना स्वाभाविक और सकारण है। वह अपनी वेदना अपनी प्रेयसी को सुनाना चाहता है, परन्तु अभिमानिनी सुन्दरता के कानों में उसकी बातें उसी प्रकार नहीं ठहरतीं। जैसे--कमल के पत्ते पर पानी की बूँदें--'पद्मपत्रमिवाम्भसा।'

इसीलिए कवि कहता है कि नायिका सुन्दरता के मुखकमल के समान है। जैसे कमल के समीप ही पुरइन के पत्ते रहते हैं, उसी प्रकार मुखकमल के आस-पास पुरइन के दो पत्तों जैसे दो कान हैं। जैसे उन पत्तों पर पानी की बूँदें नहीं ठहरतीं, ठीक वैसे ही उन

कानों में भी किसी के दुःख की बातें नहीं टिकतीं। पुरइन के सम्बन्ध में यह भी उल्लेख्य है कि 'पुरइन तो पत्तर फरै, गुच्छन फरै खजूर।'

कानों का वर्णन कर लेने के पश्चात् कवि नायिका की अलसाई भुजलताओं का वर्णन करता है। नायिका की कलित काया कामकार्मुकवत् है और उसकी दोनों भुजाएँ अँगड़ाई लेने में उसी प्रकार ऊपर की ओर खिंच जाती हैं, जैसे धनुष पर प्रत्यंचा खिंच रही हो। अँगड़ाई ले चुकने पर वे उसी प्रकार शिथिल होकर दोनों ओर गिर पड़ती हैं, जैसे–धनुष की दुहरी डोरी उतर जाए। कवि ने प्रस्तुत वर्णन में भारतीय काव्य-परम्परा का पालन पूर्णतया किया है। कामिनी के कोमल कलेवर को प्रायः अनंगयष्टि, कामदेव का धनुष, कनकछरी आदि बताया जाता है। फिर जहाँ तक अँगड़ाई लेने का प्रश्न है, संस्कृत साहित्य में ऐसे छन्द मिलते हैं–

उत्थाप्य पाणिकमलं कमलायताक्षी
प्रातः कुरंगनयना विचिनोति जृम्भाम्।
मन्ये स्मरो रतिरणात् पुरतो निवृत्तः
स्वीयां धनुष्कुटिलतां विहतां करोति।।

–(कोई कमलमुखी, मृगनयनी प्रातःकाल दोनों हाथ उठाकर जँभाई ले रही है। उसकी शोभा ऐसी जान पड़ रही है, मानो रति-रण से विमुख होकर कामदेव अपने धनुष की कुटिलता दूर कर रहा हो।)

परन्तु कवि कामिनी-करों को काम-कार्मुक की शिथिल डोरी बताकर ही सन्तुष्ट नहीं है, वह उन्हें तरुणी के तन-तरु की दो लताएँ भी कहता है–साधारण लताएँ नहीं, अलबेली लताएँ और अँगड़ाई लेते देख अलबेली लता का स्मरण हो आना भी कोई चौंकाने वाली बात नहीं, स्वाभाविक है–

शाखे गुल झूम के गुलज़ार में सीधी जो हुई
फिर गया आँख में नक़्शा तेरी अँगड़ाई का।

(1 जून, 1955, वासन्ती)

विद्यापति और उनकी पदावली

प्रस्तुत संकलन में विद्यापति के कुल 267 पद संगृहीत हैं। पदों की यह संख्या और उनका क्रम प्रायः वही है, जो श्री रामवृक्ष बेनीपुरी की 'विद्यापति पदावली' में है। विद्यापति ने जितने पदों की रचना की थी, उन सभी का संकलन अभी तक नहीं किया जा सका है। इसीलिए उनकी पदावली के भिन्न-भिन्न संकलनों में पदों की संख्या भी भिन्न-भिन्न रही है, जैसे श्री नगेंद्रनाथ गुप्त ने जो संकलन प्रकाशित कराया था। उसमें पदों की संख्या प्रायः साढ़े नौ सौ थी। ब्रजनन्दन सहायजी का संकलन यद्यपि उक्त संकलन का आधा ही था, तो भी उसमें कुछ ऐसे नये पद थे, जो गुप्त जी वाले संस्करण में नहीं थे। ग्रियर्सन ने भी विद्यापति के पदों का एक छोटा-सा संकलन प्रकाशित कराया था, जो मौखिक मैथिल परम्परा पर आधृत था। परन्तु इन सभी संस्करणों में भाषा का रूप शुद्ध नहीं था। इस दृष्टि से भी शिवनन्दन ठाकुर का संकलन सर्वोत्तम था। उसका नाम ही था 'विशुद्ध विद्यापति पदावली', परन्तु उसमें भी एकाध पद ऐसे थे, जो विद्यापति के नहीं थे। अर्थात् शिवनन्दन ठाकुर ने जिस प्रति को आधार बनाया था, उसमें भी न जाने कितने कवियों की रचनाओं का मिश्रण है।

हृदय के द्रवीभूत भाव अपनी अभिव्यक्ति के लिए संगीत की तरलता को ही माध्यम बनाया करते हैं। जो हृदय जितना ही भावुक होता है, उतना ही वह संगीत की ओर झुकता है। विद्यापति ने बड़ा ही भावुक और रसमय हृदय पाया था। फलतः उन्होंने पदावली की रचना केवल भावोद्रेक के कारण ही की। कोई विषयविभाग उनकी दृष्टि में न था। विशुद्ध अलौकिक नायक-नायिका राधाकृष्ण जयदेव के हाथों में पड़कर दिव्यादिव्य नायक नायिका बन चुके थे। अर्थात् गीतगोविन्द में राधाकृष्ण के मान, मिलन, वियोग आदि का वर्णन तो अदिव्य मानवभूमि पर किया गया, परन्तु प्रत्येक पद की भणिता में यह अवश्य ही याद दिला दिया गया कि राधाकृष्ण दिव्य हैं और उनके चरित का गान करने से पुण्य और मोक्ष की प्राप्ति होती है। विद्यापति को राधाकृष्ण के दिव्यरूप से कोई प्रयोजन न था। उन्होंने उन्हें लौकिक नायक नायिका के प्रतीक रूप में ही ग्रहण किया था। यही कारण है कि उनके प्रत्येक पद में राधाकृष्ण का उल्लेख नहीं है। यह तो टीकाकारों की जबर्दस्ती ही कही जाएगी, जो वे बलपूर्वक प्रत्येक पद पर राधाकृष्ण का आरोपण किए बिना सन्तुष्ट ही नहीं होते। इस संदर्भ में सम्भवतः एक ही उदाहरण पर्याप्त होगा।

प्रस्तुत पुस्तक के पृष्ठ 548 पर निम्नलिखित पद उद्धृत है–

कालि कहल पिया ए साँझहि रे
जाएब मोय मारुअ देख।
मोय अभागलि नहिं जानलि रे
जइतओं संग जोगिन वेस।।...

जब बंगाली वैष्णवों ने विद्यापति के पदों को अपने कीर्तन की सामग्री के रूप में ग्रहण कर लिया तो उनके लिए यह आवश्यक हो उठा कि वे प्रत्येक पद का सम्बन्ध राधाकृष्ण से ही जोड़ें। सम्भवतः उसी समय 'मारू' देश का अर्थ मथुरा लगा लिया गया। वैसे उक्त पद में न कहीं राधा का नाम है, न कहीं कृष्ण का। फिर भी 'मारुअ' का अर्थ मथुरा कर दिया गया। श्री बेनीपुरी ने यही अर्थ स्वीकार कर अपने संकलन की पादटिप्पणी में 'मारुअ' का अर्थ मथुरा लिख दिया। तब से प्रत्येक टीकाकार का जैसे यह पावन कर्त्तव्य हो गया कि वह बेनीपुरी जी का अंधानुकरण करे। प्रस्तुत टीकाकार भी इस नियम के अपवाद नहीं हैं। कोई भी निष्पक्ष परन्तु विचारशील पाठक जो राजा शिवसिंह और रानी लखिमा देई के इतिहास से परिचित होगा, इस पद को देखते ही कह देगा कि यह पद व्यक्तिगत जीवन की स्थिति को लेकर रचा गया है। इससे राधाकृष्ण से कोई मतलब नहीं। इसमें तो विरहिणी रानी लखिमा के मनोभावों का वर्णन है। परिस्थिति यह है कि राजा शिवसिंह युद्धभूमि में ही अदृश्य हो गए है। यह निश्चय हो जाने पर कि उसके पति जीवित नहीं है, वह सती होने के लिए सखियों से चिता सजाने की प्रार्थना करती है, जिस पर विद्यापति उसे समझाते हैं कि–

विद्यापति कबि गाओल रे आबि मिलब पिय तोर।
लखिमादेइ वर नागर रे राय सिवसिंघ नहि मोर।।

यदि यह अर्थ न लगाया जाएगा, तो जब पिय ने यह कह ही दिया था कि मैं मथुरा जाऊँगा तो इसमें वह कौन-सी बात थी जो राधा नहीं समझ सकती थी। यहाँ कोई न कोई श्लेषात्मक शब्द होना ही चाहिए। जिससे भ्रम की सम्भावना हो सके। सम्भवतः इस पद में वह श्लेषात्मक शब्द 'मारुअ' ही है, जिसके तीन अर्थ हो सकते हैं–मरु देश अथवा रेगिस्तान, मारुत देश अथवा वायव्य दिशा और मृत्यु का देश अथवा यमराज की पुरी। मथुरा रेगिस्तान नहीं है। अतः मारुत देश का अर्थ मथुरा नहीं हो सकता। भौगोलिक दृष्टि से समस्त संसार तीन प्रकार के भूमिखंडों में विभाजित है–मरु, आनूप और जांगल। जहाँ वर्षा बिलकुल नहीं होती अथवा अत्यल्प होती है, उसे मरुभूमि कहते हैं। जहाँ अत्यधिक वर्षा होती है, उसे आनूप देश कहा जाता है और जहाँ वर्षा और सूखे की स्थिति समान होती है, वह जांगल प्रदेश कहा जाता है। अतः यहाँ मारुअ के दो ही अर्थ शेष रह जाते हैं–वायव्य दिशा और मृत्यु की भूमि। विद्यापति के समय की शर्की सल्तनत की राजधानी जौनपुर मिथिला से वायव्य दिशा में स्थित है। अतः जब राजा शिवसिंह ने रानी लखिमा से मारुअ देश की यात्रा की बात कही तो उसने स्वभावतः यही समझा कि वे जौनपुर जाने की सोच रहे हैं। 'मोय अभागलि नहिं जानल रे' का

अर्थ इतना ही है कि उसने 'मारुअ' का यह अर्थ नहीं समझा कि उसके पति रणभूमि या मृत्युभूमि में जाने की सोच रहे हैं।

चूँकि उक्त अर्थ की ओर टीकाकारों की दृष्टि नहीं गई, अतः प्रस्तुत टीकाकारों ने भी पुरानी लीक से तिल भर भी इधर-उधर होना स्वीकार नहीं किया है। परम्परानुसार उन लोगों ने इस पद में भी राधाकृष्ण के ही क्रियाकलाप के दर्शन किए हैं। यह देखकर तो यही समझना पड़ता है कि लोक में राधाकृष्ण के प्रति भक्ति भले ही घटी हो, उनके प्रति अनुरक्ति में तो वृद्धि ही हुई है। यह सम्भवतः इसी अनुरक्ति का परिणाम है कि प्रस्तुत टीकाकारों ने अन्य अनेक पदों में राधाकृष्ण का नामगंध न रहने के बावजूद अर्थ कथन में उनका नाम स्मरण किया है। प्रचंड नास्तिकता के इस युग में ऐसी अखंड आस्तिकता अवश्य आश्चर्यजनक है।

पुस्तक के आकार और उसकी सामग्री से प्रकट है कि परिश्रमी सम्पादकों ने अपनी ओर से पुस्तक की उपयोगिता बढ़ाने में कोई कोर-कसर नहीं की है। उन लोगों ने गीत की एक दर्जन से अधिक हिन्दी अंग्रेजी परिभाषाएँ संकलित की हैं। विद्यापति सम्बन्धी प्रत्येक प्रश्न पर किस विद्वान् ने क्या कहा है, इसका अनूठा संकलन प्रस्तुत पुस्तक की विशेषता है। फिर यह सार्वथा दूसरी बात है कि गीतों के स्वरूप और उनके भेदों का उल्लेख करते समय 'विद्यापति पदावली' का ध्यान नहीं रखा गया और विद्वानों का उद्धरण देते समय कहीं-कहीं अनावश्यक और निरर्थक टिप्पणी भी जड़ दी गई।

'विद्यापति की गीतिकला' शीर्षक अध्याय में जहाँ डॉ. कृष्णदेव उपाध्याय कृत लोकगीतों के विभाजन का आधार उद्धृत है, वहाँ डॉ. जयकांत मिश्र के वर्गीकरण का भी उद्धरण दे दिया जाता तो पुस्तक की उपयोगिता में चार चाँद लग जाते। कारण डॉ. मिश्र के वर्गीकरण का सीधा सम्बन्ध 'विद्यापति पदावली' से है। उस वर्गीकरण से ही मैथिली गीतों के तिरहुती, वटगमनी, गोआलरी, नचारी, महेसबानी आदि भेदोपभेदों का परिचय मिल सकता है। डॉ. मिश्र ने प्रत्येक प्रकार के गीत का लक्षण भी प्रस्तुत किया है, जैसे—तिरहुती के सम्बन्ध में उन्होंने लिखा है कि यह प्रेमगीत है। प्रेमदशा में हृदय की प्रत्येक वृत्ति का 'चित्र इसमें प्रयुक्त किया जाता है। प्रायः टेक में 'ना', 'हो', 'रे' या 'सजनि गे' प्रयुक्त होता है।

यदि डॉ. मिश्र के कथन का भी उद्धरण दिया गया होता, तो विद्यापति के गीतों का वर्गीकरण करने में पाठकों को बहुत सुविधा होती। इसी प्रकार विद्यापति का जीवनवृत्त शीर्षक निबन्ध में जहाँ विद्यापति के स्वप्न की पौराणिक व्यवस्था के बाद श्री शिवनन्दन ठाकुर द्वारा स्थिर विद्यापति की मृत्युतिथि 329 व्याख्या संवत् का उद्धरण दिया है, वहीं डॉ. शिवप्रसाद सिंह द्वारा श्री शिवनन्दन ठाकुर की स्थापना के खंडन का भी उल्लेख किया है। यह अच्छी बात है। किसी भी प्रश्न पर खंडन-मंडन की समस्त सामग्री का एक ही स्थान पर संकलन अवश्य ही उपयोगी कहा जाएगा। सम्पादकद्वय ने लिखा है कि 'श्री शिवप्रसाद सिंह के खंडन में कोई जान नहीं है और उनका कथन विशेष महत्त्वपूर्ण नहीं है।' परन्तु स्वयं इन सम्पादकों के ही उक्त कथन का आधार क्या है, जब तक इसका पता न चले। तब तक उनका कथन भी कोई महत्त्व न रख सकेगा। जब सम्पादकद्वय

ने यह लिखा कि 341 ल.सं. (1460 ई.) तक विद्यापति का जीवित रहना प्रमाणित नहीं होता, तो वहीं उन्हें यह भी बताना चाहिए था कि यदि प्रमाणित नहीं होता तो अप्रमाणित कैसे होता है।

पदावली की सरस और विस्तृत व्याख्या से परिपुष्ट कलेवरवाली इस पुस्तक में कहीं-कहीं कुछ ऐसी बातें भी रह गई हैं, जिनकी व्याख्या परमावश्यक थी। 'विद्यापति पर पूर्ववर्ती प्रभाव' पर विचार करते हुए सम्पादकों ने दो स्थानों पर विद्यापति को प्रभावित करने वालों की सूची प्रस्तुत की है। उस सूची में माघ, कालिदास, अमरुक, जयदेव के साथ ही एक नाम जगन्नाथ भी है। ये जगन्नाथ कौन है? संस्कृत साहित्य में तो केवल एक ही जगन्नाथ का बोलबाला है और वे हैं सुप्रसिद्ध पंडितराज जगन्नाथ। परन्तु पंडितराज विद्यापति के प्रायः तीन सौ वर्ष बाद उत्पन्न हुए थे। ऐसी स्थिति में उन्होंने विद्यापति को कैसे प्रभावित कर लिया। यह बात साधारण बुद्धि में नहीं समाती। जान पड़ता है कि पंडितराज के नाम का उल्लेख सम्पादकद्वय केवल रौ में आकर कर गए हैं। कारण उन्होंने पंडितराज का कोई छन्द उद्धृत कर उससे विद्यापति के किसी पद की तुलना नहीं की है।

विद्यापति पर पूर्ववर्ती प्रभाव का विवेचन जिस अध्याय में किया गया है। उसमें जितना आडम्बर है, उतना तथ्य नहीं। माघ, कालिदास, अमरुक आदि का विद्यापति पर फुटकल प्रभाव दिखलाते समय यदि सम्पादकों ने महामहोपाध्याय पं. हरप्रसाद शास्त्री के इस कथन का भी उल्लेख कर दिया होता तो अच्छा होता कि 'संस्कृत अलंकार में जो कवि प्रौढ़ोक्ति है, जितनी चलती उपमाएँ हैं, विद्यापति ठाकुर ने अपने गीतों में उन सबका प्रचुर प्रयोग किया है। हाल सप्तशती, आर्या सप्तशती, अमरुशतक, शृंगारशतक आदि संस्कृत और प्राकृत के शृंगाररस के काव्यस्तबक से विद्यापति ने अपने गीतों के लिए भाव संग्रह किया है। पदावली पढ़ते-पढ़ते प्रायः संस्कृत परिचित श्लोकों की याद आ जाती है। प्रायः प्रतीत होता है कि इन संस्कृत कविताओं के ऊपर विद्यापति ने अपना रंग चढ़ाया है, उनसे ही भाव ग्रहण कर उन भावों को और भी चमकाया है। कहीं-कहीं स्त्रीरूप का वर्णन करते हुए उन्होंने किसी भी अंग का नाम नहीं लिया है, परन्तु उपमानों को इस प्रकार सजाया है कि जिसने संस्कृत नहीं पढ़ी है। वह उन पदों से रस नहीं प्राप्त कर सकता। ऐसी स्थिति में जिन लोगों ने संस्कृत पढ़ी है, उनके लिए स्वर और भाषा छोड़कर पदावली में और कुछ भी नया नहीं है। विद्यापति का गान उसी संस्कृत कविता की याद दिलाकर थम जाता है।'

कभी श्री सतीशचन्द्र राय ने श्री नगेंद्रनाथ गुप्त और श्री रामवृक्ष बेनीपुरी के पदावली संस्करणों की आलोचना करते हुए लिखा था कि गुप्त जी के संस्करण के अनुसार बेनीपुरी जी के संस्करण में भी निम्नलिखित चार श्रेणी की भूलें देखी जाती हैं–

1. पदनिर्वाचन की भूल, 2. पदविन्यास की भूल, 3. पाठ में भूल और 4. अर्थ में भूल। राय महाशय की इस सूची में जिन भूलों का उल्लेख है, वे ही भूलें श्री भाटी जी और जोशी जी के प्रस्तुत संस्करण में भी मौजूद हैं। कारण हिन्दी में इधर 'विद्यापति पदावली' के जितने संकलन प्रकाशित हुए हैं, उन सभी का आधार बेनीपुरी जी वाला संस्करण ही है। फलतः जो भूलें और जितनी भूलें बेनीपुरी जी के संस्करण में थीं, वे

ज्यों की त्यों प्रस्तुत संस्करण में भी सुरक्षित रह गई हैं। अतः पदनिर्वाचन सम्बन्धी एक भूल का उदाहरण दे देना अप्रासंगिक न होगा। बेनीपुरी जी के संस्करण और प्रस्तुत संस्करण का 200 संख्यक पद निम्नलिखित है–

मोर बन बन सोर सुनइत
बढ़त मनमथ पोर
प्रथम छार असाढ़ आओल
गगन अबहु गम्भीर
× × ×
निडर डर डर डाक डाहुक
छुटत मदन बनूक
× × ×
सिंह भूपति भनइ ऐसन
चतुर मास कि बोल।।

किसी ज़माने में श्री नगेंद्रनाथ गुप्त ने यह मत प्रकट कर दिया था कि सिंह भूपति भणितायुक्त सकल पद विद्यापति रचित। सिंह भूपति शिवसिंह। अर्थात् सिंह भूपति भणितायुक्त सभी पद विद्यापति द्वारा रचित हैं। सिंह भूपति शिवसिंह ही हैं।

उक्त 'बाबा वाक्यं प्रमाणम्' के रहते प्रस्तुत संस्करण के सम्पादकगण कोई दूसरी बात कहने का दुःसाहस कैसे कर सकते थे। फलतः उन्होंने भी कह दिया कि राजा शिवसिंह यह कहते हैं। उधर श्री सतीशचन्द्र राय ने हिन्दी साहित्य सम्मेलन द्वारा प्रकाशित अपनी पुस्तक में साफ-साफ कह दिया था कि सिंह भूपति वाले पदों को विद्यापति के संकलन में उद्धृत करना बड़ी भूल है। पुनः सन् 1949 में प्रकाशित 'ए हिस्ट्री आव् मैथिली लिटरेचर' में डॉ. जयकांत मिश्र ने और भी जोरदार शब्दों में अपना मत प्रकट किया कि श्री नगेंद्रनाथ गुप्त ने 'भूपति' या 'सिंह भूपति' को शिवसिंह अथवा विद्यापति का दूसरा नाम समझकर भूल की है। इस विश्वास के प्रचुर कारण हैं कि यह किसी दूसरे ही कवि का नाम है। भूपति नेपाल के राजा और कवि भूपतींद्र हो सकते हैं। पुनः हम लोग एक सिंह भूपाल को भी जानते हैं, जिन्होंने सारंगदेव के 'संगीतरत्नाकर' और 'रसार्णव सुधाकर' पर टीकाएँ लिखी थीं। ये सिंह भूपाल कर्णाट वंश के मैथिल राजा भूपालसिंह है। ये सिंह भूपति सिंह नृपति भी हो सकते हैं, जो स्पष्टतः पाटण के नेपाली नरेश सिद्ध नरसिंह हैं, जिन्होंने सन् 1620 से लेकर 1657 तक राज किया था।

इतने अधिक प्रमाणों के रहते भी यदि कोई सिंह भूपति भणितायुक्त पदों को विद्यापति रचित मानने का ही दुराग्रह करता है, तो उससे पूछना चाहिए कि क्या विद्यापति के समय में बंदूक का आविष्कार हो चुका था। तत्कालीन इतिहास ग्रन्थों में अस्त्र-शस्त्रों की जो सूची मिलती है। उसमें बंदूक का उल्लेख कहीं नहीं मिलता। दूसरी ओर इतिहास अवश्य ही यह बताता है कि बारूदी अस्त्रों का भारत में प्रथम प्रयोग बाबर और इब्राहीम लोदी के युद्ध में हुआ। ऐसी स्थिति में विद्यापति द्वारा 'छूटत मदन बनूक' लिखा जाना क्या सम्भव है?

प्रस्तुत संकलन के सम्पादकों ने गोस्वामी तुलसीदास जी के इस कथन की सर्वथा उपेक्षा करते हुए कि 'गिरा अरथ जल वीचि सम कहियत भिन्न न भिन्न' अर्थकथन में अटकल से भी काम लिया है। उदाहरण के लिए, इन पंक्तियों का अर्थ कि 'सिंह भूपति भनइ ऐसन चतुर मास कि बोल' का यह अर्थ किया गया है कि राजा शिवसिंह यह कहते हैं कि ऐसे इन चार महीनों का चातुर्मास्य श्रृंगारवर्णन होता है। अर्थात् यह चार मास आषाढ़, सावन, भादों और आश्विन विरहणीयों विरहियों (?) के लिए कष्टदायक होते हैं।

उक्त अर्थकथन करने में सम्पादकों ने पूर्ववर्ती टीकाकारों जैसे कुमुद विद्यालंकार, श्री जयवंशी झा तथा श्री वसन्तकुमार माथुर की परम्परा का पूरा-पूरा ध्यान रखा है। उन टीकाकारों ने भी इसका अर्थकथन करने में अटकलबाजी की थी। श्री कुमुद विद्यालंकार और जयवंशी झा का अर्थ है कि राजा शिवसिंह कहते हैं कि ऐसे चातुर्मास्य में कुछ नहीं कहा जाता। श्री वसन्तकुमार माथुर ने अपनी टीका में यह अर्थ लगाया है कि कवि भूपतिसिंह (विद्यापति का उपनाम) कहते हैं कि हे बाले इन चारों महीनों को चातुर्मास कहते हैं। परन्तु यदि प्रसंग को दृष्टि में रखा जाए तो इसका अर्थ यह होगा कि ऐसे सुखद चौमासे को क्या कहा जाए, जो मेरे लिए ऐसा दुःखद सिद्ध हुआ है। चौमासे के लिए तो यह व्यवस्था है कि परिब्राजक भी परिब्रजन बंद कर देते हैं और गृहस्थ तो उस समय अपना घर छोड़ते ही नहीं। लोकप्रसिद्ध उक्ति है कि सावन चिरैया ना घर छौड़ै ना बनिजार बनिज को जाए।

प्रस्तुत पुस्तक में कहीं-कहीं ऐसे वाक्य भी हैं, जिनका अर्थ लगा पाना टेढ़ी खीर ही है। जैसे कोई इन वाक्यों का क्या अर्थ लगाए?

1. राजा शिवसिंह यह कहते हैं कि ऐसे इन चार महीनों का चातुर्मास्य श्रृंगारवर्णन होता है। (पृ. 569)
2. यह काम मनोवैज्ञानिक प्रभाव का रसमयी लक्षणा का काव्यात्मक निरूपण है। (पृ. 215)

जैसा कि पहले कहा जा चुका है कि परिश्रमी सम्पादकों ने अपनी कृति को आकर्षक बनाने में कुछ उठा नहीं रखा हैं। जहाँ तहाँ संस्कृत, हिन्दी और उर्दू के समानार्थी अथवा समान भाव वाले छन्दों को उद्धृत किया है; स्वयं अपनी भी कविताएँ उद्धृत की हैं, परन्तु दुर्भाग्यवश संस्कृत या उर्दू का सम्यक् ज्ञान न रहने के कारण प्रायः सभी उद्धरण अशुद्ध मुद्रित हुए हैं और स्वरचित कविताओं में तो कोई दम ही नहीं। दो-चार उदाहरण पर्याप्त होंगे।

सम्पादकों का उर्दू ज्ञान तो उनके इस वाक्य से ही विदित हो जाता है कि 'इसी पद से मिलती-जुलती शायद अमीर की यह शे'र पठनीय है।' अब भले ही व्याकरण और कोश चीखा-चिल्लाया करें कि शे'र शब्द पुल्लिंग है, परन्तु ऐसा कोई कानून तो है नहीं, जो सम्पादकों को इस शब्द का स्त्रीलिंग में प्रयोग करने से रोक सके। फिर यह शे'र जिस रूप में उद्धृत है, वह भी कम मनोरंजक नहीं है। शे'र देखिए—

कुछ जवानी है अभी कुछ है लड़कपन उनका।
दो दग़ाबाज़ों के कब्जे में है यौवन (?) उनका।।

उक्त शे'र में यौवन शब्द विचारणीय है, क्योंकि उर्दू में यह शब्द नहीं है। वहाँ तो जोवन का ही प्रयोग होता है, यौवन का नहीं। उक्त शे'र में जोवन की जगह यौवन शब्द का प्रयोग कर शे'र का सर्वनाश कर दिया गया है, परन्तु यह प्रस्तुत सम्पादकों का दोष नहीं है। वास्तव में यह पराक्रम कुमुद विद्यालंकार और जयवंशी झा का है। उन लोगों ने स्वसम्पादित 'विद्यापति पदावली' के पृष्ठ आठ पर उक्त शे'र इसी संशोधन के साथ इस प्रकार उद्धृत किया था–

'और इसी भाव को लेकर उर्दू के प्रसिद्ध कवि अमीर कहते हैं...कुछ जवानी है...यौवन उनका।' प्रस्तुत सम्पादकों की तो प्रशंसा ही करनी पड़ेगी कि उन लोगों ने यह शे'र उद्धृत करते समय अमीर के नाम के पहले 'शायद' शब्द का प्रयोग कर दिया है और कुमुद विद्यालंकार की भाँति यह निश्चित घोषणा नहीं कर दी है कि यह शे'र अमीर का ही है। वास्तव में शे'र 'अमीर' का न होकर 'मुनीर शिकोहाबादी' का है और भारतीय ज्ञानपीठ द्वारा प्रकाशित 'शे'र ओ सुखन' द्वितीय भाग में 75वें पृष्ठ पर मुनीर शिकोहाबादी के नाम से ही उद्धृत भी है।

प्रस्तुत पुस्तक के पृष्ठ 184 पर संस्कृत का एक छन्द इस प्रकार उद्धृत है–

उद्‌भेदं प्रतिपद्मपक्वबबरीभावं रागेता क्रगात्।
पुन्नागाकृतिमाप्य पूगपदवीमारुह्य बिल्वय श्रियम्।।

यदि यह छन्द शुद्ध रूप में उद्धृत किया जाता तो इसका रूप यह होता-

उद्‌भेदं प्रतिपद्य पक्वबदरीभावं समेत्य क्रमात्।
पुन्नागाकृतिमाप्य पूगपदवीमारुह्य बिल्वश्रियम्।।

लगे हाथ एक उदाहरण हिन्दी उद्धरण का भी होना चाहिए। पृष्ठ 349 पर बिहारी का एक सुप्रसिद्ध दोहा ऐसे रूप में उद्धृत है, जिस रूप में उद्धृत करने में आठवें दरजे का विद्यार्थी भी लज्जित होगा। वह उद्धरण निम्नलिखित है–

इहि आस (?) अटक्यो रहे (?) अलि गुलाब के मूल।
अइहों (?) फेरि वसन्त ऋतु इम डालिन (?) में फूल।।

इसी प्रकार गोस्वामी तुलसीदास जी की एक पंक्ति का श्राद्ध उसे इस रूप में उद्धृत कर किया गया है–

दामिनि दमक रह न घन माहीं।
खली की प्रीति यथा थिर नाहीं।। पृ. 568

कहने का तात्पर्य इतना ही है कि समूची पुस्तक में पद्यों के दो ही चार उद्धरण ऐसे हैं, जो शुद्ध रूप में मुद्रित हो पाये हैं।

सत्यानुरोध से की गई प्रस्तुत समीक्षा के लिए सम्पादकों और प्रकाशक से क्षमायाचना के पूर्व दोनों का ही ध्यान आवरण पृष्ठ पर छपे हुए चित्र की ओर भी दिलाना आवश्यक प्रतीत होता है। कारण उस चित्र से इस भ्रम की पुष्टि होती है कि विद्यापति वैष्णव थे। बंगाली कीर्तनकारों ने जो विद्यापति को एक बार वैष्णव बना दिया तो आज तक यह झगड़ा चल ही रहा है कि विद्यापति भक्त कवि थे या कोरे कवि। अब जब रामानन्दी

तिलक से युक्त विद्यापति के काल्पनिक चित्र प्रकाशित किए जाएँगे तो भगवान् ही जाने कि इसका क्या परिणाम होगा। फिर रामानन्द तो विद्यापति के परवर्ती है। ऐसी स्थिति में विद्यापति के मस्तक पर रामानन्दी तिलक लगाने के पूर्व चित्रकार को भी गम्भीर विचार करना चाहिए था।

बढ़िया चिकने और मोटे काग़ज़ पर परिष्कृत मुद्रण और बाह्य साजसज्जा के कारण यह भारी भरकम ग्रन्थ यद्यपि पहली ही दृष्टि में पाठक का ध्यान आकृष्ट कर लेने में पूर्णतया समर्थ है, तो भी यदि कोई इस आशा से इसे देखना चाहेगा कि इसकी टीका में कोई नयी बात कही गई होगी, आलोचना में कोई नया दृष्टिकोण अपनाया गया होगा, सूचनार्थ कुछ नये तथ्य उद्‌घाटित किए गए होंगे या विद्यापति पदावली के प्रत्येक संग्रह में दुहराये जाने वाले भ्रम ही दूर कर दिए गए होंगे तो उसके हाथ निराशा ही लगेगी।[1]

(संवत् 2020, नागरी पत्रिका)

1. विद्यापति और उनकी पदावली-सम्पादक और टीकाकार : देवराजसिंह भाटी और जीवनप्रकाश जोशी, प्रकाशक, हिन्दी साहित्य संसार, दिल्ली-6, पृ. 7+960, मू.-अठारह रुपये (18.00)।

ताजमहल राजपूती महल था

निस्संदेह किसी भी पराधीन देश का एक महादुर्भाग्य यह भी हुआ करता है कि उसका इतिहास ही विकृत कर दिया जाता है। हमारे देश के इतिहास के साथ भी ऐसी दुर्घटना घटित हुई है। यह निन्दनीय कर्म सभ्य और सुसंस्कृत कहलाने वाले अंग्रेजों तक ने भारतीय इतिहास के साथ किया, फिर उन्हें क्या कहा जाए जो एक नये धर्म में दीक्षा लेने के पहले तक सर्वथा बर्बर रहे। हम जिन्हें ऐतिहासिक तथ्य कहकर पढ़ते-पढ़ाते आ रहे हैं, उनके सम्बन्ध में स्वतंत्र भारत में सूक्ष्मता से छानबीन की जाए, यह स्वाभाविक ही नहीं अपितु एक ऐतिहासिक आवश्यकता भी है। हमारे विद्वान् परतंत्रता के काल में भी ऐसा करते रहे हैं, जैसे—जब अंग्रेजों ने आर्यों को भारत के बाहर से आया हुआ बताया तो डॉ. अविनाशचन्द्र लाहा और डॉ. सम्पूर्णानन्द जैसे इतिहास के विद्वानों ने ही नहीं, बल्कि प्रसाद जी जैसे महाकवि ने भी अपने-अपने ढंग से इस विदेशी मिथ्या प्रचार का खंडन किया। प्रस्तुत रचना के मूल में भी वही दृष्टिकोण अपनाया गया है। यह दूसरी बात है कि स्वभावतः कटु सत्य को बड़ी ही रूक्ष भाषा में प्रकट करने का प्रयत्न किया गया है।

श्री पुरुषोत्तम नागेश ओक निश्चय ही इतिहास के संशोधक हैं। उन्होंने मुस्लिम स्मारकों के नाम से प्रसिद्ध स्थानों का सूक्ष्मता से निरीक्षण किया है और उनके सम्बन्ध में काफी छानबीन भी की है। 'ताजमहल राजपूती महल था', यह भी उनका वैसा ही शोध है। लेखक ने अपने कथन के समर्थन में जो तर्क प्रस्तुत किए हैं, उनमें से अनेक काफी वजनी और विचारोत्तेजक हैं, जैसे—यह कहना कि शाहजहाँ का शासनकाल शान्तिपूर्ण नहीं था या वह धर्मांधता में औरंगज़ेब का पिता होने योग्य ही था अथवा मुमताज महल ही उसके हृदय की एकमात्र आराध्या न थी।

इस प्रकार यह तथ्य भी अस्वीकार नहीं किया जा सकता कि भारत के मध्यकालीन विदेशी हिन्दू-मन्दिरों को ही मामूली तोड़-फोड़ के साथ अपने उपासना-स्थल का रूप दे दिया करते थे अथवा हिन्दू सम्पत्ति पर अधिकार करने के लिए नक़ली क़ब्रें तक बनवा दिया करते थे। दिल्ली के प्रथम विदेशी शासक कुतुबद्दीन ऐबक ने जो 'कुव्वतुल इस्लाम' नाम की मस्जिद बनवाई थी, वह किसी मन्दिर को ही तोड़कर। हिन्दू और जैन-उपासना-स्थलों के मस्जिदों के रूप में परिवर्तन का सिलसिला वहीं से चालू हुआ। हिन्दू भूमि पर अधिकार करने के लिए नक़ली क़ब्रें बना देना भी उनके लिए साधारण

बात थी। काशी में ही जब औरंगज़ेब द्वारा विश्वेश्वर का मन्दिर मस्जिद के रूप में परिवर्तित किया गया, तो मन्दिर का एक भाग जो शृंगार गौरी का मन्दिर था, तोड़कर चबूतरे के रूप में छोड़ दिया गया। इस आशंका से कि इस छूटी हुई भूमि पर हिन्दू अधिकार न कर लें, उस चबूतरे पर चार क़ब्रें बना दी गईं–एक असली, तीन नक़ली।[1]

इस प्रकार लेखक के अध्यवसाय और उसकी विद्याबुद्धि का आदर करते हुए भी विवशतः यह कहना ही पड़ता है कि लेखक ने जिन्हें अकाट्य तर्क कहा है, उनमें सभी अकाट्य नहीं हैं। हमें यह मान लेने में कथमपि कोई आपत्ति न होती कि आगरे का ताजमहल अपने मूल रूप में राजपूती राजमहल है, यदि हमें उस राजमहल के निर्माण की वास्तविक तिथि बता दी जाती। यह बताने के लिए यह बताना भी आवश्यक होगा कि 'आगरा' शब्द का अत्यधिक व्यवहार इतिहास में कब प्रारम्भ हुआ? प्रस्तुत पुस्तक के 'मुस्लिम पूर्व दिनों में आगरा' शीर्षक अध्याय का आधार कीन साहब की हैंडबुक 'फॉर विजिटर्स टु आगरा ऐंड इट्स नेबरहुड' नामक पुस्तक है और श्री ओक ने इस अध्याय को लिखने में उससे अत्यधिक सहायता ली है। उसमें लिखा है कि 'आगरा' शब्द में संश्लिष्ट संस्कृत धातु 'ग्र' इसकी विद्यमानता दुर्गस्थ नगर या कोटवाले नगर के रूप में प्रागैतिहासिक काल से बताती है।...भारत के अन्य अनेक नगरों के समान ही यह भी अत्यन्त प्राचीन नगर है–यह ईसापूर्व दो हज़ार वर्ष प्राचीन नगरी है। आगरा का सर्वप्रथम उल्लेख फ़ारसी के शायर सुलेमान द्वारा किया गया है, जिसकी मृत्यु ईसा के पश्चात् ग्यारह सौ चौंतीस ईसवीं में हुई।' यहाँ कनिष्क का कारागार भी बताया गया है। महमूद गज़नवी द्वारा आगरा की लूट के बाद इस पर चौहान नरेश विशालदेव के भी अधिकार की बात कही गई है और यहाँ के दुर्ग का नाम बादलगढ़ बताया गया है, जिस पर बहलोल ने अधिकार किया। आगरा सुन्दर भवनों से भरा पड़ा था, मुस्लिम वृत्तलेखकों के दावे झूठे हैं, मुमताज महल शाहजहाँ की अनन्य प्रेयसी न थी, मुसलमान बादशाह अपनी क़ब्र खुद ही नहीं खुदवाते थे, ताज की बनावट इस्लामी सिद्धान्तों के अनुरूप नहीं है, टैवर्नियर की साक्षी भ्रमात्मक है, इतिहास में मुमताज महल के दफ़नाये जाने की तारीख़ नदारद है, उसके निर्माण व्यय की कल्पना निराधार है, उसकी निर्माणावधि अभ्रांत नहीं है। रूपान्तरकार और शिल्पकार अज्ञात हैं, ताज में शिल्प शैली की खिचड़ी है, विश्वविश्रुत तख़्ते ताऊस अर्थात् मयूर सिंहासन भी मूलतः इसी हिन्दू राजमहल में था, ताज के बगीचे में हिन्दुओं के पवित्र वृक्ष थे, ताज पर कुरान के केवल कुछ भाग ही उत्कीर्ण हैं, उसमें सुरंग की रहस्यमयता अज्ञात है, शाहजहाँ ने ताज का निर्माण न कर उस पर केवल अधिकार कर लिया था, आदि सभी बातें यदि थोड़ी देर के लिए स्वीकार कर ली जाएँ तो भी कुछ ऐसे मूल प्रश्न हैं, जिनका उत्तर देना अनिवार्य होगा।

---

1. यह आशंका सही थी, कारण कि आज भी हिन्दू यात्री उस स्थान की ही पूजा कर लेते हैं और आज से प्रायः 47 वर्ष पूर्व तक वहीं पर बसे हुए धोबी शृंगार गौरी का चढ़ावा ले लिया करते थे।

ऐसे प्रश्नों में पहला प्रश्न है कि भारतीय इतिहास के किस काल में आगरा नाम का उल्लेख सामान्य हो गया। प्रस्तुत पुस्तक के रचयिता ने मुस्लिमपूर्व काल में हमें आगरा को जिस रूप में स्वीकार करने की सलाह दी है, वह यदि सत्य मान लिया जाए तो इस प्रश्न का क्या उत्तर होगा कि 'आगरा' के ताबड़तोड़ उल्लेख का आरम्भ सिकन्दर लोदी के समय से लेकर समूचे मुग़ल काल में ही हमें क्यों मिलता है? उसके पहले क्यों नहीं? ऐसा महत्त्वपूर्ण स्थान अपने आप में कोई एक अक्ता (जागीर) अवश्य बन जाता, परन्तु कुतुबद्दीन ऐबक के समय से लेकर सैयद सुल्तानों तक भारतीय इतिहास में न तो आगरा का उल्लेख है और न उसके महत्त्व का ही बखान। यह अवश्य कहा जाता है कि दिल्ली के लोदी सुल्तान सिकन्दर ने यहाँ किला बनवाया और उसके बाद से ही यह स्थान उत्तरोत्तर महत्त्वपूर्ण होता गया। ऐतिहासिक घटनाक्रम भी इसी अनुमान की पुष्टि करता है। सिकन्दर लोदी के बेटे इब्राहीम लोदी का बाबर के हाथों पराभव और निधन होते ही भारत में मुग़लशासन का आरम्भ हुआ और बाबर आगरा में भी ठहरा था, किन्तु आगरा को वास्तविक महत्त्व अकबर के समय में प्राप्त हुआ, जिसने उसे मुग़ल साम्राज्य की दूसरी राजधानी बनाया।

अतः यह परम सम्भव है कि मुग़ल सम्राट् के नज़दीकी हिन्दू रिश्तेदार जयपुर नरेशों ने भी आगरा में अपने निवास के लिए किसी विशिष्ट आवास का निर्माण किया हो। यह निर्माण अकबर के समय में ही सम्भव है। प्रस्तुत पुस्तक में एक ऐसी सुरंग का उल्लेख है, जो ताजमहल से आरम्भ होकर आगरे के किले में जाती है। यह तथ्य भी इसी अनुमान की पुष्टि करता है कि मुग़लों के सबसे बड़े हिन्दू हितचिन्तक कछवाहों की ही यह कृति रही होगी। संकटकाल में आगरा दुर्ग का अध्यक्ष आमेराधिपति के महल में भाग सके और अंबराधीश के सेनापति भी भीतर ही भीतर आगरा दुर्ग तक जा सकें, ऐसे पथ की कल्पना अकबर के ही समय सम्भव है। यह भी निश्चित है कि जिस समय शम्सुलउल्मा मौलाना मुहम्मद हुसैन आजाद ने 'अकबरी दरबार' लिखा, उस वक़्त तक उन्हीं के कथनानुसार नगरपालिका के कार्यालय में ताजमहल के चतुर्दिक् भूमि खंड, जयपुराधीश की सम्पत्ति के रूप में लिखित था। शम्सुलउल्मा आजाद ने यह भी बताया है कि 'आज भी जयपुर के राजा के कर्मचारी वहाँ पर ढारी, लगान और किराया वसूल करते हैं और वह ज़मीन उनकी है। इसका उन्हें अभिमान भी है।'

अतः इतना तो निश्चित है कि गुलाम सुल्तानों के समय से लेकर सैयद सुल्तानों के राज्य काल तक आगरे का कोई महत्त्व न था; यदि इस काल में वहाँ कोई किला या महल रहा होता तो उस पर इस बीच किसी न किसी किलेदार की नियुक्ति का उल्लेख हमें इतिहास में अवश्य ही मिलता। ऐसी स्थिति में अधिक से अधिक इतना ही कहा जा सकता है कि अकबर के शासनकाल में यहाँ जयपुर नरेश ने अपना कोई प्रासाद बनवाया होगा और वही राजमहल कालान्तर में ताजमहल के रूप में परिवर्तित हो गया होगा। आश्चर्य तो यह है कि अध्यवसायी इतिहास संशोधक ने स्वयं जयपुर जाकर इस सम्बन्ध में कोई छानबीन क्यों नहीं की? वहाँ उन्हें अपने प्रश्न का निर्णायक उत्तर अवश्य ही मिल जाता।

प्रस्तुत पुस्तक में ताजमहल के राजमहल होने की बात से भी अधिक चौंकाने वाली बात यह कही गई है कि तख़्ते ताऊस अर्थात् मयूर सिंहासन भी इसी राजमहल में था और उस पर भी शाहजहाँ ने अधिकार कर लिया। लेखक की यह कल्पना निश्चय ही उद्भट प्रतीत होती है, कारण मयूर सिंहासन जैसे बहुमूल्य पदार्थ को आमेर के दरबार-कक्ष में न रखकर उसे आगरे में क्यों रखा गया, जहाँ जयपुर नरेश का शासन नहीं था, अधिक से अधिक थोड़ी ज़मींदारी थी।

पुस्तक के हिन्दी अनुवाद की भाषा भी बहुत ही भ्रष्ट है और मुद्रण की अशुद्धियाँ भी कम नहीं हैं। ऐसी त्रुटियों से किसी भी पुस्तक की उपादेयता क्षतिग्रस्त हो सकती हैं। आशा है, अगले संस्करण में ये दोष दूर कर दिए जाएँगे।

'वादे वादे जायते तत्वबोधः' की दृष्टि से ऐसी रचनाओं का स्वागत ही किया जाना चाहिए।

(सितम्बर-अक्टूबर, 1967, नागरी पत्रिका)

शोधपरक सृजन

अनुसन्धानपूर्ण विवरण

महाकवि सन्त जयदेव

जयदेव अट्ठं कबी कब्बिरायं, जिनैं, केवलं कित्ति गोविन्दं गायं।
(कविराज जयदेव आठवें कवि हैं, जिन्होंने केवल गोविन्द की कीर्ति गाई-चन्दबलादिद्य)

वैसे तो संस्कृति वाङ्मय के लम्बे विस्तार-काल में जयदेव नामक कम से कम पन्द्रह विद्वानों का विवरण हमें मिलता है, जिनमें कम से कम पाँच कवि भी हैं, जैसे–1. प्रसन्न राघव नाटक के रचयिता कौंडिन्यगोत्रीय नैयायिक जयदेव, 2. शृंगारमाधवीय चम्पूप्रणेता कृष्णदास उप-पदधारी जयदेव, 3. गंगास्तवप्रबन्ध के कर्ता धीर जयदेव, 4. छन्दशास्त्र के लेखक जयदेव, और 5. गीतगोविन्दकार जयदेव। इनमें भी चार अधिक प्रसिद्ध हैं और उन चारों में से भी दो की ख्याति सर्वाधिक है। ये दोनों हैं–प्रसन्न राघव और चन्द्रालोक के रचयिता जयदेव और गीतगोविन्दकार सन्त जयदेव। चन्द्रालोक के रचयिता जयदेव के माता-पिता का नाम सुमित्रा और महादेव था तथा उनकी उपाधि पीयूषवर्ष थी। बंगाल में प्रचलित प्रवाद के अनुसार ये नैयागिक भी थे और न्याय में इनका उपनाम पक्षधर था। गीतगोविन्दकार जयदेव ने स्वयं ही अपनी माता का नाम राधा, रामा या वामादेवी और पिता का नाम भोजदेव बताया है। इन जयदेव को सम्प्रदाय-कुल-दीपिका में बिल्वमंगल का अवतार कहा गया है। यहीं पर यह भी उल्लेख्य है कि विष्णुस्वामी मत के प्रचारक और कृष्णकर्णामृत के रचयिता कृष्ण लीलांशुक ने विरागी होने के पश्चात् अपना नाम बिल्वमंगल रखा था। चिन्तामणि नाम की कोई वेश्या इनकी प्रेयसी थी, जिसके कारण इन्हें तत्त्वज्ञान हुआ। आगा हश्र काश्मीरी के हिन्दी-नाटक भक्त सूरदास का आधार बिल्वमंगल और चिन्तामणि की प्रेम-कथा ही है। सम्प्रदाय-कुल-दीपिका में कहा गया है कि काशी में माधवानल नामक कोई भगवद्भक्त ब्राह्मण रहता था। वह अपने दूसरे जन्म में बिल्हण कहलाया। तीसरे जन्म में उसका नाम बिल्वमंगल पड़ा और चौथे जन्म में वही गीत-गोविन्दकार जयदेव हुआ। जन्मान्तरवादी भारतवर्ष में किसी भी महापुरुष के सम्बन्ध में इस प्रकार की कथा प्रचलित हो जाना बहुत आश्चर्य की बात नहीं है, परन्तु प्रस्तुत कथा की रचना के मूल में यह तथ्य अधिक सबल प्रतीत होता है कि जयदेव भी विष्णुस्वामी मत के प्रचारक ही नहीं आचार्य भी थे और बिल्वमंगल की शैली में ही बारह सर्गों में उन्होंने गीत और अभिनय-प्रधान गीतगोविन्द काव्य की रचना की। बिल्वमंगल के कृष्णकर्णामृत का परिचय देते हुए डॉ. कृष्णामाचारी ने लिखा है कि वह अत्यन्त सुन्दर

गीतिकाव्य कृष्ण के जीवन पर लिखा और बारह तरंगों में बँटा है। यह अपने संगीत के लिए विख्यात है। भाव अभिनय-शैली में प्रकट किए गए हैं और नृत्तकारों में यह पुस्तक लोकप्रिय है। संप्रदाय-कुल-दीपिका के अनुसार, उक्त बिल्वमंगल ही दूसरे जन्म में गीत-गोविन्दकार जयदेव हुए।

जयदेवजी को कोई मैथिल, कोई उत्कल, कोई गौड़ और कोई सारस्वत कहता है! इनके एक टीकाकार लक्ष्मीधर कहते हैं कि जयदेव का जन्म गुजरात में हुआ था। इनके जन्मस्थान के सम्बन्ध में भी मतभेद है, परन्तु बहुमत इसी पक्ष में है कि ये बंगाल के बीरभूम जनपद में अजयनद के तटवर्ती किन्दुबिल्व ग्राम में उत्पन्न हुए थे। आजकल इस गाँव का नाम कन्दुली है। नाभादासजी ने इस गाँव का नाम किन्दुबिल्लु लिखा है और चन्द्रदत्त ने अपने संस्कृत भक्तमाल के विष्णुखंड में लिखा है कि इनका जन्म उत्कल में पुरी प्रदेश के बिन्दुबिल्ब नामक गाँव में हुआ था, परन्तु इन्हीं चन्द्रदत्त का हवाला देते हुए डॉ. कृष्णामाचारी ने जाने क्यों बिन्दुबिल्ब को तिन्दुबिल्ब लिखा है। सम्भवतः इसका कारण मुद्रण-त्रुटि है।

जयदेव को उत्कल बताने वालों का सबसे बड़ा तर्क यही है कि उड़ीसा में जयदेव का प्रचार बहुत है। परन्तु सुदूर दक्षिण में भी जयदेव का प्रचार उत्कल से कम नहीं है। तो क्या इसी कारण उन्हें मद्रासी कह दिया जाएगा? प्राप्त प्रमाणों के आधार पर तो यही तथ्य प्रतीत होता है कि वे बंगाली सारस्वत ब्राह्मण थे। अन्य ब्राह्मणों की अपेक्षा सारस्वतों और गौड़ों में मिश्र आस्पद का प्रयोग अधिक होता है। विद्या के क्षेत्र में अतिशय प्रसिद्ध बम्बई का तैलंग परिवार भी मूलतः पंजाबी सारस्वत ही है। जयदेव जी के नाम के साथ परम्परागत मिश्र आस्पद सम्भवतः उनके सारस्वत होने का ही प्रमाण है।

इसी प्रसंग में यह भी उल्लेख्य है कि गीत-गोविन्द के एक आधुनिक टीकाकार वृन्दावन के श्रीयमुनावल्लभ ने लिखा है कि श्रीकृष्णदेव गोस्वामी अपने पिता श्री जयदेव प्रभु के नित्य-धाम पधारने के पीछे उनके सेव्य श्रीराधा-माधव को लेकर लाहौर रहने लगे। जयदेव-तनय श्रीकृष्णदेव का गौड़ बंगाल से सीधे लाहौर जाकर रहने लगना भी यही सूचित करता है कि उनका पैतृक आवास वही था।

परम्परागत जनश्रुति है कि एक बार धन की आवश्यकता पड़ने पर वे पुरी से सीधे अजमेर गए और वहाँ के राजा से पर्याप्त धन प्राप्त किया। उत्कल-नरेश, गौड़ेश्वर, कन्नौज और काशी नाम से दो-दो राजधानियाँ रखने वाले गहरवारों को छोड़कर जयदेव का सीधे अजमेर के राजा के पास जाना भी यही संकेत करता है कि अजमेर का राजा ही उनका अपना राजा था और यह तो इतिहाससिद्ध है कि उस समय लाहौर तथा अजमेर दोनों ही चौहानों की राजधानियाँ थीं। उनके सारस्वत होने के सबसे बड़े साक्षी नाभादास जी हैं, जिन्होंने जयदेव जी से ग्यारहवीं पीढ़ी में उत्पन्न उनके वंशज प्रभु रामराय को स्पष्टतः सारस्वत बताया है। उन्होंने लिखा है कि–

बैर-भाव जिन द्रोह किय तासु पाग खसि भू परी।
विप्र सरस्वत घर जनम प्रभु रामराय हरि रति करी।।

ऐसी स्थिति में कंदुली ग्राम में उनके जन्म लेने की बात अपने आप कट जाती है। परन्तु यह निश्चित है कि उनकी मृत्यु अवश्य ही उक्त ग्राम में हुई, क्योंकि उनका शरीर वहाँ समाधिस्थ है और प्रतिवर्ष सहस्रों वैष्णव वहाँ मकर संक्रान्ति के अवसर पर एकत्र होकर गीतगोविन्द के गीत गाते हैं। कहते हैं कि सन् 1120 के आसपास जयदेव जी ने शरीर-त्याग किया।

उपलब्ध प्रमाणों से प्रतीत होता है कि अधिकांश सन्तों की भाँति जयदेव जी भी अपनी पूर्व वयस् में रमते राम रहे। पर्यटन करते हुए वे मथुरा और वृन्दावन भी गए थे और वहीं राधामाधव के गुणगायक बन गए। उसके पश्चात् वैष्णव धर्म का प्रचार करते हुए वे जगन्नाथ-धाम पहुँचे जहाँ विचित्र रीति से उनका विवाह हो गया। सम्भवतः इसी समय गार्हस्थ धर्म के सम्यक् पालन के लिए उन्हें पैसे की आवश्यकता पड़ी। फलतः वे अजमेर चले गए, जहाँ किसी राजा ने उन्हें यथेच्छ धन भी दिया। परन्तु घर लौटते समय वह धन लुट गया और जयदेव को शारीरिक यातना भी सहनी पड़ी। तत्पश्चात् वे सम्भवतः अपनी पत्नी की मृत्यु तक राजा लक्ष्मणसेन के दरबार में रहे। अध्यापक सुकुमार सेन की धारणा है कि वे निम्नांकित श्लोक लेकर सर्वप्रथम लक्ष्मणसेन की राजसभा में उपस्थित हुए थे–

लक्ष्मीकेलि-भुजंग-जंगम-हरे संकल्पकल्पद्रुमश्रेयः साधकसंग-संगरकला-गांगेय बंगप्रिय।
गौड़ेन्द्र प्रतिराजराजक-सभालंकार-कारार्पित-प्रत्यर्थिक्षितिपाल पालक सतां दृष्टोऽसि तुष्टा वयम्।।

–(हे लक्ष्मी के केलिनायक! हे प्रत्यक्ष विष्णु! हे याचकों की इच्छा पूर्ण करनेवाले कल्पद्रुम! हे युद्धकला में भीष्म! हे बंगाल के प्रिय! हे शत्रुओं को बन्दी बनाने वाले! हे सज्जनों के रक्षक! हमने आपके दर्शनमात्र से सन्तोष प्राप्त कर लिया।)

सिक्खों के आदिग्रन्थ में भी जयदेव जी के निम्नांकित दो पद मिलते हैं–

परमादि पुरुष पनोपिमं सति आदि भावरतं, परमदभुतं परक्रितिपरं जदिचेति सरवगतं।।1।।

केवल रामनाम मनोरमं वदि अमृत तत मइगं, न दनोति जसमरणेन जनम जराधि मरण,
भइयं इछसि जमादि पराभयं जसु ससृति सुक्रितकितं भवभूतभाव समब्रिअं परमप्रसनमिदं।।2।।

लोभादिदृष्टिपरपृहं जदि विधि आचरजं तजि सकल दुहक्रित दुरमती भजु चक्रधर सरणं।।3।।

हरिभगत निज निहर्कबला रिद करमणा वचसा, जोगेन किं जगेन किं दानेन किं तपसा,
गोविन्द गोविन्देति जप नर सकल सिद्धि पदं जैदेव आइउ तससफुटं भवभूत सरबगतं।।4।।

जोगेन किं जगेन किं दानेन किं तपसा-इस वाक्य की रचना को गीतगोविन्द में आए इस वाक्य से मिलाइए–किं धनेन जनेन किं मम जीवितेन गृहेण।

चन्दसत भेदिया नाद ससत पूरिआ सूरसत षोडसादतुकीआ।
अबल बलु तोडिआ अचलु चलु थपिया, अघडु घड़िआ तहा अपिउ पीआ।।1।।

मन आदि गुण आदि वषाणिआ, तेरी दुविधा द्रिसटि संमानिआ।।

रहाउ। अरधिकउ अरधिआ सरधिकउ सरधिआ, सलिलकउ सलिल संमानि आइआ।।
वदति जैदेउ जैदेवकउ रंमिआ, ब्रह्म निरवाणु लिवलिणु पाइआ।।2।।

आदिग्रन्थ से उक्त दोनों पद उद्धृत करते हुए श्री परशुराम चतुर्वेदी ने सन्तकाव्य नामक अपने खोजपूर्ण ग्रन्थ में लिखा है कि 'शृंगार रसप्रधान गीतगोविन्द' काव्य तथा उनमें किए गए कलाप्रदर्शन के कारण कवि जयदेव एवं सन्त जयदेव के एक ही व्यक्ति होने में सन्देह भी प्रकट किया जा सकता है, जब तक इसके लिये कोई स्पष्ट प्रमाण न उपलब्ध हो जाए और इस भक्ति का उद्रेक जिसे सन्त कबीर साहब ने अपनी कुछ पंक्तियों द्वारा सन्त जयदेव की विशेषता बतलाई है, गीतगोविन्द का प्रधान विषय सिद्ध नहीं होता और कवि जयदेव तथा सन्त जयदेव दो भिन्न-भिन्न व्यक्ति प्रतीत होने लगते हैं।

हो सकता है कि सन्तकाव्य के विद्वान् लेखक का सन्देह ही ठीक हो परन्तु जब हम यह देखते हैं कि वैष्णव कवि परम्परा से सन्त जयदेव और कवि जयदेव को एक ही व्यक्ति मानते आए हैं तो हमें उक्त सन्देह के औचित्य पर ही सन्देह होने लगता है और हम उनके वाक्य में यह संशोधन करने के लिए विवश हो जाते हैं कि कवि जयदेव और सन्त जयदेव के एक ही व्यक्ति होने में तब तक कोई सन्देह नहीं किया जा सकता। जब तक इसके लिये कोई स्पष्ट प्रमाण उपलब्ध न हो जाए। प्रस्तुत प्रबन्ध के आरम्भ में ही जयदेव जी के समकालिक अथवा उनके ठीक परवर्ती कवि चन्द्र का हमने जो उद्धरण दिया है, उसी से स्पष्ट हो जाता है कि चन्द्र ने जयदेव का स्मरण गोविन्द की कीर्ति के गायक सन्त कवि के रूप में ही किया है। सोलहवीं शताब्दी के वैष्णव कवि नाभादास जी ने जयदेव के सम्बन्ध में जो यह छप्पय लिखा है। उससे भी उनका सन्तत्व सिद्ध है–

प्रचुर भयो तिहुंलोक गीत गोविन्द उजागर, कोककाव्य नवरस्य सरस शृंगारकौ सागर।
अष्टपदी अभ्यास करैं तिहिं बुद्धि बढ़ावैं, राधा माधव मुदित सुनत निश्चय तहँ आवैं,
सन्त सरोरुह खंड कौं पद्मावति सुख जनक रवि,
श्री जयदेव कवि नृप चक्रवर्ती खंडमंडलेश्वर आन कवि।।

जयदेव की वन्दना करते हुए भारतेन्दु हरिश्चन्द्र कहते हैं–

रसिकराज बुधवर विदित प्रेमी प्रियपद सेव
राधा गुन गायक सदा मधुवच जग्र जयदेव।

आगे चलकर भारतेन्दु ने गीतगोविन्द की पदावलियों को गुप्त मंत्र तक कहकर उनके प्रति सम्मान प्रकट किया है। गीतगोविन्द के गीतगोविन्दानन्द नामक अपने अनुवाद के अन्त में भारतेन्दु लिखते हैं–

अष्टपदी चौबीस इमि गाईं कवि जयदेव, भाषाकरि हरिचन्द सोइ कही प्रेमरस भेव।
गुप्तमंत्र समपद सबैं प्रगटे भाषा माँहि...

प्राचीन बंगीय वैष्णव कवि नरहरिदास जयदेव की वन्दना इन शब्दों में करते हैं–

जयजय जयदेव दयामय, पीरिति रतन खनि।
परम पंडित पूज्य गुणगण, मंडित चतुर मनि।
जार विरचित श्री गीतगोविन्द, ग्रन्थ सुकौशल ताते।
गोविन्द आनन्दे देहि पद पल्लव, आदि वर्णिलेन जाते।।

अर्थात् प्रेमरत्न के खान, परम विद्वान्, पूज्य, अनेक गुणों से मंडित, चतुर शिरोमणि, दयामय उन जयदेव की जय हो, जिनके विरचित श्रीगीतगोविन्द ग्रन्थ में अत्यन्त कौशल के साथ गोविन्द ने 'देहि पद पल्लव' आदि वर्णन किया। महाप्रभु चैतन्य देव जिन भक्ति सरस पदावलियों को गाते और सुनते-सुनते आत्मविभोर हो जाया करते थे, उनमें गीतगोविन्द की भी गणना है। 'वैष्णव रस-साहित्य' नामक ग्रन्थ में श्रीखगेन्द्रनाथ मित्र ने लिखा है कि–

'नवद्वीप हइते जखन गौरांग नीलाचले गेलेन, तखन ओ तिनि कीर्तन करितेन। गम्भीराय बसिया रात्रिदिन चंडीदास विद्यापति रामानन्द रायेर जगन्नाथवल्लभनाटक जयदेवेर गीतगोविन्द बिल्वमंगल ठाकुरेर श्रीकृष्णकर्णामृत गान करितेन एवं सुनितेन।'

अर्थात् नदिया से जब गौरांग नीलाचल गए। तब वह भी कीर्तन करते थे। गम्भीरा में रहकर वे रात-दिन चंडीदास और विद्यापति की पदावलियों, रामानन्दराय के जगन्नाथवल्लभनाटक, जयदेव के गीतगोविन्द और बिल्वमंगल ठाकुर के श्रीकृष्णकर्णामृत का गान करते और सुनते थे।

गीतगोविन्द के अंग्रेजी अनुवादक आर्नल्ड साहब को गीतगोविन्द में कुछ अलौकिक भाव दीख पड़े हैं। उन्होंने लिखा है कि–

'मार्क दिस सौग ऑफ़ जयदेव! डीप ऐज़ पर्ल इन ओशन्स वेव,
लर्केथ इन इट्स लाईन्स-ए वंडर, ह्विच दि वाइज़ एलोन विल पौंडर।'

–(जयदेव के इस गीत को ध्यान से देखो। जैसे लहराते हुए समुद्र के तल में मोती रहता है, वैसे ही इन गीतों की पंक्तियों में एक आश्चर्य दिखाई पड़ता है और उस पर बुद्धिमान ही ध्यान दे सकते हैं।) यही कारण है कि 'बैस्नवकी छपरी' भली समझने वाले कबीर साहब ने जयदेव की गिनती सन्तों में की और उन्हें भक्त माना। उनकी क्षमाशीलता, भक्ति और उनके नाम पर गंगा की एक धारा का नाम जयदेई गंगा पड़ने की अलौकिक कथाएँ भी उनको सन्त ही प्रमाणित करती हैं।

इस सम्बन्ध में श्रीशिवदत्त शर्मा ने नागरीप्रचारिणी पत्रिका में एक बार लिखा था–

'अपकारी के साथ भी उपकार करने वाले इस महात्मा जयदेव की राजा ने बहुत प्रशंसा की। बुढ़ापे में भी जयदेव देवार्चन सदा तत्परता से करते रहे। वे गंगास्नान करने प्रतिदिन पैदल जाया करते थे। दुर्बलता के कारण वे एक दिन मार्ग में मूर्च्छित होकर गिर पड़े। फिर भी पैदल ही जाते रहे। वाहन का उपयोग करना स्वीकार नहीं किया। उनकी दृढ़ता से प्रसन्न हो स्वयं भगवती भागीरथी उनकी वाणी में आ बिराजी। लखनऊ की छपी सटीक हिन्दी भक्तमाल में लिखा है कि गंगाजी की धारा जयदेव के आश्रम से अठारह कोस थी। नयी गंगा जयदेई गंगा कहलाती हैं, जो किन्तु बिल्वग्राम के पास है। यह ग्राम प्रायः दस कोस दक्षिण की ओर अजयनद के उत्तर में है।'

(1 अगस्त, 1956, वासन्ती)

पद्मावती

पद्मावति-सह गाने विचक्षण आने कि उपमा साजे।
पशुपक्षि झूरे शुनिया गन्धर्व किन्नर मरये लाजे।।

नरहरिदास।।

प्राचीन बंगीय कवि नरहरिदास ने उपरि अंकित पद में महाकवि जयदेव की यह विशेषता बताई है कि वे पद्मावती के साथ गीत गाने में बड़े कुशल थे। उन्हें कोई अन्य उपमा शोभा नहीं दे सकती। उनका गाना सुनकर पशु-पक्षी तक झूमने लगते और गन्धर्व-किन्नर तक लज्जा से गड़ जाते थे। देवी पद्मावती नृत्यगीत में कितनी कुशल थीं, इस सम्बन्ध में शेख़ शुभोदय ग्रन्थ में यह कथा आई है–

'एक बार जिस समय लक्ष्मणसेन की राजसभा में गंगू नट की पुत्रवधू विद्युत्प्रभा सुद्दव राग अलाप रही थी, उसी समय कोई स्त्री अपना पुत्र गोद में लिए हुए राजभवन के समीप कुएँ पर पानी भरने आई। विद्युत्प्रभा के राग ने उस पर ऐसा बिजली के समान प्रहार किया कि वह अलाप सुनते-सुनते इतनी मुग्ध हो उठी कि घड़े में रस्सी फँसाने के बदले उसने अपने बच्चे के गले में फन्दा डाल दिया। विद्युत्प्रभा का राग समाप्त हो जाने पर उड़ीसा से आगत जगद्विजयी गायक बूढ़न मिश्र ने पटमंजरी राग अलापा। उसका गाना समाप्त होते-होते दिखाई पड़ा कि समीपवर्ती पीपल का एक-एक पत्ता झर गया। इस पर राजा लक्ष्मणसेन ज्यों ही बूढ़न मिश्र का जयपत्र लिख देने को उद्यत हुए, त्यों ही जयदेव की पत्नी पद्मावती गाने की ध्वनि सुनकर गंगास्नान करके घर लौटती हुई वहाँ आ पहुँची और सारी बात सुन लेने पर उन्होंने कहा कि 'मेरे और मेरे पति के रहते जयपत्र ले जाने की शक्ति किसमें है? जिसे यह साहस हो, वह आवे तो मेरे सामने!' यह सुनकर सभा में उपस्थित शेख़ तब्रेजी ने कहा–'आपके पति की कला तो पीछे देखी जाएगी, पहले आप ही अपनी कला दिखाइए।' पद्मावती ने यह सुनकर ज्यों ही गान्धार राग अलापा, त्यों ही गंगा में दूर-दूर पर तैरती हुई नावें राग के प्रभाव से आकृष्ट होकर समीप चली आईं। यह देखकर सारी सभा ने धन्य-धन्य कहते हुए यह मत प्रकट किया कि 'इन दोनों में पद्मावती ही श्रेष्ठ हैं, क्योंकि इनके राग का प्रभाव निर्जीव नौका पर भी पड़ता है। वृक्ष तो सजीव होता है।' परिस्थिति प्रतिकूल देखकर बूढ़न मिश्र ने व्यंग्य किया कि 'स्त्रियों के साथ प्रतिद्वन्द्विता मुझे स्वीकार नहीं। देख रहा हूँ कि आपके देश

में स्त्रियाँ बहुगुणवती और पुरुष निर्गुण हैं।' यह सुनते ही पद्मावती ने दासी से अपने पति जयदेव को बुलवा भेजा। आते ही उन्होंने कहा कि 'आप लोग प्रतीक्षा किस बात की कर रहे हैं। विजय तो मेरी पत्नी के ही पल्ले पड़ी है।' शेख़ ने जवाब दिया कि 'इनमें दोनों ही गुणी हैं, अब आप अपना कौशल दिखलाइए।' जयदेव जी ने कहा कि 'इनका अलाप सुनकर वृक्ष निष्पत्र हो गया, पर इसमें पराक्रम ही क्या है? पतझर में तो पत्ते यों ही झर जाया करते हैं।' शेख़ ने उत्तर दिया कि 'बात तो ठीक है, परन्तु सब पत्ते एक ही दिन में नहीं झर जाते। कई दिनों में जाकर झर पाते हैं।' इस पर जयदेव ने कहा कि 'यदि ऐसी बात है, तो बूढ़न मिश्र गाकर वृक्ष को सपत्र कर दें।' बूढ़न ने इसमें अपनी असमर्थता प्रकट की। तब जयदेव ने यह प्रमाण रक्खा कि जो इस वृक्ष को गाकर सपत्र कर दें। वही विजयी माना जाए। बूढ़न मिश्र सहित सारी सभा ने यह स्वीकार कर लिया। तत्पश्चात् जयदेव ने वसन्त राग अलापा और देखते-देखते वह वृक्ष नवकिसलय-दल-समन्वित हो गया। समूची सभा जय-जयकार कर उठी!'

जिस प्रकार जयदेव के बिल्वमंगल का अवतार होने का प्रवाद है। उसी प्रकार जयदेव की पत्नी पद्मावती के भी पूर्वजन्मों के सम्बन्ध में अनेक अलौकिक कथाएँ प्रचलित हैं। मद्रास के आसपास प्रचलित एक संस्कृत स्तव में उनके चार जन्मों के नाम दिए गए हैं और कहा गया है कि राधाजी की अष्ट-सखियों में चम्पकलता ने बिल्वमंगल की प्रेयसी चिन्तामणि के रूप में जन्म लिया। तत्पश्चात् वही पद्मावती हुई और अपने परवर्ती जन्म में वे ही मेवाड़ की सुप्रसिद्ध मीराँबाई कहलाईं—

वन्दे मोहन-मोहिनीं सहचरीं श्रीचम्पवल्लीं मुदा,
राधा-माधव-खेलनामृतरसस्फीतां च पद्मावतीम्।
श्रीलीलाशुकदेव-चित्त-कुमुदज्योत्स्नां च चिन्तामणि
कृष्णप्रेमतृणीकृतत्रिभुवनां मीरां च मत्स्वामिनीम्।।
रसिकवर-रास-रसिका रसना-रस-सार-मन्थने सरसा
विलसित-चम्पक-वल्ली चामीकर-वल्लरीव चामरिका
राधामाधव-निधुवन मधुरिम साम्राज्य समी-पदपद्मा
जयदेव-सद्मा पद्मा मदयति पद्मावती मुदा हृदया।।

देवी पद्मावती के सम्बन्ध में संस्कृत भक्तमाल में लिखा है कि उत्कल में देव शर्मा नामक कोई निस्सन्तान ब्राह्मण रहता था। उसने यह माना था कि यदि मुझे कई सन्तानें होंगी तो मैं अपनी पहली सन्तान भगवान् जगन्नाथ की सेवा में समर्पित कर दूँगा। कुछ दिनों पश्चात् उसे एक कन्या और तत्पश्चात् पुत्र भी हुए। देव शर्मा ने अपनी प्रतिज्ञा पूरी की और उक्त कन्या भगवान् को समर्पित कर दी। रात को भगवान् ने पुजारी से स्वप्न में कहा कि मैं देव शर्मा की निष्ठा से प्रसन्न हूँ। उसकी कन्या जयदेव को दे दो। पुजारी ने यह कथा देव शर्मा को सुनाई और देव शर्मा अपनी पुत्री को लेकर जयदेव के पास गया। दरिद्र किन्तु सदाचारी जयदेव ने उसकी कन्या का पाणिग्रहण करना स्वीकार न किया। इस पर देव शर्मा अपनी पुत्री पद्मावती को वहीं छोड़कर चला गया। विवश

होकर जयदेव जी को उसके साथ गार्हस्थ्य जीवन अपनाना पड़ा। इसीलिए कोई-कोई विद्वान् कहते हैं कि जगन्नाथजी को अर्पित एक कन्या के कारण जयदेव को तपस्या से विमुख होना पड़ा। (डब्ल्यू.डब्ल्यू. हंटर : उड़ीसा, प्रथम भाग)

जयदेव जी के 'पद्मावती-चरण-चारण-चक्रवर्ती' वचन में कुछ लोग यह संकेत भी पाते हैं कि पद्मावती देवदासी थी और जब वे नाचती थीं, तब जयदेव जी ताल दिया करते थे। यह बात भी बहुत अंशों में सत्य जान पड़ती है। संस्कृत भक्तमाल की कथा भी इस जनश्रुति का समर्थन करती है, क्योंकि जब देव शर्मा ने अपनी कन्या भगवान् जगन्नाथ को समर्पित कर दी। तब वह उसी क्षण देवदासी हो गई। मद्रास के जिन मन्दिरों में देवदासी प्रथा रही है, वहाँ देवदासियाँ इसी प्रकार संगृहीत होती रही हैं। प्रतीत यही होता है कि जगन्नाथ जी के मन्दिर में ही उक्त देवदासी पद्मावती के किसी गुण पर देवोपासक जयदेव और जयदेव के किसी गुण से पद्मावती आकृष्ट हुई। सम्भवतः उनका विवाह भी समाज में प्रचलित रीति से नहीं हुआ था वरन् जैसे आगे चलकर सन्त कबीर के साथ लोई रहने लगी थी, वैसा ही सम्बन्ध जयदेव और पद्मावती में भी प्रतीत होता है। इतना ही नहीं, पद्मावती के पूर्व और परवर्ती जन्मों के सम्बन्ध में जो कल्पना की गई है। उसका संकेत भी यही है कि पद्मावती प्रेम को ही सर्वस्व समझने वाली और प्रेम के लिए सब सामाजिक बन्धनों को तोड़ने वाली साहसी महिला थी। चम्पकवल्ली तो रसिकवर-रास-रसिका थी और चिन्तामणि भी स्पष्टतः वेश्या थी। पद्मावती का देवदासी होना प्रमाणित ही है और मीराँबाई का कथन ही था–'लोकलाज खोई।' ऐसी अवस्था में इस प्रेमीयुगल के आदर्श देव-युगल राधा-माधव ही हो सकते थे। इन दोनों का पारस्परिक प्रेम किस कोटि का था, इसका विवरण पद्मावती के निधन की इस कथा से चल सकता है–

''कुछ समय पश्चात् श्रीजयदेव जी गौड़ेश्वर राजा लक्ष्मणसेन के पास रहने लगे थे। वहाँ बाहर श्रीजयदेव जी और भीतर उनकी भक्त-पत्नी सत्संग कराया करती थी। भगवच्चर्चा ही उनका प्राण था। एक दिन पद्मावती ने कहा–'पत्नी का परम पूज्य और उसकी गति एकमात्र पति ही है। पति की मृत्यु का समाचार सुनकर पतिव्रता स्त्री के प्राणपखेरू उसी क्षण देहपिंजर छोड़कर उड़ जाते हैं। वह क्षण भर भी जीवन धारण नहीं कर सकती।' रानी के मन में अपने सतीत्व का अभिमान था। उन्होंने देवी पद्मावती की बात पर विश्वास नहीं किया। एक दिन की बात है। श्रीजयदेव जी राजा के साथ बाहर गए हुए थे। इधर मुँह बिचकाकर रानी ने आकर पद्मावती से कहा–'पंडितजी को वन में सिंह खा...' रानी का वाक्य पूरा नहीं हो पाया था कि पद्मावती धड़ाम से पृथ्वी पर गिर पड़ी। रानी ने देखा, उसका शरीर निश्चेष्ट और निष्प्राण था।'' (कल्याण का नारी-अंक : देवी पद्मावती)

यही कथा थोड़े हेर-फेर के साथ इस रूप में भी मिलती है–

''एक दिन राजा का एक बंधु मर गया। उसकी सुव्रता स्त्री ने सती होने का निश्चय किया। पुरवासी जन उन सती का दर्शन करने जा रहे थे। उसी समय जयदेव की स्त्री पद्मावती भी रानी से मिलने गई। रानी ने उसे देखते ही पूछा–'क्या आप सती को देखने जा रही हैं?' पद्मावती बोली–'नहीं जी! यह तो पाखंड है। सती तो वह, जो पति का मरण

सुनते ही तत्क्षण देह से उत्पन्न अग्नि में भस्मीभूत हो जाए।' रानी ने ये अवसर के असदृश वचन अपने मन में रक्खे और एक दिन परीक्षा के उद्देश्य से पद्मावती को बुलाकर कपट से विह्वल होकर कहा कि 'महाराज के साथ तुम्हारे प्राणपति देवदर्शन को गए थे, वहाँ अकस्मात् उनका देहावसान हो गया।' यह सुनते ही पद्मावती के प्राणपखेरू उसी दम उड़ गए।'' (नागरी प्रचारिणी पत्रिका, भाग 18, श्रीशिवदत्त शर्मा का जयदेव-सम्बन्धी लेख)

उक्त दोनों ही कथाओं के अन्त में यह उल्लेख किया गया है कि जयदेव के गान करने पर पद्मावती पुनः जीवित हो गई थी और यह भी कहा जाता है कि जयदेव ने उक्त अवसर पर गीतगोविन्द के दसवें सर्ग के 'प्रिये चारुशीले मुंच मयि मानम्' गाकर अपनी प्रिया को पुनरुज्जीवित किया था।

प्रस्तुत प्रसंग में मर कर जी उठने के जिस अलौकिक व्यापार का उल्लेख है, उसे हमारी बुद्धि स्वीकार नहीं करती। फिर भी इतना निष्कर्ष तो निकाला ही जा सकता है कि पद्मावती देवदासी होने पर भी परम पतिप्राणा थी। इस दम्पत्ति में परस्पर अपूर्व प्रेम था। जहाँ तक मानव स्वभाव का प्रश्न है, यही प्रतीत होता है कि इस घटना के पश्चात् जयदेव जी ने अवश्य ही राजसभा त्याग दी होगी और अपनी जागीर के गाँव केंदुली में रहकर अपनी प्रिया को अपनी स्मृति में जीवित रखने के लिए वे सम्भवतः अपने अवशिष्ट जीवन में रह-रहकर गा उठते रहे होंगे–

'प्रिये चारुशीले मुंच मयि मानम् निदानम्'

जयदेव जी के पुत्र और मित्र

आचार्य यमुनावल्लभ गोस्वामी के कथन के आधार पर यह पहले ही लिखा जा चुका है कि श्रीकृष्णदेव गोस्वामी अपने पिता श्रीजयदेव प्रभु के नित्यधाम पधारने के पीछे उनके सेव्य श्रीराधामाधव को लेकर लाहौर रहने लगे। उक्त गोस्वामी जी ने यह भी लिखा है कि श्रीकृष्णदेव जी से नवीं पीढ़ी में श्रीगुरुगोपाल प्रभु हुए। इनके तीन पुत्र हुए, जिनमें सबसे बड़े का नाम श्रीरामराय गोस्वामी था। ये महाप्रभु चैतन्यदेव के सखा श्रीनित्यानन्द प्रभु के शिष्य हुए। इनके सम्बन्ध में नाभाजी की पूरी उक्ति यह है–

भक्ति ज्ञान वैराग्य योग अन्तर गति पागे।
काम क्रोध मद लोभ मोह भत्सर सब त्यागे।।
कथा कीरतन भजन सदा आनँद रस झूले।
सन्त निरखि मन मुदित उदित रवि पंकज फूले।।
वैर भाव जिन द्रोह किय, तासु पाग खसि भू परी।
विप्र सारस्वत घर जनम, प्रभु रामराय हरि रति करी।।

इनकी भक्ति और त्यागभाव के सम्बन्ध में कथा प्रसिद्ध है कि जयदेव जी ने आमेर में राधा-माधव की स्थापना की थी। उनके मन्दिर को कई गाँवों की जागीर भेंट चढ़ी थी, परन्तु राजा मानसिंह के रोकने पर भी रामराय श्रीवृन्दावन की भूमि के आकर्षणवश इतनी सम्पत्ति छोड़कर रातोरात वहाँ से चुपचाप वृन्दावन चले आए और फिर लौटकर

आमेर न गए। तब उक्त मन्दिर गोविन्दजी के गोस्वामियों को सौंपा गया और अब भी उन्हीं के हाथ में है। रामराय जी इतने निरभिमानी थे कि अपने बारहों शिष्यों को अपने गुरु के समान मानते थे। इनका यह पद प्रसिद्ध है–

श्रीरामराय के द्वादश शिष्य हूँ गुरुसम चलत संग प्रेम किए।

श्रीरामराय के दूसरे भाई श्रीचन्द्रगोपाल गोस्वामी ने ब्रह्मसूत्र पर श्रीराधामाधवभाष्य लिखा है। दो सौ वर्ष पश्चात् इसी वंश में श्रीनन्दकिशोरचन्द्र गोस्वामी हुए। जिनके सम्बन्ध में भारतेन्दु जी के मित्र श्रीराधाचरण गोस्वामी ने लिखा है–

श्री कालिय ह्रद निकट व्यास सुत दर्शन दियौ।
भाव अर्थ गम्भीर प्रेम परिपूरण कियौ।
करि प्रबंध कल्पना कथाकी प्रथा चलाई।
वशीकरण सम कियौ चित्त श्रोता समुदाई।
भयौ न कोई होयगो बक्ता त्रिभुवन रन्ध्रमाँ।
श्री नन्दकिशोर पूरणकला भये भागवत चन्द्रमा।

श्रीनन्दकिशोर गोस्वामी के साथ यह अलौकिक कथा जुड़ी है कि शुकदेव जी ने उन्हें प्रत्यक्ष दर्शन दिया था। उन्होंने दतियानरेश विजयबहादुर सिंह को उनकी विजय-गोविन्द जी के मन्दिर में श्रीपद्मावत की कथा सुनाई। जिसमें राजा ने उन्हें सवा लाख रुपये और दो हाथी भेंट किए। इस धन से उन्होंने वृन्दावन में शुकदेव जी का मन्दिर बनवाया। आपके अनुज श्रीव्रजकिशोर गोस्वामी के सम्बन्ध में भारतेन्दु हरिश्चन्द्र ने लिखा था–

जगत विदित जयदेव कवि सेवित चरण रसाल,
वृन्दावन विलसत अजहुँ राधामाधवलाल।
राधामाधवलाल बिहारीजी सन्निधि लखि,
सेवैं चन्द्रगोपाल रूप सुन्दर चित्रा सखि।
रामराय सम्बन्ध प्रेम-बल्लभ कुल सब सुखि,
सेवा सात्विक भाव एक दिन हौं देखी चखि।
मिले मोहिं गोस्वामि श्रीब्रजकिशोर सेवा बिखैं,
दर्शन बृन्दा विपिन फल हरिश्चन्द्र एतौ लिखैं।

जयदेव जी के सेव्य श्रीराधामाधव-विग्रह और उनके वंशज अब भी वृन्दावन में हैं।

(1 सितम्बर, 1956, वासन्ती)

जयदेव के सहयोगी कवि

कवि जयदेव ने गीत-गोविन्द के चौथे श्लोक में राजा लक्ष्मणसेन की राज्यसभा में विद्यमान कवियों के नाम और उनकी विशेषताएँ गिनाई हैं। गीतगोविन्द के दो प्राचीन टीकाकारों (चित्तौड़ के सुप्रसिद्ध नरेश राणा कुम्भा और महामहोपाध्याय पंडित शंकर मिश्र) ने उस श्लोक के भिन्न-भिन्न अर्थ किए हैं। राणा कुम्भा ने उमापति धर, जयदेव, शरण, गोवर्द्धनाचार्य, श्रुतिधर और धोयी ये छह कवि माने हैं, परन्तु शंकर मिश्र ने श्रुतिधर शब्द को धोयी का विशेषण माना है। यही मत अन्य टीकाकारों का भी है। इस सम्बन्ध में सुभाषित का यह श्लोक प्रसिद्ध है–

गोवर्द्धनश्च शरणो जयदेव उमापतिः।
कविराजश्चरत्नानि समितौ लक्ष्मणस्य च।।

इस श्लोक के सम्बन्ध में परम्परागत जनश्रुति है कि राजा लक्ष्मणसेन की राजसभा के सिंहद्वार पर लगे हुए पाषाणपट्ट पर यह श्लोक अंकित था। गायकवाड़ ओरियन्टल सीरीज के अन्तर्गत प्रकाशित सूक्तिमुक्तावली की भूमिका में भी लिखा है कि–'श्लोकश्चायं तस्यैव राज्ञस्सभास्थाने शिलायां समुत्कीर्णो दृश्यते।'

(यह श्लोक उसी राजा के सभास्थान में पत्थर पर उत्कीर्ण दिखाई देता है।)

परन्तु अब तो न उस सभास्थान का ठिकाना है, न उक्त पाषाणपट्ट का ही। इसमें श्रुतिधर नामक किसी कवि का उल्लेख नहीं है। सूक्तिमुक्तावली से इस नाम के तीन कवियों का परिचय मिलता है–श्रुतिधर, श्रुतिधर-राज और श्रुतिधर-राम। परन्तु परिचय केवल श्रुतिधर का दिया गया है और यह कहा गया है–'अयं कविः धोयीक इति स्वनाम्ना ख्यातो लक्ष्मणसेनस्य वंगदेशधीश्वरस्य समये आसीत्।'

(ये कवि अपने नाम धोयीक से विख्यात हैं और लक्ष्मणसेन के समय में थे।)

इस प्रकार राणा कुम्भा और शंकर मिश्र दोनों का ही कथन ठीक है। अपने-अपने सहयोगियों की सूची में जयदेव ने सर्वप्रथम जिस कवि का नाम लिया है, वे हैं–उमापति धर।

उमापति धर

उमापति धर कवि होने के साथ ही राजमंत्री भी थे। उनके सम्बन्ध में अध्यापक डॉ. सुकुमार सेन ने अपनी 'प्राचीन बाँग्ला ओ बंगाली' नाम्नी पोथी में लिखा है कि उमापति धर दीर्घजीवी थे। उन्होंने लक्ष्मणसेन देव और उनके पिता बल्लालसेन देव का भी मंत्रित्व किया था।

राजशाही जिले के डेवयाड़ा गाँव में प्रद्युम्नेश्वर शिव के मन्दिर की पत्थर की बनी हुई चारदीवारी पर खुदी हुई प्रशस्ति इन्हीं की रचना है। उमापति बहुत-सी फुटकर कविताएँ भी रच गए हैं। उनके रचना-बाहुल्य पर ही कटाक्ष करते हुए जयदेव कह गए हैं–

वाचः पल्लवयत्युमापतिधरः।

(उमापति धर बातें बहुत बढ़ा-चढ़ाकर करते हैं या वाणी का विस्तार बहुत करते हैं।) उमापति धर की रचना का एक उदाहरण देखना हो तो जब तुर्कों से लक्ष्मणसेन का युद्ध हुआ था। उस प्रसंग में म्लेच्छराज की प्रशंसा करते हुए उमापति धर का कथन सुनिए–

साधुम्लेच्छनरेन्द्र साधु भवतो मातैव वीरप्रसूः नीचेनापि भवद्विधेन वसुधा सुक्षत्रिया वर्त्तते।
देवे कुट्यति यस्य वैरिपरिषन्मारांकमल्ले पुरः शस्त्रं शस्त्रमिति स्फुरन्ति रसनापत्रान्तराले गिरः।।

(हे म्लेच्छराज! तुम धन्य हो! तुम्हारी माता वास्तव में वीर-जननी है। नीच कुल में उत्पन्न होने पर भी तुम्हारे ही जैसे लोगों के कारण अब भी पृथ्वी सुक्षत्रिया बनी हुई है, क्योंकि जिस समय मदन विरुदवाले लक्ष्मणसेन शत्रुसेना का विनाश कर रहे थे, उस समय जिह्वारूपी पत्रान्तराल से बार-बार शस्त्र-शास्त्र की ही ध्वनि निकल रही थी।)

उमापति के दो ग्रन्थ प्रसिद्ध हैं–कृष्णचरितकाव्य और पारिजातापहरण नाटक। ग्रियर्सन ने भ्रम से लिख दिया है कि मिथिलानरेश हरिसिंह देव की राजसभा में उमापति थे। इसी प्रकार फर्कुहर साहब ने भी भूल से उन्हें सुप्रसिद्ध मैथिल कवि विद्यापति का समकालीन और सहयोगी बताया है। उमापति के पद्य सदुक्तिकर्णामृत और सूक्तिमुक्तावली में उद्धृत हैं।

शरण

शरण, शरणदेव अथवा चिरन्तनशरण नामक कवि की रचनाएँ भी सदुक्तिकर्णामृत में पाई जाती हैं। 'हिस्टरी ऑफ़ क्लैसिकल संस्कृत लिटरेचर' के लेखक डॉ. कृष्णमाचारी ने इनके सम्बन्ध में केवल एक वाक्य लिखा है कि 'शरण सेज़, जयदेव वाज़ क्विक बट हार्ड इन वर्सिफ़िकेशन।'

(जयदेव कहते हैं कि शरण शीघ्र पर कठिन छन्दों में रचना करता था।) डॉ. सुकुमार सेन ने इनके सम्बन्ध में लिखा है कि 'शरण का कोई काव्य-ग्रन्थ नहीं पाया जाता।' उसके एक श्लोक में लक्ष्मणसेन देव की विजयकीर्ति का वर्णन मिलता है–

भ्रूक्षेपाद् गौडलक्ष्मीं जयति
विजयते केलिमात्रात्कलिंगान,
चेतश्चेदिक्षितीन्दोस्तपति वितपते
सूर्यवद् दुर्जनेषु।
स्वेच्छान्म्लेच्छान् विनाशं नयति
विनयते कामरूपाभिमानं
काशीभर्त्तुः प्रकाशं हरति विरहते
मूर्ध्नि यो मागधस्य।।

(इन लक्ष्मणसेन ने भौं चढ़ाने मात्र से गौड की राज्यलक्ष्मी को जीत लिया, खेल ही खेल में कलिंग देश को विजय कर लिया, चेदिराज के चित्त को निरुत्साहित कर दिया,

सूर्य के समान तपकर दुष्टों को ताप दिया, इच्छा मात्र से ही म्लेच्छों का विनाश किया, काशीनरेश को तेजरहित किया और मगध राज्य पर शासन किया।)

शरण की रचना-शैली के एक और उदाहरण से प्रकट होता है कि भारत में इस्लामी आचार का व्यापक प्रसार होने के पूर्व स्त्रियों को कितनी स्वतंत्रता थी। पुरुषों के खेत पर चले जाने के पश्चात् हाट करने के लिए निकलकर और उनके घर लौटने के पहले ही स्वयं घर पहुँच जाने की आतुरतावश वे किस प्रकार झटपट चलती थीं, इसका वर्णन करते हुए शरण कहते हैं–

एतास्ता दिवसान्तभास्करदृशो
धावन्ति पौरांगनाः
स्कन्धप्रस्खलदंशुकांचलधृति-
व्यासंगबद्धादराः।
प्रातर्यातकृषीवलागमभिया
प्रोत्प्लुत्य वर्त्मच्छिदो
हट्टक्रय्यपदार्थमूल्यकलन-
व्यग्रांगुलि-ग्रन्थयः।।

(ये जो स्त्रियाँ दौड़ी चली जा रही हैं, इनकी आँखें सन्ध्या के सूर्य जैसी लाल हैं। झट-झट चलने के कारण इनके कंधों पर से आँचल हट-हट जाता हैं, जिसे वे बार-बार सँभालती चलती हैं। जो किसान सबेरे-सबेरे खेत पर चले गए थे, उनके लौटने का समय हो रहा है, यह समझकर वे फुदकती हुई भागी जा रही हैं और हाट में उन्होंने जो खरीद-बेच की है, उसका जोड़ उँगलियों पर लगाती जा रही हैं।)

आचार्य गोवर्द्धन

जयदेव ने अपने सहयोगियों की सूची में जिस कवि की सचमुच हार्दिक प्रशंसा की है, वे आचार्य गोवर्द्धन ही हैं। यदि जयदेव के उस श्लोक का सीधा-सादा अर्थ किया जाए तो यही कहना पड़ेगा कि जयदेव जी उमापति धर को बहुत बकवादी समझते थे और इसी बात को उन्होंने आलंकारिक भाषा में कहा–

'वाचः पल्लवयत्युमापतिधरः।।' शरण की रचना को उन्होंने स्पष्टतः दुरूह बताया, धोयी के सम्बन्ध में उन्होंने केवल उसकी राजप्रद उपाधि 'कविक्ष्मापति'–मात्र का उल्लेख कर दिया। कवित्व में उसकी कोई विशेषता न बताकर उन्होंने उसकी स्मरण-शक्ति की प्रशंसा की है कि वह श्रुतिधर है अर्थात् वह जो भी छन्द एक बार सुन लेता है, उसे स्मरण रखता है। यह सब देखते हुए विवश होकर कहना पड़ता है कि जयदेव ने आचार्य गोवर्द्धन की ही प्रशंसा बड़े खुले हृदय से की है–

'शृंगारोत्तरसत्प्रमेयरचनैराचार्य-गोवर्द्धनस्पर्द्धी कोऽपि न'

लिखकर जयदेव ने न तो कविसुलभ अतिशयोक्ति की है और न झूठी प्रशंसा से उनकी चाटुकारिता ही। 'आर्यासप्तशती' के कारण आचार्य गोवर्द्धन का संस्कृत साहित्य

में विशेष स्थान है। साथ ही यह भी प्रतीत होता है कि राजा लक्ष्मणसेन की राजसभा में आचार्य गोवर्द्धन की बड़ी प्रतिष्ठा थी। वे बड़े ही तेजस्वी पुरुष थे। डॉ. सुकुमार सेन ने 'सेकशुभोदयं' नामक ग्रन्थ से इनके सम्बन्ध में निम्नलिखित कथा उद्धृत की है–

गौडाधिपति लक्ष्मणसेन की चहेती रानी वल्लभा का भाई कुमारदत्त बड़ा ही कुमार्गी था। उसने एक बार माधवी नाम्नी किसी वणिग्वधू को अपनी पाप-वासना का आखेट बनाने का प्रयत्न किया। माधवी की पुकार पर लोग उसकी रक्षा के लिए दौड़ पड़े और कुमारदत्त को पकड़कर राजमंत्रियों के पास ले गए। परन्तु राजा की प्रियतमा पत्नी के भाई को उपयुक्त दंड देने में अपने को असमर्थ पाकर मंत्रियों ने माधवी को राजसभा में अभियोग उपस्थित करने की सम्मति दी। नागरिक-मंडली माधवी को लेकर राजसभा में उपस्थित हुई। परन्तु राजा के सामने कुछ कहने के लिए किसी का मुँह न खुला। यह देखकर गोवर्द्धनाचार्य ने कहा–'भो जनाः! कार्य वदत।'

'हे नागरिकों! अपना प्रयोजन कह डालो।'

आचार्य से बढ़ावा पाकर माधवी घटना का ब्योरा बता चली। इसी बीच दासियों से समाचार पाकर राजरानी वल्लभा भी राजसभा के पिछले द्वार पर अभियोग सुनने लगी। जब माधवी वक्तव्य दे चुकी, तब सम्भवतः यह सोचकर कि मंत्री उमापति धर मेरे भाई का विरोधी है और यह सब उसी का षड्यंत्र है, रानी वल्लभा ने द्वार के अन्तराल से ही कहा–'हे सभासदाः! पापिष्ठो असाधूमापतिधरः। तस्यैव एषा कृत्या इति विज्ञाय यत्कर्त्तव्यं तद् विधीयताम्।'

(हे सभासदो! यह सब इस पापी उमापति धर की ही करतूत है, यह समझकर जो उचित हो, वह कीजिए।) रानी की बात सुनकर सारी सभा मौन रह गई। तब माधवी ने रानी के चरणों में प्रणाम करके कहा–'आप मेरी धर्म की माता और समर-विजयी महाराजाधिराज लक्ष्मणसेन की पत्नी हैं। आप मुझे क्षमा कीजिए। इस राज्य में अब तक धर्म की रक्षा होती रही। कोई किसी पर बलप्रयोग नहीं कर सकता था। अब मुझे ज्ञात हो गया कि पृथ्वी शूरभोग्या है। क्या आपके पितृकुल में यही प्रथा है कि जो चाहे जिस किसी की पत्नी को हर ले। यदि यही बात हो तो कहिए! मैं आपके भाई को ही भजूँ।' यह सुनते ही रानी वल्लभा क्रोध से अधीर हो उठीं और उन्होंने माधवी के केश पकड़कर उस पर पदाघात किया। भयवश कोई भी रानी को रोक न सका। यह देखकर गोवर्द्धनाचार्य क्रोध से आग हो उठे और लोहे का कौंचा लेकर रानी के प्राण लेने को उद्यत हो गए। लोगों के बहुत समझाने-बुझाने पर वे कुछ शान्त हुए और रानी की अत्यन्त भर्त्सना करते हुए राजा से बोले–'भवान् यादृशो धार्मिकस्तावदवगतम्। श्रीमतां राष्ट्रमचिरान्नष्टं भविष्यति।'

(आप जैसे धार्मिक हैं, वह मैं जान गया। श्रीमान् का राज्य शीघ्र ही नष्ट हो जाएगा।)

इस प्रकार राजा को शाप देकर और दंड-कमंडलु लेकर आचार्य गोवर्द्धन राजसभा त्यागकर चल पड़े। तब राजा ने दौड़कर उनके पैर पकड़े और अपने हाथों कुमारदत्त का सिर काटने की तैयारी की। तब माधवी ने ही पुनः राजा से कुमारदत्त की प्राणरक्षा के लिए अनुरोध किया और कुमारदत्त राज्य से निर्वासित कर दिया गया!

पीछे कहा जा चुका है कि गोवर्द्धनाचार्य की सारी प्रतिष्ठा आर्यासप्तशती पर ही आश्रित है। इसमें कोई सन्देह नहीं कि आचार्य गोवर्द्धन को 'सप्तशती' नाम की प्रेरणा प्रसिद्ध सातवाहन नरेश हालकी 'गाथा-सप्तशती' नाम से मिली। 'गाथा-सप्तशती' की भाषा प्राकृत है और 'आर्यासप्तशती' में कुल 702 आर्याएँ और गीत हैं। आगे चलकर इन्हीं दो ग्रन्थों के आदर्श पर हिन्दी में 'सतसई' लिखने की प्रथा चली। एफ्. हौल द्वारा सम्पादित धनंजय के दशरूपक में गोवर्द्धनाचार्य को नाटककार भी बताया गया है। इनके पिता का नाम नीलाम्बर अथवा संकर्षण था। वे भी अच्छे कवि थे। गोवर्द्धन ने आर्यासप्तशती में भवभूति के पश्चात् ही अपने पिता की वन्दना की है और उन्हें शुक्राचार्य के समान कवि बताया है। इनके भाई का नाम बलभद्र और शिष्य का नाम उदयन था। इन दोनों ने आर्यासप्तशती की प्रतियाँ लिखने और उनका प्रचार करने में बहुत परिश्रम किया। इनकी रचना के कुछ उदाहरण नीचे दिए जाते हैं–

किं परजीवैर्दीव्यसि विस्मयमधुराक्षि गच्छ सखि दूरम्।
अहिमधिचत्वरमुरगग्राही खेलयतु निर्विघ्नः।।

–(हे सखी! मदारी का साँप नचाना देखते-देखते विस्मय से विमुग्ध तुम्हारे नेत्र और भी मधुर हो गए हैं। इसलिए दूसरों के प्राण तुम क्यों संकट में डाल रही हो? दूर हट जाओ, जिससे मदारी निर्विघ्न होकर आँगन में साँप नचा सके।)

बन्धनभाजाऽमुष्याः चिकुरकलापस्य मुक्तमानस्य।
सिन्दूरितसीमन्तच्छलेन हृदयं विदीर्णमिव।।

(चोटी खुल जाने से बिखरा हुआ इस नवेली का केश-पाश सिन्दूर-रेखा से ऐसा जान पड़ता है, जैसे–उसका हृदय विदीर्ण हो गया हो।)

ऋजुना निधेहि चरणौ परिहर
सखि निखिलनागराचारम्।
इह डाकिनाति पल्लीपतिः
कटाक्षेऽपि दंडयति।।

(हे सखी! यह गाँव है। यहाँ नगर की चाल छोड़कर सीधे पैर रखती हुई चलो। यहाँ के गाँव का मुखिया कटाक्ष मात्र करने पर डायन समझकर दंड देने लगता है।)

धोयी

यद्यपि श्रीसुकुमार सेन ने 'प्राचीन बाँग्ला ओ बंगाली' शीर्षक ग्रन्थ में लिखा है–'जयदेव मिश्र छिलेन लक्ष्मणसेन देवेर सभार कालिदास!'

(जयदेव लक्ष्मणसेन की राजसभा के कालिदास थे।) परन्तु वास्तव में यह उपाधि कविराज धोयी को ही मिलनी चाहिए। उनकी कीर्ति का आधार स्तम्भ उनका काव्य पवनदूत है, जो महाकवि कालिदास के मेघदूत को ही आदर्श बनाकर रचा गया है। उनकी कवित्व-शक्ति प्राप्त करने की कथा भी कालिदास की कथा के समान ही अलौकिक है। बाँग्ला ग्रन्थ 'सेकशुभोदयं' से श्रीसुकुमार सेन ने इस प्रसंग में यह कथा उद्धृत की है–

'धोयी जाति के जुलाहे थे। लक्ष्मणसेन के पिता महाराजाधिराज बल्लालसेन ने एक बार चार ब्राह्मणों को गंगातट पर किसी मंत्र का पुरश्चरण करने के लिए भेजा। धोयी भी सेवक के रूप में उन ब्राह्मणों के साथ भेजे गए। वर्ष-भर पुरश्चरण करते-करते वे ब्राह्मण घबरा गए और उन्होंने एक दिन धोयी से कहा कि आओ, अब हम लोग घर लौट चलें। राजा की आज्ञा पाये बिना ही घर लौटने के लिए धोयी तैयार नहीं हुए और उन्होंने कहा कि आप लोगों को तो ब्राह्मण होने के नाते राजा क्षमा भी कर देगा परन्तु मेरे तो हाथ-पैर काट डाले जाएँगे। तब उन चारों ने धोयी के हाथ-पैर बाँधकर उसे वहीं छोड़ दिया और स्वयं अपने घर लौट गए। उसी रात यज्ञस्थल में भगवती सरस्वती का आविर्भाव हुआ। भगवती ने पुकारकर पूछा–"वे चारों ब्राह्मण कहाँ गए?" बन्धन में पड़े हुए धोयी ने उत्तर दिया–"हे माता! वे लोग मुझे यहाँ बाँधकर चले गए हैं।" सरस्वती ने उन्हें बन्धन से मुक्त किया और धोयी ने पुकार-पुकारकर अपने बाँधे जाने की सारी कथा सुना डाली। तब देवी ने कहा कि "उन ब्राह्मणों ने वर्ष-भर मेरी उपासना की हैं, अतः आज मैं उन्हें उपासना का फल देने आई हूँ। उनसे कह देना कि इस यज्ञमंडप में जो कलश रक्खा है, उसका पानी वे आकर पी लें।" इतना कहकर देवी अन्तर्धान हो गई। इधर धोयी ने मन ही मन विचार किया कि उन ब्राह्मणों ने मुझे बाँध दिया था। मैं उन्हें यह अभिमंत्रित जल कदापि न पीने दूँगा। यह सोचकर धोयी ने उस कलश का जल आकंठ पान कर लिया और जो बच गया उसे गंगा में लुढ़का दिया। उसी क्षण से धोयी परम श्रुतिधर और प्रखर कवि हो गए।

प्राचीन बाँग्ला साहित्य के उद्धारकर्ता डॉ. दीनेशचन्द्र सेन के 'बाँगलार पुरनारी' नामक ग्रन्थ में लेखक की जो जीवनी दी गई है, उसमें उसके वंश के मूल पुरुष धोयी ही बताये गए हैं। डॉ. सेन का परिचय देते हुए लिखा गया है कि ये लोग वैद्य कुलीनों के सर्वप्रधान केन्द्र खुलना ज़िले के पयोग्राम नामक गाँव के निवासी और महाराज लक्ष्मणसेन के मित्र तथा सामन्त राजा धोयी के वंशधर हैं। भरत मल्लिक की 'चन्द्रप्रभा' नामक पुस्तक में उनका नाम धोयी, धूहि और दूही भी दिखाई पड़ता है। गीतगोविन्द की पुरानी टीकाओं में स्थान-स्थान पर धोयी का नाम धूयी मिलता है। 'चन्द्रप्रभा' में ही यह भी लिखा है कि धोयी कवि, वैद्य-समाज की शक्तृ-गोत्रीय शाखा के बीजपुरुष थे और अपनी विद्या, बुद्धि, पांडित्य और कवित्व-प्रतिष्ठा के बल पर इन्होंने इतना ऊँचा स्थान प्राप्त किया। शक्तृ-गोत्रीय अन्य बीजपुरुषों के रहते हुए भी धोयी ही वैद्य-समाज के समस्त शक्तृ-गोत्रियों के बीजपुरुष रह गए हैं। बंगाल में यह वैद्य नामक जाति ब्राह्मण और कायस्थों के मध्य की मानी जाती है। 'पवनदूत' काव्य की रचना करने पर लक्ष्मणसेन ने धोयी को स्वर्णच्छत्र, चामर, हाथी और कविक्ष्मापति (कविराज) की उपाधि देकर सम्मानित किया था–

दन्तव्यूहं कनककलितं चामरे हेमदंडे।
यो गौडेन्द्रादलभत कविक्ष्माभृतां चक्रवर्ती।। –पवनदूतम्

कविक्ष्मापति उपाधि में कोई-कोई विद्वान् यह संकेत भी पाते हैं कि धोयी किसी खंड-राज्य के राजा भी थे।

'एइ उपाधि द्वारा कविश्रेष्ठ इहाजे रूप बुझाय ते मनई आवार तीनि जे कोन खंड राज्येर अधिपति छिलेन ताहार ओ इंगित पाउआजान। –बाँगलार पुरनारी ग्रन्थे आचार्य दीनेशचन्द्रसेनेर जीवन कथा।' उसी 'बाँगलार पुरनारी' ग्रन्थ में यह भी लिखा है कि धोयी सेन के दो पुत्र थे, काशी और कुशली, जिनमें से काशी तो गढ़ देश में जा बसे और कुशली बंग देश में। वर्तमान काल में भी धोयी के अनेक वंशजों ने बंगाल में बड़ी ख्याति और प्रतिष्ठा प्राप्त की है। उनमें से महामहोपाध्याय द्वारकानाथ सेन, महामहोपाध्याय गणनाथ सेन और डॉ. दीनेशचन्द्र सेन के नाम उल्लेख्य हैं।

धोयी का पूरा नाम गवयी धोयी कविराज था। डॉ. कृष्णमाचारी ने गवयी का अर्थ गवैया लगाया है। उन्होंने पवनदूत के अतिरिक्त सत्यभामा-कृष्णसंवाद नामक और भी किसी ग्रन्थ की रचना की थी, जो अब उपलब्ध नहीं है, परन्तु जिसका उल्लेख वेंकटकवि सार्वभौम के प्रपंच-दर्पण में मिलता है। धोयी सांसारिक ऐश्वर्य की दृष्टि से बड़े ही भाग्यवान् थे, क्योंकि सब सुख भोगने के पश्चात् उन्हें परमसन्तोषरूपी धन प्राप्त हो गया था। निम्नलिखित दोनों श्लोकों में कवि ने अपने सम्बन्ध में यही बात लिखी है–

गोष्ठीबन्धः सरसकविभिर्वाचि वैदर्भरीतिर्वासो गंगा-परिसर-भुवि स्निग्धभोग्या विभूतिः।
सत्सु स्नेहः सदसि कविताचार्यकं भूभुजां मे भक्तिर्लक्ष्मीपतिचरणयोरस्तु जन्मान्तरेऽपि।।

(मेरी यही कामना है कि दूसरे जन्मों में भी मुझे सरस कवियों के साथ मित्रता, वैदर्भी रीति से काव्य-रचना की शक्ति, गंगातटवर्ती भूमि पर निवास, आत्मीयजनों के ऊपर धन व्यय करने का अवसर, सज्जनों से मेल-मिलाप, राजसभा में राजकवि के रूप में सम्मान और लक्ष्मीपति के चरणों में भक्ति प्राप्त हो।)

कीर्तिलब्धा सदसि विदुषां शीलिताः क्षोणिपाला वाक्संदर्भाः कतिचिदमृतस्यन्दिनो निर्मिताश्च।
तीरे सम्प्रत्यमरसरितः क्वापि शैलोपकंठे ब्रह्माभ्यासप्रवणमनसा नेतुमीहे दिनानि।।

(विद्वानों के बीच मैंने प्रतिष्ठा पाई है, राजा की सेवा की है, कुछ अमृतस्यन्दिनी काव्य रचनाएँ भी की हैं। अब तो बस यही इच्छा रह गई है कि गंगा-तट पर किसी पहाड़ी प्रदेश में ब्रह्मचिन्तन करते हुए मैं अपने जीवन के शेष दिन बिता दूँ।)

ये थे जयदेव के सहयोगी, एक से एक धुरन्धर पंडित और मस्त कवि।

(1 अक्टूबर, 1956, वासन्ती)

जयदेव के आश्रयदाता लक्ष्मणसेन

'सम्राजामिव योगिनामपि गुरुर्यश्च क्षमामंडले।
स श्रीलक्ष्मणसेन एव नृपतिर्मुक्तश्च जीवन्नभूत्।।

(जो लक्ष्मणसेन पृथ्वी पर राजाओं और योगियों दोनों के ही गुरु हैं, उन्होंने जीवित रहते ही मुक्ति पा ली है, वे जीवन्मुक्त पुरुष हैं।)

-सदुक्तिकर्णामृतकार महामांडलिक श्रीधरदास

हमारे देश का इतिहास जिस प्रकार तिमिराच्छन्न है, उसे देखते हुए गौड़ाधिपति लक्ष्मणसेन के विषय में प्राप्त परिचयात्मक सामग्री की कमी कोई विशेष आश्चर्य की बात नहीं। 'तबक़ाते-नासिरी' के आधार पर फैले हुए प्रवाद के कारण सर्वसाधारण का यही विश्वास है कि वे परम कापुरुष थे और वर्तमान नदिया (नवद्वीप) नगर उनकी राजधानी था। जहाँ कुल सत्रह सवार लेकर बख़्तियार ख़िलजी ने प्रवेश किया और राजा के पलायन के पश्चात् समूचे बंगाल पर अधिकार कर लिया। परन्तु तत्कालीन संस्कृत कवियों के प्रमाण से ज्ञात होता है कि लक्ष्मणसेन वैसे कायर नहीं थे, जैसा उनके विषय में पाठ्यपुस्तकों के रूप में प्रस्तुत सस्ते इतिहास-ग्रन्थों में उल्लेख किया गया है।

'तबक़ाते-नासिरी' के रचयिता मिनहाजुद्दीन का जन्म सन् 1193 ई. में हुआ था। उस वर्ष कुतुबद्दीन ने दिल्ली पर अधिकार भी किया था। सुल्तान इल्तुतमिश और उनके वंशधरों के शासनकाल में मिनहाजुद्दीन पहले ग्वालियर का और पीछे चलकर दिल्ली का प्रधान क़ाज़ी रहा। सन् 1242 में वह पद त्यागकर बंगाल चला गया और वहाँ दो वर्ष रहकर दिल्ली चला आया। इसी अवसर पर मिनहाज़ ने बिहार और बंगाल के तत्कालीन इतिहास की सामग्री एकत्र की थी। बिहार एवं नदिया विजय के पैंतालीस वर्ष पश्चात् मिनहाज़ ने यह कार्य आरम्भ किया और वृद्ध सैनिकों तथा 'विश्वासी लोगों' के मुँह से जो कुछ सुना, वही अपने ग्रन्थ 'तबक़ाते-नासिरी' में टाँक गए। तत्कालीन प्रवृत्ति के अनुसार मिनहाज़ भी अलौकिक कथाओं पर हार्दिक आस्था रखते थे तथा साम्प्रदायिक कट्टरता और स्वजातीय पक्षपात ने भी उनकी विवेक बुद्धि को कुंठित कर रक्खा था। उनके 'विश्वासी लोगों' में कैसे-कैसे जीव थे। उसका एक उदाहरण यह है कि जिस समय बख़्तियार ने बिहार पर आक्रमण किया था, उस समय उसकी सेना में निज़ामुद्दीन और शम्सुद्दीन नामक दो भाई थे। सन् 1243 ई. में जिस समय मिनहाजुद्दीन लखनौती नगर में निवास

कर रहे थे, उस समय उनकी भेंट शम्सुद्दीन से हुई और उसने उन्हें जो कुछ बताया वही कहानी 'तबक़ाते-नासिरी' में बिहार विजय के इतिहास के रूप में वर्णित है।

(बाँग्लाग्रन्थ 'गौंडराजमाला' का बिहार-विजय प्रकरण)

सेन-राजवंश के और यदि राजा गणेश को छोड़ दें तो बंगाल के अन्तिम स्वाधीन सुप्रसिद्ध हिन्दू नरेश लक्ष्मणसेन ही थे। उन्होंने अपने पिता बल्लालसेन की मृत्यु के पश्चात् ही गौड़ का राजसिंहासन पाया था। जान पड़ता है, अपनी पूर्व-वयस् में वे परम वीर किन्तु विलासी थे। उत्तर-वयस् में उनके सम्बन्ध में प्रचलित परस्पर विरोधी बातों में इसी कारण समन्वय स्थापित किया जा सकता है। उनके महामांडलिक श्रीधरदास ने तो उन्हें 'जीवन्मुक्त' बताया ही है, किन्तु जयदेव ने भी उनके इसी महत्त्वोपेत गुण की ओर संकेत किया है। उनके सभाकवि शरण ने उनकी वीरता और विजयों के सम्बन्ध में जो कुछ कहा है, वह पहले ही उद्धृत किया जा चुका है। लक्ष्मणसेन के बाल्यसुहृद् तथा उनके साम्राज्य के महाधर्माध्यक्ष और 'ब्राह्मण सर्वस्व' के रचयिता हलायुध मिश्र ने उनकी जीवन्मुक्तता और वीरता की साक्षी देते हुए कहा है—

येनासीदजितं न सिन्धुलहरी
धौताज्जनायां क्षितौ
यस्याज्ञातमभून्न सप्तभुवने
नानाविधं वाङ्मयम्।
दैवः स त्रिजगन्नमस्य—
महिमा श्रीलक्ष्मणः क्ष्मापति
नैता यस्य मनीषिताधिक—
पुरस्कारोत्तरां सम्पदम्।। —ब्राह्मणसर्वस्व की भूमिका

(समुद्र की लहरें जिस पृथ्वी का कलुष धोया करती हैं, उस पृथ्वी पर के समस्त देश जिन्होंने जीत लिए हैं, सात लोक में जितने शास्त्र हैं, उनका जिन्होंने ज्ञान प्राप्त कर लिया है और जिसकी महिमा के समक्ष समस्त लोक नतमस्तक होते हैं, वे लक्ष्मणसेन मुझे याचित धन से भी अधिक पुरस्कार आदि दिया करते हैं।)

लक्ष्मणसेन और उनके पुत्र विश्वरूपसेन के ताम्रपत्रों से भी प्रमाणित है कि उन्होंने कामरूप-नरेश को वशीभूत और काशीनरेश तथा कान्यकुब्जाधिपति को पराभूत किया था और पुरी में दक्षिण समुद्र के तट पर उन्होंने यज्ञस्तम्भ खड़े किए थे।

(माधाई नगर में प्राप्त ताम्रपट्ट)

उनकी रंगीन वृत्ति का सबसे पुष्ट प्रमाण कामदेव वाचक विरुद मारांकमल्ल है। जयदेव के गीतगोविन्द में भी एक श्लोक है, जिसका संकेत श्रीकृष्ण की ओर न होकर लक्ष्मणसेन की ओर ही प्रतीत होता है—

मारांके रति-केलि-संकुल-
रणारम्भे यथा साहस-
प्रायं कान्तजयाय किंचिदु-
परि प्रारम्भि यत्संभ्रमात्।

निष्पन्दा जघनस्थलो शिथिलता
दोर्वल्लिरुत्कंपितं
वक्षो मीलितमक्षि पौरुषरसः
स्त्रीणां कुतः सिद्धयति। –गीतगोविन्द

कविराज धोयी के पवनदूत का आधार ही लक्ष्मणसेन का रासविलास है। उसमें कुवलयावती को लक्ष्मणसेन पर आसक्त दिखाकर पवन द्वारा संदेश प्रेषित कराया गया है। इस सम्बन्ध में एक ऐसी कथा भी मिलती है, जिससे लक्ष्मणसेन की प्रवृत्ति कुछ-कुछ लम्पटता की ओर भी उन्मुख दिखाई देती है। कहा जाता है कि एक बार किसी मातंगी (डोमनी) पर राजा लक्ष्मणसेन आसक्त हो गए। उनके परम्परागत मंत्री उमापति धर को यह बात अच्छी न लगी। उन्होंने कुछ ऐसे श्लोक बनाकर राजा को सुनाए। जिनमें उनके निन्दनीय कर्म के प्रति कटाक्ष किया गया था। राजा श्लोक सुनकर बहुत अप्रसन्न हुए और उन्होंने उमापति धर को पदच्युत करके उन्हें कंगाल बना दिया। कुछ दिनों पश्चात् एक दिन राजा ने कवि को गलियों में फटेहाल घूमते देखा और जब उनसे बातचीत की तो कवि ने पुनः कुछ वैसे ही श्लोक सुनाए। उस पर राजा को अपनी करतूत पर बड़ा पश्चाताप हुआ और उपसभापति के अच्छे दिन लौटे। (एम. कृष्णमाचारी के हिस्ट्री ऑफ़ क्लासिकल संस्कृत लिटरेचर से।)

लक्ष्मणसेन की दानशीलता पर तो उनके विरोधी भी मुग्ध हुए बिना नहीं रह सके। तबक़ाते नासिरी के रचयिता मिनहाजुद्दीन ने भी उनके शासन-प्रबन्ध की प्रशंसा करते हुए उनकी दानशीलता की तुलना हातिमुज़्ज़मा सुल्तान करीम क़ुतुबुद्दीन अर्थात् अपने समय के हातिम सुल्तान क़ुतुबुद्दीन की दानशीलता से की और उस प्रशंसा की धारा में राजा पर इतने प्रसन्न हुए कि अल्लाह से उनके नरक-भोग में कमी करने की प्रार्थना तक कर डाली।[1]

लक्ष्मणसेन की दो राजधानियाँ थीं। एक का नाम उनके पितामह विजयसेन के नाम पर विजयपुर रक्खा गया और दूसरी राजधानी का नाम उन्हीं के नाम पर लक्ष्मणावती। इसी विजयपुर को मिनहाज ने 'नोदिया' लिखा है–

लक्ष्मणसेनेर अपर राजधानी विजयपुर मिनहाजुद्दीन कर्तृक 'नोदियाह' नामे अभिहित हइया थाकिते पारे।...राजशाही जेलार रामपुर बोयालिया सहरेर 10 माइल पश्चिमे अवस्थित 'जनश्रुति अनुसार' कुमार राजार राजधानी कुमार पुरेर निकटवर्ती विजयराजार राजवाड़ी भग्नावशेषपूर्ण विजयनगर ई पवनदूतेर विजयपुर बलिया बोध हय।[2] (गौड़ राजमाला)

---

1. हातिम की दानशीलता और परोपकार की कहानियाँ हातिमताई नाम से प्रसिद्ध पुस्तक में संगृहीत हैं, जिसमें वह यमन के बादशाह तय का बेटा बताया गया है।
2. नोदियाशाह अधिकारव्यागरे ताँहार एक मात्र अवलम्बन विश्वासयोग्य लोकेर उक्ति एई सकल विश्वासयोग्य लोकेरा, अर्थात् 1242-1243 खृष्टाब्देर लखनावती तुरुष्क राजपुरुषगण मिनहाज के महम्मद ए बख्तियारेर एवं ताँहार अनुचरगणेर कार्यकलाप सम्बन्धे सम्भवतः खांटी खबरई दिते पारिया छिलेन किन्तु मुहम्मद बख्तियारेर नोदियाह प्रवेशेर पूर्व्वे एवं ताँहार परोक्षे नोदियाय जे सकल घटना घटियाछल, तत्सम्बन्धे इहाँदेर प्रदत्त विवरण तत निर्भरयोग्य विवेचित हइते पारे ना। सुतरां मिनहाजुद्दीनेर वर्णित महम्मद ए बख़्तियारेर कर्तृक अधिकारेर पूर्व्वे नोदिया विवरणविशेष विचारपूर्वक ग्रहणकरा कर्त्तव्य एवं युक्तिविरुद्ध अंश अमूलक गुजब बलिया उपेक्षणीय। (गौड़ राजमाला)

सम्प्रति, नयी खोज के आधार पर यह स्थान राजशाही जनपद में बताया जाता है, जो वर्तमान नदिया से सर्वथा स्वतंत्र स्थल है। यह स्थान द्वितीय राजधानी लक्ष्मणावती से पैंतालीस मील की दूरी पर था और यह लक्ष्मणावती ही मुसलमानों की लखनौती है। लक्ष्मणसेन अपने पिता बल्लालसेन के समान ही विद्वान् थे। इसीलिए बल्लाल ने अपनी मृत्यु के समय अपना अधूरा ग्रन्थ 'अद्‌भुत सागर' समाप्त करने का भार लक्ष्मणसेन को ही सौंपा था। जिसे उन्होंने योग्यतापूर्वक सम्पन्न किया–

ग्रन्थेऽस्मिन्नसमाप्त एव तनयं साम्राज्यरक्षामहा दीक्षापर्वणि दीक्षणान्निजकृते र्निष्पत्तिमभ्यर्थ्य सः।। –अद्‌भुतसागर का बम्बई संस्करण

यह सेन-राजवंश दाक्षिणांत्य था, जो सम्भवतः राजेन्द्र चोल के गौडीय आक्रमण के समय उनके साथ बंगाल आया था।

अतः इस सम्बन्ध में यही निष्कर्ष निकालना उचित होगा कि उत्तर वयस में राजा लक्ष्मणसेन की चित्तवृत्ति वैराग्योन्मुख हो गई थी। तुर्कों की सफलता सम्बन्धी भविष्यवाणियों पर विश्वास करके वे अपनी प्रजा के साथ ही गौड़ से बंगदेश चले गए और परम वृद्धावस्था में उनकी मृत्यु हुई। तत्पश्चात् उनके पुत्र विश्वरूपसेन और केशवसेन में राज्य के लिए संघर्ष हुआ। इसी अराजक स्थिति से लाभ उठाकर बख़्तियार ने गौड पर साहसपूर्वक अधिकार करने में सफलता पाई।

मिनहाज़ द्वारा 'विश्वासी लोगों' के मुख से सुनकर लिखी हुई नदिया से रामलखमनिया के पलायन की कहानी भी बहुत विश्वासयोग्य नहीं है।

(1 दिसम्बर, 1956, वासन्ती)

निबन्ध

हिन्दी के कुछ पुराने छन्द

संस्कृत की कृपा से हिन्दी को छन्दों की जो विशाल निधि मिली है, उसकी तुलना अन्य किसी भाषा से नहीं की जा सकती। संस्कृत से ही अनुप्राणित अन्य भारतीय भाषाओं, जैसे–बाँग्ला, मराठी, गुजराती आदि में भी संस्कृत छन्दों का प्रयोग हुआ है, परन्तु उन छन्दों में जो सफलता हिन्दी को मिली है, वह उक्त भाषाओं को नहीं। इस सफलता का सारा श्रेय हिन्दी की उच्चारणविषयक विशेषता को है। अन्य भाषाओं की अपेक्षा हिन्दी में ह्रस्व वर्ण का उच्चारण दीर्घ और दीर्घ वर्ण का उच्चारण ह्रस्व बहुत कम होता है। एक उदाहरण लीजिए, बाँग्ला के काशीराम दास के महाभारत की समान संख्या के अक्षरों की दो पंक्तियाँ हैं–

महाभारतेर कथा अमृत समान
काशीरामदास कहे शुने पुन्यवान

संस्कृत ह्रस्व दीर्घ मात्रानुसार इसकी प्रथम पंक्ति या प्रथम चरण में बीस और दूसरे चरण में इक्कीस मात्राएँ हैं, परन्तु पढ़ने में यह इस प्रकार पढ़ा जाएगा–

महभरतेर कथा अमृत समान
कसिरमदस कह सुन पुनवान

और इस उच्चरित रूप में उक्त दोनों चरण समान मात्राओं वाले रहेंगे, अर्थात् दोनों में 15-15 मात्राएँ रहेंगी। इसी उच्चारण-गत विशेषता के कारण संस्कृत काव्यों के जितने सफल समश्लोकी अनुवाद हिन्दी में हुए हैं, उतने अन्य किसी भी भारतीय भाषा में नहीं। इसीलिए बाँग्ला छन्दों पर विचार करते हुए श्री रवीन्द्रनाथ ठाकुर ने लिखा था कि 'संस्कृत छन्द केवल पद-क्षेप की मात्रा ही गिनकर निश्चित नहीं हो जाते, निर्दिष्ट नियमानुसार ह्रस्व दीर्घ मात्राएँ सजाना भी उनके लिए आवश्यक रहता है।' कहने की आवश्यकता नहीं कि अपनी उच्चारण-गत विशेषता के कारण हिन्दी को उक्त नियम का निर्वाह करने में सुगमता होती है।

यह खेद की बात है अथवा सुख की, यह विवेचन न कर इतना ही कहना पर्याप्त होगा कि हिन्दी में बहुत दिनों से संस्कृत छन्दों का प्रचुर प्रयोग बन्द है। कबीर और जायसी जैसे अनगढ़-अनपढ़ परन्तु प्रतिभाशाली कवियों से तो यह आशा भी नहीं की जाती कि वे संस्कृत छन्दों का प्रयोग करें परन्तु तुलसी जैसे संस्कृत के पंडित कवियों ने भी संस्कृत छन्दों का प्रयोग अत्यल्प मात्रा में ही किया है। रीतिकालिक, शृंगारकालिक अथवा अनुवादकालिक कवि भी संस्कृत के छन्दों से प्रायः बचते रहे, यद्यपि संस्कृत पद्यों के भावापहरण का उन्हें आवश्यकता से अधिक चाव था।

आधुनिक काल में एक बार हिन्दी में संस्कृत छन्दों के प्रयोग की बाढ़-सी आ गई थी। श्री अम्बिकादत्त व्यास ने उक्त बाढ़ का सूत्रपात किया और हरिऔधजी ने अपने समय के साहित्य को उसमें ऊभचूभ कर दिया। ब्रजभाषा में काव्य रचना करते समय श्री जयशंकर 'प्रसाद' भी इसी पन्थ के अनुयायी रहे। परन्तु प्रसादजी सहित पिछले खेवे के हिन्दी कवियों ने अनेक नये लौकिक छन्दों की उद्‌भावना की। श्री निराला जी ने इस दिशा में सर्वाधिक काम किया। प्राचीनतावादियों ने व्यंग्य-विद्रूप करते हुए उनके छन्दों को रबड़ छन्द, केंचुआ छन्द आदि नाम दिए, जिसकी प्रतिक्रिया आज प्रयोगवादियों और प्रगतिवादियों के उन छन्दों में दिखाई देती है, जिन्हें छन्द भी मुश्किल से ही कहा जा सकता है। यदि रवीन्द्र के शब्दों में कहें तो उन छन्दों में 'चाल तो है, पर चलन नहीं।' एक प्रकार की जबर्दस्ती है, जो न लोक को मानती है और न शास्त्र की परवाह करती है। यह स्थिति स्वतंत्रता की नहीं, उच्छृंखलता की है और यह स्वाभाविक भी है, कारण कठोर शृंखलाबद्धता की प्रतिक्रिया उच्छृंखलता ही होती है। एक समय वह था जब महाकवि क्षेमेन्द्र ने रसों को छन्दों के जाल में कसते हुए व्यवस्था दी थी कि–

काव्ये रसानुसारेण वर्णनानुगुणेन च।
कुर्वति सर्वं वृत्तानां विनियोगं विभागवित्।।

अर्थात् काव्य में रस की प्रकृति और वर्णन की गति के अनुसार सभी छन्दों की व्यवस्था करनी चाहिए और एक दिन आज का है, जब कि केवल कंठ के बल पर गहरे गदाईपन से गद्‌गद गद्य भी छलछलाते छन्द के रूप में उपस्थित किया जा रहा है। ऐसी स्थिति खेदपूर्ण होती हुई भी विशेष चिन्ताजनक नहीं है। यदि हम अपने छन्दों की लम्बी परम्परा पर विचार करें, तो हम देखेंगे कि ऐसी प्रतिक्रिया समय-समय पर होती रही है। यह कोई नयी बात नहीं। महाकवि क्षेमेन्द्र ने जिस समय उक्त श्लोक लिखकर यह समझाया था कि काव्य में रस का ढंग समझ और वर्णन का तौर बूझकर, अवसर के अनुकूल छन्दों का प्रयोग करना चाहिए तो निश्चय ही वे उस समय कोई बहुत अनूठी बात नहीं कह रहे थे, कारण जो कवि है, वह अपनी सहज प्रतिभा से ही समझ लेता है कि किस स्थल पर कौन-सा छन्द उपयुक्त होगा। एक ही उदाहरण पर्याप्त है, जैसे–

पसे मर्ग मेरे मजार पर जो दिया किसी ने जला दिया।
उसे आह दामने बाद ने सरेशाम ही से बुझा दिया।।

और

कोई उम्मीदवर नहीं आती
कोई सूरत नज़र नहीं आती
पहले आती थी हाले-दिल पे हँसी
अब किसी बात पर नहीं आती
मौत का एक दिन मुऐयन है
नींद क्यों रात भर नहीं आती।

उक्त दोनों ही उद्धरणों में व्यथित हृदय की भावनाएँ प्रकट की गई हैं। परन्तु व्यथा भी दो प्रकार की होती है और दो प्रकार से प्रकट की जाती है। एक व्यथापूर्ण स्थिति ऐसी होती है, जिसके बदलने की कोई आशा नहीं रह जाती। इस प्रकार का व्यथित प्राणी निश्चिन्ततापूर्वक अपनी दुःख-गाथा सुनाता है, जैसे लम्बी साँस भर रहा हो। ऐसा वर्णन सुनते समय सहृदयजनों को ऐसा जान पड़ता है, जैसे कलेजे पर धीरे-धीरे, परन्तु लगातार आरा चल रहा है। पहला उद्धरण इसी स्थिति का उदाहरण है।

व्यथा की दूसरी स्थिति वह होती है। जिसमें छुटकारे का प्रयत्न जारी रहता है। ऐसी स्थिति चिन्तापूर्ण होती है। रह-रह कर टीस उठती है। इसका वर्णन भी इस प्रकार होता है, जैसे–कोई रुक-रुक कर खंजर का वार कर रहा हो। दूसरा छन्द इसी का उदाहरण है। उक्त दोनों उद्धरणों में पहला बादशाह बहादुरशाह ज़फ़र का है और दूसरा महाकवि ग़ालिब का। निश्चय ही उन दोनों में से किसी ने भी महाकवि क्षेमेन्द्र का उपदेश नहीं पढ़ा था। फिर भी दोनों ने ही भावानुकूल छन्दों की योजना की। ऐसा होने का कारण यही है कि विश्व के सभी कोनों में दो और दो चार ही होते हैं। इसीलिए क्षेमेन्द्र के बहुत दिनों बाद अनीस और दबीर की तुलनात्मक आलोचना करते समय मौलाना शिबली नोमानी ने लिखा कि–

'शेर की दिलावेजी और दिलफरेबी का एक बड़ा नुक्ता यह है कि हर मज़मून की मुनासिब बहरें अख़्तियार की जावें। फिरदौसी की इसी ग़लती ने उसके यूसुफ-जुलेखा को मक़बूल होने से महरूम रखा।'

अर्थात् काव्य की मनोज्ञता और मनोहरता एक महत्त्वपूर्ण कारण यह है कि वर्णन के लिए उचित छन्दों का प्रयोग किया जाए। फिरदौसी का यूसुफ जुलेखा काव्य इसीलिए लोकप्रियता से वंचित रह गया। कारण उसने इस दिशा में अर्थात् उपर्युक्त छन्दों का चुनाव करने में ग़लती की।

कविता में उपयुक्त छन्द के चुनाव पर इस प्रकार जोर दिए जाने का कारण यही है कि जब हम कोई गद्यात्मक बात कहते हैं तो हमारा उद्देश्य केवल अर्थ प्रकट करना रहता है, परन्तु जब हम उसे ही कुछ विशेष गति देते हैं अर्थात् उसे छन्द में बाँधते हैं, तब वही बात केवल अर्थ ही नहीं, कुछ और भी प्रकट करती है। वह कुछ और अनिर्वचनीय होता है। जो कुछ हम देखते, सुनते, जानते हैं, उसके साथ जब अनिर्वचनीय का योग हो जाता है तब हम उसे रस कहते हैं अर्थात् जिसका अनुभव तो किया जा सके, परन्तु व्याख्या नहीं। यही रस अथवा यदि आधुनिक शब्द का प्रयोग करे तो यही प्रभाव काव्य का विषय होता है। कालिदास भी क्षेमेन्द्र के पहले ही हुए थे और उन्होंने प्रवास, विपत्ति या वर्षा के वर्णन में मन्दाक्रान्ता, क्रीड़ा वर्णन में रथोद्धता, घबराहट में मत्तमयूर, करुण रस में वैतालीय आदि छन्दों का प्रयोग किया है।

जहाँ तक संस्कृत छन्दों का सम्बन्ध है, वे दो भागों में विभाजित हैं। जिन्हें लौकिक और वैदिक छन्द कहते हैं। लौकिक छन्दों की उत्पत्ति की कहानी यों तो

सब की जानी हुई है, परन्तु यहाँ एक बार उसकी उद्धरणी अनुचित न होगी। अतः वह अच्छी कहानी यों है :

तमसा के एकान्त और प्रशान्त तट पर महामुनि वाल्मीकि वायु सेवन कर रहे थे। कारण मिट्टी का पुतला बँधा तो रहता है भूमि से, परन्तु शून्य में विचरण करने के लिए उसे वायु की अनिवार्य आवश्यकता रहती है। वायु न मिले तो उसे आग पानी होते देर नहीं लगती। इसलिए महाकवि हवा खा रहे थे। सहसा उनकी दृष्टि काम-केलि-निरत क्रौंच पक्षी के जोड़े पर पड़ी। उक्त जोड़े पर साधु दृष्टि तो पड़ी ही, असाधु-दृष्टि भी पड़ गई। परिणाम यह हुआ कि असाधु ने धनुष पर तीर चढ़ाया। पक्षी को विपक्षी मिला। क्रौंचों का जोड़ा खंडित हो गया। उनमें से एक भूमि पर आ रहा। बिलकुल वही बात हुई कि 'चली थी बरछी किसी पर किसी को आन लगी।' बाण तो लगा विहग को, परन्तु पीड़ा से मथ उठा महामुनि वाल्मीकि का करुण कोमल हृदय। उनके मुँह से अनायास निकल पड़ा—

मा निषाद प्रतिष्ठात्वं अगमः शाश्वतीसमा।
यत्क्रौचं मिथुनादेक मवधीः काममोहितम्।।

मुनि के इस नये छन्द पर वन-देवता विस्मित हो उठे। मुनि को भी कम आश्चर्य न हुआ। वे भी कह उठे-किमिदं व्याकृतं मया।

जो हो, इस कथा का तात्पर्य यही प्रतीत होता है कि कोई भी वस्तु शास्त्रीय रूप प्राप्त कर लेने के बाद जन साधारण की पहुँच से बाहर हो जाती है। वैदिक छन्द, जो कभी जन-कंठ में बरसाती झरने के समान कल-कल नाद करते होंगे, वे ही वैदिक ऋचाओं की बाँध में बँधकर बड़े-बड़े तालाब हो गए। उनमें वह उन्मुक्त प्रवाह न रह गया, जो कोटि-कोटि जनों की पिपासा दूर कर सकता। किसी न किसी प्रकार का आश्रय सभी के लिए आवश्यक होता है। अतः जब जनता के छन्द उससे छिन गए और वैदिक बन बैठे, तब लोक को नये छन्दों की आवश्यकता पड़ी। वाल्मीकि के काल तक सम्भवतः वे नये छन्द लोक-कंठ में गूँजते रहे, परन्तु 'बड़ा' कहे जाने वाले किसी व्यक्ति ने उन्हें मान्यता न दी। वाल्मीकि के कानों में भी लोक-कंठ के वे स्वर गूँजते रहे होंगे, परन्तु उनका मुख उन बाज़ारी स्वरों का उच्चारण करने में संकोच करता रहा होगा। यह मनोवैज्ञानिक तथ्य है कि कोई भी व्यक्ति गहरी उत्तेजना पाने पर वही वाणी बोल उठता है जो उसकी निजस्व होती है। सम्भवतः यहाँ बात वाल्मीकि के साथ भी हुई। क्रौंच-वध की घटना से विचलित होने पर उनके मुख से सहसा वही छन्द निकला, जो लोक में प्रचलित था। यही कारण है कि वह लौकिक कहलाया। ऐसा 'छोटा' काम करने पर एक बार वाल्मीकि भी चौंके और बोल उठे कि मैंने यह क्या कर डाला। परन्तु बाद में चित्त स्थिर होने पर जब उन्होंने इस नये छन्द का महत्त्व समझा, तब उन्हीं लौकिक छन्दों में महाकाव्य रच डाला।

समय-प्रवाह के साथ-साथ वे नये लौकिक छन्द भी पिंगल शास्त्र के पाश में बँधने लगे, उन्हें भी शास्त्रीय रूप प्राप्त होने लगा। जनता को पुनः नये छन्दों की तलाश

करनी पड़ी। वे नये छन्द थे—दोहा, चौपाई, सवैया, रोला आदि। इस दृष्टि से देखने पर राहुल सांकृत्यायन जी का यह कथन कि अपभ्रंश के कवियों ने ही दोहा, चौपाई, छप्पय आदि छन्दों की सृष्टि की, मान्य ही है। यद्यपि यह भी कहा जा सकता है कि ये छन्द अपभ्रंश-काल से सम्भवतः बहुत पहले ही निर्मित हो चुके थे। इस सिलसिले में पंडित हजारीप्रसाद द्विवेदी के इस जबर्दस्त अभिनव आविष्कारों से कि दोहा तो अपभ्रंश का अत्यन्त लाड़ला छन्द है, सहमत होते हुए भी दबी जबान से ही सही, इतना तो कहना ही पड़ेगा कि दोहा अपभ्रंश का ही नहीं, हिन्दी का भी अत्यन्त लाड़ला छन्द है। हिन्दी में दोहे की सतसैयों की बाढ़ ही इस बात का प्रमाण है। चन्द बलदि्दय के 'उत्तर दिसि गढ़ गढनपति समुद सिखर अति दुग्ग' से लेकर प्रसाद जी के 'आओ साजन मधु पियें, पहन फूल का हार' तक में हिन्दी वालों की दोहाप्रियता प्रकट है। साथ ही यह भी बता देना अप्रासंगिक न होगा कि हिन्दी ने बहुत समय तक अपभ्रंश के लिए आइने का काम किया है, जिसमें अपभ्रंश की प्रत्येक प्रवृत्ति की प्रतिच्छाया पड़ी है और संस्कृत के दोधक छन्द से हिन्दी के दोहे का कोई सम्बन्ध नहीं है। यद्यपि चन्द बलदि्दय का 'दूहा' 'दोहा' ही है, परन्तु बंगाल में दोहा नाम से प्रचलित यह छन्द हिन्दी का दोहा नहीं है—

तुमि छिले विश्व छिलो स्वजन आगार
तुमि बिना जगतेर सब निराकार

अर्थात्

तुम थे, सारा विश्व था
यथा स्वजन-आगर
बिना तुम्हारे जगत का
सब कुछ बिन आकार।।

जैसा कि कहा जा चुका है कि यदि दोहा आदि छन्द अपभ्रंश के कवियों की ही सृष्टि होते तो अपभ्रंश-काल के पहले उत्पन्न कालिदास के 'विक्रमोर्वशीयम्' में इन छन्दों के मूल रूप हमें कैसे प्रापा होते। इस प्रसंग गें कतिपय उदाहरण पर्याप्त होंगे। जैसे—

मइं जाणिय मिअलोअणी रिणसहरु कोइ हरेइ।
जाव णु णवतलि सामल धाराहरु बरिसेइ।।

4 अंक 8वाँ श्लोक

यह दोहा नहीं, तो कौन-सा छन्द कहा जाएगा और यह तो सर्वविदित है कि दोहा उलटकर सोरठा बनता है। इसी प्रकार क्या निम्नलिखित छन्द चौपाई नहीं है—

हउं मइं पुच्छिमि आअक्खहिं गअवरु
ललिअ पहारे णासिअ तरुवरु
दूर विणिज्जिअ ससहरुवन्ती
दिट्ठी पिअ पइं सम्मुहजन्ती

या

लए पेक्ख विणु हिअएं भमामि
जइ विहि जोएं पुणि तहिं पाविमि
त रण्णे विणु करमि णिभन्ती
पुणणइ मेल्लुइं ताह कअन्ती।।

छप्पय छन्द की सृष्टि दो छन्दों अर्थात् रोला और उल्लाला के मेल से होती है। क्या कालिदास की निम्नलिखित पंक्ति में रोला की ध्वनि, यति, गति, मात्रा नहीं है–

सामिअ संभाविया जह अहं तुए अणुमिया 2-12

और क्या ये पंक्तियाँ सवैया के अतिरिक्त और कुछ भी कही जा सकती हैं–

दइआर हियो अहिअं दुहियो विरहाणु गआे परिमंथरआे।
गिरि काण ए कुसुमुज्जलए गज जूह वई बहु झीण गई।।

उक्त छन्दों को उद्धृत करते हुए यह भी बता देना आवश्यक है कि इन्हें अकारण ही और बिना कोई पुष्ट प्रमाण दिए ही 'प्रक्षिप्त' घोषित करने वाले विदेशी विद्वानों के मत अब मान्य नहीं हो सकते और तब इस निष्कर्ष पर भी आसानी से पहुँचा जा सकता है कि प्रत्येक काल में कुछ छन्द शास्त्रीय रहे और कुछ लौकिक छन्द सदैव जनता के कंठहार रहे हैं।

(1 जुलाई, 1959, प्रसाद)

भारतेन्दु की हिन्दीतर रचनाएँ

रीतिकाल के कवियों में लम्बे और पेंचीले मजमून बाँधने का हौसला रखने के लिए विख्यात कवि देव ने कभी लिखा था कि–

'रावरो रूप बस्यों अँखियान
भस्यो सो भस्यो उभस्यो सो ढस्यो परै।'

उक्त उक्ति भारतेन्दु हरिश्चन्द्र की प्रचंड प्रतिभा पर बड़े ही दिलचस्प ढंग से चस्पां होती हैं। इसमें सन्देह नहीं कि भारतेन्दु के प्रतिभा-पात्र में नागरी प्रेम का अमृत-नीर लबालब भरा हुआ था। वह जब क्षीर की तरह उबला तो उनके प्रतिभा-पात्र में समाया न रह सका और चारों ओर से चार भाषाओं अर्थात् संस्कृत, बाँग्ला, गुजराती और पंजाबी के रूप में छलकने लग गया। उर्दू का उल्लेख इसलिए नहीं कर रहा हूँ, क्योंकि वह तो हिन्दी की ही एक शैली है। इसी स्थल पर यह भी उल्लेख है कि भारतेन्दु की उर्दू शायरी पर देहलवी रंग न चढ़कर लखनवी ढंग का ही निखार अधिक आया है। उदाहरण के लिए, उनकी ग़ज़लों के चन्द टुकड़े पेश करता हूँ। देखिए–

'ध्यान आ गया जो शाम को उस जुल्फ़ का 'रसा'
उलझन में सारी रात हमारी बसर हुई।।'

या

'बक्ते तहरीर यह ज़मीने सुखन
बात में आसमाँ पै चढ़ती है।।'

अथवा

'बता दे ऐ नसीमे सुबह शायद मर गया मजनूं
ये किसके फूल उठते हैं जो गुल फरियाद करते हैं।।'

और

'दिल मेरा ले गया दग़ा करके
बेवफ़ा हो गया वफ़ा करके।
हिज्रफ़ी शब घटा ही दी हमने
दास्तां जुल्फ़ की बढ़ा करके।
शोला कह तो क्या मिला तुझको
दिलजलों को जला जला करके।

खुदबखुद आज जो वो बुत आया
मैं भी दौड़ा खुदा खुदा करके।।'

उपर्युक्त उद्धरणों से स्पष्ट है कि इनमें लखनवी शायरी की सारी विशेषताएँ जैसे रियायते लफ़्जी अर्थात् शब्दों की मुनासबत, तसन्नोह अर्थात् कृत्रिमता और ईहामगोई अर्थात् श्लेष मौजूद हैं। लखनवी शायरी अपनी इन्हीं विशेषताओं और उरियानी अर्थात् नग्नता के कारण बदनाम भी है। उर्दू में इस तरह की केवल शब्दों पर जोर देने वाली रसभरी शायरी खारजी शायरी कहलाती है। लखनऊ के शेख़ नासिख इस रंग के उस्ताद माने जाते हैं। उन्हीं का एक शे'र है–

'आज होता है दिला दर्द जो मीठा मीठा
ध्यान आया है तुझे किसके लबे शीरीं का।।'

उक्त शे'र में चूँकि मधुर अधर का ध्यान आने की बात कही गई है। इसलिए उससे मुनासबत बैठाने के लिए दर्द को भी मीठा बताया गया है। अब इसी शे'र से भारतेन्दु का यह शेर मिलाइये–

'ध्यान आ गया जो शाम को
उस जुल्फ़ का रसा,
उलझन में सारी रात
हमारी बसर हुई।'

चूँकि रात की तरह काली और छल्लों वाली जुल्फ़ों का ध्यान आया है। इसलिए सारी रात उलझन में बीतने की बात कहकर उससे मुनासबत ठहराया है।

नसीम लखनवी का एक शे'र है–

'गुल हुआ कोई चिरागे सहरी ओ बुलबुल
हाथ मलती हुई पत्तों से सदा आती है।'

उक्त शे'र की बनावट से भारतेन्दु के इस शे'र की बनावट मिलाइए–

बता दे ऐ नसीमे सुब्ह शायह मर गया मजनूं,
ये किसके फूल उठते हैं जो गुल फ़रियाद करते हैं।

यहाँ कृपया यह न भूलिएगा कि बोलचाल में हड्डी को भी फूल ही कहते हैं।

जिस समय भारतेन्दु 'रसा' उपनाम से उर्दू शैली में कविता कर रहे थे, उस समय तत्कालीन उर्दू शायरी के चाँद और सूरज अर्थात् मुंशी अमीर मीनाई लखनवी और मिर्ज़ा दाग़ देहलवी मौजूद थे। दोनों ही भारतेन्दु की ऐसी रचनाओं से प्रभावित थे। अमीर ने तो अपने एक शे'र में भारतेन्दु का गौरवपूर्ण उल्लेख भी किया है, परन्तु हमारे इस विवेचन से किसी को यह भ्रम न होना चाहिए कि हरिश्चन्द्र ने अपने समय में प्रचलित उर्दू शायरी का अन्धानुकरण किया। ईश्वर झूठ न बुलवाये तो सच यह है कि कहीं-कहीं उन्होंने अपनी उर्दू रचनाओं में ऐसे भाव भी प्रकट किए हैं, जो सर्वथा अछूते और बेजोड़ कहे जा सकते हैं। उदाहरण के लिए उनकी वह रुबाई पेश करता हूँ। जिसमें

वह ईश्वर के सामने मुँह पर क़फ़न लपेट, अरथी पर बैठ और कन्धों पर चढ़कर अपने आने का कारण बयान करते हैं, कहते हैं–

तेरे करम का मैं उम्मीदवार आया हूँ,
क़फ़न से ढाँप के मुँह शर्मसार आया हूँ।
चल के आने न दिया बारे गुनहने पैदल,
चढ़ के ताबूत में कन्धों पे सवार आया हूँ।

यहीं यह भी उल्लेख्य है कि भारतेन्दु हरिश्चन्द्र उर्दू शैली में रचनाएँ करके ही सन्तुष्ट न थे। उन्होंने उर्दू के कुछ प्रख्यात् कवियों की रचनाओं का अन्य भाषाओं में भावानुवाद भी किया है। मोमिल देहलवी की एक बड़ी ही प्रसिद्ध ग़ज़ल है–

वो जो हममें तुममें करार था तुम्हें याद हो कि न याद हो,
वही वादा याने निबाह का तुम्हें याद हो कि न याद हो।
कभी हममें तुममें भी चाह थी, कभी हममें तुममें भी राह थी,
कभी हम भी तुम भी थे आशना तुम्हें याद हो कि न याद हो।
वो जो लुत्फ़ मुझ पे थे पेश्तर, वो करम किया मेरे हाल पर,
मुझे सब है याद ज़रा ज़रा, तुम्हें याद हो कि न याद हो।

अब इसका भारतेन्दुकृत बाँग्ला में भावानुवाद देखिए–

सेई जे आमाय तोमाय छिलो कथा, मने आछे कि ना आछे बलो।
कत छिलो मने आशा, कत छिलो हृदै भालो बासा
शेष हलो आशाय नैराशा, मने आछे कि ना आछे बलो।।
सेई जे प्रेम प्रेम करि कहते कथा, से प्रेम रइलो एख़न कोथा,
मने दिएछो कतेक व्यथा, मने आछे कि ना आछे बलो।।
तूमि है कि किछूई जानो ना, मम मने आछे सब वेदना
आमि हृदये पैयेछि व्यथा नाना, मने आछे कि ना आछे बलो।।

अब जब बाँग्ला का प्रसंग आ ही पड़ा तो लगे हाथ भारतेन्दु की अन्य बाँग्ला रचनाओं पर भी विचार करते चलें। बाँग्ला साहित्य में वैष्णव महाजन पदावली का बड़ा ही गौरवपूर्ण स्थान है, ठीक वैसा ही जैसा कि हिन्दी साहित्य में अष्टछाप के कवियों की रचनाओं का। यह कहना भी अतिशयोक्ति न होगी कि उक्त महाजन पदावली मध्यकालीन बाँग्ला साहित्य का मेरुदंड है। उसकी मार्मिकता, मनोहरता और लोकप्रियता का सबसे बड़ा प्रमाण यही है कि ईसाई होते हुए भी माइकेल मधुसूदन दत्त, ब्राह्म होने के बावजूद कवीन्द्र रवीन्द्र और मुसलमान होते हुए भी काज़ी नजरुल इस्लाम भी उक्त पदावलियों के अनुकरण का लोभ संवरण नहीं कर सके। ऐसी स्थिति में परम वैष्णव भारतेन्दु हरिश्चन्द्र ने जिन्होंने हिन्दी में भी राधा-कृष्ण सम्बन्धी पद ही अधिक कहे, बाँग्ला में भी कृष्णलीला पदावली लिखने से अपने को कैसे रोक सकते थे। फलतः उन्होंने लिखा और उर्दू से कुछ अधिक ही लिखा। एक पद सुनिए–

हेरिबो सतत सखि कालोई बरन।
भने पड़े जेन सदा सेई नील रतन।

मृगमद दिन सिरे, कज्जल नयन तीरे।
नित्य नील वर्ण चीरे, आच्छादित तन।
हरिश्चन्द्र मुख सदा कृष्ण नामे आछे साधा।
सेरेछे अन्तर बाधा, कृष्ण पदे आछे मन।।

अर्थ यह है कि सखी मैं सदा काले रंग की ही वस्तुएँ देखा करूँगी, जिसमें नीलरत्न जैसा कृष्ण का ही श्याम कलेवर मुझे याद आता रहे। मेरे मस्तक पर कस्तूरी का काला टीका लगा दो, आँखों में काजल लगा दो और ऐसा करो कि मेरा शरीर सदा नील वस्त्र से ही ढका रहे। हरिश्चन्द्र के मुख में सदा ही कृष्णनाम है और उसका मन सदा ही कृष्ण के चरणारविन्द में लगा हुआ है।

भारतेन्दु के कतिपय बाँग्ला पद ऐसे भी हैं, जो सूर के पदों के छायानुवाद प्रतीत होते है। जैसे–सूर का एक प्रसिद्ध पद है–

जब मोहन मुरली अधर धरी।
गह व्यवहार थके आरज पथ तजत न संक करी।
दुरि गए कीर कपोत मधुप पिक सारँग सुधि बिसरी।
उडुपति विद्रुम बिम्ब खिसान्यो दामिनि अधिक डरी।
निरखे स्याम पतंगसुता-तट आनँद उमँग भरी।।

अब भारतेन्दु का यह बाँग्ला पद सुनिए–

निभृत निशीथे सई ओ बांसी बाजिलो।
पूरित करिया बन, भेदिया गगन घन।
कांपाइया समीरन, मधुर रबे गाजिलो।
स्तम्भित प्रवाह नीर, ताड़ित मयूर कीर,
झांकारिया तरु गन, एकतान साजिलो।
हरिश्चन्द्र श्याम बांशी-स्वर कामदेव फांसी,
कुलबूध शुनियाई आर्य-पथ त्याजिलो।।

भारतीय वांङ्मय में राधेश्याम की लीला दो प्रकार के लोगों द्वारा गाई गई है। एक वर्ग कोरे साहित्य-रसिक कवियों का है और दूसरा कृष्णभक्त कवियों का। रसिक कवियों ने राधाकृष्ण का जो रूप लिया, उसमें उन्होंने उल्लंग उल्लास के साथ उनके रास विलास का ही चित्रण किया। इस वर्ग के सर्वमान्य पुराने दलपति गीतगोविन्दकार महाकवि जयदेव हैं। उनके दिखाये हुए मार्ग पर विद्यापति बड़ी तेजी से चले और हिन्दी के रीतिकालीन कवियों ने तो उस पर जैसे सरपट दौड़ ही लगा दी। भारतेन्दु जी इसी रीतिकाल के अन्तिम समर्थ कवि थे। उनकी विशेषता यह थी कि उन्होंने भक्ति गद्‌गद हृदय के साथ ही बड़ा ही भावुक रसिक हृदय भी पाया था। अर्थात् जिन दो प्रकार के कवि ऊपर बताये गए हैं, उन दोनों का उनमें सम्मिश्रण था। एक ओर उनके हृदय में पारिवारिक परम्परा से प्राप्त भक्ति थी। जिसके कारण वे 'ब्रज को लता पता मोहिं कीजै' जैसे पद लिखते थे, तो दूसरी ओर अपने हृदय की सहज रसिकता के कारण जयदेव और विद्यापति को अपना आदर्श बनाकर राधा-

कृष्ण की विलास लीला के नग्न गीत गाते थे। उनके संस्कृत पदों में उनका यही दूसरा रूप दिखाई देता है। यदि सीता-वल्लभ स्तोत्र जैसी उनकी स्तुतिपरक रचनाओं को छोड़ दें तो उनकी रचनाओं में राधाकृष्ण की विलास लीला विषयक पद ही अधिक मिलेंगे। जैसे–

रासे रमयति कृष्णं राधा।
हृदि निधाय गाढालिंगनकृत हृत विरहातपबाधा।।
आश्लिष्यति चुम्बति परिरंभति पुनः प्राणेशं।
सात्विक भावोदय शिथिलायित मुक्ता कुंचित केशं।
निशावसाने जागरणे नित सखिजनमोहित तन्द्रे।
गायति गोकुलचन्द्राग्रज कवि हरिश्चन्द्र कुल चन्द्रे।।

उक्त पद में स्पष्ट देखा जा सकता है कि उस पर जयदेव के भाव का ही नहीं अपितु भाषा और शैली का भी प्रभाव है। आश्लिष्यति चुंबति परिरंभति जैसी पंक्तियाँ तो सीधे जयदेव के वाक्यों से टकराती हैं। इन पदों में भणिता देने की पद्धति भी जयदेव से मिलती-जुलती है। अपने पदों में जयदेव ने कहीं तो अपना परिचय पद्मावती चरण-चारण-चक्रवर्ती कहकर दिया है, तो कहीं अपने लिए किन्दुबिल्वसपुद्रसम्भव रोहिणीरमण लिखा है। इसी प्रकार अपने पदों में भारतेन्दु ने कहीं अपने को गोकुलचन्द्र का अग्रज और कहीं गोपालचन्द्र का पुत्र कहकर भणिता दी है। जान पड़ता है कि भारतेन्दु की जो दर्पोक्तियाँ मिलती हैं, उनकी प्रेरणा उन्हें जयदेव जैसे संस्कृत और सैयद इन्शाअल्लाह जैसे उर्दू कवियों जैसे मिली थी। अन्यथा वे निष्ठावान वैष्णव थे और विनय तथा दीनता वैष्णवों के प्रधान भूषण और लक्षण माने जाते हैं। उनकी जो भक्तिपरक रचनाएँ मिलती है, उनमें वैष्णवोचित विनय का भाव बहुत प्रबल दिखाई पड़ता है। इनमें वे अपने को पतितन को टीको जगनिन्दित आदि घोषित कर जाते हैं, परन्तु जहाँ वे कोरे साहित्यकार के रूप में प्रकट होते हैं, वहाँ वे कभी नगद दमाद अभिमानी के बनते हैं तो कभी बड़े गर्व से कहते हैं–

जिन श्रीगिरधरदास ने, रचे ग्रन्थ चालीस।
तिन सुत श्रीहरिचन्दको, को न नवावै सीस?

इसके सामने इन्शा की इस दर्पोक्ति का मूल्य ही क्या है?

इक तिफले दबिस्तां है फलातूं मेरे आगे
क्या मूँ जो अरस्तू भी करे चूँ मेरे आगे।।

भारतेन्दु की पंजाबी और गुजराती रचनाएँ बहुत ही कम हैं। उनमें भी श्यामसुन्दर की शोभा और प्रेम-प्रपंच का ही वर्णन है। हिन्दी उनकी मातृभाषा थी, और बाँग्ला उनकी प्रेयसी मल्लिका के कारण उनकी प्रिया पत्नीभाषा। यही कारण है कि उन्होंने इन भाषाओं में सर्वाधिक लिखा। यहीं यह भी बता देना आवश्यक प्रतीत होता है कि नागरी प्रचारिणी सभा द्वारा प्रकाशित भारतेन्दु ग्रन्थावली के सम्पादक श्री ब्रजरत्नदास ने उसके दूसरे भाग में उनकी जिन बाँग्ला कविताओं का संग्रह किया है, उनमें मल्लिका की भी बाँग्ला रचनाएँ संगृहीत हो गई हैं, यद्यपि उनमें यह स्पष्ट दिखाई देता है कि केवल हरिश्चन्द्र भणिता वाली रचनाएँ ही भारतेन्दु की हैं और चन्द्रिका भणितायुक्त रचनाएँ उक्त मल्लिका की।

संस्कृत उनकी सांस्कृतिक भाषा थी। इसलिए उन्होंने उसमें भी अपनी लेखनी का परिचालन किया। गुजराती, पंजाबी, मराठी आदि भाषाओं का उन्हें अधिक अभ्यास न था। शायद, इसीलिए मराठी का प्रयोग उन्होंने केवल 'प्रेमयोगिनी' नाटक में किया है। गुजराती में बहुत थोड़े पदों की रचना की है और पंजाबी में तो शायद एक ही पद लिखा है। उक्त भाषाओं में उन्होंने केवल मनोरंजन के लिए रचनाएँ की है। अतः अपने मनोरंजन के लिए आप भी सुन लीजिए यह गुजराती गरबा गीत है–

था रे मुखपर सुन्दर श्याम लटरी लट लटके छे।
जेई जोई ने म्हारो मन लाल जाइ जाइ अटके छे।
थारा सुन्दर नैन विशाल प्यारा अति रूडा छे।
जेने जोईने जगना रूप लागे भूणडा छे।
तारो नखसिख रूप जू नप सोभा प्यारी छे।
जेनी सोभा लखीने हरीचन्द बलिहारी छे।।

अर्थात् हे श्याम, तुम्हारे मुख पर घुँघराली अलकें लटक रही हैं। हे लाल उन्हें देखकर हमारा मन बार-बार उन्हीं में जा लटकता है। तुम्हारी आँखें सुन्दर, बड़ी-बड़ी और बड़ी अच्छी लगती हैं, जिन्हें देखकर उनका रूप भद्दा लगने लगता है। तुम्हारा रूप नख से शिख तक सुन्दर और शोभा प्यारी है। उस शोभा को देखकर हरिश्चन्द्र बलिहार होते हैं।

क्षमा कीजिएगा मैं उनके एकमात्र पंजाबी गीत को भी उद्धृत करने का लोभ संवरण नहीं कर पा रहा हूँ। सुनिए–

बेदरदी बे मैं लागी तैंड़े नाल
बेपरवाही बारी जी तू मेरा सहेबा
असी इत्थों बिरह बेहाल।
चाहनेवाले दी फिक्कर न तुझझनूँ
गल्लों दा ज्वाब न भ्वाल।
हरीचन्द तदबीर ना सुझझदी,
आशक बेतुलमाल बेदरदी तैंड़े नाल।।

आश्चर्य होता है यह देखकर कि भारतेन्दु अपने बहुधन्धी जीवन में कितना अधिक काम कर गए। उन्होंने गद्य लिखा, पद्य लिखा, पाँच पूरे और दो अधूरे मौलिक नाटकों की रचना की, संस्कृत और बाँग्ला से छह नाटकों का अनुवाद किया, पत्र-पत्रिकाओं के सम्पादन के साथ ही सामाजिक और धार्मिक कार्यों में भी पूरा-पूरा योग दिया और उन्होंने यह सब किया केवल 34 वर्ष 3 मास और 27 दिन की आयु पाकर, जब कि आज बकौल शायर हमारी हालत यह है कि–

ये सोचते ही रहे औ' बहार खत्म हुई
कहाँ चमन में नशेमन बने कहाँ न बने।

(1 सितम्बर, 1961, प्रसाद)

रत्नाकरजी का 'उद्धवशतक'

'उद्धवशतक' के निवेदन में उसकी निर्माण प्रक्रिया के सम्बन्ध में स्वयं रत्नाकरजी ने लिखा है कि '40 या 45 वर्ष हुए जब मैंने दो-एक कवित्त उद्धव सम्बन्धी बनाए थे।...प्रोत्साहित होकर मैंने उद्धव विषयक 5-7 कवित्त और बनाए और फिर यह विचार किया कि एक उद्धवशतक की रचना की जाए।...समय-समय पर दो एक कवित्त उक्त विषय के बनते रहे। संवत् 1977 के अन्त तक शनैः-शनैः उद्धव विषयक 80-85 कवित्त बन गए थे।'

इसके आगे रत्नाकरजी ने जो कुछ लिखा है, उसका आशय यही है कि सन् 1920 तक 80-85 कवित्त बन जाने के बाद सन् 1921 के आरम्भ में ही उनकी चौपतिया चोरी चली गई, जिसमें उद्धव सम्बन्धी कवित्त भी थे। उन्हें 'ज्यों का त्यों स्मरण करके' रत्नाकरजी ने पुनः लिखा और उन्हीं में '40-45 कवित्त उद्धव सम्बन्धी भी स्मरण आए, शेष जाते ही रहे।' उनकी पूर्ति के लिए रत्नाकरजी धीरे-धीरे कवित्त बनाने लगे और सन् 1929 तक उद्धवशतक की रचना उसके वर्तमान स्वरूप में पूरी हो गई।

रत्नाकरजी का उक्त निवेदन या तो किसी गोपनीयता की प्रवृत्ति का प्रमाण है अथवा आत्मकर्तृत्व की अद्‌भुत विस्मृति का अनोखा उदाहरण, क्योंकि जैसा उनके निवेदन से प्रकट होता है, उन्हें यह सर्वथा विस्मृत हो गया था कि उनके 'उद्धवशतक' के कवित्तों का धारावाहिक प्रकाशन काशी के साप्ताहिक भारत-जीवन के सन् 1892 के 26 सितम्बर से लेकर 17 नवम्बर तक हुआ था। उसके दो-एक कवित्त काशी कवि समाज के स्वयं रत्नाकरजी द्वारा सम्पादित समस्यापूर्ति संग्रह में भी प्रकाशित हुए थे। यदि उन्हें यह सब याद होता तो तत्तत् स्थानों से उनका पुनः संग्रह सरलतापूर्वक करते हुए अपने समय और श्रम की वे बहुत कुछ बचत कर सकते थे, परन्तु उनकी उस विस्मृति अथवा गोपनीयता की वृत्ति ने उन्हें ऐसा न करने दिया। यही कारण है कि उनके 'निवेदन' का आदर करते हुए भी उनकी उस अनोखी विस्मृति को ध्यान में रखकर उद्धवशतक के निर्माण की प्रक्रिया पर स्वतंत्र शोध के आलोक में नये सिरे से विचार किया जाना चाहिए। समय बीतने के साथ ही यह कार्य उत्तरोत्तर कठिन होता हुआ एक दिन असम्भव हो जाएगा।

शतक का 'बीज' कवित्त

उपलब्ध सामग्री के आधार पर दृढ़तापूर्वक कहा जा सकता है कि वर्तमान 'उद्धवशतक' के जिस कवित्त की रचना सर्वप्रथम हुई थी, वह निम्नलिखित है—

'हाल कहा पूछत[1] बिहाल परीं बाल सबै
बसिकै दिवस द्वै दृगनि देखि जाइयो।[2]
रोग ये बियोग को न कहिबे के जोग ऊधो[3]
सूधो सो सनेह[4] याहि तू न ठहराइयो।।[5]
औंसर मिलै औ सिरताज[6] कछु पूछहिं तो[7]
कहियो[8] कछू न हाल[9] देखी सो बताइयो।।[10]
आह कै कराहि नैन नीर अवगाहि कछू
कहिबे को[11] चाहि हिचकी लै रहि जाइयो।।[12]

पादटिप्पणी में उल्लिखित संशोधनों के साथ वर्तमान उद्धवशतक का मंगलाचरण को छोड़कर यही 94 संख्यक कवित्त हैं। यह सर्वप्रथम 18 नवम्बर, 1889 ई. के 'भारतजीवन' में रत्नाकरजी के दो अन्य कवित्तों के साथ 'प्राप्त' शीर्षक के अन्तर्गत प्रकाशित किया गया था। उस समय रत्नाकरजी 23 वर्षीय तरुण थे और 'धन बिदेस चलि जात' के तथ्य पर चिन्तित, अन्तस् से देशभक्त, परन्तु ऊपर से राजनिष्ठा का चोंगा धारण करने वाले भारतेन्दु की परम्परा से पूर्णतया प्रभावित थे—इतने अधिक प्रभावित थे कि अपने काव्याभ्यास का साधन उन्होंने भारतेन्दु के सत्य हरिश्चन्द्र नाटक को बनाया था। रत्नाकरजी का हरिश्चन्द्र काव्य हरिश्चन्द्र नाटक का पद्यात्मक रूपान्तरमात्र है।

अपने आजीवन उत्साही कर्मशील व्यक्तित्व के प्रथम यौवन में तरुण रत्नाकर उस दोराहे पर खड़े थे, जहाँ एक रास्ता पूर्व की रंगीन कल्पनाओं के भावभरे मायावी मुहल्लों की ओर निकल जाता था और दूसरा पश्चिम से सद्यः आगत नवीन विचारों की पक्की सड़कों की ओर। उन मुहल्लों के प्रत्येक भवन में उस समय भी कहीं 'देव सुखराज महाराज ब्रजराज आज राधा जू के सदन सिधारे सुनियतु है' की ध्वनि उठती थी, तो 'उमिर दराज महराज की बनी रहै' के रूप में उसकी प्रतिध्वनि भी वहीं गूँजने लग जाती थी। उधर उन पक्की सड़कों पर प्रजा के पक्षपातियों और देशभक्तों का जुलूस नरेशों को बन्दी बनाए उन्हें बधस्थल की ओर ले जाता दिखाई देता था। देश और नरेश में विशेष प्रश्रय किसे दिया जाए, इस समस्या से भारतीय तरुणों का चित्त जिस समय उद्वेलित हो रहा था कि सन् 1889 के नवम्बर मास में ब्रिटिश राजकुमार अलबर्ट विक्टर भारत आए और 14-15 जनवरी, 1890 दो दिनों काशी में उनके ठहरने का कार्यक्रम

1. बूझत।
2. बसि दिन द्वैक देखि दृगनि सिधाइयौ।
3. रोग यह कठिन न ऊधौ कहिबे के जोग।
4. सनेस।
5. ठहराइयौ।
6. सरताज।
7. तौ।
8. कहियौ।
9. दसा।
10. दिखाइयौ।
11. कौं।
12. जाइयौ।

बना। राजभक्ति प्रदर्शन के लिये विवश पत्रसम्पादकों, व्यापारियों, महाजनों, पंडितों, राजाओं और नवाबों ने उनके स्वागत में अपनी पलकों के पाँवड़े बिछा दिए, परन्तु 'ओज पजन कौ' और 'ठाकुर की मधुराई' से भली भाँति परिचित रत्नाकर ने ठीक उसी भाषाशैली में अलबर्ट विक्टर को उपालंभ देते हुए भारत की दयनीय दशा का वर्णन किया। जिसमें कभी ठाकुर ने जैतपुर नरेश पारीक्षत को चेतावनी दी थी।[1] उक्त कवित्त के 'बसिकै दिवस द्वै', 'सूधो सो सनेह' और 'सिरताज' जैसे शब्दों के सार्थक प्रयोग पर ध्यान देना चाहिए और तब 'दिन द्वैक' और 'सनेस' संशोधन का अर्थ समझना चाहिए। अलबर्ट विक्टर काशी में दो ही दिन तक रुके थे, इस तथ्य के प्रकाश में 'बसिकै दिवस द्वै' का वास्तविक अर्थ देखना चाहिए। इसी प्रकार 'सूधो सो सनेह याहि तू न ठहराइयो' का यह व्यंग्यार्थ समझना चाहिए कि काशीवासी जो स्नेह प्रदर्शन कर रहे हैं, वह सीधा सादा हार्दिक नहीं है, विवशताजनित है। संशोधन में संदर्भ बदल जाने से ही 'सनेह' का 'सदेस' किया गया है।

'सिरताज' शब्द जो संशोधन में 'सरताज' हो गया है और भी विचारणीय है। 'रत्नाकर' नामक संग्रह की भूमिका में श्यामसुंदरदास जी ने इस शब्द के सम्बन्ध में लिखा है कि 'फ़ारसी के अच्छे पंडित होते हुए भी रत्नाकरजी ने बड़े संयम से काम लिया है और न तो कहीं कठिन या अप्रचलित फ़ारसी शब्दों का प्रयोग किया है और न कहीं नैसर्गिकता का तिरस्कार ही किया है। गोपियाँ कृष्ण के लिए दो-एक बार 'सिरताज' का प्रयोग करती हैं।'

यह सही है कि रत्नाकर के समूचे काव्य साहित्य में 'सिरताज' शब्द का प्रयोग कुल दो बार हुआ है, जिसमें गोपियों ने उसका प्रयोग केवल एक बार इसी स्थल पर किया है। यहाँ उसमें बहुब्रीहि समास है, जिसका अर्थ है, 'सिर पर है ताज जिसके।' परन्तु दूसरे स्थल पर इस शब्द का प्रयोग तत्पुरुष में किया गया है, जहाँ इसका अर्थ है, 'सिर के ताज हैं जो।'[2] गोपियों द्वारा प्रयुक्त 'सिरताज' में का 'ताज' शब्द वस्तुतः नरेशवाचक अंग्रेजी के 'क्राउन'[3] शब्द का अनुवाद है।

---

1. 'जिस समय बाँदावाले हिम्मतबहादुर गोसाईं' ने धोखा देकर महाराज पारीक्षत को बाँदे बुलाया और महाराज पारीक्षत् तैयार होकर कुछ दूर निकल गए...ठाकुर को महाराज साहब के चले जाने की खबर मिली। वे...तत्काल समझ गए कि महाराजजी वहाँ जाकर या तो मारे जाएँगे या कैद होंगे।... फौरन घोड़े पर सवार हो मारामार...महाराज से जा मिले और घोड़े से उतरते ही यह सवैया पढ़ा—
   कैसे सुचित्त भये निकसौ बिहँसौ बिलसौ हरि दै गलबाहीं।
   ये छल छिद्रन की बतियाँ छलतीं छिन एक घरी पल माहीं।
   ठाकुर वे जुरि एक भईं रचिहैं परपंच कछू ब्रज माँहीं।
   हाल चवाइन को दुहचाल सो लाल तुम्हैं या दिखात कि नाहीं।।' —ठाकुर ठसक, पृ. 10-11
2. 'बाजिनि के सिरताज तेज तुरकी औ ताजी।' —कलकाशी, 60 सं. 107
3. 18 मार्च, 1862 को वाइसराय कैनिंग ने काशीनरेश को दत्तक लेने का अधिकार देते हुए जो पत्र लिखा था, उसका यह वाक्य द्रष्टव्य है—'सो लांग ऐज़ योर हाउस इज़ लायल टु दी क्राउन' अर्थात् जब तक आपका घराना ताज के प्रति निष्ठावान् रहेगा।'

इसी प्रसंग में यह उल्लेख भी मनोरंजक ही होगा कि उसी समय 'भारतजीवन' के 2 दिसम्बर से लेकर उसके तीन-चार अंकों में 'संग्रह' शीर्षक के अन्तर्गत 'युवराज कुमार स्वागतं ते' नामक रचना रोला छन्दों में प्रकाशित हुई थी। इस कविता की तीन विशेषताएँ थीं। पहली यह कि इसमें नवराष्ट्रीय चेतना अपनी समस्त उग्र निर्भीकता के साथ हिन्दी काव्य के इतिहास में पहली बार प्रकट हुई थी। दूसरी विशेषता यह थी कि रचयिता का नाम अन्त तक प्रयत्नपूर्वक गोपनीय ही रखा गया था, और तीसरी यह कि 'शेष अगले अंक में' सूचना के बावजूद उसका प्रकाशन सहसा स्थगित कर दिया गया था।

उधर रत्नाकर के काव्य-साहित्य में कवित्त, सवैया, दोहा, बरवै, रोला और छप्पय रचना में उल्लाला कुल छह छन्दों का ही प्रयोग हुआ है। इनमें दोहों की संख्या 25 से अधिक नहीं है। जैसा कि उनके प्रकाशन से प्रकट है, वह रत्नाकरजी की अपेक्षाकृत अर्वाचीन रचना है। अतः अनुमान किया जा सकता है 'बिहारी रत्नाकर' पर काम करते समय प्राप्त प्रेरणा से इन दोहों की रचना हुई थी। सवैया की रचना रत्नाकरजी ने प्रायः समस्यापूर्ति के रूप में ही की थी। फलतः उनकी संख्या भी अपेक्षाकृत अल्प ही है। उल्लाला का प्रयोग सर्गों में छन्द-परिवर्तन के नियम का पालन करने के लिए उसे रोला छन्द में जोड़कर छप्पय छन्द की रचना द्वारा किया गया है अथवा आरम्भ में मंगलाचरण के रूप में और 'तुलसी' तथा 'दीपक' जैसी कुछ मुक्तक रचनाओं में। सम्पूर्ण रत्नाकर साहित्य में कुल तीन बरवै छन्द हैं, जिनका पाठ काशी कवि समाज के चौथे अधिवेशन में रत्नाकरजी ने समस्यापूर्ति के रूप में किया था। अतः कवित्त और रोला ही ऐसे छन्द हैं, जिनमें उन्होंने अपने अधिकांश काव्य साहित्य का निर्माण किया है। ये दोनों छन्द उन्हें अतिशय प्रिय भी थे और अत्यन्त सिद्ध भी। इन दोनों छन्दों के प्रति रत्नाकर के विशेष पक्षपात का प्रमाण यह तथ्य है कि उन्होंने इन दोनों छन्दों के रचनाविधान पर 'घनाक्षरी नियम रत्नाकर' और 'रोला छन्द के लक्षण' नामक पुस्तकें लिखी थीं। जिनमें पहली का प्रकाशन सन् 1897 ई. में हुआ था और दूसरी नागरी प्रचारिणी पत्रिका के भाग 5 अंक 1 में पहले लेख के रूप में प्रकाशित की गई थी और बाद में आवरण पृष्ठ लगाकर उसके फर्मे पुस्तकाकार कर दिए गए थे। अतः संदेह होता है कि 'युवराज कुमार स्वागतं ते' की रचना रत्नाकरजी ने ही की थी। इस संदेह का आधार निश्चित करने के लिए निम्नलिखित पंक्तियों पर विचार करना चाहिए–

स्वागत! स्वागत! चिरंजीव युवराज कुँवर वर।[1]
स्वागत! स्वागत! ब्रिटिश राजबरवंश उजागर।
स्वागत! स्वागत!! श्री विजयिनि[2] के प्रान पियारे।
स्वागत प्रिंसेज आफ वेल्स अँखियन के तारे।

× × ×

1. मिलाइए–'पर्‍यौ करेजौ थामि थहरि त्यौं रोइ कुँवर वर।' –गंगावतरण, सर्ग 5 छन्द 11
2. 'विक्टोरिया' शब्द का भारतेन्दु कृत अनुवाद।

बढ़ैं बंस परिवार सुजस सुख सदा तिहारो।
कहै बिधाता एवमस्तु सुनि बचन हमारो।[1]

× × ×

इन कर सब कछु सेत स्याम[2] उनके कर माहीं।
तारन बोरनहार वही इनके शक नाहीं।।

× × ×

फिर इन कहँ तुम कुंवर! सुखित समुझहु केहि भाँती।
जे मन कहं कसमीर[3] गतिहिं काँपत दिन राती।

× × ×

'हाँ हजूर' ये करत रहहिं उनके ढिग निस दिन।
जान्यो देख्यो सुन्यो प्रजा दुःख सुख इन केहि छिन।
केहि दिन इन निज नगर हाल देखन मन लायो।
कब प्रमुदित ह्वै प्रजन इन्हैं प्रतिनिधि ठहरायो।
फिर ये हिंदुस्थान कहा जानहिं कहँ कैसो?

× × ×

या तें ह्यां की सैल उचित हमरे सँग माहीं।

यह रचना रत्नाकरजी की है। इस संदेह की पुष्टि इसकी पद और भाषा-शैली से होती है। पुनः 'प्रिंसेज आफ वेल्स' जैसे शब्दों का प्रयोग भी रत्नाकरजी की वृत्ति के मेल में ही है। उन्होंने ब्रजभाषा में अंग्रेजी के 'पेंशन'[4] और 'वैलर'[5] जैसे शब्दों का प्रयोग भी किया है। 'सैल' और 'ह्याँ' का प्रयोग भी वैसा ही है। 'सैर' अर्थ में 'सैल' का प्रयोग वाराणसी में व्यापक है और उसका इसी अर्थ में प्रयोग रत्नाकरजी के प्रिय कवि बिहारी ने किया है।[6] 'ह्याँ' शब्द के प्रयोग में ब्रजभाषा काव्य में कुछ अव्यवस्था-सी रही है। 'इस स्थान' के लिए हमारे पुराने कवियों ने 'इतको'[7], 'इतै'[8], 'इत'[9], 'इहाँ'[10], 'ह्याँ'[11] और 'यहाँ'[12] का भी प्रयोग किया है। कुछ कवियों ने तो एक ही छन्द

---

1. मिलाइए–'एवमस्तु' कहि कह्यौ बहुरि हरि बिपत बिदारन। –हरिश्चन्द्र काव्य
2. फ़ारसी मुहावरा 'स्याह सफ़ेद' का अनुवाद।
3. चोली कसमीरी कसी कंपित उरोजनि पै। –रत्नाकर, पृ.471, छन्द 7
4. एतीये नहिं, जब सुकबिनि बरु पिनसिन पाई। –समालोचनादर्श
5. बैलर बिसद बिसाल काय बल्गद बलशाली। –कलकाशी
6. चलि भलि अलि अभिसार की भई सझौंखैं सैल
7. लोचन ऐंचि लियो इतको। –केशव
8. वा द्रिग मूँदि उतै चितई इन भेंटी इतै वृषभानु की जाई। –देव
9. सो कियो इत आवन भोर ही को। –बेनी प्रवीन
10. लाल अन्हान इहाँ मत आऔ, अन्हाति इहाँ वृषभानु लली है। –नृपशंभु
11. हरि सों हमारे ह्यां न फूले बन कुंज हैं। –पद्माकर
12. आए परवाना पर चलै ना बहाना यहाँ। –ग्वाल

में 'इहाँ' और 'ह्याँ' दोनों रूपों का प्रयोग किया है।[1] रत्नाकरजी के यहाँ भी उक्त दोनों रूप मिलते हैं, परन्तु अन्तिम रूप से उन्होंने 'ह्याँ' रूप ही ग्रहण किया है। वस्तुतः 'ह्याँ' शब्द कन्नौजी का है और ब्रजभाषा में इसका प्रयोग आचार्य शुक्लजी के इस कथन का प्रमाण है कि 'अवधी का प्रभाव कुछ अंशों में ब्रजभाषा पर अवश्य पड़ा।...यह दूसरी बात है कि अवधी की तरह कन्नौजी, बुंदेली आदि का तथा अन्यान्य सीमावर्ती उपभाषाओं का भी यत्किंचित् प्रभाव उस पर पड़ा हो।'

ऐसी स्थिति में उक्त रचना यदि वस्तुतः रत्नाकरजी की है, तो यह स्वाभाविक है कि अपना नाम उसके रचयिता के रूप में वे प्रकट न कर सकते थे। पुनः ऐसी उग्र रचना का प्रकाशन सहसा (निश्चय ही सरकारी कोप से) रोक दिया जाना भी शायद कालधर्म के विरुद्ध नहीं था। अतः क्या यह नहीं माना जा सकता कि 'कलकाशी' की रचना उसी समय रत्नाकरजी ने इसी वाक्य के संदर्भ में की थी कि 'या तें ह्याँ की सैल उचित हमरे सँग माहीं।' उसी कविता में 'उड़ी करै है' की जगह 'उड्यो करै है धूरि' जैसे व्याकरणविरुद्ध प्रयोग देखकर यह समझ बैठना भूल ही होगी कि रत्नाकरजी जैसे ब्रजभाषा के महापंडित से ऐसी ग़लती हो ही नहीं सकती, क्योंकि उन्होंने ऐसी ही ग़लती अन्यत्र भी की है, जैसे निम्नलिखित पद में 'मंगलमय' की जगह 'मंगलमयी' का प्रयोग–

'कहै रत्नाकर रुचिर रस रंग पाइ
उपवन जंगल ह्वै मंगलमयी उठ्यौ।'

सन् 1930 ई. में 'एहो लंदनेस नन्दनेस लौं बिराजे रहौ-ढाल कम ना है कछु मालकम हेली की' जैसी पंक्तियों की विवशतः रचना करने वाले रत्नाकरजी ने 'युवराज कुमार स्वागतं ते' के रचयिता के रूप में अपना नाम प्रकट नहीं किया। इसके लिए उन्होंने कविसुलभ शैली का सहारा लिया और इसीलिए 'हाल कहा पूछत' वाले कवित्त के साथ उन्होंने दो और कवित्त भी प्रकाशित कराये थे, जो निम्नलिखित हैं–

दुख को अहार रह्यो, बारि रह्यो आसन को
साँसन को शब्द मूर्च्छा की नींद कल तें।
जाति न पिछानी ना पिछानति कैहूँ को केहूँ
सेज में समानी जात कृसता कहल तें।
जो पै है बहम तुम्हें जियति है कैसे तो पैं
कान दै सुनौ जू हौं बतावति सहल तें।।
प्राण को सकति अधरान लों न आइबे की
अबला जियति लाल निर्बलता बल तें।।

× × ×

1. बाग मैं अँध्यारौ डरु लागत है जातैं उत
तातैं हौं कहति इहाँ लोग और नहीं हैं।
कैसे करि जाउँ फूल लैन हौं अकेली ह्याँ तौ
आछे आछे फूलन की बेली फूल रही है।। –चिंतामणि

कहै रतनाकर कै चन्द में सुधा को बिंदु
कैधौं अरबिंद में सुहात मकरंद है।
कैधौं काम कारीगर कन धस्यो पारद की
दर्पण माँहि दुति दीपति दुचन्द है।
कैधौं नकबेसर बिराजति बनकवारी
ब्योंत ये हमारी मति करति पसंद है।
मोतिन को पानिप पखारि पाय दीठिन के
पेखियति प्यारी को सुआनन अमंद है।

स्मरण रखना चाहिए कि 'सुजलां सुफलाम् शस्य श्यामलां' रूपवाली भारतमाता विषयक कल्पना का उदय 'आनन्दमठ' के प्रकाशन से यद्यपि बाँग्ला साहित्य में हो गया था। फिर भी बंगाल के बाहर उसका प्रचार नहीं हो पाया था। भारतभूमि को 'नायिका' लिखना दोष न माना जाता था।[1] अतः रत्नाकरजी की उक्त कल्पना न तो अस्वाभाविक ही थी और न अनुचित ही। फिर 'मोतिन के पानिप पखारि पाय दीठिन के' प्यारी का मुखचन्द देखने की बात भारतेन्दु के इस कथन के मेल में ही है कि 'करि गुलाब सों आचमन लीजत वाको नाँव।' यदि असाधारण नाम लेने के लिए गुलाब से कुल्ला करना आवश्यक है, तो असाधारण रूपदर्शन के लिए आँख के पैरों को मोती के पानी से प्रक्षालित करना अनिवार्य ही है। यहीं यह भी बता देना अप्रासंगिक न होगा कि इनमें से पहला कवित्त तो 'रत्नाकर' में संगृहीत हो गया, परन्तु दूसरा उनके किसी संग्रह में नहीं है। अतः वह रत्नाकरजी की चौपतिया के साथ 'शेष जाते ही रहे' वाले लापता कवित्तों में से एक है।

शतक की प्रथम कल्पना

जैसा कि उक्त विवरण से प्रकट है, तबतक रत्नाकरजी के मन में 'उद्धवशतक' के निर्माण की कोई कल्पना न थी। काशी कवि समाज के एक उत्साही सदस्य के नाते वे उसकी गोष्ठियों में योग देते थे और उसके द्वारा प्रचारित समस्याओं की पूर्ति करते थे। ऐसी पूर्तियों में राधाकृष्ण के साथ ही उद्धव का नाम आना भी अनिवार्य ही था। अतः प्रतीत होता है कि उद्धव नामांकित काफी कवित्तों की रचना कर लेने के बाद रत्नाकरजी ने उनकी संख्या सौ तक पहुँचाकर शतक की रचना का विचार किया।

जैसे मुक्तकों की सतसई परम्परा का मौलिक सम्बन्ध प्राकृत से है, वैसे ही शतक परम्परा का संस्कृत से। संस्कृत में देवी-देवताओं की स्तुति, स्तोत्र के रूप में शतकों का आरम्भ उपासना के क्षेत्र में हुआ, जिसकी साहित्यिक परिणति वहाँ भर्तृहरि के शतकत्रय और अमरु शतक आदि के रूप में हुई।

1. 6 जुलाई, 1885 के भारतजीवन में रूस के जार के नाम एक पत्र प्रकाशित हुआ था, जिसमें एक वाक्य यह था–'आप रशिया नायिका से तृप्त न होकर इंडिया नायिका के पीछे पड़े हैं।' –2(70-3)

जिस समय रत्नाकरजी ने शतक रचना का विचार किया, उस समय हिन्दी में 'तिल शतक', 'अलक शतक' तो पहले से ही प्रस्तुत थे। उनकी बाल्यावस्था थी जब भारतेन्दु ने घनानन्द की रचनाएँ संकलित कर 'सुजान शतक' के नाम से प्रकाशित किया था। सन् 1892 से 95 के बीच वृंदावनशतक, रघुनाथशतक, लक्ष्मणशतक, उपालम्भशतक, देवीस्तुतिशतक आदि के विज्ञापन तत्कालीन प्रसिद्ध पत्र 'भारतजीवन' के प्रायः प्रत्येक अंक में प्रकाशित हो रहे थे। फलतः 26 सितम्बर, सन् 1892 के भारतजीवन में निम्नलिखित सम्पादकीय सूचना प्रकाशित हुई–

'हम लोगों ने चिरकाल से कविता छापना बन्द कर दिया था, किन्तु अनेक महाशयों ने पुनः अनुरोध किया। अतएव हमने भी यह विचारा कि यह विषय भी थोड़ा बहुत रहे, पर जो रहे वह अत्यन्त ही रोचक हो। हमारे काशी कवि समाज के एक मुख्य मेम्बर बाबू जगन्नाथप्रसाद बी.ए. उपनाम रत्नाकर कवि हैं। वे महाशय अंग्रेजी और फ़ारसी विद्या में निपुण होने के अतिरिक्त भाषा कविता में भी अत्यन्त दक्षता रखते हैं। इनके बनाए प्रायः छोटे-मोटे कई ग्रन्थ हैं, किन्तु वे अभी प्रकाश नहीं हुए क्रमशः छापकर प्रकाश किए जाएँगे। इस समय हम लोगों ने यह विचारा है कि इनका रचित जो 'उद्धव शतक' है उसके दो-तीन कवित्त प्रायः हर सप्ताह छापे जाएँ। आशा करते हैं कि पाठकगण इनकी अपूर्व कविता देखकर अत्यन्त सन्तुष्ट होंगे।'

उक्त सम्पादकीय वक्तव्य से अनेक बातों के साथ यह भी प्रकट होता है कि रत्नाकर जी उस समय तक अनेक छोटे-मोटे ग्रन्थ लिख चुके थे, जिनमें से एक उद्धवशतक भी था और उसे भारतजीवन प्रेस ही प्रकाशित करने वाले थे। उसने पाँच-छह अंकों तक धारावाहिक रूप में उद्धवशतक शीर्षक के अन्तर्गत उसके कवित्त प्रकाशित भी किए। उन कवित्तों की संख्या अल्प है तथापि वह इतना बता देने के लिए पर्याप्त है कि नये सिरे से 'उद्धवशतक' की रचना करते समय पूर्वरचित परन्तु लापता कवित्त उन्हें किस आधार पर स्मरण आए और उनमें अकारण क्या-क्या परिवर्तन और संशोधन हुए। उनके मूल में कौन-सी निश्चित प्रक्रिया काम कर रही थी। अवश्य ही यह रत्नाकर-साहित्य पर शोध की नयी दिशा होगी।

'भारतजीवन' सम्पादक श्रीरामकृष्ण वर्मा के उक्त वक्तव्य के साथ ही 'उद्धवशतक' का नाम प्रकट हुआ। तत्कालीन काशीस्थ कविसमाज पर रत्नाकर जी छा गए थे, यह भी उक्त वक्तव्य से प्रकट है। साथ ही उक्त टिप्पणी निश्चय ही रत्नाकरजी पर प्रथम मुद्रित आलोचना के रूप में भी प्रगृहीत की जा सकती है। इस तथ्य को ध्यान में रखते हुए कि उस समय तक हिन्दी में समालोचना का सम्यक् विकास नहीं हुआ था, भारतजीवन सम्पादक के ये वाक्य महत्त्वपूर्ण हैं; जैसे, 'ये महाशय कविता में भी अत्यन्त दक्षता रखते हैं', 'इनकी कविता देखकर पाठक अत्यन्त सन्तुष्ट होंगे' और 'जो छपे वह अत्यन्त रोचक हो।' इन वाक्यों में 'अत्यन्त' की आवृत्ति विशेष महत्त्वपूर्ण है, क्योंकि आज तक रत्नाकर साहित्य की जो आलोचनाएँ हुई हैं, उनमें इस 'अत्यन्त' से अधिक कुछ नहीं कहा गया है।

भारतजीवन सम्पादक की उक्त टिप्पणी के साथ निम्नलिखित रंग ढंग से रत्नाकरजी के दो कवित्त प्रकाशित किए गए थे–

'उधवशतक' (रत्नाकर कविकृत)

कवित

दूरहिं ते देखि दौर पौरि लगि आई भेंटि
आसन दै उत्तम बिठाइ सन्मान तें।
कहै रत्नाकर यों गुनन गुबिन्द लागे
गौर कर जौ लों जिय विविध विधान तें।
कहा कहैं ऊधो सों कहै हूँ तो कहाँ लों कहैं
कैसे कहैं, कहैं पुनि कौन-सी उठान तें।
तौलों अधिकाई ते उमगि कंठ आइ भिच
नीर ह्वै बहन लागीं बात अँखियान तें।[1]

करि अभिलाखे जो सरूप रस चाखे नैन
सोई अब आँसु ह्वै उबरि गिरिबो करैं।
ऊधो सुख संपति समाज बृजमंडल के
भलेहूँ भून लैं लिये मूलै घिरिबो करैं।
दिनन के फेर ते भयो है हेर फेर ऐसो
जाको हेरि फेर हेरबोई हिरबो[2] करैं।
फिरत हुते जू जिन कुंजन में आठोजाम
नैनन में अब सोई कुंज फिरिबो कर।।

'भारतजीवन' के 3 और 10 अक्टूबर के अंक उपलब्ध संग्रह में प्राप्त नहीं हो सके। अतः यह नहीं बताया जा सकता कि उन अंकों में 'उद्धवशतक' के कौन-कौन से और कितने कवित्त थे। पुनः 17 अक्टूबर के अंक में जो कवित्त प्रकाशित हुए थे, वे निम्नलिखित हैं–

'गोकुल की गैल गैल गैल गैल ग्वालन के
गोरस के काज लाज बस कै बहाइवो।
कहै रतनाकर रिझाइबो नवेलिन को
गाइबो गवाइबो औ नाचिबो नचाइबो।
कीबो श्रमहार मनुहार कै बिबिध बिध
मोहनी मृदुल मंजु बाँसुरी बजाइबो।

---

1. विज्ञानशास्त्र से यह नियम है कि वायु जब अधिक दबती है, तो पानी हो जाती है।
2. यही हेर-फेर है कि जो सरूप रस चाखा सो आँसू ह्वै बहने लगा। जिन कुंजों में हम फिरते थे, वे हमारे नेत्रों में फिरने लगे। खोजना जो है, वह स्वयं खो जाता है।

ऊधो सुख संपति समाज बृजमंडल के
भलें हू न भूलैं भूलैं हमको भुलाइबो।।
नन्द औ जसोमति के लाड भरे लालन की
प्रेमपगे पालन की याद उपजावती।
गोपी गोप पुंजन की जमुना निकुंजन की
मत्त अलि गुंजन की लालच लगावती।
डगन लग्यो है मन मेरो हू कछूक अब
ऐसी ऐसी भांतिन सों छाती छोह छावती।
सुधि वृजबासिन दिवैया सुखरासिन की
ऊधो नित हमको बुलाबन को आवती।।
कहत गुपाल माल मंजु मनि पुंजन की
गुंजनि की माल की मिसाल छवि छावै ना।
कहै रतनाकर रतन मैं किरीट अच्छ
मोर पच्छ अच्छ लच्छ समता सुहावै ना।।
जसुमति मैया की मलैया अरु माखन को
कामधेनु गोरस हूँ गूढ़ गुन पावै ना।
गोकुल की रज के कनूका औ तिनूका सम
संपति त्रिलोक की विलोकन मैं आवै ना।।
संपति विलोकि बृषभान नन्दराय जू की
संपति सुरेसहु की लागत भिखारी सो।
कहै रतनाकर सुबृंदावन कुंजनि पैं
वारियत कोटि कोटि नन्दन की बारी सी।
रज की न जात बात बरनी हमारे जान
आठौ सिद्धि नवौ निधि मग में बगारी सी।।
निरखि निकाई बृजनागरि नवेलिन की
रम्भा उरबसी आदि लागति गँवारी सी।।

पुनः 24 अक्टूबर के अंक में निम्नलिखित एक ही कवित्त प्रकाशित हुआ था–

'राधे मुख मंजुल सुधाकर के ध्यान ही ते
प्रेम रत्नाकर हिये यों उमगत है।[1]
त्यों ही विरहातप प्रचंडि तें उमड़ि अति
ऊरध उसास को झकोर यों जगत है।[2]

---

1. चन्द्रमा को देख समुद्र का उमगना तो स्वाभाविक ही है, परन्तु यहाँ यह विचित्रता है कि इस मुखचन्द्र के ध्यान ही से प्रेम-समुद्र उमगता है।
2. विज्ञानशास्त्र का यह नियम है कि गर्मी से हवा चलती है।

खेवट विचार को विचारो पचि हारि जात
होत गुन पाल ततकाल नभगत है।
करत गम्भीर धीर लंगर न काज फेर
मन को जहाज डगि डूबन लगत है।

तत्पश्चात् 31 अक्टूबर के अंक में निम्नलिखित दो कवित्त प्रकाशित किए गए थे—

चलत न चारो भाँति कोटिन बिचारो तऊ
दाबि दाबि हारो पै न टारो टसकत है।[1]
परम गहीली वसुदेव देवकी की मिली
चाह चिमटी हूँ सों न खैचे खसकत है।
सहिये कहाँ लों कहा कहिये न रंचक हूँ
धीरज मदार दूध धारें[2] मसकत है।
नन्द औ जसोमति के लालन को ध्यान धँस्यो
निसदिन काँटे लों करेजे कसकत है।।

× × ×

उभरन दीजिए कहाँ लों चित चाव नाहिं
करि करि कायल कहाँ लों मन मीजिये।
कहै रतनाकर कछूक दिन और सही
भारी भार भूमि को सहन बरु दीजिए।
बार बार आवत है जिय में विचार यहै
हित अनहित पै न ध्यान कछु दीजिए।
फेर करि लैहैं हमैं जो जो करिबो है सब
अब चलि गोकुल को सुख लहि लीजिए।।

उद्धवशतक के कवित्त अंतिम बार 7 नवम्बर 1892 के अंक में प्रकाशित हुए—

'डबडबे नैनन तें हेरत मही की ओर
फेरत जबान पपराये अधरान प।
कहै रतनाकर कपोल कर कंपित पैं
धारें टिहुनी कों टेकि थरहरी[3] रान पैं।
चाहत कही पैं कहि जात बात नेक नाहिं
गरो भरो आवत प्रथम ही उठान पैं।

---

1. दबाने से काँटा निकल जाता है। पकड़ने वाली मिली से यहाँ यह तात्पर्य है कि जैसे चिमटी मे दो भाग होते हैं, इसी प्रकार यहाँ वसुदेव और देवकी की चाह से मिलकर यह चिमटी बनी है, साभिप्राय विशेषण है।
2. मदार के दूध से भी काँटा गल जाता है।
3. काँपती हुई जाँघ पर।

सीरी भरि साँस हाय करि दुखदाई अति
रहि जात हाथ दाबि हिय हलकान पैं।।
बिरह बिथान की अनोखी कथा भाषन को
उर अभिलाष भरे अनगनतीन नैं।
कहै रतनाकर गुबिन्द मन छायो पर
पाये बस नाहि नेक रसना रंगीन नै।
सबद बिहीन अर्थ जान मनभावनि को
बिगस्यो बनायौ ब्योत बनक नवीन नै।
नैक कह्यो बैननि अनेक कह्यौ नैननि नै
रह्यौ सह्यौ बाकी कहि दीन्ह्यौ हिचकीन नै।।'

इसके पश्चात् 'भारतजीवन' में उद्धवशतक का प्रकाशन सहसा बंद हो गया। सम्भवतः इसका कारण रत्नाकरजी का काशी कवि समाज से सम्बन्धविच्छेद कर लेना था। उन्होंने सम्बन्धविच्छेद क्यों किया, इसका वास्तविक और प्रामाणिक कारण बताना तो आज अत्यन्त कठिन है, क्योंकि स्वयं रत्नाकरजी ने उसे प्रकट करना उचित नहीं समझा, परन्तु सन् 1897 में प्रकाशित अपने 'घनाक्षरी नियम रत्नाकर' की भूमिका में उन्होंने लिखा कि 'मैंने कई कारणों से अपना नाम कवि समाज के सभासदों में से विलग कर लिया है।' ऐसी स्थिति में अनुमान का ही आसरा रह जाता है। जो सदा सभी दिशाओं और दशाओं में विश्वस्त नहीं रह जाता।

रत्नाकरजी अभिजात वर्ग के प्राणी थे और कवि समाज की प्रकाशित समस्यापूर्तियों के अवलोकन से पता चलता है कि उस 'समाज' में उसके सदस्य के रूप में एकत्र होने वाले लोगों में वैसे तो द्विज बेनी जैसे अक्खड़ भी जुटा करते थे।[1] उनमें कम से कम एक व्यक्ति ऐसा भी था, जो छुरेबाजी के आरोप में कारादंड भुगत चुका था। उस युग के 'रईस' ऐसे व्यक्तियों के साथ उठने-बैठने में अपमान समझते थे और समाज की दृष्टि में इसे अपने अपयश का सूचक मानते थे। जो हो, किसी न किसी प्रकार की कटुता ही उक्त समाज से रत्नाकरजी के सम्बन्धविच्छेद का कारण बनी थी। जिसके फलस्वरूप 'उद्धवशतक' का क्रमिक प्रकाशन रुक गया और रत्नाकरजी को अपनी स्मरण शक्ति से अतिरिक्त काम लेकर शतक की पूर्ति नये सिरे से करनी पड़ी।

उद्धवशतक के क्रमिक प्रकाशन का स्थगन हो जाने से केवल यही हानि नहीं हुई कि आज जहाँ तुलना के लिए हमें 'शतक' के शतप्राय कवित्त मिल जाते, वहाँ कठिनता से 1-1½ दर्जन मिल पाते हैं, बल्कि इस संदेह के लिए भी आधार खड़ा हो जाता है कि रत्नाकरजी ने पूरा शतक नहीं लिखा था। इतने छन्द अवश्य लिख लिए थे जितने

1. बचपन में द्विजबेनी के शिष्य रसिक नवीन से सुना था कि एक बार कोई नरेश गोपाल मन्दिर की कविगोष्ठी में सम्मिलित हुए थे। द्विजबेनी की किसी हरकत पर क्रुद्ध होकर उन्होंने तलवार निकाल ली। जिस पर बेनी ने उद्दंडतापूर्वक एक कुंडलिया की सद्यः रचना कर सुनाई। जिसके अंतिम शब्द ही मुझे याद रह गए हैं–'मातु करु याको विश्री।'

जब तक प्रकाशित हों, तबतक वे अगले छन्दों की रचना कर लें। कहने का तात्पर्य यह कि शतक की छन्दसंख्या प्रथम प्रकाशन के समय भले ही सौ तक न पहुँची हो, परन्तु वह 50-60 से कम भी न थी। स्वयं उन्हीं के कथनानुसार उद्धवशतक सम्बन्धी कवित्तों की बहुलता देखकर ही उनके मन में शतक-रचना का विचार उठा था। यह समझ लेने में कठिनाई न होनी चाहिए कि भारतजीवन सम्पादक का यह कथन कि 'इनका रचित जो उद्धवशतक है' इसी बात का साक्षी है कि किसी न किसी रूप में उद्धवशतक जैसी कोई रचना रत्नाकरजी ने अवश्य प्रस्तुत कर ली थी, परन्तु वह उनकी चौपतिया में ही रह गई। वह सम्भवतः छँटाई का क्रम था, जिसमें उद्धव सम्बन्धी कवित्त छाँट-छाँटकर अलग किए जा रहे थे और उसमें से जो कवित्त छँट जाते थे। उनके स्थान पर रत्नाकरजी 'शनैः-शनैः' नये छन्दों की रचना करते थे। कटुता के जिस मनोवैज्ञानिक कारण से उन्हें 'भारतजीवन' में प्रकाशित उद्धवशतक के कवित्त विस्मृत हो गए थे। उस स्थिति में उन्होंने शतक की भूमिका में जो कुछ लिखा है, वही उन्हें स्मरण रह जाना स्वाभाविक था।

'शतक' का पुनर्निर्माण

'उद्धवशतक' की भूमिका में रत्नाकरजी ने स्पष्ट ही लिखा है कि 'यह विचार किया कि एक उद्धवशतक की रचना की जाए।' इससे यह निष्कर्ष निकाला जा सकता है कि उनका विचार यही था कि उद्धव सम्बन्धी उनके जितने कवित्त हों–सवैया आदि नहीं, उन्हीं का संग्रह करके शतक का पुनर्निर्माण कर दिया जाए, फिर वे कवित्त समस्यापूर्ति के रूप में रचित हों अथवा स्वतंत्र रीति से। फलतः पुनर्निर्माण की इस प्रक्रिया में रत्नाकरजी ने उद्धव सम्बन्धी अपने कुछ पुराने कवित्तों को छाँट दिया और नये कवित्तों की रचना के साथ ही दो एक अपनी पुरानी समस्यापूर्तियों में से लेकर उसमें जोड़ दिया। सन् 1894 की 5 जुलाई को काशी कवि समाज के बारहवें अधिवेशन में[1] तीन समस्याओं पर पूर्तियाँ पढ़ी गई थीं, जिसमें एक समस्या थी–'बहार बरषा की है।' इसकी पूर्ति रत्नाकरजी ने निम्नलिखित रूप में की थी–

रहति सदाई हरियाई हिय घायन मैं
ऊरध उसास सो झकोर पुरवा को है।
लागी रहै नैनन सों नीर की झरी औ उठै
चित में चमक सों चमक चपला की है।
पीउ पीउ गोपी पीर पूरित पुकारैं नित
सोई रतनाकर पुकार पपिहा की है।
तिन घनश्याम धाम धाम बृजमंडल मैं
ऊधो नित बसति बहार बरषा की है।।[2]

1. रत्नाकर सम्पादित 'समस्यापूर्ति' (प्रथम भाग), पृ. 120
2. समस्यापूर्ति (प्रथम भाग) उल्लेख्य है कि 'बहार बरषा की है' समस्या पद्माकर के 'बद्दलन बुंदन बिलोकौ बगुलान बाग, बंगजनि बेलिन बहार बरषा की हैं, से ली गई है।' 3(70-3)

अत्यन्त साधारण परिवर्तन के साथ यही उद्धवशतक का 89 संख्यक कवित्त है। नागरी प्रचारिणी सभा, काशी द्वारा प्रकाशित 'रत्नाकर' की प्रकीर्ण पद्यावली में कम से कम तीन कवित्त ऐसे हैं, जिनके विषय में संदेह होता है कि वे मूल उद्धव शतक में थे, जो पुनर्निर्माण की प्रक्रिया में छाँट दिए गए। उनमें से दो निम्नलिखित हैं–

तौ कत अक्रूर क्रूर आए इहिं गाम लैन
एक ही सौं सो जौ ठाम ठाम ठहरायौ है।
कहै रतनाकर हतायौ किन तासौं कंस
घट घट जाकौ निरगुन गुन छायौ है।
बिन सिर पाय की उचारन चले जो बात
ताको यहै कारन हमारैं मन आयौ है।
रूप तौ इहाँ ही रह्यौ हिय में हमारैं तुम्हैं
ताही तैं अनूप रूप भूप दरसायौ है।।

थाती राखि रूप की हमारी हाय छाती माहिं
बाल कौ सँघाती घाती बनि बिलगायौ है।
कहै रतनाकर सो सूधौ न्याव ही तौ ऊधौ
मधुपुरि माँहि जो अरूप सो लखायौ है।
परम अनूप एक कूबरी बिरूप छाँड़ि
रूपवती जुवती न कोऊ मोहि पायौ है।
तातै तुम्हैं अब मनभावन सुरूप सोई
हिय तैं हमारैं काढ़ि ल्यावन पठायौ है।।

यह संदेह उस समय विश्वास बन जाता है, जब हम देखते हैं कि 17 अक्टूबर 92 के 'भारतजीवन' में उद्धवशतक शीर्षक के अन्तर्गत प्रकाशित कवित्तों में 'संपत्ति बिलोकि वृषभान नन्दराय जू की' कवित्त 'रत्नाकर' के 'श्री ब्रजमहिमा' शीर्षक के अन्तर्गत कवित्तों में चौथा है।

क्या यही अच्छा हुआ होता यदि वर्तमान उद्धवशतक के कुछ भद्दे और भरती के कवित्तों[1] की जगह पुराने शतक के ही ये तीनों कवित्त संगृहीत हो पाते। कम से कम 'पाट देत माटी' वाले अतिशय कुरुचिपूर्ण कवित्त के स्थान पर 'थाती राखि रूप की हमारी हाय छाती माँहि' वाला छन्द रहा होता तो आज बड़े परिश्रम से शतक के 'जिन दोषों की कल्पना की जाती है, उनकी संख्या में निश्चय ही कुछ कमी हो गई होती।

प्रस्तुत प्रसंग समाप्त करने के पूर्व इस पर भी विचार कर लेना कम मनोरंजक न होगा कि अद्भुत मनोवैज्ञानिक विस्मृति अथवा जानबूझकर किसी कारणवश तथ्यगोपन

1. (i) केती मिली मुकुति बधूबर के कूबर में
ऊबर भई जौ मधुपुरि मैं समानी ना। –उद्धवशतक क.सं. 43
(ii) आप उनके गुरु हैं किधौं चेला हैं। क.सं. 70
(iii) काट देत खाट किधौं पाट देत माटी है। –क.सं. 76

की प्रवृत्ति के वशीभूत रत्नाकर जी को पुनर्निर्माण के समय शतक के विलुप्त कवित्त किस प्रकार याद आए।

मनोवैज्ञानिक दृष्टि से मनुष्य का यह स्वभाव होता है कि उसे जो वस्तु प्रिय होती है, उसकी छाया में वह सदैव रहना चाहता है और वह यदि कवि हुआ तो उस छाया को वह अपनी वाणी में भी जाने-अनजाने ग्रहण कर लेता है। कारण यह है कि निरन्तर उसी छाया का चिन्तन करते-करते भृंगी कीट न्याय से वह उस उक्ति, विचार या भाव को आत्मसात् कर लेता है और उसे वह अपनी ही उद्‌भावना मानने लगता है। जिसे ओछे मन और मस्तिष्क के लोग प्रायः भावापहरण कह बैठते हैं, वह वास्तव में इसी 'छायावाद' की मोहमयी माया है। तुलसी या मिल्टन ने किसी प्रकार की काव्यक्षमता के अभाववश भावापहरण की दुश्चेष्टा नहीं की थी, तथापि दोनों ही महाकवियों की काव्य सृष्टि में ऐसे प्रभूत उदाहरण मिलते हैं। जो संस्कृत या लैटिन उक्तियों के विशुद्ध अनुवाद हैं। अतः ऐसे कवित्त स्मरण कर लेने में रत्नाकरजी को अवश्य सुविधा हुई होगी, जिनकी रचना उन्होंने किसी पूर्ववर्ती उक्ति पर मुग्ध होकर की थी। उदाहरण के लिए, उद्धवशतक का सातवाँ कवित्त लिया जा सकता है।

आलम का यह प्रसिद्ध सवैया है–

जा थल कीन्हें बिहार अनेकन ता थल बैठि कांकरी चुन्यो करैं।
जा रसना सों करी बहु बातन ता रसना सों चरित्र गुन्यो करैं।
'आलम' जौन ते कुंजन मैं करो केलि तहाँ अब सीस धुन्यो करैं।
नैनन में जो सदा रहते तिनकी अब कान कहानी सुन्यो करैं।

उक्त सवैया का केन्द्रीय भाव रत्नाकरजी को इतना अधिक रुचिकर हुआ कि वह उनके एक कवित्त में इस प्रकार प्रकट हुआ–

'फिरत हुते जू जिन कुंजनि मैं आठौ जाम
नैननि मैं अब सोई कुंज फिरिबौ करैं।।'

तो निष्कर्ष यह कि रत्नाकरजी को ऐसे कवित्त सहज ही याद आ गए, जिनमें किसी पूर्ववर्ती कवि की छाया थी अथवा उक्ति वैचित्र्य था।

स्मृति के विधान में सामीप्य और साहचर्य का महत्त्वपूर्ण स्थान हुआ करता है। काल याद आ जाने पर स्थान भी याद आ जाता है और स्थान का स्मरण होने पर कुपात्र की भी याद आ जाना कठिन नहीं होता, सुपात्र की तो बात ही और है।

पुनः लम्बी सामासिक शब्दावलीयुक्त ध्वनियाँ अनायास ही स्मृति-पटल पर स्थायी रूप से अंकित हो जाया करती हैं। लम्बी-लम्बी कविताएँ और गीत अपने इसी गुण के कारण श्रोताओं को बहुत ही शीघ्र याद हो जाया करते हैं। उद्धवशतक की पुनर्निर्माण की प्रक्रिया पर विचार करते समय यह तत्त्व भी कथमपि उपेक्षणीय नहीं है। उदाहरणार्थ, शतक का ग्यारहवाँ कवित्त प्रस्तुत किया जा सकता है। इस कवित्त की 'राधेमुख मंजुल सुधाकर के ध्यान ही ते' की संगुंफित श्रुतिमधुर सामासिक पदावली ने रत्नाकरजी की स्मृति को जगाने में कुछ न कुछ योग अवश्य दिया होगा। यदि न

दिया हो तो यह अस्वाभाविक है। शतक के प्रचलित संस्करण में 'राधे' का 'राधा' पाठ परिवर्तन व्याकरण के प्रति कवि की जागरूकता का परिणाम है। जान पड़ता है कि ज्यों ही कवि को यह ज्ञात हुआ कि तद्भव आकारांत शब्द तो एकारांत किए जा सकते हैं परन्तु तत्सम नहीं अर्थात् पटना का तो पटने हो सकता है, परन्तु मथुरा का मथुरे नहीं, तब उसने पाठ बदल दिया।

संगीत तत्त्व की प्रधानता वाली ध्वनियाँ भी तत्काल ही हमारी स्मृति का साहचर्य प्राप्त कर लेती हैं। सिनेमा की लोकप्रिय ध्वनियों की ओर इस संदर्भ में संकेत किया जा सकता है। फलतः रत्नाकर जी को उन छन्दों का स्मरण करने में विशेष आयास न करना पड़ा होगा। जिनमें संगीत तत्त्व की प्रधानता थी। जैसे यह कवित्त जिसका प्रारम्भ 'गोकुल की गैल गैल गैल गैल ग्वालन के गोरस के काज लाज बस कै बहाइबौ' से है।

इस प्रकार रत्नाकरजी को जो कवित्त याद आए, उनमें संशोधन करने के लिए उनकी वर्द्धिष्णु विद्या बुद्धि ने उन्हें प्रेरित किया। फलस्वरूप थोड़ा-बहुत संशोधन उन्होंने अपने सभी पुराने कवित्तों में किया। सामान्यतया ऐसे संशोधन अत्यन्त साधारण थे, परन्तु कहीं-कहीं परिवर्तन की क्रिया काफी जटिल भी थी। विशेषतः ऐसे छन्दों में, जिनमें कवि कारक बदलने का प्रयत्न करता था। शतक का चौथा कवित्त 'रही सही सोऊ कहि दीनी हिचकीन सों' पर्याप्त प्रसिद्ध है। इसमें करण कारकांत का प्रयोग है, परन्तु मूल रूप में यह कर्ता कारकांत था, जैसे–'रह्यो सह्यो बाकी कहि दीनी हिचकीन नै।'

यहीं यह भी कह देना आवश्यक है कि रत्नाकर जी ने जो भी परिवर्तन किए, उनमें उस कवित्त की कोई न कोई भाषागत या भावगत विशेषता कुछ अधिक निखर उठी।

प्रबन्ध की परिकल्पना

उद्धव सम्बन्धी सौ मुक्तकों का संकलन तो 42 वर्ष में हो गया। प्रायः कवि-गोष्ठियों, विशेषतः प्रयाग के 'रसिक मंडल' में रत्नाकर जी ने उसका पाठ भी प्रारम्भ कर दिया। मंडल के अध्यक्ष डॉ. रामप्रसाद जी त्रिपाठी और मंत्री रसालजी के आग्रह पर रत्नाकर जी उसके प्रकाशन के लिए भी प्रस्तुत हो गए। कारण जो भी हो पर प्रतीत यही होता है कि उनकी इच्छा इसे प्रबन्ध काव्य का रूप देने की हुई। रत्नाकर जी जैसे विलक्षण विद्वान् और विलक्षण कवि से यह छिपा न था कि वास्तविक प्रबन्ध काव्य का रूप देने के लिए इसमें आमूलचूल परिवर्तन करना पड़ेगा। अतः उन्होंने इधर-उधर मंगलाचरण, षड्ऋतुवर्णन और कुछ उपसंहारात्मक कवित्त रचकर प्रबन्धात्मकता का ढाँचा-सा खड़ा कर लिया।

यह देखकर कुतूहल होता है कि मंगलाचरण सहित उद्धवशतक की वास्तविक छन्द संख्या 118 है। शतकों में शताधिक छन्दों का रहना कोई नयी बात नहीं है। फिर भी

जहाँ तक उद्धवशतक का सम्बन्ध है, जान पड़ता है रत्नाकर जी ने पूरे सौ छन्द ही संकलित किए थे। उसे प्रबन्धरूप प्रदान करने के प्रयत्न में 18 छन्द और जुड़ गए।

प्रबन्धकाव्य में शास्त्रीय दृष्टि से मंगलाचरण आवश्यक है। अतः 'जासौं जाति विषय विषाद की बिवाई बेगि' वाले कवित्त के रूप में कवि ने वस्तुनिर्देशात्मक मंगलाचरण की रचना की। साथ ही 'न्हात जमुना मैं जलजात एक देख्यौ जात' और 'आए भुजबंध दिए ऊधव सखा के कंध' जैसे दो विषय प्रवेशात्मक छन्द रचे। प्रबन्धकाव्य में ऋतुवर्णन भी आवश्यक होने के कारण उसमें षड्ऋतु वर्णन के छह कवित्त भी जोड़ दिए गए और इस प्रकार छन्द संख्या 109 हो गई। यहीं उद्धवशतक की समाप्ति हो जाना चाहिए थी, परन्तु प्रबन्धात्मक कथा के सूत्र की पूर्ति के लिए 'ब्रज से लौटने पर उद्धव वचन श्री भगवान के प्रति भी' उपसंहार रूप में प्रस्तुत करना आवश्यक हो उठा। फलतः नौ उपसंहारात्मक कवित्तों की सृष्टि हुई और इस प्रकार मुक्तक संग्रह को प्रबन्ध काव्य बनाने में शतक की छन्द संख्या 118 हो गई।

पाठांतर की समस्या

रत्नाकर जी का जन्म सन् 1866 और मृत्यु सन् 1932 में हुई थी। इस प्रकार उनके जीवन के 34 वर्ष 19वीं शताब्दी में और 32 वर्ष बीसवीं शती में व्यतीत हुए थे। वैसे भी 34 वर्ष 32 वर्ष से अधिक ही होते हैं। फिर रत्नाकर जी के जीवन के पूर्वार्द्ध के 34 वर्ष असाधारण थे। 'फड़कता है चिरागे सह्र जब खामोश होता है' की स्थिति को चरितार्थ करते हुए जिस समय रीतिकाल अपनी समस्त विशेषताओं की लहकती हुई लौ को निर्वाण पथ की ओर तेजी से उकसा रहा था, वही रत्नाकर का विकासकाल था। नवीन अर्थ में अस्तप्राय सामंती वातावरण और रीतिकालीन साहित्यिक परिवेश में पोषित यह प्राणी नवयुग में रहते हुए भी मध्यकालीन वातावरण की कल्पना में खोया-खोया सा रहता था। भाषा, भाव, रचनाशैली, निजी वेशभूषा, मतिगति, रुचिविचार सभी तो उसके रीतिकालीन कवियों के मेल में थे और इसी तथ्य में योगायोग की सार्थकता भी सिद्ध है कि जैसे उन कवियों के कर्तृत्व में लिपिकारों के प्रमाद से पाठांतर की समस्या उपस्थित होती है, वैसे ही रत्नाकर जी की बौद्धिक जागरूकता के कारण उनकी रचनाओं में भी।

यह भी अद्भुत संयोग ही कहा जाएगा कि जैसे रीतिकाल का आरम्भ केशव से होने के बावजूद उसका वास्तविक आरम्भ उसके प्रायः 25 वर्ष बाद चिंतामणि से हुआ। वैसे ही उसका अन्त द्विजदेव से होते हुए भी प्रायः उनके 20-22 वर्ष बाद उसकी समाप्ति रत्नाकर से हुई। वास्तविकता यही है कि वेत्रवती के तट पर ओरछा दरबार में महाकवि आचार्य केशवदास ने काव्य की जिस रीति शृंगारपरक परम्परा का सूत्रपात किया था, उसी की सफल परिसमाप्ति सरयू के किनारे अयोध्या दरबार में महाकवि आचार्य रत्नाकर ने की। केशव के काव्यकाल की समाप्ति सन् 1617 के आसपास हुई थी और उसके 26 वर्ष बाद सन् 1643 में 'चिंतामणि' के रचनाकाल

से रीति अथवा शृंगार काव्य की क्रमबद्ध परम्परा चली थी। उसी प्रकार सन् 1868 के आसपास द्विजदेव ने एक प्रकार से उस परम्परा को उसकी सीमा तक पहुँचाकर समाप्त कर दिया। फिर भी उसकी चरम समाप्ति के युग का आरम्भ सन् 1888 ई. में द्विजदेव के प्रायः 21-22 वर्ष बाद रत्नाकर जी ने किया।

इस प्रकार केशव और रत्नाकर ब्रजभाषा काव्यकामिनी की शृंगार-शाटी के दो भड़कीले किनारे हैं। जैसे साड़ी के किनारे उस साड़ी के अंग होते हैं, परन्तु उनका रंग साड़ी के रंग से भिन्न होता है, वैसे ही केशव और रत्नाकर समूची शृंगार-परम्परा के अंग होते हुए भी अपना रंग कुछ पृथक् ही रखते हैं। यही बात यों भी कही जा सकती है कि केशव हिन्दी काव्य के शृंगारकाल के प्रातःकालीन अरुण पथगामी सूर्य थे और रत्नाकर जी संध्याकालीन वरुण पथगामी सूर्य।

(श्रावण, संवत् 2022, नागरी पत्रिका)

शिक्षण शास्त्र

अध्यापन-कला

1
कला और अध्यापन

राजर्षि भर्तृहरि ने अत्यन्त निर्भीकता से कहा है कि कलाविहीन पुरुष उस पशु के समान है जिसके सींग और पूँछ नहीं। तनिक गहराई में धँसकर देखा जाए तो उक्त उक्ति का खरापन अपने आप चमक उठे। यह तो मानी हुई बात है कि मनुष्य भी एक प्रकार का पशु ही है, यह दूसरी बात है कि वह चौपाया नहीं। जैसे घोड़ा, गाय, बकरी आदि पशुओं की दो श्रेणियाँ हैं उसी प्रकार मनुष्य-पशु की भी। पशु दो प्रकार के हैं–पालतू और जंगली। मनुष्य भी दो प्रकार के हैं–सभ्य और असभ्य। 'असभ्य' शब्द जंगली शब्द का ही संस्कृत रूप है। एक दिन वह भी था जब मनुष्य और पशु दोनों ही एक साथ जंगल में रहते थे। दोनों के आहार-संचयन, शयन और भ्रमण का ढंग एक ही था। तब वस्त्र की तो बात ही दूर थी, तब तक कानों की लाली का कारण लज्जा न होकर क्रोधयुक्त प्रतिहिंसा ही होती थी। जैसे अप्रकट क्रोध का नाम ईर्ष्या है उसी प्रकार संकोच-युक्त स्व-सौन्दर्यबोध का नाम लज्जा है। तब तक लज्जा नहीं थी अतः सौन्दर्यबोध नहीं था। सौन्दर्यबोध का फल है कला की उत्पत्ति। तब तक सौन्दर्य-बोध नहीं था, अतः कला भी न थी। कला-विहीन मनुष्य का नाम है पशु। तब तक कला नहीं थी, अतः तब नर भी नरपशु था।

हम ऊपर कह चुके हैं कि कला ने मनुष्यों और पशुओं को ही अलग-अलग नहीं किया अपितु उसने दोनों में भी दो-दो भेद कर दिए। जैसे सभ्य मनुष्यों में रहने वाले पशु पालतू कहलाए उसी प्रकार जंगली जानवरों के बीच रहने वाले मनुष्य जंगली अथवा असभ्य। अति प्राचीन काल से मनुष्य की इच्छा ईश्वर के काम में वृद्धि करती आई है। ईश्वर ने जंगल बनाए, पशु बनाए और मनुष्य बनाए। मनुष्य ने जंगल को बस्ती, पशु को मनुष्यवत् और अपने आपको ईश्वर बनाया और यह सब बनाया कला की सहायता से। स्वप्न देखना निर्माण करना है, इच्छा करना बुलाना है और कल्पना करना वास्तविकता को जगाना है। मनुष्य ने कला की कल्पना की, अर्थात् अवास्तविक में वास्तविक का विधान किया। दूसरी ओर पश्चिम के जानकारों का कथन है कि कला कृत्रिम है। उन्होंने अपनी समझ से कला की कृत्रिमता प्रमाणित भी कर दी है। अनुमान के आधार पर उनके तर्क ने ऐसी बातें तैयार

की हैं जो प्रमाण के समान दीख पड़ती हैं। उनकी इस भ्रान्ति का परिणाम बड़ा भयंकर हुआ। अज्ञान के अंधकार में कला का कोई अन्य उद्देश्य न दिखाई पड़ा, अतः लोगों ने 'कला कला के लिए' का भीषण नारा लगाया। इसका एक अवांछनीय परिणाम यह हुआ कि आज योरोप में कला सभ्यता से सम्बन्ध रखने वाली एक आडम्बर हो गई है।

हमारे यहाँ इसके एकदम प्रतिकूल कला की स्थिति सोद्देश्य है। हमारे यहाँ प्रकृति का ही दूसरा नाम सत्य है। जो सत्य है वही मंगलमय है और जो मंगलमय है वही सुंदर है। 'सत्यं शिवं सुन्दरम्' यद्यपि उपनिषद्वाक्य नहीं है तथापि भारतीय विचार से कला क्या है इसकी यह सूत्ररूप में परिभाषा है। कहा जाता है कि यह अंग्रेजी के दि टू, दि गुड, दि ब्यूटीफूल का अनुवाद है और कवीन्द्र रवीन्द्र के पितामह द्वारा ब्रह्म समाज में व्यवहृत हुआ और वहीं से फैशन के रूप में इसने अच्छा प्रचार पाया। जो हो, पर कला के सम्बन्ध में यह वाक्य जब उद्धृत किया जाता है तो हम इसे कला की परिभाषा ही मान लेते हैं। कला क्या है। जो सत्य है–सत्याभास नहीं, सत्य की छाया नहीं–एकदम सत्य है, शुद्धसत्य है, वही कला है। कला की सृष्टि मंगल को पुष्ट करने के लिए हुई है, नष्ट करने के लिए नहीं। जिस कला से हमारा अशुभ होता हो वह कला नहीं है, और चाहे जो कुछ हो। फाँसी चाहे जितने कलात्मक ढंग से दी जाए, है तो वह फाँसी ही। कला का जितना सत्य होना आवश्यक है उतना ही शुभ होना भी। जिससे अपना शुभ होता है उससे मुँह फेर लेने वाले प्रायः पागल कहलाते हैं। समझदारों की दृष्टि में जिससे अपना शुभ होता है उससे बढ़कर सुन्दर कुछ नहीं। 'कला कला के लिये' नहीं हमारे कल्याण के लिए है। जिस नथ से नाक कटती हो उसे पहने रहना मानसिक स्वस्थता का लक्षण नहीं है।

कला की उत्पत्ति का यही कारण कला शब्द की व्युत्पत्ति करने से भी समझ पड़ता है। 'कं' संस्कृत शब्द है जिसका अर्थ होता है आनन्द और प्रकाश, और 'ला' धातु का अर्थ है लाना। अतः 'कला' का अर्थ है वह क्रिया या शक्ति जो आनन्द और प्रकाश लाती हो। आनन्ददायक होने के लिए रमणीय होना आवश्यक है। रमणीयता की एक पुरानी परिभाषा अपने यहाँ है–

क्षणे क्षणे यन्नवतामुपैति तदेव रूपं रमणीयतायाः।

अर्थात् प्रतिक्षण जो नवीनता का रंग रखती है उसे रमणीय कहते हैं। नवीनता प्रकाश देती है, नवीनता आनन्द देती है, अतः कला ज्ञान का प्रकाश करती है। सत्य ज्ञान है, असत्य अज्ञान। ज्ञान मंगलमूल है, कला मंगलमयी है। कला रमणीय है इसलिए सुन्दर है। सहृदय अंग्रेज कवि कीट्स ने भी कहा है–

'ए थिंक ऑफ़ ब्यूटी इज़ जॉए फ़ॉर एवर'

अर्थात् सुंदर वस्तु शाश्वत आनन्द देती है। कला सत्य है, शिव है, सुन्दर है।

जंगली जानवरों के बीच सत्य की खोज शिकार की खोज तक ही परिमित रही। उसके आगे अन्धकार था, अज्ञान था। सोते-जगते, उठते-बैठते, चौबीसों घंटे इस बात की आशंका कि अब शेर झपटा, अब बाघ ने धावा मारा, कल्याण की, शुभ की और मंगल की सूचक नहीं है। जो स्थान हमारे लिए सदा अरक्षित है वह हमें भव्य ही कब लगने लगा। ऐसी

ही परिस्थितियों के कारण वनवासी मनुष्य ने जंगल को अपना आखेटस्थल मात्र बनाकर अपने रहने के लिए बस्तियों का निर्माण किया। कला उसके सहायतार्थ प्रस्तुत थी। आँधी-पानी धूप-सर्दी, चोर-डाकू से सुरक्षित रहने के लिए कला की सहायता से मनुष्य ने घर बनाया। ऐसी अवस्था में कला मनुष्य के लिए अतीव उपयोगी सिद्ध हुई। कला का उपयोगी अंश जहाँ समाप्त हुआ वहीं उसके ललित पक्ष का आरम्भ मानना चाहिए। इस प्रकार कला के दो विभाग हो गए। एक उपयोगी कला दूसरी ललित कला। मानव-समाज के जिस समूह ने बोलने-चालने, उठने-बैठने, आने-जाने, खाने-पीने आदि साधारण व्यवहार में जितनी ही कला-कुशलता दिखलाई वह उतना ही सभ्य कहा गया। इस प्रकार धीरे-धीरे कला हमारे जीवन के प्रत्येक अंग में घुलमिल गई, हमारे लिए अनिवार्य हो गई।

इसी स्थल पर हमें यह भी देख लेना चाहिए कि जीवन में अध्यापन का क्या स्थान है। अध्यापन का कारण और परिणाम अध्ययन है जिसका एकमात्र कार्य जीवन को जीने योग्य बनाना है। अध्यापन का प्रयोजन ही यह है कि वह कम से कम समय में हमारे सुप्त संस्कारों को जगाकर हमें इस योग्य बना दे कि हम सरलतापूर्वक विघ्न-बाधाओं को दूर करते हुए स्वच्छन्द, आनन्द से जीवन व्यतीत कर सकें। इस सम्बन्ध में यह प्रश्न उठ सकता है कि अध्यापन का कौन-सा मार्ग पकड़ा जाए जिससे उक्त उद्देश्य की सिद्धि में सफलता मिले। कुछ शिक्षा-शास्त्री कहते हैं और विचार करने से प्रतीत होता है कि वे ठीक ही कहते हैं कि हमारे अध्यापकों में पंचानबे प्रतिशत व्यक्ति ऐसे हैं जिनके लिए अध्यापन का पवित्र और महान् कार्य उस व्यवसाय से अधिक महत्त्व नहीं रखता जो साधारणतया लोगों के पेट पालने का साधन होता है। वे व्यक्ति कॉलेज से निकलने पर पहले डिप्टी कलेक्टरी की प्रतियोगिता परीक्षा में सम्मिलित होते हैं, वहाँ असफलता हाथ लगने पर कानून की ओर झुकते हैं। कुछ दिन कचहरी की धूल छानने के बाद ऑफिसों का चक्कर लगाते हैं, वहाँ से धक्के खाकर अन्त में ट्रेनिंग कॉलेजों के प्रिन्सिपलों के द्वार पर धरना देते हैं, ट्रेण्ड हो जाने पर अध्यापक के गौरवान्वित आसन पर बैठ जाते हैं। परन्तु वहाँ पर भी उनका अधिकांश समय परस्पर राग-द्वेष से प्रेरित होकर एक दूसरे के विरुद्ध षड्यंत्र करने में बीतता है। ऐसे लोगों को तो तुरन्त ही शिक्षा के पवित्र मन्दिर को दूषित करने का जघन्य पाप करना छोड़कर राजनीति-विभाग में सेंध लगानी चाहिए। ये व्यक्ति अध्यापन का दायित्व नहीं जानते। केवल किसी प्रकार कोर्स समाप्त करना इन्होंने सीखा है। ये कलाविद् नहीं हैं इसलिए इन्हें पूरा-पूरा सभ्य न समझना चाहिए।

पहले ही यह कहा जा चुका है कि कला सभ्य मनुष्य के जीवन में ओत-प्रोत रहती है। कलाविहीन जीवन सभ्य जीवन नहीं। ऐसी अवस्था में जब कि कला की आवश्यकता उठने, बैठने, बोलने तक में पड़ती है तब अध्यापन जैसे महत्त्व के कार्य में वह कितनी आवश्यक है इसकी कल्पना सहज ही की जा सकती है।

अध्यापन का कार्य अत्यन्त कठिन है। जो कुछ हम जानते हैं, जो कुछ हम अनुभव करते हैं उसे कच्ची बुद्धि और कच्ची अवस्था के बालक ठीक-ठीक हृदयंगम कर लें यही अध्यापन की सफलता है और यह सफलता कला की सहायता के बिना सम्भव नहीं।

कलात्मक अध्यापन से नौ दिन का मार्ग तीन दिन में पूरा होता है। इससे शक्ति, श्रम और समय की बचत होती है।

कलात्मक अध्यापन और कामचलाऊ अध्यापन में आकाश-पाताल का अन्तर है। कामचलाऊ अध्यापन नीरस और उच्चाटन करने वाला होता है। कलात्मक अध्यापन आकर्षक और आनन्ददायक होता है। पहला बलप्रयोग से किसी को दबाने के समान है। दूसरा स्वेच्छा से आत्मसमर्पण करने के लिए प्रेरित करता है। पहला चिरायते का काढ़ा है जिसे देखकर प्रौढ़ भी मुँह बिचकाते हैं। दूसरा शर्करावेष्टित कुनैन की गोली है जिसे बच्चे भी खाने के लिए चाव से लपकते हैं। लोगों ने प्रायः लड़कों को यह कहते सुना होगा कि अमुक अध्यापक अच्छा पढ़ाते हैं और अमुक अध्यापक के पढ़ाने में मज़ा आता है। जिस अध्यापक के पढ़ाने में मज़ा आता है उसी अध्यापक का अध्यापन कलात्मक है इसमें कोई सन्देह नहीं। आनन्द की उत्पत्ति रमणीयता से होती है। रमणीयता नवीनता में है। नवीनता कौतूहलवर्द्धक होती है। कौतूहलवाली वस्तु जिज्ञासा उत्पन्न करती है। जब जिज्ञासा उत्पन्न होती है तभी उसकी निवृत्ति के समय चित्त एकाग्र होता है। चित्त एकाग्र होने पर ही ज्ञान की प्राप्ति हो सकती है। अध्यापन का उद्‌देश्य ज्ञान की प्राप्ति कराना है। ऐसी अवस्था में अध्यापन का कलात्मक होना आवश्यक ही नहीं अनिवार्य भी है।

2

कलाकार और अध्यापक

अभी यह बतलाया जा चुका है कि अध्यापन का सम्बन्ध कला से है, विज्ञान से नहीं। विज्ञान केवल सत्यता से सम्बन्ध रखता है। उसका कार्य इतना ही है कि वह किसी वस्तु के सत्य स्वरूप का परिचय हमें करा दे। वस्तु-विशेष वीभत्स है और हमारे हृदय में जुगुप्सा का भाव पैदा करती है, इसीलिए विज्ञान उसकी वीभत्सता पर परदा डालने के लिए तैयार नहीं। हमारे लिए कला ही यह कष्ट उठाने को तैयार होती है। सुदर्शन स्वरूप का दर्शन कर कलाविद् मुग्ध हो जाता है और वर्णन कर चलता है कि आँख रसीली है आम की फाँक जैसी, अधर रक्ताभ हैं बन्धूक-पुष्प जैसे, दंत-पंक्ति स्वच्छ है, दूध से धोई हुई। पर वैज्ञानिक की दृष्टि यह सब नहीं देखती। रसीली से रसीली आँख का वर्णन करने के लिए भी उसके पास दस-पाँच ही शब्द हैं, वह इतना ही कह सकता है कि आँख की बनावट ऐसी है, उसका अमुक भाग 'लेंस' कहलाता है, अमुक भाग 'कौर्निया' और अमुक भाग 'इरिस' इत्यादि।

सुन्दर से सुन्दर दाँतों का मूल्य वैज्ञानिक के समीप हड्‌डियों से अधिक नहीं। विज्ञान कभी-कभी हमारे कल्याण के लिए पर प्रायः हमारे विनाश के लिये एक से एक बढ़कर साधन प्रस्तुत करता है। उन साधनों की सत्यता में कोई तिल भर भी संदेह नहीं कर सकता। पर सौन्दर्य की खोज करना विज्ञान का काम नहीं। आषाढ़ के महीने में मेघ का दर्शन करने पर

कालिदास मेघदूत बना सकते हैं। सघन घन की गोद में विमल बिजली का विकल नृत्य देखकर कलाविद् यह भी कहने का साहस कर सकता है कि सारा आकाश वृन्दावन-सा है जिसमें घनश्याम की गोद में राधा के समान सौदामिनी शोभा पा रही है। पर इस सम्बन्ध में बेचारा वैज्ञानिक समुद्र, सूर्य, गर्मी, भाप, वायु आदि कुछ शब्द कहकर ही सन्तोष कर लेता है। यदि विज्ञान और कला का कवि के शब्दों में अन्तर बतलाएँ तो यों कहेंगे–

सत्य सदा शिव होने पर भी विरूपाक्ष ही होता है।
किन्तु कल्पना का मन केवल सुंदरार्थ ही रोता है।

कला और विज्ञान तथा कलाकार और वैज्ञानिक में अन्तर बतला देने पर यहीं कलाकार के गुणों की संक्षिप्त सूची दे देना भी अनुचित न होगा। अध्यापक भी कलाकार ही है। अतः जो गुण प्रकृत कलाकार में होता है वही अध्यापक में भी। कलाकार मानव-समाज का विचारक है। समस्त मानवों की ओर से वह विचार करने का कार्य करता है। वह सोचता है, विचारता है और सतत मनन करने के पश्चात् मानव-समाज के हित के लिए सत्य और कल्याणकारी सिद्धान्तों का निर्णय और प्रतिपादन करता है। ठीक यही काम अध्यापक का भी है। वह भी भावी पीढ़ी को सत्य, सुंदर और कल्याणकारी विचारों की शिक्षा देकर उसके भविष्य को उज्ज्वल बनाता है।

जिस प्रकार कलाकार मानव-जाति का पथप्रदर्शक है उसी प्रकार अध्यापक भी। वह बतलाता है कि किस राजमार्ग पर चलने से मनुष्य का कल्याण हो सकता है, जीवन की कौन-सी दिशा अथवा दशा ऊबड़-खाबड़, टेढ़ी-मेढ़ी और कंटकाकीर्ण है तथा कौन-सा मार्ग सुरक्षित, स्वच्छ और सुन्दर है।

कलाकार की ही तरह अध्यापक भी मनुष्यों का मित्र है। उसकी शिक्षाएँ सच्चे मित्र के समान आपत्तियों से बचाती हैं, हमारे गाढ़े समय में काम आती हैं। यही कारण है कि अध्यापक अपने विद्यार्थियों का गुरु ही नहीं अपितु विचारक, पथ-प्रदर्शक और मित्र भी है।

इसके अतिरिक्त अध्यापक में कुछ अन्य गुणों की संस्थिति भी अनिवार्य ही माननी चाहिए। इन वांछनीय गुणों में सबसे महत्त्व की वस्तु अध्यापक का व्यक्तित्व है। अध्यापक का व्यक्तित्व ऐसा होना चाहिए कि उस पर दृष्टि पड़ते ही विद्यार्थी उसे अपने आदर और विश्वास का पात्र समझने लगें। अध्यापक की मुद्रा न तो ऐसी भयंकर हो कि विद्यार्थी उसे तातारी सेना का सरदार समझकर भयभीत हो उठें और न ऐसी ढुलमुल ही होनी चाहिए कि पाठशाला भर में उसे 'कुम्हड़ बतिया' की उपाधि मिल जाए। संक्षेप में अध्यापक का व्यक्तित्व माता के समान प्रेमवर्द्धक, मित्र के समान विश्वासोत्पादक और कभी-कभी पिता के समान त्रासक भी होना चाहिए।

व्यक्तित्व यद्यपि भाववाचक संज्ञा है तथापि उसके अन्तर्गत शारीरिक बनावट की बात भी आ जाती है। इसीलिए तो प्रायः सभी शिक्षाशास्त्री इस विषय में एकमत हैं कि अध्यापक को सुदर्शन होना चाहिए। पर इसका यह कदापि अर्थ नहीं है कि अध्यापक को सुन्दरता में कामदेव अथवा स्वामिकार्तिक ही होना चाहिए। अधिक से अधिक इसका अर्थ यही है कि अध्यापक शरीरतः अष्टावक्र न हो कि उसे देखते ही विद्यार्थी हँसते-हँसते विक्षिप्त

हो उठें। लँगड़े, काने, पंगुल अथवा अंधे अध्यापक कदापि वांछनीय नहीं। अतः नियमतः विकलांग व्यक्ति अध्यापक न बनाए जाएँ किन्तु जो अध्यापक विद्वत्ता अथवा किसी विशिष्ट गुण के कारण लोकप्रिय अथवा प्रतिष्ठित हो गए हों वे इस नियम के अपवाद हो सकते हैं।

अध्यापक में व्यक्तित्व के पश्चात् जिस गुण की सबसे अधिक आवश्यकता है वह है उसका विद्यार्थियों से सहानुभूतिमय व्यवहार। यदि व्यक्तित्व अध्यापक को विद्यार्थियों का विश्वासभाजन बनाता है तो सहानुभूतिमय व्यवहार विद्यार्थियों के हृदय में अध्यापक के प्रति गहरा आदर का भाव उत्पन्न करता है। पहले यह कहा जा चुका है कि अध्यापक विद्यार्थियों का मित्र होता है। यह मित्रता तभी पक्की हो सकती है जब अध्यापक विद्यार्थियों से सहानुभूतिमय व्यवहार करे। ऐसा व्यवहार करने से विद्यार्थी अध्यापक को घर का प्राणी समझने लगते हैं। उससे अपनी भली-बुरी कोई भी बात छिपाते नहीं। उसकी सम्मति पर विश्वास करते हैं। इस प्रकार अध्यापक विद्यार्थियों के चरित्रगठन का महत् कार्य करने में सफलता पा जाता है।

इसके अतिरिक्त अध्यापक को अपने विषय का गम्भीर ज्ञान होना चाहिए। विद्यार्थी अध्यापक की बात को वेदवाक्य मानते हैं। ऐसी अवस्था में यदि छिछले ज्ञानवाला अध्यापक विद्यार्थियों के मन में किसी भ्रामक सिद्धान्त का बीज बो देता है तो सदा के लिए वह भ्रामक विचार जड़ पकड़ लेता है और उसे दूर करने के लिये भारी परिश्रम और गहरे अभ्यास की आवश्यकता पड़ जाती है।

इस सम्बन्ध में दूसरी उल्लेखनीय बात यह है कि छिछली विद्या-बुद्धि रखने वाला अध्यापक विद्यार्थियों की अश्रद्धा का पात्र तथा उनके व्यंग्य बाणों का लक्ष्य बन जाता है। प्रारम्भिक कक्षाओं में तो नहीं पर बड़ी कक्षाओं में ऐसे अध्यापकों की बड़ी दुर्गति होती है। स्वाभिमान तो ग्लानि का कोड़ा फटकारकर उसे भाग निकलने का संकेत करता है पर स्वार्थ उसे परिस्थिति के सम्मुख झुक जाने के लिये विवश करता है। मेरी जानकारी में एक कॉलेज में एक अध्यापक हैं, वे देखने में भी बहुत बुरे नहीं हैं, उनका व्यवहार भी सहानुभूतिपूर्ण ही कहा जाता है पर अपने विषय का सम्यक् ज्ञान न रखने के कारण उनके पूर्वोक्त दोनों गुण भी अवगुण में सम्मिलित कर लिए गए हैं। उनकी स्वच्छ और सुंदर वेषभूषा उनके लिए गुंडे की उपाधि प्राप्त करती है और उनका सहानुभूतिपूर्ण व्यवहार उनके दब्बूपन का लक्षण माना जाता है। इसी एक अवगुण ने उनके शेष गुणों पर पानी फेर दिया है।

इस विषय में तीसरी विचारणीय बात यह है कि सौ में निन्यानबे अभिभावक केवल अध्यापक की विद्या-बुद्धि ही देखते हैं। भले ही अध्यापक एक कान, एक आँख, एक हाथ और एक पाँव से हीन हो, भले ही उसके विद्यार्थी उसे द्वितीय यमराज ही समझते हों, पर यदि अपने विषय पर उसका अधिकार है तो बहुत से लोग उसके पूर्वोक्त अवगुणों को देखकर भी न देखेंगे, आँखें मूँद लेंगे, तरह दे जाएँगे। अतः अध्यापक को अपने पाठन-विषय पर पूर्ण अधिकार होना चाहिए।

अध्यापक का जीवन आदर्श होना चाहिए। उसे ऐसा जीवन बिताना चाहिए जो स्वतः दूसरों के लिए आदर्श हो, जिसे देखकर अन्य लोग शिक्षा ग्रहण करें। अध्यापक का

जीवन ऐसा आकर्षक होना चाहिए कि देखने वालों के मन में उसका अनुकरण करने की प्रवृत्ति स्वतः जग जाए। यह मनोवैज्ञानिक तथ्य है कि जीव बहुत-सी बातें केवल अनुकरण के बल पर सीख लेता है, सिंह-शावक को आखेट करने की शिक्षा नहीं देनी पड़ती। वह यह काम अनुकरण के द्वारा ही कर लेता है। इसी प्रकार मानव-शिशु भी अनुकरण से ही खाना-पीना, उठना-बैठना, चलना-फिरना आदि सीखता है। इतना ही नहीं, अनुकरण मनुष्य की सहज वृत्ति है। छोटे-छोटे बच्चे भी अपने पिता, पितामह आदि गुरुजनों की भाँति ही कपड़ा पहनना चाहते हैं। उन्हीं की भाँति चलते, फिरते और बातचीत करते हैं। बहुत से बालकों में चिल्ला-चिल्लाकर बोलने का अभ्यास होता है। यह अभ्यास उनमें कहाँ से आया, इसका पता ऐसे बालकों के अभिभावकों को देखने से तुरन्त लग जाता है। बहुत से घरों में बालक अपने पिता को बाबूजी न कहकर चाचा, काका या दादा कहते हैं। यह कहने की शिक्षा उन्हें कोई देता नहीं, वे अनुकरण से ही सीख लेते हैं। धनी घरों के बालक उच्छृंखल होते हैं। शिष्ट परिवार के बालक शिष्ट होते हैं। अनुकरण ही इसका मूल कारण है। मनुष्य-जीवन में अनुकरण बड़े महत्त्व की वस्तु है। अद्वितीय मनोविज्ञान-विद् भगवान् श्रीकृष्ण ने कहा है–

यद्यदाचरति श्रेष्ठस्तत्तदेवेतरो जनः।
स यत्प्रमाणं कुरुते लोकस्तदनुवर्तते।।

अर्थात् बड़े लोग जिस प्रकार व्यवहार करते हैं उसी प्रकार अन्य लोग भी। बड़ों को ही प्रमाण मानकर लोग उनका अनुकरण करते हैं। इस स्थल पर ये दो बातें भी स्मरण रखनी चाहिए कि एक तो बालक अत्यधिक अनुकरणशील होता है और दूसरे भली बातों की अपेक्षा बुरी बातों का अनुकरण शीघ्र तथा सुगमता से करता है। ऐसी दशा में यदि अध्यापक का जीवन आदर्श न हुआ तो विद्यार्थियों का जीवन सदा के लिए नष्ट हो जा सकता है।

इसी के साथ यह भी जान रखना चाहिए कि सौ सिद्धान्त प्रतिपादन की अपेक्षा एक कार्य-सम्पादन कहीं अधिक महत्त्व का होता है।

अध्यापक के गुण के सम्बन्ध में अन्तिम उल्लेखनीय बात यह है कि उसे साधारण दैनिक व्यवहार में अत्यन्त सावधानी रखनी चाहिए। उसकी आदत फूहड़ न होनी चाहिए। ज़ेब में हाथ डालकर पढ़ाना, पढ़ाते समय आँखें मटकाना, हाथ फटकारना, पैर हिलाना, अँगुली से नाक खोदना, उँगलियों के नख दाँतों से कतरना, सखुनतकिए का भीषण भक्त होना आदि बातों की गणना फूहड़पन के ही अन्तर्गत होती है। अध्यापकों को, विशेषतः नवीन अध्यापकों को, इन बातों से बहुत सावधान रहना चाहिए।

क्रम की दृष्टि से अन्त में पर महत्त्व की दृष्टि से सबसे पहले अध्यापक में जो गुण लोग देखना चाहते हैं वह है उसके चरित्र की दृढ़ता। दृढ़ चरित्र सदैव निर्मल होता है। उसकी निर्मलता सम्पर्क में आनेवालों का चरित्र भी निर्मल कर देती है। पर चरित्र की निर्मलता के सम्बन्ध में कुछ अधिक विचार करने के पूर्व यह समझ लेना असंगत न होगा कि चरित्र है क्या वस्तु। जन्म से लेकर मृत्यु पर्यन्त मनुष्य अनवरत कुछ न कुछ करता रहता है। प्रत्येक क्षण कुछ न कुछ करते रहना मनुष्य का आचरण कहलाता है।

उसके जीवन भर के आचरण को उसका चरित कहते हैं। मनुष्य को कोई विशेष आचरण करने के लिए प्रेरित कर जो वस्तु उसका चरित बनाती है उसे चरित्र कहते हैं। चरित्र का सम्बन्ध मानव प्रकृति या स्वभाव से होता है। शेष सृष्टि के प्राणियों के सम्पर्क में आकर विविध परिस्थितियों में मनुष्य जैसा व्यवहार करता है तदनुसार उसका चरित्र जाना जाता है। चरित्र जीवन में बड़े महत्त्व की वस्तु है। किसी ने कहा है कि यदि धन नष्ट हो गया तो कुछ भी नष्ट नहीं हुआ।यदि स्वास्थ्य नष्ट हुआ तो कुछ अवश्य नष्ट हुआ। पर जब चरित्र नष्ट हुआ तब सर्वस्व नष्ट हो गया। चरित्र का सम्बन्ध हमारी आत्मा से है। जिसका चरित्र दुर्बल होता है उसकी आत्मा दुर्बल होती है। दुर्बलात्मा दुर्बलकाय होती है। सांसारिक झंझटों के झंझावात में दुर्बलकाय प्राणी तिनके-सा मारा-मारा फिरता है। दुर्बलकाय प्राणी आत्मविश्वास खो बैठता है। विश्वास का अभाव पग-पग पर संदेह की सृष्टि करता है और संशयात्मा प्रणश्यति, संशयात्मा का नाश हो जाता है।

इसके विपरीत दृढ़ चरित्रवाला मनुष्य भारी से भारी आपत्ति का सामना करने में भी कुंठित नहीं होता। उसका चरित्र-बल उसमें उत्साह और स्फूर्ति तथा साहस और आशा की वह बिजली फूँक देता है कि बाधाएँ उसके मार्ग से स्वयं हट-बढ़ जाती हैं। कलुष भी उसके सम्पर्क में आकर उज्ज्वल हो जाता है। उसका सत्व सदा तेजस्वी रहता है, किसी भी परिस्थिति में संकुचित नहीं होता।

यह पहले ही कहा जा चुका है कि मनुष्य अनुकरणशील होता है। ऐसी अवस्था में यदि अध्यापक शुद्ध चरित्र का न हुआ तो विद्यार्थियों का चरित्र भी शिथिल हो जाएगा। वैसे तो चरित्र की दुर्बलता सभी में अवांछनीय है परन्तु यदि किसी अध्यापक में हुई तब तो वह देश और जाति के लिए अत्यन्त भयानक होती है।

दूसरी ओर शिक्षा का एक महान् उद्देश्य चरित्र-निर्माण भी है। अब जो स्वयं बिगड़ा हुआ है वह दूसरे को क्या बनावेगा। जब अध्यापक का ही चरित्र नहीं बना है तब वह अपने विद्यार्थियों का चरित्र कैसे बनावेगा और शिक्षा के उक्त उद्देश्य की सिद्धि कैसी होगी। इन बातों पर विचार करते हुए हम इस निष्कर्ष पर पहुँचते हैं कि चरित्रहीन अध्यापक चाहे वह सोने का ही क्यों न हो, मारीच ही है। अतः वह त्याज्य है।

3

कलाकार के चित्रफलक-छात्र

अध्यापक के आवश्यक गुणों का बखान कर लेने पर यह बताना भी आवश्यक है कि उसे अपनी कला का प्रयोग किन पर और किस प्रकार करना चाहिए।

यदि हम अपने कलाकार के रूपक को फिर से उठावे तो हमें समझाने में सरलता होगी। चित्रकार अपने चित्र काग़ज़ पर कपड़े पर, लकड़ी पर, भीत पर तथा अन्य ऐसे ही किसी पदार्थ पर बनाता है। अपनी तूलिका और रंगों से वह उन कोरे पट्टों को सजीव

आकर्षक और मूल्यवान् बना देता है। अध्यापक का भी काम यही है कि जो बच्चे उसके हाथ में आवें उन्हें वह सजीव, आकर्षक और मूल्यवान् बना दे। जैसे कुम्हार मिट्टी के पिण्ड बनाता है और फिर चाक पर घुमाकर अपनी कला और इच्छा के संयोग से वह उस पिंड से मानव जाति के सुख के लिए अनेक पात्र बना देता है, वैसे ही अध्यापक का कर्तव्य है कि वह अपने छात्रों को लोक-सुखकारी सुपात्र बना दे।

बालक तो सजीव होते ही हैं फिर उन्हें सजीव बनाने से क्या प्रयोजन है। सजीव का अर्थ यह है कि उन्हें देखकर यह न प्रतीत हो कि ये मुहर्रम में पैदा हुए हैं, कई दिनों से खाना नहीं खाया है, अभी पिट के आए हैं, किसी ने बस्ता छीन लिया है, नशा पीकर आए हैं या घर से निकाल दिए गए हैं। इसके विपरीत, बालक ऐसे बन जाएँ कि मुस्कराहट उनकी शाश्वत संपत्ति बन जाए, उनके अंग-अंग में उल्लास भरा हुआ हो, यह जान पड़े कि खंजन के समान अब उड़ने वाले ही हैं, जो काम कहा जाए उसके लिए कमर कसे तैयार, इधर कहा उधर काम हुआ।

आकर्षक शब्द का अर्थ भी यह नहीं है कि बालक सुन्दर, रंगीन, बहुमूल्य कपड़े पहने हुए हों, गुलाब-जल से उन्होंने स्नान किया हो, उनके कपड़े इत्र में बसे हों, बाल सँवारे हुए हों। इसका अर्थ यही है कि उनकी सरलता में एक जादू हो कि एक बार दृष्टि पड़ते ही नेत्र वहीं ठहर जाएँ। अर्थात् उनकी बोलचाल, उठने-बैठने का ढंग, उनका वेश, उनकी प्रत्येक गति ऐसी व्यवस्थित, संयत और सुसंस्कृत हो कि वे दूसरों के लिए आदर्श रूप हों। देखने वालों को भी इच्छा हो कि हम इन्हीं बालकों के समान उठें, बैठें, बातें करें।

तीसरी बात है मूल्यवान्। आजकल लोग अपने बच्चों को शिक्षा देते समय इस बात का बड़ा विचार करते हैं कि बालक पढ़-लिखकर कितना कमावेगा; उसे कितने की नौकरी मिलेगी। नौकरी के वेतन के अनुसार वे बालक और पढ़ाई का मोल आँकते हैं। पर यह भी एक स्वार्थपूर्ण भौतिक दृष्टि है जिसके आधार पर ईश्वरतुल्य बालक की जाँच नहीं करनी चाहिए। मूल्यवान् से हमारा तात्पर्य यह है कि बालक में ऐसे गुण आ जावें कि देश उसे अपनी अमूल्य संपत्ति समझे, जाति उसे अपना शिरोभूषण समझे, माता-पिता उसे अपनी आँखों का तारा समझे, समाज का प्रत्येक व्यक्ति उसे अपनाने में अपना गौरव समझे। ये गुण हैं, सदाचार, सत्यता, निर्भीकता, आत्मत्याग, संयम और सेवा-बुद्धि। यदि अध्यापक ने अपने उदाहरण, उपदेश और शिक्षा से बालकों में ये गुण नहीं भरे तो उसने अपना और बालकों का दोनों का समय नष्ट किया, देश के साथ कृतघ्नता की और अध्यापक के पवित्र कार्य को कलुषित किया।

कहने को तो ये बातें बड़ी सरल हैं किन्तु करने में बड़ी कठिन हैं। इस विषय में चित्रकार और अध्यापक में बड़ा अन्तर हो जाता है। चित्रकार को स्वच्छ, चिकना, मोटा काग़ज़, कपड़ा या काठ का पट्टा मिल जाता है और उसे केवल रंग में डूबी हुई तूलिका चलाने भर की देर होती है। किन्तु अध्यापक बेचारे को बड़े संकट का सामना करना पड़ता है। उसके छात्र कोरे श्वेत काग़ज़ नहीं होते। उसे अनेक प्रकार के बालकों से पाला पड़ता है। एक ओर तो उसे माँ-बाप के दुलार में बिगड़े हुए, मारने-पीटने से कुंठित बुद्धिवाले, ठेठ

गाँव के अबोधमंडल में पले हुए, कुसंग और कुमित्रों द्वारा बिगाड़े हुए, क्रोधी, पागल, बकवादी या लड़ाकू माता-पिताओं के संसर्ग में रहने वाले, मूर्ख, नटखट या सनकी बालकों से काम पड़ता है और दूसरी ओर सभ्य, सुशील और शिक्षित परिवारों में पले हुए कुशाग्र बुद्धि, प्रसन्नचित्त बालक मिलते हैं। उसे ऐसे पट्टों पर चित्र बनाने का काम दिया जाता है जिन पर या तो मैल चढ़ी हो, धब्बे पड़े हों या जिन पर पहले से कुछ चित्र बने हुए हों। ऐसी अवस्था में अध्यापक घबरा जाता है, पागल हो उठता है, झल्ला जाता है और इस आवेश में वह अपना कर्तव्य भूलकर पहली प्रकार के छात्रों के लिए तो बाँस के डंडे, बेंत या शहतूत की कमची का आश्रय लेता है और दूसरे प्रकार के छात्रों की ओर से वह उदासीन हो जाता है, आँखें मूँद लेता है। परिणाम यह होता है कि उसके सभी चित्र भद्‌दे उतरते हैं।

अतः अध्यापक का सर्वप्रथम कर्तव्य तो यह है कि वह अपने संपर्क में आने वाले बालकों के सम्बन्ध में सब बातें भली प्रकार जान ले। वह कहाँ से आया है, किस वातावरण में उसका पालन-पोषण हुआ, किसकी संगति में रहा, घर पर उसके साथ कैसा व्यवहार होता है, घर की दशा कैसी है, इत्यादि उस बालक के सहज और संसर्ग-जन्य संस्कारों का पूरा ब्योरा उसके पास रहना चाहिए और यह ब्योरा रखकर उसे यह निश्चय करना चाहिए कि इनमें से कौन-सा संस्कार रगड़कर दूर कर देना चाहिए और किस संस्कार को कौन से रंग से रँगकर अधिक उज्ज्वल तथा प्रकाशमान बना देना चाहिए।

यह कार्य अत्यन्त कठिन यहाँ तक कि असम्भव सा ही जान पड़ता है। अध्यापक सहस्राक्ष नहीं है, सहस्राबाहु भी नहीं है और उसमें अलौकिक शक्ति भी नहीं होती। वह एक मनुष्य ही तो है, दो आँखों, दो हाथों-पैरों वाला। वास्तव में जिस अध्यापक को नित्य पाँच या छह कक्षाओं में डेढ़ सौ के लगभग छात्रों को पढ़ाना पड़ता हो, कॉपियाँ देखनी पड़ती हों, रजिस्टर भरने पड़ते हों और सन्ध्या को खेल भी खिलाना पड़ता हो उसके लिए यह काम कुछ कठिन ही जान पड़ता है। किन्तु जहाँ इच्छा होती है वहाँ साधन भी मिल जाते हैं। जो लोग कक्षाध्यापक होते हैं वे तो सरलता से तीस या बत्तीस छात्रों के विषय में पूरी जानकारी रख सकते हैं। योरोप और अमेरिका के कुछ स्कूलों में ऐसा प्रबन्ध है कि भर्ती होने वाले प्रत्येक छात्र के सम्बन्ध में सभी ज्ञातव्य बातें पहले से जाँच ली जाती हैं और उसके पश्चात् उसकी मानसिक अवस्थिति के अनुसार उसकी शिक्षा-दीक्षा होती है। राजनीतिक दासता ने हमें ऐसा पंगु बना दिया है कि हममें दायित्व की भावना तो दूर रही, विचारने की शक्ति भी लुप्त हो गई। यदि अध्यापक समाज मन, वचन और कर्म से इस प्रकार छात्रों के जीवन की छानबीन कर सके तो स्कूलों और कॉलेजों से निकलने वाले युवक निकम्मे, बेकार और चरित्रहीन न दिखाई पड़ें।

छात्रों की प्रकृति जानने के पश्चात् अध्यापक को यह भी जान लेना चाहिए कि अभिभावक की इच्छा के साथ-साथ छात्र की क्या इच्छाएँ हैं। वह बेंत देखकर काँप उठता है, लाल-लाल आँखें उसके उल्लास को ठंडा कर देती हैं, कठोर वचन उसके हृदय को चूर-चूर कर देते हैं, असभ्य व्यवहार उसके आत्म-सम्मान को ठेस लगाते हैं और इस प्रकार के जघन्य कृत्यों को देखते-देखते, सहते-सहते उसे अभ्यास हो जाता है, उसकी

आत्मा चुपके से सो जाती है, आत्मसम्मान हवा हो जाता है, वह अपनी योग्यता और समर्थता में सन्देह करने लगता है। मनुष्य का बच्चा धीरे-धीरे पशु बनने लगता है—मूक पशु—जिसे कोड़े मारते जाइए, वह चूँ तक न करेगा। ऐसे हत्यारे अध्यापकों के हाथ में पड़े हुए बालक आगे चलकर निकम्मे, भीरु, चाटुकार और निरुद्यमी हो जाते हैं।

बालक भी कुछ आशा करता है। वह प्यार चाहता है। वह आपकी लाल आँखें देखने से डरता है। आप अपनी मुद्रा बदल डालिए। वह आपके डंडे को शंकित नेत्रों से देखता है और कभी-कभी वह चाहता है कि इस डंडे को कहीं चुरा दिया जाए। तो आप ही अपने डंडे को अग्निसमाधि क्यों नहीं दे देते। वह आपके कसरती भुजदंडों को देखकर काँप उठता है और भगवान से सदा यही मनाता है कि आपके हाथ टूट जाएँ। तो आप ही अपने हाथ को वश में रखिए। फिर वह यह भी चाहता है कि उसमें कुछ गुण आवें, वह भी संगी-साथियों पर रोब जमावे। पर आप तो उसकी बात ही नहीं सुनते, दुत्कार देते हैं। वह कुत्ता नहीं है, उसमें भी हृदय है। छोटा है तो क्या, वह भी अपने मानापमान को भली भाँति समझता है। जाइए वह आपके पास न आवेगा। जानते हैं आपने कितना भारी अपराध किया है। आापने एक ऊपर चढ़ते हुए बालक को उसकी टाँग पकड़कर नीचे खींच लिया है। उसकी टाँगें टूट गई हैं। अब वह ऊपर न चढ़ पावेगा। उसमें साहस नहीं रहा। वह सदा के लिए भयभीत हो गया।

पर वह कभी-कभी यह भी चाहता है कि पेड़ पर चढ़े, फल तोड़े और अपने साथियों को भी खिलावे। आप क्या उसे पेड़ पर चढ़ने देकर उसे हाथ-पैर तोड़ने देंगे और चोरी सिखावेंगे। मैं जानता हूँ आप ऐसा कभी न चाहेंगे पर यदि उसके मन में ऐसी भावनाएँ आई हैं तो उसका कारण कौन है। कारण भी तो आप ही हैं। यदि आप उसकी शक्ति को उचित मार्ग पर न मोड़ेंगे और उसको अपनी शक्ति का प्रयोग करने का उचित अवसर प्रदान न करेंगे तो वह अवश्य ही बेढंगे काम करना प्रारम्भ कर देगा। शैतान उसकी बुद्धि में पैठकर जो चाहेगा वह करावेगा।

अतः प्रत्येक अध्यापक को अपने छात्रों के विषय में पूरी जानकारी होनी चाहिए और उसे सदा यह प्रयत्न करते रहना चाहिए कि किन उपायों से उसके छात्रों में अच्छे संस्कार बढ़ें, बुरे संस्कार दूर हों और वे एकाग्रचित्त होकर उत्सुकता के साथ अध्यापक द्वारा दिए जाने वाले ज्ञान का संचय करें।

4

कलाकार की प्रयोगशाला—कक्षा

जिस प्रकार वैज्ञानिक की प्रयोगशाला वैज्ञानिक यंत्रों से भरा-पूरा कक्ष होता है, जिस प्रकार चित्रकार की प्रयोगशाला उसकी चित्रशाला है, जिस प्रकार अभिनेता की प्रयोगशाला रंगमंच है, उसी प्रकार अध्यापक की प्रयोगशाला उसकी कक्षा है। अध्यापक और अभिनेता में

जैसी वर्णमैत्री है वैसी ही, प्रयोगशाला का जहाँ तक सम्बन्ध है, उनमें पूरी-पूरी समानता है। भौं पर बल डाले, मस्तक पर वक्र रेखाएँ बनाए, आँखों में विचारशीलता की ज्योति भर, गुरु गम्भीर भाव से वैज्ञानिक अपनी प्रयोगशाला में प्रवेश करता है। चित्रकार अपनी प्रयोगशाला में मस्त होकर निर्भय प्रवेश करता है, रंग घोलता है, तूलिका उठाता है और धोता है, झाड़न से चित्रफलकों को झाड़-पोंछकर ठीक करता है और फिर कभी इधर, कभी उधर घूमने के पश्चात् एक फलक के पास बाँहें समेटकर मोढ़े पर बैठ जाता है और उसकी तूलिका चलने लगती है।

परन्तु कक्षा में अध्यापक का प्रवेश उसी भाँति होता है जिस भाँति नट रंगमंच पर प्रवेश करता है। वह बड़ा साहस संचय कर, बड़े ढंग से कक्षा में आता है। अपनी वाणी और गतिविधि का पूरा ध्यान रखते हुए वह आगे बढ़ता है। उसे सदैव यह ध्यान रखना पड़ता है कि मैं कहीं कुछ भूल न जाऊँ, कुछ का कुछ न कह जाऊँ। मेरी चुटिया टोपी के बाहर न झाँकती रहे। लोग मुझ पर हँसे नहीं।

कक्षा में बहुतेरे ऐसे बालक होते हैं जिनकी दृष्टि अध्यापक के दोषों या उसकी त्रुटियों पर ही लगी रहती है। मास्टर साहब कौन-सा शब्द बार-बार कहते हैं, कैसे उच्चारण करते हैं, यहाँ वे देखते रहते हैं और जहाँ उनको छिद्र मिला कि उनकी नटखट वृत्ति जागरित हो जाती है और वे अपने उस ज्ञान को पंख लगाकर हवा में उड़ा देते हैं। मास्टर साहब की कीर्ति रेडियो के बिना ही दिगन्त व्यापिनी हो जाती है।

जैसे अभिनेता वन्समोर, 'एन्कोर' (एक बार और फिर से) के लिए सतत् प्रयत्नशील होता है उसी प्रकार अध्यापक भी यही चाहता रहता है कि छात्र उसके पढ़ाने के ढंग की प्रशंसा करें–'वन्स मोर' कहकर नहीं अपितु अपने मुख पर समझदारी की आभा दिखलाकर, नेत्रों में प्रशंसा की चमक झलकाकर।

अभिनेता की भाँति ही अध्यापक को भी कक्षा में जो कुछ कहना और करना है उसकी सारी तैयारी पहले से ही कर रखनी चाहिए। उसे क्या पढ़ाना है, कितना पढ़ाना है, किस ढंग से पढ़ाना है और कितनी देर में पढ़ाना है इसका लेखा पहले से ही बनाकर रखना चाहिए। किस अवसर पर उसे कौन-सी वस्तु अपने विद्यार्थियों को दिखानी है इस पर उसे पूरा ध्यान देना चाहिए। ध्यान ही नहीं अपितु सारी सामग्री साथ ही रखनी चाहिए। मान लीजिए कक्षा में अध्यापक को पढ़ाई के सम्बन्ध में कोई पद, कोई सूक्ति अथवा कोई कविता सुनानी है। यदि अध्यापक पहले से तैयार नहीं है तो ठीक समय पर उसकी स्मरणशक्ति का धोखा दे जाना आश्चर्य की बात न होगी फिर चाहे अध्यापक महोदय छत की धरनों से आँखें लड़ाएँ, चाहे मस्तक में बल डालते हुए और बालों में उँगलियों से कंघी करते हुए अपने मस्तिष्क को कुरेंदे पर रसभंग हो ही जाएगा, वाग्धारा टूट जाएगी, हाथ मलना ही हाथ लगेगा। ऐसी अवस्था में सफल अध्यापक होने के लिए यह आवश्यक है कि पाठ पढ़ाने के पहले ही अध्यापक उस पाठ से सम्बन्ध रखने वाली वस्तुएँ—मानचित्र, खिलौने आदि एकत्र करके ही कक्षा में प्रवेश करे। यह नहीं कि जब आग लगी तब कुआँ खोदने के लिए मजदूर खोजने दौड़े।

इस सम्बन्ध में दूसरी विचारणीय बात स्वयं कक्षा ही है, जिसमें कक्षा लगती है वह साफ, सुथरा और सुरुचिपूर्ण सजावट वाला होना चाहिए। कक्षा यदि मलिन हुई तो अध्यापक का पढ़ाने में और विद्यार्थियों का पढ़ने में मन ही न लगेगा। मलिनता महासंक्रामक रोग है। मलिन वातावरण में पहुँचकर स्वस्थ से स्वस्थ मनुष्य भी अस्वस्थता का अनुभव करने लगता है। मलिनता मनुष्य की बुद्धि और विचार पर भी धीरे-धीरे आक्रमण कर बैठती है।

बाहरी स्वच्छता का मन पर बड़ा प्रभाव पड़ता है। स्वच्छ वातावरण एकाग्रता में भी सहायक होता है। इसलिए कक्षा से सम्बन्ध रखने वाली सभी वस्तुएँ–मेज़, कुर्सी, फ़र्श, डेस्क, चटाई, स्टूल, दीवार, आलमारी, श्यामपट्ट–स्वच्छ, नियमित, सक्रम, संगत और सुरुचिपूर्ण होने चाहिए। साथ ही उस वातावरण में साँस लेने वाले सभी प्राणी–अध्यापक और छात्र शरीर और वस्त्रों में स्वच्छ, सुदर्शन हों।

स्वच्छता के अतिरिक्त कक्षा में अध्ययन-अध्यापन से सम्बन्ध रखने वाली सभी आवश्यक वस्तुएँ–खड़िया मट्टी से लेकर मानचित्र और पुस्तकों तक–उपस्थित रहनी चाहिए, जिसमें समय और आवश्यकता पड़ने पर अध्यापन की गति में बाधा दिए बिना ही अध्यापक उनका उपयोग कर सके।

अध्यापक यद्यपि कलाकार है परन्तु अन्य कलाकारों की भाँति स्वतंत्र और स्वच्छन्द नहीं। वैज्ञानिक को इस बात की स्वतंत्रता है कि यदि किसी प्रयोग के करने में उसका मन नहीं लग रहा है तो वह उस प्रयोग को दस-पाँच दिनों के लिए स्थगन भी कर दे। यही बात चित्रकार की भी है। चित्रकार कोई चित्र चाहे तो दो दिनों में प्रस्तुत कर दे, चाहे उसी काम में बहुत दिन लगा दे। पर अध्यापक को यह स्वतंत्रता नहीं। उसे निश्चित अवधि में शिक्षा-विभाग द्वारा निर्धारित पोथी पढ़ाकर समाप्त करनी ही पड़ेगी। इसमें वह आनाकानी नहीं कर सकता। इसके अतिरिक्त किसी कक्षा के लिये पुस्तक निश्चित करने में उसका हाथ भी नहीं रहता। यह काम तो 'ऊपरवाले' लोग करते हैं जो प्रायः छोटी कक्षाओं के विद्यार्थियों की आवश्यकता तथा उनके मस्तिष्क के विकास आदि के सम्बन्ध में अधिक जानकारी नहीं रखते। उनमें कुछ तो ऐसे भी होते हैं जिन्हें शिक्षा-सम्बन्धी व्यावहारिक ज्ञान होता ही नहीं। कुछ ऐसे होते हैं जिनका परिचय विद्यार्थियों से रहता है अवश्य, पर ऊँची कक्षाओं के विद्यार्थियों से। ऐसी अवस्था में उनके द्वारा निश्चित और स्वीकृत की हुई पुस्तकें व्यावहारिक क्षेत्र में आकर बेचारे अध्यापक को विचित्र उलझन में डाल देती हैं। यदि अध्यापक सत्यनिष्ठ हुआ तब तो वह अपने को चक्की के दो पाटों के बीच पाता है। यदि वह किसी प्रकार 'कोर्स' समाप्त करने पर तुल जाता है तो विद्यार्थियों को सम्यक् शिक्षा नहीं दे पाता। यदि सम्यक् शिक्षा देने का प्रयत्न करता है तो निश्चित अवधि में पुस्तक नहीं समाप्त होती–

माण रखै तो पीउ तजि, पीउ रखै तो माण।
दोय गयन्दण बाँधिए, कबहुँक एकहि थाण।।

अर्थात् यदि मान का सम्मान करना है तो प्रिय के प्रेम का अवसान कर दे। यदि प्रिय के प्रेम की चाह है तो मान का निर्वाह मत कर। एक ही खम्भे में दो हाथी नहीं बाँधे जा सकते।

उक्त दोहे की सत्यता और चाहे कहीं सन्देह की दृष्टि से न देखी जाती हो परन्तु शिक्षा-विभाग में तो वह पूरी-पूरी संदेहात्मक है। इसका कारण ऊपर ही स्पष्ट कर दिया गया है। बेचारा अध्यापक विद्यार्थियों को सम्यक् शिक्षा देने का भी प्रयत्न करता है और निश्चित अवधि के भीतर ही पुस्तक भी समाप्त कर देता है। अपने पहले प्रयत्न में तो वह अंशतः परन्तु दूसरे प्रयत्न में पूर्णतः सफल होता है। ऐसी अवस्था में अध्यापक को चाहिए कि वह पाठ्य-पुस्तकों के उपादेय अंशों को पढ़ाने में अधिक समय और शक्ति का व्यय करे और साधारण पाठों को चलता कर दे। परन्तु यह व्यवस्था तभी तक चलनी चाहिए जब तक हमारे शिक्षा विभाग में आमूल परिवर्तन और सुधार नहीं हो जाता, जब तक पाठ्य-पुस्तकों के चुनाव की कसौटी सिफ़ारिश और पैसे से बदलकर विद्यार्थियों की आवश्यकता और पुस्तक की उपादेयता नहीं हो जाती।

कक्षारूपी प्रयोगशाला में प्रवेश करने पर अध्यापक को एक दूसरी कठिनाई का भी सामना करना पड़ता है। कक्षा में सभी विद्यार्थी एक ही प्रकार के नहीं होते। कुछ अत्यन्त प्रखर बुद्धिवाले होते हैं उन्हें एक बात बताई जाए तो अपने ही बुद्धि-बल से वे दो बातें सीख लेते हैं। ऐसे बालक असाधारण कोटि में आते हैं। कक्षा में कुछ विद्यार्थी ऐसे भी होते हैं जिनकी बुद्धि अतिशय प्रखर तो नहीं पर साधारणतया अच्छी होती है। अध्यापक को इनके साथ भी विशेष माथापच्ची नहीं करनी पड़ती। इनके अतिरिक्त तीसरी श्रेणी के भी विद्यार्थी होते हैं जिनकी बुद्धि को देख-देखकर कभी-कभी यह भी सन्देह आ खड़ा होता है कि इनका मस्तिष्क लोहे और पत्थर के रासायनिक सम्मिश्रण की तो उपज नहीं है।

अब यदि अध्यापक समय और शक्ति का उपयोग इन विद्यार्थियों के लाभार्थ करता है तो कक्षा के कुशाग्र विद्यार्थी बेकार बैठने के कारण अद्‌भुत कांड करने लग जाते हैं। यदि वह कुशाग्र-बुद्धि विद्यार्थियों पर ध्यान देता है तो गदहों के खच्चर हो जाने का भय है।

इसी के साथ एक समस्या और भी है। वह यह कि कक्षा में विद्यार्थियों की संख्या दस-बारह से लेकर तीस-पैंतीस तक होती है। पढ़ाने वाला एक ही होता है और पैंतीस से चालीस मिनट तक का समय उसे पढ़ाने के लिए दिया जाता है। ऐसी दशा में प्रत्येक विद्यार्थी पर अलग-अलग ध्यान देना उसके लिए सम्भव नहीं। अतः किसी कक्षा में विद्यार्थियों का समूह एकत्र करने के पहले इसकी सावधानी रखनी चाहिए कि सभी विद्यार्थियों के शारीरिक, मानसिक और बौद्धिक विकास का स्तर प्रायः समान ही हो। बहुत बड़ा अन्तर भारकेश-सा भयंकर होता है। इससे अध्यापक की कठिनाइयों में वृद्धि होती है। उसे कैसी उलझन में पड़ जाना पड़ता है यह ऊपर दिखलाया जा चुका है। फिर भी आश्चर्य है कि कुछ शिक्षाशास्त्री इस सम्बन्ध में अद्‌भुत अभिमत प्रकट करते हैं। वे कहते हैं और कुछ आलोचकों के कथनानुसार एकदम भ्रमपूर्ण कहते हैं कि कुशाग्रबुद्धि विद्यार्थियों को नीचे तथा मंदबुद्धि विद्यार्थियों को ऊपर खींचकर बलांश ठीक कर देना चाहिए। धार्मिक दृष्टि से इस मत पर विचार करें तो इसे महापाप कहना पड़ेगा। राजनीतिक दृष्टि से यह दुर्नीति है। मानवता इसे अत्याचार कहती है। अर्थशास्त्र इसे श्रम, समय और शान्ति का अपव्यय कहता है। शिक्षा-विधान साम्यवाद या समाजवाद का अखाड़ा नहीं है जहाँ शोषण

का अपराध लगाकर एक अमीर का पैसा छीनकर सौ ग़रीबों में बाँटकर सबको बराबर कर देने का सिद्धान्त प्रतिपादित होता है। यह वह पवित्र शिक्षा-मन्दिर है जहाँ ज्ञान का प्रसाद पाने के अधिकारी सभी हैं। यदि किसी का ज्ञान भंडार भरापूरा है तो उसे यह कहकर यहाँ से विमुख नहीं किया जा सकता कि तुम्हारे पास तो पर्याप्त ज्ञान है, अपितु उसके भी ज्ञान में अभिवृद्धि करने का ही प्रयत्न किया जाएगा।

ऐसी अवस्था में प्रत्येक अध्यापक का यह कर्तव्य होना चाहिए कि वह कुशाग्र-बुद्धि विद्यार्थियों को उपयोगी पुस्तकों की तालिका दे दे, जिसमें वे उन पुस्तकों का अध्ययन करें। इस प्रकार उन्हें पढ़ने में लगाकर अध्यापक अन्य साधारण विद्यार्थियों को पढ़ाना प्रारम्भ करे।

इसी स्थल पर अध्यापक-समाज में फैली हुई एक व्यापक भ्रान्ति के सम्बन्ध में भी विचार कर लेना अप्रासंगिक न होगा। हमारे अध्यापकों की विशाल संख्या कक्षा में ही किसी विद्यार्थी की अत्यधिक प्रशंसा और किसी की अत्यधिक निन्दा कर डालती है। विद्यार्थियों पर इसका मनोवैज्ञानिक प्रभाव अत्यन्त अवांछनीय पड़ता है। ऐसी मानसिक उलझनें उत्पन्न हो जाती हैं जो जीवन भर विद्यार्थी का पल्ला नहीं छोड़तीं।

इसके साथ ही अध्यापक को प्रत्येक विद्यार्थी का नाम जानना भी आवश्यक है। ऐसा होने से अध्यापक की उस त्रुटि पर पर्दा पड़ जाता है जो विद्यार्थियों पर व्यष्टि रूप से ध्यान न देने के कारण उसमें लक्षित होती है। जैसा हम ऊपर कह चुके हैं। विद्यार्थियों पर अलग-अलग ध्यान ध्यान देना अध्यापक के लिए असम्भव-सा ही है। तथापि अध्यापक को इस बात की सावधानी रखनी चाहिए कि कक्षा का कोई विद्यार्थी स्वप्न में भी यह न सोच सके कि वह अध्यापक की उपेक्षा का पात्र है। यद्यपि यह कार्य भी बहुत सरल नहीं है तथापि अध्यापक को करना ही चाहिए, क्योंकि उसका जन्म ही कठिनाइयों से युद्ध करने के लिए हुआ है। यदि ऐसा न होता तो वह भी राष्ट्र का मूक नेता न होकर वाचाट नेता होता, एसेम्बली और कौंसिल की कुर्सियाँ तोड़ता, किसी पत्र का सम्पादक होकर अध्यापक के वेतन में कमी करने की आवश्यकता बतलाता, कम से कम पुलिस का दारोग़ा तो होता ही। परन्तु नहीं। वह तो नींव का पत्थर है जिस पर कभी किसी की दृष्टि नहीं पड़ती परन्तु जिस पर समूचे भवन का अस्तित्व निर्भर करता है।

वह प्रातःकाल ही घर का चूल्हा ठंडा छोड़कर जलता हुआ पेट लिए बाहर निकलता है, घर लौटकर कच्चा-पक्का पेट में भरता है, घर-घर घूमकर विद्यार्थियों को पढ़ाता है। पुनः ठीक समय से पाठशाला में भी पहुँचता है। छह घंटे खड़े होकर पढ़ाता है। सैकड़ों कापियों के साथ ही अनेक अभिभावकों की नीली-पीली आँखें देखता है। सायंकाल घर लौटता है। दिन भर के परिश्रम के पश्चात् कुली मजदूरों को भी छुट्टी मिलती है। परन्तु बेचारे अध्यापक को इस समय भी चैन नहीं। ट्यूशन की महाव्याधि उसके पीछे पड़ी है। वह रात के दस बजे तक पुनः घर-घर घूमकर पढ़ाता है। और फिर अवसाद से वेष्टित, क्लान्ति से खिन्न, तन और मन पर श्रम का बोझ लिए करुणामयी निद्रा देवी की गोद में पड़ रहता है। उसका भी परिवार है, परिवार के प्रति उसका कुछ कर्तव्य भी है, इस

पर ध्यान देने का उसे अवकाश ही नहीं। उसके पास न इतना समय है और न इतना पैसा कि वह नवीन पुस्तक क्रय कर सके और उनका अध्ययन कर अपने ज्ञान की अभिवृद्धि करे। भारतीय अध्यापक की दशा उस कर्णधार जैसी है जिसे भरी हुई वेगवती बरसाती नदी में, घनी अँधियारी में, मूसलधार वर्षा और प्रचंड झंझा-झकोर में, उस छिद्रयुक्त बोझीली नाव को खोल देने की आज्ञा दी जाती है जिसमें न डाँड़ है न पतवार और फिर उसे यह आदेश दिया जाता है कि वह सफलतापूर्वक बेड़ा पार लगा दे। इससे कठिन कौशल की कौन-सी परीक्षा हो सकती है और जो इस परीक्षा में उत्तीर्ण हो जाते हैं, उनसे बढ़कर और कुशल कलाकार भी कौन है।

5
अध्यापक का कंठ

जिस प्रकार शस्त्र के बिना योद्धा युद्ध में खेत आता है, लेखनी के बिना परीक्षार्थी परीक्षा में चौका लीपकर आता है, तूलिका के बिना चित्रकार रंगों से होली खेल बैठता है, उसी प्रकार कंठ के बिना गायक, वक्ता और अध्यापक अपने गाने, व्याख्यान और अध्यापन का श्राद्ध कर डालते हैं। कंठ का अर्थ वह मांसपिंड मात्र नहीं है जो सिर और धड़ का डमरूमध्य बनकर दोनों को जोड़ता हो और जिसकी उपमा संस्कृत के कवियों ने शंख तथा कपोत से और फ़ारसी कवियों ने सुराही से दे डाली है। कंठ का यहाँ लाक्षणिक अर्थ है कंठ से निकलने वाला स्वर।

'स्वर' का अर्थ भी ध्वनि मात्र नहीं है। गूँगा भी कभी-कभी तरंग में आकर गूँ-गूँ-गाँ-गाँ आँ-आँ-ऊँ-ऊँ कर डालता है, किन्तु उसकी इस अस्पष्ट और निरर्थक ध्वनि को हम अपने अर्थ में स्वर नहीं कह सकते। 'स्वर' का अर्थ कंठ से निकलकर मुख के विभिन्न भागों से टकराकर निकलने वाली उन सभी भाषा-ध्वनियों से है जो सार्थक हों, स्पष्ट हों और मधुर हों। यद्यपि सार्थक और स्पष्ट कहने तक ही 'स्वर' की परिभाषा अभिमत अर्थ प्रकट करने में समर्थ हो जाती है किन्तु हमारा काम उतने से नहीं चल पाता इसी कारण हमने 'मधुर' भी जोड़ देना उचित समझा है।

हम ऊपर कह आए हैं कि अध्यापन एक कला है। अतः कला को सजीव करने के लिए जिन उपादानों का आश्रय लिया जाए वे सभी ललित हों। इसलिए हमने स्वर की सार्थकता और स्पष्टता से सन्तुष्ट न होकर उसके मधुर बनने पर भी बल दिया है।

'सार्थकता' और 'स्पष्टता' दोनों शब्द बिल्कुल स्पष्ट हैं। ध्वनि की सार्थकता का अर्थ है कि उन ध्वनियों का उच्चारण किया जाए जो हमारी भाषा में या हमारे द्वारा किसी विशेष समय में व्यवहृत भाषा में प्रयोग की जाएँ। तात्पर्य यह है कि नागरी भाषा का प्रयोग करते हुए हम 'ई' के लिए जर्मनीय 'यू' उमलाउट का प्रयोग करने लग जाएँ तो वह ध्वनि जर्मनीय भाषा में सार्थक होते हुए भी हमारी भाषा के लिए निरर्थक ही होगी।

इसी प्रकार 'ध्वनि की स्पष्टता से हमारा यह तात्पर्य है कि मुख से निकलने वाली ध्वनि श्रोताओं के कानों में अपना ठीक रूप लेकर पहुँचे। ऐसा न हो कि आप कहते हों 'राम' और आपके उच्चारण की अपूर्णता और अस्पष्टता के कारण वह दूसरे को सुनाई दे 'ज़ाम'; या आप कहना चाहते हों 'सुन्दर' किन्तु आपकी मुख-कन्दरा के भीतर संचालित होने वाले यंत्र उसे 'फ़ुन्दर' बनाकर भेजें।

'सार्थक' और 'स्पष्ट' का विवेचन कर देने पर 'मधुर' शब्द की व्याख्या रह जाती है। मधुर का शब्दार्थ है मीठा। मीठे का लाक्षणिक अर्थ है कान को सुख देने वाला। जब कहते हैं कि अमुक व्यक्ति की वाणी में मिश्री घुली है, या वह चाशनी में घोलकर बोलता है तब उससे यह अर्थ तो निकाला ही नहीं जा सकता कि मुँह में मिश्री का टुकड़ा रखिए और बोलना प्रारम्भ कर दीजिए, बस वाणी मधुर हो गई। बाहर की कोई भी मिठाई वाणी पर चाशनी नहीं चढ़ा सकती। वह कुछ तो भगवान् की देन और कुछ अभ्यास पर अवलम्बित है। मधुर वाणी उस सार्थक ध्वनि-समूह को कहते हैं जो उचित बल, उचित गति, उचित उतार-चढ़ाव और उचित मात्रा में अवसर तथा पात्र के अनुकूल, मानसिक स्वस्थता और प्रसन्नता के साथ व्यक्त किया जाए और जिसको सुनकर श्रोता अधिक सुनने के लिए लालायित हो। इस परिभाषा की भी समुचित व्याख्या हो जानी चाहिए।

उचित बल का अर्थ है कि स्वर न तो इतना तीव्र हो कि कान के पर्दे बमगोलों के पतन का अनुभव करने लगें न इतना मन्द हो कि 'आप सुनै जो आपहि बोलै'। स्वर इतना ऊँचा हो कि कक्षा के बालकों में से प्रत्येक आपकी वाणी का प्रत्येक अक्षर ठीक-ठीक सुन सके। ऐसा न हो कि आप तो कहते जाएँ और छात्र मन में कुढ़ते रहें, मुँह बिचकाते रहें, एक दूसरे की मुद्रा देखते रहें और फिर अपने करम को ठोककर, मन मसोसकर मूर्ति बने बैठे रहें। आपको यह देख लेना चाहिए कि आपका परिश्रम व्यर्थ तो नहीं जा रहा है, आपके शब्द केवल आकाश ही तो ग्रहण नहीं कर ले रहा है। साथ ही, आप स्वर इतना ऊँचा भी न चढ़ा लें कि धोबी एकत्र हो जाएँ, पास पड़ोस की कक्षाओं को यह भ्रम हो जाए कि मास्टर साहब ने महाभारत प्रारम्भ कर दिया है अथवा किसी लड़के पर उबल पड़े हैं। स्वर कोई ध्वनिविस्तारक यंत्र (लाउडस्पीकर) तो है नहीं कि एक साथ सारे संसार को अपनी ध्वनि से भर दे।

उचित गति का यह अर्थ है कि न तो अत्यन्त शीघ्रता से बोलें न अत्यन्त ठहर-ठहरकर। वाणी में प्रवाह रहे किन्तु वह प्रवाह बरसाती नदी के समान न हो, वाणी में गति रहे किन्तु तूफ़ान मेल न छोड़ी जावे। उचित गति उस गति को कहते हैं कि मुख से निकले हुए शब्द एक-एक करके श्रोता के कान से प्रवेश करके उसके मस्तिष्क पर टपलेखन-यंत्र (टाइपराइटर) के अक्षरों के समान बैठते चले जावें; कोई अक्षर, शब्द, वाक्य या विचार वायु में न विलीन हो जाए। साथ ही इतना ठहर ठहरकर भी न बोला जाए कि ऐसा जान पड़े कि किसी ने अध्यापक की चुटिया पीछे से पकड़ ली है और जब वह अंकुश देता है तभी अध्यापक महोदय खिलौनेवाली चिड़िया के समान चूँ कर देते हैं। तात्पर्य यह है कि अध्यापक को इस गति से बोलना चाहिए कि वह भली भाँति

समझा जा सके। इससे कुछ लोग यह अर्थ निकालने का प्रयास कर सकते हैं कि यदि उक्ति का भाव स्पष्ट हो गया तो गति ठीक मान ली जाएगी। किन्तु यह बात नहीं है। उचित गति का अर्थ यह है कि जो बात कही जाए उसका प्रत्येक अक्षर श्रोतागण अनायास ग्रहण कर सकें।

स्वर के उचित उतार-चढ़ाव अर्थात् सुस्वरता का अध्यापनकला में विशेष महत्त्व है। जैसे एक राग सुन्दर बाँध से, आरोह, अवरोह और मूर्च्छना के स्वरों के ललित संयोग से अधिक आकर्षक और प्रभावशाली होता है उसी प्रकार भाषा में स्वर के उचित उतार-चढ़ाव से विशेष प्रभाव उत्पन्न हो जाता है। इस स्वर के उतार-चढ़ाव के कई अंग हैं। उन अंगों का यदि ध्यान न रक्खा जाए तो कभी-कभी उक्ति के अर्थ में भी बाधा आ जाती है। एक वाक्य लीजिए–

'हमारी रक्षा के लिए एक भारतीय सेनापति चाहिए।'

इस वाक्य में चार शब्द महत्त्वपूर्ण हैं–हमारी, रक्षा, भारतीय और सेनापति। अब प्रश्न यह है कि यह वाक्य बोलते समय इनमें से किस शब्द पर अधिक बल दिया जाएगा। यदि हम 'हमारी' या 'रक्षा' शब्दों पर बल देते हैं तो 'भारतीय' शब्द का कोई महत्त्व नहीं रहता। 'सेनापति' शब्द ही उसकी सिद्धि के लिए पर्याप्त है। इसी प्रकार यदि 'सेनापति' शब्द पर हम बल दें तो वह निरर्थक हो जाता है, क्योंकि उसके बदले हम 'वीर' इत्यादि कोई भी शब्द रखकर काम चला सकते हैं। किन्तु इस वाक्य का जो एक विशेष व्यंग्यार्थ है कि 'भारतीय रक्षा जिस तत्परता, संलग्नता और सच्चाई के साथ भारतीय सेनापति कर सकता है उतना कोई दूसरा नहीं कर सकता, वह तब तक नहीं प्रकट हो सकता जब तक हम 'भारतीय' शब्द पर विशेष स्वर-बल न दें।

इसी प्रकार 'काकु' का भी उतार-चढ़ाव में विशेष महत्त्व है। कभी-कभी हमें ऐसे वाक्य, वाक्यांश या शब्दों से पाला पड़ता है जो यदि सीधे-सीधे कह दिए जावें तो उनके द्वारा जो अर्थ व्यक्त किए जाने की भावना होती है वह निष्फल हो जाती है किन्तु उसी को यदि स्वर के विशेष विकार से प्रकट करें तो उसका अर्थ स्पष्ट हो जाता है। जैसे एक उदाहरण लीजिए–

अध्यापक–गोविन्द को किसने पीटा है।

मोहन–मैंने।

अध्यापक–तुमने।

इस उपर्युक्त बातचीत में अध्यापक ने मोहन से कहा है 'तुमने'। इस 'तुमने' के उच्चारण में जो स्वरों का उतार-चढ़ाव है वह मोहन की योग्यता पर निर्भर है। अर्थात् कुशल अध्यापक के उचित रीति से 'तुमने' कहने पर मोहन के विषय में हम बहुत-सी बातें जान सकते हैं। जैसे यदि अध्यापक ने व्यंग्य स्वर से 'तुमने' कहा तो इसका अर्थ होगा कि तुम इतने दुबले, पतले, मरकट लड़के हो, तुम क्या मारोगे। यदि आश्चर्य और ग्लानि से मिश्रित स्वर से कहता है तो उसका तात्पर्य यह है कि तुम तो ऐसे बुरे लड़के नहीं हो, तुमने इसे कैसे पीट दिया। यदि उसी को अध्यापक समर्थनसूचक भाव से कहता है तो इसका अर्थ यह

है कि मैं जानता ही था कि तुम्हीं ऐसे दुष्ट लड़के हो, तुम्हीं ने मारा होगा। कहने का तात्पर्य यह है कि स्वर के उतार-चढ़ाव का बड़ा महत्त्व है और यह अभ्यास सुस्वर समाज में उठने-बैठने तथा नाटक देखने से शीघ्र हो जाता है। दूसरे देशों में प्रारम्भ से ही स्वर के उचित उतार-चढ़ाव की व्यवस्थित शिक्षा दी जाती है और यह उनके शिष्टाचार का एक अंग है। अभ्यागत का स्वागत करते समय, धन्यवाद देते समय तथा अन्य ऐसे ही अवसरों पर उनकी वाणी का विलास सुनने, सीखने और अनुकरण करने का विषय है।

उचित मात्रा का अर्थ है उतना ही बोलना जितने की आवश्यकता हो। संस्कृत वैयाकरणों में एक उक्ति प्रसिद्ध है कि–

'एकमात्रालाघवेऽपि पुत्रोत्सवं मन्यन्ते वैयाकरणाः।।'

अर्थात् एक मात्रा घटाकर यदि कोई वैयाकरण अपनी बात कह सके तो उसे ऐसी प्रसन्नता होती है मानो उसके घर पुत्र उत्पन्न हुआ हो। इसी प्रकार अध्यापक को भी उतनी ही बात बोलनी चाहिए जितने के बिना काम न चल सकता हो, न एक भी शब्द अधिक, न कम। बहुत से अध्यापकों को बोलने का रोग होता है। उस झोंक में वे यह विवेक नहीं कर पाते कि हमें कितना बोलना चाहिए, कितना नहीं। वे यही समझते हैं कि हम जितना अधिक बोलेंगे हमारे पांडित्य की उतनी ही अधिक धाक छात्रों पर जमेगी। पर वे यह भूल जाते हैं कि छात्र भी मनुष्य के बच्चे हैं, उनमें भी समझ है, उनकी सहनशीलता की भी सीमा है। ऐसे वाचाल अध्यापक का घंटा प्रारम्भ होते ही वे कहने लगते हैं–लो अब भागवत की कथा प्रारम्भ हो जाएगी। साथ ही इसका यह अर्थ भी नहीं है कि अध्यापक महोदय मौनी बाबा बन जाएँ, ऐसे गिन-गिनकर तौल-तौलकर शब्द बोलने आरम्भ कर दें कि छात्रों की समझ में कुछ आवे ही नहीं। उचित मात्रा का अर्थ यही है कि अवसर के अनुकूल तथा छात्रों की समझ और योग्यता के अनुसार उतनी ही वाणी प्रयोग में लाई जाए जिससे प्रस्तुत विषय को छात्र भली भाँति समझ जाएँ।

पर इन सब बातों से अधिक महत्त्व की बात है मानसिक स्वस्थता और प्रसन्नता। बात इस प्रकार की मुखमुद्रा से बनाकर न कही जाए कि छात्रों को यह भ्रम हो कि मुहर्रम के दिन इनका जन्म हुआ है, अभी लकड़ी चलाए चले आ रहे हैं, कड़वी दवा पीकर कक्षा में घुसे हैं या इनके घर में रात को सेंध लग गई है। ऐसे भी न हों कि जान पड़े कि पिए हुए हैं दुर्वासा के भाई हैं, परशुराम के नाती हैं और आज कक्षा को छात्रहीन बनाने का प्रण करके आए हैं। अध्यापक को चाहिए कि सदा प्रसन्न दिखलाई दे। कक्षा में घुसे एक मुस्कुराहट के साथ और बोले तो मन्द हास के साथ। ऐसा जान पड़े मानो फूल झड़ रहे हों। आपकी मुखमुद्रा ऐसी प्रसन्न हो कि देखने वाले भी खिल उठें। इस मुद्रा के साथ जब आपका कंठ खुलेगा तो छात्रों की दृष्टि आपके मुख पर, उनके कान आपके वचनों पर और उनके मन आपके विचारों में बँध जाएँगे। यही कंठ की कोमलता और कमनीयता की विशेषता है।

कुछ लोग कहते हैं कि कंठ ईश्वर की देन है। उन्हें यह स्मरण रखना चाहिए कि जैसे कंठ ईश्वर की देन है, वैसे ही कंठ को सुधारने की औषधियाँ भी ईश्वर की देन

है। बहुत से लोगों ने बोलने की कला कौए से, सुअर से, फटे हुए बाँस से या विमान से सीखी है। वे बोलते हुए कर्कश जान पड़ते हैं, उनकी वाणी में घरघराहट और कंठ में विस्वरता होती है या वे बोलते हुए नाक का अधिक आश्रय लेते हैं। ऐसे लोगों का कंठ सुधारने के लिए एक औषध का और प्रयोग हम बता देना चाहते हैं। ये दोनों उपाय सिद्ध हैं और इनसे कभी किसी प्रकार की हानि नहीं होती। औषध यह है—

त्रिफला लवणक्तेन भक्षयेच्छिष्यकः सदा।
क्षीणमेधा जनन्येषा स्वरवर्णकरी तथा।।

अर्थात् यदि सेंधा नमक मिला हुआ त्रिफला का चूर्ण शिष्य (या गुरु) नित्य प्रातःकाल फाँके तो बुद्धि बढ़ती है और स्वर ठीक हो जाता है। जिन लोगों का स्वर बहुत पतला है अथवा विस्वर है उन्हें चाहिए कि कोरा घड़ा या मटका लेकर उसमें मुँह डालकर उच्च स्वर से बोलें तो स्वर-मन्दता, विस्वरता आदि कंठदोष दूर हो जाते हैं।

अध्यापक को अपने कंठ का बड़ा ध्यान रखना चाहिए। यही उसकी जीविका का आधार है। मिर्च, खटाई, अचार, तेल आदि गर्म तथा तीक्ष्ण पदार्थों का कभी सेवन नहीं करना चाहिए और बरफ़ या बरफ़ का पानी तो भूलकर भी नहीं पीना चाहिए। इससे कंठ बिल्कुल नष्ट हो जाता है, फूल जाता है और उसमें रोग पैठ जाते हैं। इसी प्रकार अपने कंठ को सर्दी से बचाना चाहिए। कोई भी ऊनी कपड़ा स्वर-नलिका पर रहे तो कंठ नहीं बिगड़ता। इसीलिए पहले अध्यापक लोग कंठ पर दुपट्टा लपेटे रहते थे।

कंठ को ठीक करने का एक उपाय और भी है। इसी के बल पर अपने देश के प्राचीन गुरु और ऋषि अपने शिष्य एवं चेलों पर प्रभाव डालते थे और अभीष्ट की सिद्धि करते थे। वह प्रयोग है प्राणायाम का नियमित प्रतिदिन व्यवहार करना। प्राणायाम करने की क्रिया गुरुगम्य है। लिखा हुआ पढ़कर प्राणायाम करना अपने हाथों कुल्हाड़ी मारना है। साधारण नियम यों कहा जा सकता है—सीधे, रीढ़ की हड्डी को समसूत्र में रखकर, बैठ जाइए और पहले कुछ बार गहरी साँस लीजिए। इसके बाद जिस नासारंध्र से साँस चल रही हो उसी से साँस लेकर दूसरे रंध्र को बन्दकर कुछ देर रुकिए और उसके बाद बन्द विवर से साँस धीरे-धीरे निकाल दीजिए। साधारणतः 8 सेकेंड में साँस लेना, 32 सेकेंड तक रोकना और 16 सेकेंड तक में निकाल देना प्रारम्भ में पर्याप्त है।

इस प्रकार अभ्यास, साधन और उपायों से जो लोग अपना कंठ साधते हैं, वे अत्यन्त सफल गायक, अभिनेता, वक्ता और अध्यापक हो जाते हैं। सुकंठ और सुस्वर लोग ही सभा, समाज या पाठशाला में यश और सम्मान पाते हैं, अतः अपने कंठ को—

रक्षणीयः रक्षणीयः रक्षणीयः प्रत्यत्नतः—

भली प्रकार सावधानी से सँभालकर रखो, न हवा लगने दो, न डीठ लगने दो।

संक्षेप में हम यों कह सकते हैं कि अच्छे पाठक के जो गुण कहे गए हैं, वे ही गुण अच्छे वक्ता या बोलने वाले के भी होने चाहिए। वे गुण हैं—

माधुर्य्यमक्षरव्यक्तिः पदच्छेदस्तु सुस्वरः।
धैर्यं लयसमर्थं च षडेते पाठका गुणाः।।

अर्थात् (1) मधुरता या कोमलता के साथ बोलना, (2) एक एक अक्षर स्पष्ट करके बोलना, (3) एक एक शब्द स्पष्ट करके बोलना, (4) स्वर को भावानुसार तथा अर्थानुसार उचित रूप से उतार-चढ़ाकर बोलना, (5) उचित गति से धैर्य के साथ बोलना तथा (6) उचित विराम देकर लय का अथवा प्रवाह का निर्वाह करते हुए बोलना, ये छह गुण अच्छे पाठक, वक्ता या अध्यापक में होने चाहिए। इन्हीं गुणों को अंग्रेजी में क्रमशः—

(1) स्वीटनेस्, (2) आर्टिकुलेशन, (3) प्रोनन्सिएशन या डेलिबरेटनेस्, (4) इण्टोनेशन, (5) मौडरेट स्पीड; तथा (6) प्रौपर ह्रिम या कण्टिनुइटी विद प्रौपर पौज़ेज—कहते हैं।

इसके विपरीत, टायँ-टायँ करके या घरघराकर बोलना, बोलते हुए अक्षरों को खा जाना, शब्दों को एक दूसरे से बुरे ढंग से मिला देना या अनुचित रूप से अलग करके बोलना, एक स्वर से सब कुछ कह जाना, अतिशीघ्र या अति मन्द गति से बोलना, तथा अनुचित विराम देकर वाणी को झटके दे देकर बोलना—वाणी के दोष हैं। यदि अध्यापक में ये दोष हों तो वह उन्हें शीघ्र दूर कर ले और गुणों को ग्रहण कर ले। वाणी के सगुण होने से अध्यापक के अन्य सभी दोषों पर पर्दा पड़ सकता है किन्तु यदि कंठ न सधा तो और गुणों का होना न होना बराबर है।

6

कलाकार की मुद्रा

हम पीछे कह आए हैं कि अध्यापक जब कक्षा में प्रवेश करता है तो वह वैज्ञानिक अथवा चित्रकार के समान नहीं अपितु अभिनेता के समान प्रवेश करता है। किन्तु अभिनेता के साथ उसकी समानता यहीं तक होती है कि दोनों अपना पाठ तैयार करके आते हैं, दोनों को अपनी गतिविधि का ध्यान रहता है। किन्तु दोनों में भेद भी है। अभिनेता तो सदा हँसमुख नहीं रह सकता। यदि वह गम्भीर भाव का अभिनय करता है तो उसके मुख पर हँसी कभी आ ही नहीं सकती। किन्तु अध्यापक वह अभिनेता है जिसे जन्म भर करुण, रौद्र, भयानक, वीभत्स आदि रसों का अभिनय ही नहीं करना पड़ता। वीर का स्थायी भाव उत्साह उसका अमर सहायक है, हास्य का स्थायी भाव हास उसका चिरसंगी है और श्रृंगार का स्थायी भाव रति, वात्सल्य के रूप में उसके मुख, उसके नेत्र और उसकी वाणी से सदा छलका करता है। कभी-कभी अद्भुत का स्थायी भाव आश्चर्य, उपर्युक्त भावों की पुष्टि करने के लिए आया-जाया करता है और शान्त का स्थायीभाव निर्वेद सदा कक्षा भर में आसन जमाए बैठा रहता है। पर यह लक्षण अच्छे अध्यापक के ही हैं और जो अच्छे अध्यापक बनना चाहें उन्हें इनके लिए साधना और तपस्या भी करनी चाहिए। यह तपस्या बड़ी सरल है और शीघ्र ही फल देने वाली भी है।

कुछ ऐसे भाव हैं जिन्हें शिक्षण-मनोविज्ञान के आचार्य अध्यापक के मित्र कहते हैं और कुछ ऐसे हैं जिन्हें अध्यापक का शत्रु कहते हैं। मित्र भावों में सबसे प्रधान है मानसिक शान्ति जो सन्तोष से प्राप्त होती है। दूसरा भाव है आत्मविश्वास, यह गम्भीर अध्ययन तथा नित्य स्वाध्याय से मिलता है। तीसरा भाव है प्रसन्नता या मस्ती जो अभ्यास से प्राप्य है। ऐसा हो कि आप जिससे मिलें वह भी आपको देखकर खिल उठे, मुहर्रमी भी आपसे मिलते ही फाग मनाने लगे। चौथा भाव है निर्भयता। यह सच्चरित्रता, गम्भीर अध्ययन और आत्मनिर्भरता से प्राप्त होता है। पाँचवाँ स्पष्ट भाव है स्नेहयुक्त व्यवहार। इतने भाव मुख पर अंकित करके अध्यापक को कक्षा में प्रवेश करना चाहिए। यही अध्यापक का तेज है, यही उसका अस्त्र है, यही उसकी शक्ति है, ये ही उसके साधन हैं। ऐसा अध्यापक चाटुकार नहीं होता, किसी से डरता नहीं, किसी भी परिस्थिति में विचलित नहीं होता। धैर्य, विश्वास और लगन के साथ वह काम करता चला जाता है।

इतालिया (इटली) की प्रसिद्ध शिक्षिका श्रीमती मौन्तेसोरी ने अध्यापकों के लिए यह आदेश किया है कि अध्यापक होकर जब आप अपने स्कूलों में जाएँ तो सदा अपने छात्रों से मुस्कराकर बातें करें। कक्षा में प्रवेश करके मन्द मुस्कान के साथ छात्रों के अभिवादन का अभिनन्दन करें। ऐसा न हो कि अंग्रेज कवि औलिवर गोल्डस्मिथ के 'दि डेजर्टेड विलेज' (ऊजड़ ग्राम) में वर्णित औबर्न के अध्यापक के समान ऐसी भृकुटी ताने हुए कक्षा में पहुँचे कि आने वाली विपत्ति की चर्चा कानोंकान प्रत्येक विद्यार्थी को कानाफूसी से प्रकट हो जाए। स्मरण रक्खो–

मन्द हास के साथ कक्षा में प्रवेश करते ही पाठ की आधी सफलता अध्यापक को मिल जाती है, क्योंकि आपके मुख की प्रसन्नता के बदले छात्र अपनी श्रद्धा, अपना स्नेह और अपनी एकाग्रता दान दे डालते हैं। यही तो आपको चाहिए, यही आपको मिल जाता है। यह प्रसन्नता की मुद्रा आदि से अन्त तक व्याप्त रहनी चाहिए।

मुद्रा के समान ही अंग-संचालन भी अध्यापन का प्रधान अंग है। यहाँ भी अभिनेता तो अपनी भूमिका के अनुकूल हाथ-पैर पटक सकता, कूद सकता, उछल सकता, लेट सकता और आँख-नाक-भौं मटका सकता है, किन्तु अध्यापक यह सब नहीं कर सकता। इसका यह अर्थ नहीं है कि कक्षा में प्रवेश करके वह मूर्ति के समान अचल बना खड़ा रहे, हिले-डोले नहीं। इसका अर्थ इतना ही है कि उसे संयत होकर अंग-संचालन करना चाहिए। कक्षा रंगमंच नहीं है, पाठ भी कोई नाटक नहीं है और छात्र भी सामाजिक नहीं है। यहाँ अध्यापन का उद्देश्य यही है कि पाठ भली प्रकार समझाया जाए और पाठ को समझाने के लिए यदि किसी प्रकार के अंग-संचालन अथवा भाव-भंगी के प्रदर्शन की आवश्यकता हो तो उसका प्रयोग कर दिया जाए। किन्तु इसके लिये केवल इतना ही विधान है कि अंग-संचालन अथवा मुख-मुद्राएँ ललित और सोद्देश्य हों।

ललित का तात्पर्य यही है कि फूहड़, अश्लील या भयोत्पादक मुद्राएँ या अंग-संचालन न किया जाए। ऐसा न हो कि 'शीर्षासन' शब्द पाठ में आया कि मास्टर साहब नीचे

सिर और ऊपर पैर करके कसरत दिखाने लगें, या कहीं 'कटाक्षपात' शब्द आया कि लगे आँख मारने; या कहीं 'हावभाव' शब्द आया कि लगे हाथ या कमर मटकाने अथवा 'रौद्र' शब्द के आते ही आँखें चढ़ाकर नथुने फुलाकर लगे चिल्लाकर आकाश को सिर पर उठाने। कहने का तात्पर्य यही है कि शील, शिष्टता और लालित्य की रक्षा करते हुए उचित प्रकार से अंग-संचालन करना चाहिए।

इसी के अन्तर्गत अध्यापक की चाल, उसका सिर हिलाना; आँखें चलाना, हाथ हिलाना, फैलाना, उँगली चलाना आदि भी हैं। अध्यापक की प्रत्येक गति में एक आकर्षक तथा अनुकरणीय शोभा होनी चाहिए, एक भव्यता और बड़प्पन होना चाहिए। उसे सीधा चलना चाहिए, प्रत्येक पग नपा-तुला पड़े, बाएँ हाथ में पोथी हो, दायाँ हाथ कमर के पीछे हो, अवसर-अवसर पर अपना स्थान बदलता रहे, किन्तु टहलता न रहे। मेज़ या कुर्सी का सहारा लेकर न खड़ा हो और यदि बैठे भी तो ठीक से, पैर लटकाकर, यह नहीं कि कुर्सी पर बैठकर पैर मेज़ पर फैला दिए हों। इन सब बातों का भी अध्यापन-शिष्टाचार से सम्बन्ध है और इन सबका भी अलक्षित प्रभाव संस्कार के रूप में छात्रों पर पड़ता है।

इसी के साथ यह भी स्मरण रखना चाहिए कि खड़िया हाथ में लेकर उसे नचाना या उछालना अथवा सूचकदंड (पौइंटर) लेकर उसे घुमाना आदि क्रियाएँ भी अनुचित और अवांछनीय हैं। कोट के बटन को घुमाना, ताली का गुच्छा लेकर नचाना, दाँतों से नख काटना, कलम लेकर उँगलियों में डालना आदि सभी अभ्यास भद्दे और अवांछनीय हैं। ये आगे चलकर दुरभ्यास का रूप ले लेते हैं और छात्रों को हँसी उड़ाने या विनोद करने का अवसर प्रदान करते हैं।

यहाँ कुछ वेश अथवा परिधान पर भी कहना असंगत न होगा। कोट-बूट-सूट के इस युग में अच्छे अध्यापक का एक यह भी लक्षण माना जाने लगा है कि वह अंग्रेजी वेश-भूषा में सजा हुआ हो। इसके पक्षपातियों का कहना है कि अंग्रेजी वेश मनुष्य को चुस्त तथा चेतन रखता है। किन्तु यह बात सर्वथा निराधार और भ्रमपूर्ण है। चुस्त या चेतन तो मनुष्य का मन रखता है वेश नहीं। हमारे देखने में ऐसे बहुत से अंग्रेजीनुमा भारतीय आए हैं जो उन अंग्रेजी कपड़ों को भी अपने शैथिल्य से लज्जित करते हैं। परिधान के लिए इतना ही स्मरण रखना चाहिए कि वस्त्र सादे हों, बहुमूल्य नहीं; स्वच्छ हों, फैशनयुक्त नहीं; तथा पूर्ण हों, अपूर्ण नहीं। पूर्ण का अर्थ यही है कि चाहे जिस देश का वेश हो, पूरा हो। यह न हो कि नंगे सिर, मिर्जई, नेकर और चमरौधा जूता पहनकर चले आए हों। यह वेश तो विदूषक को ही अधिक फबता है। पूर्णता का अर्थ यही है कि यदि आप कुर्त्ता ही पहनें तो उस पर जवाहर सदरी पहन ले। शरीर कसने से चेतनता आ जाएगी। सिर पर टोपी लगाइए, नीचे तक धोती पहनिए या पाजामा और पंप जूता, देशी नागरा या चट्टी पहनिए, यह पूर्णवेश होगा। इसी पूर्णता के साथ यह भी ध्यान रखिए कि बटन न खुले हों, चुटिया टोपी में से न झाँके। यदि आपको बाल पालने की रुचि हो तो बालों में तेल डालकर उनमें कंघी कर लीजिए। यदि दाढ़ी रक्खी है तो ठीक

है, यदि नहीं तो नियमतः दाढ़ी मुँड़वाते या मूँड़ते रहिए। आपका मुखमंडल अरक्षित जंगल न बन जाना चाहिए। नासिका और ओष्ठ के मध्यप्रान्त के विषय में सम्मति देना हम उचित नहीं समझते। यदि पुरुषत्व के प्रत्यक्ष प्रतीक की रक्षा करनी उचित समझें तो मूँछ रखिए और यदि उसे अनावश्यक तथा विश्वबन्धुत्व और लिंग-समत्व के समाजवादी सिद्धान्त की प्रगति में बाधक समझें तो उस नासिका तथा ओष्ठ के मध्यप्रान्त का परिष्कार करा डालिए। भिन्न रुचिहि लोकः के अनुसार उसके लिए कोई नियम नहीं बनाया जा सकता। पर यह अवश्य ध्यान रखना चाहिए कि आप खस का इत्र, लवेण्डर या सुगन्धित तैल लगाकर कक्षा में न पहुँचें। इससे बालकों पर बुरा प्रभाव पड़ता है। उनकी अनुकरणशील प्रकृति शीघ्र ही इधर झुकेगी और उन्हें शीघ्र ही व्यसन तथा अतिव्ययता की ओर खींच ले जाएगी।

उपर्युक्त विवरण का परिणाम यही निकला कि अध्यापक सादे, स्वच्छ और पूर्ण वस्त्र पहनकर, मन्द मुस्कान के साथ कक्षा में प्रवेश करे और वहाँ उसकी मुख मुद्राएँ तथा अंग-संचालन ललित तथा सोद्देश्य हों।

7

कक्षा में पहुँचने पर

जब पहले पहल नया अध्यापक कक्षा में प्रवेश करता है तो उसका धैर्य लुप्त हो जाता है, उसका साहस हवा हो जाता है, उसकी सिट्टी-पिट्टी भूल जाती है, उसे ऐसा जान पड़ता है मानो उसे काठ मार गया हो। जितना कुछ वह सोच-विचार कर, पढ़-लिखकर आता है वह सब विस्मृत हो जाता है। कभी-कभी कुछ लजीले युवक जब अध्यापक की वृत्ति धारण करके कक्षा में प्रवेश करते हैं तो बालकों से चार आँखें होते ही उनके गालों पर गुलाबी दौड़ जाती है, कानों पर लाली छा जाती है, छुई-मुई की पत्तियों के समान वे ऐसे सिकुड़ जाते हैं कि फिर आँख नहीं उठाते, झेंपकर रह जाते हैं। कभी-कभी कोई अध्यापक पहले से यह सोच-विचारकर चलते हैं कि लड़कों को यों डाँटेंगे, यों फटकारेंगे और कोई शरारत करेगा तो उसकी यों मरम्मत करेंगे। ऐसे लोग कभी-कभी अपनी योजना पूरी भी कर डालते हैं किन्तु उसका फल बिलकुल उलटा होता है। छात्रगण पहले दिन से ही उनकी गिनती हिंसक जन्तुओं में करने लगते हैं और उन्हें दूर से देखकर बोली कसना भी प्रारम्भ कर देते हैं–

अरे भागो, भेड़िया आया। बचना, शेर आ रहा है, इत्यादि।

कभी-कभी कुछ लोग इतने सीधे, बिल्कुल बछिया के ताऊ बनकर कक्षा में जाते हैं कि उनका वेश तथा उनका आकार डंका बजाकर उनकी मूर्खता, अशक्तता और बुद्धूपन की घोषणा कर देते हैं और छात्र पहले ही साक्षात्कार में भाँप जाते हैं कि स्कूल में विनोदोत्सव की प्रकृत सामग्री विधाता ने बिना माँगे भेज दी है। अध्यापक महोदय की बड़ी-बड़ी व्यंग्यात्मक

प्रशंसाएँ होती हैं, लड़के उन्हें बुद्धू बनाते हैं पर वे समझते हैं कि हमारी पूजा हो रही है। जूतों के हार को वह जयमाला समझकर पहनते चले जाते हैं।

पीछे हम विस्तार से यह वर्णन कर आए हैं कि कक्षा में प्रवेश करने के पूर्व अध्यापक को क्या-क्या साधनाएँ करनी चाहिए और किन-किन गुणों, योग्यताओं और उपकरणों से सुसज्जित होकर कक्षा में प्रवेश करना चाहिए। इस अध्याय में हम यह विचार करेंगे कि कक्षा में पहुँचकर अध्यापक को किस प्रकार व्यवहार करना चाहिए।

कक्षा में प्रवेश करते ही अध्यापक को चाहिए कि मृदु मन्द हास के साथ कक्षा के स्वागत-सत्कार का अभिनन्दन करे और तत्काल छात्रों को बैठ जाने का आदेश दे दे। यह तो हम पहले ही कह आए हैं कि अध्यापक को पाठ से सम्बन्ध रखने वाली पोथी, चित्र, मानचित्र आदि आवश्यक उपादान साथ ले आने चाहिए। इन वस्तुओं को मेज़ पर अथवा तदनुकूल स्थानों पर रखकर झाड़न लेकर श्यामपट्ट को पोंछकर स्वच्छ कर देना चाहिए, क्योंकि कभी-कभी यह होता है कि श्यामपट्ट पर कभी तो गणित के प्रश्न लिखे रहते हैं और कभी ड्राइंग का तोता बना रहता है और अध्यापक पढ़ाते हैं इतिहास। इससे छात्रों का ध्यान बीच-बीच में उन लेखों से उचटता रहता है। उसके पश्चात् श्यामपट्ट के दाईं ओर अर्थात् अपने बाएँ हाथ की ओर कोने में तिथि लिख देनी चाहिए। यह करने के पश्चात् एक दृष्टि चारों ओर घुमाकर यह देख लेना चाहिए कि सभी छात्र पिछले घंटे के पाठ के काम से छुट्टी पा चुके हैं या नहीं। ऐसा तो नहीं है कि एक अभी सवाल निकाल रहा है, दूसरा अनुवाद कर रहा है, तीसरा मानचित्र खींच रहा है। दृष्टि सहानुभूतिमय होने के साथ-साथ उसे यह चेतावनी भी दे देनी चाहिए कि अब पिछला काम जहाँ का तहाँ बन्द कर दो और उस घंटे के लिए निर्दिष्ट पाठ को ग्रहण करने के लिए सन्नद्ध हो जाओ। इस प्रकार दृष्टि घुमाने का फल सदा अच्छा होता है। छात्रों को यह निश्चय हो जाता है कि अध्यापक की दृष्टि बड़ी व्यापक और तीखी है, हमारी दाल न गलेगी, हमें सावधान हो ही जाना चाहिए। इससे दूसरा लाभ यह भी होता है कि पाठ के प्रारम्भ करते ही छात्रों की एकाग्रता मिल जाती है, पाठ ठीक प्रकार से प्रारम्भ होता है और अंग्रेजी कहावत 'वेल् बिगन इज़ हाफ़ डन' के अनुसार अच्छे को प्रारम्भ में ही आधी सफलता मिल जाती है।

इस प्रारम्भिक दृष्टि-प्रसरण से अनुपस्थित छात्रों का पता भी लग जाता है। अनुपस्थित छात्रों के विषय में भी पूछताछ करना अत्यन्त आवश्यक है। किन्तु यह पूछताछ भी संक्षिप्त, सहानुभूतिमय होनी चाहिए। जैसे–

आज गोपाल क्यों नहीं आया।

उसकी तबीयत तो ठीक है। आदि

अथवा

क्या आज गोपाल किसी बारात में चला गया।

कहीं लड्डू-कचौड़ी पर धावा तो नहीं है।

इनमें से पहले प्रकार के प्रश्न तो सहानुभूतिमय हैं और पिछले प्रकार के व्यंग्यात्मक। पहले प्रकार के प्रश्नों से छात्रों के मन में यह भाव उत्पन्न होता है कि अध्यापक की

आँखों से कोई बचकर नहीं भाग सकता और वे हम लोगों का कितना ध्यान रखते हैं। उनके मन में स्नेहमय, श्रद्धामय आतंक बना रहता है।

यह ध्यान रखना चाहिए कि आपके इन प्रश्नों में जान करके भी दोष ढूँढ़ने की, अपराध लगाने की अथवा चरित्रहीनता सिद्ध करने की गन्ध नहीं होनी चाहिए। अर्थात् आप ऐसे प्रश्न न कर बैठें–

गोपाल कहीं कम्पनी बाँग में आम चुराते रह गए क्या?

गोपाल गुल्ली-डंडा खेलते रह गए हैं क्या?

गोपाल ने सवाल नहीं किए होंगे इसीलिए भागा है?

क्या कहीं सिगरेट फूँकते रह गए हैं?

इस प्रकार के प्रश्न छात्रों के उस सामूहिक आत्म-सम्मान को ठेस लगाते हैं जो अकारण अपने वर्ग के लोगों के मानापमान से संबद्ध रहता है। यह स्मरण रखिए कि दूसरे में दोष निकालने की बुद्धि नीचता की कसौटी है। मनोवैज्ञानिकों का कहना है कि जो दूसरों में दोष देखता है वह स्वयं दोषी होता है।

कभी-कभी आपके इस प्रकार के प्रश्नों के उत्तर में छात्र लोग भी कह दिया करते हैं–

मास्टर साहब उसने लिखा नहीं होगा, इसी से नहीं आया–

अथवा

वह ताश खेल रहा होगा। आदि–

ऐसे उत्तरों को कभी उत्साहित नहीं करना चाहिए वरन् एक सहास व्यंग्यात्मक प्रत्युत्तर द्वारा उसको वहीं ठंडा कर देना चाहिए। जैसे–अच्छा, जान पड़ता है आज तुम लिख लाए हो।

अथवा

जान पड़ता है उसने आज तुम्हें ताश नहीं खेलाया है, आदि।

इसका तात्पर्य यही है कि आपको न तो छात्रों में दोष निकालने चाहिए और न छात्रों को ही इस प्रकार उत्साहित करना चाहिए कि वे अपने साथियों के दोष निकालें। यदि इस प्रकार की उत्तेजना अध्यापक की ओर से कभी छात्रों को मिल जाती है तो वे आगे चलकर चुगलखोर हो जाते हैं और ऐसे ही लोग देशद्रोही सिद्ध होते हैं।

कभी-कभी छात्रों से कुशल-प्रश्न भी कर लेने चाहिए। किसी को दुखी, उदास अथवा उद्विग्न देखकर उससे कुशल-मंगल पूछ लेना चाहिए और उसको हँसाकर चेतन कर देना चाहिए।

कुछ अध्यापक कक्षा के किसी छात्र पर विशेष कृपा दिखाते हैं, उसी से नित्य कुशल-मंगल पूछते हैं और उसके अनुपस्थित होने पर बड़ा दुःख प्रकट करते हैं। यह बात सर्वथा अवांछनीय है। चाहे अध्यापक छात्र के वास्तविक गुण के कारण ही उसका पक्षपात करता हो किन्तु उसका अर्थ दूसरा ही लगाया जाता है। यहाँ तक कि कभी-कभी उस छात्र और अध्यापक पर चारित्रिक दोष लगा दिया जाता है, उनके सम्बन्ध को कलुषित सिद्ध करने के सटीक और अकाट्य प्रमाण जुटा लिए जाते हैं, उस छात्र के अनेक वीभत्स नाम

रख दिए जाते हैं और उसका स्कूल में रहना कठिन कर दिया जाता है। स्कूल की दीवारों पर, सड़क के किनारे, सार्वजनिक सूचना-पट्टों पर तथा शौचालयों में तत्सम्बन्धी विशाल साहित्य का निर्माण होने लगता है। अतः अध्यापक को कभी भूलकर किसी एक छात्र को विशेष कृपापात्र नहीं बनाना चाहिए और न उसके विषय में कभी विशेष पूछताछ करनी चाहिए। पक्षपात अध्यापक का सबसे बड़ा शत्रु है।

इसके पश्चात् यह देख लेना चाहिए कि छात्र पोथियाँ या पाठ-सम्बन्धी अन्य सामग्री–कॉपी, कलम, पेंसिल, रबड़, मानचित्रावली आदि–लाए हैं या नहीं। जो न लाए हों उनकी भी भर्त्सना नहीं करनी चाहिए। उनको प्रेम से आगे सावधान रहने का सन्देश दे देना चाहिए। हम आगे एक अध्याय में नियमित अपराधियों तथा दोषियों की व्यवस्था करने का विधान सुझावेंगे।

ऊपर दी हुई सब क्रियाएँ डेढ़-दो मिनटों में समाप्त हो जानी चाहिए। ऐसा न हो कि कुशलमंगल पूछने में पूरा घंटा ही बीत जावे, पाठ प्रारम्भ करने का अवसर ही न मिले। इन आवश्यक प्रारम्भिक क्रियाओं (एसेन्शल प्रिलिमिनरीज) के पीछे ही पाठ प्रारम्भ होता है।

प्रत्येक पाठ के तीन मुख्य भाग होते हैं–1. आरम्भ या प्रस्तावना, 2. मध्य या मूल पाठ और 3. अन्त या आवृत्ति।

प्रस्तावना

प्रस्तावना का अर्थ यह है कि किसी न किसी रुचिकर प्रकार से छात्रों के पूर्वसंचित ज्ञान का आधार लेकर उन्हें वहाँ से ले जाकर पहुँचा दिया जाए जहाँ से निर्दिष्ट पाठ आरम्भ करना है। इस प्रस्तावना के द्वारा कोई भी ऐसी बात न प्रकट हो जो अध्यापक को पढ़ानी हो या जो छात्रों की समझ से बाहर हो।

प्रस्तावना के अनेक ढंग हैं। हम किसी पाठ की प्रस्तावना प्रश्नों से, चित्र से, मानचित्र से, प्रतिकृति से, कथा-कहानी से, दृष्टान्त से, प्रयोग से, आंगिक अभिनय से अथवा अन्य ऐसे किसी प्रकार से कर सकते हैं। इन प्रकारों का सफल प्रयोग किस प्रकार करना चाहिए, इसकी विस्तृत मीमांसा हम आगे करेंगे।

मूल पाठ

मूल पाठ के अध्यापन के कई अंग हैं। वे हैं–पठन, व्याख्या तथा विश्लेषण। इन तीनों अंगों के प्रयोग का सामूहिक उद्देश्य यह है कि छात्र पाठ को भली प्रकार समझ सकें, उसे अपना सकें।

पठन

पठन के विषय में हम 'अध्यापक का कंठ' वाले अध्याय में पाठक के गुणों का वर्णन कर आए हैं और हमने 'भाषा की शिक्षा' में इस विषय पर विस्तार से विचार किया है।

व्याख्या

व्याख्या ही वास्तव में पाठ का जीवन है। व्याख्या जितनी ही कलात्मक और रुचिकर होगी उतनी ही शीघ्र पाठ छात्रों की समझ में आ जावेगा। व्याख्या करने के लिए निम्नलिखित विधियों का प्रयोग किया जाता है–

1. प्रश्नोत्तर।
2. वस्तु-प्रदर्शन।
3. चित्र, मानचित्र, मूर्ति अथवा प्रतिकृति प्रस्तुत करना।
4. आंगिक अभिनय।
5. श्यामपट्ट का प्रयोग।
6. तुलना।
7. उदाहरण।
8. आधार का स्पष्टीकरण।
9. अर्थ देना।
10. व्युत्पत्ति।
11. कथा।
12. प्रयोग।

इन विधियों के उचित प्रयोग का विस्तृत विवेचन आगे के अध्यायों में होगा। किन्तु कुछ थोड़ी-सी बातें स्मरण रखनी चाहिए–

(1) कक्षा में जीवित जीव-जन्तु–बन्दर, बिल्ली, साँप आदि–प्रदर्शन के लिए कभी न लाने चाहिए क्योंकि उनसे या तो छात्र डर जाएँगे या उनका मन उन्हीं में लग जाएगा, पाठ धरा रह जाएगा।

(2) अंग-संचालन के विषय में हम पीछे भी कह आए हैं कि वह ललित, उचित, आवश्यक तथा सोद्देश्य होना चाहिए।

(3) बन्दूक, बारूद, पिस्तौल, विष आदि भयानक पदार्थों का प्रयोग या प्रदर्शन कक्षा में नहीं करना चाहिए।

भाव-विश्लेषण

प्रश्नों के द्वारा भाव-विश्लेषण होता है। इसकी मीमांसा भी प्रश्नों के प्रयोग की व्याख्या करते समय होगा।

आवृत्ति

पाठ की आवृत्ति दो प्रकार से होती है, प्रश्नों के द्वारा तथा घर पर करने के लिए काम देकर। प्रश्नों का विचार तो हम आगे करेंगे ही। घर पर करने के लिए जो प्रश्न दिए जाएँ उनके विषय में कुछ बातें स्मरण रखनी चाहिए–

1. गर्मी और बरसात में घर पर करने के लिए कुछ नहीं देना चाहिए। उसकी कमी जाड़े में पूरी कर लेनी चाहिए।

2. काम देते समय अध्यापक को यह देख लेना चाहिए कि अन्य अध्यापकों ने कितना काम दिया है। वह लेखा लेकर छात्रों की योग्यता और शक्ति के अनुकूल काम देना चाहिए।
3. इसकी भली भाँति परीक्षा कर लेनी चाहिए कि छात्र स्वयं काम करता है या दूसरों से सहायता लेता है, क्योंकि प्रारम्भ में तो यह बात छोटी-सी जान पड़ती है किन्तु आगे चलकर यह परावलम्बता उसे आलसी, अकर्मण्य और परमुखापेक्षी बना देती है।
4. घर के लिए दिया हुआ काम ऐसा हो जिसमें बालक की कल्पना और रचना-शक्ति दोनों का विकास हो, बुद्धि और स्मृति का उचित शिक्षण हो।
5. यह काम अधिकतर ऐसा हो जो बालक के भावी जीवन में सहायक भी हो।

अतिरिक्त कार्य

स्कूलों में नियमित रूप से अपना निर्दिष्ट विषय पढ़ाने के अतिरिक्त अध्यापक को दूसरे विषय भी पढ़ाने के लिए दे दिए जाते हैं। यह प्रायः तब होता है जब कोई अध्यापक छुट्टी पर चले जाते हैं। ऐसे कृपा-पाठन (काइण्डली क्लासेज़) में बहुत से अध्यापक तो इधर-उधर करके घंटा बिता देते हैं, बहुत से अपना ज्ञात विषय ही पढ़ाने लगते हैं और बहुत कम ऐसे अध्यापक हैं जो उस घंटे के लिए निर्धारित पाठ पढ़ाते हैं या जिनमें वह पढ़ाने की क्षमता हो।

ऐसे ही अवसरों पर चतुर अध्यापकों की परीक्षा हो जाती है और बड़े-बड़े आडम्बरी अध्यापकों की पोल भी खुल जाती है। अतः अध्यापक को स्कूल के सभी विषयों से थोड़ी बहुत जानकारी अवश्य होनी चाहिए। यदि अध्यापक चतुर हो और अपनी आँखें खुली रक्खे, स्कूल में जो कुछ होता हो उसको सावधानी से देखता-सुनता रहे तो उसे शीघ्र ही सफलता मिल सकती है। यों भी थोड़ा-सा स्वाध्याय और सतत ज्ञान-संचय करने की रुचि भी उसे शीघ्र ही हरफनमौला, जैक ऑफ़ ऑल ट्रेड्स तथा सब गुन-गुनी बना सकता है। अध्यापक को स्कूल के सभी पाठ्य विषयों में से चुन-चुन कर कुछ ऐसे प्रसंग चुटकुले, सागरयाएँ निकाल लेनी चाहिए जिनका वह ऐसे अवसरों पर निर्भय और निःशंक प्रयोग कर सके।

दूसरी विधि ऐसे अवसरों के लिए यह है कि वह कुछ ऐसे विधानों का आश्रय ले जिससे वह कक्षा भर को काम में लगा सके और वह काम ऐसा हो जो छात्रों का ज्ञान बढ़ावे और उन्हें रुचिकर हो। हम ऐसे विधानों में से कुछ का नीचे उल्लेख करते हैं—

1. अन्त्याक्षरी-प्रतियोगिता। कक्षा में दो दल बना दिए जाएँ और प्रत्येक दल अपने प्रतिद्वन्द्वी दल के किसी सदस्य द्वारा कही हुई कविता के अन्तिम अक्षर से प्रारम्भ होने वाली कोई कविता कहे जो अन्त में न कह सके वह दल पराजित समझा जाए।
2. मानचित्र का अध्ययन (मैपस्टडी)। कक्षा में दो दल बना दिए जाएँ। एक दल दूसरे दल के किसी सदस्य से कोई स्थान मानचित्र पर बतलाने को कहे।

यदि वह न बतला सके तो उसका दल पराजित समझा जाए और जीतने वाले दल को उतने ही नम्बर मिलें। फिर पराजित दल के सदस्य वैसे ही पूछें और यह क्रम घंटे भर तक चलता रहे।

3. घटना-तिथि-विमर्श—यह इतिहास के घंटे में किया जाता है। कक्षा में दो दल बना दिए जाएँ। वे परस्पर विभिन्न ऐतिहासिक घटनाओं की तिथि दूसरे दल वालों से पूछें। बता देने पर बताने वाले दल को नम्बर मिलें और न बताने पर भी पूछने वाले दल को नम्बर दिए जाएँ।
4. पहेली-बुझौवल। पहले पूछना और उत्तर निकलवाना।
5. कहानी सुनाना। हम आगे विस्तार से बतावेंगे कि किस प्रकार की कहानी सुनानी चाहिए और कैसे सुनानी चाहिए। कहानियाँ छात्रों से भी कहलानी चाहिए। किन्तु यह ध्यान रहे कि कहानियाँ अश्लील और भद्दी नहीं होनी चाहिए।

अगले अध्याय में हम उन कारणों की विस्तृत विवेचना करेंगे जिनकी सहायता के बिना अध्यापक की कला निरर्थक हो जाती है।

8
प्रश्न करने की कला

डिग्रियाँ के भार से लदा ज्ञान लव-दुर्विदग्ध नवीन अध्यापक जब कक्षा में पहुँचता है तो उसका उद्देश्य यही रहता है कि वह जैसे बने वैसे छात्रों पर अपने पांडित्य की धाक जमा दे। अनेक पुस्तकों, सूक्तियों, दोहों, कथाओं आदि का आश्रय लेकर वह अपनी वाणी की टोंटी उदारता से खोल देता है और उसकी वाणी का जल चौड़े मुँहवाली कलों के जल के समान छात्रों की बुद्धिरूपी लुटियों में तो कम पहुँचता है, बाहर अधिक गिर जाता है। जो ज्ञान भीतर जाता भी है वह इतनी तीव्र गति से पहुँचाया जाता कि उस वेग के कारण भीतर पहुँचा हुआ ज्ञान भी बाहर उफ़न पड़ता है। इसलिए शिक्षाशास्त्री कहते हैं कि अपनी जीभ पर लगाम लगाओ, स्वयं कम बोलो, छात्रों को अधिक बोलने दो।

पर यदि आपकी जिह्वा अविरल गति से चलती चली जाएगी तो छात्र बोलेंगे कहाँ से। यह सम्भव है कि वे थोड़े दिनों में ही आपकी विद्वत्ता का दम भरने लगे, आपके पांडित्य का लोहा मान लें। किन्तु साथ ही आपकी वाणी के वेग गति से ही उनके मन में यह भावना भी प्रबल होती जाएगी कि हम बड़े मूढ़ हैं, कुछ नहीं जानते, मास्टर जैसे विद्वान् हम नहीं बन सकते; या मास्टर साहब विद्वान् तो हैं पर हमारे काम के नहीं हैं यह भावना बालकों को धीरे-धीरे इतना आत्महीन बना देगी कि उन्हें अपनी शक्ति में, अपने श्रम में अश्रद्धा हो जाएगी। अतः अध्यापक को चाहिए कि अपनी वाणी का प्रयोग इस प्रकार करे कि छात्रों में आत्मनिर्भरता बढ़े, उन्हें अपनी शक्तियों का ज्ञान हो, अपनी

निरन्तर बढ़ती हुई योग्यता का परिचय हो और उनमें यह आत्मविश्वास बढ़े कि हम भी मास्टर साहब जैसे विद्वान् हो सकते हैं।

छात्रों में इस आत्मविश्वास को उत्पन्न करने के लिए शिक्षाशास्त्र का आदेश है—

स्वयं मत बताओ, छात्रों से पूछो।

कहो मत, छात्रों से कहलाओ।।

अर्थात् इस प्रकार प्रश्न करो कि पाठ्य ज्ञान स्वयं छात्रों से ही कहला लिया जाए, उनकी कल्पना-शक्ति, व्यंजना-शक्ति, ग्रहण-शक्ति, समझने की शक्ति उत्तेजित हो और अध्यापक स्वयं उपदेष्टा तथा आदेशदाता न बनकर पथ-प्रदर्शक मात्र बना रहे, मार्ग सुझा भर दे, किन्तु उनका हाथ पकड़कर आगे-आगे न चले।

प्रश्न निर्माण करना तथा प्रश्न पूछना भी एक कला है। यदि सब प्रकार के प्रश्नों का अध्ययन किया जाए तो जान पड़ेगा कि जितने प्रकार के प्रश्न होते हैं वे सभी काम के नहीं होते। उनमें से बहुत से तो व्यर्थ होते हैं और कई ऐसे होते हैं जो ज्ञान-संचय अथवा कल्पना के विकास में सहायता नहीं देते। ऐसे अनुपयुक्त प्रश्नों को त्याज्य प्रश्न कहते हैं। प्रश्नों के विविध प्रकारों की मीमांसा करने से पूर्व यह भी जान लेना चाहिए कि प्रश्नों के अवलम्ब से क्या लाभ होता है।

प्रश्न करने से छात्रों में चेतनता आती है, वे शिथिल, अकर्मण्य, निद्रालु नहीं होने पाते, उनका चित्त एकाग्र रहता है, क्योंकि उन्हें प्रतिपल यही चिन्ता लगी रहती है कि कहीं अध्यापक महोदय हमसे न पूछ बैठें। इसलिए वे चौकन्ने रहते हैं, कान खड़े रखते हैं।

प्रश्न करने से बालकों की कल्पना-शक्ति उद्दीप्त होती है, उनकी चिन्तन-शक्ति बढ़ती है और किस प्रकार तथा कितना उत्तर देना चाहिए, इसका भी धीरे-धीरे अभ्यास होता जाता है। इस प्रकार उनकी विवेचना-शक्ति भी उन्नत होती जाती है।

प्रश्न करने से छात्रों में आत्मविश्वास भी बढ़ता है। दो-चार बार प्रश्नों का उत्तर देने से उनके मन में यह विश्वास बैठता जाता है कि हमें तो बहुत कुछ आता है। वे अपने को अन्य अनुत्तरदायी छात्रों से श्रेष्ठतर समझने लगते हैं। इस प्रकार छात्रों की भाव प्रकट करने की शक्ति को तो सहारा मिलता ही है, साथ ही वे खुलकर बोलने लगते हैं, उनका संकोच भाग जाता है, उनका हियाव खुल जाता है, उनका दब्बूपन दूर हो जाता है।

प्रश्न करने से सबसे बड़ा लाभ तो यह होता है कि छात्र स्वयं सीखता है, अध्यापक का काम भी सरल हो जाता है और उसे आत्मतुष्टि भी होती है। इस प्रकार प्रश्न-प्रणाली सभी प्रकार से हितकर ही है।

प्राचीन प्रश्न-प्रणाली और वर्तमान प्रश्न-प्रणाली में बहुत अन्तर हो गया है। पहले छात्र प्रश्न करते थे और अध्यापक उनका समाधान करते थे। उस समय की शिक्षा-प्रणाली ऐसे व्यवस्थित थी कि छात्रों को इस योग्य बना दिया जाता था कि वे स्वयं शास्त्र का मनन कर, उसकी उपयुक्तता तथा अनुपयुक्तता की मीमांसा करें, अपने परिणाम निकालें और परीक्षा करें। इस प्रकार शास्त्र का अध्ययन करके वे अपनी शंकाएँ गुरु के सम्मुख उपस्थित करते थे और गुरु उनकी शंकाओं का समाधान करते थे।

यूनान में वहाँ के प्रसिद्ध तत्त्वज्ञानी तथा विद्वान् श्रीसुकरात ने भी इसी प्रणाली का आश्रय लिया था। उनकी विशेषता यह थी कि वे प्रश्न के उत्तर में ऐसे प्रश्न पूछते थे कि स्वतः उत्तर न देकर पूछने वाले से ही उत्तर निकलवा लेते थे, जैसे–यदि कोई पूछे कि ईश्वर कहाँ है, तो महात्मा सुकरात की प्रणाली के अनुसार तत्काल उससे पूछना चाहिए कि ईश्वर कहाँ नहीं है। बस यहीं से वह पूछने वाला स्वयं उत्तर देने वाला बन जाता है।

वर्तमान काल की प्रश्नोत्तर-प्रणाली इन उपर्युक्त दोनों प्रणालियों से भिन्न है। आजकल तो सभी पाठ्य विषयों पर पुस्तकें निर्धारित हैं। छात्र जब उनको पढ़ लेते हैं, चाहे अनुच्छेद-क्रम से, चाहे परिच्छेद-क्रम से, तब अध्यापक उस पठित अंश को पक्का करने के लिए या उसकी आवृत्ति करने के लिए प्रश्न करता है। एक प्रकार से यह छात्रों की अर्जित ज्ञान-परीक्षा के समान होता है, किन्तु इस प्रश्न-प्रणाली को थोड़ा-सा व्यवस्थित करने से छात्रों के ज्ञान-विकास और मनोविकास में बड़ी सहायता मिल सकती है।

हम लोग आजकल जो प्रश्न करते हैं, उनके पाँच उद्देश्य होते हैं–

1. नया पाठ पढ़ने से पूर्व बालक की ज्ञानपरिधि कितनी है इसकी परीक्षा लेना।
2. पठित अंश को छात्र ने कितना समझा है या पठित पाठ को कितना समझ सकता है इसकी परीक्षा करना।
3. पठित अंश की आवृत्ति करना।
4. पठित अंश का कितना व्यावहारिक प्रयोग कर सकते हैं इसकी परीक्षा लेना।
5. उनकी कल्पना-शक्ति तथा विवेचना-शक्ति कितनी बढ़ी है इसकी परीक्षा करना।

इस प्रकार उद्देश्यों के जान लेने पर प्रश्नों के प्रकार भी जान लेने चाहिए और उनमें से कौन से प्रकार ग्राह्य या त्याज्य हैं, इसकी विवेचना भी कर लेनी चाहिए।

1. कुछ प्रश्न परीक्षात्मक प्रश्न (टेस्टिंग या एक्स्प्लारेटरी क्वैश्चन्स) होते हैं। इनका उद्देश्य यह जानना होता है कि बालक नये पाठ को ग्रहण कर सकता है नहीं, उसका पूर्व-संचित ज्ञान अथवा आधार-ज्ञान इतना दृढ़ है या नहीं कि वह नवीन पाठ के भार को सँभाल सके ऐसे प्रश्न पाठ के आरम्भ में ही पूछे जाते हैं और इनका उचित उत्तर पाने से यह निर्णय हो जाता है कि बालक का मन पक्का है, वह नया पाठ ग्रहण करने के लिये सर्वथा उपयुक्त है। इन प्रश्नों को प्रस्तावनात्मक प्रश्न या प्रारम्भिक प्रश्न (इन्ट्रोडक्ट्री या प्रिपेरेटरी क्वैश्चन्स) भी कहते हैं। ऐसे प्रश्नों के निर्माण के विषय में यह स्मरण रखना चाहिए कि प्रश्न क्रमिक हों अर्थात् प्रत्येक प्रश्न अपने पूर्ववर्ती प्रश्न के परिणामस्वरूप प्रतीत होता हो। दूसरी बात यह है कि प्रश्न छोटे हों, एक धारा में उचित स्वर तथा भावभंगी के साथ कह डाले जाए और उनके उत्तर में कोई ऐसी बात न छिपी हो या सम्भावित हो जो अध्यापक को पढ़ानी हो। मान लीजिए हमें ताजमहल पर पाठ पढ़ाना है तो हम परीक्षात्मक प्रश्न इस प्रकार कर सकते हैं–

1. संसार में कौन-कौन से सुन्दर भवन हैं।
2. इनमें से भारत में कितने हैं।

3. इनमें भी सबसे सुन्दर कौन-सा भवन है।

4. यह भवन कहाँ पर है।

यहाँ समाप्त कर देना चाहिए, क्योंकि इसके आगे तो आपको पढ़ाना ही है। अतः आप इसी स्थान पर यह नहीं पूछ सकते–

इसे किसने बनवाया?

क्यों बनवाया? इत्यादि

यद्यपि कक्षा में ऐसे बहुत से बालक निकल आवेंगे जो इन प्रश्नों का भी उत्तर दे देंगे, किन्तु इससे नवीन पाठ के कुतूहल की निवृत्ति हो जाएगी और पाठ का रस विरस हो जाएगा। अतः प्रारम्भिक प्रश्नों के द्वारा छात्रों को उस भूमि तक पहुँचाकर छोड़ देना चाहिए जहाँ से नया पाठ प्रारम्भ हो अर्थात् उनके मन में नया ज्ञान प्राप्त करने की उत्कंठा, गुदगुदी, उत्सुकता उत्पन्न कर दी जाए। साथ ही यह भी स्मरण रखना चाहिए कि ये प्रारम्भिक प्रश्न अल्प ही हों, क्योंकि प्रस्तावना सूक्ष्म सीधी, स्पष्ट और रुचिकर होनी चाहिए।

2. दूसरे प्रकार के प्रश्न बोध-परीक्षात्मक या आवृत्यात्मक प्रश्न (टेस्ट क्वैश्चन्स या क्वैश्चन्स ऑफ़ रिवीजन) कहलाते हैं। पाठ या पाठांश पढ़ाने के पश्चात् इन प्रश्नों के द्वारा यह जाँच की जाती है कि छात्रों ने पढ़ाए पाठ या पाठांश को भली भाँति समझ लिया या नहीं, अथवा जो सिद्धान्त या नियम उन्हें बता दिए गए हैं उन्हें छात्रगण हृदयंगम कर सके हैं या नहीं। ऐसे प्रश्न दो काम करते हैं। एक तो इनसे पाठ की आवृत्ति हो जाती है और दूसरे इनसे छात्रों की धारणा-शक्ति की भी परीक्षा हो जाती है। नीचे विविध पाठ्य विषयों के कुछ प्रश्न देकर ऐसे प्रश्नों का रूप दिखला दिया जाता है–

गणित– चार पैसे के तीन आम तो तीन आने के कितने?

भूगोल– हम कैसे जान सकते हैं कि पृथ्वी सूर्य के चारों ओर घूमती है?

इतिहास– चन्द्रगुप्त के राज्य-शासन की क्या विशेषताएँ थीं?

साहित्य– छै छिगुनी पहुँचौ गिलत, अति दीनता दिखाय।

बलि– बामन को ब्यौंत सुनि, को बलि तुम्हें पत्याय।।

(अ) उपर्युक्त दोहे में कौन-सी अन्तर्कथा है।

(आ) इस दोहे का क्या भावार्थ है?

संगीत– भैरवी में कौन-कौन से स्वर लगते हैं?

गृह विज्ञान– रोगी की सेवा करते समय परिचारिका को किन-किन बातों का ध्यान रखना चाहिए?

विज्ञान– भौतिक पदार्थों पर गर्मी का क्या प्रभाव पड़ता है?

इन प्रश्नों के विषय में यह बात स्मरण रखनी चाहिए कि इनका सम्बन्ध केवल पढ़ाए हुए पाठ से ही हो और उनके द्वारा पाठ के केवल महत्त्वपूर्ण अंशों की ही परीक्षा हो। यह नहीं कि बाल की खाल निकाली जाए। इनका उद्‌देश्य यही है कि पढ़े हुए पाठ-सम्बन्धी विचार व्यवस्थित और सक्रम हो जाएँ।

3. तीसरे प्रकार के प्रश्न समस्यात्मक प्रश्न कहलाते हैं। इन प्रश्नों के द्वारा छात्रों के समक्ष एक समस्या रख दी जाती है। इनका उद्देश्य कल्पना-शक्ति को उद्दीप्त करना होता है। इस प्रकार के प्रश्नों में क्यों, कैसे, किसलिए पूछा जाता है। ऐसे प्रश्नों के द्वारा यह पता चल जाता है कि छात्रों ने जो पढ़ा है उसे गुना भी है या नहीं; वे उसका प्रयोग कर सकते हैं या नहीं। इसका उत्तर देने में छात्रों को सोचना पड़ता है, कार्य-कारण-सम्बन्ध की जाँच करनी पड़ती है और कल्पना को जगाना पड़ता है। काव्य की समीक्षा के लिए तो केवल इसी प्रकार के प्रश्नों का आश्रय लेना चाहिए। इस प्रकार के प्रश्नों के रूप विभिन्न विषयों में इस प्रकार हो सकते हैं–

गणित– दो पेड़ों पर अलग-अलग कुछ चिड़िया बैठी हैं। एक पेड़ वाली दूसरे पेड़वाली चिड़ियों से कहती है कि यदि तुममें से एक हमारे पेड़ पर आ जाओ तो हम तुमसे तिगुनी हो जाएँ। दूसरे पेड़ वाली कहती है कि यदि तुममें से एक हमारे पेड़ पर आ जाओ तो हम तुम्हारे बराबर हो जाएँ। बताओ प्रत्येक पेड़ पर कितनी कितनी चिड़ियाँ हैं। (उत्तर-3 और 5)।

भूगोल– सूर्यग्रहण अमावस्या के दिन ही क्यों पड़ता है?

इतिहास– मुग़ल साम्राज्य के इतने दृढ़ होते हुए भी उसका पतन क्यों हो गया?

साहित्य– तुलसीदास जी ने जनक जी के लिए क्यों कहा है भए बिदेह बिदेह बिसेषी?

संगीत– गाया हुआ पद पढ़े हुए पद से अधिक मधुर, और प्रभावशाली क्यों होता है?

गृह विज्ञान– रोगी को तापमापक यंत्र (थर्मामीटर) में ज्वरांश क्यों नहीं देखने दिया जाता?

विज्ञान– एक पंक्ति में बिछी रेल की दो पटरियों के बीच थोड़ा अन्तर क्यों छोड़ दिया जाता है? इत्यादि

4. चौथे प्रकार के प्रश्न हैं विवेचनात्मक प्रश्न (डैवलपिंग क्वैश्चन्स)। अध्यापन का उद्देश्य तो वास्तव में मस्तिष्क को कुशल बनाना, विचार-शैली को व्यवस्थित और नियमित करना, भले-बुरे का, उचित-अनुचित का, कर्त्तव्य-अकर्त्तव्य का, शुद्ध-अशुद्ध का, ठीक-अठीक का सकारण, सयुक्ति-सतर्क निर्णय करना सिखाना है। इस प्रकार के प्रश्नों का यही उद्देश्य है। ऐसे प्रश्नों से बालक की मानसिक प्रगति का भी पता चल जाता है, क्योंकि वह स्वयं कल्पना करता है, तुलना करता है और परिणाम निकालता है और आपके प्रश्नों के क्रम के अनुसार बालक अपने भावों और विचारों को ठीक प्रकार से तहाकर रखता भी चलता है। अर्थात् इस प्रकार के प्रश्नों से बालकों के मस्तिष्क का विकास किया जाता है। इन प्रश्नों की रचना में बड़ी सावधानी रखनी चाहिए। ऐसे प्रश्नों की उपयुक्तता की परीक्षा तो इसी बात से जानी जा सकती है कि उनसे बालकों को कुछ सोचना पड़ रहा है या नहीं। यदि सोचना पड़ रहा हो तो समझना चाहिए कि बाण ठीक चलाया गया है।

इन प्रश्नों की कुछ अपनी विशेषताएँ हैं। ये स्पष्ट होने चाहिए अस्पष्ट नहीं। अर्थात् आप कोई निश्चित बात पूछिए। आपके प्रश्न का एक ही उत्तर हो, कई नहीं। भूगोल-शिक्षण से एक उदाहरण लीजिए–

अस्पष्ट प्रश्न– हिमालय से क्या निकलती है?

उत्तर– जड़ी बूटियाँ, अनेक धातुएँ, चट्टानें, आदि।

स्पष्ट प्रश्न– हिमालय से कौन-सी प्रसिद्ध नदियाँ निकलती हैं?

उत्तर- पंजाब की नदियाँ, गंगा, यमुना, ब्रह्मपुत्र।

ये प्रश्न सुबोध होने चाहिए, अर्थात् आपके प्रश्नों की भाषा ऐसी सरल हो कि छात्र उन्हें समझ सकें, वे दुर्बोध न हों। उदाहरण लीजिए–

दुर्बोध– प्रातःस्मरणीय राजपूत कुल-गौरव ने स्वकुल-गौरव के रक्षार्थ किन प्रथित साधनों का अवलम्बन लिया।

सुबोध– महाराणा प्रताप ने किस प्रकार अपनी आन को रखा।

ये सुगठित होने चाहिए अर्थात् इनमें उतने ही शब्द आवें जिनकी परम आवश्यकता हो। व्यर्थ के आडम्बरपूर्ण शब्दजाल की भरमार न हो। जैसे–

सुगठित– हर्षवर्धन ने किस प्रकार राज्य पाया?

आडम्बरपूर्ण–

(1) अच्छा देखें तुममें से कौन बता सकता है कि हर्ष को कैसे राज्य मिला? बताओ तो जानें।

(2) अच्छा भाई अब यह बताओ कि...।

(3) हाँ, तो अब कह जाओ कि...।

(4) यह तो हमने बता ही दिया है तो तुम झट से बता तो दो कि...।

उपर्युक्त प्रश्नों में रेखांकित भाग बिलकुल व्यर्थ है।

प्रारम्भिक कक्षाओं में बच्चों को बढ़ावा देने के लिए इस प्रकार के प्रश्न कभी कर लिए जाएँ तो बहुत बुरा नहीं है किन्तु ऊपर की कक्षाओं में तो इस प्रकार के प्रश्नों से समय और शक्ति का अपव्यय ही होता है।

चौथी विशेषता यह हो कि ये विषय-संगत हों अर्थात् पाठ्य विषय पर ही हों। यह न हो कि पढ़ा रहे हों चीन और पूछ रहे हों जापान। ऐसी भूल उन अध्यापकों से अवश्य होती है जो भली प्रकार तैयारी करके कक्षा में नहीं आते। उन्हें कुछ पूछना चाहिए इसीलिए पूछते हैं। मान लीजिए कोई विज्ञान का अध्यापक न्यूटन के आकर्षण-सिद्धान्त पर प्रश्न करता है–

1. प्रश्न– न्यूटन ने आकर्षण का सिद्धान्त कैसे निकाला?

उत्तर– पेड़ से सेव का गिरना देखकर।

इस प्रश्न तक तो ठीक है पर यदि इसके पश्चात् अध्यापक यह पूछ बैठे कि–

1. बढ़िया सेव कहाँ पाए जाते हैं।

या

2. न्यूटन कहाँ का रहने वाला था–

तो ये प्रश्न असंगत या अनर्गल कहे जाएँगे। अतः जिस प्रकार कक्षा में प्रविष्ट होने से पूर्व पाठ की तैयारी करना आवश्यक है, उसी प्रकार प्रश्नों की तैयारी करना भी आवश्यक है।

पाँचवीं विशेषता यह होनी चाहिए कि प्रश्न उपयुक्त हों, अर्थात् बालकों की मानसिक अवस्था तथा उनके ज्ञान से संबद्ध हों। उनमें उस प्रश्न के उत्तर देने का सामर्थ्य होना चाहिए।

इन उपर्युक्त गुणों से युक्त जो विवेचनात्मक प्रश्न पूछे जाएँगे उनसे अवश्य ही छात्रों की बुद्धि तथा विवेचना-शक्ति बढ़ेगी। नीचे हम इस प्रकार के विवेचनात्मक प्रश्नों के कुछ उदाहरण दे रहे हैं–

साहित्य– निम्नलिखित दो दोहों में काव्य-रचना, भाव-प्रदर्शन, भाषा और अलंकार की दृष्टि से क्या भेद है–

चातक सुतहि सिखावहि, आन नीर मत लेय।
मम कुल इहै सुभाव है, स्वाति बूँद चित देय।।

और

चरग-चंगुगत चातकहिं, नेम प्रेम की पीर।
तुलसी परबस हाड़ पर, परिहै पुहुमी नीर।।

ज्यामिति– दो त्रिभुजों को समान सिद्ध करने के लिए कौन कौन से आधार होने चाहिए?

इतिहास– अशोक और अकबर दोनों को महान् कहा गया है पर इन दोनों में महत्तर कौन है?

भूगोल– ब्रिटिश द्वीपसमूह और जापान में किन बातों में साम्य अथवा भेद है?

संगीत– वंशी और वीणा में कौन-सा यंत्र श्रेष्ठतर है और क्यों?

गृह-विज्ञान– दक्खिन द्वार वाले घर में मृत्यु रहती है इसका वैज्ञानिक कारण क्या है?

विज्ञान– बिजली से मनुष्य का उपकार अधिक हुआ है या अपकार। इत्यादि

इसके पश्चात् उन प्रश्नों की बारी आती है जिन्हें त्याज्य समझना चाहिए। ये हैं–

1. समर्थनात्मक प्रश्न- (कौरोबोरेटिव क्वैश्चन्स)। कुछ अध्यापकों की बान पड़ जाती है कि वे कुछ कहकर फिर छात्रों से पूछते हैं–ठीक है न! ऐसा है न! है न! आदि। ये प्रश्न केवल समर्थन कराने के लिए पूछे जाते हैं। धीरे धीरे ये सखुनतकिया बन जाते हैं। अध्यापक को प्रत्येक बात साधिकार कहनी चाहिए, उसे छात्रों के समर्थन की अपेक्षा नहीं करनी चाहिए।

2. प्रतिध्वन्यात्मक प्रश्न (ईको क्वैश्चन्स)– कुल लोगों की बान होती है कि वे एक बात कहेंगे और झट से उस पर प्रश्न करके वही बात कहला लेंगे। ऐसे प्रश्न त्याज्य होते हैं। जैसे–

कथन– मथुरा के पेड़े प्रसिद्ध हैं।

प्रश्न– मथुरा के क्या प्रसिद्ध हैं?

यदि छात्र ने पूर्व कथन ठीक पकड़ पाया है तो वह झट 'पेड़े' कह ही देगा। इस प्रकार के प्रश्नों से बुद्धि को तनिक भी कष्ट नहीं उठाना पड़ता। पर कभी-कभी चुनौती के रूप में ऐसे प्रश्नों का व्यवहार हो सकता है। जैसे–पितृभक्ति का पाठ पढ़ाते हुए अध्यापक ने कहा–राम सिद्धान्त की रक्षा के लिए वन को गए। यदि यह कहकर अध्यापक पूछ बैठे– राम वन को क्यों गए थे, तो इसका उत्तर 'सिद्धान्त की रक्षा के लिए' न होकर वचन-पालन, पितृस्नेह, पितृभक्ति तथा तदन्तर्गत कथा आदि होगा। अतः ऐसे प्रश्नों के प्रयोग में विवेक से काम लेना चाहिए।

3. हाँ-ना-वाले या अटकली प्रश्न (लीडिंग या गेस क्वैश्चन्स)। कुछ ऐसे प्रश्न होते हैं जिनके उत्तर 'हाँ' या 'नहीं' में होते हैं। ऐसे प्रश्नों के उत्तर में बिना सोचे अटकल से ही छात्र 'हाँ' या 'नहीं' कह डालते हैं। जैसे–

1. क्या काशी में गंगाजी बहती हैं? (हाँ)
2. क्या अशोक चन्द्रगुप्त विक्रमादित्य का पोता था? (नहीं)
3. क्या पीतल के बर्तन में देर तक रहने से दही बिगड़ जाता है? (हाँ)
4. क्या सूरदास जी राम-भक्त थे? (नहीं)
5. क्या भैरव राग में रे धा कोमल लगते हैं? (हाँ)
6. क्या बिजली की ए.सी. धारा आदमी को दूर फेंकती है? (नहीं)

उपर्युक्त प्रश्नों को यदि हम निम्न प्रकार से पूछें तभी ठीक है–

1. बनारस में कौन-सी नदी बहती है?
2. अशोक किसका पोता था?
3. पीतल के बर्तन में देर तक रक्खा रहने से दही कैसा हो जाता है?
4. सूरदास जी किसके भक्त थे?
5. भैरव राग में कौन-कौन से कोमल स्वर लगते हैं?
6. बिजली की ए.सी. धारा को छूने से क्या होता है?

यदि अटकली प्रश्न पूछे जाएँ तो उसके पश्चात् 'क्यों' प्रश्न करके उसका दोष-परिहार हो सकता है, किन्तु उसके प्रश्न भी दूसरे ढंग के होते हैं। जैसे–

प्रश्न– क्या चाय पीनी चाहिए?

उत्तर– नहीं।

प्रश्न– क्यों?

उत्तर– क्योंकि उससे पेट की थैली पर चाय का एक खोल चढ़ जाता है, पाचन-शक्ति बिगड़ जाती है, बुरी लत पड़ जाती है, अनेक प्रकार के मधुमेह आदि रोग हो जाते हैं, बुढ़ापा शीघ्र आ जाता है, आँतें बिगड़ जाती हैं और आगे चलकर माथा घूमने लगता है।

किन्तु यदि हम पहली सूची में से एक प्रश्न लें–

क्या काशी में गंगाजी बहती हैं–तो इसके उत्तर में 'हाँ या नहीं' मिल जाने पर भी हम 'क्यों' नहीं पूछ सकते। क्योंकि इस 'क्यों' का कोई उत्तर ही नहीं हो सकता। अतः जिन बातों में तथ्य का सन्निवेश होता है वहाँ हाँ-ना-वाले प्रश्न नहीं पूछने चाहिए, किन्तु जिन बातों में कार्यकारण-सम्बन्ध निहित हो उन पर ऐसे प्रश्न यदि पूछ लिए जाएँ तो फिर 'क्यों' पूछकर उसका दोष-परिहार किया जा सकता है।

4. समर्थ-पदलोपी प्रश्न (इलिप्टिकल क्वैश्चन्स)–इस प्रश्नावली को लुप्तपद-प्रतियोगिता भी कह सकते हैं। इसमें अध्यापक प्रश्न तो करता है पर मुख्य इच्छित पद को छिपा लेता है। यह एक प्रकार से पहेली बुझौवल का रूप धारण कर लेता है। जैसे प्रयाग राजधानी है...कहाँ की?

(उत्तर– युक्तप्रान्त की)

मालवीय जी ने काशी में बनाया— क्या?

(उत्तर— हिन्दू विश्वविद्यालय)

5. एक और भी प्रकार के निरर्थक प्रश्न होते हैं जिन्हें प्रश्नाभ्यास (ह्टौरिकल क्वैश्चन्स) कह सकते हैं। उनका उद्देश्य उत्तर लेना नहीं होता। वे केवल भावों को उत्तेजित करने के लिए, भाषण-शैली में ओज लाने के लिए प्रश्न का रूपक मात्र धारण करते हैं। प्रायः इतिहास और साहित्य के अध्यापक इस प्रश्नाभास शैली का अधिक प्रयोग करते हैं। उदाहरण लीजिए—

(अ) कौन ऐसा हिन्दू है जो तुलसीदास जी को नहीं जानता। कौन ऐसा भारतीय है जिसने उनका 'रामचरितमानस' नहीं पढ़ा और कितने ऐसे अरसिक हैं जिन्होंने उनके काव्य-रस में डुबकी नहीं लगाई, उसका रस नहीं लिया।

(आ) प्रताप के सिवाय और कौन था जिसने मुग़लों के आगे सिर नहीं झुकाया, कौन था जिसने जंगलों में रूखा-सूखा खाकर दिन काट दिए पर यवनों की अधीनता नहीं स्वीकार की। कौन ऐसा व्यक्ति है जो आज भी तीन सौ बरसों के बीतने पर भी उस नाम के जादू से फूल नहीं उठता, सिर नहीं उठा लेता, इत्यादि।

यद्यपि उपर्युक्त उद्धरणों में प्रश्न ही प्रश्न हैं पर उनके उत्तर अपेक्षित नहीं। यह शैली नेताओं और वक्ताओं के लिए छोड़ रखनी चाहिए। इस प्रकार प्रभावित करने से छात्रों की विवेचना-शक्ति कुंठित हो जाएगी, वे आपकी धारा में बह चलेंगे, उनकी निर्णयात्मिका-बुद्धि दब जाएगी और यह अनुचित होगा।

ग्राह्य तथा त्याज्य प्रश्नों की मीमांसा और व्याख्या कर चुकने पर प्रश्न करने के कुछ सिद्धान्त भी स्मरण रखने चाहिए—

1. प्रश्न करते समय मुखमुद्रा प्रसन्न हो तथा स्वर का उतार-चढ़ाव भावानुकूल हो।

2. प्रश्न सक्रम हों, संगत हों और सरल वाक्य में हों अर्थात् उनमें एक ही क्रिया हो अनेक सहायक वाक्य न हों। उदाहरण—

सरल वाक्य में— राम के वन जाने पर महाराज दशरथ ने क्या किया?

मिश्र वाक्य— जब राम वन को गए तब महाराज दशरथ ने क्या किया?

3. भद्दे, कुरुचिपूर्ण अनैतिक विषयों से सम्बद्ध प्रश्न न करने चाहिए।

4. प्रश्न करके उसे दुहराना न चाहिए। यदि आवश्यक हो तो छात्रों से ही उसकी आवृत्ति कराई जाए। अतः प्रश्न स्पष्ट और उचित स्वर से कहो जिसमें सभी सुन और समझ सकें।

5. बहुत अधिक धुआँधार प्रश्न भी न करने चाहिए। इससे बच्चे घबरा जाते हैं, नीरसता आ जाती है और कक्षा का कार्य मशीन के समान एकरस हो जाता है। बीच-बीच में कथा, कहानी, चित्र-प्रदर्शन आदि का बिचाव देना आवश्यक है।

6. प्रश्न को एक प्रवाह में कहना चाहिए, तोड़ तोड़कर नहीं। जैसे—

एक प्रवाह में— भारतवर्ष का मुख्य पैदावार क्या है?

तोड़कर— भारत-वर्ष-की मुख्य पैदा-वार क्या है?

7. प्रश्न और उत्तर के बीच इतना समय देना चाहिए कि छात्र सोचकर उत्तर दे सकें। प्रश्न करते ही एकदम अपनी तर्जनी की पिस्तौल नहीं दिखा देनी चाहिए। किन्तु इतना अधिक समय भी नहीं देना चाहिए कि उत्तर के साथ-साथ छात्रों का मन गुल्ली-डंडे या पड़ोस के उपवन में लगे हुए लँगड़े आम के पेड़ों पर भी रमण करने लगे।

8. प्रश्न का शुद्ध उत्तर पाकर उत्तरदाता की सराहना करनी चाहिए किन्तु अशुद्ध उत्तर पाकर एकदम उसकी पशुओं पक्षियों से तुलना न करने लग जाना चाहिए वरन् उसको उत्साहित करना चाहिए और एकदम अस्वीकृत नहीं करना चाहिए। प्रत्येक उत्तर के साथ सहानुभूतिमय व्यवहार होना चाहिए।

उत्तर किस प्रकार लेने चाहिए इसका विधान हम आगे बतावेंगे।

9

उत्तर निकलवाने की कला

प्रश्न करने की कला जान लेने पर इच्छित उत्तर छात्रों से प्रायः मिल ही जाते हैं। किन्तु पूरी सावधानी रखने पर भी कभी-कभी ऐसे बेतुके, अप्रत्याशित उत्तर मिल जाते हैं कि अध्यापक का बना-बनाया प्रासाद ढह पड़ता है, उसकी प्रस्तावित योजना निष्फल हो जाती है, सब किया कराया मिट्टी हो जाता है। ऐसे समय यदि अध्यापक अकुशल हुआ तो वह हतप्रभ हो जाता है, किंकर्त्तव्यविमूढ़ हो जाता है और समझ नहीं पाता कि इस भँवर से कैसे निकला जाए, इस अनागत विपत्ति से कैसे उद्धार हो, इस आकस्मिक संकट से कैसे छुटकारा मिले। ऐसी परिस्थिति प्रायः उस समय अधिक उग्र रूप से उपस्थित हो जाती है जब निरीक्षक महोदय विद्यालय का निरीक्षण कर रहे हों अथवा विद्यालय के मुख्याध्यापक अपनी विवरण-पुस्तिका (लॉग-बुक) भरने का प्रहसन कर रहे हों। ऐसे अवसरों पर प्रत्युत्पन्नमति वाले तो अपनी नाव खेकर पार लगा लेते हैं किन्तु यद्भविष्य लोग भँवर में पड़ते ही चक्कर खाने लगते हैं और फिर उसी भँवर में समा जाते हैं। यही तो धीरज धरकर सँभालने के अवसर हैं। ऐसे समय साहस में तनिक-सी कमी आई कि हाथ-पैर फूले, मुँह सूखा और अगला पैर कहाँ पड़ेगा इसकी भी सुधि नहीं रह जाती।

2	16	9	20	5	13
11	18	7	22	15	3
4	21	24	12	8	19
14	6	1	17	23	10

मेज अध्यापक / श्यामपट्ट

इस प्रश्न में कुछ नियम तो हम प्रश्नवाले अध्याय में बता चुके हैं, कुछ यहाँ बता देना आवश्यक समझते हैं। वे नियम ये हैं–

1. प्रश्न करके सोचने का समय देकर किसी एक छात्र की ओर दायाँ हाथ आधा फैलाकर, कलाई को झटका देकर तजनी उँगली से इंगित करो।

यह तर्जनी ऐसी ठीक इंगित करे कि उससे एक का ही बोध हो। यदि उँगली के साथ नाम भी स्मरण हो तब तो सोने में सुगन्ध समझो। बहुत से अध्यापक प्रश्न करके अपना पूरा हाथ फैला देते हैं, मानो पिस्तौल दागने वाले हों या कभी-कभी खुला पूरा हाथ फैला देते हैं जिससे जान पड़ता है कि ये किसी का स्वागत कर रहे हैं या परिचय पूछ रहे हैं। इसका यह अर्थ नहीं है कि पूरा हाथ फैलाना अक्षम्य अपराध है। यथावसर उसका प्रयोग भी हो सकता है। यदि आप तर्जनी दिखाकर नाम भी पुकारते हैं तो केवल नाम भर लीजिए 'नारायण प्रसाद'। इसका अर्थ यह होगा कि नारायण प्रसाद तुम बताओ। यह कहने की आवश्यकता नहीं है कि नारायण प्रसाद तुम बताओ।

2. छात्रों को इंगित करते समय यह कभी न कहिए 'आप बताइए'। अध्यापक को अपनी वाणी, आचरण या क्रिया से यह कभी नहीं प्रकट करना चाहिए कि वह अपने को छात्रों से छोटा समझता है। प्रायः ट्रेनिंग कॉलेजों या ट्रेनिंग स्कूलों में पढ़ाने वाले छात्र-शिक्षक अपने भाग्य-विधाता छात्रों को 'आप' कहकर सम्बोधन करते हैं। उसका परिणाम यह होता है कि छात्रगण अध्यापक के सिर चढ़ जाते हैं। अध्यापक को चाहिए कि अपने छात्रों को 'तुम' कहकर सम्बोधन करे। दूसरा कारण यह है कि 'तुम' शब्द में जो आत्मीयता है वह 'आप' में नहीं है। यह नियम केवल स्कूलों तक ही नहीं अपितु कॉलेजों में भी प्रयोग में लाना चाहिए। 'तुम' सम्बोधन करने से छात्रों के मन में भी यह बात बैठती है कि अध्यापक महोदय हमारे आत्मीय गुरु हैं, किन्तु 'आप' का व्यवहार होते ही गुरु और शिष्य के बीच अनायास एक अपार खाई बन जाती है जो 'आप' की पुनरावृत्ति के साथ-साथ चौड़ी होती चली जाती है।

3. छात्रों को ऐसा अभ्यास करा देना चाहिए कि जिसे उँगली का संकेत मिले वह तत्काल अपने स्थान पर सीधा खड़ा हो जाए, चाहे वह उत्तर दे सके या नहीं। साथ ही उनको इतना निर्भीक बना देना चाहिए कि यदि वे उत्तर न दे सकें तो सीधे कह दें 'मैं उत्तर नहीं दे सकता'। यदि छात्र उत्तर देना प्रारम्भ कर दे तो उसे उत्तर देने दीजिए। यह स्मरण रखिए कि आपके पास परिमित समय है, उसका एक-एक क्षण आपको काम में लाना चाहिए। अतः यदि उत्तर नहीं मिलता तो रुकिए मत। दूसरे से पूछिए, तीसरे से पूछिए और जब ठीक उत्तर निकल आवे तब उन सब छात्रों से उस उत्तर की आवृत्ति करा लीजिए जो उत्तर देने में असमर्थ रहे और उनको तब तक खड़ा रखिए जब तक ठीक उत्तर न मिल जाए और वे उसकी ठीक आवृत्ति न कर लें।

4. यदि उत्तर ठीक न मिले तो डाँटो मत, फटकारो मत, नीच-ऊँच न कहो वरन् उसे स्वयं थोड़ा-बहुत आश्रय देकर, सूत्र देकर, अन्य छात्रों से सहायता दिलाकर उसे ठीक उतर देने को उत्साहित करो। इसके विषय में हम इसी अध्याय में 'अशुद्ध उत्तरों का संस्कार' बताते हुए इसका विशेष निरूपण करेंगे।

अतः यह निर्णय हुआ कि यद्यपि प्रश्न पूरी कक्षा से किया जाए किन्तु प्रश्न एक से ही करना होता है। किन्तु उसमें यही विचार करना चाहिए कि सदा वही एक उत्तर देने को बाध्य न किया जाए अपितु बारी-बारी से सभी से प्रश्न पूछे जाएँ और इस प्रकार अपनी मुद्रा रखी जाए कि प्रत्येक छात्र सदा यह समझता रहे कि उसी पर तर्जनी ठहरने वाली है, उसी से प्रश्न पूछा जाने वाला है।

उत्तर किस रूप में लें

विलायती शिक्षाशास्त्रियों में इस विषय में एक व्यर्थ का झगड़ा चला हुआ है कि उत्तर किस रूप में लिया जाए। कुछ लोगों का कथन है कि उत्तर पूर्ण वाक्य में हो। दूसरों का कहना है कि उत्तर एक शब्द में भी हो सकता है कि यदि उससे अर्थ में व्याघात न होता हो। हम एक उदाहरण देकर इन दोनों मतों को स्पष्ट कर देते हैं। एक प्रश्न लीजिए–

प्रश्न– हिमालय कहाँ है?

एक उत्तर– हिमालय पर्वत भारत के उत्तर में है।

दूसरा उत्तर– भारत के उत्तर में।

उत्तर की दृष्टि से विचार किया जाए तो दोनों ही उत्तर ठीक हैं। जैसे प्रत्येक प्रश्न के लिए एक उत्तर अपेक्षित है, वैसे ही प्रत्येक उत्तर के लिए एक प्रश्न अपेक्षित है। प्रश्न और उत्तर का अन्योन्याश्रय या अपेक्षित सम्बन्ध है। अतः यदि उत्तर के अधूरे वाक्य में ही सार्थक उत्तर मिल जाता है तो वह प्रश्न की उपस्थिति के कारण पूर्णतः उचित, शुद्ध और सटीक है। प्रश्न की उपस्थिति में वाक्य-पूर्णता के रक्षार्थ लम्बा उत्तर लेने के लिए माथापच्ची करना केवल शब्दों का, शक्ति का और समय का अपव्यय करना है।

इसके उत्तर में इस मत के पक्षपाती कह सकते हैं कि इससे भाषारूप की शिक्षा भी साथ-साथ मिलती जाती है। उनसे इसके उत्तर में यही कहना है कि उत्तर और वक्तव्य के रूपों में सदा अन्तर रहा करता है और भगवान् ने मनुष्य को बुद्धि देकर यह विचारने की शक्ति दे दी है कि उत्तर कितना दिया जाए। यदि आप किसी के घर जाइए और उनके छोटे बच्चे से पूछिए कि तुम्हारे पिताजी कहाँ गए हैं तो वह चट कह देगा 'स्कूल', या अधिक से अधिक 'स्कूल गए हैं'। वह कभी पूरे वाक्य में उत्तर नहीं देगा। किन्तु यदि आप अपने बच्चे को हेडमास्टर साहब के घर यह कहलाने के लिए भेजेंगे कि मैं आज अस्वस्थ हूँ, सभा में न जा सकूँगा तो बालक जो हेडमास्टर साहब से वक्तव्य देगा उसमें यह नहीं कहेगा–'अस्वस्थ हैं, न जा सकेंगे'। वह यही कहेगा कि बाबूजी ने कहलाया है कि मैं आज अस्वस्थ हूँ, इसलिए मैं सभा में न जा सकूँगा। अतः यह सिद्ध हुआ कि कितना उत्तर कहने से काम चलेगा कितने से नहीं, इसकी शिक्षा तो प्रकृति स्वयं अलक्ष्य रूप से देती रहती है, आपको उसमें दालभात में मूसरचन्द बनने की आवश्यकता नहीं है। आपको यही देखना चाहिए कि जो उत्तर मिला है वह प्रश्न की उपस्थिति को

लेकर ठीक, निर्दिष्ट तथा इष्ट अर्थ दे रहा है या नहीं। यदि इष्ट अर्थ की प्राप्ति हो जाए तो उसे ही पर्याप्त समझकर सन्तुष्ट हो जाना चाहिए। किन्तु साथ ही इसका यह अर्थ भी नहीं है कि कोई भारतवर्ष को 'भार्तवर्स' कहे या अन्य कोई व्याकरण-सम्बन्धी या भाषा-सम्बन्धी अशुद्धि करे तो आप उसका शासन न करें। हमारा आशय केवल यही है कि पूर्ण वाक्य में उत्तर लेने पर बल न दिया जाए।

उत्तर कैसा हो

तीसरी महत्त्वपूर्ण बात यह है कि उत्तर किस प्रकार का होना चाहिए, अर्थात् उत्तर में कौन से ऐसे गुण होने चाहिए जिनके होने पर कोई भी उत्तर ग्राह्य समझा जा सके। इस दृष्टि से उत्तर में ये गुण होने चाहिए–

1. व्याकरण से शुद्ध हो। (ग्रामेटिकली करैक्ट)
2. सार्थक हो। (हैविंग सैन्स)
3. संगत हो। (लॉजिकल)
4. आवश्यक हो। (नेसेसरी)
5. प्रासंगिक हो। (रेलेवेंट)
6. उचित हो। (प्रॉपर)

यद्यपि ये सब गुण ऐसे हैं कि इनकी व्याख्या करने की आवश्यकता नहीं है, फिर भी सोदाहरण इनकी विवेचना करने से इनका अन्तर स्पष्ट हो जाएगा और नये अध्यापकों को समझने में सुविधा होगी।

जिस प्रकार प्रश्न के लिए यह आवश्यक है कि वह व्याकरण से शुद्ध हो उसी प्रकार उत्तर के लिए भी यह अनिवार्य है कि वह व्याकरण-सिद्ध हो। प्रायः लोगों की ऐसी मिथ्या धारणा हो गई है कि व्याकरण-शुद्धता का ध्यान केवल भाषा या साहित्य के शिक्षण और परीक्षण में ही रखा जाए; अन्य विषयों के शिक्षण और परीक्षण में तो तथ्य पर ही विशेष ध्यान देना चाहिए, भाषा पर नहीं। किन्तु यह धारणा सर्वथा भ्रमपूर्ण और घातक है। सब प्रकार के विचारों को व्यक्त करने का साधन भाषा ही है और यदि भाषा ठीक न हुई तो भाव या विचार भी ठीक प्रकार से व्यक्त नहीं हो पाते। इस प्रकार की मिथ्या धारणा का प्रचार वे ही लोग करते हैं जिनका भाषा से बहुत कम संपर्क रहा है। जब हिन्दी न जानने वाले लोग तिकड़म से परीक्षक बन बैठते हैं तो उन्हें बरबस परीक्षार्थी को ही अधिकारी मान लेना पड़ता है और यदि वह 'छात्र' को 'क्षात्र' लिख देता है तो द्रव्य-लोलुप परीक्षक उसी को ठीक, शुद्ध, संस्कृत मानकर 'छात्र' लिखने वालों को दंड दे देता है। इस धाँधली के युग में इस प्रकार के उदाहरणों के लिए अधिक खोज नहीं करनी पड़ती। व्याकरण की शुद्धता पर सदा बल देना चाहिए और इन अशुद्धियों को तत्काल टोककर या तो स्वयं उत्तरदाता से ठीक करा लेना चाहिए अथवा अन्य किसी छात्र से ठीक करा लेना चाहिए। इसी के अन्तर्गत उच्चारण की शुद्धता भी आ जाती है। मान लीजिए कि एक बालक उत्तर दे रहा है–

'शिवाजी औरंगज़ेब से कहे...' तो आपको तत्काल टोक देना चाहिए और उसे शुद्ध करा देना चाहिए। निरन्तर टोकते रहने से अत्यन्त शीघ्र ऐसी व्यापक अशुद्धियाँ ठीक हो जाती हैं।

सार्थक उत्तर का लक्षण यही है कि उससे स्पष्ट रूप से कथन का अर्थ प्रकट हो जाए। उसमें निरर्थक बातें न हों। एक उदाहरण लीजिए–

प्रश्न– अशोक कौन था?

सार्थक उत्तर– चन्द्रगुप्त मौर्य का पौत्र था और भारत का सर्वश्रेष्ठ सम्राट माना जाता है।

निरर्थक उत्तर– एक हिन्दू राजा था जिसने प्रजा को बड़ा सुख दिया था।

संगत उत्तर का लक्षण यही है कि प्रश्न और उत्तर में संगति दिखाई पड़े। ऐसा न हो कि पूछे आकाश की, कहे पृथ्वी की। उदाहरण लीजिए–

प्रश्न– समास किसे कहते हैं?

संगत उत्तर– जब दो शब्दों के बीच सम्बन्ध बतलाने वाले शब्दों का लोप करके उन्हें मिलाकर एक शब्द बना दिया जाता है, उसे समास कहते हैं। जैसे–दालरोटी। यहाँ 'दाल और रोटी' के बीच का 'और' निकालकर दोनों शब्दों का समास कर दिया गया है।

असंगत उत्तर– दालरोटी, माँ-बाप, दशानन इन सबमें समास है।

यह दूसरा उत्तर यद्यपि तथ्य और भाषा की दृष्टि से शुद्ध है किन्तु असंगत है, क्योंकि प्रश्नकर्त्ता ने यह नहीं पूछा है कि ऐसे शब्द बताओ जिनमें समास हो वरन् उसने तो यह पूछा है कि समास किसे कहते हैं।

आवश्यक उत्तर का लक्षण यह है कि उत्तर में केवल उतना ही अंश आये जितना प्रश्न की परिधि में खपता हो। उससे अधिक व्यर्थ का शब्दाडम्बर अनावश्यक है। प्रायः परीक्षाओं में यह देखा जाता है कि छात्र प्रश्न को पूर्ण रूप से न समझने के कारण अंट-संट जो कुछ मन में आता है, लिख डालते हैं। ऐसा उत्तर दे आने पर वे तो यही विश्वास करते हैं कि हमने बहुत अच्छा लिखा है, सात पन्ने भर दिए हैं, परीक्षक की आँखों में धूल झोंक दी है। किन्तु जब उन्हें परीक्षा में असफल होकर निराश होना पड़ता है तब उन्हें आश्चर्ययुक्त दुःख होता है। किन्तु वे यह नहीं समझ पाते कि उन्होंने अनावश्यक रूप से अपनी लेखनी को कष्ट दिया है और परीक्षक के समय पर भी छापा मारा है। परीक्षक उसका दंड दिए बिना कैसे मानेगा। अतः शिक्षण के समय ही अध्यापकों को चाहिए कि यह बता दें कि अनावश्यक बातें उत्तर में नहीं कहनी चाहिए। एक उदाहरण से यह स्पष्ट हो जाएगा–

प्रश्न– राम किसके पुत्र थे?

आवश्यक उत्तर– राम अयोध्या के महाराजा दशरथ के पुत्र थे।

अनावश्यक उत्तर– <u>आपने जो प्रश्न किया है उसका उत्तर देना दिन के समान स्पष्ट है, क्योंकि ऐसा कोई भी व्यक्ति न होगा जो राम को या उनके पिता को न जानता हो।</u> मर्यादापुरुषोत्तम राम अयोध्या के महाराजा दशरथ के ज्येष्ठ पुत्र थे।

इस उपर्युक्त वाक्य में रेखांकित अंश बिलकुल अनावश्यक है। इस प्रकार का वाग्जाल प्रायः वे ही लोग रचते हैं जिनके पास मुख्य सामग्री का अभाव होता है। इस प्रकार शब्दों के अनावश्यक अपव्यय को आश्रय नहीं देना चाहिए।

इसी प्रकार प्रासंगिक उत्तर में भी यह ध्यान रखना चाहिए कि प्रश्न में एक विषय का जितना अंश पूछा गया है उतना ही उत्तर दिया जाए। जो छात्र रट्टू होते हैं वे प्रायः इस रोग के आखेट हो जाते हैं। वे प्रश्न को भली भाँति देखे बिना ही उस विषय से सम्बन्ध रखने वाले पाठ को अथ से इति तक कह या लिख डालते हैं और अपनी स्मृति-शक्ति की इस स्वामिभक्ति पर वे निश्चिन्त हो जाते हैं। पर ज्ञान की पिटारी पूरी खोल देने पर भी जब परीक्षक की लाल पेंसिल तीक्ष्णता के साथ गुणा के चिह्न बनाने लगती है तब परीक्षार्थी पर बड़ी करुणा आती है। अतः शिक्षकों का यह भी कर्त्तव्य है कि छात्रों को यह बतलावें कि प्रासंगिक उत्तर किस प्रकार देना चाहिए। इसका भी एक उदाहरण दे देना उचित होगा–

प्रश्न– निम्नलिखित दोहे में किस रस का निरूपण हुआ है–

डिगत पानि डिगुलात गिरि ब्रजजन भे बेहाल।
कंप किसोरी– दरसतें खरे लजाने लाल।।

प्रासंगिक उत्तर– इस दोहे में शृंगार रस का निरूपण हुआ है।

प्रासंगिक उत्तर– इस दोहे में रति स्थायी भाव है, राधिका जी या 'किसोरी' आलम्बन विभाव हैं, उनका 'दरस' (दर्शन) उद्दीपन विभाव है, कंप सात्विक अनुभाव है और 'लजाना' संचारी या व्यभिचारी भाव है। इससे सिद्ध होता है कि इसमें शृंगार रस का निरूपण हुआ है।

उपर्युक्त दूसरा उत्तर अशुद्ध नहीं है किन्तु पूछने वाले ने यह तो प्रश्न किया नहीं है कि इसमें क्यों शृंगार रस का निरूपण है। वह तो केवल रस का नाम भर चाहता है।

अन्तिम बात यह है कि उत्तर उचित हो। उचित का अर्थ यह है कि वह कम या अधिक न हो। अवसर तथा छात्रों की मानसिक अवस्था का ध्यान करके ही उत्तर के औचित्य या अनौचित्य का निर्णय होना चाहिए। मान लीजिए हाई स्कूल की सबसे ऊँची कक्षा में आपको सीता की अग्निपरीक्षा का परिचय छात्र से लेना है तो इतना ही कहलाना पर्याप्त होगा कि रावण को मारकर राम ने सीताजी को अग्नि में प्रवेश कराया और इस प्रकार सबके सामने उनके पातिव्रत्य की पवित्रता सिद्ध कर दी। किन्तु छोटी या प्रारम्भिक कक्षाओं में इसी को अधिक विस्तार से कहलाना होगा।

उत्तर के औचित्य में यह भी ध्यान रखना चाहिए कि छात्रगण अश्लील या भद्दे रूप से उत्तर न दें। कभी-कभी छात्रगण उन शब्दों का प्रयोग भी कर देते हैं जिन्हें हम साहित्य में या सभ्य समाज में नहीं प्रयोग करते। जैसे–एक शब्द है 'कचरकुट्ट करना' (भोजन करना)। इसका प्रयोग ग्राम्य समझा जाता है। इसी प्रकार भकोसना (खाना) भी है। यदि कोई छात्र आपके प्रश्न करने पर यह उत्तर दे कि राम ने वन में कन्द, मूल, फल भकोसे तो यह उत्तर अनुचित है।

इस प्रकार उत्तरों की की भली भाँति जाँच करके ठीक प्रकार से उत्तर देने का अभ्यास छात्रों को करा देना चाहिए। बहुत से विद्यालयों में ऐसी प्रथा है कि अध्यापकगण परीक्षाओं के लिए बनाए हुए अपने प्रश्नपत्रों के आदर्श उत्तर भी लिखकर प्रस्तुत करते हैं। यह प्रथा अत्यन्त स्तुत्य है और हमारा अनुभव है कि जहाँ-जहाँ इस प्रथा का धर्मवत् पालन हुआ है वहाँ के छात्रों के उत्तर अत्यन्त शुद्ध, व्यवस्थित, उचित और नियमित होते हैं।

अशुद्ध उत्तरों का संस्कार

अध्यापकों की साधारण प्रवृत्ति यही होती है कि अशुद्ध उत्तर पाते ही वे उत्तरदाता को पशु समाज में प्रविष्ट कर देते हैं, अनेक अपशब्दों से उसका स्वागत करते हैं और उसकी ऐसी प्रबल भर्त्सना करते हैं कि उसका सारा उत्साह ठंडा पड़ जाता है और दूसरी बार शुद्ध उत्तर देने में भी उसको हिचक होती है। हम पहले भी यह बात कह आए हैं कि किसी भी अशुद्ध उत्तर को तत्काल त्याज्य कहकर अस्वीकार नहीं कर देना चाहिए वरन् प्रेम भाव से, नम्रता से उसे ठीक उत्तर देने के लिए उत्साहित करना चाहिए और यथासम्भव उसे सहायता देकर उससे ठीक उत्तर कहलाना चाहिए।

किन्तु इससे पूर्व यह जानना भी अत्यन्त आवश्यक है कि उत्तर की प्रकृति क्या है।

जैसा कि हम ऊपर कह आए हैं, केवल विचार या भाव की तथ्यता ही सब कुछ नहीं है वरन् वे भाव या विचार जिन शब्दों का बाना पहनकर लोक के सम्मुख आते हैं उनका भी बड़ा महत्त्व है। अतः दो प्रकार की अशुद्धियाँ ही उत्तर में दिख पड़ती हैं, एक तो भाषा की और दूसरे तथ्यों की। भाषा की अशुद्धि होते ही तत्काल उसे दूसरे छात्रों से अथवा स्वयं ठीक कर देना चाहिए। यदि किसी छात्र का बताया हुआ अशुद्ध उत्तर श्यामपट्ट पर अंकित कर दिया गया हो तो उसे बहुत देर तक वहाँ नहीं रहने देना चाहिए वरन् यथाशीघ्र उसे शुद्ध करके लिख देना चाहिए। शिक्षा-शास्त्र का एक प्रमुख सिद्धान्त है कि अशुद्धि को छात्रों के सम्मुख आने ही नहीं देना चाहिए और यदि किसी प्रकार वह आ जाए तो उसे तत्काल शुद्ध कर देना चाहिए। यह बात भाषा और तथ्य दोनों के विषय में समान रूप से लागू है। अध्यापक को स्वस्थचित्त होकर यह देख लेना चाहिए कि जो उत्तर मिल रहे हैं उनका यथार्थ रूप छात्रों के सम्मुख रखा गया है या नहीं और यदि उसमें तनिक भी त्रुटि हुई हो तो उसका तत्काल परिमार्जन कर देना चाहिए। इसीलिए प्रमुख शिक्षाचार्यों का कथन है कि कक्षा में उन्हीं छात्रों से पाठ पढ़वाना चाहिए जिनका उच्चारण शुद्ध हो, स्वर स्पष्ट हो और लय व्यवस्थित हो। इसी प्रकार उत्तर के विषय में भी कह सकते हैं कि पहले सुन्दर उत्तर देने वाले छात्रों से उत्तर कहलाना चाहिए और फिर उसकी आवृत्ति अन्य पिछड़े हुए छात्रों से करा ली जावे। आगे चलकर इसमें एक यह कठिनाई हो सकती है कि बहुत से पिछड़े छात्र सदा इसी ध्यान में रहेंगे कि हमें तो केवल आवृत्तिमात्र करनी है और इसलिए वे पाठ पर कम ध्यान देंगे। इसलिए समय समय पर, बीच-बीच में ऐसे छात्रों को भी उकसाते रहना चाहिए और यदि उनसे अशुद्ध

उत्तर बन पड़े तो उनके संशोधन में इतना समय भी न लगा देना चाहिए कि पाठ में विघ्न हो और अन्य चतुर छात्रों की गोली बनाने, चित्र खींचने या अन्य ऐसी ही किसी दुर्वृत्ति में लग जाने का अवकाश मिले।

जैसे प्रश्न के लिए यह आवश्यक है कि वह सर्वबोध और सर्वमान्य हो अर्थात् उसे सब सुन और समझ सकें वैसे ही उत्तर के लिए भी यह आवश्यक है कि वे इतने उच्च स्वर से कहे जाएँ कि और ऐसी भाषा में कहे जाएँ कि उन्हें कक्षा के अन्य छात्र सुन और समझ सकें।

कुछ अध्यापकों की यह प्रवृत्ति होती है कि वे प्रश्न के उत्तर की स्वतः आवृत्ति कर देते हैं। ऐसा करना तो सर्वथा अनुचित है। किन्तु कभी-कभी ठीक उत्तर पा जाने पर उसकी आवृत्ति कर देने की बात भी कुछ अध्यापकों को पड़ जाती है, इसे सर्वथा अनुचित तो नहीं कहा जा सकता पर सर्वथा मान्य भी नहीं कहा जा सकता, क्योंकि इस बात से उन छात्रों को प्रश्रय मिल सकता है जो स्वतः अकर्मण्य होते हैं और उत्तर देने में जी चुराते हैं। वास्तव में चाहिए तो यह कि आप अपने व्यवहार से बालकों का ऐसा हियाव खोल दें कि उन्हें उत्तर देने में भय न प्रतीत हो वरन् वे स्वच्छन्दतापूर्वक शुद्ध या अशुद्ध कैसा भी उत्तर देने के लिए सदा उत्सुक रहें। यह तभी हो सकता है जब उन्हें यह विश्वास हो जाए कि अशुद्ध उत्तर देने पर उसकी गणना भारवाही पशुओं में न होगी और अध्यापक की लाल आँखें और कठोर वाणी उन्हें भस्मसात् करने का अभिनय न करेंगी।

जैसा कि हम कह आए हैं, अशुद्ध उत्तर पाने पर हमें छात्रों को डाँट-डपटकर, मूर्ख या गदहा न कहकर उन्हें उत्साहित करना चाहिए पर इसकी भी उचित सीमा निर्धारित हो जानी चाहिए। सीमा का अतिक्रमण करके बार-बार "शाबाश बहुत अच्छा, ठीक कह रहे हो, बहुत ठीक, कोशिश करो।" इत्यादि शब्दों और वाक्यों का अत्यन्त उदारतापूर्वक प्रयोग नहीं करना चाहिए। इससे प्रारम्भ में बालकों की श्रद्धा भले ही प्राप्त हो जाए किन्तु इसके द्वारा विद्यार्थी अध्यापक की कोमलता को उसकी दुर्बलता समझ सकते हैं और उसका दुष्प्रयोग भी कर सकते हैं। अतः इस विषय में सोच-समझकर विवेक से काम लेना चाहिए। हमारे कहने का यह तात्पर्य नहीं है कि सदा लल्ला-मुन्ना कहकर ही, पीठ ठोंककर ही छात्रों से न बर्ताव किया जाए वरन् कोमलता की रक्षा करते हुए आवश्यकता पड़ने पर उन्हें तनिक सा डाँटा भी जा सकता है और स्निग्ध भर्त्सना भी की जा सकती है। इसका प्रभाव यही होना चाहिए कि छात्रों के मन में श्रद्धा और प्रेम तो ज्यों का त्यों बना रहे, साथ ही यह भय भी बना रहे कि मास्टर साहब कठोर भी हो सकते हैं। वे फूल से कोमल होने पर वज्र जैसे कठोर हैं।

कभी-कभी अशुद्ध उत्तर पाने का कारण हमारे प्रश्न भी होते हैं। अतः यदि इस कारण से उत्तर न मिल रहा हो या अशुद्ध मिल रहा हो तो अपने प्रश्न को कई विभागों में विभक्त करके सरल बना लेना चाहिए, अर्थात् अध्यापक को यह जानने का प्रयत्न करना चाहिए कि छात्र को उत्तर देने में जो कठिनाई हो रही है उसका मूल कारण क्या है। मूल के मिल जाने पर फिर उत्तर निकलवाने में बड़ी सुविधा होती है। कभी-कभी

तो अशुद्ध उत्तर मिलने का कारण एकाग्रता का अभाव ही होता है। अतः उसका समाधान तो प्रश्न की आवृत्ति कराने से ही हो जाता है। यह आवृत्ति किसी अन्य छात्र के द्वारा करानी चाहिए, स्वयं नहीं। कभी-कभी हमारी शीघ्रता से भी अशुद्ध उत्तर मिलते हैं। अर्थात् जब हम छात्रों को सोचने का अवसर नहीं देते और प्रश्न करते ही उसे उत्तर देने को बाध्य करते हैं तब वह विवश होकर कुछ न कुछ प्रायः अशुद्ध ही कहता है। इस सोचने की क्रिया को आश्रय की आवश्यकता होती है। तनिक-सा अवलम्ब दे देने से सूत्र थमा देने से छात्र की बुद्धि राजमार्ग पर पहुँच जाती है और उसे फिर किसी प्रकार की बाधा नहीं रहती।

शिक्षाशास्त्रियों का कहना है कि कभी-कभी छात्रों को भी प्रश्न करने का अवसर देना चाहिए। इससे उन्हें प्रश्न करने की कला आती है, उनका साहस बढ़ता है, भाषा संयत होती है और ज्ञान भी बढ़ता है। इसमें कोई सन्देह नहीं कि अध्यापक के व्यवस्थित उत्तर को सुनकर उन्हें भी व्यवस्थित उत्तर देने की कला आ जाती है। किन्तु इसका फल कभी-कभी उल्टा भी हो सकता है। कोई भी व्यक्ति सर्वज्ञ तो हो नहीं सकता और सभी छात्र भी भले आदमी नहीं हो सकते। वे तो ऐसा अवसर ताकते रहते हैं कि वे कब अध्यापक को मूर्ख बनावें। अतः यह अधिक सम्भव है कि किसी दिन वे ऐसे प्रश्न कर बैठें जिनका उत्तर देना अध्यापक के सामर्थ्य के बाहर हो अथवा उसकी ज्ञान की परिधि की पहुँच से परे हो। सच्चा अध्यापक 'मैं नहीं जानता' कहकर सत्य की रक्षा भले ही कर ले किन्तु छात्रों के मन में उसकी अल्पज्ञता का एक भ्रामक रूप स्थिर हो जाता है और वह ऐसे अवसरों की पुनरावृत्ति से अधिक दृढ़तर होता चला जाता है।

संक्षेप में, हम इतना ही कह सकते हैं कि उतर निकलवाने के लिए कोमल व्यवहार की और धैर्य की आवश्यकता है। जिसमें जितना ही धैर्य होगा, उसे आगे उतनी ही सफलता मिलेगी।

10

दृश्य विधानों का प्रयोग

प्रश्न करने और उत्तर निकलवाने की कलाओं का विशद विवेचन पढ़कर किसी भी अध्यापक को प्रश्न मात्र से पाठन-क्रम चलाने का प्रलोभन हो सकता है और इस प्रलोभन में विवेक की तनिक-सी कमी के कारण कितनी हानि हो सकती है, इसका उसे सम्भवतः शीघ्र अनुमान भी नहीं हो सकता। जिस प्रकार अत्यन्त सुस्वादु भोजन अति मात्रा तक कर चुकने पर उससे विरक्ति हो जाती है उसी प्रकार निरन्तर प्रश्न करते रहने से भी कक्षा में नीरसता और उचाट हो जाना असम्भव नहीं है। प्रश्न सुनते-सुनते और उत्तर देते-देते छात्रों का जी ऊब जाता है। इसीलिए शिक्षाशास्त्र का विधान है कि केवल मुख और कानों का ही अनवरत प्रयोग न हो, आँखों और हाथों का भी प्रयोग किया जाए। शरीर

के विभिन्न अंगों का भी उचित प्रयोग किया जाए। कलाकार की मुद्रा वाले प्रकरण में हम मुख-मुद्रा और अंग-संचालन के विषय में पर्याप्त रूप से कह चुके हैं, अतः पिष्ठपेषण करना व्यर्थ है। किन्तु अंग-संचालन के अतिरिक्त भी कुछ ऐसे दृश्य-विधान हैं जिनका प्रयोग करने से कक्षा में आनन्द का समावेश हो सकता है, छात्रों की रुचि पाठ की ओर बढ़ाई जा सकती है, उनका ध्यान आकर्षित किया जा सकता है और पाठ को सरस, सरल, सुबोध तथा सुन्दर बनाया जा सकता है। प्रदर्शन के इन सभी साधनों की सामूहिक संज्ञा दृश्य विधान है।

दृश्य विधान के औचित्य और उसके प्रयोग की चर्चा छेड़ने से पूर्व ही यह संकेत दे देना उचित होगा कि–अति सर्वत्र वर्जयेत्–

अति का भला न बरसना, अति की भली न धूप,
अति का भला न बोलना, अति की भली न चुप।

जैसे अधिक प्रश्न करना हानिकर है वैसे ही अधिक दृश्य विधानों का प्रयोग करना भी अवांछनीय है। कक्षा न तो प्रदर्शनी है न चित्रशाला या विचित्रशाला। वहाँ छात्रों के शीघ्रबोध तथा प्रत्यक्षबोध के लिए जो उपादान एकत्र किए जाएँ वे उतनी ही मात्रा में हों जितने कि अत्यन्त आवश्यकता हो। यदि आपको जापान वालों की विचित्र वेश-भूषा का ज्ञान कराना हो तो किसी जापानवासी का एक बड़ा चित्र दिखाना पर्याप्त होगा। ऐसा न किया जाए कि किसी पुस्तकालय से जापान-सम्बन्धी दृश्यों का चित्र-संग्रह लाकर एक के पीछे दूसरा चित्र दिखा दिखाकर घंटा बिता दिया जाए। आप यह स्मरण रखिए कि छात्र तो वही चाहेंगे कि आप उन्हें तमाशा दिखाते रहिए वे न थकेंगे, न जँभावेंगे, न अँगड़ाई लेंगे, न जूते रगड़ेंगे। और यदि उन्हें कहीं बीच में यह ज्ञात हो जाए कि आप लाए तो बहुत-सी सामग्री हैं पर उनमें से बहुत कम का प्रयोग किया है तब तो वे आपकी जान भारी कर देंगे और ऐसाहल्ला मचावेंगे कि आपको झख मारकर उनकी बात माननी ही पड़ेगी। यदि आप कुछ कड़े हुए और उनकी बात न मानी, अपने रौब से उन्हें शान्त कर दिया तब उसका कुफल यह होगा कि वे चुप तो हो जाएँगे किन्तु आगे के पाठ में उनका ध्यान न लगेगा, आपका परिश्रम निष्फल जाएगा। अतः इस विषय में कुछ महत्त्वपूर्ण बातें स्मरण रखनी चाहिए–

1. प्रदर्शनी की सामग्री उचित तथा आवश्यक मात्रा में कक्षा में ले जानी चाहिए।
2. प्रदर्शन की सामग्री प्रदर्शन करने के पश्चात् उलटकर, समेटकर या छिपाकर रख दो अन्यथा सम्मुख रहने से छात्रों का ध्यान उधर ही लगा रहेगा।
3. प्रदर्शन करने में शीघ्रता नहीं करनी चाहिए और न आवश्यकता से अधिक विलम्ब ही करना चाहिए।
4. प्रदर्शन-सामग्री इतनी बड़ी हो कि कक्षा के सभी छात्रों के नेत्र उसका बिम्ब ग्रहण कर सकें। यदि प्रदर्शन सामग्री छोटी हो तो उसे या तो हाथ में लेकर कक्षा में घूम घूमकर दिखा देना चाहिए या एक एक छात्र को बारी-बारी से बुलाकर दिखाना चाहिए।

5. यदि किसी प्रदर्शन-सामग्री के विभिन्न अंगों या उस पर स्थित किन्हीं विशेष स्थानों का परिचय देना हो तो सूचकदंड (पॉइंटर) का प्रयोग करना चाहिए।

प्रदर्शन-सामग्री

पाठ्यक्रम के विभिन्न विषयों के शिक्षण में निम्नलिखित दृश्य उपादानों का प्रयोग किया जाता है–

1. चित्र अथवा चित्रमय पोथियाँ– (साहित्य, इतिहास, भूगोल, विज्ञान, गृह-विज्ञान, प्रकृति-विज्ञान, स्वास्थ्य-विज्ञान, चित्रकला, शिल्प आदि के शिक्षण में)
2. मानचित्र– (इतिहास, भूगोल आदि के शिक्षण में)
3. रेखाचित्र (डायग्राम)– (गणित-विशेषतः ज्यामिति, भूगोल, चित्रकला, शिल्प, साहित्य इत्यादि के शिक्षण के लिए)। ये रेखाचित्र श्यामपट्ट पर खींचकर भी प्रदर्शित किए जा सकते हैं और बने बनाए भी दिखाए जा सकते हैं। श्यामपट्ट पर खींचने के सम्बन्ध में हम श्यामपट्ट वाले प्रकरण में आगे बतावेंगे।
4. सरणि (चार्ट)– (इतिहास,गणित, गृहविज्ञान, स्वास्थ्य-विज्ञान, संगीत, विज्ञान आदि के शिक्षण में)
5. प्रतिकृति (मॉडल)– (साहित्य, इतिहास, गणित स्वास्थ्य-विज्ञान, विज्ञान, गृह-विज्ञान, भूगोल, शिल्प, चित्रकला, हस्तकौशल आदि के शिक्षण में)
6. खिलौने– (भाषा या साहित्य, गृह-विज्ञान, शिल्प, चित्रकला तथा प्रारम्भिक कक्षा के बालकों को खेल के द्वारा शिक्षा देने के लिए)
7. बॉल फ्रेम– (प्रारम्भिक कक्षाओं में गिनती और पहाड़ा सिखलाने के लिए)
8. बालोद्यान-पेटी (किंडरगार्टन बॉक्स)– (छोटे बच्चों को अक्षर और अंक सिखाने के लिए)
9. मोहन पेटी– (छोटे बच्चों को भाषा-रचना सिखाने के लिए)
10. मुद्राएँ (सिक्के)– (इतिहास के शिक्षण के लिए)
11. चित्र-विस्तारक यंत्र (एपिडायस्कोप)– (भूगोल, इतिहास तथा वैज्ञानिक विषयों की शिक्षा के लिए)
12. चित्र-प्रदर्शक यंत्र (मैजिकलैंटर्न)– (प्रायः सभी विषयों के शिक्षण के लिए)
13. चलचित्र-प्रदर्शक (फिल्म प्रोजेक्टर)– (ऐतिहासिक, वैज्ञानिक या भौगोलिक वर्णनों का ज्ञान कराने के लिए)।
14. प्रयोग तथा क्रिया-प्रदर्शन (एक्स्पैरिमेंट एंड डिमौन्स्ट्रेशन)– (प्रायः वैज्ञानिक विषयों के शिक्षण के लिए)।

उपर्युक्त दृश्य विधानों में से प्रायः दो-चार विधानों का प्रयोग तो व्यापक रूप से किया जाता है किन्तु जिन विद्यालयों में धनाभाव नहीं है और जहाँ वर्तमान वैज्ञानिक साधन एकत्र करने की सतत् चेष्टा रहती है वहाँ प्रायः सभी साधनों का प्रयोग किया जाता है। किन्तु हमारा अपना अनुभव है कि जिन विद्यालयों में इस प्रकार की व्यवस्था भी है वहाँ

के अध्यापक भी उन उपकरणों का उचित प्रयोग नहीं करते। उसका कारण यही है कि उनमें स्वतः न तो उन सामग्रियों के उपयोग करने की प्रवृत्ति होती है न यह जानने की इच्छा ही होती है कि हमारे विद्यालय में कितनी सामग्री है और उसको किस प्रकार और कितना प्रयोग करना चाहिए। दुःख तो यह है कि इन कामचोरों में बहुत से तो शिक्षण-शास्त्र की शिक्षा पाए हुए तथाकथित ट्रेण्ड अध्यापक भी होते हैं। आलस्य और अहम्मन्यता के मारे ये अपने चारों ओर आँख उठाकर भी नहीं देखना चाहते, कूपमंडूकता में ही उन्हें आत्मतुष्टि मिलती है।

अब हम यह विचार करेंगे कि इन उपर्युक्त विधानों का किस प्रकार और कितना प्रयोग करना चाहिए।

चित्र

अमूर्त की अपेक्षा मूर्त्त वस्तुएँ हमारे हृदय-पटल पर गहरा और स्थायी प्रभाव डालती है। इसीलिए बालकों को जिसमें छोटे बालकों की शिक्षा में चित्र, प्रतिकृति तथा खिलौने अत्यधिक उपयोगी सिद्ध होते हैं। यहाँ तक कि वर्णमालाओं का परिचय भी शिशुओं को चित्र द्वारा ही कराया जाता है। यही नहीं, शिक्षा-संसार में प्रसिद्ध कथोपकथन प्रणाली तथा सहज प्रणाली (डाइरेक्ट मैथड) में तो चित्रों का बहुत प्रयोग किया जाता है। शिक्षा में सचित्र पुस्तकों की आवश्यकता भी इसी कारण पड़ती है।

इसके अतिरिक्त कुछ विषय तो ऐसे हैं जिनका पाठन चित्र आदि के अभाव में अपूर्ण ही रहता है। ऐसे विषयों में भूगोल तथा इतिहास प्रमुख हैं।

पहले भूगोल को ही लीजिए। मान लीजिए अध्यापक विद्यार्थियों को उत्तरीय ध्रुव के निवासियों का रहन-सहन पढ़ा रहा है। वह उनकी वेशभूषा का स्पष्ट आभास अपने विद्यार्थियों को कराना चाहता है। परन्तु वह यह कार्य केवल भाषा द्वारा नहीं कर सकता। वह चाहे दिन भर बोलता रहे पर विद्यार्थी सम्यक् लाभ कभी न उठा सकेंगे। परन्तु यदि वह किसी एस्किमो का चित्र विद्यार्थी को दिखला दे तो उसका उद्देश्य तुरन्त सिद्ध हो जाए और इस प्रकार समय और श्रम दोनों की बचत हो।

पर सभी कार्य चित्र द्वारा ही नहीं होते। जैसे एस्किमो की वेशभूषा का तो परिचय चित्र द्वारा कराया जा सकता है परन्तु इसके निवास-स्थान का नहीं। एस्किमो लोग किस प्रकार के घरों में निवास करते हैं यह यदि विद्यार्थियों को चित्र द्वारा समझाने का प्रयत्न किया जाएगा तो वह विफल होगा। चित्र केवल 'इगलू' की वाह्य बनावट का रूप हमारे सामने रख देगा। परन्तु यदि हम प्रतिकृति का प्रयोग करेंगे तो निःसंदेह आशातीत सफलता मिल सकती है। अतः यह विवेक कर लेना चाहिए कि कहाँ चित्र का प्रयोग करना चाहिए कहाँ प्रतिकृति का।

यही बात इतिहास के सम्बन्ध में भी समझनी चाहिए। अध्यापक यदि केवल यह कहकर विद्यार्थियों का सन्तोष कर देता है कि अकबर हिन्दुओं की तरह रहता था तो विद्यार्थी भी उसकी यह बात इस कान से सुनकर उस कान से निकाल दे सकते हैं। परन्तु यदि

अध्यापक अकबर और औरंगज़ेब के चित्रों की तुलना करते हुए अकबर के हिन्दू वेश का चित्र दिखलाता है तो उसका स्थायी प्रभाव पड़ना अनिवार्य है।

किन्तु चित्र भी कई प्रकार के होते हैं। कुछ कई रंग वाले होते हैं, कुछ काले-धौले; कुछ बड़े होते हैं, कुछ छोटे; कुछ सानुपात होते हैं, कुछ निरनुपात; कुछ में वर्ण्य विषय स्पष्ट और बड़े बड़े होते हैं, कुछ में छोटे। रंगवाले चित्र सदा आकर्षक होते हैं। रंगीन वस्तुओं से तथा रंगों से मनुष्य को स्वाभाविक प्रेम है और यह प्रेम उसे ईश्वर ने संस्कारतः दिया है। दिन में तो प्रायः काल से लेकर सन्ध्या तक आकाश में न जाने कितने रंगों से न जाने कौन चितेरा कितने अद्‌भुत चित्र पल-पल पर बनाया और मिटाया करता है किन्तु अन्धकारमयी रात्रि में भी शून्य आकाश में टिमटिमाते हुए दीप अनेक रंगों में प्रकाश दे जाते हैं। कक्षा में बैठने वाले छात्र भी उस नैसर्गिक प्रभाव से बच नहीं पाते और उनको भी रंगों से प्रेम हो जाता है। रंगीन चित्रों के पश्चात् काले-धौले चित्रों की बारी आती है। ये चित्र भी दो प्रकार के होते हैं। एक तो वे जिनमें गहराई की छाया भी होती है और दूसरे केवल रेखा-चित्र होते हैं जिनमें केवल रेखाओं से वर्ण्य रूपों का चित्रण होता है, गहराई स्पष्ट नहीं हो पाती। इनमें से गहराई वाले चित्र बालकों को अधिक अच्छे लगते हैं। चित्रों के शेष गुणों के विषय में इतना और जान लेना चाहिए कि चित्र जहाँ तक सम्भव हो बड़े हों, जिसमें कक्षा के सब छात्र देख सकें। जहाँ देर तक चित्र का प्रयोग करके विशेष ज्ञान देना हो वहाँ तो चित्र अवश्य ही बड़े होने चाहिए।

कभी-कभी बाज़ारों में ऐसे-ऐसे निरनुपात चित्र भी होते हैं जिनमें वर्ण्य वस्तुओं के अनुपात का कुछ भी ध्यान नहीं रखा जाता, जिनमें सिर बड़ा, धड़ छोटा, पाँव लम्बे-लाबे। कभी बड़े विचित्र चित्र भी देखने को मिलते हैं। पीपल के पेड़ के चित्र में पत्ते इतने बड़े-बड़े चित्रित किए जाते हैं कि यदि उन पत्तों और उसके तने का अनुपात लगाकर एक पीपल के पेड़ की कल्पना की जाए तो वास्तविक वृक्ष का पत्ता कम से कम एक हाथ लम्बा-चौड़ा होगा। छात्रों के सम्मुख ऐसे कलाहीन और बेतुके चित्र कभी नहीं दिखलाने चाहिए। बिना चित्र के पढ़ाना अच्छा है किन्तु भद्‌दे, बेढंगे और अनुपातविहीन चित्रों का दिखाना सर्वथा अनुचित है।

चित्रों के प्रयोग के विषय में यह भी स्मरण रखना चाहिए कि प्रदर्शनीय चित्रों में उतने ही विषय हों जिनका प्रयोग अध्यापक करना चाहता हो। बम्बई, कलकत्ता, मद्रास की मैकमिलन्स कम्पनी ने शिक्षा-सम्बन्धी चित्र (एजुकेशनल पिक्चर्स) छापे हैं वे प्रायः सभी बातों में आदर्श समझे जा सकते हैं।

बड़े चित्रों के अभाव में छोटे चित्रों का प्रयोग भी किया जा सकता है किन्तु उसके विषय में हम ऊपर ही कह आए हैं कि ऐसे चित्रों को घूम-घूमकर छात्रों को दिखा देना चाहिए।

चित्रों के सम्बन्ध में एक प्रश्न यह भी पूछा जा सकता है कि चित्रों का प्रदर्शन किस प्रकार हो। इसका एक बड़ा सीधा और सरल उत्तर यही है कि चित्र खूँटी पर कील पर या चित्राधार पर टाँग देना चाहिए। हाथ में लेकर कैलेण्डर या दवा बेचने वालों के समान

उसका प्रदर्शन नहीं करना चाहिए। चित्राधार या खूँटी पर चित्र को टाँगकर सूचक-दंड के द्वारा निर्दिष्ट विषयों का परिचय छात्रों को करा देना चाहिए।

मानचित्र

मानचित्रों का प्रयोग इतिहास और भूगोल के लिए ही प्रायः होता है। ये भी प्रायः दो प्रकार के होते हैं–एक तो भित्ति मानचित्र और दूसरे मानचित्रावली। मानचित्रावलियाँ (ऐटलस) तो छात्रों के पास रहती हैं, अतः उनके प्रदर्शन का तो प्रश्न ही नहीं उठता। जिस प्रकार कोश का प्रयोग बहुत कम छात्रों को आता है, उसी प्रकार मानचित्रों का प्रयोग भी बहुत कम छात्रों को आता है। अध्यापकों को चाहिए कि वे छात्रों को यह भली भाँति सिखा दें कि अक्षांश और देशांतर का पता पाकर मानचित्रों पर स्थित स्थानों को कैसे ढूँढ़ सकते हैं। प्रायः इस सम्बन्ध में कभी अधिक कठिनाइयाँ नहीं होतीं, क्योंकि जब कोई स्थान भित्ति-मानचित्र पर दिखला दिया जाता है तो छात्रों को उसे ढूँढ़ने में कोई कष्ट नहीं होता। मानचित्रों के प्रयोग में कभी कंजूसी नहीं करनी चाहिए, क्योंकि इतिहास-भूगोल का शिक्षण मानचित्र के बिना अधूरा रह जाता है या यों कहो कि होता ही नहीं। अतः मानचित्र के प्रयोग के विषय में कोई सीमा नहीं निर्धारित की जा सकती।

सरणि

सरणि का प्रयोग तिथि का ज्ञान कराने के लिए इतिहास में तथा वैज्ञानिक ब्योरों का ज्ञान कराने के लिए वैज्ञानिक विषयों के शिक्षण में किया जाता है। इतिहास का एक काल पढ़ा देने पर घटना-तिथि तथा शासन-तिथियों का ब्योरा इसके द्वारा दे दिया जाता है। इसकी सहायता से छात्रों को पाठ स्मरण करने में सुविधा होती है। इस सरणि को समय-सरणि कहते हैं।

एक दूसरे प्रकार की भी सरणियाँ होती हैं जिन्हें सरणि न कहकर विश्लेषणात्मक रेखाचित्र कह सकते हैं। प्रायः स्वास्थ्य-विज्ञान पढ़ाते हुए मानव-शरीर के विविध अंगों की बनावट, उसकी भीतरी रचना आदि के जो चित्र होते हैं उन्हें भी सरणि ही कहते हैं। ऐसी सरणियों से पाठ्य विषय के शिक्षण में भी सरलता होती है और छात्रों को समझने में भी बड़ी सुविधा होती है। एक अध्यापक एक बार 'मांसाहारी पौधे' शीर्षक पाठ पढ़ा रहे थे, पर वह पाठ वनस्पति विज्ञान की पुस्तिका का न होकर भाषा की पुस्तक में था। उन पौधों में एक पिचरप्लांट (घड़ा-पौधा) भी था। अध्यापक बेचारा स्वयं यह नहीं समझ पा रहा था कि वह उस पिचरप्लांट की किस प्रकार व्याख्या करे। अन्त में उसने कह ही दिया कि वह पौधा घड़े के समान होता है। एक धूर्त्त छात्र ने टोका–'क्यों मास्टर साहब, घड़े के जैसा पौधा कैसा होता है?' मास्टर साहब सिटपिटा गए, ठीक उत्तर देकर उसका समाधान न कर सके और एक दिन की छुट्टी भी लज्जावश ले ली। उसके दूसरे दिन एक दूसरे अध्यापक को यह पाठ पढ़ाने को मिला तो उन्होंने अंग्रेजी विश्व-कोश (ब्रिटिश एन्साइक्लोपीडिया) उलटा और विश्वविद्यालय के वनस्पतिशास्त्र विभाग से मांसाहारी पौधों

की सरणि ले आए और छात्रों को समझा दिया। इस प्रकार उनका भी ज्ञान बढ़ा और छात्रों का ज्ञान भी पक्का हो गया, अन्यथा वे बालक जन्म भर यही समझते रहते कि घड़े के आकार का गोल और खोखला एक ऐसा पौधा होता है जो जीव-जन्तुओं को मार-मारकर खाया करता है। अतः जहाँ तक इस प्रकार की व्याख्यात्मक तथा विश्लेषणात्मक सरणियाँ प्राप्त हो सकें वहाँ तक उनका भली प्रकार धड़ल्ले से प्रयोग करना चाहिए।

प्रतिकृति

चित्रों के प्रयोग का विचार करते हुए हम गह भी कह चुके हैं कि कहीं कहीं चित्र से वर्ण्य वस्तु का भली प्रकार परिचय नहीं किया जा सकता। ऐसे स्थानों पर प्रतिकृति का प्रयोग अत्यन्त समीचीन होता है। बहुत से विश्व-प्रसिद्ध भवनों, महापुरुषों, जानवरों अथवा अन्य प्रसिद्ध तथा अद्‌भुत वस्तुओं की मिट्टी, काठ तथा धातुओं की बनी हुई प्रतिकृतियाँ सरलता से प्राप्त हो जाती हैं। इनके प्रदर्शन से कक्षा में अधिक रोचकता आ जाती है।

प्रायः मानव-शरीर के विभिन्न अंगों की काठ की प्रतिकृतियाँ बनी-बनाई मिलती हैं। उनके द्वारा शरीरशास्त्र पढ़ाने में पढ़ाने वाले को भी सुविधा रहती है और पढ़ने वालों को भी। गणित में भी घनवर्ग, गोलार्द्ध इत्यादि के शिक्षण में प्रतिकृति से लाभ हो सकता है। यह स्मरण रखना चाहिए कि ये प्रतिकृतियाँ न तो बहुत बड़ी हों और न भारी हों, क्योंकि इनको लाने, ले जाने, उठाने-धरने में व्यर्थ का झंझट होगा। किन्तु इसका यह भी तात्पर्य नही है कि ये प्रतिकृतियाँ लखनवी खिलौनों की भाँति अत्यन्त सूक्ष्म हों। प्रतिकृतियाँ इतनी बड़ी अवश्य हों कि उनकी बनावट, उनके आकार और उनके विभिन्न अंग कक्षा भर को दृष्टिगोचर हों।

खिलौने

खिलौनों का प्रयोग छोटी कक्षाओं में होता है, किन्तु इन खिलौनों में वे गेंद-बल्ले, फिरकी, लट्टू, झुनझुने आदि नहीं आते जिनसे बालक अपनी माँ की गोद में ही खेलते हैं। यहाँ खिलौनों से तात्पर्य भी उन प्रतिकृतियों से ही है जो छात्र को किसी अप्रस्तुत वस्तु का सूक्ष्म रूप देकर उसकी विशालता की कल्पना करने में सहायक हों—जैसे, वायुयान, रेलगाड़ी, मोटर, जलयान आदि अथवा अन्य ऐसे ही खिलौने जिनसे भाषा की पोथियों में आई हुई अपरिचित संज्ञाओं का प्रत्यक्ष बोध कराया जा सके। जिस प्रकार चित्रों का बहुत प्रयोग करना अवांछनीय है उसी प्रकार खिलौनों का बहुत प्रयोग भी अनुचित है। हाँ, जहाँ उसी खिलौने पर ही पाठ आश्रित हो वहाँ उसका प्रयोग किया ही जा सकता है।

गणित-कन्दुक (बॉल फ्रेम)

प्रारम्भिक कक्षाओं में गिनती और पहाड़े सिखलाने के लिए गणित-कन्दुक का प्रयोग किया जाता है। कई रंगों की लकड़ी की गेंदें एक लकड़ी के ढाँचे में लोहे की सींकों में दस-दस की संख्या में पिरोई रहती हैं। प्रारम्भिक पाठशाला में इसका उचित प्रयोग सफलतापूर्वक किया जा सकता है।

बालोद्यान-पेटी (किंडरगार्टन बॉक्स)

बालोद्यान पेटी वास्तव में जर्मन शिक्षाशास्त्री फ्रोबेल महोदय का आविष्कार है। उन्होंने सोच-विचारकर कुछ ऐसे विभिन्न आकार के लकड़ी के टुकड़ों का आविष्कार किया जिनसे भाषा और गणित की शिक्षा सरलता से दी जा सकती है। इन खिलौनों को फ्रोबेल की देन भी कहते हैं। इन्हीं का आश्रय लेकर पं. देवीदत्त ने भारतीय भाषाओं की शिक्षा की दृष्टि से एक दूसरे ही प्रकार के भिन्न-भिन्न आकृति के 24 लकड़ी के टुकड़ों का आविष्कार किया जिनके द्वारा भारतीय भाषाओं के तथा अंग्रेजी के सब अक्षर और अंक बन सकते हैं और इसके अतिरिक्त अनेक प्रकार के जीव-जन्तुओं की आकृतियाँ भी बन सकती हैं। प्रारम्भिक श्रेणी के शिशुओं के लिए यह अत्यन्त लाभकर सिद्ध हुआ है। इसमें शिशुओं का मन भी लगाता है किन्तु अध्यापक को सदा यह देखते रहना चाहिए कि कहीं शिशु अपनी सहज प्रवृत्तियों का आज्ञाकारी सेवक होकर क ख ग बनाने के बदले साँप-बिच्छू तो नहीं बनाने लग रहा है। बालोद्यान (किंडरगार्टन) प्रणाली के समर्थकों का तो यह कहना है कि छात्रों को यह सामग्री देकर छोड़ देना चाहिए, वे स्वतः निर्माण करेंगे और प्रकृत रूप से सीखते चले जाएँगे। किन्तु अनुभवी लोगों का यह कथन है कि शिशुओं को उचित प्रकार से निर्देश देते रहना चाहिए अन्यथा परिणाम यह हो सकता है कि बालक घर बनाना, नदी बनाना और पुल बनाना तो सीख जाएँगे पर बेचारा 'अ' मुँह बाए बैठा रहेगा, उसकी पूछ तक न होगी।

मोहन-पेटी

मोहन-पेटी महामना पं. मदनमोहन मालवीय के नाम पर टीचर्स ट्रेनिंग कॉलेज, काशी में लेखक द्वारा ही आविष्कृत हुई है। इस पेटी में एक स्लेट, एक खाँचीदार पटिया और तीन डिब्बे हैं, जिनमें 135 घर बने हुए हैं। इन घरों में देवनागरी अंक, अक्षर, मात्राएँ तथा प्रचलित शब्द मोटे काग़ज़ पर छपे हुए रहते हैं। इसी पेटी में ढँकने के नीचे एक पोथी लगी रहती है। इसमें निम्नलिखित क्रम से शिक्षण का विधान है।

(अ) मौखिक शिक्षा– अंक, अक्षर या शब्द जिस क्रम से घरों में भरे हों, उन्हें याद करना।

(आ) अनुरचना– पुस्तक देखकर घरों में से अक्षर या अंक निकाल-निकालकर खाँचीदार पटिया पर जमाना और फिर उनको देखकर स्लेट पर लिखना।

(इ) दृष्टानुरचना– अध्यापक द्वारा श्यामपट्ट पर लिखे हुए शब्दों अथवा वाक्यों को देखकर घरों में से अक्षर निकालकर खाँचीदार पटिया पर द्रुत गति से जमाना। फिर पुस्तक देखकर अपनी अशुद्धियाँ ठीक करना और उसकी प्रतिलिपि स्लेट पर करना।

(ई) श्रुतरचना– घरों से अक्षर निकालकर उनसे अध्यापक द्वारा बोले हुए शब्दों या वाक्यों को बनाकर खाँचीदार पटिया में बैठाना और फिर उनको पुस्तक में से देखकर शुद्ध करना और स्लेट पर लिखना।

(उ) श्रुतलेख– अध्यापक द्वारा बोले हुए वाक्यों अथवा शब्दों को सुनकर शीघ्रता तथा शुद्धता से स्लेट पर लिखना।

इस प्रणाली से स्वतः शिक्षा भी होती है, हाथ, आँख, कान एक साथ सध जाते हैं और वर्तमान मनोवैज्ञानिक शिक्षा का क्रम भी बना रहता है। छात्र भी इसमें रुचि दिखलाते हैं और भाषा-रचना के साथ-साथ मुद्रणयंत्र के लिए रचना करने का अभ्यास भी हो जाता है।

मुद्राएँ (सिक्के)

प्रायः इतिहास के शिक्षण में सभी शासकों के वर्णन में यह कह दिया जाता है कि उसने अमुक प्रकार की मुद्रा चलाई, दूसरे ने अमुक प्रकार की। किन्तु यदि हम इतना कहने के बदले वे मुद्राएँ प्रस्तुत कर दें तो छात्रों की रुचि तो बढ़ेगी ही, उनका ज्ञान भी बढ़ेगा। कभी-कभी कुछ शासकों के गुणों का वर्णन उनकी मुद्राओं से ही किया जाता है। जैसे समुद्रगुप्त के विषय में यह कहा जाता है कि वह वीणा बजा सकता था और उसने अश्वमेध यज्ञ भी किया था। इसके प्रमाण उसकी क्रमशः वे मुद्राएँ हैं जिन पर वह वीणा बजाता हुआ बैठा है और जिन पर 'अश्वमेध पराक्रमः' गुप्तब्राह्मी में लिखा है। इस प्रकार इतिहास के अन्य शासकों के विषय में भी मुद्राओं के द्वारा बहुत-सा ज्ञान दिया जा सकता है।

चित्र-विस्तारक यंत्र (एपिडायस्कोप)

यह एक बिजली की मशीन है जिसमें स्लाइडें भी लग सकती हैं और पुस्तक के चित्र भी लगाकर बड़े दिखाए जा सकते हैं। ये चित्र प्रकाश और लैन्स के सहारे आगे टँगे हुए श्वेत परदे पर दिखाई पड़ते हैं। इसके प्रयोग से कक्षा में आनन्द तो आता है किन्तु एक तो ये मशीनें बड़ी महँगी होती हैं फिर इनकी बत्ती बिगड़ जाए तो उसका बदलवाना कठिन होता है और उसको चलाने में भी बड़ा कौशल चाहिए।

चित्रदर्शक (मैजिक लैंटर्न)

इसमें स्लाइडें लगती हैं। ये स्लाइडें चौकोर काँच की होती हैं। इन पर चित्र बने रहते हैं। एक सटकने ढाँचे में डालकर इन्हें प्रकाश और लैन्स के बीच में पहुँचा देते हैं, बस उसका सौगुना चित्र सम्मुख परदे पर दिखाई पड़ने लगता है। यह मशीन सस्ती भी होती है और हलकी भी। इसका चलाना भी सरल होता है और इसमें गैस की बत्ती से भी काम लिया जा सकता है। सरकार के स्वास्थ्य विभाग वाले इन मशीनों का प्रयोग स्वास्थ्य-प्रचार के लिए अधिक किया करते हैं।

चलचित्र-प्रदर्शक (फिल्म-प्रोजेक्टर)

इस मशीन के द्वारा चलते-फिरते चित्र दिखलाए जाते हैं। युक्तप्रान्त में लखनऊ में एक प्रत्यक्ष शिक्षा-सभा (विजुअल इन्स्ट्रक्शन सोसाइटी) है जो शिक्षा-सम्बन्धी चलचित्रों के द्वारा शिक्षा देती है। ये मशीनें बड़ी महँगी, बड़ी झमेले वाली होती हैं किन्तु यदि कुशल अध्यापक हो तो इसका सरलता से प्रयोग कर सकता है। इसी प्रकार की एक मशीन और भी होती है जिसमें चलते चित्र नहीं दिखलाए जाते। यह कुछ सस्ती और चलाने में सरल होती है। किन्तु इन सबका प्रयोग सामूहिक शिक्षा के लिए कक्षा के बाहर सन्ध्या समय करना चाहिए। अन्यथा कक्षा में शिक्षण भाग तो व्यर्थ जाता है और केवल तमाशा ही तमाशा रह जाता है। मशीनों का प्रयोग यथासम्भव कम करना चाहिए और वास्तव में अच्छे अध्यापक कभी मशीनों का प्रयोग करते ही नहीं, उन्हें आवश्यकता ही नहीं पड़ती। ये तो वास्तव में उन अध्यापकों के विशेष काम की होती हैं जिन्हें विषय का कम ज्ञान हो, भाषा आती न हो और कक्षा को वश में करने की बुद्धि न हो।

प्रयोग तथा क्रिया-प्रदर्शन (एक्स्पेरिमेंट तथा डिमॉन्स्ट्रेशन)

इसके विवेचन की विशेष आवश्यकता नहीं है। जिन बातों का ज्ञान प्रत्यक्ष प्रयोग करके दिखाया जा सकता हो उन्हें प्रत्यक्ष करके दिखा देना चाहिए। वैज्ञानिक विषयों के शिक्षण के लिए तो यह अनिवार्य साधन है किन्तु कभी-कभी साहित्य पढ़ाते समय भी क्रिया-प्रदर्शन की आवश्यकता होती है। एक दोहा लीजिए–

नर की अरु नलनीर की, गति एकै कर जोय।
ज्यौं ज्यौं ऊँचो ह्वै चढ़ै, त्यौं त्यौं नीचो होय।।

यद्यपि इसका अर्थ सीधा है किन्तु यदि यह बात प्रयोग द्वारा दिखला दी जाए तो इसका भाव अधिक स्पष्ट हो जाएगा। किन्तु ऐसे अवसरों पर भी विवेक से काम लेना चाहिए। मान लीजिए आप अपभ्रंश का निम्नलिखित दोहा पढ़ रहे हैं--

चूड़उ चुण्णी होइ सहि मुद्धि कवोलि निहत्तु।
सासानलिण झलक्कियउ वाहसलिल संसत्तु।

हे सखी! गालों पर हाथ रखने से कलाई की चूड़ियाँ चूर-चूर हो जाएँगी, क्योंकि साँसों की लपटों से ये गरम हो रही हैं और आँसुओं का जल इन्हें सींच रहा है।

उपर्युक्त दोहे में यद्यपि यह बात भी सिद्ध होती है कि गरम काँच पर पानी लगने से काँच तड़क जाता है, किन्तु यहाँ विरह का आधिक्य ही इसमें व्यंग्य है। यदि आप वास्तव में विरहिणी नायिका को भी पकड़कर ले आएँगे तब भी आप उसकी साँसों की भट्ठी से काँच नहीं तपा सकते। अतः वैज्ञानिक विषयों के अतिरिक्त जिन विषयों के शिक्षण के लिए आप प्रयोग या क्रिया-प्रदर्शन करना चाहें वहाँ विवेक से काम लीजिए।

इस प्रकार व्याख्या के दृश्य-विधानों का विवेचन कर चुकने पर अगले अध्याय में हम व्याख्या के वाच्य विधानों का विवेचन करेंगे।

11
व्याख्या के वाच्य विधान

पिछले अध्याय में हमने चित्र से लेकर आधुनिक वैज्ञानिक मशीनों तक के प्रयोग का विस्तृत ब्योरा दे दिया है, किन्तु हम यह बात कभी नहीं भूले हैं कि ये व्यवस्थाएँ और इतनी सामग्रियाँ उन्हीं विद्यालयों में उपलब्ध हो सकती हैं जिनके पीछे जायदादें लगी हों या जिन पर सरकार की विशेष कृपादृष्टि हो। किन्तु शिक्षा-प्रचार के झोंक में गाँवों, बस्तियों और नगरों में जिस प्रकार के टुटपुँजिए विद्यालयों की बाढ़ आ रही है उनमें इनमें से कभी कोई सामग्री पा सकने की आशा करना विडम्बना मात्र है। यह तो अत्यन्त हर्ष की बात है कि देश में जागृति है, लोग धीरे-धीरे अँगड़ाई लेकर, जम्हाई लेकर आँखें खोल रहे हैं, अपने को पाश-मुक्त करने के लिए फड़फड़ा रहे हैं, किन्तु इन सब क्रियाओं के पीछे जो दूषित स्वार्थपूर्ण मनोवृत्ति कार्य कर रही है वह इस प्रकार का भी संकेत दे रही है कि यदि इन अनैतिक स्वार्थपूर्ण हाथों में भारत के यशस्वी और आदरणीय अतीत की थाती सौंप दी गई तो ये हाथ उसे सँभाल न सकेंगे, अविलम्ब उसे रसातल में पहुँचाने की व्यवस्था कर डालेंगे। यह बात कोई छिपी हुई नहीं है कि नये विद्यालयों के व्यवस्थापकगण अध्यापकों के साथ जिस जघन्यता का व्यवहार करते हैं, वह निन्द्य है। अध्यापकों को भरपेट भोजन के योग्य वेतन तो दिया नहीं जाता किन्तु उससे अधिक पर उनसे हस्ताक्षर करा लिए जाते हैं। उन्हें वेतन दिया जाता है पचास रुपये और उनसे रसीद ली जाती है अस्सी की। किन्तु परिस्थितियों के सताए हुए अध्यापकों में भी इतना आत्मबल, नैतिक साहस नहीं रह गया है कि वे इस बेईमानी का विरोध करें। हमारे पूरे समाज में दीमक लग गई है, उसे सुधारने के लिए एक कठोर दंडधारी की परम आवश्यकता है, लोकतंत्र के विषैले वायुमंडल में वह निश्चय ही अधिक सड़ता चला जाएगा। ऐसे आत्मबलहीन व्यक्तियों के द्वारा शासित विद्यालयों में शिक्षा के आवश्यक उपकरण भला कैसे जुट सकते हैं।

इसका एक और भी कारण है। वह यह है कि विद्यालय की इन प्रबन्धकारिणी-समितियों के सदस्य शिक्षाशास्त्र से कोरे होते हैं। इनमें कोई व्यापारी, कोई वकील, कोई निठल्ले महाजन और कोई-कोई बिगड़े रईस होते हैं और जब ये लोग शिक्षा-सम्बन्धी विषयों में प्रधानाध्यापक अथवा स्कूल के अन्य अधिकारियों को अपनी सम्मति यह कहकर देने लगते हैं कि यदि हमने ब्याह नहीं किया तो बारातें तो देखी हैं तब तो इन पर हँसी आती है और बेचारे भारत पर तरस आता है। जब कभी अध्यापकगण सहायक पुस्तकों की सूची, मानचित्र अथवा वैज्ञानिक यंत्रों के मँगाने के लिए प्रबन्धकारिणी-समितियों से प्रार्थना करते हैं तो वहाँ से यही उत्तर मिलता है—'मास्टर जी, रुपया कहाँ से आए, किसी प्रकार काम चलाइए। इतना सामान लेकर क्या करिएगा।' ऐसी परिस्थितियाँ प्रायः निन्यानबे प्रतिशत विद्यालयों में उपस्थित होती हैं। अतः ऐसे विद्यालयों में पढ़ाने वाले अध्यापकों को अन्य विधानों का आश्रय लेना ही पड़ेगा। शिक्षा-क्षेत्र

में भी दृश्य विधानों को 'धनी अध्यापकों के चोचले' (रिच टीचर्स लग्जरीज) कहा जाता है। इस अध्याय में हम उन वाच्य विधानों का विवेचन करेंगे जिनका कोई भी अध्यापक सरलता से प्रयोग कर सकता है। हल्दी लगै न फिटकरी और रंग आवे चोखा। इन विधानों में केवल कंठ और मुख का ही प्रयोग होता है, इसलिए इन्हें वाच्य विधान कहा जाता है।

हम पीछे कह आए हैं कि कथन, तुलना, उदाहरण, आधार, अर्थ, व्युत्पत्ति, कथा आदि व्याख्या करने के अनेक विधान हैं। पाठ को अधिक मनोरम बनाने के लिए इन सभी उपायों का प्रसंग तथा आवश्यकता के अनुकूल प्रयोग किया जाता है।

कथन

छात्रों के लिए अध्यापक बृहस्पति के समान है, उसकी बातों को छात्र वेदवाक्य समझते हैं। बहुत से ऐसे प्रसंग आते हैं जिनमें अध्यापक को पुस्तक का आश्रय छोड़कर अपने ज्ञान, पांडित्य और अध्ययन का अवलम्ब लेकर कुछ तथ्य बताने पड़ते हैं। हम यह भी कह आए हैं कि ऐसे अवसरों पर वाणी की अजस्र धारा नहीं बहा देनी चाहिए वरन् उतना ही कहना चाहिए जो संगत हो और आवश्यक हो, साथ ही यह भी स्मरण रखना चाहिए कि वह ठीक भी हो। एक बार एक अध्यापक को संसार के सात आश्चर्य (सेविन वण्डर्स ऑफ़ दि वर्ल्ड) पढ़ाते हुए प्रसंगवश आकाशीय उपवन (हैंगिंग गार्डन) पुस्तक में आ गया। एक छात्र ने पूछा- मास्टर साहब, ये आकाशीय उपवन कैसे होते थे। मास्टर साहब ने आव देखा न ताव, झट से बोल उठे–'आकाशीय उपवन स्वर्ग के नन्दन वन को कहते हैं। उसे न किसी ने देखा न सुना, इसीलिए उसे भी एक आश्चर्य कहते हैं। हाँ, आगे पढ़ो।' मास्टर साहब ने परिस्थिति तो सँभाल ली, किन्तु उन्होंने अपने आत्मा के साथ, छात्रों के साथ और समाज के साथ विश्वासघात किया। उनको कहना चाहिए था कि–

'प्राचीन समय में बैबिलोन के बादशाह नबूशदनज़र ने एक पहाड़ी स्त्री से विवाह किया। यह पहाड़ी रानी वहाँ की मरुभूमि की गर्मी न सह सकी। तब नबूशदनज़र ने बड़े मोटे-मोटे ईंटों के पाए बनवाकर उनमें बड़े-बड़े पेड़ नीचे से ऊपर तक लगवा दिए। इसके ऊपर नल के सहारे नदी का पानी पहुँचाया जाता था। धीरे-धीरे वह उपवन ऐसा लगने लगा मानो निराधार आकाश में ही वह लगाया हुआ है। इसकी विचित्र कारीगरी के कारण ही उसकी गिनती संसार के सात आश्चर्यों में थी। आजकल भी बम्बई की मालावार पहाड़ी पर इस प्रकार का आकाशीय उपवन (हैंगिंग गार्डन) लगाया गया है।

केवल अपनी नाक बचा रखने के लिए कभी भी अशुद्ध या भ्रमपूर्ण बातें छात्रों को नहीं बतानी चाहिए। इससे एक-आध बार भले ही मुक्ति हो जाए किन्तु कभी आप बुरे फँस जाएँगे और नाक सँभाले न सँभलेगी। कक्षा में जो कुछ कथन द्वारा ज्ञान देना हो उसे पहले से तैयार करके ले जाना चाहिए और यदि कहीं ऐसा प्रसंग आ जाए कि वह विषय ज्ञात न हो तो या तो कौशलपूर्वक उसे टाल जाना चाहिए या स्पष्ट कह देना चाहिए कि इस पर फिर कभी विस्तार से बताया जाएगा। किन्तु ऐसी परिस्थितियों की यदि अधिक

आवृत्ति होने लगेगी तो छात्र शीघ्र ही ताड़ जाएँगे कि इस ढोल के भीतर बड़ी पोल है। यदि आप तैयारी करके कथन करेंगे तो शीघ्र ही आपके पांडित्य की धाक जम जाएगी।

कथन के विषय में कुछ बातें भली भाँति स्मरण रखनी चाहिए–

1. कथन करते समय अपनी वाणी में उचित उतार-चढ़ाव रखा जाए और मुख की मुद्राएँ, आंगिक अभिनय के शोभन तथा सोद्देश्य रूप अवश्य प्रकट किए जाएँ। इससे कथन की नीरसता कम होती रहती है।
2. कथन को नीरस, उपदेशात्मक तथा अधिक वैज्ञानिक नहीं बनाना चाहिए, क्योंकि छात्रों को रुचिकर सामग्री मिलनी चाहिए। वे उपदेश ग्रहण करने में बाधा नहीं डालते पर शर्त्त यही है कि वे ऐसे ढंग से नमक-मिर्च मिलाकर दिए जाएँ कि उन्हें उपदेश की नीरसता का आभास न मिल सके। वे ऐसी कुनैन की गोली निगलने को तैयार हैं जिस पर चीनी लिपटी हो। कथा, कहानी, उदाहरण, उपयुक्त कविताएँ तथा चुटकुले आदि का पुट देते रहने से उनका ध्यान बँधा रहता है, वे ऊबने नहीं पाते।
3. कथन के द्वारा अपनी विद्वत्ता का सिक्का जमाने के लिए आवश्यक है कि अध्यापक को अपने विषय के अतिरिक्त अन्य ऐसे विषयों का ज्ञान भी होना चाहिए जिससे छात्रों की श्रद्धा एकदम खींच आवे। ऐसे विषयों में चित्रकला, संगीतकला, ज्योतिष, आयुर्वेद और आधुनिक वैज्ञानिक आविष्कारों का ज्ञान मुख्य है। यह हमारा अत्यन्त दृढ़ अनुभव है कि जिन अध्यापकों को उपर्युक्त विषयों का थोड़ा-सा भी ज्ञान होता है उनकी छात्र पूजा करते हैं। संगीत और चित्रकला के विषय में बहुत लोगों को कुछ ऐसा विश्वास हो गया है कि जब तक विधाता स्वयं अपने हाथ से किसी की गले की नसें नहीं बैठाता या उँगलियों के पोर नहीं जमाता तब तक संगीत और चित्रकला से मनुष्य की भेंट नहीं हो सकती। किन्तु यह केवल अन्धविश्वास है। ये कलाएँ तो अभ्यास-गम्य हैं, केवल पोथी रटने से नहीं आती। गुरु के समीप नियमपूर्वक सीखने तथा जी-तोड़ परिश्रम करके अभ्यास करने से अत्यन्त जड़ लोगों को भी ये सुगम हो गई है। हाँ, गायन के लिए कंठ भगवान् से ही मिलता है और भारत के प्रसिद्ध संगीतज्ञों में कठिनता से पाँच प्रतिशत ही ऐसे हैं जिनके गले में सुरीलापन है, मिठास है, दर्द है और रस है।
4. कथन में आत्मश्लाघा नहीं होनी चाहिए–'मैं ऐसा विद्वान हूँ, ऐसा लेखक हूँ, ऐसा कवि हूँ कि बृहस्पति भी पानी भरें। प्रेमचन्द जी दस बरस नाक रगड़ें, फिर भी मुझे न पाएँ। तुलसीदास जी मेरे आगे आएँ तो उन्हें बात की बात में उखाड़ दूं। आलोचना में शुक्ल जी क्या खाकर मेरी परख तक पहुँचेंगे।' ये सब बातें प्रायः बहुत से ढीठ, अहम्मन्य अध्यापक कहते रहते हैं। जो कुछ थोड़ी लोक-लज्जा का अनुभव करते हैं, वे प्रायः कह देते हैं–'मेरी समानता लोग प्रेमचन्द जी से करते हैं और मेरी कविता ठीक 'प्रसाद' जी की कविता

के नीचे छपी है और मेरी आलोचना को पढ़कर शुक्ल जी ने मेरी पीठ ठोंक दी थी।' ये सब बातें बिल्कुल भोंड़ी और अवाञ्छनीय हैं। स्कूल के छात्रों में गुण-परीक्षण-शक्ति कम नहीं होती। लड़के उड़ती चिड़िया पहचानते हैं। पाँच दिन में आपसे बातें करके, आपका आचरण देखकर और आपके व्यवहार को समझकर वे आपको ऐसा आँकेंगे कि स्वयं आपको भी उनके विश्लेषण-ज्ञान का लोहा मान लेना पड़ेगा। इसलिए आप यदि अपनी विद्वत्ता या अपने किसी विशेष गुण की धाक छात्रों पर बैठाना चाहते हों तो अपने गुणों का प्रकाश करिए पर अपने मुँह से न कहिए।

यहीं एक बात और कह देनी उचित है। अपने गुण-प्रकाशन के लिये आप अवसर देखते रहिए और प्रकाशित कर डालिए इसमें हमें तनिक भी आपत्ति नहीं है, किन्तु ऐसा न हो कि आप अपने गुण इस प्रकार दिखाएँ कि उसका उल्टा प्रभाव पड़े। हमारे एक अध्यापक मित्र थे, उनको यह सनक थी कि वे छात्रों के सम्मुख अपनी संगीतकला का परिचय दें। उन्होंने हमसे सम्मति माँगी। हम उन्हें धोखा नहीं देना चाहते थे, उनकी खिल्ली नहीं उड़वाना चाहते थे, इसलिए हमने उनसे कहा कि अभी और अभ्यास कर लीजिए, कहीं ताल से चूके तो बनी-बनाई साख बिगड़ जाएगी। अभी तो दस लोग यही समझते हैं कि आपने तानसेन की क़ब्र की इमली खाई है पर एक बार अलाप लगाइएगा तो लोगों में बड़ी भद्द होगी। पर उन्होंने यह समझा कि हम उनके सौभाग्य और यश से ईर्ष्या करके उन्हें भाग्योदय के स्वर्ण-संयोग से वंचित कर रहे हैं। जन्माष्टमी के दिन वह अवसर उन्हें बिना माँगे मिल गया। लड़कों ने मास्टर साहब के संगीत-प्रेम की चर्चा सुन ही रखी थी। बस पुकार होने लगी। मास्टर साहब तो चाहते ही यह थे। आपने बाजा उठाया और स्वर लगाया। श्रीगणेश ही बिगड़ गया। बाजे के पंचम के साथ ये अपना गान्धार मिलाने लगे। एक-दो मिनट पीछे ही लड़कों ने तालियाँ पीटनी प्रारम्भ की। आप और भी अधिक झूमकर, और भी अधिक बेसुरे होकर अलापें लेने लगे। परिणाम वही हुआ जो प्रायः ऐसे लोगों का हुआ करता है। उन्हें नवीन तानसेन की उपाधि मिल गई। जब मास्टर साहब को इस उपाधि के व्यंग्यार्थ का ज्ञान कराया गया तो वे खीझ उठे और आज तक दशा यह है कि तानसेन कहते ही उनकी भौंहें तन जाती हैं।

यही बात व्याख्यान देने, खेलने आदि के विषय में भी लागू है। जब तक आपको अपनी योग्यता में पूर्ण विश्वास न हो, अपने गुण का पूरा ज्ञान न हो, तब तक अपने मन की रास खींचे रखें।

तुलना

मनोवैज्ञानिकों का कहना है कि किसी भी ज्ञान को परिपक्व कराने का एक सरल साधन यह है कि ज्ञातव्य विषय को कई भावों, विचारों या परिस्थितियों के साहचर्य से दिया जाए। भाव-साहचर्य से स्मृति का काम हल्का हो जाता है। हम प्रायः स्त्रियों में देखते हैं कि वे बहुत-सी प्राचीन घटनाओं को इस प्रकार स्मरण रखती हैं, मानो उन्होंने अथक

परिश्रम करके ऐतिहासिक घटनाओं की भाँति उन्हें रट-रटकर स्मरण किया हो। उसका कारण यही है कि उन्होंने यह ज्ञान घटना-साहचर्य से पक्का कर लिया है–

'गोविन्द की सगाई अनन्त चतुर्दशी को हुई थी, क्योंकि उस दिन नारायण प्रसाद के घर लड़का हुआ था और वहाँ से लौटकर मैं आई तो घर में पूजा हो रही थी। मेरा मुन्नू गोविन्द से 15 दिन बड़ा है, इत्यादि।'

इस प्रकार एक घटना के संसर्ग से दूसरी घटना की स्मृति को जोड़ देने से उसे स्मरण रखने में बड़ी सुविधा हो जाती है। यह बात केवल साधारण घरेलू घटनाओं के लिए ही नहीं अपितु साहित्य, इतिहास, भूगोल आदि सभी विषयों के लिए लागू हो सकती है। इसका पूर्ण विवेचन करने से पूर्व यह देख लेना चाहिए कि यह तुलना कितने प्रकार से की जा सकती है। प्रधानतः समानता दिखाकर तथा विरोध दिखाकर दो प्रकारों से तुलना की जाती है।

इस विधान की महत्ता को कवियों ने भली भाँति समझा था। इसीलिए अपने प्रस्तुत को अधिक प्रभावोत्पादक तथा स्पष्ट रूप से अंकित करने के लिए वे अप्रस्तुत या उपमानों का प्रयोग करने लगे। आँखें सुन्दर हैं, आकर्षक हैं, मनोहर हैं–इतना ही कहकर उन्हें सन्तोष नहीं हुआ। वे एक पग आगे बढ़े। प्रकृति की निधि का कोना-कोना झाँका और खोजकर ले आए एक नीला कमल। अब उन्हें आँखों की विशेषणात्मक व्याख्या की आवश्यकता ही नहीं रह गई। वे कहने लगे–आँखें नीलकमल के समान हैं। इस समान वस्तु के प्रस्तुत होने के कारण आँखों का इष्ट वर्णन हो गया, समझने वालों को अब और कुछ बताना शेष ही न रहा।

एक इतिहास की बात ले लीजिए। हम कहते हैं कि समुद्रगुप्त ने रघु के समान दिग्विजय की। रघु की दिग्विजय की गाथा पढ़ाने के पश्चात् समुद्रगुप्त के दिग्विजय की कथा समझना कुछ भी कठिन नहीं है। भूगोल में भी प्रायः इटली की भारत से और ब्रिटिश द्वीप-समूहों की जापान से समानता दिखाया करते हैं। उसका उद्‌देश्य ही यह है कि दोनों देशों का ज्ञान एक साथ पक्का हो जाए। ज्ञात की तुलना दे देने से अज्ञात स्पष्ट हो जाता है।

काव्य पढ़ाते समय भी तुलना-प्रणाली का आश्रय लिया जाता है। प्रायः एक परिस्थिति का वर्णन या एक ही विचार अनेक कवियों ने प्रस्तुत किया है। उन पदों की एक साथ व्याख्या करने से रुचि भी बढ़ती है और ज्ञान भी पक्का हो जाता है।

इसी प्रकार विरोधात्मक भावों का तुलनात्मक विवेचन करने से भी उसका भाव-साहचर्य ज्ञान की दृढ़ता में सहायक होता है। मान लीजिए पुस्तक में एक वाक्य आता है–

'वे बड़े उत्कृष्ट विचारों के आदमी थे।'

उपर्युक्त वाक्य में 'उत्कृष्ट' शब्द कुछ कठिन है। हम पूछ सकते हैं 'नीच' का उल्टा क्या है। अवश्य उत्तर मिलेगा 'ऊँचा'। बस यही 'उत्कृष्ट' का अर्थ है। इस प्रकार विरोधवाची शब्द देकर हमने मूल शब्द का अर्थ निकलवा लिया।

कभी-कभी विरोधात्मक विचारों का एक साथ तुलनात्मक विचार करने से भी ज्ञान पक्का होता है। जैसे–

सठ सुधरहिं सत संगति पाई।
पारस परसि कुधातु सुहाई।।

और

नीच निचाई नहिं तजै जौ पावै सतसंग।।

इन दोनों भावों का तुलनात्मक विवेचन करने से दोनों तथ्यों का भाव समझाया जा सकता है।

इतिहास में तो प्रायः हम लोग पूछते ही हैं–मुहम्मद तुगलक और फिरोज तुगलक की तुलना करो। इस विरोधात्मक तुलना से दोनों की विशेषताएँ अधिक स्पष्ट हो जाती हैं। भूगोल में भी हम लोग पूछते ही हैं–टुंड्रा के निवासियों की ऊष्ण कटिबन्ध के निवासियों से तुलना करो। इस प्रकार की विरोधात्मक तुलनाओं से दोनों विरोधी वर्ण्य विषयों और वस्तुओं का ज्ञान भली भाँति कराया जा सकता है।

इन दो प्रकार की तुलनाओं के साथ-साथ एक और तुलनात्मक व्याख्या होती है, जिसे हम अपेक्षित तुलना कह सकते हैं। बिहारी का एक दोहा लीजिए–

इही आस अटक्यौ रहतु, अलि गुलाब के मूल।
ह्वै हैं फेरि बसन्त रितु, इन डारनु वे फूल।।

इस दोहे का अर्थ तब तक स्पष्ट नहीं हो सकता जब तक कि हम बिहारी का निम्नलिखित दोहा न समझा दें–

जिन दिन देखे वे कुसुम, गई सु बीति बहार।
अब अलि रही गुलाब में, अपत कटीली डार।।

व्याख्या के वाच्य विधानों में तुलना का सर्वाधिक मूल्य है। किन्तु इसके लिए आवश्यक यही है कि अध्यापक का ज्ञान अत्यन्त विस्तृत हो और वह पूर्ण तैयारी करके कक्षा में आए। तुलना जितनी अधिक की जाएगी उतना ही पाठ श्रेष्ठ समझा जाएगा, क्योंकि तुलना से पाठ जल्दी समझ में आता है। तुलना से छात्रों को पाठ्य पुस्तक की विभीषिका से मुक्ति मिल जाती है, वे सन्तोष की साँसें लेते हैं और समझते रहते हैं कि हम पुस्तक की परिधि से बाहर के ज्ञान तक भी पहुँच रहे हैं। शिक्षाशास्त्र का कहना भी तो यही है कि पाठ्य-पुस्तक ज्ञान देने का एक आधार मात्र है, उसे ज्ञान-प्रासाद की नींव मात्र समझनी चाहिए। उसके ऊपर उठने वाले प्रासाद की सामग्री तो अध्यापक को अपनी अध्ययन-शीलता, विवेक और अनुभव के भंडार से लाकर चुननी होगी।

उदाहरण

उदाहरण और दृष्टान्त का भी अध्यापन में विशेष महत्त्व है। विशेषतः गूढ़ तात्त्विक विषयों की व्याख्या के लिए तो उदाहरण और दृष्टान्त से ही काम लेना चाहिए। हम कर्त्तव्य-शीलता, सत्यवादिता, सुशीलता, शिष्टाचार आदि विषयों की शाब्दिक मीमांसा नहीं कर

सकते, क्योंकि शाब्दिक मीमांसा से जो अर्थ निकलेगा वह चाहे जितना सरल और स्पष्ट हो किन्तु बोधगम्य नहीं हो सकता। किन्तु यदि उदाहरण या दृष्टान्त देकर हम समझाएँ तो वही बात समझ में आ जाए यदि शिक्षक कहें पितृभक्त वह है जो सदा पिता की आज्ञा माने और पिता की इच्छा के विरुद्ध कोई काम न करे–

तो इसका अर्थ स्पष्ट समझ में नहीं आ सकता। यदि हम 'राम' का उदाहरण देकर समझा दें तो हम 'पितृभक्त' का शब्दार्थ ही नहीं अपितु उसका नैतिक महत्त्व भी समझा सकते हैं।

अतः विभिन्न परिस्थितियों के उदाहरण और दृष्टान्त अध्यापक को बहुलता के साथ स्मरण रखने चाहिए जिसमें वह उनका उचित प्रयोग कर सके। उदाहरणों के प्रयोग में थोड़ा-सा सावधान रहना चाहिए। जिन लोगों को बहुत से दृष्टान्त और उदाहरण स्मरण होते हैं वे मूल पाठ की हानि करके कक्षा को गल्पशाला, चंडूखाना बना देते हैं। वे कक्षा का मनोरंजन तो अवश्य करते हैं किन्तु कक्षा का मनोरंजन ऐसा होना चाहिए जो ज्ञानवर्द्धक भी हो और निर्दिष्ट पाठ्यक्रम में निर्बाध सहायता प्रदान करे।

आधार

जो बातें उदाहरण के लिए लागू हैं, ठीक वे ही बातें आधार के लिए भी लागू हैं। 'आधार' शब्द का पारिभाषिक प्रयोग कुछ नया है, इसलिए उसकी व्याख्या भी कर देनी चाहिए। प्रायः हम देखते हैं कि जो विषय हम पढ़ाते हैं उनमें कुछ ऐसे प्रसंगों की चर्चा आ जाती है जिनकी कथा जब तक न प्रकट हो तब तक मुख्य विषय समझ में नहीं आ सकता। एक दोहा लीजिए–

छिमा बड़नुकौं चाहिए, छोटनकौं उतपात।
कहा बिस्नुकौ घटि गयो, जौ भृगु मारी लात।।

इस दोहे का अर्थ समझाने के लिए विष्णु और भृगु के प्रसंग को स्पष्ट कर देना चाहिए।

आधार के स्पष्टीकरण में केवल यही स्मरण रखना चाहिए कि वह सूक्ष्म हो, सरल भाषा में हो और स्पष्टता के लिए जितना आवश्यक हो उतना ही कहा जाए।

अर्थ

अर्थ तो साहित्य पढ़ाते हुए ही बतलाए जाते हैं। वास्तव में अर्थ बतलाना शिक्षण का सबसे हीन विधान समझा जाता है। किन्तु ऐसे अवसर प्रायः उपस्थित हो ही जाते हैं जब शिक्षण-विधियों का प्रयोग कर लेने पर भी अर्थ स्पष्ट नहीं हो पाता। ऐसे अवसरों पर अध्यापक को स्वयं अर्थ बताना पड़ता है।

अर्थ बताने के सम्बन्ध में व्यापक नियम यही है कि मघवा का अर्थ बिड़ौजा न बताया जाए अर्थात् मूल से अर्थ अधिक कठिन न हो जाए। अर्थ अत्यन्त सरल भाषा में कहना चाहिए, जिसे सब छात्र समझ सकें। अर्थ बताने से पूर्व अध्यापक को चाहिए कि कठिन शब्दों का अर्थ निकलवाकर वाक्यों का विश्लेषण करके यथासम्भव उसका अर्थ छात्रों से निकलवा ले। अर्थ निकलवाने पर भी प्रायः यह होता है कि छात्र अर्थ तो समझ जाते हैं किन्तु उपयुक्त भाषा में उसे व्यक्त नहीं कर पाते। अध्यापक को यही चाहिए कि ऐसी

परिस्थिति में वह छात्रों को यह बतलाता रहे कि अर्थ किस प्रकार, किस भाषा में, कितना देना चाहिए। हम ऊपर भी कह चुके हैं और फिर भी उसकी पुनरावृत्ति कर देना उचित समझते हैं कि अर्थ बताने का भी बड़ा प्रलोभन होता है। एक तो समय की बचत के लिए, दूसरे अपने पांडित्य-प्रदर्शन के लिए और तीसरे अधैर्य के कारण अर्थ बताने की प्रवृत्ति प्रत्येक अध्यापक में होती है। इस प्रवृत्ति पर विजय प्राप्त करनी चाहिए और जहाँ तक सम्भव हो अर्थ छात्रों से ही निकलवाया जाए।

व्युत्पत्ति

व्युत्पत्ति का प्रयोग प्रायः समस्त पदों (समास वाले शब्दों) के शिक्षण में होता है। व्युत्पत्ति भी एक बड़ी बला है। जो लोग व्याकरण के पंडित होते हैं वे तो ऐसे अवसरों को स्वर्ण-सुयोग समझते हैं और अपने व्याकरण-ज्ञान का संपूर्ण कोश खोलकर रख देते हैं। व्युत्पत्ति बताना स्वतः कोई बुरा काम नहीं है। इससे ज्ञान बढ़ता सही है किन्तु इसका यह अर्थ नहीं है कि प्रत्येक शब्द के माँ-बाप, भाई-बन्धुओं को जन्मपत्री खोल-खोलकर रख दी जाए। व्युत्पत्ति का प्रयोग वहीं करना चाहिए जहाँ शब्द का अर्थ समझने में व्युत्पत्ति सहायक हो। एक वाक्य लीजिए–

'इस संसार में प्रत्युत्पन्नमति वाले लोग ही कुछ कर सकते हैं।'

उपर्युक्त वाक्य में 'प्रत्युत्पन्नमति' शब्द की सन्धि तोड़कर, समास-विग्रह करके, हितोपदेश की तीन मछलियों की कथा कहकर इसकी व्युत्पत्ति की जा सकती है। अथवा कोई कहता है कि मनुष्य में 'दार्ढ्य' शब्द कैसे बना, इसमें मूल शब्द क्या है, भाववाचक पुल्लिंग किस प्रकार बनता है यह सब बता देना चाहिए।

शब्दों की व्युत्पत्ति का ज्ञान अध्यापक को अवश्य होना चाहिए, चाहे वह उनका प्रयोग कर सके या नहीं। क्योंकि जैसा हम बार-बार कहते आए हैं अध्यापक को सब प्रकार से तैयार रहना चाहिए, चाहे वह परिस्थिति आए या न आए।

व्याख्या के वाच्य विधान में एक मुख्य विधान और रह गया है, वह है कथा या कहानी। यह विधान बड़े महत्त्व का है और इसकी चलती-सी विवेचना कर देना उचित न होगा, इसलिए अगले अध्याय में हम विस्तार से इस पर विचार करेंगे कि कक्षा में किस प्रकार की कहानियाँ कहनी चाहिए, कैसे कहनी चाहिए, कब कहनी चाहिए और कहानी कहने में किन बातों पर विशेष ध्यान देना चाहिए।

12

कहानी कहने की कला

मानव-जीवन का इतिहास कहानियों का एक विशाल संग्रह है। मनुष्य के अनुभव में सर्वसाधारण अनुभवों के अतिरिक्त कुछ ऐसे अनुभव भी होते रहे हैं जो अलौकिक और असाधारण रहते हैं। इन अनुभवों को, कथाओं को जब-जब मानव-समाज ने सुना, तब

तब आश्चर्य से दाँतों तले उँगली दबाई और कथा की अलौकिकता ने उन्हें बार-बार सुनने को उत्सुक किया। यही उत्कंठा कुतूहल बनकर मानव-हृदय में निरन्तर बसती चली आई है। क्या छोटे क्या बड़े, क्या बच्चे क्या बूढ़े, सभी में विचित्र कथा सुनने की रुचि निरन्तर होती चली आई है। सभ्यता के जन्म के समय से ही मनुष्य ने बालक की इस रुचि को भाँप लिया था और तभी से हमारी दादियों और नानियों ने न जाने कितनी सत्य और असत्य, विश्वसनीय और अविश्वसनीय, संबद्ध और असंबद्ध कहानियाँ कह-कहकर दुर्ललित, चपल और नटखट बालकों को चुप कराया है, सुलाया है और उन्हें कहानी सुनाने का प्रलोभन देकर उनसे इच्छित कार्य कराया है।

इन कहानी सुनने वालों में कितने ही बड़े-बड़े राजे-महाराजे भी हुए हैं। जब राजा परीक्षित शमीक ऋषि के पुत्र शृंगी ऋषि के शाप के कारण अपने जीवन की अवधि समाप्त कर रहे थे, उस समय उन्होंने भारतीय इतिहास की प्रसिद्ध कथाएँ भगवान शुकदेव जी के मुँह से सुनी थीं। उनकी कथा इतनी रोचक और ज्ञानपूर्ण (इन्टेरेस्टिंग एंड इन्स्ट्रक्टिव) होती थी कि असंख्य ऋषि, मुनि और विद्वान् भी दूर-दूर से आकर उनका प्रवचन सुनते थे।

ऐसे और भी अनेक राजाओं के वर्णन मिलते हैं जिनके मन बहलाव का साधन कहानी सुनना था। उन लोगों ने अपने दरबारों में ऐसे कथक्कड़ों को आश्रय दे रखा था जिन्हें कहानियाँ स्मरण ही नहीं थीं अपितु वे यह भी जानते थे कि किस अवसर पर कौन-सी कहानी कहने से स्वामी प्रसन्न होंगे और कहानी किस प्रकार से कहनी चाहिए। ऐसे लोगों ने यश और प्रतिष्ठा भी कमाई है। बीरबल का नाम भारत में कौन भूल सकता है।

आजकल भी लोगों में जो चलचित्र (सिनेमा) का अधिक प्रचार हुआ है और हो रहा है उसका कारण भी कहानी-प्रेम ही है। अन्तर केवल यही है कि ये चलचित्र की कहानियाँ हम कानों से नहीं सुनते, आँखों से देखते हैं। कहानी को मस्तिष्क और हृदय में बैठाने वाले यंत्रों में केवल अन्तर हुआ है। कानों का काम आँखों को मिल गया है अन्यथा सब बातें ज्यों की त्यों हैं। सुनने से सुनने वाले को एक काल्पनिक चित्र बनाना पड़ता था, देखने से कल्पना का द्वार बन्द हो गया, काम सीधा और हल्का हो गया। पर कहानी फिर भी बनी रही।

व्यावसायिक कहानी कहने वालों का अभाव होने के कारण और मुद्रण यंत्र की कृपा से लोगों ने कहानी सुनने के बदले पढ़नी प्रारम्भ कर दी है। यही कारण है कि विश्व-साहित्यों का अधिकांश उपन्यासों और कहानियों से पटा पड़ा है। अब की तो बात ही जाने दीजिए, आज से कई सौ वर्ष पहले गुणाढ्य ने पैशाची भाषा में बड्डकहा (वृहत्कथा) लिखी थी और उसका इतना आदर हुआ कि उस समय की सर्वमान्य संस्कृत भाषा में कथासरित्सागर के नाम से उसका अनुवाद हुआ, उसकी कथाओं के अधार पर नाटक लिखे गए और भारतीय साहित्य में उन कथाओं के उद्धरण स्थान-स्थान पर दिए गए।

मन बहलाव के साधन के अतिरिक्त कहानियों का शैक्षणिक महत्त्व भी कम नहीं है। योरोप में जर्मन शिक्षा-शास्त्री फ्रोबेल ने अपनी बालोद्यान (किंडरगार्टन) प्रणाली में कहानियों को प्रमुख स्थान दिया है। किन्तु फ्रोबेल के जन्म से कई सौ बरस पहले विष्णु शर्मा ने पंचतंत्र और हितोपदेश की कहानियाँ सुनाकर यह घोषित कर दिया था–

कथाच्छलेन बालानां नीतिस्तदिह कथ्यते

–कि कथा के बहाने हम बच्चों को नीति सिखला रहे हैं। हितोपदेश के प्रारम्भ में ही उसके रचयिता ने कहा है–

श्रुतो हितोपदेशोऽयं पाटवं संस्कृतोक्तिषु।
वाचां सर्वत्र वैचित्र्यं नीतिविद्यां ददाति च।।

अर्थात् हितोपदेश की कथाओं को सुनने से संस्कृत की उक्तियों को जानने और उनका प्रयोग करने का कौशल आ जाएगा, किस स्थान पर किस प्रकार वाणी की विचित्रता लानी चाहिए इसका ज्ञान हो जाएगा तथा नीति-विद्या का अर्थात् व्यवहार का ज्ञान भी हो जाएगा।

इस प्रकार सर्वप्रथम भारतवर्ष में ही कहानियों के शैक्षणिक महत्त्व की प्रतिष्ठा और उसका प्रचार हुआ। जो कथाएँ और कहानियाँ यहाँ छोटे बच्चों के लिए कही गई हैं वे प्रायः पशु-पक्षियों के सम्बन्ध में कही गई हैं। इसका एक गूढ़ मनोवैज्ञानिक कारण है। जब हम मनुष्यों की कहानियाँ पढ़ते या सुनते हैं तो हम तत्काल उनमें से एक श्रेष्ठ पात्र को चुन लेते हैं और अपना उससे तादात्म्य सम्बन्ध स्थापित करके कथा के अन्त तक यही समझते चलते हैं मानो आप वही हों। इस तादात्म्य से कहानी का आनन्द तो भली प्रकार प्राप्त हो जाता है किन्तु उसके पीछे जो नीति की बात या उपदेश होता है वह लुप्त हो जाता है, उस तक बुद्धि पहुँच ही नहीं पाती। किन्तु जब कहानियों के पात्र पशु-पक्षी होते हैं तो मनुष्य उनसे तादात्म्य सम्बन्ध नहीं स्थापित करता, तटस्थ होकर उनकी क्रियाओं को देखता है, विचार करता है और परिणाम निकालता है। इन परिणामों के द्वारा वह अपने चरित्र, विचार या व्यवहार का परिष्कार और सुधार करता है। इसीलिए प्रारम्भिक अवस्था में शिक्षा-शास्त्र की दृष्टि से पशु-पक्षियों की कथाओं को विशेष महत्त्व दिया जाता है।

आजकल साहित्य में जो कहानियाँ प्रचलित हैं उनमें और प्राचीन कहानियों में बड़ा अन्तर है। आजकल वस्तुवाद-यथार्थवाद और कहानी कला के नाम पर बेसिर-पैर की अनेक अनर्गल कहानियाँ काग़ज़ को और मानव-मन को काला रंगती चली जा रही हैं और दुःख तो यह है कि यह सब हो रहा है कला के नाम पर, मनोवैज्ञानिक चित्रण के नाम पर। आडम्बरपूर्ण पारिभाषिक शब्दों की ओट लेकर अनाड़ी आलोचक भी इन कहानियों के लेखकों को बृहस्पति सिद्ध करने की सतत् चेष्टा में निरत दिखाई दे रहे हैं। इसका परिणाम यह हो रहा है कि आजकल प्रत्येक कहानी-लेखक कहानी नहीं कहता, वह यह देखता है कि कौशल (टेकनीक) की दृष्टि से वह ठहर सकेगी या नहीं। वह यह विचार करने का कष्ट नहीं उठाना चाहता कि अमुक कहानी का क्या प्रभाव होगा, मनुष्य के

आचरण-सुधार में वह कितना योग देगी, युग की कौन-सी गुत्थियाँ सुलझेंगी, ज्ञान का कौन-सा रुद्ध द्वार खुल जाएगा, मानव-हृदय की किस शाश्वत जिज्ञासा का समाधान होगा। इसलिए आजकल की कहानियाँ केवल क्षणिक हैं, अस्थायी हैं, अचिर हैं। पुरानी कथाओं में चाहे वे पूर्व की हों या पश्चिम की, टंड्रा की हों या उष्ण कटिबन्ध के देशों की किन्तु उनमें एक भाव निरन्तर व्याप्त मिलता है, वह यह है कि प्रत्येक कथा का परिणाम सुखकर होता है, पापी को दंड और सज्जन तथा वीर को उचित पुरस्कार मिलता है। 'एक था राजा' से प्रारम्भ होकर जो कथाएँ चलती हैं उनके अन्त में यही होता है उसका राजकुमारी से ब्याह हो गया। जैसा उसका हुआ भगवान करें सबका ऐसा ही हो।' सर्वे भद्राणि पश्यन्तु की एक विश्व-व्याप्य धारणा बालकों के मन में प्रारम्भ से ही बैठा दी जाती थी और साथ ही साथ यह आतंक भी प्रबल रूप से जमा दिया जाता था कि हिंसा, कपट, देशद्रोहिता, स्वामिद्रोहिता, झूठ, अनाचार, अत्याचार, लोभ, अभिमान, ईर्ष्या आदि जितने भी दुर्गुण हैं इनका आश्रय लेने से अवश्य पतन होता है और क्लेश मिलता है। जीवन में जब-जब मनुष्य के भीतर बैठा हुआ पिशाच प्रबल होता है तब तब बचपन की कहानियों के द्वारा बैठाई हुई पाप की विभीषिका उसे दबाती रहती है और इस प्रकार के निरन्तर दमन से पिशाच समाप्त हो जाता है और देवता जाग पड़ता है।

हम ऊपर ही कह आए हैं कि बालकों का मन कहानियों में बहुत लगता है। यही सत्य हमारे लिए बहुत काम का है। हम यह भी जानते हैं कि जिसमें मन लगता है उसी में ध्यान जमता है, इस एकाग्रता में जो ज्ञान आता है वह बुद्धि तत्काल ग्रहण कर लेती है और वह बालक के ज्ञान का निश्चित अंग बन जाता है। इसलिए सफल अध्यापक को चाहिए कि वह विभिन्न अवसरों के योग्य कहानियाँ स्मरण रखे और अवसर पाते ही उनका प्रयोग कर दे। इन कहानियों के द्वारा वह जितनी पक्की शिक्षा दे सकेगा उतनी और किसी साधन के द्वारा नहीं दे सकता किन्तु कहानियाँ स्मरण करने मात्र से ही उसका काम नहीं चल सकता। उसे कहानी कहने की कला भी जान लेनी चाहिए। किस कहानी में कौन-सी घटना प्रमुख है, किस पर अधिक बल देना चाहिए, किस समाज में किस प्रकार की भाषा काम में लाई जाए, कौन-सी बात हँसी उत्पन्न कर सकती है, किस बात को किस मुद्रा से कहा जाए, ये सभी बातें कहानी कहने की कला के अन्तर्गत ज्ञातव्य है।

यहीं यह बात भी स्मरणीय है कि बच्चों को कहानी सुनने में जो आनन्द मिलता है, वह पढ़ने में नहीं। उसका कारण यह है कि लिखी हुई कहानी परिमित शब्दों और वाक्यों में बँधी रहती है और यह भी सम्भव है कि अनेक स्थानों पर शब्दों और वाक्यों के अर्थ बालक न समझ सकें। किन्तु कहने वाला अपने श्रोताओं की योग्यता के अनुसार अपनी भाषा को सँभाल लेता है और जहाँ कहीं उसे अपने श्रोताओं के मुखमंडल पर न समझने की झलक मिलती है वहाँ वह अपनी कही हुई बात को समझा भी देता है। पर पुस्तक की भाषा तो एक-सी रहती है। यदि आप समझते हों तो ठीक है, नहीं तो उसे उठाकर रख दीजिए।

कहानी कहने वाले को एक और भी बड़ा भारी लाभ है। वह बहुत-सी बातें, भावनाएँ, क्रियाएँ केवल अपनी आंगिक चेष्टाओं, मुख-मुद्राओं, भाव-भंगियों से ही बता डालता है। वाणी में भाव के अनुसार उतार-चढ़ाव करके वाचिक अभिनय से वह श्रोताओं के आगे मानसिक परिस्थितियों का मूर्त्त स्वरूप ला खड़ा कर सकता है और इस प्रकार अपने श्रोताओं का ध्यान आकर्षित करने के साथ-साथ उनके हृदय-पटल पर कहानी के मुख्यतम अंशों के अमिट प्रभाव की छाप सदा के लिए छोड़ सकता है। किसी वस्तु की लम्बाई-चौड़ाई बताने के लिए पोथीवाला लिखेगा 'उस राक्षस का सिर बड़े ढोल के जैसा था।' किन्तु कहने वाला अपने दोनों हाथों को फैलाकर केवल इतना ही कहकर अपना भाव समझा देगा- उस राक्षस का सिर इतना बड़ा था। इस वक्तव्य से भी यही निष्कर्ष निकला कि केवल कहानी का उतना महत्त्व नहीं है जितना कहानी कहने के ढंग जानने का है।

विद्यालयों में कहानी सुनाने के उद्देश्य

कहानी का प्रमुख उद्देश्य आनन्द देना है। हम ऊपर कहानी कहने के शैक्षणिक महत्त्व पर बहुत कुछ कह आए हैं किन्तु वे सब उद्देश्य गौण हैं। जिस प्रकार एक भक्त गंगा-स्नान करने के लिए निकलता है तो उसका मुख्य उद्देश्य गंगा-स्नान करना होता है किन्तु इसी के साथ-साथ उसे देव-दर्शन भी मिल जाता है, साधु-महात्माओं का सत्संग हो जाता है, कुछ कथा वार्त्ताएँ सुनने को मिल जाती हैं। यद्यपि देव-दर्शन, साधु-सत्संग, कथाश्रवण आदि का कम महत्त्व नहीं है फिर भी वे मुख्य उद्देश्य नहीं हैं, गौण ही है। इसी प्रकार पाठशालाओं में कहानी सुनाने का प्रधान उद्देश्य तो आनन्द देना ही है, भले ही उसमें से नीति, व्यवहार, शिष्टाचार आदि के उपदेश निकल आएँ और छात्रों को प्रभावित करें। हम पहले ही अध्याय में कह आए हैं कि आनन्द जिससे मिलता हो वही कला है, इसलिए यदि आप कहानी सुनकर आनन्द उत्पन्न कर सकें तो वह कला है और उसके साथ वही व्यवहार होना चाहिए जो कला के साथ होता है या हो सकता है। जिस प्रकार कलात्मक वस्तु आनन्द प्रदान करने के साथ-साथ हमारे हृदय के तारों को एक बार हिला देती है, हमारी आत्मा को कुछ काल के लिए परमानन्द में मग्न कर देती है, मंत्रमुग्ध कर देती है उसी प्रकार कहानी कहने का यही उद्देश्य होना चाहिए कि वह श्रोताओं के हृदय को, उनकी आत्मा को ऐसा रसमग्न कर दे कि वे आत्मविस्तृत होकर उस रस का उपभोग करें। जिस प्रकार वीणा की मीड़ को सुनकर प्रत्येक सहृदय व्यक्ति का हृदय आनन्द से काँप जाता है, मन एक विशेष उल्लास से आकुल हो जाता है उसी प्रकार कहानी सुनाने वाले के 'एक था राजा' कहने के साथ ही साथ कुछ ऐसा वातावरण बन जाए कि भगवान् श्रीकृष्ण की मुरली के मधुर निनाद के समान उसकी गति के साथ सारी सृष्टि का सहयोग हो जाए, श्रोताओं की संपूर्ण वृत्तियाँ एकाग्र होकर कहानी के प्रत्येक वर्ण को निगल जाने को उत्सुक हों, सुनाने वाले की आंगिक चेष्टाएँ, भाव-भंगियों, श्रोताओं की दृष्टि से बच न निकले, उसकी वाणी

का कोमल से कोमल उतार-चढ़ाव उनकी श्रवणेन्द्रियों से छूटकर न जा सके। तभी यह सिद्ध हो सकेगा कि कहानी कला की सामग्री है और यह मन बहलाव की कला है, ऐसी कला जो रस पैदा करे, गुदगुदी पैदा करे और आत्मा में बल, साहस, उत्साह और पराक्रम भी भर दे। कहानी से भले ही ज्ञान की परिधि का विकास न हो, एक भी तथ्य न बतलाया जाए किन्तु यदि मनुष्य के हृदय को, उसके भावों को कहानी ने मथ दिया तो समझ लो कहानी सार्थक हो गई, उसका उद्‌देश्य पूरा हो गया।

कहानी किस प्रकार कहनी चाहिए

इतना पढ़ लेने पर यह जिज्ञासा स्वाभाविक है कि कहानी किस प्रकार कहना चाहिए। कहानी कहने की कला का सर्वप्रथम तत्त्व यह है कि कहानी को व्यक्तिगत बनाना चाहिए, मानो उस कथा की घटनाओं को आपने अपनी आँखों से देखा है। आप इस प्रकार आचरण कीजिए मानो प्रत्येक घटना आप पर विभिन्न प्रभाव छोड़ती गई हो। जिस प्रकार संजय ने धृतराष्ट्र को महाभारत के युद्ध की सब घटनाएँ प्रत्यक्षदर्शी की भाँति सुनाई थीं उसी भाँति आप भी सुनाइए, मानो आप उसकी प्रत्येक घटना से प्रभावित हो रहे हों। यद्यपि कहानी में आप भूतकाल की क्रिया का प्रयोग करते हैं किन्तु फिर भी आप इस प्रकार कहिए मानों आप दिव्य दृष्टि से प्रत्येक घटना को सत्य ही देख रहे हों और उससे प्रभावित होते हुए उसका वर्णन करते चले जा रहे हों। यदि आपको इस दशा का ठीक अनुभव करना हो तो कभी कलकत्ते या बम्बई के फुटबाल या क्रिकेट के मैच के विवरण-दाता का विवरण बेतार यंत्र (रेडियो) पर सुनिए। वह ध्वनिविक्षेपक (माइक्रोफोन) में मुँह लगाए अपनी दृष्टि मैच की प्रत्येक गति पर रखता हुआ बोलता चलता है और उसके बोलने से यह स्पष्ट पता चलता जाता है कि खेल का उसके हृदय पर क्या प्रभाव पड़ता जा रहा है, उपस्थित जनता पर क्या प्रभाव पड़ता है और दूर देशों में बैठे हुए श्रोता पर वही प्रभाव डालने के लिए वह कितना उत्सुक और सचेष्ट है। वह इस प्रकार बोलता है कि आपको सुनने मात्र से यह अनुभव हो कि मैच आपकी आँखों के आगे हो रहा है–"बनर्जी ने शमीम को अड़ंगी दी, रघुनाथ गेंद लेकर बढ़ा, निसार से भी निकाल ले गया, वह किक दी, बुन्दू ने सिर से मार कर गेंद उछाल दी, वह बनर्जी दौड़ा, अब गेंद उसी की है, वह दौड़ रहा है, निसार पीछा कर रहा है, बनर्जी किक करने की घात में है, वह निसार पहुँच गया, पर बनर्जी ने गेंद को पीछे करके बचा लिया, वह किक लगाई, गोऽऽल, गोऽऽल, तीसरा गोल हो गया, वाह बनर्जी वाह, बड़ा सच्चा गोल लगाया।" इत्यादि।

बच्चों की या यों कहिए कि मानव मात्र की कुछ ऐसी प्रवृत्ति है कि वह व्यक्तिगत अनुभव सुनने की बड़ी इच्छा करता है। जब कोई परदेस से लौटता है तो बड़े-बूढ़े बालक-बच्चे सब उसे घेरकर बैठ जाते हैं और यह जानना चाहते हैं कि परदेस में क्या देखा, कैसे रहे, वहाँ के लोग कैसे हैं, क्या करते हैं, यात्रा में क्या कष्ट उठाए, इत्यादि। अतः यदि आप अपने अनुभव की कहानियाँ सुना सकें तब तो सोने में सुगन्ध समझिए। साधारणतः अध्यापकगण छात्रों से अवस्था और अनुभव में बड़े होते हैं और प्रत्येक व्यक्ति की स्मृति

में अपने जीवन की ऐसी बहुत-सी अनुभूतियाँ संचित रहती हैं जिन्हें वह अपने छात्रों को कहानी के रूप में सुना सकता है। बहुत से अच्छे अध्यापक आप-बीती सुनाकर बालकों का उचित पथ-प्रदर्शन भी करते हैं किन्तु कभी-कभी बहुत से अध्यापक इस तरंग में बहुत-सी झूठी बातें भी कह डालते हैं। यह अनुचित है। यदि कोई ऐसी घटना हो जो आपके अनुभव में न आई हो, किसी दूसरे के अनुभव में आई हो तो आप यह कहकर उस घटना को सुना सकते हैं कि अमुक व्यक्ति के साथ ऐसी घटना हुई।

कहानी कहने के पूर्व यह भी विचार कर लेना चाहिए कि कौन-सी कहानी कही जाए। यह विषय इतना सरल है कि इसकी व्याख्या करने की आवश्यकता नहीं है। कहानी ऐसी हो जो सबकी समझ में आ सके, उसके पात्रों के नाम सरल, सुबोध और शीघ्र स्मरण होने के योग्य हों, अवसर के अनुकूल हों, उसकी घटनाएँ पेचीदी न हों, घटनाओं का घात-प्रतिघात हो और परिणाम सुखकर हो, उसके परिणाम-स्वरूप भले आदमी को पुरस्कार और दुष्ट को दंड मिले, कहानी में कोई बात ऐसी न हो जो अश्लील, फूहड़ और कल्पना को दौड़ने में सहायक हो। यदि कहानी लम्बी, अधिक उलझी हुई और पेचीदी हो तो उसे बालकों की योग्यता के अनुसार छोटी तथा सरल बनाकर कहनी चाहिए।

इस प्रकार कहानी का चुनाव करके कहानी प्रारम्भ करनी चाहिए। हम ऊपर कह आए हैं कि कहानी को स्वयं सत्य समझकर और स्वयं उसका आनन्द लेते हुए कहानी कहो। किन्तु कहने से पूर्व अपनी कहानी को भली प्रकार जान लो। जानने का तात्पर्य यह है कि कहानी के पात्रों के नामों में या घटनाक्रम में गड़बड़ी न हो, कहाँ क्या बात किस भाँति कही जाएगी, इसकी पूरी तैयारी पहले से ही रहनी चाहिए। ''एक राजा था। उसका नाम था... (सिर खुजाते हुए) देखो मुझे अभी याद था...अच्छा जाने दो कुछ भी हो।'' ये बातें ठीक नहीं हैं। हम पहले ही कह आए हैं कि अध्यापक तो अभिनेता के समान है। उसको अपना पाठ पहले से स्मरण रखना ही चाहिए।

कहानी कहने वाले को यह भी ध्यान रखना चाहिए कि श्रोतागण (छात्र) उसकी दृष्टि की परिधि से बाहर न हों। वह ऐसे स्थान पर बैठकर या खड़े होकर कहानी सुनाए कि सब छात्र उसके मुख की प्रत्येक मुद्रा को देख और समझ सकें। कहानी तभी प्रारम्भ करनी चाहिए जब सब बच्चे चुप हो जाएँ। कहानी के बीच में यदि कुछ फुसफुसाहट या गुनगुनाहट हो तो यह न कहिए--'कौन बात कर रहा है उधर।' वरन् कहानी को ही ऐसा सरस बना दीजिए कि असावधानों का ध्यान आकृष्ट हो जाए। कहने का अर्थ यह है कि कहानी के बीच में व्याघात न डालिए, बच्चे स्वयं चुप हो जाएँगे।

पर छात्रों की एकाग्रता के साथ आपका भी मन संयत और चित स्वस्थ होना चाहिए। घर पर बच्चा रो रहा होगा, मेरे कोट की जेब में रुपये पड़े हैं कोई निकाल न ले, ये चिन्ताएँ जिसके मन में चक्कर लगा रही हों वह कहानी नहीं कह सकता। अथवा आपका सिर दर्द कर रहा हो, गले में सूजन हो, मुँह में छाले पड़े हों, आप एकादशी व्रत हों तब भी आप कहानी नहीं कह सकते। ऐसी परिस्थितियों और अवस्थितियों में आपको कहानी नहीं कहनी चाहिए। आप अवश्य कहानी का गला घोट डालेंगे।

इस प्रकार कथा को भली प्रकार जानकर श्रोताओं को सन्मुख बैठाकर, स्वस्थ चित्त से, अत्यन्त अधिकारपूर्ण मुद्रा से, सरल भाषा में, नाटकीय भावभंगियों के साथ, स्वाभाविकता, उत्साह और उल्लास के साथ कहानी प्रारम्भ कर दीजिए।

कहानियाँ कब कही जाएँ

जब आपको अवसर मिले तभी कहानी कह डालिए। पर इसका यह तात्पर्य नहीं है कि आप बिना अवसर के अपने से ही कहानी कहना प्रारम्भ कर दें। अवसर आने की बाट जोहिए और अवसर मिलने पर उसको हाथ से न जाने दीजिए। यह आवश्यक नहीं है कि केवल भाषा या साहित्य के शिक्षण में ही कहानियों का प्रयोग हो सकता है। गणित, इतिहास, भूगोल, विज्ञान सभी की अद्‌भुत कथाएँ हैं और सभी विषयों के शिक्षण में कहानियों का प्रयोग किया जा सकता है। योरोपीय शिक्षण-साहित्य में ऐसी अनेक पोथियाँ लिखी गई हैं जिनमें कथा-कहानियों के द्वारा सभी ज्ञातव्य विषयों की शिक्षा देने के विधान हैं। हमारे यहाँ के साहित्य में भी रामायण-महाभारत आदि में राम-रावण तथा कौरव-पाण्डवों के युद्ध की कथाओं के साथ-साथ राजनीति, दर्शन, ज्योतिष आदि अनेक विषयों का भी समावेश है। किन्तु इस प्रकार कहानियों के द्वारा अन्य विषयों की शिक्षा देने की तो प्रणाली ही दूसरी है और उससे हमारा अर्थ भी नहीं निकलता। विचारणीय विषय तो यही है कि पाठ्य विषयों के बीच-बीच में किस प्रकार कहानियों का प्रयोग करके पाठ को सरस, रुचिकर और आकर्षक बनाया जा सकता है। यों पाठ्यक्रम में जहाँ कहानियाँ ही कहनी हों वहाँ की बात दूसरी है।

कहानी का प्रयोग करते समय इस बात का भी ध्यान रखना चाहिए कि कहानी कहने में आवश्यकता से अधिक समय तो नहीं ले लिया गया अथवा कहानी के कारण मुख्य पाठ की धारा में तो व्याघात नहीं पड़ा। यदि इस प्रकार के व्याघात की आशंका हो तो कहानी कहने का लोभ रोक लेना चाहिए, क्योंकि यह अधिक सम्भव है कि छात्रगण कहानी को तो भली प्रकार समझ जाएँ किन्तु उसके आनन्दातिरेक के कारण वे मूल पाठ बिल्कुल न समझ सकें। अध्यापक साधारण विवेक से ही कहानी कहने के अवसर की उपयुक्तता-अनुपयुक्तता का तथा उचित परिमाण का स्वयं विचार कर सकता है।

कहानियों के प्रकार

कहानियाँ कई प्रकार की होती हैं। इनमें प्रथम स्थान परियों की कहानियों का है जिनमें दिव्य लोक की लोकरक्षिणी शक्तियाँ सुन्दर परियों के रूप में आकर विपन्न प्राणियों की सहायता करती हैं, भले आदमियों का हित करती हैं और दुष्टों को उचित ताड़ना देती हैं। इन्हीं कहानियों में भूत, प्रेत, पिशाच, यक्ष, किन्नर, गन्धर्व, विद्याधरों की कहानियाँ भी आती हैं, बच्चों को इनमें बड़ा आनन्द आता है।

इसके पश्चात् हँसी, विनोद की कहानियाँ आती हैं जिनमें मूर्खों की मूर्खता का वर्णन होता है और प्रत्येक मूर्खता की बात सुनकर हँसी भी आती है और साथ-साथ यह भी

ज्ञात होता चलता है कि किस अवस्था में किस प्रकार का व्यवहार करने से मनुष्य हास्य का पात्र हो जाता है।

इसके पीछे नीति की कहानियों की बारी आती है जो प्रायः सभी साहित्यों में पशु-पक्षियों के जीवन से ली गई हैं। हितोपदेश, पंचतंत्र, ईसप की कहानियाँ आदि इसी कोटि की हैं।

इसके पीछे केवल मनोविनोद की वे कहानियाँ आती हैं जिनका उद्देश्य कल्पना को पंख लगाना है। इनमें आरव्य उपन्यास (अरेबियन नाइट्स) या कथासरित्सागर की कहानियाँ हैं।

अन्त में ऐतिहासिक कथाओं की बारी आती है जिनमें ऐतिहासिक, लोकरक्षक, त्यागी तथा साहसी वीरों की गाथाएँ आती हैं। इन कथाओं के सुनने से वीरता जागती है, आत्मविश्वास बढ़ता है, साहस आता है, कायरता दूर होती है, देश-प्रेम बढ़ता है और जीवन में साहस के काम करने की प्रवृत्ति होती है। ऐसी कहानियाँ ही मनुष्य को मनुष्य बनाने में सहायता करती हैं।

इस प्रकार कहानियों का उचित संग्रह करके अध्यापक को सदा तैयार रहना चाहिए और उचित प्रकार से कहानियों का प्रयोग करके अपने पाठ को आकर्षक और सर्वप्रिय बना लेना चाहिए। जो अध्यापक कहानी कहने की कला जानता है, उसके छात्र उसके बिना मोल लिए दास बन जाते हैं।

हमने इसी अध्याय में ऊपर कहा है कि लिखित कहानी और कही हुई कहानी के प्रभाव में बड़ा अन्तर होता है। नीचे हम एक कहानी के दोनों रूप देते हैं जिससे यह स्पष्ट हो जाएगा कि कही हुई कहानी लिखित की अपेक्षा कितनी प्रभावोत्पादक होती है।

लिखित कहानी
(मेढक और बैल)

एक दिन एक मेढक अपने बाप के पास गया और बोला कि मैंने संसार का सबसे बड़ा प्राणी देखा है। वह पर्वत के समान ऊँचा है और उसके सिर पर दो सींग हैं। बूढ़ा मेढक बोला कि वह तो भग्गल किसान का बैल है और वह कोई ऐसा बड़ा भी नहीं है। मैं भी उसके जितना बड़ा बन सकता हूँ। यह कहकर उसने साँस फुलाई और पूछता रहा—इतना बड़ा था। पर मेढक का बच्चा नहीं-नहीं करता रहा। अन्त में बूढ़ा मेढक इतना फूला कि उसका पेट फट गया।

(कथित कहानी)

काशी के पश्चिम में एक था ताल। उस ताल में एक रहता था मेढक जिसका नाम था टर्रे खाँ। दिन-रात उसी ताल में घुसा हुआ वह टर्र-टर्र, टर्र-टर्र यही धुन लगाता था। एक दिन उसका लड़का मुटर्रे खाँ ताल से बाहर निकला और उछलता-कूदता थोड़ी दूर निकल गया। सामने देखता क्या है कि एक चार पैरों वाला, दो सींगों वाला, बिल्कुल दूध-सा

धौला, बार-बार अपनी पूँछ फटकारता हुआ एक जीव खड़ा है। मुटर्रे खाँ ने इतना बड़ा जीव तो कभी देखा न था, देखते ही उसके होश उड़ गए, समझा कोई पहाड़ है, उठकर चला आया है। जानते हो वह क्या था? वह था भग्गल किसान का धौला बैल, बड़े डील-डौल का पछाँही बैल। अब जो बैलराम ने दो-तीन बार सींगों से झुंकारा और इधर-उधर घूमा तो मुटर्रे खाँ के देवता कूच कर गए। डरे कि कहीं ऊपर पैर न धर दे बस पैर धरा कि कचूमर निकला। मुटर्रे खाँ उलटे पैरों लौट पड़ा और ऐसा भागा कि धूल भी न दिखाई दी। ताल में पहुँचते ही छप्प, गड़प्प। झट से टर्रे खाँ के बाएँ बैठकर लम्बी-लम्बी साँसें लेने लगा, मुँह पीला पड़ गया, गले से बोल न निकले। अपने बेटे की यह दशा देखकर टर्रे खाँ घबराए। हड़बड़ाकर पूछने लगे–क्यों तुझे क्या हुआ है, कोई साँप तो नहीं मिल गया, सेवा में तो नहीं फँस गया था, किसी ने जाल तो नहीं डाला है। पर मुटर्रे खाँ चुप। कुछ बोलता नहीं। बड़ी देर के बाद लल्ला-मुन्ना कहने पर मुटर्रे खाँ ने कहा– दद्दा, आज मैंने एक ऐसा जीव देखा जो पहाड़ के जैसा बड़ा था।

टर्रे खाँ (आश्चर्य से)– पहाड़ के जैसा!

मुटर्रे खाँ– हाँ दद्दा, पहाड़ के जैसा।

टर्रे खाँ– और।

मुटर्रे खाँ– और उसके सिर पर दो सींग थे, पीछे एक पूँछ थी और बड़ी जल्दी-जल्दी चलता था।

टर्रे खाँ (उछलकर)– धत्तेरे की। अरे वह तो भग्गल किसान का बैल है। वह मेढकों को थोड़े ही कुछ कहता है। उससे क्या डरना। और फिर वह मुझसे बड़ा थोड़े ही है। देख मैं उतना ही बड़ा हुआ जाता हूँ।

यह कहकर टर्रे खाँ ने साँस भीतर खींची और अपनी तोंद फुलाकर मुटर्रे से पूछा–क्यों रे मुटर्रे, इतना बड़ा था।

मुटर्रे-नहीं दद्दा, इससे बहुत बड़ा। टर्रे खाँ और फूले। मुटर्रे ने कहा–इससे भी बड़ा था। टर्रे खाँ और फूले, मुटर्रे बोला–दद्दा, इससे कहीं बड़ा था। टर्रे खाँ ने और जोर से साँस खींची, आँखें लाल हो आईं, पर मुटर्रे ने कहा, दद्दा वह बहुत बड़ा था। टर्रे खाँ ने और जोर लगाया–हुँः। पर मुटर्रे ने वही पुराना राग अलापा–दद्दा, अभी बहुत कमी है। इस बार टर्रे खाँ झुंझलाए और पूरा जोर लगाकर साँस खींची, आँखें बाहर निकल आईं, पेट कुप्पा बन गया। मुटर्रे खाँ ने कहा–टर्र-टर्र, अभी नहीं हुआ। फट्। टर्रे खाँ का पेट फट गया और बेचारे टर्रे खाँ बड़े बनने का दावा लिए इस दुनिया से चल बसे। जो टर्रे खाँ की तरह छोटा होने पर भी बड़ा बनने चलता है उसकी ऐसी ही दशा होती है। समझे।

अब आपने समझ लिया होगा कि लिखित कहानी और कही हुई कहानी में किस प्रकार अन्तर हो जाता है और कही हुई कहानी कितनी सजीव और आकर्षक हो सकती है। तनिक-सा अभ्यास करने से ही कहानी कहने की कला आ सकती है और अध्यापकगण थोड़े ही परिश्रम से इस कला में निपुण हो सकते हैं।

13

श्यामपट्ट का प्रयोग

जिस प्रकार चित्रकार के लिए तूलिका और फलक परम वांछनीय हैं ठीक उसी प्रकार अथवा उससे भी कुछ अधिक अध्यापक के लिए श्यामपट्ट तथा एक टुकड़ा खड़िया मिट्टी का महत्त्व है। ये दोनों वस्तुएँ सफल अध्यापक की सतत् संगिनी हैं। शिक्षाशास्त्र के कतिपय आचार्य तो यहाँ तक कहते हैं कि श्यामपट्ट और एक टुकड़ा खड़िया मात्र अध्यापक को दे दीजिए और यदि अध्यापक कुशल हुआ तो उसे फिर इनके अतिरिक्त और किसी वस्तु की आवश्यकता नहीं। पुस्तकें, चित्र, मानचित्र आदि वस्तुएँ यदि अध्यापक के पास न रहें तो भी उतनी हानि कभी नही होगी जितनी हानि उपर्युक्त दोनों वस्तुओं के अभाव में हो सकती है। किन्तु साथ ही यह भी स्मरण रहे कि शिक्षण न तो सब 'झड़भड़िया' ही रहे न सब 'खड़िया' ही रहे, अर्थात् न तो आप सदा बोलते ही रहें और न श्यामपट्ट से ही लिपटे रहें।

श्यामपट्ट प्रायः काष्ठफलक होता है जिसे काले रंग से रँग देते हैं। परन्तु आजकल कक्षा की दीवारों का भी कुछ भाग काले रंग में रंगकर उन्हें श्यामपट्ट का रूप दे दिया जाता है। कुछ शिक्षा संस्थाओं में इस श्यामपट्ट ने और भी अधिक उन्नति की है। वह बेढब ढंग से रंग बदलने लगा है। अब तक तो वह केवल काला था पर अब सौन्दर्य-वृद्धि के नाम पर लोग हरे या लाल रंग के काष्ठ फलकों का प्रयोग करने लगे हैं। लाल रंग तो आँखों के आगे अधिक रहना ही नहीं चाहिए किन्तु हरे रंग का काष्ठफलक भी इस काम के लिए उपयुक्त नहीं, क्योंकि वह बराबर लिखकर मिटा देने के बाद ऐसा हो जाता है कि फिर उस पर लिखे हुए अक्षरों को पढ़ने में पीछे बैठने वाले छात्रों की आँखों को कष्ट होता है। किन्तु काले श्यामपट्ट में यह दोष नहीं रहता। उस पर खड़िया की श्वेतता पढ़ जाने पर भी उस पर लिखे हुए अक्षर स्पष्ट दिखाई देते हैं। अतः श्यामपट्ट श्याम ही होना चाहिए। साथ ही इस पर भी दृष्टि रखना चाहिए कि श्यामपट्ट की श्यामता रूखी हो, अधिक चटकीली न होने पावे और वह कक्षा में ऐसे स्थान पर रखा हुआ हो जहाँ से वह और उस पर लिखी हुई बातें कक्षा के सभी विद्यार्थियों को समान रूप से दृष्टिगोचर हो सकें। चटकीला काला होने से प्रकाश पड़ने पर वह चमकने लगता है और उस पर लिखा दिखाई नहीं पड़ता और चिकनेपन के कारण खड़िया भी ठीक नहीं चलती।

अब श्यामपट्ट प्रस्तुत हो जाने पर उसके प्रयोग का प्रश्न सामने आता है। मौखिक शिक्षा के साथ ही लिखित शिक्षा भी चलती रहे, यही श्यामपट्ट का उपयोग है।

बहुत से लोगों की यह मिथ्या धारणा है कि जो काग़ज़ पर सुन्दर अक्षर लिख सकता है वह श्यामपट्ट पर भी सुन्दर लिख सकता है। जिस प्रकार काग़ज़ पर सुन्दर लिखने के लिये अभ्यास करना पड़ता है उसी प्रकार श्यामपट्ट पर सुन्दर लिखने के लिए भी अभ्यास करना पड़ता है। दोनों प्रकार के लिखने में बड़ा अन्तर है। जब काग़ज़ पर हम

कलम बैठाकर लिखते हैं तो इस बात का ध्यान भी रखते हैं कि अक्षर को कहाँ मोटा और कहाँ पतला करना चाहिए, किन्तु श्यामपट्ट पर अक्षर की रेखाओं की मोटाई एक सी होती है। काग़ज़ पर लिखने में प्रायः रेखा-खचित काग़ज़ों का प्रयोग किया जाता है, इससे अक्षर समान बनाने में स्वतः सहायता मिलती है किन्तु श्यामपट्ट पर रेखाएँ नहीं होतीं और न पढ़ाने के समय इतना अवकाश ही रहता है कि पहले रेखाएँ खींची जाएँ तब लिखा जाए। यदि पहले श्यामपट्ट पर रेखाएँ खींच ली जाएँ तो एक बार मिटाने पर पुनः रेखा खींचने की समस्या आ खड़ी होगी। फिर यह तो आवश्यक नहीं है कि केवल शब्द ही लिखने होंगे। शब्दों के अतिरिक्त बीच-बीच में रेखाचित्र, मानचित्र आदि खींचने की आवश्यकता भी पड़ सकती है। अतः श्यामपट्ट पर की लिखाई काग़ज़ पर की लिखाई से बहुत अंशों में भिन्न है। श्यामपट्ट पर के अक्षर बड़े-बड़े, सुन्दर, शुद्ध, समान आकार के, सीधी पंक्ति में और स्पष्ट हों तथा शीघ्र लिखे जाएँ।

बड़े अक्षरों का विधान इसलिए किया गया है कि कक्षा के सब छात्र उन्हें पढ़ सकें। ऐसा न हो कि आगे के छात्र तो पढ़ लें और पीछे वाले मुँह देखें। पर बड़े अक्षरों का यह अर्थ भी नहीं है कि आप हाथ-हाथ भर के अक्षर लिखिए। अक्षरों की लम्बाई छह इंच से कम और आठ इंच से अधिक न हो।

लिखावट में सुन्दरता की आवश्यकता तो निर्विवाद है। एक प्राचीन उक्ति है—

लिपिः प्रशस्ता सुमनो लतेव केषां न चेतांसि मुदा विभर्त्ति।

अर्थात् सुन्दर लिपि फूलों की लता के समान किसको नहीं प्रसन्न करती। श्यामपट्ट पर सुन्दर लिखने से एक यह भी बड़ा लाभ होता है कि यदि कोई छात्र किसी अक्षर की बनावट टेढ़ी-मेढ़ी, अशुद्ध या विरूप करता हो तो वह उस अक्षर की सुन्दर बनावट देखकर उसका अनुकरण करेगा। स्वयं मेरा अनुभव है कि बचपन में मैं अंग्रेजी का एफ अक्षर () बड़े भद्दे ढंग से लिखा करता था। मैं जब छठीं कक्षा में पहुँचा तो मैंने देखा कि हमारे विज्ञान के अध्यापक वह अक्षर बड़ा सुन्दर और कलात्मक बनाते थे। बस मुझे उस अक्षर का रूप जँच गया और मैंने उसे अपना लिया। सुन्दर अक्षरों का एक मनोवैज्ञानिक प्रभाव यह भी बड़ता है कि जो अध्यापक सुन्दर अक्षर लिखता है उसके छात्र उससे प्रसन्न रहते हैं और श्यामपट्ट पर सुघर अक्षरों मं लिखी हुई बात शीघ्र याद भी कर लेते हैं। इसी प्रसंग में यह भी स्मरण रखना चाहिए कि अक्षर सीधे बनाने चाहिए, टेढ़े नहीं।

सीधा अक्षर	टेढ़ा अक्षर
अ	अ

इसका कारण यह है कि सीधा अक्षर आँखों को सुहाता है और टेढ़ा अक्षर आँखों को कसकता है। फिर जब छात्रों से काग़ज़ पर सीधा अक्षर बनाने को कहा जाता है तो उनके समक्ष टेढ़े अक्षरों का अवैज्ञानिक रूप रखा ही क्यों जाए। अक्षरों की बनावट में सदा रूप-साम्य होना चाहिए, जैसा पोथी में हो वैसा ही श्यामपट्ट पर भी हो।

श्यामपट्ट पर सदा शुद्ध लिखना चाहिए यह निर्विवाद सिद्धान्त है। कभी-कभी शीघ्रता से लिखने के कारण अशुद्धियाँ हो जाया करती हैं, इसलिए यह आवश्यक है कि लिखने के

पश्चात् एक बार उस पर दृष्टि डाल ली जाए। इस प्रकार आवृत्ति न करने से बहुधा भद्दी भूलें रह जाया करती हैं। श्यामपट्ट पर नागरी लिखने वाले प्रायः अनुनासिक (ँ) या अनुस्वार (ं) छोड़ जाते हैं। उन्हें लिखना चाहिए–

बालोद्यान = बालकों का उपवन।

वे लिखते हैं–

बालोधान = बालकों का उपवन।

इसके अतिरिक्त मात्राओं की तथा संयुक्त अक्षरों की अशुद्धियाँ भी हो जाया करती हैं। इसका परिणाम यह होता है कि छात्र या तो उसी प्रकार अपनी कॉपियों पर लिख लेते हैं अथवा खड़े होकर कह बैठते हैं–मास्टर साहब, यह आपने अशुद्ध लिखा है। ये दोनों ही अवस्थाएँ बुरी हैं। एक में छात्रों के ज्ञान का ह्रास होता है, दूसरे में अध्यापक की साख बिगड़ती है, मान कम हो जाता है। अतः जो बातें श्यामपट्ट पर लिखनी हो उनको पहले से भली भाँति देखकर आना चाहिए। जिस शब्द के रूप के विषय में मन में सन्देह हो उसे किसी दूसरे अधिकारी व्यक्ति से पूछ लेना चाहिए अथवा कोश की सहायता लेनी चाहिए। किसी को यह कभी नहीं समझना चाहिए कि मैं जो कहता या लिखता हूँ सब शुद्ध है, ठीक है। एक प्रसिद्ध शिक्षाशास्त्री का कथन है कि सदा दूसरों से सीखते रहने का प्रयत्न करना चाहिए और जब अवसर मिले तभी अधिकारी व्यक्ति से ज्ञान लेने, सीखने या सम्मति लेने में हिचकना नहीं चाहिए और कभी इस बात का दावा नहीं करना चाहिए कि अमुक बात ऐसे ही है। सम्भव है आप जिसे अल्पज्ञ समझे हुए हैं वही उस बात को ठीक जानता हो। इसलिए सदा यह प्रयत्न करते रहना चाहिए कि श्यामपट्ट पर आप जो कुछ लिखें वह सदा शुद्ध हो।

कभी-कभी हम लोग छात्रों से उत्तर लेकर उसे श्यामपट्ट पर लिख देते हैं। वह उत्तर यदि अशुद्ध हुआ तो हम उसे दूसरे छात्रों की सहायता से शुद्ध कराते हैं। यह अभ्यास यद्यपि बुरा नहीं है किन्तु इसके लिये यह स्मरण रखना चाहिए कि वह अशुद्ध उत्तर बहुत देर तक छात्रों की दृष्टि के आगे न रहे अन्यथा इसकी बहुत सम्भावना है कि कोई छात्र अशुद्ध रूप को ही ग्रहण कर ले। हमारे एक मित्र अध्यापक इस सम्बन्ध की एक बड़ी रोचक कहानी सुनाते हैं। वे जब स्कूल में नवीं कक्षा में पढ़ते थे तो उनकी कक्षा के किसी छात्र ने 'इच्छा' शब्द को 'इक्षा' लिख दिया था। उनके हिन्दी के अध्यापक महोदय ने 'इक्षा' शब्द श्यामपट्ट पर लिख दिया और समझाते रहे कि 'इक्षा' न लिखकर 'इच्छा' लिखना चाहिए। वह 'इक्षा' शब्द पूरे घंटे भर लिखा रह गया और हमारे मित्र के मस्तिष्क में उसका रूप बैठ गया। उसका कुप्रभाव यह हुआ कि जब उन्हें 'इच्छा' लिखना होता है तो उनके हाथ से 'इक्षा' ही लिखा जाता है किन्तु दूसरी बार आवृत्ति के समय वे जब ध्यान देते हैं तब उसे ठीक करते हैं। यह अभ्यास उनका अभी तक बना हुआ है। अतः कोई भी अशुद्ध शब्द या वाक्य श्यामपट्ट पर न लिखो और यदि आवश्यकता ही हो तो उसका काम हो जाने पर उसके स्थान पर शुद्ध शब्द या वाक्य लिखकर देर तक रख छोड़ो।

श्यामपट्ट पर अक्षर समान आकार के होने चाहिए–

।।श्रीगणेशाय नमः।।

इसी को यदि हम निम्नलिखित रूप में लिखें तो कैसा भद्दा दिखाई देगा–

श्रीगणेशायनमः

प्रायः यह कठिनाई प्रारम्भ में सभी अध्यापकों को होती है। इसके अभ्यास के लिए एक दुहरी रेखाओं वाला लिपटौवा श्यामपट्ट आता है। उस पर प्रायः एक मास तक अभ्यास करने से समान आकार के अक्षर बनाने तथा सीधी पंक्ति में अक्षर लिखने का अभ्यास हो जाता है। अक्षरों की आकार समता केवल एक ही पंक्ति में नहीं अपितु श्यामपट्ट पर लिखी हुई सभी पंक्तियों में होनी चाहिए। ये पंक्तियाँ भी परस्पर समान दूरी पर हों। यदि पहली और दूसरी पंक्ति के बीच दो इंच स्थान छूटा हो तो दूसरी और तीसरी के बीच भी दो ही इंच स्थान छूटे।

जब उपर्युक्त विधानों के अनुसार अक्षर लिखे जाएँगे तो वे अवश्य ही स्पष्ट होंगे। किन्तु प्रायः वे स्पष्ट नहीं होते। कारण यह है कि जब हम काग़ज़ पर लिखते हैं तो कलम, निब या निर्झरिणी (फाउंटेन पेन) को काग़ज़ पर अधिक बल देकर नहीं चलाते, हल्के हाथ से चलाते हैं। किन्तु यदि उसी कोमलता से हम खड़िया का प्रयोग भी करेंगे तो रेखाएँ धुँधली और अस्पष्ट होंगी। उस पर लिखा हुआ पीछे बैठने वाला छात्रों से स्पष्ट बाँचा न जा सकेगा। इसलिए खड़िया के मुँह को उँगलियों में भली प्रकार पकड़कर दबाकर लिखना चाहिए। इससे अक्षर भी कुछ मोटे बनेंगे, खड़िया की सफ़ेदी अधिक चमकेगी और अक्षर स्पष्ट दिखाई देंगे।

इन बातों के साथ साथ यह भी आवश्यक है कि लिखावट में अधिक समय न लगाया जाए। जो कुछ लिखा जाए, शीघ्रता से लिख दिया जाए। एक-एक अक्षर को बनाने में मिनटों न लगा दिए जाएँ, क्योंकि श्यामपट्ट तो पाठ को समझने में सहायक मात्र है। वह प्रमुख नहीं है, गौण है। अतः ऐसा अभ्यास डाल लेना चाहिए कि श्यामपट्ट पर खड़िया द्रुत गति से चले।

अक्षर लिखने के अतिरिक्त कभी-कभी श्यामपट्ट पर चित्र आदि बनाने की भी आवश्यकता पड़ती है। परन्तु श्यामपट्ट पर जो चित्र आदि बनाए जाते हैं उनकी सृष्टि सोद्देश्य होनी चाहिए, केवल कला प्रदर्शन के लिए नहीं। साथ ही ऐसी वस्तुओं का भी चित्र न बनाना चाहिए जिनसे विद्यार्थी अत्यधिक परिचित हों। यदि गौ का वर्णन आया हो तो उसका चित्र खींचने की आवश्यकता नहीं है किन्तु यदि गैंडे का वर्णन करना हो तो उसका चित्र खींचा जा सकता है। अथवा यदि 'सुम' और 'खुर' में भेद बतलाना हो तो खींचकर दिखाया जा सकता है।

इतिहास के शिक्षण में श्यामपट्ट पर देशों के मानचित्र, युद्धस्थलों के मानचित्र तथा समय-सरणियाँ भी खींचकर दिखानी चाहिए। ज्यामिति के सब रेखाचित्र तथा विज्ञान के

प्रयोगों के चित्र भी खींचकर समझाए जाने चाहिए। इन सब मानचित्रों या रेखाचित्रों के खींचने में इतना ही स्मरण रखना चाहिए कि ये शुद्धता, स्पष्टता और स्वच्छता के साथ खींचे गए हों।

इन मानचित्रों और रेखाचित्रों को शुद्ध, स्पष्ट और स्वच्छ खींचने के लिए पैमानों तथा अन्य उपकरणों का प्रयोग कर लेना चाहिए। तिपल्ली लकड़ी (ट्रिप्लाइवुड) के विभिन्न देशों के रूप के कटे हुए फलक भी मिलते हैं जिन्हें श्यामपट्ट पर रखकर उनके चारों ओर खड़िया फेर देने से विभिन्न देशों के शुद्ध मानचित्र बन जाते हैं। जिन्हें हाथ से मानचित्र बनाने का अभ्यास नहीं है उन्हें इन फलकों का अवश्य प्रयोग करना चाहिए। इसी प्रकार विभिन्न जानवरों के रूपों के भी फलक बनाए या बनवाए जा सकते हैं। ये फलक गत्ते के (कार्डबोर्ड के) भी बनाए जा सकते हैं। आजकल शिक्षा-क्षेत्र में हाथ से चित्र, मानचित्र आदि खींचने वालों को बड़ा मान दिया जाता है और छात्र भी उसमें विश्वास करते हैं, उनका ज्ञान भी पक्का होता है। इन उपर्युक्त बातों का ध्यान रखकर जो अध्यापक श्यामपट्ट का प्रयोग करेंगे उन्हें अत्यन्त शीघ्र श्यामपट्ट पर लिखने में कुशलता प्राप्त हो जाएगी।

इनके अतिरिक्त कुछ और भी स्मरणीय बातें हैं जो श्यामपट्ट के प्रयोग के समय आचरण करने के सम्बन्ध की है। उनकी अधिक व्याख्या करने की आवश्यकता नहीं है इसलिए उन्हें सूत्र रूप में ही दिया जाता है–

1. श्यामपट्ट के बहुत निकट नहीं खड़ा होना चाहिए।
2. छात्रों की ओर बिल्कुल पीठ करके नहीं खड़ा होना चाहिए वरन् ऐसे आड़े होकर खड़े हो कि छात्र भी दिखाई देते रहें और श्यामपट्ट का प्रयोग भी होता चले।
3. यदि श्यामपट्ट ऊँचा हो तो जहाँ तक हाथ पहुँचे वहीं से लिखना प्रारम्भ करना चाहिए। एड़ी ऊँची करके, उचककर नहीं लिखना चाहिए। यदि नीचा हो तो जहाँ शरीर को सीधा रखते हुए लिखा जा सके वहीं तक लिखो। बहुत झुककर, पैर चौड़ा कर शरीर को बुरी तरह तोड़-मरोड़कर या झुकाकर मत लिखो, ये मुद्राएँ भद्दी और फूहड़ हैं।
4. यदि लकड़ी का श्यामपट्ट हो तो बाएँ हाथ से उसे थामे रखो जिसमें वह हिले नहीं और नीचे भी उसका पाया एक पैर से दबाए रहो।
5. लिखते समय केवल श्यामपट्ट पर ही दृष्टि न बँधी रहे। बीच-बीच में देखते रहो कि छात्रगण अपनी कॉपियों पर लिख रहे हैं या गोलियाँ उछाल रहे हैं।
6. जब छात्र पोथी में पढ़ रहे हों उस समय मत लिखो। जब वे पढ़ चुके तब लिखो।
7. यदि आप कोई मानचित्र या चित्र न बना सकते हों तो मत बनाइए। अशुद्ध बनाने की अपेक्षा न बनाना अधिक अच्छा है।
8. पाठ प्रारम्भ करने से पहले श्यामपट्ट को पोंछकर स्वच्छ कर लो और जब पाठ समाप्त हो जाए तो उसे पोंछकर स्वच्छ कर जाओ।

9. कौन-सी बात कितनी देर तक श्यामपट्ट पर लिखी छोड़नी चाहिए, इसका भली प्रकार विवेक कर लेना चाहिए। आवश्यकता से अधिक समय तक कोई भी बात श्यामपट्ट पर नहीं रहने देनी चाहिए।
10. श्यामपट्ट पर कुछ लिखना चाहिए यह आवश्यक नहीं है। प्रायः कविता पढ़ाते हुए श्यामपट्ट का कम प्रयोग होता है और कम होना भी चाहिए। सदा श्यामपट्ट का प्रयोग करना कोई धर्म नहीं है किन्तु अवसर पर उसका प्रयोग न करना अवश्य पाप है।
11. प्रायः भूगोल, इतिहास तथा विज्ञान के शिक्षण में रंगीन खड़ियाओं का प्रयोग भी किया जाता है। अंगों की विभिन्नता अथवा रंगों के वर्णन के लिए रंगीन खड़ियाओं का प्रयोग कर लेना चाहिए पर उसका यह परिणाम न हो कि श्यामपट्ट केवल चित्रशाला बनी रह जाए। इसलिए यथासम्भव श्वेत खड़िया का ही प्रयोग करना चाहिए और जहाँ आवश्यक हो वहाँ भी विवेक से काम लेना चाहिए कि किस रंग की खड़िया का प्रयोग ठीक होगा। बैंगनी और लाल खड़िया का प्रयोग कभी नहीं करना चाहिए। इनसे दृष्टि में दोष आ जाता है।
12. श्यामपट्ट को बीच-बीच में धुलवाते रहना चाहिए जिससे उस पर जमी हुई खड़िया धुल जाए।
13. जिस झाड़न से श्यामपट्ट को पोछों उसे झटकारो मत अन्यथा उसकी खड़िया की धूल आपके मुख पर, कपड़ों पर और साँस के साथ फेफड़ों में बैठ जाएगी, इससे स्वास्थ्य को हानि पहुँचती है। यथासम्भव थोड़े गीले और मोटे कपड़े से श्यामपट्ट पोंछना चाहिए।
14. श्यामपट्ट को ऐसे स्थान पर रखना चाहिए जहाँ से कक्षा के सभी छात्र उस पर लिखा हुआ सब कुछ स्पष्ट देख सकें।

इस प्रकार श्यामपट्ट के प्रयोग का विधान पूरा हो जाता है।

14

विनय की व्यवस्था

हिन्दी में अंग्रेजी के डिसिप्लिन शब्द की बड़ी छीछालेदर की गई है। इंगलिस्तान को सभ्यता का केन्द्र और अंग्रेजी को सब भाषाओं का स्रोत समझने वाले लोगों ने तो यहाँ तक कह डाला है कि डिसिप्लिन शब्द का उचित पर्याय हिन्दी में तो क्या संस्कृत में भी नहीं है। जो इससे असहमत रहे उन्होंने भी उचित शब्द खोजने का कष्ट न उठाकर मनमाने शब्द गढ़े फलस्वरूप नियंत्रण, नियमन, संयम तथा अनुशासन आदि अनेक शब्द इस अर्थ में चालू किए गए। इनमें नियंत्रण शब्द का अर्थ तो है बलपूर्वक वश

में रखना; नियमन का अर्थ है बँधे हुए नियमों के अनुसार गति को परिमित कर देना; संयम का अर्थ है अपने को वश में रखना और अनुशासन का अर्थ है आज्ञा। न जाने कैसे अनुशासन शब्द का इस अर्थ में प्रयोग होने लगा। प्रायः कांग्रेसी पत्रों और कांग्रेसी मंचों से इस शब्द का बहुत प्रचार किया गया। जिसने संस्कृत पढ़ी है उसकी बात तो जाने दीजिए, जिसने रामायण में यह चौपाई पढ़ी है–

जौ राउर अनुसासन पाऊँ। कन्दुक इव ब्रह्मांड उठाऊँ।।

–वह भी यह जानता है कि अनुशासन का अर्थ होता है आज्ञा। जिन्हें संस्कृत का अच्छा ज्ञान है और विशेषतः प्राचीन शिक्षा-पद्धति से परिचय है वे जानते हैं कि अगर डिसिप्लिन शब्द का शुद्ध संस्कृत पर्याय है विनय। जब हम कहते हैं–

विद्या ददाति विनयम्।

–उसका अर्थ ही यह होता है कि विद्या से हमें ऐसा ज्ञान मिलता है जिससे हम अपने जीवन और चरित्र को संयत (डिसिप्लिन्ड) बना सकें। योरोप में यदि किसी व्यक्ति के विषय में कहते हैं कि वह बड़ा विनयी (वेल् डिसिप्लिन्ड) है तो उसका तात्पर्य यह समझा जाता है जिस व्यक्ति के विषय में यह विशेषण दिया जाता है वह रहन-सहन में स्वच्छ, आचार में नियमित, व्यवहार में शिष्ट और अपने व्यवसाय-सम्बन्धी नियमों तथा अपने बड़ों की आज्ञा पालन करने में दृढ़, समाज में उठने-बैठने, बोलने-बात करने में कुशल है। हमारे यहाँ विनय शब्द इस अर्थ के अतिरिक्त यह अर्थ भी देता है कि विनयी व्यक्ति सच्चरित्र भी होता है अर्थात् हमारे यहाँ विनय शब्द केवल वाह्य आचरण की साधना का ही नहीं अपितु मन, बुद्धि और आत्मा की शुद्धता का भी द्योतक है।

विनय की समस्या नये अध्यापकों क लिये ही नहीं अपितु सिद्धहस्त अध्यापकों के लिए भी लोहे का चना बनी हुई है। प्रतिदिन यह समस्या प्रत्येक अध्यापक के सम्मुख उपस्थित होती है और अनुभवी लोग अपनी शक्ति, योग्यता और बुद्धि के अनुसार उसका समाधान करते रहते हैं। ट्रेनिंग स्कूलों और कॉलेजों में नित्य यही कहा जाता है कि कक्षा में विनय रखो। सरकारी निरीक्षकगण (इन्स्पेक्टर) भी यही चाहते हैं कि कक्षा में विनय रहे। इसलिए सभी अध्यापक लगन के साथ विनय की साधना में लगे दिखाई दे रहे हैं।

हमारे देश में प्राचीन काल में यह समस्या थी ही नहीं। उसका कारण यह था कि उस समय पढ़ाने वाले और पढ़ने वाले के बीच अध्यापक और विद्यार्थी का नहीं अपितु गुरु और शिष्य का सम्बन्ध था। प्रत्येक छात्र गुरु को देवता समझता था जिसकी कृपा पाने के लिये वह तरसता था, तपस्या करता था, सेवा करता था और प्रतिक्षण इस बात के लिये लालायित रहता था कि गुरुजी मुझे सेवा करने का अवसर दे। उसकी यह धारणा थी कि विद्या तो गुरु की प्रसन्नता से मिलती है, पढ़ने से नहीं। इसलिए छात्रगण तन से, मन से और धन से भी गुरु को प्रसन्न करने की चिन्ता में रहते थे। वे स्वभावतः विनयी हो जाते थे। केवल वाह्य आचरण में ही नहीं अपितु मन से और हृदय से भी वे पवित्र होते थे। गुरु के प्रति श्रद्धा और भक्ति से उनकी भावनाएँ भी शुद्ध हो जाती

थीं। जैसे स्वच्छ दर्पण में प्रतिबिम्ब भी स्पष्ट पड़ता है उसी प्रकार श्रद्धा, भक्ति और सद्भाव से उनकी बुद्धि शुद्ध हो जाती थी और उस पर ज्ञान की छाप पड़ने में कठिनाई नहीं होती थी। इसीलिए विनय का प्रश्न आता ही न था। गुरुकुल में पैर रखते ही चपलता, उद्दंडता, नटखटपन आदि जितने भी बचपन के दुरभ्यास होते थे, नौ दो ग्यारह हो जाते थे। जैसे चपल से चपल बालक भी मन्दिर में पहुँचकर अपने माता-पिता को देवता के आगे प्रणाम करते देख हाथ जोड़ लेता और सिर झुका देता है ठीक उसी प्रकार नवागन्तुक शिष्य बड़े शिष्यों के आचार को देखकर भयमिश्रित श्रद्धा के साथ गुरु के आगे झुक जाता था। गुरु की एक अप्रत्यक्ष महत्ता उसके हृदय पर अंकित हो जाती थी। वहाँ का वातावरण ही विनय सिखा देता था। वहाँ कोई लिखित नियमावली थी ही नहीं, सब कुछ स्वतः होता चलता था।

किन्तु अब समय बदल गया है। अब तो गुरु लोग, अध्यापकगण घर से गणपति-गौरी की मन्नत मानकर चलते हैं कि दिन कुशल से बीत जाए तो पाँच पैसे का प्रसाद चढ़ाएँ। अधिकांश छात्रगण यह समझते हैं कि हम शुल्क देकर पढ़ते हैं, अध्यापक हमारा सेवक है। अध्यापक भी सब प्रकार से यही समझता है कि यदि मुझे अपनी जीविका रखनी है तो इन देवताओं को प्रसन्न करना ही पड़ेगा। इसीलिए आजकल ट्रेनिंग कॉलेजों में कक्षा-व्यवस्था (क्लास मेनेजमेंट) और विनय (डिसिप्लिन) पर बहुत कुछ पढ़ाया-सिखाया जाता है और यह शिक्षणशास्त्र का एक महत्त्वपूर्ण अंग समझा जाता है।

जब एक अभिभावक अपने बच्चे को स्कूल में भेजता है तो वह केवल विद्या प्राप्त कराने मात्र के लिए ही उसे नहीं भेजता, वह आदमी बनाने के लिए भी भेजता है—ऐसा आदमी जिसका समाज में मान हो, आदर हो। इसके लिए विशेष रूप से यह आवश्यक हो गया है कि हम अपने छात्रों को विनय सिखावें। किन्तु आजकल लोगों में विनय की भावना कुछ दूसरे ही प्रकार की हो गई है। उनका ध्यान यह है कि जो विद्यालय के छात्र पंक्ति में चलते हों, पैर मिलाकर चलते हों, कक्षा में पाषाण-मूर्तिवत् बैठे रहते हों, किसी प्रकार कक्षा में गड़बड़ी न करते हों, वे ही बालक विनयी होते हैं। अंग्रेजी विद्यालयों में विनय का प्रायः यही अर्थ लगाया जाता है।

नयी मनोवैज्ञानिक पद्धतियों के अनुसार छात्रों को परम स्वतंत्रता दे देनी चाहिए, उन्हें अपने आप विकसित होने तथा सीखने देना चाहिए। श्रीमती मोन्तेसोरी तथा फ्रोबेल महोदय इसी सिद्धान्त के पक्षपाती है। किन्तु उनकी प्रणाली के अतिरिक्त अन्य अंग्रेजी विद्यालयों में भी इस आत्मशिक्षा की भावना बल पकड़ रही है। उसका कुपरिणाम यह हो रहा है कि वहाँ के छात्र उद्दंड, उच्छृंखल और स्वच्छन्द हो रहे हैं, स्कूल तथा कक्षाएँ तरकारी की सट्टियाँ बन रही हैं। पर ये दोनों ही अवस्थाएँ अवांछनीय हैं। न तो इतना बाँधना ही चाहिए कि छात्र मशीन के पुरजे हो जाएँ और न इतनी स्वतंत्रता ही दे देनी चाहिए कि बालक अध्यापकों की पगड़ी उछालने लगें। पहले प्रकार के विनय की साधना के लिये मुख्याध्यापक लोग डंडे का प्रयोग करते हैं। कोई पंक्ति से बाहर हुआ कि बेंत बरसने लगी, किसी ने खँखारा कि सड़ से कमची पड़ी, कोई कक्षा में ऊँघने लगा कि

कमर पर डंडा पड़ा। इस प्रकार दंडदेव की सहायता से विनय की साधना कराई जाती है। किन्तु इस प्रकार का विनय आडम्बरपूर्ण, दिखावटी और झूठा होता है। बलप्रयोग से जो काम कराया जाता है वह कभी टिकाऊ नहीं हो सकता। शीघ्र ही बालकों का हृदय उससे विद्रोह करने लगता है और वे सदा उसे साँसत समझते रहते हैं, उस क्रम की अच्छाइयाँ भी बुराइयाँ ही जान पड़ती हैं। अतः इस प्रकार की विनय तो स्वतः दोषपूर्ण है।

अब रही स्वतंत्रता की बात। वह और भी अधिक भयानक है। नित्यप्रति होने वाली हड़तालें इसके प्रत्यक्ष प्रमाण हैं। अतः इन दोनों के बीच कोई मध्यम मार्ग यह ध्यान करके निकालना चाहिए कि समाज हमसे किस बात की आशा करता है, अभिभावक अपने बालकों को क्या बनाना चाहते हैं। समाज चाहता है कि विद्यालयों से पढ़कर छात्र सदाचारी, आत्मसंयमी, आत्मत्यागी, समाजसेवी, बुद्धिमान तथा साहसी नागरिक बनकर निकलें। अतः हमें इस प्रकार विनय की साधना करानी चाहिए कि हमारा यह उद्‌देश्य पूर्ण हो। यह तो निश्चय है कि छात्र जब कक्षा में बैठते हैं तो उनका उद्‌देश्य ज्ञानसंचय करना होता है। यह ज्ञान-संचय बिना एकाग्रचित्त हुए सम्भव नहीं है। अतः अध्यापक का पहला कार्य तो यह होना चाहिए कि छात्रों का ध्यान पाठ की ओर आकर्षित कराए। यही विनय की पहली सीढ़ी है और प्रायः इसी सीढ़ी पर लोग फिसल पड़ते हैं। सच पूछो तो विनय के सम्पूर्ण साधन इसी सीढ़ी को पार करने के लिए जुटाए जाते हैं।

पाठ में एकाग्रचित्तता इसी से नहीं समझना चाहिए कि छात्र चुप हैं, बोल नहीं रहे हैं। सम्भवतः कुछ झपकियाँ ले रहे हों, कुछ दूसरा ही काम कर रहे हों, कुछ उपन्यास पढ़ रहे हों और कुछ बालक ध्यान से सुनने की मुद्रा बनाए शतरंज की चालें सोच रहे हों। एकाग्रचित्तता का अर्थ यह है कि वाह्य विनय के साथ-साथ आन्तरिक या मानसिक विनय भी हो। शरीर की वाह्य इन्द्रियों के साथ-साथ मन भी स्थिर हो। अध्यापक सदा यह चाहता है कि पाठ के समय छात्रों का ध्यान पोथी में रहे, उसके बोलने के समय छात्रों की दृष्टि उसके मुँह पर रहे, उनके कान उसकी बातों को सुनें और श्यामपट्ट पर लिखते समय छात्रों की दृष्टि श्यामपट्ट पर जमी रहे। अध्यापक यह भी चाहता है कि छात्र पाठ के बीच में बोलें नहीं, विघ्न न डालें, जूते न रगड़ें, डेस्क न खड़खड़ाएँ। अतः हमें यही विचार करना है कि कक्षा के तीस-बत्तीस छात्रों की इन्द्रियों और उनके मनों की एकाग्रता किस प्रकार साधी जाए।

कक्षा में विनय की स्थापना के लिए सबसे प्रमुख वस्तु है अध्यापक का व्यक्तित्व। व्यक्तित्व की व्याख्या हम पीछे अध्यापक के गुणों के साथ कर आए हैं। व्यक्तित्व से तात्पर्य यही है कि अध्यापक के शरीर से, वेश से और व्यवहार से ऐसा प्रकट हो, छात्रों पर ऐसा आतंक, ऐसा रोब छा जाए कि पहली दृष्टि में, पहली भेंट में उन्हें यह विश्वास हो जाए कि इस व्यक्ति से डरना भी चाहिए और इसकी पूजा भी करनी चाहिए।

किन्तु व्यक्तित्व से भी अधिक प्रभावशाली अस्त्र है मृदु व्यवहार। व्यक्तित्व वास्तव में ईश्वर का प्रसाद है, सबको नहीं प्राप्त हो सकता और मनुष्य उसमें बहुत कुछ हेर-

फेर भी नहीं कर सकता। किन्तु अपने व्यवहार को कोमल रखना तो प्रत्येक व्यक्ति के हाथ में है। अंग्रेजी में एक कविता है–

स्पीक जेन्ट्ली, 'टिस बेटर फ़ार
टु रूल बाइ लव दैन् फ़ीअर;
स्पीक जेन्ट्ली, लेट् नो हार्श वर्ड्स मार
दि गुड वी माइट डू हीअर।

अर्थात् नम्रता से बोलो, डर दिखाकर शासन करने की अपेक्षा प्रेम से शासन करना कहीं अच्छा है। नम्रता से बोलो, ऐसा न हो कि हम जो भलाई या अच्छा काम करना चाहते हों उसे हमारे कठोर शब्द ले बीतें।

किन्तु मृदु व्यवहार का तात्पर्य दाँत निपोरना, खीसें निकालना और आत्मसमर्पण कर देना नहीं है। आपके मृदु व्यवहार से छात्रों को यह आभास न मिल जाए कि आप स्वयं भयभीत हैं और बात-बात में छात्रों की कृपा पर अवलम्बित हैं। आपके मृदु व्यवहार का अर्थ यही है कि छात्रों को यह प्रतीत हो कि अध्यापक महोदय बड़े उदार, महान् और कृपालु हैं। छात्र आपकी कृपा के भूखे रहें। यह मृदु व्यवहार कई प्रकार से प्रकट किया जा सकता है। आप किसी दिन बालक को आर्थिक सहायता दे सकते हैं, जो पाठ में पिछड़े हुए हों उन्हें अलग बुलाकर पढ़ा सकते हैं, जो कोई किसी विषय में सम्मति लेने आवे उसे सम्मति दे सकते हैं। अर्थात् मृदु व्यवहार का सीधा तात्पर्य यही है कि कक्षा में और कक्षा के बाहर आपकी वृत्ति सहानुभूति, उदारता और विशाल-हृदयता की द्योतक रहे, हर समय आप सहायता करने को उद्यत दिखाई पड़ें। मृदु व्यवहार का अर्थ वह सीधापन कभी नहीं है जो प्रायः मूर्खों की विशेषता समझी जाती है।

इसी स्थान पर यह भी कह देना आवश्यक है कि अध्यापक का पांडित्य भी विनय में बहुत सहायक होता है। यदि छात्रों को ज्ञान हो जाए कि अमुक अध्यापक अत्यन्त विद्वान् है तो उसकी विद्या का एक अलौकिक प्रभुत्व छात्रों पर स्थापित हो जाता है, किन्तु इसके लिए यह परम आवश्यक है आप समय-समय पर अवसर देखकर अपनी विद्वत्ता का प्रकाश भी करते चलिए। विद्वत्ता या पांडित्य का अर्थ केवल डिग्री-संचय या परीक्षाओं में उत्तीर्ण होना ही नहीं है। इसका तात्पर्य यह है कि आप पांडित्य दिखाने,अपने ज्ञान का विकास करने के अवसरों पर चूकिए मत। अपने विषय के प्रत्येक अंग को ऐसा मथ रखिए कि उसका नवनीत आप किसी समय भी वितरित कर सकें। बार-बार पुस्तक की शरण लेना, पन्ने खोजना निम्न कोटि के अध्यापकों का लक्षण है। इसीलिए हमारे देश में स्वाध्याय की रीति प्रचलित है। आजकल भी प्रत्येक अध्यापक को अपने विषय का स्वाध्याय, उस विषय से संबद्ध नये ग्रन्थों का परिशीलन और नव-विज्ञान से परिचित रहना चाहिए। तभी अध्यापक छात्रों को उचित मार्ग प्रदर्शन कर सकेगा, ठीक मार्ग सुझा सकेगा। इसलिए कक्षा में भली भाँति पाठ को तैयार करके जाना चाहिए।

विनय के लिए यह भी आवश्यक है कि अध्यापक भी विनयी हो अर्थात् वह छात्रों से जो कुछ कराना चाहता हो उसे स्वयं भी करने के लिए प्रस्तुत हो। यदि वह चाहता

है कि छात्र सीधे बैठे, कक्षा में समय से आवे और स्वच्छ रहें तो उसे स्वयं भी सीधे बैठना, समय से आना और स्वच्छ रहना चाहिए। उदाहरण उपदेश से श्रेष्ठतर होता है। यदि आप सुस्त और ढीले हुए तो कक्षा भी सुस्त और ढीला हो जाएगा। यथा राजा तथा प्रजा के समान ही यथा गुरु तथा शिष्य भी हो जाएँगे।

आप छात्रों से कभी यह आशा न करें कि घंटे के चालीसों मिनट (यहाँ पढ़ाई के घंटे से तात्पर्य है, साठ मिनट वाले घंटे से नहीं) वे शान्त और एकाग्रचित्त रहेंगे, क्योंकि यह तो उनके स्वभाव के प्रतिकूल है। इसलिए उनकी एकाग्रता बनाए रखने के लिए यह आवश्यक है कि पाठ के बीच भिन्न-भिन्न कुतूहलवर्द्धक तथा रुचिकर विधियों का प्रयोग किया जाए। इसके विषय में हम दृश्य-विधान तथा वाच्य-विधानों के प्रयोग को समझाते हुए विस्तार से कह चुके हैं। तात्पर्य यही है कि छात्र एक क्षण को भी खाली न छोड़ दिए जाएँ अन्यथा उनके चित्त के भीतर बैठा हुआ बन्दर अवश्य उछलकूद मचाएगा। उनको काम में लगाए रखिए और वह काम भी एक ही प्रकार का न हो अन्यथा उसमें नीरसता आ जाएगी। उन्हें ऐसा बदला हुआ, विभिन्न प्रकार का काम दिया जाए जो रुचिकर तथा कुतूहलवर्द्धक होने के साथ-साथ ज्ञानवर्द्धक भी हो। यदि बीच-बीच में छात्र अधिक थके जान पड़ते हों और उन्हें कुछ छुट्टी चाहती हो तो एक कहानी कह डालिए, पहेली-बुझौवल करा लीजिए किन्तु बेकार न बैठने दीजिए, क्योंकि बेकारी दुर्विनय का अड्डा है।

हम प्रारम्भ में ही कह आए हैं कि विनय की बहुत-सी समस्याओं का तो आपकी दृष्टि, आपके कान और आपकी भावभंगियों और मुद्राओं से समाधान हो जाता है। पैनी दृष्टि, मधुर और गम्भीर वाणी और सधे हुए कान विनय के स्वाभाविक रक्षक हैं। आपकी दृष्टि ऐसी हो कि कक्षा के भीतर की प्रत्येक क्रिया को बन्दी कर सके और आपके कान ऐसे सधे हों कि सुई गिरे और आप पहचान लें कि कक्षा के किस कोने से शब्द आया। अपनी मुद्रा ऐसी रखिए कि आपको अपनी वाणी का बार-बार प्रयोग न करना पड़े। देखते ही अपराधी सन्न हो जाए, उसका अपराध उसके मुँह पर आ पहुँचे, वह स्वयं लज्जित हो जाए और आत्म-ग्लानि से भर जाए। पर सभी बातें नहीं सुननी चाहिए। कक्षा की कुछ बातें सुनी भी अनसुनी कर देनी चाहिए किन्तु अनुभव से ही यह ज्ञान हो जाएगा कि क्या नहीं सुनना चाहिए। न सुनना भी एक कला है और यह भी एक अलग कौशल है।

कक्षा में विनय के लिए सजीवता लानी चाहिए, कुछ होता रहना चाहिए। उस होते रहने में कड़ाई, कठोरता, विषमता नहीं होनी चाहिए वरन् कुछ हँसी, विनोद, चुटकले, चुहल भी होता रहना चाहिए। कक्षा कोई क़ब्रिस्तान नहीं है जहाँ सब मुहर्रमी इकट्ठे हों। बहुत कुछ हँसी-विनोद तो अध्यापक की भाव-भंगियों से ही सम्पन्न हो जाता है किन्तु ये भाव-भंगियाँ शीलयुक्त, शिष्ट और सोद्देश्य होनी चाहिए। इनके प्रयोग पर हम पीछे एक अध्याय ही लिख आए हैं। इस सम्बन्ध में यही स्मरणीय है कि छात्रों को बनाने अर्थात् मूर्ख बनाने और अपमानित करने की प्रवृत्ति कभी नहीं होनी चाहिए। इससे लाभ की अपेक्षा हानि अधिक सम्भव है।

बहुत से लोग जब नये-नये अध्यापक होकर जाते हैं तो विनय की रक्षा के लिए बड़े सचेष्ट रहते हैं। बार-बार छात्रों को डाँटते और चुप कराते रहते हैं। इस प्रकार बार-बार चुप रहने, एकाग्रचित्त होने, ठीक बैठने आदि के लिये आज्ञा देना अक्षमता का चिह्न है। केवल अक्षम अध्यापक ही बार-बार चिल्लाते हैं–चुप रहो, सीधे बैठो, क्यों बातें करते हो। श्रेष्ठ अध्यापक तो अपनी तर्जनी दिखाकर या केवल आँखों से ही अपना काम निकाल लेता है। किन्तु यदि इस प्रकार की आज्ञा देने का प्रयोजन भी हो तो आज्ञा देने से पहले उस आज्ञा के औचित्य पर विचार कर लीजिए और यथासम्भव कम आज्ञाएँ दीजिए। इसी के साथ यह भी स्मरणीय है कि बार-बार ध्यान देने के लिए प्रार्थना मत करो–कृपा करके ध्यान दो, या भाई जरा ध्यान तो दो, आदि। यह भी अक्षमता का ही द्योतक है। छात्रों को इससे टेक मिल जाती है, वे आपकी नस पकड़ लेते हैं और फिर आपको पगड़ी सँभालनी कठिन हो जाती है। बीच-बीच में अचानक कुछ उदाहरणों, कथाओं, दृष्टान्तों आदि के देने से छात्रों के भटके हुए मन फिर एकाग्र हो जाते हैं। प्रायः कथाओं में जो बार-बार जय बुलवाई जाती है, उसका उद्‌देश्य ध्यान आकर्षित करना ही होता है। इसी प्रकार पाठ के बीच में विभिन्न साधनों के प्रयोग से ध्यान आकर्षित किया जा सकता है पर जय बुलवाकर नहीं।

किन्तु निरन्तर अधिकार जताना भी ठीक नहीं है। ''मैं सबको ठीक कर दूँगा, मैं तुम लोगों को चुप करके छोड़ूँगा।'' आदि कथन अहंभाव के द्योतक है और अध्यापक की प्रतिष्ठा और यश के लिए परम घातक हैं। इस प्रकार अधिकार जताने और डाँटने-फटकारने से लड़के तत्काल भले ही डर जाएँ और चुप हो जाएँ किन्तु उनके मन में आपके प्रति श्रद्धा नहीं जम सकती। 'ध्यान दो नहीं तो चमड़ी उधेड़ दूँगा' आदि बातें कभी नहीं कहनी चाहिए, क्योंकि पहले तो आप चमड़ी उधेड़ नहीं सकेंगे और यदि ऐसा करेंगे तो सरकारी बन्दीगृह आपको अधिक समय के लिए अपना अतिथि बना रखेगा। हम ऊपर भी कह आए हैं कि अपनी विद्या का भय दिखाओं, अपनी पाशविक शक्ति का नहीं। साथ ही हमारा यह भी तात्पर्य नहीं है कि कभी डाँटो ही नहीं। डाँटो और अवश्य डाँटो किन्तु नित्य नहीं, अभ्यासवश नहीं, नियमतः नहीं, अपितु कभी प्रसंगवश अवसर पड़ने पर ही। उचित अवसर के परिज्ञान के लिये अपने विवेक से काम लीजिए।

अन्तिम बात इस सम्बन्ध में यह है कि अपना विनय का क्रम नियमित रखो। आज सिंह और कल बकरी बनने से काम नहीं चलेगा। अपना ऐसा मध्यम मार्ग बना लेना चाहिए जिसमें न अधिक कठोरता हो न अधिक मृदुता। अवसर-अवसर पर उसे तनिक सा घटा-बढ़ा देने से उसका बलांश बना रहता है और इस प्रकार छात्रों को उचित शिक्षा भी मिल जाती है, वे नियमित और विनयी हो जाते हैं।

इतना सब कह चुकने पर भी सत्य बात तो यह है कि विनय की समस्या का कोई एक निर्दिष्ट समाधान नहीं है। अनुभव और मानव-मनस्तत्त्व के अध्ययन से मनुष्य अधिकाधिक सीखता चलता है और यह समझता चलता है कि किस अवसर पर किस उपाय का अवलम्ब लेने से उद्‌दिष्ट फल प्राप्त हो सकता है।

15

असाधारण बालक और दंडविधान

कुछ लोग प्रायः यह कहते सुने जाते हैं कि संसार में और लोग तो हीरे-मोती, सोने-चाँदी आदि का व्यवसाय करते हैं, हम आदमियों का व्यापार करते हैं। आदमियों का व्यापार सुनकर सभ्य समाज एक बार चौंक उठ सकता है और समझ सकता है कि ऐसा कहने वाला व्यक्ति मनुष्यों का क्रय-विक्रय करता है। दूसरे शब्दों में मनुष्य को दास बनाने के लिए खरीदता और बेचता है। ऐसे लोगों को यह कहकर समाधान करना चाहिए कि इन शब्दों का अर्थ केवल यह है कि जिस प्रकार अन्य वस्तुओं का व्यवसायी अपने व्यापार से सम्बन्ध रखने वाली वस्तुओं के विषय में पूरी जानकारी रखता है, उसी प्रकार इन शब्दों का प्रयोग करने वाला मानव चरित्र की सांगोपांग जानकारी रखता है। उसे भिन्न प्रकार के आचार-विचार, रहन-सहन, मति-गति रखने वाले मनुष्यों के बीच रहना पड़ा है और इसीलिए उस भिन्न-भिन्न रुचि, बुद्धि और स्वभाव वाले मनुष्यों का पूरा परिचय है। ऐसी जानकारी रखने वाले विलक्षण पुरुष व्यक्ति-विशेष पर दृष्टि पड़ते ही यह बतला दे सकते हैं कि वह चोर है या साहु, व्याध है या वैष्णव, महाधूर्त्त है अथवा परम सत्यवादी।

यद्यपि आज मनोविज्ञान और मनोविश्लेषण-शास्त्र के अध्ययन और प्रचार से मनुष्यों की चित्तवृत्ति पहचानने का प्रयत्न किया जा रहा है परन्तु यह मनुष्य पहचानने की विशेष कला किसी पाठशाला अथवा गुरुकुल में नहीं सिखाई जाती और इसके लिए जो पुस्तकें भी हैं वे निश्चित रूप से पूर्ण प्रामाणिक नहीं हैं। अभी तक इस विषय पर खोज हो रही है और अन्तिम निर्णय नहीं हो पाया है। वास्तव में जो यह विद्या सीखना चाहें उनके लिए यह विराट् विश्व ही विश्वविद्यालय है, अनुभव ही अध्यापक है, मनुष्यों की आकृतियाँ ही खुली हुई पोथियाँ हैं और सारा जीवन ही छात्रावस्था है। साथ ही यह विद्या इतनी आवश्यक है कि इसके अभाव में मनुष्य जीवन के किसी भी क्षेत्र में सफलता नहीं मिल सकती और फिर अध्यापक के लिये तो इसके ज्ञान से अपरिचित होना अत्यन्त अनर्थकारी है। मनुष्य पहचानने की कला में अक्षम अध्यापक सफल अध्यापक हो ही नहीं सकता। अध्यापक का सबसे पहला कर्त्तव्य यही है कि वह अपने प्रत्येक शिष्य की आकृति एवं प्रकृति से शीघ्र ही भली भाँति परिचित हो जाए।

साधारण अंग्रेजी विद्यालय के अध्यापक को नित्य कम से कम चार कक्षाओं से पाला पड़ता है। वह नित्य सवा सौ के लगभग छात्रों के संसर्ग में आता है। यदि इन सवा सौ छात्रों के स्वभाव तथा चरित्र का विश्लेषण किया जाए तो मोटे तौर से उनकी निम्नलिखित श्रेणियाँ बनेंगी–

बुद्धि के अनुसार

1. कुशाग्र-बुद्धि– जो पाठ को एक बार में पढ़कर समझ ले।
2. साधारणतः बुद्धिमान्– जो ध्यान देने से शीघ्र समझ ले।

3. परिश्रम करके समझने वाला— जिसे सीखने और समझने के लिए परिश्रम करना पड़े।
4. मन्दबुद्धि— जो बार-बार समझाने पर भी न समझे।
5. मूढ़— जो किसी भी काम में रुचि न दिखलावे और कभी कुछ भी न समझ पावे, जो सुन्दर वस्तु को देखकर या सुनकर प्रभावित न हो।
6. सनकी— जो अर्द्धविक्षिप्त हो। सनक में आ गई तो बीस घंटे पढ़ते ही रहे, लिखते ही रहे या गणित ही करते रहे।
7. पागल— जिसके मस्तिष्क में विकार आ गया हो, ज्ञानशून्यता हो गई हो।

स्वभाव के अनुसार

1. सीधे— जो अपने काम से काम रखते हैं, न किसी को छेड़ते न किसी से अधिक मिलते-जुलते हैं। उन्हें कोई गाली भी दे तो चुपचाप सुनकर सह लेते हैं, उत्तर नहीं देते। ऐसे छात्रों की रक्षा का भार अध्यापक पर ही होता है।
2. चंचल— जिनमें इतनी अधिक शक्ति भरी रहती है कि वे एक क्षण के लिए भी स्थिर नहीं रह सकते। खंजन के समान प्रतिक्षण उछल-कूद, उठ-बैठ मचाए ही रहते हैं, उनके सब अंग सदा चंचल रहते हैं।
3. नटखट— जो प्रतिक्षण इसी उधेड़बुन में रहते हैं कि किस प्रकार हम एक नई घटना का निर्माण करे और दूसरों को तंग करें।

चरित्र की दृष्टि से

1. अत्यन्त सच्चरित्र— जो सत्यवादी, मृदुभाषी, सबको सहायता देने वाले और नियमित आचरण वाले होते हैं।
2. मध्यम चरित्रवाले— जो मन से सच्चरित्र नहीं होते किन्तु समाज के या दंड के भय से अपना आचरण ठीक बनाए रखते हैं।
3. दुश्चरित्र— जो झूठे, कठोर भाषी, सीधे लड़कों को तंग करने वाले, चरित्रहीन और अपने सब कार्यों में अनियमित होते हैं तथा सुन्दर बालकों का पीछा किया करते हैं।
4. गुंडे— जिनका काम भोले-भाले लड़कों को डरा-धमका कर पैसे ऐंठना या तंग करना होता है।

शारीरिक अवस्था की दृष्टि से

1. स्वस्थ और हट्टे-कट्टे।
2. दुर्बल और रोगग्रस्त।
3. बहुत मोटे।
4. बहुत पतले।

5. सुदर्शन।
6. कुदर्शन।
7. साधारण स्वास्थ्य वाले।

आचरण की दृष्टि से

1. व्यसनी–
   अ. खाने का व्यसन– चटोरे।
   आ. पहनने का व्यसन– छैले।
   इ. मेले, तमाशे का व्यसन– घुमक्कड़।
   ई. गाने-बजाने का व्यसन।
   उ. सिनेमा का व्यसन।
   ऊ. उपन्यास-कहानी पढ़ने का व्यसन।
   ए. नशे का व्यसन– सिगरेट, पान, तम्बाकू, भाँग आदि का व्यसन।
   ऐ. खेल-कूद का व्यसन।
   ओ. पढ़ने का व्यसन।
   औ. नेतागिरी का व्यसन।
   अं. चित्र खींचने आदि का व्यसन।
   अः. जुआ खेलने का व्यसन।
2. कामचोर– जो आलसी या अकर्मण्य होते हैं। जो काम बताया जाए उसे करने में जी चुराएँ, दूसरो पर टाल दें या देर से करें और यदि करें भी तो रो-गाकर, प्रसन्न मन से नहीं।
3. भगोड़– कक्षा में से भाग जाने वाले। घर से पाठशाला के लिए चलें और पहुँच जाएँ उद्यान में।
4. निश्चिन्त– जिन्हें अपने निर्दिष्ट कार्य की कभी चिन्ता ही नहीं रहती। विद्यालय जाते-जाते बीच में बन्दर-भालू का नाच होता हो तो देखने ठहर जाते हैं।
5. लोभी– जो सदा दूसरों से कुछ पाने की आशा करे।
6. कंजूस– अपनी वस्तु अथवा पैसा किसी को न दे, उलटा दूसरों का ले ले।
7. सदा असन्तुष्ट– अपने घर की, विद्यालय की, मित्रों की सभी की शिकायत करने वाला, मानो सारे संसार ने उस पर अन्याय किया हो।
8. ईर्ष्यालु– दूसरों की उन्नति से डाह रखने वाला।
9. अहंकारी– अपने को बड़ा योग्य, चतुर और सर्वगुण-सम्पन्न समझने वाला यद्यपि उसमें योग्यता कुछ भी न हो।
10. साहसी– जो दूसरों को बचाने के लिए अपने ऊपर कष्ट सहे, साहस के काम में सदा आगे रहे, कभी डरे नहीं।

11. दुखी– घर की परिस्थितियों के कारण विपन्न और निराश्रित तथा इसी कारण पठन-पाठन में असावधान और अनियमित।
12. दुर्ललित– लाड़-प्यार में बिगड़े हुए बात-बात में अपने माता-पिता की दुहाई देने वाले, अशिष्ट और कामचोर बालक।
13. कुसंगवाले– जिन्हें ऐसे बुरे आदमियों की संगत मिली हो जो उन्हें चरित्रहीन और अपव्ययी बनाते हों।
14. स्वाभाविक अपराधी– नियमित अपराधियों या निम्न श्रेणी के वे लड़के जो चोरी, जेबकतरी, उचक्कापन, हत्या आदि सभी कुविद्याओं में संस्कारतः कुशल हों।
15. अनियमित- समय पर न आने वाला और नियम से काम न करने वाला।

ऊपर हमने विद्यालयों में मिलने वाले यथासम्भव सभी प्रकार के बालकों का ब्योरा दिया है किन्तु यह सूची पूरी नहीं है। अभी बहुत-सी ऐसी श्रेणियाँ सम्भव हो सकती हैं जो हमारी तालिका में छूट गई होंगी किन्तु साधारणतया अध्यापकों के व्यवहार और अनुभव में आने वाले छात्रों के प्रायः सभी प्रकार हमारी सूची में आ गए हैं। हम इस अध्याय में यही विचार करेंगे कि इन छात्रों को वश में रखने और उन्हें उन्नत बनाने के लिए कौन सी कलाएँ काम में लाई जाएँ।

यदि हम किसी साधारण बुद्धि वाले व्यक्ति से पूछें कि अच्छे बालकों से कैसे व्यवहार किया जाए और दुष्ट बालकों से कैसा, तो वह तत्काल यह उत्तर देगा कि अच्छे बालकों से प्रेम का व्यवहार करो, उन्हें पुरस्कार दो और दुष्ट बालकों को दंड दो। किन्तु हम देखते हैं कि साधारणतया अध्यापकगण सब को एक लाठी से हाँकते हैं। जिन पर उनकी लाठी असफल सिद्ध हो जाती है उसे वे बहिष्कृत विद्यार्थियों की श्रेणी में रख देते हैं वे उन्हें समस्या मानकर उसको सुलझाने का कोई उपाय नहीं करते। मान लीजिए किसी कक्षा में एक ऐसा विद्यार्थी है, जो पढ़ने-लिखने से जी चुराता है, पाठशाला में जो कार्य उसे घर पर करने के लिए दिया जाता है उसे नहीं करता, कक्षा में अध्यापक द्वारा लांछित और अपमानित होता है, अध्यापक जब गणित पढ़ाते हैं उस समय वह चित्रकारी करता है, जिस समय उसके सहपाठी अपना पाठ देखते हैं उस समय वह तान लड़ाता है। ऐसे विद्यार्थी को साधारणतया अध्यापकगण मूढ़ समझ लेते हैं। पर यदि सभी बातों पर विचार किया जाए तो वह विद्यार्थी कदापि मूढ़ प्रमाणित न होगा। उसमें बुद्धि का अभाव नहीं है। परिश्रम करने में भी वह पीठ नहीं दिखाता। चार-छह घंटे नित्य ही जब वह संगीत का अभ्यास करता है तो उसे आलसी कैसे कहा जा सकता है। प्रस्तुत विद्यार्थी में दोष केवल इतना है कि उसकी रुचि अन्य दिशा की ओर है। उसके इच्छित विषय को माध्यम बनाकर यदि उसे पढ़ने-लिखने की शिक्षा दी जाती तो वह अवश्य सफल होता।

इसी प्रकार कुछ विद्यार्थी ऐसे भी होते हैं जो दीन-हीन परिवारों से आते हैं। वे साधारणतया सुबुद्धि-सम्पन्न होते हैं, उनमें लगन होती है और चरित्र-दोष भी प्रायः नहीं होता। जिस वातावरण में वे पलते हैं वह भी अवांछनीय प्रभावकारक नहीं होता। फिर

भी वे पाठ्य विषय भली भाँति हृदयंगम नहीं कर पाते। परिणाम यह होता है कि वे बुद्धिहीन मान लिए जाते हैं और यह विचार नहीं किया जाता कि सारी झंझट का कारण उनकी शारीरिक दुर्बलता भी हो सकती है, पौष्टिक भोजन का अभाव भी इसके लिए उत्तरदायी हो सकता है और घर की दरिद्रता की चिन्ता भी उसे सता सकती है।

इसके अतिरिक्त अनेक अंशों में बालक के माता-पिता भी बालकों में उलझनें उत्पन्न कर देते हैं। रोग कुछ होता है औषधि कुछ दी जाती है। एक उदाहरण के द्वारा इस प्रसंग को स्पष्ट कर देना अनुचित न होगा।

किसी विद्वान् सज्जन का एक लड़का है। उक्त सज्जन उसे अपने ही जैसा विद्वान् बनाना चाहते हैं। उनके विचार से विद्वान् बनने की एक मात्र युक्ति है–सबको तजो, विद्या को भजो। खेल-कूद, तमाशा सब कुछ उन्होंने अपने पुत्र के हित की दृष्टि से निषिद्ध कर रखा है। पर यही निषेध उनके पुत्र का गला घोट रहा है। वे अच्छे अच्छे अध्यापकों को अपने पुत्र का गृह-शिक्षक नियुक्त करते हैं। पर बालक दिन पर दिन नटखट हो जाता है। अध्यापक के आने पर वह शिष्ट विद्यार्थी के समान उसके सामने उपस्थित होता है, काम करना भी प्रारम्भ करता है, पर दस ही पाँच मिनटों के पीछे वह अन्तःपुर की ओर देखकर बोल उठता है–हाँ! अच्छा अभी आया- और घर में घुस जाता है, फिर लौटने का नाम नहीं लेता। एक लाल दाढ़ी वाले मौलवी साहब उसे पढ़ाने आते हैं। उनसे उसने पहले ही दिन प्रश्न किया- मौलवी साहब! क्या आप कभी सुरखी कूटते थे। कहने की आवश्यकता नहीं कि उसने यह बात मौलवी साहब की लाल दाढ़ी देखकर कही।

उपर्युक्त घटनाएँ यह प्रमाणित करती हैं कि उक्त बालक में सजीवता और मौलिक उद्‌भावना की कमी नहीं है, अभाव है उचित पथ-प्रदर्शन का। यह अभाव उसे समस्यापूर्ण बालक बना रहा है। उसका सुधार एक समस्या है जिसका समाधान एक चतुर शिक्षक ने इस प्रकार किया। जिस दिन से वह उसे पढ़ाने के लिए नियुक्त हुआ उस दिन वह अपने विद्यार्थी के घर सायंकाल को पहुँचा। बालक कुछ डरता-झिझकता उसके पास आकर पढ़ने के लिए बैठ गया। परन्तु चतुर अध्यापक ने विद्यार्थी से कहा कि सन्ध्या का समय तो खेलने के लिए होता है। यदि तुम्हारे पास फुटबाल हो तो ले आओ। विद्यार्थी अचरज में भर गया। उसे अध्यापक के मुख से ऐसे प्रस्ताव की आशा न थी। फिर भी उसने इस आज्ञा का पालन बड़ी तत्परता से किया। गुरु-शिष्य मैदान में खेलने लगे। चलते समय अध्यापक ने कहा–भाई अकेले खेलने में आनन्द नहीं आता। कुछ लड़के तुम इकट्‌ठे करो कुछ मैं अपने साथ लाऊँ। विद्यार्थी कृतज्ञता से भर गया। अध्यापक को बाहर तक पहुँचाने आया। दूसरे दिन उसी समय शिक्षकों से भागने वाला वह बालक नवीन अध्यापक की प्रतीक्षा करने लगा। उसके आने पर पुनः खेल प्रारम्भ हुआ। सप्ताह बीतने पर अध्यापक की सम्मति से बालक के माता-पिता ने उसके सामने एक दिन अध्यापक की शिकायत की और उसे छुड़ाने का विचार प्रकट किया। यह सुनकर वह बालक अत्यन्त दुःखी हुआ। अध्यापक के आने पर उसने स्वयं कहा कि अब आप कुछ पढ़ाया भी कीजिए नहीं तो हमारे पिता आपको छुड़ा देंगे। अध्यापक तो यही

चाहता ही था। उसने उसे पढ़ाना प्रारम्भ किया और भविष्य में पुनः बालक की शिकायत का कोई अवसर न आया।

इसी प्रकार अभिभावकों के व्यवहार से कुछ बालकों में आत्महीनता की ग्रंथि उत्पन्न हो जाती है जिसका एक अद्‌भुत उदाहरण नीचे दिया जाता है। किसी व्यक्ति के दो बच्चे थे। उनमें एक था बालक और दूसरी थी बालिका। बालिका का छोटा से छोटा दोष महाअपराध में गिना जाता था जिसके फलस्वरूप वह नित्य ही दंडित होती थी। दूसरी ओर बालक अपराध करने पर भी प्रशंसित होता था और माता-पिता उसे और भी अधिक प्यार करते थे। इसका परिणाम यह हुआ कि बालिका के हृदय में आत्महीनता की ग्रंथि जड़ पकड़ने लग गई। उसने धीरे-धीरे हकलाना प्रारम्भ किया और अन्त में बिल्कुल मौन रहने लगी। अब माता-पिता को चिन्ता उत्पन्न हुई। वे उसे बाल-मनोविज्ञान के किसी जानकार के पास ले गए। उसे सारी कथा सुनाई। उस व्यक्ति ने लड़की को अपने पास बुलाया और उससे बातचीत करने लगा। पर लड़की मौन ही रही। अन्त में उसने उस लड़की के सामने प्रकारान्तर से उसी की कथा कहना प्रारम्भ किया। लड़की की आँखों में तुरन्त समझदारी की चमक आ गई और सारी बातें अत्यन्त ध्यान से सुनने लगी। अन्त में जब उससे कथा की बालिका के अद्‌भुत आचरण का कारण पूछा गया तब क्रोध से उसने अपने ही आचरण का कारण कह डाला और अपनी रामकहानी सुनाते हुए अन्त में कहा कि जब मैं नटखटी करती हूँ तब वे मुझे म-म-म-मारते हैं पर जब वह करता है तब उसे वे प-प-प-प्यार करते हैं। कहिए क्या आप इसे उचित समझते हैं। अपनी कथा कहते हुए बालिका केवल दो बार हकलाई- मार और प्यार शब्द का उच्चारण करते हुए। बालिका के माँ-बाप को सलाह दी गई कि वे अपने व्यवहार में परिवर्तन करें। इसी प्रकार अध्यापकों के कठोर व्यवहार से भी भयंकर दुष्परिणाम हो सकते हैं।

ऊपर की तालिका में गिनाए हुए प्रकारों के बालकों से कैसे व्यवहार किया जाए, इसकी विवेचना करने से पूर्व पुरस्कार विधान और दंडविधान की कुछ व्याख्या कर देना आवश्यक है। अच्छे बालकों को पुरस्कार और दुष्ट बालकों को दंड मिलना चाहिए, इसमें कोई दो मत नहीं हो सकते। अतः हमें यह भी विचार कर लेना चाहिए कि पुरस्कार और दंड कितने प्रकार के होते हैं, उनमें से कौन से प्रयोजनीय और कौन से त्याज्य हैं।

पुरस्कार विधान

पुरस्कार कई प्रकार के होते हैं।

1. आर्थिक पुरस्कार– रुपये-पैसे के रूप में।
2. सम्मान पुरस्कार– चाँदी-सोने के बिल्ले तथा प्रमाण पत्र आदि के रूप में।
3. सहायक पुरस्कार– पुस्तक, वस्त्र आदि के रूप में।
4. शाब्दिक पुरस्कार– सबके सामने या एकान्त में प्रशंसा करके।

आर्थिक पुरस्कार छात्र को लोभी बना देता है। छात्र जो कुछ काम करता है वह रुपया-पैसा पाने के लोभ में करता है, वह उसके लिए व्यापार बन जाता है। सम्मान-पुरस्कार

भी बिल्कुल व्यर्थ सा ही है। वह केवल प्रदर्शन मात्र के लिए ही रहता है। बिल्ला लगाकर या प्रमाणपत्र को शीशे में मढ़कर रखने से आत्मतुष्टि मात्र होती है और अहंकार बढ़ता है अतः ये दोनों प्रकार त्याज्य हैं। तीसरा सहायक पुरस्कार अच्छा है किन्तु यह दीन छात्रों के अधिक काम का है। धनी लोगों के लड़के वार्षिकोत्सव के अवसर पर भले ही इस प्रकार का पुरस्कार स्वीकार कर लें किन्तु अलग इस प्रकार का पुरस्कार लेने में वे अपना अपमान समझेंगे। अतः अध्यापकों को चाहिए कि कक्षा में यथासम्भव प्रशंसा के रूप में शाब्दिक पुरस्कार ही दें। सबके सम्मुख अपनी प्रशंसा अपने गुरुजनों से सुनकर छात्रों को एक प्रकार की सात्त्विक उत्तेजना मिलती है, उल्लास होता है और उनका मन बढ़ता है। यद्यपि इससे भी अहंकार आता है किन्तु वह क्षणिक होता है, उससे नैतिक हानि नहीं होती। यों अलग बुलाकर एकांत में भी प्रशंसा की जा सकती है किन्तु उससे छात्र को प्रसन्नता भले ही हो पर सन्तोष नहीं होता, वह दस जनों के बीच अपना यश सुनना चाहता है और यह दुर्बलता बालकों में ही नहीं बड़े-बड़े त्यागी महात्माओं में भी होता है। यह ध्यान रखना चाहिए कि अच्छे काम की प्रशंसा न करने से बड़ा बुरा फल होता है। कर्त्ता के मन में यह बात बैठ जाती है कि मेरे काम की कोई पूछ नहीं हुई फिर मैं क्यों करूँ। इस प्रकार बार-बार अपने अच्छे कामों की उपेक्षा देखकर सम्भव है वह उल्टा ही आचरण करने लगे। अतः अच्छे कार्य की प्रशंसा करने से कभी न चूकिए। इतना ही नहीं वरन् उन अच्छे बालकों का उदाहरण अन्य छात्रों के सम्मुख भी रखते चलिए जिससे औरों में स्पर्धा-बुद्धि जगे और दूसरे छात्र भी अच्छे काम करने में प्रवृत्त हों।

दंड-विधान

जिस प्रकार पुरस्कार के अनेक प्रकार होते हैं, उसी प्रकार दंड के भी अनेक प्रकार होते हैं—

1. शारीरिक दंड- वे दंड जिनके द्वारा छात्रों के शरीर को कष्ट मिले। इसका उद्देश्य यह होता है कि छात्र उस दंड की विभीषिका से डरकर पुनः अपराध न करे और दूसरे छात्र भी उसके कष्ट को देखकर वैसा अपराध करने का साहस न करें। शास्त्रों में कहा गया है कि—

लालने बहवो दोषास्ताडने बहवो गुणाः।
तस्मात्पुत्रं च शिष्यं च ताड़येन्न तु लालयेत्।।

अर्थात् लाड़-चाव से बालक बिगड़ जाते हैं और ताड़ना से ठीक रहते हैं, इसलिए पुत्र और शिष्य का लाड़ नहीं करना चाहिए, उन्हें ताड़ना देनी चाहिए। यहाँ पर ताड़ना शब्द का अर्थ लोगों ने डंडा चलाना मान लिया है। इसका वास्तविक अर्थ उचित प्रकार से शासन करना, कुमार्ग पर न जाने देना ही है। ताड़ना के नवीन अर्थ का परिणाम यह हुआ कि अनेक पशु-अध्यापकों ने छात्रों को शारीरिक कष्ट देने के अनेक पाशविक उपायों का आविष्कार किया है, उसमें से कुछ हैं—मुर्गा बनाना (झुककर दोनों पैरों के पीछे से हाथ निकालकर सामने लाना और अपने कान पकड़ना), दोनों हाथ फैलवाकर उन पर पाँच-पाँच सेर की ईंटें रखना, कमर झुकवाकर उस पर पत्थर रखना, कोठरी में हाथ-पैर बाँधकर

बन्द कर देना, हाथ बाँधकर खूँटी पर लटका देना, बेंत को पानी में भिगोकर उससे नंगी पीठ पर मारना, उँगलियों के बीच में पेंसिल रखकर दबाना, हाथ को उलटवाकर उस पर खड़ा पैमाना मारना, कक्षा में ही सौ-सौ बैठकें कराना, दोनों हाथ ऊपर उठावाकर एक पैर से खड़ा करना, धूप में घंटों खड़ा रखना, जाड़े में ठंडे पानी के छींटें देना, थप्पड़ मारना, कान खींचना या मसलना, चुटिया या बाल पकड़कर खींचना, घूँसें लगाना, मोटे गोल डंडे (रूलर) से मारना, चूँटना (चुटकी काटना), खेल के मैदान के चारों ओर दौड़ाना आदि। ये ऐसे जघन्य उपाय हैं जिन्हें सुनकर बर्बरता को भी लज्जा आती है। इन उपायों का अवलम्ब वे ही अध्यापक लेते हैं जो अभी पशुत्व से मनुष्यत्व में प्रविष्ट नहीं हो सके हैं किन्तु चारित्रिक दोषों के लिए बेंत का परिमित प्रयोग सर्वथा अवांछनीय भी नहीं है।

आजकल शिक्षा-विधान ने शारीरिक दंड का निषेध कर दिया है और शारीरिक दंड देने का अधिकार केवल मुख्याध्यापक को ही दिया है। यह बड़ी विडम्बना है कि शिक्षा विभाग वाले पशुता के प्रयोग के लिए मुख्याध्यापक को ही उपयुक्त पात्र समझते हैं। बहुत से हेडमास्टरों को पूरे स्कूल के समक्ष छात्रों को बेंत मारने का रोग होता है। ऐसे हेडमास्टर शीघ्र ही बदनाम हो जाते हैं और स्वयं पिट भी जाते हैं। किन्तु इनके अतिरिक्त कुछ सरल और शिष्ट शारीरिक दंडों का विधान भी किया गया है जिसमें नीचे खड़ा रखना, बेंच पर खड़ा करना और कोने में अलग खड़ा कर देना मुख्य हैं।

2. पारिश्रमिक दंड– अपराध के बदले ऐसा परिश्रम कराना जिससे छात्र का ज्ञान भी बढ़े, उसके अपराध का भी परिहार हो और वह यह भी समझता रहे कि मुझे दंड मिल रहा है। जो छात्र घर से काम करके नहीं लाते उन्हें विद्यालय समाप्त होने के उपरान्त ठहराकर निर्दिष्ट कार्य समाप्त करा लेना इसी प्रकार का दंड है। इस दंड को बन्दी-कक्षा-प्रणाली (डिटेन्शन क्लास सिस्टम) कहते हैं। कभी-कभी किसी शब्द के अशुद्ध लिखने पर कह दिया जाता है कि इसका शुद्ध रूप एक सहस्र बार लिखो। यह दंड-विधान अधिक सार्थक है किन्तु इसकी भी अति नहीं होनी चाहिए। इसका कभी महीने-पखवारे प्रयोग कर लिया जाए तो बुरा नहीं।

3. आर्थिक दंड– अपराध करने पर अर्थ-दंड देना (जुर्माना करना)। यह दंड बिल्कुल व्यर्थ और अन्याय है, क्योंकि इसका भार छात्र पर न पड़कर उसके पोषक पर पड़ता है। जो पोषक या पिता अपने बालक को पढ़ाने भेजता है, शुल्क देता है, वही दंडित हो इस अन्याय का किसी भी तर्क द्वारा समर्थन नहीं किया जा सकता।

4. सामाजिक दंड– कक्षा से बाहर कर देना, स्कूल से बाहर निकाल देना, सब लड़कों से कह देना कि अपराधी छात्र से न बोलें न बात करें और सब प्रकार का व्यवहार रखना छोड़ दें, आदि इसके अन्तर्गत हैं। इस दंड का प्रयोग केवल विशेष अवसरों पर जैसे–अवज्ञा अथवा चरित्र-दोष पर ही करना चाहिए।

5. भीति-दंड– बहुधा ऐसे बालक होते हैं जो इस डर से अपराध नहीं करते कि कहीं हमारे पिता, अभिभावक या मुख्याध्यापक के पास हमारे कारनामों का समाचार पहुँच जाए। अतः ऐसे छात्रों को यह कहकर भी डराया जा सकता है कि यदि सुधार

न करोगे तो उचित अधिकारी को सूचना दे दी जाएगी। आवश्यकता पड़ने पर पिता या अभिभावक को एक-आध बार सूचना दी भी जा सकती है, किन्तु बार-बार मुख्याध्यापक का द्वार खटखटाने या अभिभावक से शिकायत करने से अध्यापक की अक्षमता स्वयं सिद्ध हो जाएगी। अतः यथासम्भव स्वयं अपराधी से निपट लो, अपनी सहायता के लिये दूसरों का आश्रय न लो।

6. तुलनात्मक पक्षपात-दंड– अपराधियों को पीछे बैठाना और उनकी छुट्टी रोक लेना आदि कुछ ऐसे दंड हैं जिन्हें सामाजिक दंड के अन्तर्गत ही समझना चाहिए। ऐसे दंड लज्जावन्तों के लिए तो ठीक है पर जिसने लाद ली है, लाज-हया को धो बहाया है, चिकने घड़े हो गए हैं, उन पर इस दंड का कोई प्रभाव नहीं पड़ सकता।

तात्पर्य यह है कि दंड देने में विवेक से काम लेना चाहिए। दंड का अर्थ बदला लेना- व्यक्तिगत, कुटुम्बगत, परिवारगत या परम्परागत शत्रुता निकालना नहीं है। इसीलिए शिक्षाशास्त्री कहते हैं कि, क्रोध में भरकर, जोश में आकर दंड मत दो। दंड देने से पूर्व अपराध और अपराधी का विचार करो और यह निर्णय करो कि किस दंड के प्रयोग से अपराधी का सुधार होगा। शिक्षण-जगत् के दंड-विधान में राजकीय दंड विधान के उद्देश्य नहीं आ सकते। हमारी प्रत्येक गति का उद्देश्य सुधारना और उन्नति कराना है। अतः हमारे दंड का भी यही उद्देश्य हो कि उससे छात्र सुधरे। इस सम्बन्ध का एक रोचक आख्यान नीचे देते हैं।

एक बार किसी विद्यालय के अधिकारी ने एक छात्र को निकाल दिया। उसी नगर के दूसरे विद्यालय के मुख्याध्यापक ने उस अपराधी बालक को अपने विद्यालय में भर्त्ती कर लिया। जब शिक्षा-विभाग के संचालकों ने उनसे इसका कारण पूछा तो उन्होंने कहा कि अच्छा विद्यालय वह है जो बुरे लड़कों को सुधारे। जो ऐसा नहीं कर सकते उनकी योग्यता और उनके सामर्थ्य में सबको सन्देह करना चाहिए। जिसने केवल अच्छे लड़कों को ही पढ़ाया-लिखाया उसने क्या किया, कुछ भी नहीं। वास्तव में अच्छा अध्यापक वह पारस पत्थर (स्पर्शमणि) है जिसे कुधातु (लोहा) छू जाए तो सोना बन जाए।

नीचे हम अपनी बनाई हुई तालिका के अनुसार प्रत्येक प्रकार के छात्र के साथ व्यवहार करने अर्थात् पुरस्कार या दंड देने का विधान बताएँगे।

बुद्धि के अनुसार

1. कुशाग्रबुद्धि को सदा प्रोत्साहित करते रहना चाहिए, उसे दूसरों के सम्मुख उदाहरण-स्वरूप रखना चाहिए और उस पर मन्द बालकों को सहायता देने और पढ़ाने का भार दे देना चाहिए। इससे उसमें आत्मविश्वास बढ़ता है, आत्ममहत्ता के भाव को पोषण करने में सहायता मिलती है और दूसरे की सहायता करने का भाव उत्पन्न होता है।
2. साधारण बुद्धिमान् के ठीक काम करने पर उसकी पीठ ठोंकनी चाहिए और प्रशंसा करनी चाहिए।

3. परिश्रम करके समझने वाले छात्र के साथ परिश्रम करना चाहिए और उसे कक्षा से बाहर भी सहायता देनी चाहिए।
4. मन्द-बुद्धि को मूर्ख कहकर दुरदुराना नहीं चाहिए। उसे कुशाग्रबुद्धि छात्रों पर सौंप देना चाहिए और सदा सहानुभूतिमय व्यवहार करके उसे प्रोत्साहन देते चलना चाहिए। वह थोड़े दिनों में ठीक हो जाएगा।
5. मूढ़ की शिक्षा के लिये दृश्य विधानों का प्रयोग करना चाहिए। चलते-फिरते या रंगीन चित्र तथा अद्भुत वस्तुओं के निरन्तर प्रदर्शन से उसकी मूढ़ता दूर हो जाएगी।
6. सनकी को यदि ठीक पथ दिखला दिया जाए तो वह आगे चलकर बड़ा काम कर सकता है। संसार के सभी महापुरुष सनकी हुए हैं। जिसकी सनक पूरी हो जाती है उसे हम लोग महात्मा, दृढ़ और साहसी कह देते हैं किन्तु जो असफल हो जाता है, जिसे ठीक पथ नहीं मिल पाता वह सनकी और पागल कह दिया जाता है। अतः सनकी की सनक को ठीक तथा लोक-कल्याणकारी मार्ग पर मोड़ दो बस उसका और समाज का कल्याण निश्चित है।
7. पागल को विद्यालयों में न रखकर पागलखाने में रखना चाहिए। यों तो मनोविश्लेषण-शास्त्रियों ने पागलों को सुधारने के भी अनेक उपाय सुझाए हैं और पागलों पर प्रयोग भी किए हैं किन्तु साधारण अध्यापक को पागलों से दूर ही रहना चाहिए। उनकी चिकित्सा वैद्यों तथा मनो-विश्लेषण-शास्त्रियों पर ही छोड़ रखनी चाहिए।

स्वभाव के अनुसार

1. सीधे बालकों पर सदा दृष्टि रखनी चाहिए कि वे दुष्ट बालकों के आखेट न बन जाएँ, क्योंकि उन्हें कुमार्ग पर ले जाना दुष्टों के बाएँ हाथ का खेल है। उन्हें सदा किसी ऐसे काम में लगा रखना चाहिए कि उन्हें दुष्ट लड़कों की गति देखने और उनका अनुसरण करने का अवसर ही न मिले।
2. चंचल बालकों को कुछ न कुछ चलने-फिरने, हिलने-डुलने का काम देना चाहिए। श्यामपट्ट पोंछना, स्याही बाँटना, कापी बाँटना या खड़िया लाना आदि कामों के द्वारा उनसे अधिक से अधिक शारीरिक श्रम लेना चाहिए। ऐसा काम न मिलने पर वे आपके सिर पर कूदने लगेंगे। पाठ के समय भी ऐसे ही छात्रों से श्यामपट्ट पर अर्थ लिखवाना, मानचित्र आदि बनवाना या समय-सरणि तैयार कराना चाहिए।
3. नटखट बालकों से भी उसी प्रकार व्यवहार करना चाहिए जैसे चंचल बालकों से। अन्तर केवल इतना ही रहे कि नटखट बालकों से ऐसा काम लेना चाहिए कि उन्हें इधर-उधर की बातें सोचने का अवसर ही न मिले। ऐसे बालकों को बीच-बीच में टोकते भी रहना चाहिए और दुष्टता करने पर उन्हें कक्षा-समाज से अलग कर देना चाहिए। बस दो तीन बार ऐसा करने से उनका नटखटपन छूट

ही जाएगा। अधिक दुष्टता पर उसके अभिभावकों का ध्यान भी आकृष्ट कराना चाहिए और नैतिक अपराध पर बेंत का भय दिखा देना भी कुछ बुरा नहीं है।

चरित्र की दृष्टि से

1. अत्यन्त सच्चरित्र को सदा दूसरों के आगे आदर्श रूप में रखना चाहिए और उसका यथावसर उदाहरण देकर उसकी प्रशंसा करनी चाहिए।
2. मध्यम चरित्र वालों की ओर अधिक सावधानी रखनी चाहिए। उन्हें धार्मिक कथाओं और उपदेशों के द्वारा सदा सचेत करते रहना चाहिए। उनके समक्ष ऐसे आख्यान रखने चाहिए जिनमें सच्चरित्रों का सम्मान किया गया हो और दुश्चरित्रों की इस लोक तथा परलोक दोनों में दुर्गति दिखाई गई हो।
3. दुश्चरित्रों को ठीक करने का सबसे सरल उपाय यह है कि उन्हें पाठ के प्रश्न पूछकर मूर्ख और बुद्धिहीन सिद्ध कर दिया जाए, साथ ही यह भी कहते रहा जाए कि जो चरित्रवान् होता है उसे विद्या शीघ्र आती है। सब छात्रों को गुप्त रूप से उस छात्र से बचते रहने का आदेश दे देना चाहिए। विद्यालय बन्द होने के पीछे उसे तब तक किसी बहाने रोक रखना चाहिए जब तक अन्य बालक बहुत दूर न निकल जाएँ। उसकी संगति में जिस बालक को देखें उसे दूर कर दें। ऐसे छात्रों को सम्मुख मूर्ख बनाने और डाँटने से भी बड़ा प्रभाव पड़ता है किन्तु ऐसा न हो कि वह उल्टा उत्तर देने लगे।

शारीरिक अवस्था की दृष्टि से

1. स्वस्थ और हट्टे-कट्टे छात्रों को नेतागिरी की शिक्षा और दूसरों की रक्षा करने का उपदेश देते रहना चाहिए। उनको यह बतलाते रहना चाहिए कि स्वस्थ शरीर दूसरों की रक्षा करने और ज्ञान प्राप्त करने के लिए भगवान् ने दिया है। विलास के द्वारा और दूसरों को कष्ट देकर इसका दुरुपयोग नहीं करना चाहिए। ऐसे छात्रों को समाज सेवा आदि के कार्यों के लिए प्रोत्साहित करना चाहिए और जो स्वयं इस प्रकार के सेवा-कार्यों में भाग लेते हों उनको पुरस्कृत करना चाहिए।
2. दुर्बल और रोगग्रस्तों से बड़ी कोमलता का व्यवहार करना चाहिए। उनकी अवस्था का उचित कारण जानकर उनकी उचित सहायता करनी या करानी चाहिए। ऐसे बालक प्रायः पढ़ने-लिखने में भी फिसड्डी रहते हैं। इसका कारण उनकी मानसिक दुर्बलता या बुद्धिहीनता नहीं अपितु शारीरिक दुर्बलता ही है।
3. बहुत मोटे लड़कों को अध्यापक और छात्र प्रायः सभी लोग मोटा-मोटा कहकर चिढ़ाते हैं। यह बुरी बात है। मोटे लड़कों को हलके परिश्रम का काम देना चाहिए और यथासाध्य उन्हें चेतन रखना चाहिए। मोटे छात्रों की बुद्धि प्रायः मोटी होती है, शारीरिक व्यायाम उनसे हो नहीं सकता, अतः नित्य उनसे

चलने-फिरने का काम लेकर उन्हें गतिशील रखना चाहिए। ऐसा करने से उनका मोटापन घटेगा, उनमें फुर्ती आएगी और फुर्ती के साथ उनकी बुद्धि भी बढ़ेगी।

4. बहुत दुबले-पतले लड़कों की भी वही दशा होती है जो बहुत मोटों की। ऐसे छात्रों के लिये भी उचित व्यायाम का विधान करना चाहिए और ऐसा मार्ग सुझाना चाहिए जिससे वे मोटे भले ही न हों पर गतिशील अवश्य रहें, थके या हारे हुए न रहें।
5. सुदर्शन या सुन्दर बालक प्रायः दुश्चरित्र लड़कों की वासना के शिकार हो जाते हैं और एक बार वे जाल में पड़े कि फिर उनका निकलना कठिन हो जाता है। यह रोग केवल लड़कों में ही नहीं, लड़कियों में भी तीव्रता से बढ़ रहा है और शिक्षाशास्त्री इसका ठीक-ठीक उपाय नहीं कर पा रहे हैं। अमेरिका में शिक्षाशास्त्रियों ने इसका कारण देर से विवाह करना बताया है। अतः इस समस्या को सुलझाना टेढ़ी खीर है। फिर वास्तविक अपराधी को पकड़ पाना तो और कठिन है। किन्तु आँखें सध जाने पर ऐसे लोगों को चुन लेना कुछ कठिन भी नहीं है। सुदर्शन बालकों को यथासम्भव सब बालकों से दूर और अलग रखना चाहिए, कक्षा में भी अलग बैठाना चाहिए और उन पर विशेष दृष्टि रखनी चाहिए। अध्यापक को भी स्वयं ऐसे बालकों से दूर रहना चाहिए।
6. कुदर्शन या भद्दी सूरत वाले छात्रों की विद्यालयों में बड़ी दुर्दशा होती है। उनकी तुलना जानवरों से की जाती है, उनके भालू, बन्दर, रीछ आदि विचित्र नाम रख लिए जाते हैं और सब लोग उन्हें चिढ़ाने में विशेष आनन्द पाते हैं। बहुत से अध्यापकों में भी यह भद्दी आदत होती है कि वे ऐसे बालकों के ऐंड़े-बेंड़े नाम रख लिया करते हैं। ऐसे बालकों को यह कहकर उत्साहित करना चाहिए कि भाई सुकरात भी कुदर्शन था, शिवाजी भी कोई बड़े सुन्दर नहीं थे और संसार का सबसे बड़ा राजनीतिज्ञ चाणक्य तो बड़ी ही भद्दी और डरावनी सूरत का था। महात्मा गांधी को ही ले लो, कौन बड़ी सुन्दरता उन पर बरस रही है। इस प्रकार उनकी झेंप मिटाकर उनसे सहानुभूतिमय व्यवहार रखना चाहिए, उनसे गुण देखते ही चिढ़ाने वालों के आगे उनकी प्रशंसा करनी चाहिए, जिससे वे अपने व्यवहार से स्वयं लज्जित हों और चिढ़ाना छोड़ दें।
7. साधारण स्वास्थ्य वालों को अधिक शक्त बनने के लिए प्रोत्साहित करते रहना चाहिए।

आचरण की दृष्टि से

1. व्यसनियों का व्यसन छुड़ाने के दो उपाय हैं। या तो उनके व्यसन की अति कर दी जाए अर्थात् चटोरे को इतना खिलाया जाए, इतना खिलाया जाए कि उसे अरुचि हो जाए अथवा उस व्यसन की नियमतः विभिन्न अवसरों पर

ऐसी निन्दा या बुराई करते रहा जाए कि उसे स्वयं उसमें दोष दिखाई देने लगे और वह व्यसन से मुँह मोड़ ले। उसके सम्मुख ऐसे उदाहरण रखने का भी फल अच्छा होता है जिनमें व्यसनियों का बड़ा करुण और भयानक अन्त दिखाया गया हो—जैसे अमुक सिगरेट पीने से जल मरा, अमुक बहुत चाट खाने से हैजे का शिकार हो गया, अमुक पढ़ते-पढ़ते पागल हो गया, आदि।

2. कामचोर छात्रों के साथ स्वयं काम करना चाहिए और बौद्धिक काम कराने से पहले इनसे शारीरिक परिश्रम करना चाहिए।
3. भगोड़ों के पीछे अपने जासूस लगा रखने चाहिए जो उनकी गतिविधि का पूरा ब्योरा दें और फिर सब के सामने उनका रहस्योद्घाटन हो। कभी-कभी भय से भी छात्र भगोड़े होते हैं। उनका भय दूर कर देना चाहिए। उनसे मित्रवत् व्यवहार करके उनकी कठिनाई दूर करने का प्रयत्न करते रहना चाहिए।
4. निश्चिन्त लड़कों का भार ऐसे नियमित छात्रों पर दे देना चाहिए जो उन्हें अपने साथ लाएँ, ले जाएँ और अपने ही साथ स्कूल का काम भी करा लें।
5. लोभी लड़कों का सुधार तब हो सकता है जब उनके लोभयुक्त व्यवहार की समय-समय पर सबके सामने विनोदपूर्ण टिप्पणी की जाए, पर वह टिप्पणी निन्दा का रूप न धारण कर ले। उन्हें उदार छात्रों के संसर्ग में रखा जाए जहाँ वे स्वयं अपना दोष समझकर अपना चरित्र सुधार लें।
6. कंजूस लड़के आगे चलकर मक्खीचूस और समाज के लिए घातक सिद्ध होते हैं। इनका उपाय यह है कि उनके समक्ष उदार छात्रों की प्रशंसा करनी चाहिए और कंजूसी की निन्दा करनी चाहिए। कभी-कभी कंजूसी का कारण अर्थहीनता भी होती है, इसका भी विचार कर लेना चाहिए।
7. सदा असन्तुष्ट छात्रों को सुधारने का सीधा उपाय यही है कि उनके थोड़े भी गुणों की प्रशंसा करते रहा जाए, बस वे सन्तुष्ट हो जाएँगे।
8. ईर्ष्यालु छात्रों की ईर्ष्या को स्पर्द्धा के रूप में बदल देना चाहिए जिससे वे अच्छे छात्रों से आगे बढ़ने का प्रयत्न करें, ईर्ष्या न करें। उन्हें उत्साहित करते रहने से ही यह फल प्राप्त हो सकता है।
9. अहंकार मानव-मात्र का शत्रु है। इसे जैसे बने वैसे हटाना चाहिए। भगवान् विष्णु ने अपने भक्त नारद जी का अहंकार दूर करने के लिए उनकी दुर्गति करा डाली थी, बन्दर का रूप बना दिया था। अतः छात्रों का अहंकार अवश्य निकाल देना चाहिए और इसका सरल उपाय यह है कि यदि वह अपने को बड़ा चतुर समझता हो तो उससे ऐसे कड़े प्रश्न किए जाएँ कि वह उत्तर न दे सके, बस वह स्वयं लज्जित हो जाएगा और उसका अहंकार गल जाएगा। इसी प्रकार उसके अन्य प्रकार के अहंकारों का भी परिहार किया जा सकता है।
10. साहसी छात्र कभी-कभी दुःसाहस के काम भी कर बैठते हैं। मनोवैज्ञानिकों का कहना है कि यदि ऐसे छात्रों को सत्साहस की ओर प्रवृत्त नहीं किया

जाता तो ये आगे चलकर डाकू, चोर या ठग हो जाते हैं। अतः ऐसे छात्रों को सत्साहस के कामों में प्रवृत्त कराना और दुःसाहस के कामों से निवृत्त कराना चाहिए। ऐसे छात्रों को सेवा के कामों में अधिक लगाना चाहिए।

11. दुखी छात्रों का उद्धार तो उनकी स्थिति जानकर उनकी सहायता करने या कराने से ही हो सकती है। बहुत से छात्र ऐसे होते हैं जो अपना दुःख कहते हुए सकुचाते हैं। उनका विश्वासपात्र बनकर उनके दुःख का कारण जानकर उनके दुःख दूर करने का उपाय करना चाहिए। दुःख दूर होने पर उनकी पाठ-सम्बन्धी समस्याएँ स्वतः सुलझ जाएँगी।
12. दुर्ललित छात्रों को माता-पिता से अलग करके थोड़े दिन छात्रावास में रख दो, बस उनकी बुद्धि ठिकाने आ जाएगी। घर से दूर रखना ही उनकी परमौषधि है।
13. कुसंग में पड़े हुए छात्रों को अपने साथ रखना सबसे अच्छा है। यदि छः महीने के लिए भी कुसंग छूटा तो समझ लो सदा के लिये छूट गया।
14. स्वाभाविक अपराधियों का काम बड़ा टेढ़ा है। उनके साथ बड़े कौशल से व्यवहार करना चाहिए। उनको किसी न किसी दायित्व का काम देने से-मानीटर कैप्टेन आदि बना देने से बड़ा काम निकलता है। चोर लड़कों को पैसे रुपयों का प्रबन्ध देने से उनकी चोरी का अभ्यास दूर हो जाता है। ऐसे बालकों का मनोवैज्ञानिक अध्ययन भी करना चाहिए और मूल दोष पाकर उसका उपाय भी करना चाहिए।
15. अनियमित छात्रों को नियमित करने का सरल उपाय यही है कि उनका भार नियमित छात्रों पर छोड़ दिया जाए, वे स्वतः नियमित हो जाएँगे।

इस प्रकार हमने प्रसिद्ध शिक्षा-शास्त्रियों, अनुभवी अध्यापकों तथा इस सम्बन्ध की पुस्तकों से पाठशाला में आने वाले छात्रों के व्यवहार का ब्योरा दिया है किन्तु ये कोई परिमित उपाय नहीं है। कुशल अध्यापक अपनी बुद्धि, विवेक और कौशल से छात्र, अपराध और परिस्थितियों की दृष्टि में रखकर और भी उपायों का सफलतापूर्वक प्रयोग कर सकता है।

एक योरोपीय मुख्याध्यापक ने एक दुष्ट छात्र को सुधारने के लिए एक बड़ा विचित्र दंड खोज निकाला था। उसने विद्यालय में एक ऐसा पाजी छात्र था जिससे स्कूल के अध्यापक, छात्र, अभिभावक, अड़ोसी-पड़ोसी, माता-पिता सब तंग आ गए थे। मार-पुचकार के सब अस्त्र उस पर असफल रहे। एक दिन उस मुख्याध्यापक ने विद्यालय के सब छात्रों और अध्यापकों को स्कूल के मैदान में एकत्र किया। एक बेंत वहाँ पहले से रक्खी हुई थी। सबके आ चुकने पर उस दुष्ट लड़के को सामने बुलाया गया। वह अकड़ता हुआ सामने आ पहुँचा। सब लोग यही समझते रहे कि आज इस लड़के की भरपूर मरम्मत होगी। पर सबको यह देखकर बड़ा आश्चर्य हुआ कि मुख्याध्यापक ने अपनी बेंत उस लड़के को पकड़ा दी और अपना हाथ फैलाकर उसने कहा—आज तक मैंने तुम्हें बेतें लगाई थीं, आज तुम मुझे बेतें लगाओ, क्योंकि मैं तुम्हें सुधारने में असफल

सिद्ध हो गया हूँ। यह सुनते ही उस लड़के की आँखों में आँसू आ गए, वह मुख्याध्यापक के पैरों पर गिर पड़ा और प्रतिज्ञा की कि आज से मैं कभी कोई अपराध न करूँगा और अपना आचरण ठीक रक्खूँगा। आगे चलकर वह पाजी छात्र उस प्रान्त का प्रान्तपति और न्यायप्रिय नेता हुआ। किन्तु ऐसे अवसर असाधारण हैं और इसीलिए रेखा खींचकर, दावे के साथ यह नहीं कहा जा सकता कि बस सुधारने के ये ही उपाय हैं अन्य नहीं।

16
अध्यापक और परीक्षाएँ

विद्यालयों में परीक्षा भी एक बड़ी बला है। आजकल की शिक्षा-प्रणाली को दूषित बनाने का मूल कारण ये परीक्षाएँ हैं। आजल हम ज्ञान के लिए शिक्षा नहीं देते, परीक्षा पास कराने के लिए शिक्षा देते हैं, क्योंकि उसके आर्थिक और सामाजिक दोनों महत्त्व हैं। नौकरी के लिये परीक्षा पास करनी चाहिए। समाज में समादृत होने के लिए परीक्षा पास करनी चाहिए। और तो और बेचारी कन्याओं को भी अपनी वैवाहिक योग्यता के लिये परीक्षा ही पास करनी चाहिए। किन्तु यदि हम परीक्षा-प्रणाली पर दृष्टिपात करें, उसकी व्यवस्था और उसके दंड-विधान पर विचार करें तो उसके आगे अंग्रेजी राजकीय दंड-विधान (इंडियन पीनल्ड कोड) भी लज्जा से सिर झुका लेगा।

एक पिता यह जँचवाना चाहता है कि उसका पुत्र कॉलेज में प्रवेश होने के योग्य है या नहीं। वह इसके लिये रजिस्ट्रार को शुल्क देता है। परीक्षा-भवन में वह लड़का अनुत्तीर्ण होने के भय से, लोगों में लज्जित किए जाने के भय से, आगे बढ़ने के प्रलोभन से अपनी जेब में से एक काग़ज़ का टुकड़ा निकालकर उसमें से देखकर लिख लेता है। परीक्षा-भवन में पहरा देने वाले सन्तरी की दृष्टि पड़ती है। लड़का पकड़ा जाता है। पकड़ने वाले तथा उसके साथी कहते हैं कि यह तो चोरी-नहीं-हत्या करता पकड़ा गया (ही वाज कौट रेड हैन्डेड्)। ऐसा ही अंग्रेजी का मुहावरा है। उसका दंड सुनाया जाता है कि दो वर्षों तक वह किसी परीक्षा में न बैठ सकेगा। पर दंड इतना ही नहीं है। उसका नाम पिता के नाम के साथ निकाले हुए लड़कों की सूची में गजट में छापा जाता है जिसका फल सामाजिक लांछन, व्यापक बदनामी और आत्मग्लानि होती है। यह लड़का, उसका पिता और उसके निकट सम्बन्धी कहीं मुँह दिखलाने योग्य नहीं रह जाते। जीवन के दो वर्ष व्यर्थ नष्ट हो जाते हैं और पढ़ाई में जो रुपया व्यय हुआ उसकी तो गणना ही नहीं। अब बालक के मन पर इस घटना की क्या प्रतिक्रिया होती है वह भी देखिए। वह उदास रहता है, किसी से मिलता-जुलता नहीं, क्योंकि उसके दूसरे साथी भी अब उससे कतराते हैं। सब लोग उसकी ओर उँगली उठाते हैं मानो उसने स्त्री-हत्या, बालहत्या या ब्रह्महत्या की हो। उसका मन पढ़ने में नहीं लगता, धीरे-धीरे वह रोगी हो जाता है। किसी प्रकार दो वर्षों की इस यातना के पश्चात् उसने परीक्षा पास भी कर ली तो उस पर यह कलंक

सदा के लिए लगा रह गया कि वह परीक्षा से निकाला गया था। उसे नौकरी नहीं मिलती। उसका सारा जीवन इस प्रकार नष्ट हो गया, और यह जीवन नष्ट किया गया उसी के व्यय से, उस शुल्क से जो उसके पिता ने दिया अपने पुत्र की योग्यता की परीक्षा के लिए। उस पर तुर्रा यह है कि उसे अपनी सफाई देने के लिए अवसर नहीं दिया जाता। यह शिक्षा-सरकार का निराला मार्शल-ला है, न अपील, न वकील, न दलील।

अब एक दूसरी घटना लीजिए। एक चोर ने किसी के घर का ताला तोड़ा। चार-पाँच सौ का धन चुराया, पकड़ा गया। चालीस पचास का माल उसके पास से मिला। उसे छह महीने की सज़ा हो गई। चार सौ रुपया वह घर दे जाता है। जेल में उसे ठीक समय पर खाने को मिलता है, कपड़ा मिलता है, डॉक्टर देखने आता है, जेल के सैकड़ों बन्दियों में उसे मन बहलाव के लिए साथी भी मिल जाते हैं। छह महीने सज़ा काटकर वह आता है, चाय की दुकान खोल लेता है। सब उसके यहाँ चाय पीते हैं, दंडित हो जाने सें उसकी बिक्री में अन्तर नहीं पड़ता। वह मज़े में है।

दोनों घटनाओं की तुलना करके देखिए कि अपराध किसका बड़ा है और दंड किसे अधिक मिला है। कोई भी इससे यह परिणाम निकाल सकता है कि परीक्षार्थी और उसके अभिभावक को बड़ा कड़ा दंड दिया गया है। पर इसका कारण कौन है। इसके कारण हैं वे अध्यापक जो शान में आकर परीक्षा-भवन में पुलिस के दारोग़ा बन जाते हैं और जैसे बिल्ली चूहे की ताक में रहती है ऐसे ही लोग भी किसी को पकड़ने की ताक में रहते हैं। ऐसी दूषित मनोवृत्ति रखने वालों को पुलिस में भर्त्ती हो जाना चाहिए, शिक्षा के क्षेत्र में इनका कोई काम नहीं है।

तो क्या इसका यह अर्थ है कि परीक्षा में हम छात्रों को परस्पर बातें करने दें, नक़ल करने दें। मैं कहूँगा कभी नहीं। तब क्या करना चाहिए। पहले ऐसे छात्रों को सावधान कर दो। फिर उनके माता-पिता के गौरव का स्मरण दिलाओ—तुम ऐसे माता-पिता के पुत्र होकर ऐसा काम करते हो। बात करने वाले दोनों छात्रों के स्थान बदल दो। यदि किसी काग़ज़ या पुस्तक से नक़ल कर रहा हो तो वह काग़ज़ या पुस्तक उससे धीरे से लेकर फाड़कर फेंक दो या अपने पास रख लो। यही पर्याप्त दंड है, पर्याप्त चेतावनी है और इस मानसिक दंड के साथ-साथ अध्यापक के प्रति छात्र की श्रद्धा भी बनी रहती है। मैं अपने अनुभव की एक घटना सुनाता हूँ। एक बार मैं एक परीक्षा में चौकीदार (गार्ड) था। मैंने देखा कि एक मुसलमान छात्र काग़ज़ के पन्ने से कुछ नक़ल करने का प्रयत्न कर रहा है। मैं धीरे से उसके पास गया; उससे काग़ज़ माँग लिया, उसे फाड़कर फेंक दिया और उससे कह दिया कि पर्चा करो। मेरे व्यवहार का उस पर इतना प्रभाव पड़ा कि उसने फिर कभी नक़ल नहीं की और अब भी जब कभी वह मिलता है तो बड़ी कृतज्ञता के साथ मिलता है।

यह स्मरण रखना चाहिए कि छात्रों के साथ यह बर्ताव कभी नहीं करना चाहिए जो पुलिस के सिपाही अपराधियों के साथ करते हैं। हम लोग अध्यापक हैं, गुरु हैं। हमारा छात्र से या अपराधी से द्वेष नहीं है, अपराध से द्वेष है। अपराध का कारण या मूल दूर

करना ही हमारा अभीष्ट है। हमें ऐसा उपाय करना चाहिए कि छात्र अपराध ही न करें। जैसे यह नियम है कि जिस चौकीदार की रखवाली में चोरी हो वह निकाल दिया जाए, यदि वही नियम इन परीक्षा के चौकीदारों (इनविजिलेटर्स) के लिए भी लागू हो जाए तो देखिए कल ही नकल करना बन्द हो जाए। यह तो चौकीदारों का ही अपराध है कि उनके रहते चोर घर में प्रवेश पा ले।

जैसा हम कह आए हैं, छात्र या बालक स्वतः स्वभावतः अपराधी नहीं होते। पास होने की लालसा, फेल होने से समाज में बदनामी का डर, समय की बचत आदि कितने ही प्रलोभनों से प्रेरित होकर छात्र नक़ल करते हैं। जो अधिकांश लड़के नक़ल नहीं करते वे स्वतः ईमानदार होने के कारण नहीं वरन् पकड़े जाने के भय से नक़ल नहीं करते। बालकों की बात तो जाने दीजिए, वे तो बच्चे हैं, अच्छे-बुरे का उन्हें कम ज्ञान होता है, पर हम-आपमें से ऐसे कितने माई के लाल हैं जो छाती ठोंक कर यह कह सकेंगे कि जीवन में हम किसी प्रलोभन में नहीं पड़े। हमें वह उक्ति सदा स्मरण रखनी चाहिए 'वैद्य जी, पहले अपनी चिकित्सा करो' (फिजीशियन, क्यौर दाइसेल्फ)। जो अध्यापक छात्रों में सदा दोष खोजा करते हैं वे घृणा तो मोल लेते ही हैं, साथ ही कभी-कभी उनकी पूजा भी हो जाती है, और ऐसी पूजा होती है कि वे पानी नहीं माँग सकते। अतः इन परीक्षा के अवसरों पर अध्यापकों को यही भावना रखनी चाहिए कि हम अपराध की ओर छात्र को अग्रसर ही न होने दे और साथ-साथ उसका सुधार इस प्रकार करें कि वह आजीवन हमारा ऋणी बना रहे, उसका जीवन नष्ट न होने पावे।

इसके अतिरिक्त यह भी स्मरणीय है कि परीक्षा में अंक देने में कंजूसी न करो। बहुत से लोग अंकों को दाँतों से पकड़ते हैं मानो कोई अगाध निधि उनके हाथ से छीनी जा रही हो। जो जितने अंकों के योग्य हो उसे उतने अंक अवश्य दो, भले ही आपको सौ में सौ ही देने पड़े। बहुत से अध्यापक किसी छात्र से या उसके अभिभावक से अप्रसन्न होने के कारण या झगड़ा होने के कारण परीक्षा में बदला निकालते और फेल कर देते हैं। ऐसे नीच लोग शिक्षक-समाज के कलंक हैं। जो अध्यापक किसी पुराने झगड़े को परीक्षा में कसर निकालने के लिए रख छोड़ता है उससे अधिक पापी और कौन हो सकता है।

यदि छात्र अनुत्तीर्ण होते या नक़ल करते हैं तो इसका दोष अध्यापकों पर ही है। इसका अर्थ यही निकलता है कि अध्यापकों ने न तो ठीक से पढ़ाया और न उनमें आत्मबल भरा। यदि प्रत्येक अध्यापक इस भावना को दृढ़ पकड़ ले तो यह व्यापक असफलता कम हो जाए और अध्यापक की मर्यादा भी बढ़े।

हमें सदा यह प्रयत्न करना चाहिए कि परीक्षा का जो हौवा छात्रों के हृदय में बैठा हुआ है उसे दूर कर दें। साप्ताहिक या मासिक परीक्षा अथवा आकस्मिक परीक्षाओं के प्रचलन से यह विभीषिका दूर हो सकती है। बहुत से शिक्षाशास्त्री तो अंकों द्वारा परीक्षा लेने के ही विरुद्ध हैं। वे कहते हैं कि कोई भी परीक्षक तौलकर अंक नहीं दे सकता। फिर अंक देने से छात्रों में असन्तोष भी फैलता है और अकारण ही परीक्षक पर पक्षपाती होने का दोष लगा दिया जाता है। अतः सरल उपाय यह है कि अंक के स्थान पर चार

श्रेणियाँ बना ली जाएँ– श्रेष्ठ, मध्यम, सन्तोषजनक तथा मन्द। बस जो छात्र जिस श्रेणी के योग्य हो उसे वह श्रेणी दे दी जाए। बहुत-सी व्यर्थ की झंझट, बदनामी, असन्तोष आदि दूर हो जाएँगे और परीक्षा का भूत भी भाग खड़ा होगा। शिक्षा-पद्धति को सुधारने के लिए अध्यापक-समाज को आन्दोलनों के द्वारा यह प्रयत्न करते रहना चाहिए कि परीक्षा-प्रणाली शीघ्र नष्ट हो। यदि यह भी न हो पावे तो कम से कम परीक्षा-प्रणाली की अनुचित महत्ता तो कम हो जाए, क्योंकि जब तक यह प्रणाली जीवित रहेगी तब तक हमारे देश में वास्तविक शिक्षा का प्रसार और प्रचार करना आत्म-प्रवंचना और विडम्बना मात्र ही है।

17
कुछ व्यावहारिक बातें

पिछले अध्यायों में हम अध्यापन कला सम्बन्धी सभी ज्ञातव्य बातों पर विस्तृत रूप से विचार कर चुके हैं। इस अध्याय में उपसंहार-रूप से हम कुछ और ऐसी व्यवहारिक बातों का उल्लेख कर देना आवश्यक समझते हैं जो अध्यापक को लोकप्रिय बनाने में बहुत सहायता कर सकती हैं। इनमें से कुछ तो पहले भी कही जा चुकी हैं और कुछ नयी हैं–

1. अपने साथी अध्यापकों से सदा सद्भाव रखो और कभी किसी के सामने, कक्षा में या बाहर उनमें से किसी की बुराई न करो। यदि कोई दूसरा बुराई करता भी हो तो उसका शिष्ट रूप से खंडन कर दो या मौन रहो पर वह मौन समर्थनात्मक मौन नहीं वरन् विरोधात्मक मौन होना चाहिए। छात्रों को भी अपने सामने अन्य अध्यापकों की बुराई करने से रोको।
2. छात्रों को पुस्तक, सम्मति तथा अन्य प्रकार की सहायता देने के लिए सदा प्रस्तुत रहो। यदि कोई छात्र रोगी हो तो उसकी सेवा-सुश्रूषा करो और जब तक वह चंगा न हो जाए उसको देखते रहो या उसका समाचार लेते रहो। यदि कोई छात्र आर्थिक सहायता माँगे तो उसे नहीं मत कहो, उधार लेकर भी सहायता करो। उचित तो यह है कि सहायता के योग्य छात्रों को बिना उनके माँगे ही सहायता दो।
3. छात्रों के संघटनों, उत्सवों, सभाओं आदि में जब निमंत्रण मिले तब अवश्य सम्मिलित हो, किन्तु निमंत्रण न मिलने पर वहाँ न जाओ।
4. छात्रों को ज्ञान देने में कभी संकोच न करो और छात्र के अपने घर आने पर उसे अवश्य समय दो चाहे अपने काम की कितनी भी हानि हो। यदि छात्र भोजन के समय आ गया हो तो उसे भोजन के लिए भी पूछ लो।
5. सदा प्रसन्न और मस्त रहो। जब छात्र प्रणाम करें तो मुस्कराहट से उनको आशीर्वाद दो और परिचित न होने पर भी उनसे कुशल-मंगल पूछ लो। यदि

वे साथ चलते हों तो उनके इस प्रकार क्रमिक बातें करो कि उन्हें ज्ञात हो जाए कि वे ज्ञान की निधि के समक्ष पहुँच गए हैं।

6. अपनी पुस्तकें छात्रों को अवश्य दो पर उसका ब्योरा रखो।
7. छात्रों से कक्षा के भीतर या बाहर बोलते या बातचीत करते हुए एक ही भाषा का प्रयोग करो, चाहे वह हिन्दी हो, अंग्रेजी हो या उर्दू हो और उसी तथा वैसी ही भाषा का अधिक व्यवहार करो जिसे छात्र समझ सकते हों। साधारणतः अपने व्यवहार में मातृभाषा का प्रयोग करना चाहिए और आजकल जो हिन्दुस्तानी या ऐंग्लो-हिन्दुस्तानी नाम की खिचड़ी भाषा चली है उसका सर्वथा बहिष्कार करना चाहिए।
8. यथासम्भव गृहशिक्षण (प्राइवेट ट्यूशन) अध्यापक को नहीं करना चाहिए। इससे मान नष्ट होता है। जो अपने घर आवे उसे निःशुल्क पढ़ा दो किन्तु पढ़ाने के लिए किसी के घर न जाओ। यही अध्यापक की मर्यादा और शान है।
9. अपनी गति संयम रखो। व्यसनों से दूर रहकर स्वच्छ दर्पण की भाँति अपने चरित्र की रक्षा करो। बाहर के लोगों से या छात्रों से अधिक मेल-जोल कभी न रखो।
10. छात्रों से कभी सेवा न लो। यदि वे स्वतः सेवा करने को उत्सुक हों तो उसे स्वीकार कर लो किन्तु अपनी शारीरिक सेवा–पैर दबवाना, तेल मलवाना आदि–तो कदापि न कराओ।
11. सदा स्वच्छ रहो। अपना घर, कमरा, वस्त्र, पोथी आदि सब स्वच्छ और करीने से रखो। अपने स्वभाव और व्यवहार में सदा शिष्ट और मृदु रहो। छात्रों के अभिभावकों से प्रेम से मिलो और उन्हें छात्र की उन्नति के सम्बन्ध में उचित परामर्श भी दो।

हमें विश्वास है कि यदि अध्यापक इस पुस्तक के अनुसार व्यवहार करेंगे तो उन्हें अवश्य सफलता मिलेगी और वे शीघ्र ही अत्यन्त यशस्वी और लोकप्रिय अध्यापक बन जाएँगे।

॥इति शम्॥